周易演義续集

纪有奎　编著

华龄出版社

责任编辑：薛　治

责任印刷：李未圻

图书在版编目（CIP）数据

周易演義续集 / 纪有奎编著 . -- 北京：华龄出版社，2017.9

ISBN 978-7-5169-1053-5

Ⅰ. ①周…　Ⅱ. ①纪…　Ⅲ. ①《周易》—研究　Ⅳ. ① B221.5

中国版本图书馆 CIP 数据核字（2017）第 223785 号

书　　名：周易演義续集

作　　者：纪有奎　编著

出版发行：华龄出版社

印　　刷：环球东方（北京）印务有限公司

版　　次：2017年9月第1版　2017年9月第1次印刷

开　　本：710×1000　　1/16　　**印　张：**33

字　　数：500千字

定　　价：68.00元

地　　址：北京市朝阳区东大桥斜街4号　　**邮编：**100020

电　　话：58124218　　**传真：**58124204

网　　址：http：//www.hualingpress.com

前　言

本书作者是我的老师，因他年迈奔向九旬，我替他整理书稿做成电子版。去年作者出版《周易演義》，获得好评，仅半年台湾大元书局便抢先用繁体字在台湾再版，畅销港澳台，受到肯定。因此海内外有关读者通过多种渠道，鼓励研习易学半个多世纪的本书作者，继续发挥余热。为此作者更新续写其姐妹篇成为本书。作者写本书，他的书房已有近百本易学书籍，还去书店、首都图书馆、国家图书馆博览选录。作者完成书稿后，我请易学好友提意见。易友阅后仅写六个字“有学识有胆识”。这评语可能是指本书有三方面创新特点，简介如下。

其一是，在易学界里，研究者是少数，大多数是《周易》爱好者或好奇者，想知道《周易》是什么书，想了解《周易》说些什么，就请看本书。首先作者没引入《易传》，只解读《周易》原文品尝原汁原味作为“砖”，而后选录了古今不同的解读作为“玉”。有古代易学大师朱熹、程颐的解读，有近代国学大师南怀瑾的解读，有近代易学名家唐明邦教授的解读，更有近期新秀的新颖的解读并加入教诲。有的解读不同而相互唱反调，妙趣横生，引人入胜。节省读者去书店去图书馆翻阅有关书籍，通过本书的窗口，也可看见《周易》大千世界，阅本书即博览群书，扩大读者的视野。

其二是，作者突破常规的约束，使《周易》适应新时代的需要，解读《周易》门户的乾坤首二卦，象征国家的领空领土，乾卦第七爻位是太空，坤卦第七爻位是北极，这恰好符合爻辞所云，好像乾坤二卦为此量身制作，无缝连接（详见第二章乾坤二卦）。

其三是，《周易》末二卦是既济卦和未济卦。与领航的乾坤二卦同样重要，首尾呼应。作者解读既济卦的“既”是已经，“济”是渡过河。显然，既济是已经渡过人生的长河，到达彼岸，人生终点。但是紧接是未济卦，未济是尚未过河，是人生轮回循环到原点、起点，在另一个天地里去过河。末二卦深层次蕴含今生与来世，联系到善与恶，不言而明的因果报应。末二卦隐义规劝人要行善积德，立德树人，具有现实意义（详见第三章）。

上述乾坤首二卦象征国家领空领土，即国家“天地”。末二卦解读为《周易》的因果律人生道德观，立德树“人”。形成了“天地人”，是《周易》的“三才”。“天地人”的理念是天人合一，是研究《周易》追求的最高境界，是作者解读时巧妙构思，别具匠心。这好像《周易》特为当今编写的首末各二卦，首尾相连，是人与自然的一个大周期、大循环。这是《周易》最为重要的四卦，含义深远，是深水区，作者在此区域，突破常规的束缚进行尝试，摸着石头过河。如此解读不符合传统，传统书籍至今尚无，故称为创新，这便是易友评语“有学识有胆识”。作者说：“不讲传统没有根，不讲演义没有魂。”本书二者兼备。我才疏学浅，匆忙整理成电子版，错误难免，由我承担，虚心请读者指正，以便再版改正。

董恩江

2017 年 10 月

（前言注：做电子版过程，发现被选录书中印刷等错误已改正。又发现被选录部分各带卦爻辞，标点符号大同小异，为避免频繁重复，节省空间而去掉。也可从解读中知其标点符号，便统一用作者解读的卦爻辞，请谅解。把考证卦爻辞传抄错而修订的也暂删去，与被选录的统一。）

序　言

《周易》作者以周文王为代表，经历几代人的努力而成书。是中国古人集体智慧的结晶。它阐述世间万事万物发生发展和变化的规律，并指导人生如何应对与操作，充满哲理和智慧，被列为群经之首，大道之源。

《易》字有多种解释，其一是蜥蜴的“蜴”。蜥蜴是古代一种动物，其肤色随环境而改变，与环境颜色相同，为保护自身不受侵害。这说明《易》的本义是变化，顺应时代环境而变化。东汉易学家郑玄定义《易》有“变易、不易、简易”的“三易”之说。笔者认为这“三易”的主题是“变易”。因为宇宙万事万物遵守一定的规律发展和变化，这是“变易”；然而变化是世间唯一不变的法则，这就是“不易”；变化要适应时代的需求，与时俱进，这个简单的道理就是“简易”。历代易学家，无论何宗何派，都把《周易》视为变经。根据具体的历史条件和需要，挖掘发挥其变化思想，不同时代赋予《周易》不同的生命力，为时代服务。魏晋时代，阮籍著《通易论》，称《周易》是变经，认为其变化之道是决策管理所必须遵守的规律。宋朝易学兴旺，各家各派的易学都用于发挥《周易》安邦治国。《周易》如何适应当前新时代的需要？令人深思。首先联想到《易传》对《周易》的巨大作用和影响。

《易传》是孔子晚年不仅仅是给《周易》加注解，更是对《周易》创造性的发挥成为哲学著作。《易传》共十篇，称为“十翼”。翼是鸟的翅膀，使《周易》固有的古朴的辩证思维和占卜烙印，插翅飞翔到哲学高度。《周易》由《易经》和《易传》组成，通常不严格区分，《易经》即《周易》。从此，《易传》这部哲学名著，把《周易》从低层次往上推到阴阳哲学说的高层次，获得普遍认同和赞誉。历代易界学者解读《周易》，几乎都把《周易》古经和《易传》合在一起，称谓“经传”不分，沿袭至今。由于《易传》给《周易》定了“调”，给后人树立了标杆，凡是引入《易传》的《周易》书籍，没有与《易传》唱反调，大都顺着标杆攀登。首先解读古奥词句的《周易》卦爻辞，再解读紧随其后《易传》的文言文，或把两者合并解读，解读时两者基本相融。所不同的是每位作者解读时的理解发挥和强调的不同。有的强调哲理的，有的强调管理的，有的强调伦理的等等，这些发挥，只要引入《易传》，大都沿着《易传》铺好的轨道前行。所以有的读者说，有些易学书内容，人云亦云雷同。好像《易传》是一张大网，凡是进去的，个人发挥的空间都在网内，若不唱反调，不会出错，会受到尊重。确有引入《易传》写出精彩篇章，但有很多方面的内容，与现实环境和生活，不贴近，有相当大的距离。因为《易传》成书是在战国中晚期，反应那个时代新兴封建阶级的思想面貌，距《周易》古经大约六、七百年，时代精神面貌各不同。所以《易传》加入《周易》很多所没有的文化思想和内含。由此可知，时代不同，解读《周易》也不尽相同。还因为《周易》抽象的卦爻符号和特简练的古字词，有的字多音多义，又无标点符号，使读者难读难懂成为天书。这给后人阅读时，留下丰富的思维空间和广阔的想象余地，这是《周易》基因造成的。因此历代易界学者，各抒已见，有些问题至今争论不休，没有定论，好像《周易》出的考试题，只给出框架，让后人充填空白，却没有标准答案。解读《周易》可比喻寓言盲人摸象，孔子解读《周易》写了《易传》，人人都有话语权，百家争鸣，形成“周易演義”（此名称是笔者定义的）。笔者把自己解读《周易》的心得体会作为“砖”，没引入《易传》，只想咀嚼《周易》原汁原味；但是选录了大量不同的解读作为“玉”。抛砖引玉，书名为《周易演義》、创新。去年已出版，阅此书可博览群书。本书《周易演義续集》是其姊妹篇，除了“砖”，全部更新更丰满，格调也变。

著名哲学家冯友兰在 1984 年，给武汉举行首届中国《周易》学术讨论会发去“代祝词”说：“《周易》本身并不讲具体的天地万物，而是讲一些空套子，但是任何事物都可以套进去。”又在另外的文章说《周易》是“宇宙代数学”。还有一位易界名人说：“《周易》是个筐，什么东西都可以装。”笔者理解“套、代、装”是根据时代的需要，更要依据《周易》卦的主题或卦义深层次的蕴含或隐喻而进行。不能无中生有，孙悟空不是从石头缝里崩出来的。于是笔者解读《周易》乾坤首二卦时，把乾为天、坤为地，解读为象征国家领空与领土。乾卦上九爻位于高层领空，上九爻辞曰：“亢龙有悔”。解读在天的龙象征君子，若入侵领空不抵抗将后悔。坤卦上六爻位于国家边疆，上六爻辞曰：“龙战于野，其血玄黄。”解读说坤为地为母马，敌人侵入边疆，乾龙下来，龙马并肩浴血奋战，血染沙场，“其血玄黄”。从此中华名族“龙马精神”流传数千年至今。《周易》六十四卦唯独乾坤各七爻，其余卦皆六爻。乾坤二卦第七爻是乾用九、坤用六，只有爻辞，却无爻位（置），数千年未找到爻位。笔者把乾坤二卦解读为国家领空领土时，便找到了第七爻的位置，乾用九爻位是太空，坤用六爻位是北极，这恰好符合爻辞所云（详见乾坤二卦）。若引入《易传》便无法如此解读、创新。

在本书末“引用书目”编号㉚书中，国学大师南怀瑾说：“六十四卦中，求其内在交互作用，便只有乾、坤、既济、未济四卦。”显然这四卦是从《周易》开始领航的首二卦和收尾的末二卦，都特重要，笔者已解读乾坤首二卦。大师又说：“宇宙万事万物如何变化，它的吉凶观念价值的构成，唯有既济、未济两个对待的现象而已。”这提出末二卦既济、未济卦的吉凶价值观。吉凶即善恶，《周易》在末二卦宣扬善恶价值观。又见编号⑱书既济卦上六爻解读说：“既济，人成功度过一生而自然死亡。”还有编号㉘书未济卦，解读卦辞说：“未济是新的轮回”。把这三种解读汇集，便是人生轮回善恶因果律。这与笔者解读末二卦思路相同，蕴寓人与自然的轮回。“既济”是已经成功度过人生的长河，到达彼岸、归宿，是今生。“未济”却又讲尚未渡过河，又循环轮回到零点、起点，在另一个环境里去渡河。其深层次蕴含善恶报应因果律，规劝人生要行善积德。法律能约束人的行为，道德能约束人的心，心动才去行为。既要以法治国，又要以德治国。《周易》有多方面的价值观，其中之一是在末二卦宣扬人生道德观，给人类敲响道德警钟，具有现实意义，立德树人。笔者如此解读末二卦，也未引入《易传》受束缚，突破传统、创新（详见第三章）。需要强调，笔者并不否定《易传》，有时在困惑时，还参考或偶尔引用《易传》。本书选录多种不同的各有特色的解读，其中有的书也不引入《易传》，很简练，品尝《周易》原汁原味。有的书引入《易传》，样样俱全，“满汉全席”，笔者在眼花缭乱不知所措中，没特意选录《易传》部分，而选录其中解读《周易》原文其中有《易传》，因而仍散发《易传》的气息，百花齐放。

笔者曾协助数学家华罗庚工作时，华老说：“凡是从实践中提炼出来的理论，越是抽象，其应用面越广泛。”由于《周易》的基因，又凝聚其他的元素，《周易》已广泛涉及到社会科学、自然科学领域。例如：哲学、史学、政治、伦理、军事、中医、武术、堪舆、美学、民俗、宗教，甚至天文、历法、数学等领域。尤其是科学易，格外受到重视。中国中央电视台“百家讲坛”播讲《易经的奥妙》时说：“科学越发达，《易经》越正确、越科学。”早在十七世纪，德国数学家莱布尼茨受《周易》阴阳两种状态的启发，创建出二进制数学。据此理论，诞生了电子计算机。这阴阳哲学理论，也启发了当代人宇宙有阴阳两种物质，看得见的称为明物质，看不见的称为暗物质。中国紫金山天文台，已发射“悟空”卫星去探测暗物质。

由上所述，可看出《周易》被推动到当今世界，还散发出时代气息和正能量。笔者向所有在《周易》百花园里著书立说的易学工作者学习与致敬，正因为百花齐放百家争鸣，推动易学不断发展变化向前进。笔者略举上述三方面的尝试，因至今至此尚无，便称为创新。若认为不符合传统，请谅解，这是“周易演義”及其续集，古为今用，是新时代解读《周易》，开辟一条新思路。鲁迅先生说世界上本无路，走的人多了便成了路。此论述作为序言。诚恳请广大读者斧正。

编著者　纪有奎

2017 年 9 月于北京香河园

目录
Contents

前言 / 1

序言 / 3

第一章 阅本书的基础知识 / 1

一、阴阳 / 1
二、八卦 / 1
三、八卦组成六十四卦 / 2
四、六十四卦的组织结构及其常用语 / 3
五、六爻之间比、应、乘、承的关系 / 4
六、象、卦象、爻象 / 4
七、介绍卦序、错卦、综卦、互卦、消息卦 / 5
八、象数派与义理派争斗 / 6

第二章 《周易》六十四卦 / 7

第一卦 乾卦 / 7
第二卦 坤卦 / 19
第三卦 屯卦 / 33
第四卦 蒙卦 / 43
第五卦 需卦 / 52
第六卦 讼卦 / 60
第七卦 师卦 / 68
第八卦 比卦 / 76
第九卦 小畜卦 / 84
第十卦 履卦 / 93
第十一卦 泰卦 / 99

第十二卦　否卦 / 108
第十三卦　同人卦 / 116
第十四卦　大有卦 / 123
第十五卦　谦卦 / 129
第十六卦　豫卦 / 135
第十七卦　随卦 / 142
第十八卦　蛊卦 / 149
第十九卦　临卦 / 156
第二十卦　观卦 / 162
第二十一卦　噬嗑卦 / 168
第二十二卦　贲卦 / 175
第二十三卦　剥卦 / 181
第二十四卦　复卦 / 188
第二十五卦　无妄卦 / 195
第二十六卦　大畜卦 / 201
第二十七卦　颐卦 / 208
第二十八卦　大过卦 / 215
第二十九卦　坎卦 / 222
第三十卦　离卦 / 228
第三十一卦　咸卦 / 235
第三十二卦　恒卦 / 243
第三十三卦　遁卦 / 250
第三十四卦　大壮卦 / 257
第三十五卦　晋卦 / 264
第三十六卦　明夷卦 / 272
第三十七卦　家人卦 / 279
第三十八卦　睽卦 / 286
第三十九卦　蹇卦 / 294
第四十卦　解卦 / 300
第四十一卦　损卦 / 307
第四十二卦　益卦 / 315
第四十三卦　夬卦 / 323
第四十四卦　姤卦 / 332
第四十五卦　萃卦 / 343

第四十六卦　升卦 / 351
第四十七卦　困卦 / 358
第四十八卦　井卦 / 367
第四十九卦　革卦 / 375
第五十卦　鼎卦 / 383
第五十一卦　震卦 / 393
第五十二卦　艮卦 / 401
第五十三卦　渐卦 / 408
第五十四卦　归妹卦 / 417
第五十五卦　丰卦 / 427
第五十六卦　旅卦 / 436
第五十七卦　巽卦 / 445
第五十八卦　兑卦 / 454
第五十九卦　涣卦 / 461
第六十卦　节卦 / 468
第六十一卦　中孚卦 / 475
第六十二卦　小过卦 / 483
第六十三卦　既济卦 / 492
第六十四卦　未济卦 / 501

第三章　既济卦和未济卦蕴寓人与自然的轮回 / 509

一、既济卦和未济卦含义深奥 / 510
二、宇宙轮回 / 511
三、人生轮回 / 512

附录　引用目录 / 515

第一章　阅本书的基础知识

一、阴阳

阴阳是《周易》辩证的哲理，一阴一阳之谓道。

1. 阴阳符号

阳的符号（⚊），阴的符号（⚋）。该符号又称为爻（yáo），即阳爻（⚊），阴爻（⚋）。由阴阳爻构成《周易》的符号系统。

2. 阴阳属性

人与事物存在阴阳两种属性，示例如下：

阳性：男，君主，刚健，明亮，重，高，上……

阴性：女，臣仆，柔顺，黑暗，轻，低，下……

3. 阴阳是二分法

不仅事物之间存在两种属性，而且事物本身也存在两种属性。这称为辩证的二分法，这两种属性，既对立又统一。

例如：一分为二，是阳爻（⚊）分为阴爻（⚋）；合二为一是，阴爻（⚋）合为阳爻（⚊）。这是事物发展到极端阴阳相互转化。

二、八卦

用阴阳符号可以画成八卦，用来表达象征事物及其属性、特征等。八卦每一卦都有卦名。

1. 先天八卦图 1。传说是伏羲氏用的，与河图关联。

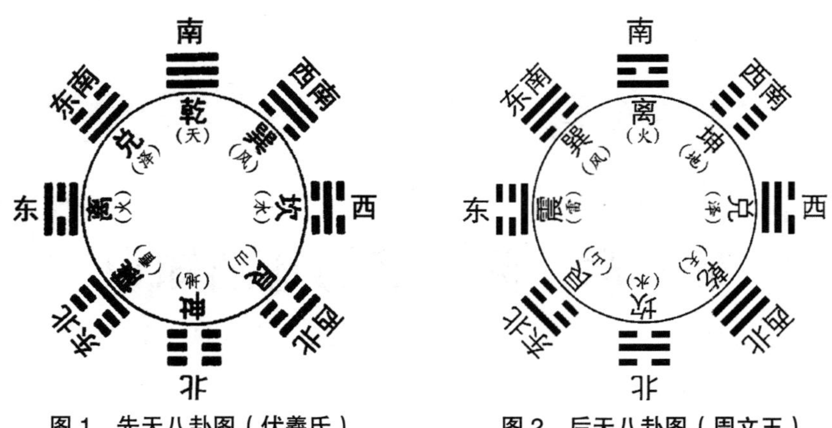

图 1　先天八卦图（伏羲氏）　　图 2　后天八卦图（周文王）

2. 后天八卦图 2。传说是周文王用的，又称文王八卦，与洛书关联。其五行属性是：震、巽属木；离属火；坤、艮属土；兑、乾属金；坎属水。

用表格举例其象征性：

卦名	象征	象征	象征
乾	天	健	父
坤	地	顺	母
震	雷	动	长男
巽	风	入	长女
坎	水	陷	中男
离	火	丽	中女
艮	山	止	少男
兑	泽	悦	少女

注：据考证八卦图是宋代人创建

三、八卦组成六十四卦

1. 八卦的每一卦称为经卦、单卦，是三画卦、三爻。若表达象征更复杂的事物及其特征，需要两个经卦叠加。

2. 两个经卦叠加组成一个别卦、重卦，是六画卦、六爻。如此可以组成六十四个别卦，这是《周易》的核心内容。

例如：经卦乾卦（☰）、经卦坤卦（☷），这两个经卦相互叠加，可以组成否（pǐ）卦（䷋）和泰卦（䷊），这否、泰两卦，统称为别卦。

3. 经卦在下为下卦、内卦，经卦在上为上卦、外卦。

四、六十四卦的组织结构及其常用语

1. 六爻的排列顺序及其象征

（1）两个经卦组成的六爻别卦，其六爻排列顺序从底层往上，依次是：初，二，三，四，五，上。（初是一、上是六）。

（2）这六个层次，通常象征人在社会的地位。初为庶民、士民，二为大夫，三为诸侯，四为近臣、三公，五为君王、天子，六为祖宗、太上皇、退隐之人。这是封建社会等级观念。

（3）这六个层次，由底层往高层发展，通常可象征事物或人发展阶段及其应对。初位象征事物萌芽状态，应潜伏勿用；二位象征事物萌发崭露头角，要量力而行；三位象征事物小有成就，慎行勿过急；四位象征事物有进展，三思而行；五位象征事物通达成功，戒骄戒躁；上位象征事物发展到顶峰，警惕满则溢、物极必反。

2. 爻位、爻性、爻名（题）

六十四卦每卦六爻，唯有乾坤各七爻，每爻都有爻位、爻性、爻名（题）。（唯有乾坤第七爻只有爻辞，却无爻位。）

爻位：六爻位置排列的数字是爻所在的位子，上述已列出是从下往上依次是：初、二、三、四、五、上。其中奇数为阳，如：初、三、五为阳位；偶数为阴，如：二、四、上为阴位。

爻性：用奇数“九”表示阳爻（▬▬）；用偶数“六”表示阴爻（▬ ▬）。

爻名（题）：指每爻的标题、名称。由爻位和爻性组成，即两位数字组成。初和上之后是爻性数字“九”或“六”。例如爻名“初九”，表示第一爻是阳爻（▬▬），若“初六”表示第一爻是阴爻（▬ ▬）。若爻名“上六”，表示第六爻是阴爻（▬ ▬），若“上九”表示第六爻是阳爻（▬▬）。在“初”和“上”之间的二、三、四、五的爻名，第一个数字是爻性“六”或“九”，表示阴或阳爻。如：爻名“六二”表达第二爻是阴爻，若是“九二”表达第二爻是阳爻。

3. 中（得中）

六爻别卦由两个经卦叠加组成，下（内）经卦三爻里第二爻在中间位为“中”；上（外）经卦三爻里第五爻在中间位“中”。居此位称为“中”或“得中”，象征事物得中，是不偏不倚，中庸之道。

4. 正（当位）、中正

（1）正：阳爻居阳位、阴爻居阴位，称为正、当位、得位。否则称不正、不当位或失位。

（2）中正：若爻位又中又正，称“中正”。如：爻名“六二”、“九五”，便是“中正”，通常为顺、吉。（但也有例外）。

5. 三才

别卦共六爻，上层两爻即“五、上”，称为“天”位，下层两爻即“初、二”称为“地”位，中间两爻即“三、四”称为“人”位。“天地人”称为“三才”，《周易》有天地人三才的比喻。（三、四是人位，俗话说“不三不四不是人”。）

6. 卦名、卦辞、爻辞

（1）卦名：六十四卦的每一卦都有卦名，用一、二个文字表示。把该卦卦义高度浓缩概括为主题，通常用卦名表达。如乾卦、未济卦等都是卦名。

（2）卦辞：每卦开头都有一条包括全卦宗旨的文辞，包括卦名和卦辞。例如乾卦开头为“乾，元亨利贞。”文中“乾”是卦名，“元亨利贞”是卦辞。

（3）爻辞：每卦六爻，在爻名即爻题之后，都有一段说明该爻的义理或寓意的文辞，称为爻辞。如坤卦六二：“直方大不习无不利”。卦辞和爻辞的原文都无标点符号，由解读者加标点符号。六十四卦共384爻，另加乾坤二卦第七爻，共386条爻辞。

五、六爻之间比、应、乘、承的关系

1. 比：卦中相邻的两个爻称为“比”。如初与二，二与三，三与四，四与五，五与上均为相邻关系，都可称“比”。

2. 应：指六爻卦中，上经卦与下经卦之爻位所在的相同层次有对应关系。如下卦初爻与上卦四爻同属于底层相对应；同理，下卦二爻与上卦五爻同属中层相应；下卦三爻与上卦上爻都属顶层相应。若这对应的两爻是一阴一阳为异性，则异性相吸，称为“相应”，一般为吉为顺。若两爻是同性则相斥，是相逆“不应”。

3. 乘、承：六爻中相邻二爻有相“比”的关系，便有“乘”与“承”的关系。上方的爻对下方的爻谓之“乘”，下方的爻对上方的爻谓之“承”。通俗形象可理解为“乘”坐驾驶和继“承”。

六、象、卦象、爻象

1. 象

象是《周易》的一种思维方式，古人观察事物，以象的方式将它与八卦建立了联系。象是《周易》连接卦画与卦爻辞的桥梁。最初取象只限于八卦，如乾为天，坤为地，离为火等。（详见上述（二）的八卦）。

2. 卦象

此卦象指六爻的别卦卦象。因为八卦中的经卦象征的事物终究有限，若象征更复杂的事物，需要两个经卦叠加成别卦的象。例如泰卦（䷊）其卦象是乾下、坤上构成。坤为阴为地，阴气下降；乾为阳为天，阳气上升，这阴阳两气一降一升，迎面相遇，是阴阳交合，故称泰卦。

3. 爻象

是阴阳两爻所象之事物及其特性。在六爻中，通常阴爻（⚋）象征保守、消极的人与事物及其特性，如女性、臣仆、柔顺、暗淡等；阳爻（⚊）象征积极、进取的人与事物及其特性，如男性、君主、刚健、光明等。

七、介绍卦序、错卦、综卦、互卦、消息卦

1. 卦序

卦序是指六十四卦排列的顺序，是经过《周易》作者巧妙安排的。在《序卦传》里有详尽的阐述。

从宏观概括来看，从乾坤二卦开始，到末二卦既济卦、未济卦而止。中间经过各卦相互关联，善恶相随，祸福相依，随机应变，指导趋吉避凶，规劝人生走正道。体现出事物发生、发展、递进、变化的全过程，体现了这是一个完整的体系，有序的安排，是一个大循环，充满深奥的哲理。

2. 错卦

把一个卦爻阴变阳、阳变阴，组成一个新的卦，这一卦就是错卦，又称谓旁通卦。例如乾卦六爻皆阳爻，全变为阴爻即是六爻皆阴的坤卦。

3. 综卦

把一个别卦颠倒过来，构成另外一卦，叫综卦。例如把泰卦乾下、坤上，颠倒过来构成坤下、乾上的否卦，如此互为综卦，又称覆卦、反卦（称反卦是因其意义通常相反）。

六十四卦，除了乾、坤、离、颐、坎、大过、中孚、小过这八个卦外，其余五十六卦都有综卦。

4. 互卦

在别卦的六爻里，除去初、上爻，中间的二、三、四、五这四爻可以互成为一个新卦。其中二、三、四爻为下卦，三、四、五爻为上卦。例如泰卦（䷊），中间四爻如上操作，可以互成为归妹卦。

5. 消息卦

阳气变化時，阳气增长为息，阳气衰减为消。消息卦分布于十二个月，从十一月开始，依次为复䷗、临䷒、泰䷊、大壮䷡、夬䷪、乾䷀、姤䷫、遯䷠、否䷋、观䷓、剥䷖、坤䷁。（又称十二辟卦）。

八、象数派与义理派争斗

《周易》是由符号和文字这两大系统组成。在原始蒙昧没有文字时期，用卦画符号象征事物及其属性，有浓厚的抽象性，称为符号系统，是象数派的基础。当社会进展到有文字时，给符号系统添加上文字阐述卦画的义理并发挥。由于古文字深奥又特简练，仍充满抽象模糊不确定性，称为文字系统，是义理派的基础。

虽然符号和文字这两大系统融为一体，形成《周易》“象数理”，但由于这二者间并没有普遍的更紧密的联系，又因时代的需要，文化背景不同，使《周易》“象数理”一体分裂成象数派和义理派，都能自圆其说，历经多个朝代进行抗衡斗争。笔者认为是，花开两朵，各表一枝，但同根同气。详情请见华龄出版社 2016 年出版的《周易演義》第一章。

第二章　《周易》六十四卦

第一卦　乾卦☰乾上乾下

（一）原文

（卦辞）乾。元，亨，利，贞。

（爻辞）初九：潜龙勿用。

九二：见龙在田，利见大人。

九三：君子终日乾乾，夕惕若厉，无咎。

九四：或跃在渊，无咎。

九五：飞龙在天，利见大人。

上九：亢龙有悔。

用九：见群龙无首，吉。

（二）解读

卦辞：乾。元，亨，利，贞。

解读："乾"（qián 音钱）是卦名。八卦里的乾为天，乾卦由单卦乾下乾上两个天叠加而成，卦象是双层天，表示空间，象征天外有天是领空和太空；又表示时间，天体运转一天又一天，一年四季循环年复一年。因此孔子《象》曰："天行健，君子以自强不息。"勾画出天体运转，君子与天融合。

乾卦原文"元亨利贞"是简练的四个字，又无标点符号断句，使初学者不知所云，被拒《周易》门外。历代易学者解读有争议，至今未有定论。

"元"：初始，初生；大。"亨"：亨通，顺利，发展。"利"：吉利，收益，引申为收获。"贞"有三种含义：其一为占筮卜问；其二为正，贞洁；其三为固，坚守，引申为收藏。由此"元亨利贞"对应"生长收藏"，恰好对应"春夏秋冬”，即春生、夏长、秋收、冬藏，这是事物发展的规律。例如一粒种子在地里春生、夏长、秋收、冬藏，若果穗里的种子再落地，来年又“生长收藏”。人的一生也如此并留下后代。企事业经营管理也如此规律，可引入多种领域。孔子《文言传》把“元亨利贞”对应“仁礼义信”称为四德。

卦象和卦辞给君子创建了活动的空间和时间，在下述的七爻里用龙在这时空里去表现。

初九：潜龙勿用。

解读：龙是中华民族的图腾。乾卦把天、君子、龙三位融为一体，在七爻中，七个阶段，七个空间位置，用龙来表述君子在发展过程中各阶段的空间地位和表现。初爻辞说，君子在初期学习阶段还没工作（无用），就像龙潜伏在水中。

九二：见龙在田，利见大人。

解读：“见”（xiàn音现）：出现。爻辞说，龙从水中出来显现在田间，出现在群众间，表示君子完成学业走上工作岗位，勤奋工作。“利见大人”是有利于出现伟大人物。

九三：君子终日乾乾，夕惕若厉，无咎。

解读：“乾乾”：勤奋自勉。“夕”：晚上。“惕”：警惕。“厉”：危险。“咎”（jiù音旧）：过失，灾。爻辞说，君子地位又上升，整日在勤奋自勉工作，晚间还保持警惕不犯错误，这样不会有过失。

九四：或跃在渊，无咎。

解读：“或”通惑，疑惑。爻辞说，君子已上升到九四爻，怀疑再飞跃，若工作不到位，可能跌落深渊，便试显身手作出更多成绩，获得群众认可再飞跃，这样“无咎”，无后患之忧。

九五：飞龙在天，利见大人。

解读：“见”（xiàn音现）：出现。

爻辞说，飞龙已上升，表示君子地位很高，已升为居中守正的九五之尊的地位，由君子成为君主，是领袖掌权执政，为人民造福。“利见大人”是君主以大人物的身份出现。

上九：亢龙有悔。

解读：“亢”（kàng音抗）：高，过甚，极点。君主掌权执政后，又往上飞到他掌控的国家天空的极点，即领空，成为“亢龙”。提醒他在此高位不能冲昏头脑成为昏君。“亢龙有悔”又一含义是，若入侵国家领空不抵抗将会后悔！

又一例证：“亢”在古代与“抗”通用。《左传·宣公十五年》：“结草以亢杜回。”杜注皆曰：“亢，御也。”故帛书作“抗”。上九爻是乾卦有爻位的最上爻极点，物极必反，“亢龙有悔”是反疑问句，爻辞说：“抵抗的龙有悔吗”？当然不是，要抵抗，这是正面回答的正义之声。隐喻若入侵领空不抵抗将后悔。

用九：见群龙无首，吉。

解读：君主从自己的国家领空又往上飞，飞到各国公用的太空，这是用九爻数千年未能找到的位置，君主参加太空俱乐部。爻辞说，由各国形成的群龙，在此不能自称为首称霸，平等相处，和平利用太空才能吉祥。孔子《象》曰也高呼：“用九，天德不可为首也。”这意思是说，用九爻宣扬在太空不可为首称霸是天德。

上述“上九爻”和“用九爻”是《周易》古为今用，新世纪解读《周易》，赋予她新内涵、新生命力。这是《周易演義》，即符合卦义和爻位、爻辞，又符合逻辑、哲理和现状。同理，第二卦“坤卦”等也如此。

小结：

（1）单卦的乾卦是三爻卦，两个单卦乾，叠加成六爻重卦乾卦。单卦乾为天，两个天叠加便是天外天的重卦乾。因此乾卦是双层天，象征空间，天外有天即领空和太空；又象征时间，天体运转一天又一天四季循环。孔子《象》曰：“天行健，君子以自强不息。”这是孔子解读乾卦卦辞“元亨利贞”四个字。也可按“天行健”引申为天体运转，表现为春、夏、秋、冬四季。喻意春生、夏长、秋收、冬藏的事物发展规律。乾卦的主角是龙，龙是古代中华民族的图腾，用龙比喻君子。乾卦每一爻表示龙在立体空间的地位和状态，也就是君子成长为君主的经历。经历了由低位到高位的“潜龙”、“见龙”、“飞龙”、“亢龙”。这是在四季年复一年的岁月里锻炼经历的过程。留下了宝贵的经验和教诲，那就是爻辞。乾卦把天、龙、君主三位融为一体，执政的君主是国家的化身，君主为民施政，活动在天空。因此乾卦隐含更深远的含义是要君主管理好国家的领空。

（2）乾为天，天空。第六爻的上九爻辞“亢龙有悔”。亢是极高点，“亢龙”是龙已飞到国家的极高点，即领空。爻辞说，若入侵领空君主不抵抗将后悔。龙再往上飞，便是世界各国公用的太空。这便是用九爻的确切位置，因为用九爻辞说“见群龙无首，吉。”说的太确切了，各国形成的群龙在此共舞不能自称为首称霸，和谐相处、和平利用太空才能吉祥。君主代表国家，到此参加太空俱乐部，共同开发和平利用太空，这是天德，因为孔子《象》曰：“用九，天德不可为首也。”乾卦七爻已到最顶层，有物极必反的倾向。所以在太空，要警惕置放杀伤性武器，用来攻击某国，妄图使某国乾阳变成阴、“颜色革命”。

（三）选录多种解读

第一乾卦卦辞：乾。元，亨，利，贞。

例 1： 卦辞意思说：乾者，天时光明也。天时光明，大为亨通，利主。依乾卦卦象之义，卦辞意思说：乾者，政治光明也。政治光明，大为亨通，有利于君王治国治天下。卦辞教育君王要实行阳光政治。⑱（即见书末引用目录，下同。）

例 2： 乾卦代表天，本卦讲阳刚之德和自强不息的精神。从卦象来看，乾卦上下均为乾，乾象征天道，一切积极向上的事物都可以归于乾。天具有元始、亨通、和谐、正固四种德性。天道是万物创始化生的源头，故天具有“元始”之德。天能使万物成形生长，畅通无阻，故天具有“亨通”之德。天使万物各得其利，和谐共存，故天具有“和谐”之德。天赋予万物不同的秉性，并使之贞正固守各自的性质，故天具有“正固”之德。乾卦六爻皆为阳爻，代表天的阳刚之美。天道运行刚劲强健，永无止息，君子当效法天道而“刚健有为”，培养起自强不息、奋发图强的进取精神。乾卦的爻辞以龙为象征，龙之为物善变，能潜于渊，能行于地，能飞于天，比喻君子在不同时间宜采取不同的行动。⑲

例 3： 乾卦是《周易》六十四卦的第一卦，全卦皆阳爻，由阳气变化以统摄六十四卦，故具特殊地位。乾卦阳爻，指代生命之元气、万物之能量，蕴涵着生发之机。乾卦中纯阳六爻的生生之气，健动周流、和熙万物，推动自然界万物的生长。乾卦六阳爻所显现的健行、生发，揭示了宇宙运行不息之旨，人生也唯有精进不懈方可成就自己，《易传·象》曰：“君子以自强不息”。

乾卦卦辞中的元亨利贞，比拟地球公转所形成的春夏秋冬，这里又以元来指代天道四季里面变化的阳气。因此要辨析理解元在此处有两重含义，一为乾元之阳气，一为元亨利贞之元。对于贞，要注意到它并非是简单的寂灭收藏，同时也在培育着未来发生的元，明白这个道理，则知元亨利贞能回环不穷，四季运行不忒。

元亨利贞四字在《周易》卦爻辞中出现频繁，《周易》作者特意在最开始即拈出元亨利贞四字，自有用心良苦之处，学者对此要仔细品思、玩味。㉑

例 4： 乾、元、亨、利、贞。用这四个字来包括乾卦内涵的德性，构成两句文言，便成为“乾，元亨利贞”。这是周文王对于乾卦所作的卦辞，只就乾卦本身的德性来说，并非决定性的代表事物。后来用乾卦代表为天、为阳、为先、为龙，作为物理世界事物性能的代表；乃至用它来代表人事的为君、为父，以及代表理性的为仁、为道等观念，那是从周公旦与孔子以后的人们，陆续增加上去的解释，犹如《说卦传》中的说乾卦。跟着历史文化时代的发展，就有更多的事

物，用它来做代表了。㉚

例 5：程颐："元亨利贞"谓之四德。"元"者，万物之始。"亨"者，万物之长。"利"者，万物之遂。"贞"者，万物之成。唯乾坤有此四德，在他卦则随事而变焉。③

例 6：乾卦取象于天，但不是取象于天的形体，是取象于天的性质；天的性质用一个字概括，就是健。乾就是健。健是什么？健是天体有规律的运转，永不停息，什么力量都不能阻止它，改变它。卦辞用"元亨利贞"四个字释健之义。"元亨利贞"就是健。合言之是健，分言之是元亨利贞。

若以人的修德而论，元相当于仁，亨相当于礼，利相当于义，贞相当于智。"元亨利贞"四字是四个独立的意义，但紧密相联系而不可或缺。四个字合起来才有健的意义。别的卦的卦辞有的言"元亨利贞"，但有增字，有的言"元亨利"而无贞，有的言"亨利贞"而不言元，有的只言"元亨"不言利贞，有的只言"利贞"不言元亨。多一字或少一字，都不浑全，不浑全就没有乾健的意义。只有乾卦纯乾纯刚至健，方可以"元亨利贞"四字当之。㉕

例 7：此卦为大吉大坏之象。因该卦为纯卦，六冲卦。卜得此卦大多数的事情是吉利的，由于刚，有雄心勃勃之象，女性遇之，性躁，难以成为贤内助，含对婚嫁不利等意。

在十二辟卦中，乾卦，指六阳息阴，建巳，代表四月。

孔子说："天何言哉？四时行焉，百物生焉，天何言哉！"意思是说，你看上苍默默无言，四季更替，万物生长，苍天还需要言语吗？天体运行的奥秘是无穷无尽的，天体运行是永不停息的。人类要感悟这种无言的教育，培养健的精神，尊重自然规律，做到天人合一。㉗

例 8：乾：卦名，意谓健。卦象乾下乾上，由六阳爻组成。元、亨、利、贞：卦辞，总论乾（天）的德性。《周易程氏传》："元、亨、利、贞，谓之四德。元者万物之始，亨者万物之长，利者万物之遂，贞者万物之成。"开始、发展、成熟、收藏，反映了事物发展的规律。贞下起元，循环不已，体现天行健的全意。㉛

乾卦爻辞初九：潜龙勿用。

例 1：天地之气有升有降，君子之道有显有藏，全在时间位势所定。潜不是消极的隐藏勿用，其目的是在养阳而放弃目前的小用，使得最终能有大用。《易传·文言》曰："龙德而隐者也，不易乎世，不成乎名，遯世无闷，不见是而无闷，乐则行之，忧则违之，确乎其不可拔，潜龙也。"

阳气初生微弱，尚不可仓促消耗，应潜而养之、培而植之，以待其厚。如人潜于夜、草木潜于冬、珠玉潜于山川，凡自然人事的成长成功，皆有潜心积累的过程。今日之潜，乃他日见飞之本，未潜而能飞，恐未之有也。㉑

例 2：乾卦是月卦，初九爻是乾卦月建之月的巳月（农历四月）。巳月立夏、小满节气，正是夏收作物灌浆饱满之时，田间管理很重要。爻辞省去乾字，乾：巳月天时光明。潜龙：不是潜入水底之龙。因为龙知天时，行动合天时，早已在春风时登天，到立夏、小满时还潜在水底者，那不是龙而是一条懒虫。古代称蛇为虫，我们俗称懒汉为懒虫，形容懒汉是“懒得像蛇一样”。初爻是平民之位，潜龙是指民众中的那些懒汉。勿用：不要用、没有用。潜龙勿用：立夏、小满天时已大放光明了，那些还在蒙头大睡的懒虫是没用的人。爻辞教导民众要勤劳早起，日出而作。⑱

例 3：尚秉和：九者，老阳之数，动之所占。潜，隐也。阳息初复，一阳伏群阴之下，故曰潜。物莫神于龙，故借龙以喻阳气。《复》子，时当冬至，一阳初生，伏藏地下，故曰勿用。又卦位初为士，未出世之君子，德亦如是也。⑩

例 4：“潜”是潜伏在水中的意思，“潜龙”就是说龙潜伏在水中，相当于上面提到的鱼龙。龙象征阳气，阳气代表了事物行为的能量。水为阴，龙潜伏在水中，象征阳气尚且处于阴气的包围之中，能量还很微弱，不足以有所作为，因此断语说“勿用”。

引申到人事中，这一爻相当于 25 岁以前的阶段，如果你是一条龙，也还只是潜龙、卧龙、小蛇。主要的任务是学习知识和本领，积蓄能量，为以后的事业打好基础。举个例子，古人的名、字、号是大有讲究的，寓有个人的志趣、理想在内。诸葛亮字孔明，号卧龙，他没有出山之前，在南阳躬耕读书，就是一条卧龙。龙在后来成了帝王的象征，那么帝王还不是帝王之前就是“潜龙”，未做皇帝以前的住宅称为“潜龙宫”“潜邸”等，也是从这里来的。㉖

例 5：初九，喻事，处初级阶段；喻人，为初出茅庐。因为是阳爻当位，标志的是有发展前途的事或人，所以为龙。即使是龙，一因处在成长时期，二因才华品德还未被别人认知。㉘

乾卦爻辞九二：见龙在田，利见大人。

例 1：龙出现在田野之上，有利于拜见大人（来帮助、栽培、发展自己）。

见龙在田，这里的“见”（音 xiàn）是显现、出现之义。田，并非稻田、田野之义，“田”字上出头为“由”，下出头为“甲”，上下出头为“申”，加“示”字旁则为“神”，上出头下拐弯儿为“电”，表示雷电从天上来，震动到地下。这里的“田”实际与天相对，可解为“大地”，即此时龙已跃出深渊，升腾在大地的上空。

“利见大人”有两层含义，一是指有利于求得大人的帮助，二是指能成为大人造福于他人。㉘

例 2：朱熹：谓自下而上第二爻也。后放此。九二刚健中正，出潜离隐，泽及于物，物所“利见”，故其象为“见龙在田”，其占为“利见大人”。九二虽未得位，而大人之德已著，常人不足以当之，故值此爻之变者，但为利见此人而已。盖亦谓在下之大人也。此以爻与占者相为主宾，自为一例。若有“见龙”之德，则为“利见”九五在上之“大人”矣。④

例 3：“见”字有两种不同的理解，一种观点认为是“现”的古字，是“出现”的意思；一种观点认为就是“见到”的意思。“大人”指既有才、又有德并且有一定地位、官位的人。

按照“出现”的意思理解，“见龙在田”就是说龙出现在田野上，犹如太阳从海平面上冉冉升起、初照大地。引申到人事上，这一阶段相当于 25 至 35 岁左右，表明经过一定时期的道德修养、力量积蓄，到了一试身手、渐露头角的时候，应该出现德、才、位兼备的“大人”了。按照“见到”的意思理解，是说这个时候虽然具备了一定的能力，但毕竟还很有限，利于见到德、才、位兼备的“大人”以帮助和提携自己，这个“大人”就相当于你命中的贵人。的确，一个人可能很有抱负，也有能力，但要想施展自己的抱负和能力，是需要把握机遇，需要有人帮助和提携的，否则可能一辈子郁郁不得志。

如果考虑到爻位的因素，联系九五“利见大人”来看，后一种理解更合理一些。否则的话，如果九二就“利见大人”那么九五又说“利见大人”就矛盾了。退一步说，如果将本爻中的“见”理解为“出现”，那么“大人”也还只是一位准“大人”、预备期的“大人”。㉖

例 4：初九爻是巳月，九二爻则是午月。午月是从芒种经夏至到小暑前，正是夏收夏种大忙之时。见：同“现”。龙：“龙”“垄”同音假借为垄。夏收之后接着夏种，田地里出现了田垄。大人：王朝大臣。《周易》所称大人，不是《易传》所谓大人：“夫大人者，与天地合其德，与日月合其明，与四时合其序，与鬼神合其吉凶。”二爻是大夫之位，故而大人是王朝大夫。见龙在田：芒种、夏至天时光明，田地里出现了望不到头的田垄。利见大人：有利于王朝大夫到田间地头察看夏收、夏种实况。爻辞教导王朝大夫要勤政，要到实地了解真实情况。⑱

乾卦爻辞九三：君子终日乾乾，夕惕若厉，无咎。

例 1：乾卦九三处人位，位于内卦之终、几微之界，惟因时而惕，方能谨慎持守于出入天人之交、防于变动危微之际，以忧深思远、朝夕匪懈处身。爻中连用乾乾，而其他五爻皆无乾，可见反身修德之重要，《易传·文言》曰：“知至至之，可与言几也，知终终之，可与存义也，居上位而不骄，在下位而不忧，故乾乾因其时而惕，虽危无咎矣”。㉑

例 2：三爻是诸侯之位，君子就是诸侯。终日：整个白天。乾乾：光明又光明，即正大光明。夕：夜晚。惕：我认为是繁体字“愓”字，因为古代“易”字与“昜”字同。如《汉书·地理志》：“交趾郡曲易县。”颜师古注：“易，古昜字。”又如京剧《四郎探母》里有公主的唱词：“十五载才知木易根源。”唱词就把“杨”字拆分为“木”字与“易”字，而不是拆为“木”字与“昜”字，说明古代“易”字也是“昜”字。

厉：“砺”的本字，磨刀石，磨砺。爻辞的意思说：诸侯白日里正大光明地处理农耕大事，到夜晚选择躺在磨刀石一样的床上磨砺意志，无罪过。

教导诸侯要关注农耕，自强不息。只有白天和夜晚都自强，才能称作自强不息。⑱

例 3：与“大人”相比，“君子”虽然有才、有德但无位。“乾乾”本是指太阳的运行不止，在这里比喻君子勤勉不懈。惕，怵惕；若，像……的样子。“夕惕若”是说晚上也保持警惕的样子。厉，危险；咎，灾害。“厉无咎”是说时刻保持警惕，这样虽有危险的萌芽存在，但也可以避免灾害发生。

本爻中没有出现“龙”这一喻象，而是直接切入人事。由初九到九二，阳气是呈增长趋势的。按照这个趋势，九三阳气似乎也应该是继续上升的，但实际上并不是这么简单。㉖

乾卦爻辞九四：或跃在渊，无咎。

例 1：这一爻是说在渊之龙或是跳跃而离渊冲向天空，或是在渊里不动。究竟是飞跃还是待在渊中不动，徘徊不定，拿不准主意。正确的做法就是视情况而定，伺机而动，这样哪里还会有咎。㉗

例 2：这一爻辞的主语仍然是“龙”。或，是一个不定之辞，有时、可能的意思。

“或跃在渊”是说龙主观上觉得自己的力量积蓄得可以了，因此跃跃欲试，有时从渊水中跃起，意欲冲天。然而，与九三类似，《系辞》中说“四多惧”，《易经》中的第四爻位多象征恐惧。九四也处于阳气曲折发展、上升的时期，阳气仍没有强大到完全可以战胜阴气的程度。

引申到人事领域，“或跃在渊”犹如人虽然具备了一定的行为力量，但还没有达到足够的程度，而自以为已经可以了，或者由于其他因素的限制，冲天不成，可能又跌落下来。但这没有什么危害，一方面，力量毕竟已经积蓄到了一定程度，应该牛刀小试，试探性地进取，积累经验；另一方面，龙本来就是潜伏在水中的，即使飞不上天，还可以再返回水中，继续积蓄能量，而不至于进退无据，因此断语说“无咎”，《象》说“进无咎也”。㉖

例 3：或：有。《说文》：“跃，迅也。”因此，跃不是跳跃而是迅速。迅速，引申为果断。在：存问。《说文》：“在，存也。”段玉裁注：在之义古训为存问，今义但训为存亡之存。”《说文》：“渊，回水也。”回水处有漩涡，溺死者大都沉尸在此。在渊：其字面之义是存问深渊，引申之义为沉冤得雪。即“存”“沉”同音，假借为“沉”，“渊”“冤”同音，假借为“冤”。爻辞省去“乾”字。乾：王朝政治光明。四爻是公卿之位。无咎：无罪过：意思是若有公卿敢于主持公平正义，果断判案，使沉冤者得清白，无罪过。爻辞教育王朝公卿要忠诚正直、主持公平正义。⑱

例 4：朱熹：“或”者，疑而未定之辞。“跃”者，无所缘而绝于地，特未飞尔。“渊”者，上空下洞，深昧不测之所。龙之在是，若下于田，“或跃”而起，则向乎天矣。九阳四阴，居上之下，改革之际，进退未定之时也。故其象如此，其占能随时进退，则“无咎”也。④

乾卦爻辞九五：飞龙在天，利见大人。

例 1：飞龙：真龙天子。在天：字面之义是存问上天，引申为奉天承运。我认为“在天”与“在渊”是相对的，“在天”是奉天承运，“在渊”是沉冤得雪。见：现。大人：王朝大臣，也是王臣。《周易》中的大人是与小人相对的，大人是王朝大夫及其以上的官员，小人是平民或平常人。飞龙在天：真龙天子奉天承运正大光明。利见大人：有利于忠诚正直的大臣出现，爻辞教导周天子要正大光明，有明君才有直臣。⑱

例 2：天地人三才，三四为人位。二五分属地位、天位，且处内外卦之中，故二、五皆言“利见大人”，表示人乃天地之精，布于天地之间。三四两爻不言人，而在二、五天地之中言人，蕴涵着人有参天地之象，是天地之精灵。《易传·文言》的解释精确到位，曰：“夫大人者，与天地合其德，与日月合其明，与四时合其序，与鬼神合其吉凶，先天而天弗违，后天而奉天时。”㉑

例 3：龙所象征的阳气经过初九的“潜”、九二的“现”、九三的与阴气反复交争、九四的“跃”试，到九五终于飞上天空，犹如中午的太阳普照大地，万物沐浴在太阳温暖的阳光之下。

从人事上讲，象征德才兼备的“大人”经历努力奋斗登上高位，可以大有一番作为了，因此断语说“利见大人”，《象》说“飞龙在天，大人造也”，“造”就是到的意思。诸葛亮字孔明，号卧龙，没有出山之前，是一卧龙；等到

出来辅助刘备，被委以重任，大展身手，就是在天的飞龙了，就如同他的名、字的意思一样，那是很闪亮、大放光明的（孔明）。㉖

例 4：九五爻以阳爻居上卦中位，此时阳气处于最佳饱和状态。九五爻中的“大人”有别于九二爻所称之“大人”，此处指具有大才大德之人，犹如飞腾在天的巨龙受万物敬仰。他应该充分地发挥自己的才德来治理世事，为民谋福。⑲

乾卦爻辞上九：亢龙有悔。

例 1：阳气升极当降，君子居高则易危，故处极位则有悔。盈则亏，满而损，天道之自然。㉑

例 2：上九爻位于乾卦的最上端，代表阳气过盛，从此开始阳气将渐次衰落，阴气逐渐生成。龙已高飞至穷极的位置，如继续前进必将走向反面。爻辞以此为喻告诉人们盛极必衰、物极必反的道理。于人事而言，当处于人生事业巅峰时应该有所警惕和节制，如果只知进而不知退，必将招致悔恨。⑲

例 3：上爻是祖宗之神位，这里是指先王。九五是当今天子位，上九则是先王位。爻辞省去了乾字。乾：先王正大光明。《说文》：“亢，人颈也。”人颈是直颈，故而亢引申为直。亢龙：直龙。龙的本性是弯曲的，神龙见首不见尾，若是直龙则是死龙。亢龙是指天子驾崩变成了直龙，变成了先王。有：不宜有。有悔：不宜有的悔恨。亢龙有悔：天子生前正大光明，就不会因不宜有的悔恨而死。爻辞教导周天子生前正大光明，才不会死得很难看，也不会给后代遗留大难。⑱

例 4：亢，极、高的意思。“亢龙”就是说阳气盛到了极点。物极必反，阳极则衰。犹如正午的太阳，再运行下去，就要西下落山，这是自然的客观规律。从人事上来说，一般人到了事业成功的时候，往往不能保持清醒的头脑，容易骄傲自满，如此成功很快就会转向败亡，因此说“有悔”，《象》说“盈不可久也”。也正因此，后人发出“其兴也勃焉，其亡也忽焉”“创业不易，守成更难”等感叹之语。但这并不是说人在客观规律面前是无能为力的、是宿命的，人可以通过发挥其主观能动性，慎终如始、居安思危、戒满戒骄，把成功作为新的起点，继续不断努力进取，就可以在循环变化中不断地前进，在螺旋运动中不断地上升到一个新的高度。㉖

例 5：乾卦上九“亢龙有悔”，意思明显，比较容易理解。亢是过的意思。九五飞龙在天，龙已经到了极高处，阳气已经到盛极之时，刚健中正，好得不能再好。至于上九，龙已亢，阳已过，到了止进而退的时候，继续前进而不退，便要走向反面，故有悔。有悔，有了问题，但是能够注意解决；有了过失，但是能改。亢是上九的客观境遇，悔是上九的主观修养。上九的关键在悔字上，唯其有

悔，方能识时通变，使乾道不至于以亢终。㉕

例 6：《周易》有关人事吉凶福祸，综合起来只有吉、凶、悔、吝四大论断。悔与吝是较轻微的凶，就上九位至极高，悔吝必生是自然趋势。㉗

乾卦爻辞用九：见群龙无首，吉。

例 1：《乾》卦由初九的“潜龙”到上九“亢龙”，阳气已极，阴长而消阳，逐渐转化为以阴气为主的局面。阴气到了至盛的程度，就是《坤》卦所象征的局面，而《坤》阴至极而阳复长，又回到“潜龙”的状态。与其他六十二卦不同，《乾》《坤》二卦各有一条“用九”“用六”，其意正在于指示阴、阳的这种往复循环。阴阳循环往复、无始无终、没有尽头，因此说“见群龙无首”。只有阴阳的运动变化，才有宇宙万物；只有阴阳的运动变化，万物才得以永存，因此说“吉”。㉖

例 2：为了表达乾中有坤，坤中有乾，乾坤转化的思想，作《易》者在乾卦六爻之后巧妙地加上个“用九”，系之以“见群龙无首吉”一句辞。这句辞有乾的特点又有坤的特点。朱熹说“六爻皆变，刚而能柔”，是说得对的。“见群龙”是乾之刚健，“见群龙无首”是坤之柔顺。以刚健为体，柔顺为用，刚健而能柔顺，获吉是必然的。程颐释“无首”为无自为首，意谓资质刚健的英雄人物勿自为天下人之首，而让天下人拥我为首，也是有道理的。总之此“群龙无首”与今语之“群龙无首”含义迥异。64 卦全有六爻皆变的问题而独乾坤二卦“用九”“用六”，这是因为乾坤是易之门，乾坤问题的解决是根本。也还因为乾坤是纯阳纯阴，六爻全变，是全变阳或全变阴，故可云全“用九”或全“用六”。其他 62 卦不是纯阳纯阴，即便六爻全变，是变阳变阴驳杂不纯，故不可云“用九”或“用六”。㉕

例 3：见群龙无首、吉。如群龙谁也不居首位，相互平等，自由自在，各得其所，各得和谐的秩序，这是大吉的。北宋程颐释“无首”为无自为首，意谓资质刚健的英雄人物勿自为天下人之首，而让天下人拥我为首，也是有道理的。㉗

例 4：用九为乾卦所独有，表示乾卦六爻都是九，九为极阳之数，阳极阴生，乾卦的六个阳爻必将全部转化为阴爻。群龙的阳刚之气开始转化为阴柔之德，它们不再逞强争当首领，比喻刚健有为的人采取了平等共处、不以领袖自居的处世态度，结果自然是大吉大利的。⑲

例 5：乾卦的用九、坤卦的用六是两个特殊的爻，指出《周易》里用九、六的数字来表示阳、阴。

乾卦六爻全变，而成坤卦，有往来不穷之意。《易传·系辞》曰：“往来不穷谓之通”。㉑

例 6：乾卦只有六爻，到上九就结束了，为什么有用九爻辞呢？同样坤卦只有六爻，为什么有用六爻辞呢？因为乾卦是月卦，初九是巳月，九二是午月，九三是未月，九四是申月，九五是酉月，上九是戌月，所以“用九”就是亥月。亥月从立冬经小雪到大雪前，进入冬天了。坤卦是月卦，月建亥月，“用九”进入亥月，就进入坤卦了。乾卦六爻是夏秋二时，坤卦六爻是冬春二时，“用九”由乾入坤是由秋入冬。“用九”表示天时变换，所以《易传·乾文言》曰：“乾元用九，乃见天则。”天则就是天时变换规律。爻辞省去乾字。乾：立冬、小雪天时光明。见：看见。群龙：群龙不是潜龙、田龙、跃龙、飞龙、亢龙等。因为龙知天时，行动合天时，秋分时龙都潜入深渊水底了，到立冬、小雪时节何以得见群龙？我认为，这里的群龙是指庄稼五谷。庄稼有五谷，故而谓之群。五谷知天时、合天时，随着天时生息，所以五谷是群龙。首：不是首领，而是庄稼的禾穗。禾穗长在庄稼植株顶上，故而谓之首。无首：古代收割庄稼是割取禾穗。秋收后，庄稼都没有了禾穗，故而谓之“无首”。古代还可以用禾穗纳税。《尚书·禹贡》：“二百里纳铚”。孔颖达疏：“铚谓禾穗也”。吉：善。意思说：立冬、小雪天时光明，田地里庄稼五谷的禾穗都收割已尽，颗粒归仓，吉善。爻辞教育人们要抓紧天时，秋收冬藏。⑱

第二卦　坤卦☷坤上坤下

（一）原文

（卦辞）坤，元亨，利牝马之贞。君子有攸往，先迷后得主。利西南得朋，东北丧朋。安贞吉。

（爻辞）初六：履霜，坚冰至。

六二：直、方、大，不习无不利。

六三：含章，可贞，或从王事，无成有终。

六四：括囊，无咎无誉。

六五：黄裳，元吉。

上六：龙战于野，其血玄黄。

用六：利永贞。

（二）解读

卦辞：坤，元亨，利牝马之贞。君子有攸往，先迷后得主。利西南得朋，东北丧朋。安贞吉。

解读：“坤”，卦名。坤为地，《说文》曰：“坤，地也。”“牝”（pìn 音聘）：雌性的（鸟兽），牝马即母马，比喻为君子。“元亨，利牝马之贞。”是说君子革命开始就执着地追求，像母马任劳任怨驰骋在大地上。母马即君子，又象征大地，承载万事万物。坤卦把大地、母马、君子三位融为一体。孔子《象》曰：“地势坤，君子以厚德载物。”“君子有攸往”是君子行动时，对方向和前途还不是很清晰，迷茫状态。而后看清了方向得到真理，那就是西南方向，会得到朋友相助，东北方向没有朋友。“安贞吉”是，为了民众安居乐业革命坚持到底则吉祥。

乾为天，是国家领空；坤为地，是国家领土。乾坤象征国家的天地。

初六：履霜，坚冰至。

解读：“履”（lǚ 音屡）：踏，踩。爻辞说君子行动时很艰难，如履冰霜，将遇到冬天的坚冰。喻意不要灰心，要看到光明。如同英国诗人雪莱诗中说：“冬天来了，春天还远吗？”

六二：直、方、大，不习无不利。

解读：君子具备直率、方正、大度的品质，既使没经过革命培训实习，也无不利。

六三：含章，可贞，或从王事，无成有终。

解读："含章"是君子胸有成竹，不外露。"可贞"坚持走正确道路。"或从王事"是与上层天共谋大事，顺天行事，即"奉天诏曰"是地高举天的旗帜来行动。"王事"实质是国家大事。此埋伏坤卦上六爻边疆遇难时，在领空的天龙下来助战，保卫领土。"无成有终"是，不为了个人的功名成就，要把革命进行到底。

六四：括囊，无咎无誉。

解读："囊"是口袋，可装入贵重物品。此囊可扩大空间，可象征大会堂，或团体组织，甚至一个国家。六爻重卦，一、二爻可象征地，三、四爻象征人，五、六爻象征天。君子革命行动已走到六四爻，人爻最上层，人气最旺，在囊中团结一切可以团结的力量，成立统一战线的团体组织。括是把囊扎口，即共同遵守规章制度，统一对外。"无咎无誉"是谨言慎行，个人不出风头称誉，就不会犯错误、"无咎"。

六五：黄裳，元吉。

解读："黄"是古代最尊贵的颜色，君主才能穿黄色龙袍。在此象征君子已为君主。裳是下身穿的裙裤。六五是体居中位、主角、主席的位置，是"黄"的位置。五行有五种颜色，五色土的布局是把黄色土放在中央。因而此"黄"又象征成立了"中央"政府。六四爻的政协团体可以在此召开政协大会。孔子《象》曰："黄裳元吉，文在中也。"这从侧面也反映成立了"中央"政府，因为"文在中也"是说重要文件出自"中央"政府。"元"者大也，"元吉"是大吉大利。

上六：龙战于野，其血玄黄。

解读："玄"：赤黑色（《古代汉语词典》）。"野"是原野，辽阔的大地。坤为大地、国家领土，上六爻是坤卦爻位的顶端，"野"就是国家领土顶端的边疆。坤象征母马，敌人入侵领土边疆时，母马应战，还呼唤领空天龙下来助战，血染沙场、"其血玄黄"。《千字文》第一句就是"天地玄黄"，玄、黄分别是天、地的颜色。依此可谓天龙流的血是赤黑色，大地上牝马流的血是黄色，抗战如此激烈。乾为天为龙为领空，坤为地为马为领土，为抗击入侵者龙和马并肩浴血奋战。中华民族"龙马精神"从《周易》流传于世，流传数千年至今。

用六：利永贞。

解读：《周易》六十四卦惟有乾坤二卦是七爻，其余六十二卦皆六爻。坤卦第七爻是用六爻，只有爻辞"利永贞"，却无爻的位置。《周易》作者受时代的局限性，找不到用六爻的位置，留给后人充填。当今时代的确有了用六爻的位置。因为《周易》诞生在北半球，北半球国家的边疆是上六爻位置，再往外往北延伸便是公用的北极，那就是用六爻的位置。该位置恰符合用六爻辞，用六爻辞声明“利永贞”。“利”是在该区域和平利用，“永贞”是永远坚持走正道。孔子《象》曰：“用六永贞，以大终也”，是说各国在该区域和平开发利用是最大最好的结局。这是《周易》的地德，是《周易》地球村的大同世界观，《周易》梦。

由于坤卦各爻皆阴爻，阴盛，有物极必反的倾向，历代易学家在此说阴极生阳。所以在阴冷的北极区域，要警惕暗藏杀伤性武器，用来攻击某国，妄图使某国由阴变阳、“颜色革命”。

总结乾坤二卦。该二卦是《周易》的总纲，是其余六十二卦的门户，排列最前。笔者新时代解读《周易》，与时俱进，古为今用。把乾坤二卦比喻为国家的领空领土，比喻为一个国家，国以民为本，这是天地人三才合一。乾卦卦辞《象》曰：“天行健，君子以自强不息。”坤卦卦辞《象》曰：“地势坤，君子以厚德载物。”这是中华民族努力奋斗“自强不息”、又以宽宏大度“厚德载物”的精神，树立于世界强国之林。和平崛起，绝不称霸。《周易》前瞻性预留出空间，以乾卦用九爻宣扬和平利用太空为天德；以坤卦用六爻宣扬和平利用北极为地德。早在三千年前，《周易》向世界发出和平的最强音，这表明中华民族拥有爱好和平的优良传统。若他国入侵，以坤卦上六爻“龙马精神”应战。

（三）选录多种解读

第二坤卦卦辞：坤，元亨，利牝马之贞。君子有攸往，先迷后得主。利西南得朋，东北丧朋。安贞吉。

例 1：坤卦代表大地，本卦讲顺从之道。从卦象来看，坤卦上下均为坤，坤是大地的象征，大地生养了万物，因此同乾卦一样也具有元始和亨通的德行。乾卦讲阳刚之德，坤卦讲柔顺之道，如果能像雌马那样坚守柔顺的正道是有利的。因此，以坤道行事的君子切不可抢先居首，不然就会迷失方向。如果他能坚守柔顺的本性，跟随人后，具有乾阳之德的人就会出来为他做主，结果是有利的。西南是阴气聚集的地方，东北方是阳气汇集的地方，坤卦六爻皆阴，同类为朋，因此往西南方会得到朋友，而往东北方则会失去朋友。总之，只要能安于坚守柔顺的正道就能获得吉利。⑲

例 2：坤卦卦辞也有“元亨利贞”，只是不同于乾卦的是，坤卦把“利贞”赋予了定义：“利牝马之贞”，贞乃忠贞守道之义。坤匹配于乾，应为乾守贞。为什么选“牝马”而不选“母牛”呢？这是因为在野马群里，牝马只接受开始与它交配的牡马（公种马），终身不再与别的牡马交配，表现为忠贞的节操。坤为臣道，为妻道，应该像牝马一样对牡马忠贞，对乾固守臣道、妻道，温顺地服从君子，服从丈夫，无怨无悔地为国家（君王）效忠，心甘情愿地为家庭（丈夫）繁衍和教育后代，这才是坤的应守之道。

“先迷后得主”，先迷，南怀瑾先生认为，坤卦还代表月亮，因为月亮自身不发光，要借助太阳散发光明。朔日，月球几乎和太阳同时出没，因为其朝向地球的一面照不到阳光，所以从地球上看不到月亮，月亮不能发出光明，所以大地夜晚一片黑暗，因为不能接受太阳的光明，表现为迷失、迷茫。但过了这个时段，月亮会逐渐重现光明，逐渐能够接受太阳光明，表现为“后得主”。借此阐述坤为臣道，为妻道，当君王、丈夫还没有出现的时候，臣子、妻子过早地去寻找，怎么不迷失方向呢，只有等到明君出现了，情投意合的男子出现了，臣子、妻子再去追随，是谓“后得主”，这样的关系才为和谐、吉祥。

“西南得朋，东北丧朋”，南师认为，这里的“朋”本为“明”，源于东汉魏伯阳的《参同契》：“三日出为爽，震庚受西方。八日兑受丁，上弦平如绳。十五乾体就，盛满甲东方。蟾蜍与兔魄，日月炁（音 qì，义同气）双明，蟾蜍视卦节，兔者吐生光。七八道已讫，屈折低下降。十六转受统，巽辛见平明。艮直于丙南，下弦二十三。坤乙三十日，东北丧其明。节尽相禅与，继体复生龙。壬癸配甲乙，乾坤括始终。”这里阐述月相的变化与八卦、干支方位变化的关系，本为道家借助于此炼丹之用，所谓将身体炼精化气，炼气化神，炼神还虚，而后成仙。但这里揭示了月相变化的规律，从阴历初三至初八，月亮由新月逐渐成为半月，开始新月挂于西方，到半月时则挂于南方了，表示月亮逐渐趋向盈满，并且逐渐光明，故而“西南得朋”。从文王后天八卦看，西南为坤卦之位，坤道同类朋友应该在西南之位，坤地静而不动，守住自身之道才能得到明主和朋友；东北为艮卦之位，艮为山，为止，为禁，本不该动的人往不该去的地方，故而丧朋。还是安守本分，才是吉祥。㉘

例 3：乾卦卦辞“元亨利贞”四字，是用天道变化的四个层次表达乾卦纯刚至健的性质。孔子把这四个字理解为四德。四德具备的人、事、物，具有乾健的性质。用四德表达的这种乾健的性质，带有极大的抽象性和普遍性。坤卦卦辞也讲“元亨利贞”，但在“贞”字前加上“牝马”这样一个定语，对“贞”字加以限制，意谓坤卦之“贞”与乾卦之“贞”不同，是“牝马之贞”，而不是一般的“贞”，于是“贞”的含义由全而偏了，于是“元亨利贞”不是均衡的四德了，而变成了有所偏重的“元亨”与“利牝马之贞”的三层含义，而且重点显然在“利牝马之贞”不在“元亨”。“君子有攸往”及其以下诸语则是“利牝马之贞”的进一步发挥。所以弄明白“利牝马之贞”一句的含义是理解坤卦卦辞的关键。

“君子有攸往，先迷后得主”。“君子有攸往”句是总起下文的。君子在有所作为，有所行动的时候，不论做什么都要遵循“先迷后得主”的原则。但这是指处在坤顺地位的人、事、物而言的。处在坤顺地位的人、事、物，要顺从处在乾健地位的人、事、物，坤居乾健之后，绝对不可与乾健争先。坤顺要以乾健为主，而不可自为主。“迷”与“得主”是相对应的两个词语，迷是失主的意思。怎样做才能得主而不至于失主呢？要为后不为先。

“利西南得朋，东北丧朋，安贞吉”。“西南”与“东北”两个方位词应怎样理解呢？有的人把它们同邵雍的先天八卦后天八卦联系起来解释，解释不通。程颐和朱熹说“西南阴方，东北阳方”是可从的。西南代表阴方，东北代表阳方，似乎是一种古老的观念。

坤卦曰“利西南得朋，东北丧朋”是什么意思呢？“西南得朋”与“东北丧朋”同样有利。朋是朋类。得朋丧朋是与上文“得主”相照应的。作为坤来说，其根本的问题是如何得到乾健作己之主。得到乾健作己之主就吉，失掉乾健之主则凶。坤顺怎样方可得主呢？“东北丧朋”。东北是阳方，代表乾，就坤对乾的态度说，应当忠诚不贰；欲忠诚不贰，根本的问题是“丧朋”，即引类相先而不为阿党。“西南得朋”，西南是阴方，代表坤，就坤对乾效劳的方式说，应当竭尽全力；欲竭尽全力，根本的问题是“得朋”。丧朋得朋是一个问题的两个方面。坤对乾既然要顺，要得到乾为己之主，就要一方面不结私党而效忠于乾，一方面联合众力而效劳于乾。“安贞吉”，坤能够自动自觉、心甘情愿地顺于乾，故吉。㉕

例 4：坤：国土辽阔。元亨：大为亨通。牝马：母马。读易者大都很奇怪，依先天八卦坤为地，为什么坤卦讲母马呢？因为依后天八卦、乾为父，坤为母。人类社会只经历母系制社会与父系制社会，母系制社会在先，父系制社会在后，现今是父系制社会。母马是母系制社会的图腾，龙是父系制社会的图腾，父系制社会脱胎于母系制社会，所以河图是龙头马身。马身上黑白点符号组成的四方河图是五帝时期中国的国土图，所以坤是国土辽阔。

我认为乾坤卦是根据龙马河图制定的，所以乾以龙为图腾，坤以母马为图腾。贞：正。牝马之贞：母马之正。母马很有灵性，从不乱交，从不乱伦，致使马群都很强壮，这就是母马之正。妈字为什么由女字与马字组成？因为坤卦代表母，坤卦的形象大使是母马。妈的伟大历史使命是使人种更强壮，故而封建社会将贞引申为女人的贞洁。为什么坤为母？是因为母亲的伟大历史使命是要像土地生长万物那样具有强大的生育力，故而封建社会认为“不孝有三，无后为大”。乾为天，坤为地。天地生长万物，只知奉献不知索取。天为道，地为德，道家称作道德。为什么乾坤为父母？是因为父母像天地那样为了儿女的幸福，只知奉献不知索取。父母有情，天地无情。所以父母对子女的爱称为慈爱，而天地对万物的爱称为道德。为什么王是天子，王后是国母？是因为王与后要像父母慈爱儿女那样慈爱天下人。利牝马之贞：国土辽阔有利于母马寻找到适合交配的公马使种群更加强壮，引申为国土辽阔有利于人民远亲结婚使人种更强壮。君子：诸侯。有：有。攸：安行。君子有攸往：王室子弟有安然前往封地任诸侯者。先迷：起先因不了解国情会有所迷失。后得：后来熟悉国情以后就得心应手了。主：这里是坤卦（地）。主利：地主之利。即国土辽阔有地主之利。西南：在后天八卦里，坤卦位于西南。东北：在后天八卦里，艮卦位于东北。《说文》："朋，古文凤。凤飞，群鸟从以万数，故而为朋党字。"古朋字是多义字。朋党，其一也。其二，朋是货币（贝），如"十朋之龟"。其三，朋同淜（冯），如"朋亡""冯河"。根据经卦与五行的关系，坤属土行，艮属土行，故而坤、艮、土行是朋党。西南得朋：坤为地，地为田土，土行西南得土之朋是田土。东北丧朋：艮为山，垒土为山，土行东北丧土之朋是山土。安：国土安宁。贞吉：主吉。意思是：治国者的首要任务是保证国家社会的安全和稳定。⑱

坤卦爻辞初六：履霜，坚冰至。

例 1：坤卦初六爻辞曰"履霜坚冰至"，意义比较容易理解。这是一个象，象也就是用一个形象作比喻，借用这个形象作比喻以说明一个道理。用象说明道理，是《周易》的重要特点。为什么不直接讲出道理而用象来作比喻呢？这是因为如果直说，必然说死说偏，只有用象来表达，才能把卦爻的意义讲圆活，讲完满。64 卦与 384 爻各取什么象，看来似乎有规律，其实是很灵活的。如乾卦卦辞曰"元亨利贞"，实际上是以天为象，但又不明说，根据《象传》我们才知道它是取象天的。乾之六爻不取天象取龙象。坤与乾相对应，乾卦卦辞取天为象，则坤卦当取地为象，然而坤却取象牝马，而坤之六爻则取象多样而绝不言马。"履霜坚冰至"是这样的象：脚下既已踏霜，坚冰必将到来。它的意义是说，阴始生于下，其端甚微，而其势必盛。引申一步，告诫人们要见微以知著，防渐而杜微。㉕

例 2：事物的发展是循序渐进的，一开始就要见微知著，一叶知秋，未雨绸缪，这是作为臣属应该具备的基本素质。㉘

例 3：此爻可与乾卦初九合参。防渐虑微，慎终于始，攘恶于未发、杜祸于未萌，慎始之道也。君子若仓促行事，谋事未周而轻动，则差以毫厘谬以千里，其终则未能如愿。

乾卦初九、坤卦初六，是卦之始、之本，《周易》重始贵微，对每卦的初爻，学者要引起足够的重视。

人生智慧的洞察力，在于解决各类围绕时间的问题。天下事物皆由渐积而成，初始虽微，其未来已经隐现，君子当洞悉由微至著的过程。《易传·文言》曰：“积善之家，必有余庆，积不善之家，必有余殃，臣弑其君，子弑其父，非一朝一夕之故，其所由来者渐矣，由辩之不早辩也”。㉑

例 4： 坤卦是阴历十月的卦，按着二十四节气变化的顺序。十月有立冬、小雪两个节气，当走到薄冰上，就知道寒冬即将来临，结冰马上开始。

此爻提醒人们要谨微，君子要做到洞察秋毫。有苗头及时发现，并加以注意，做到有备无患。本爻还有一个重要内容，那就是提醒要时刻注意坚冰的到来。“冰冻三尺，非一日之寒”。不但不要忽视渐变的力量，还要迎难而上，做好吃苦耐劳的思想准备。树立“耐得十年寒窗苦，春来冰融百花香”的胜利信心。㉗

例 5： 坤卦是月卦，月建亥月，初六爻就是亥月。戌月霜降之后就是立冬、小雪、大雪，故而爻辞言霜冰。爻辞省去坤字。坤：霜地。初爻是平民之位。履霜：民众刚才还脚踩在霜地上。坚冰至：坚冰厚雪天就来到了。⑱

例 6： 履，本义是鞋子，引申为行走、践踏。二十四节气歌云：“秋处露秋寒霜降，冬雪雪冬小大寒。”从自然节气上来讲，霜降以后不久，白雪皑皑、坚冰凝结、天寒地冻的冬天就要来了，因此说“履霜，坚冰至”。

冰冻三尺，非一日之寒。自然事物有其规律可循，社会事物的发展也是如此。如《文言》中说：“大臣杀害国君，儿子杀害父亲，这种大逆不道的行为，并不是一天两天中所酿成的，早就有应该能够察觉到的苗头，关键看你能不能及时地发现这种苗头。”能够见微知著，从小事中预见事物的发展趋势，从而不断调整自身行为坐标，就可以趋利避害。

需要说明的是，“履霜，坚冰至”虽然系于初六一爻之下，但它却对应了《坤》卦六爻，概括和揭示出了阴气由初六至上六上升发展的总趋势。如果按上引二十四节气歌来搭配，初六为霜降，则六二为小雪、六三为大雪、六四为冬至、六五小寒、上六为大寒。㉖

坤卦爻辞六二：直、方、大，不习无不利。

例 1： 直，正直。方，端方。大，广大。习，通“袭”，突然袭击。

古人认为地方天圆。从文字表层意思来看，“直、方、大”是对大地特征的描述，是说大地具有正直、端方、广大的特征。这与战争又有什么关系呢？

《老子》中说：“人法地，地法天，天法道，道法自然。”人类与天地合其德，大地是人类效法的直接对象。人类也要像大地一样，以正直、端方、宽广的品德和胸怀来行事，如《老子》说“方而不割，廉而不刿，直而不肆，光而不耀”。

战争也是如此。不宣而战，乘人不备进行偷袭，一般来说这是侵略者的惯有行径，不符合“直、方、大”之道。正义的战争完全可以正大光明、理直气壮地向敌人正式宣战，这样可以占据各方面尤其是心理、舆论上的优势。反之，即使是正义之战，而采取偷袭的方式，那么其战争的性质、动机也就很令人生疑了，这对于战争是不利的，因此断语说“不习，无不利”。㉖

例 2：六二爻是干支历的子月。子月是从大雪经小寒到大寒前，此时是大雪覆盖天。直方：古代实行井田制，耕治之田地都是直方形的，故而古代有“天圆地方”之说。直方大：大雪覆盖了田地、沟洫、道路等，使直方形的田地变大了。习：熟悉。

爻辞省去坤字。坤：雪地。二爻是大夫之位。不习无不利：大雪覆盖了沟洫使直方形的田地变大了，大夫在雪地行走，即使不熟悉道路也没有不利的。爻辞教导大夫在大雪冰冻天气下乡去了解民情是相当中正的行动，所以有“无不利”的好词。三千年前就要求官员如此体察民情、关注民生，实在令人敬佩。⑱

例 3：六二之直，讲的是坤的柔顺；方，讲的是坤的赋形有定；大，讲的是坤厚德载物。坤德内直外方，而又盛大。如果一个人具备了坤“直、方、大”的德性，那么，即使不进一步学习也不会不利，其坤德像大地的法则一样广大光明。㉗

例 4：六二爻位于下卦的中位，具有中正之德。大地又直又方，且极为广大，以此象征坤道正直、端正、广大的性质。如果人具备了正直、端正的品质和广大的胸怀就能够立于不败之地，无所不利。⑲

例 5：方，言行相称；直，公正不偏，二者皆是坤德。君子以乾坤二德行事，不必再求鬼神，自可无不利。

正直发于心，内直则必敬；义方以接物，外方则无不宜。君子内外兼具，则其德博大，积之行事，自无不利。《易传·文言》曰：“直，其正也，方，其义也，君子敬以直内，义以方外，敬义立而德不孤”。㉑

例 6：爻辞“直方大，不习无不利”确实极准确地表达了坤卦的本质特点。这主要表现在两个方面。第一，“直方大”三字，方是讲坤的。乾为圆则坤为方，方是坤之德。坤之方与乾之圆相对应。乾体圆，坤效之以方，故坤至静而德方。至于直与大二字《系辞传》说乾“其动也直”,《彖传》说“大哉乾元”，说明直与大是乾之德，不是坤之德。不是坤之德，为什么坤之主爻六二把直方大连起来说呢？这是因为坤以乾之德为己德，或者说，坤是效法乾的。乾体圆，坤则效之以来方。乾性直，坤亦未尝不直。乾无疆，则坤德合无疆，与乾并其大。那么坤之方怎样能与乾之直、乾之大联系起来呢？就事理上说，大凡方的东西必首先要直，不直何以成方？而其趋势总以大为极。犹如几何学上所谓线面体的关系，没有直线不可成面，没有面不能成体，没有体何以言大？这里充分地表达出坤的特点：坤总是效法乾，因顺乾，绝不独特地表现自己。坤之德仅仅在与乾发生联系的时候才有实在的意义。于是就有了第二点，乾为圆，圆者动；坤为方，方者静。故曰“不习无不利”。“不习”，谓坤之道因任自然，莫之为而为，一切顺从乾德而行，其间并无自己的增加造设。这样做，对于坤来说，没有任何不利。这大概就是《系辞传》所谓“坤以简能”的意思。“不习无不利”与《老子》“无为而无不为”的思想近似。《老子》的思想根源可以追溯到殷易《坤乾》，坤六二“不习无不利”一语极可能就是《周易》里保留着的《坤乾》思想的残迹。㉕

坤卦爻辞六三：含章，可贞，或从王事，无成有终。

例 1：六三爻位于下卦的最高位，表明君子才德有了增进，但他含蓄而不外露，始终遵循坤道柔顺的本质。他或追随君王从事政务，不居功自傲，但能安守追随者的本分恪尽职守。⑲

例 2：含，包含、充满。章，花纹、纹彩。或，不定之辞，假如、如果。王事：犹如说“王业”“霸业”。成，成功。终，结局。

“含章”的字面意思是指大地充满文彩，山河秀丽，物产丰富。《坤》为地，包容、吐生万物是大地的主要功能。如《管子・水池》中说：“地者，万物之本源，诸生之根菀也。”“地”字以“土”“也”作为构字部件，也表明了这个意思。土，《尚书・禹贡》郑玄注云：“能吐生万物者为土。”也，本义就是女性生殖器的象形，如《说文》中说：“女阴也，象形。”对此虽然有人提出异议，但章炳麟、陆宗达先生都曾证其不误。退一步说，即使“也”的本义并非女阴的象形，但后来作为字素演变成了代表女阴、女性的符号却是确定无疑的。正因为大地化生万物的功能与女人生育的功能是一样的，所以“地”字以“也”字作为构件。如《老子》第六章中说：“玄牝之门，是谓天地根。”也以女阴比拟天地化生万物的功能。

“含章”引申到人事之中，比喻人有内在的美德、才能，这是应该值得肯定的，因此说“可贞”。但从事争王的事业仅有美德、才能还不够，还要等待合适的时机，在等待过程中进一步积蓄自己的美德、才能，正像大地虽然有吐生万物的功能，但这种功能的发挥，也要有一个过程，借助于一定的气候条件，要经过冬藏、春生、夏长这三阶段，然后才能结出丰硕的果实，正如《象》说“含章可贞，以时发也”。因此，在美德、才能的蓄积没有到足够程度和不得其时的情况下，从事争王的事业暂时是不会成功的，但只要知难而返，继续蓄积美德才能，等待时机，最终会成功的，因此说“或从王事，无成有终”。《象》说“或从王事，知光大也”，就是说在从事争王事业不成功、经受挫折以后，要吃一堑，长一智，认识到必须把自己的美德、才能进一步发扬光大。㉖

例 3：章，文而成章，本是外露之物，而六三毕竟是阴爻主静，有坤之含弘光大之德，且居下卦之上，为得位之爻，它能够含晦章美，常久贞守，不使外露。六三以阴居阳，又有动的一面，它“含章可贞”并非永远无所作为，它要“或从王事”，对于“王事”则动而从之，为之效劳。此“从”字甚关紧要。“从”，表明它顺从人家做事，不为事始，有唱乃应；更不为事主，待命而发。“王事”之“王”指乾。坤卦与它卦以五为君者不同。坤卦六爻皆为臣道。此“或”字尤堪注意。乾九四讲“或跃在渊”，坤六三讲“或从王事”。两爻都处在进退未定之际，唯退曰“在渊”，曰“含章”，而“跃”与“从王事”之进则皆曰“或”，这是因为作《易》者想告诫人们要慎于进，不急于进。在《周易》中阳是主进的，阴是主退的。乾九四阳居阴，坤六三阴居阳，有阴有阳，可进可退，故强调进宜慎不宜急。对比之下，乾九三与坤六四就不同了。乾九三阳居阳，阳主进，故曰“乾乾”；坤六四阴居阴，阴主退，故曰“括囊”。“无成有终”，进一步讲坤六三应当怎样“从王事”。上文说过，坤卦六爻皆是臣位，实际上它们都以乾为君。六三既要“从王事”，即从乾，那么它就有一个怎样从的问题。第一，它必当也能够“无成”。“无成”不是无所作为，无所成就；“无成”是功成而不居，有美归之于君。第二，虽“无成”但必须“有终”，“有终”是虽然有功不居，但是却要尽职尽分，一丝不苟的做成做好自己当做的事情。㉕

例 4：含：包，古同“胞”。段玉裁注《说文·胞》：“包谓母腹，胞谓胎衣。释文：‘胞音包。’今俗语同胞是也。”因此，含（包）的意思是在娘的肚子里。章：同“彰”，即彰明显达。三爻是诸侯之位。含章：还在娘肚子里时就彰明显达是诸侯。因此，含章的意思是世袭。古代诸侯是世袭的，《周易》用含章表达世袭。贞：正。可贞：可以改正。意思是若有世袭为诸侯却在其位不成其事者，可以罢免其爵位予以改正。或：有。王事：为王朝办事。无成：一事无成。有：不宜有。有终：不宜有的终日，即饱食终日。无成有终：若有人为王朝办事，一事无成却饱食终日就要罢免。爻辞教导诸侯和为王朝办事者，一定要在其位成其事。⑱

坤卦爻辞六四：括囊，无咎无誉。

例 1：六四爻已经上升到上卦的初爻，距离君位六五爻最近，这是一个非常危险的位置。爻辞以扎紧口袋为喻告诫追随者应当缄口不言，明哲保身，虽然得不到赞誉，但也可以免于灾祸。⑲

例 2：六四不同于六三，六三以阴居阳位，有静也有动，可退亦可进，当“含章”亦当“从王事”。六四则以阴居阴，又在危惧之地，上下不交，无承无应，恰是贤人不得不隐藏的时候。六四也恰是知几的君子，完全能够以柔德自处，做到“括囊，无咎无誉”。“括囊”，扎上囊口，里面的东西，全不使出来。含晦缄默，恶不为，善也不为，善恶一概括而不形。恶不为则无咎，善不为则无誉。平常人徒知咎可以致罪，不知誉可以为害。其实，有誉即可致咎，誉与咎无宁说是一回事。《庄子·养生主》之“为善无近名，为恶无近刑，缘督以为经”，与此爻义近。㉕

例 3：“括囊”实质就是要谨慎，也就是说多做事，少说话。闭其才智，不轻出。世人多因好誉而妄动，以致招灾惹祸。其实，有誉即可致咎。无荣耀的事不是不好的事，更不是坏事。总之，谨慎没有害处，不慎祸将临之。这就是此爻对我们的启示吧。㉗

例 4：“括囊”的表层意思是说，收获了果实后，装进口袋、扎紧袋口。引申到人事中，比喻人在品德和才能上已有所成，但是时机不到，仍然难以大有所为。为免遭疑忌、谗谤和迫害，要像扎紧粮食口袋一样，内敛自守，不可轻易展露自己的才能。这样虽然暂时不可能获取什么成就和荣誉，但也不会为自己带来灾害，因此说“无咎无誉”，《象》说“括囊无咎，慎不害也”。㉖

例 5：四爻是王朝大臣之位。爻辞省去了坤字。坤：地位。括囊：把口袋扎紧，引申为闭口不语。直言曰言，论难曰语，故而括囊引申为闭口不语。无咎：无罪过。无誉：无荣誉。无咎无誉：王朝大臣对疑难政事闭口不语，即使没有罪过也没有荣誉。爻辞教导王朝大臣不要明哲保身，为公要在其位谋其政。⑱

例 6：括囊，扎紧口袋，不让里面的东西露出来。身处此位，要含晦缄默，心怀敬畏，韬光隐晦，宠辱不惊。恶不为，善也不为，恶不为可以免除灾难，善不为可以舍去荣誉。㉘

坤卦爻辞六五：黄裳，元吉。

例 1：六五爻占据了坤卦的尊位，表明追随者已经获得了很高的地位。黄色是土地的颜色，土位于五行的中央，因此黄色象征着中道。古时称上装为衣，下装为裳。爻辞用“黄裳”比喻此时追随者已身处高位，但仍然保持着中和谦下的美德，结果自然是大吉大利的。⑲

例 2：乾卦阐述太阳，乾比作天，比作龙，卦德为刚健；坤卦阐述太阴（月亮），坤比作大地，牝马，卦德为柔顺。六五爻位，相当于下弦月，早晨可以看到下弦月挂在西南（后天八卦坤卦位置）上空，因受太阳光线照射，月光变淡，成为淡黄色。裳，下装，上装为衣，下装为裳，因是下半月，故引申为裳。又因坤卦五行属土，位五方之中，土为黄色，黄色为坤之本色。黄裳，就是保持坤的本色，即坚守坤顺之道。㉘

例 3：《乾》为天，《坤》为地。人与天相应，《乾》可以象征人体的上半部，而《坤》象征人体的下半部。秋冬之际，阳气闭藏，阴气素杀，万物的能量暂时内敛，以待来春再发，所以大地上的草木一片枯黄，如同人的下身穿着黄色的衣服，因此说“黄裳”。人取法于大地，也穿着黄色的下衣，与大地合其色，隐身于大地，象征人有美德而内含不露，有才能而待时以发，因此说“元吉”。㉖

例 4：《千字文》第一句话就是“天地玄黄”。玄，深蓝色近于黑色，黄指的是大地，玄冷，黄暖。按五行说，木、火、土、金、水相应的颜色为青、红、黄、白、黑，相应的方位是东、南、中、西、北。黄指的是大地，又居中央。黄色代表中。“黄裳”有中庸之意。也就是说一个人处在坤的时代，虽然地位高了，但要保持柔顺之纯。温恭俭让，平和对待下属，中庸处事。方可大吉大利。这就是学《易》者的感悟吧。㉗

例 5：黄，黄色。黄色代表什么，古人有两种说法，一说东西南北中各用青、白、赤、黑、黄五种颜色表示，黄色代表中；一说天玄地黄，在天与地相对应的时候，玄色代表天，黄色代表地。这里的黄色是代表中还是代表地，古人亦有二说。有人说这个黄代表中，是中之色，有人说代表地，是地之色。仔细寻绎，还是后说强一些。第一，紧接着上六爻辞即曰：“龙战于野，其血玄黄”。“其血玄黄”，以黄与玄连举，显然玄指乾指天指阳，黄指坤指地指阴。《仪礼·士冠礼》经文“玄端玄裳黄裳杂裳可也”下。郑注说：“上士玄裳，中士黄裳，下士杂裳。杂裳者，前玄后黄，《易》曰夫玄黄者天地之杂也，天玄而地黄。”郑注引的《易》正是坤卦《文言传》里解释坤上六爻辞“其血玄黄”的话。郑玄认为玄裳的“玄”是天之色，黄裳的“黄”是地之色，是正确的。六五言“黄裳”，上六言“其血玄黄”，两爻相比邻，同一个“黄”字不应有两解。第二，从事理上说，五就是中，已经明白无疑，何须更用黄色来表示，只有将“黄”字理解为地之色，代表坤的时候，“黄”字在此才有意义。古人的衣服，穿在上身的叫衣，穿在下体的叫裳。裳很像围裙，系在腰上。衣与裳相对，衣在上象乾，裳在下象坤。黄与裳合而言之，讲的就是坤之柔顺之道。坤以在下为正，乾以在上为正，所以二与五皆中而乾之天德在九五，曰“飞龙在天，利见大人”，坤之地道在六二，曰“直方，大，不习无不利”。反之，二不是乾之正位，故乾九二有阳德而在下，五不是坤之正位，故坤六五在上而有阴德。“元吉”即大吉。“黄裳元吉”，不过是说，一个人处在坤的时代，虽然地位高了，但也要保持柔顺之德，如此方可得大吉。㉕

坤卦爻辞上六：龙战于野，其血玄黄。

例 1：上六爻居于坤卦最高位，此时阴气已经过盛，势必转化为阳。爻辞用龙战于野外，流着黑黄的血来比喻追随者不再安守坤道而去争夺主人的地位，与主人发生了激烈的战斗，结果两败俱伤。爻辞一方面告诫身居主人地位的君子务必时刻警惕小人的觊觎，防止重用阴险的小人，以免招致凶险，同时也奉劝处于从属地位的追随者始终坚守谦卑的美德，避免做出以下犯上的蠢事。⑲

例2：玄，黑色，青色。龙战于野，指乾坤阴阳二气血战于旷野，天玄地黄，断杀中，乾龙流下了青黑色的血液，坤龙流下了黄色的血液。㉘

例3：坤的本质特点是顺，也就是坤顺乾，阴顺阳。本来阳的名分比阴尊贵，阴至上六。阴盛之极，于是不顾名分敢与阳争高低，阳也不让步，双方大战于郊野。㉗

例4：爻辞不言阴与阳战而曰“龙战于野”，是故意不承认阴敌阳的这个现实，把阴与阳战或坤与乾战的现实用“龙战于野”的另一种说法表达出来。㉕

例5：在《乾》卦中我们说过，龙是气在不同时空中的象征，既可象征阳气，也可象征阴气。《乾》用九中说的“见群龙无首”的“群龙”，本爻中“龙战于野”中的“龙”，都是包括阳龙、阴龙在内的。物极必反，阴极则衰。阴气发展到上六，已经到了极点，阴气呈衰落之势而阳气呈增长之势，出现阴阳交争的局面，对此爻辞形象地描述为“龙战于野”。《象》说“龙战于野，其道穷也”，其中的“其道穷也”也是指阴气而言。“龙战于野”相当于《乾》九二爻“见龙在田”，说明“龙”已经浮出水面，阳气已经增长到一定的程度，与阴气交争。天为阳、地为阴，天为玄、地为黄。“其血玄黄”比喻天气与地气、阳龙与阴龙之间的交争、战斗，流出玄黄色的血。㉖

例6：龙：指乾、指天。野：指坤、指地。龙战于野：是说乾坤交配。血：指血脉、血嗣，即子孙后代。玄是青色，是天的颜色；黄是地的颜色，青黄交配，产生绿色，绿色象征万物。

“龙战于野，其血玄黄”的意思是：乾坤交配，产生万物。⑰

例7：乾为龙，龙有阳气刚健之象。战，接也、交也。野，郊外地。上六处坤地之外，有野之象。乾卦九二见龙在田，故野有龙出之象。龙出阳气则现，有阴阳欲交接之象。

上六居卦之极，阴凝则为血，有阴盛大之象。玄，幽远也，黑而有赤色者为玄，指天之色。黄，指地之色。震为玄黄。

上六为阴之穷，即初六坚冰之终。阴极盛则阳生，阳出则阴阳交接，故震雷动而万物生。

坤卦至上六，穷则变，则阳生，坤卦在此与乾卦交接，则天地生。㉑

例8：坤卦初六爻是亥月，上六爻则是辰月。辰月是从清明经谷雨到立夏前，正是春水大发之时。龙：龙为乾卦，也代表巳月。战：本义是战斗。古代冷兵器作战，双方相交接才能成为战斗，故而战引申为接。野：古代城外耕治之田地称作野。龙战于野：乾（龙）接（战）于坤（野）。即巳月接于辰月，夏时接于春时。其：指上句中的野而不是龙。血："洫"字。血是"恤""洫"的本字，所以汉帛书将"恤""洫"都写作"血"字。洫是一万亩（百夫）田地间的水道，爻辞以洫比血，将田地中的水道比作人身上的血管，这是多么形象和科学啊！说明在三千年前的商周时期就有人体解剖学知识了。玄：黑色。黄：黄色。其血玄黄：清明谷雨时节野田里的沟洫中流淌着黑黄色的流水。⑱

坤卦爻辞用六：利永贞。

例 1：用六为坤卦所独有，表示坤卦六爻皆用六，六为极阴之数，势必转化为阳，即坤转化为乾，但坤永远固守着自己阴柔的正道，同时又具备了乾卦的阳刚之气，如此阴阳相合、刚柔相济而臻于完美。爻辞断之以"利永贞"还说明坤虽然可以转化为乾，但它本身并不是乾，不能取代乾的地位，它应当坚守坤道而从属于乾才是有利的。⑲

例 2：用六之所以强调"永远坚守正道"的道理，是因为只有这样身处坤位的人们才能得到大的善终。㉘

例 3：用六进入了乾卦巳月，表示坤乾变换，春夏变换。贞：主。主是坤卦，坤是土地。永贞：永主，即万物有生有息，而土地永远存在，土地是万物永久的载主。利永贞：四时交替，春夏变换，有利于万物在土地上有生有息永久存在。⑱

例 4：用，帛书《易经》作"迵"，通、全部。六，指代阴爻。永，本义指长长的流水，引申为永远。

阴阳互根互存，彼此消长。消极而长，长极而消。阴阳只有不断地循环往复，万物才能完成生、长、化、收、藏的过程，才得以生生不息、绵绵长存，如十二辟卦图所示，构成了一个永无休止、往复循环的圆环，因此说"利永贞"。㉖

例 5："用六"的意义与乾卦"用九"一样。"用九"是乾卦六个阳爻都用九不用七，"用六"是坤卦六个阴爻都用六不用八。筮得坤卦时，六爻虽皆阴，但有的可能是六，有的可能是八。六是老阴，是变爻；八是少阴，是不变爻。《周易》占变爻不占不变爻。假设坤卦六爻皆六，都是变爻，那么便用这六个六来占；六是变爻，六个六皆变为七，即变为阳爻，全卦也就由坤之乾了。坤虽变为乾，坤性依然在，坤性虽还在，却已有乾的影响。故作"易"者特为此设辞曰"利永贞"，意谓阴柔不能固守而变为阳，变为阳却又不是阳，则利在永贞。乾坤二卦都讲元亨利贞，然而乾重元以元为统，坤重贞以贞为主，故坤之贞为"牝马之贞"。坤之本质特点是顺乾，一方面与乾合德，共生万物，故乾元亨，坤也元亨；一方面以乾为君，顺承乾。此处言"利永贞"而不及元亨，其用意很明显，是在突出强调坤用六变卦之顺承乾的一面。㉕

第三卦　屯卦䷂坎上震下

（一）原文

（卦辞）屯，元亨利贞。勿用有攸往，利建侯。

（爻辞）初九：磐桓，利居贞，利建侯。

六二：屯如邅如，乘马班如，匪寇婚媾，女子贞不字，十年乃字。

六三：即鹿无虞，惟入于林中。君子几，不如舍，往吝。

六四：乘马班如，求婚媾，往吉，无不利。

九五：屯其膏，小贞吉，大贞凶。

上六：乘马班如，泣血涟如。

（二）解读

卦辞：屯，元亨利贞。勿用有攸往，利建侯。

解读："屯"（zhūn 音谆），卦名。通读屯卦爻辞是说求婚和打猎，打猎也是比喻求婚缺乏条件。《周易》排列六十四卦首先是乾坤天地建立国家。国以民为本，第三卦屯卦为民婚姻建立小家庭，对国家来说其重要性不亚于建国封侯，故用"建侯"比喻婚姻的重要性。

卦辞说，"屯"是初生草木开始的艰难性。在乾卦的"元亨利贞"的岁月里，君子要自强不息。"勿用有攸往"是婚姻不要急于求成，但最终"利建侯"能婚姻成功。

初九：磐桓，利居贞，利建侯。

解读："磐桓"（pánhuán 音盘还）：徘徊，逗留，犹豫。爻辞说，开始时，艰难犹豫徘徊。"利居贞"是在安居中坚定正确的信念。这样才能"利建侯"即有利于谋取婚姻大事。

六二：屯如邅如，乘马班如，匪寇婚媾，女子贞不字，十年乃字。

解读："屯"（zhūn 音谆）为艰难意，不读 tún。"邅"（zhān 音粘）：难行，"邅如"即"如邅"，如此难行之意。"乘马"是马拉车，"班"是有组织的人群，"班如"即"如班"，译为同一个班级。"匪"通非，不是。"寇"是抢夺的盗匪。"字"是嫁。

爻辞说，求婚的男儿带领一些人有秩序地坐在马车上，行路艰难，来到女方家门前，不是来抢婚，派人进门传达给女方父母来求婚。闺房女孩在屋里对父母故意撒娇地说，不嫁，十年再嫁。“女子贞”译为女孩仍要守贞不嫁。古代求婚者不能与女孩直接对话，如此经过，不欢而散。

六三：即鹿无虞，惟入于林中，君子几，不如舍，往吝。

解读：“即”是就，追逐之意。“虞”（yú 音于）是古代管理山林的官，是打猎的响导。“几”通机，机智之意。“吝”是婉惜，遗憾。

爻辞说，男儿打猎追逐鹿，深入山林里，原想有所收获，因无响导，再追逐鹿，容易迷路危险，不如捨弃，否则会遗憾。

《周易》作者突然加入打猎场面，暗喻打猎无收获是因为没有响导，初次求婚失败是因为没有巧嘴媒人。男儿悟出此理，下一爻便行动。

六四：乘马班如，求婚媾，往吉，无不利。

解读：这是男儿第二次乘马车去求婚，带领随从的媒人等。“往吉”是往来吉祥，“无不利”译为不是不利。言外之意，又吉祥又吉利，当然求婚成功，定婚了。本爻辞共四句，前两句是求婚行动，后两句是行动结果（成功）。

九五：屯其膏，小贞吉，大贞凶。

解读：“屯”（tún 音囤）：聚集，储存，积累。“膏”指油脂，油水，引申为钱财。定婚回来，男儿开始积累钱财，准备办喜事。本爻警告男儿，不要积累太多了，即“小贞吉”。若积累太多，花费时间长。物极必反，过富招灾，易出意外凶灾，即“大贞凶”。

上六：乘马班如，泣血涟如。

解读：这是求婚者第三次“乘马班如”，这次是到女方家娶亲，迎接新娘。“泣血”是哭的令人痛心，是新娘告别父母养育之恩。古代有些地区乡俗，此时刻女儿做新娘要离开父母到男儿家里，惜别之情必须要哭，而且要哭出声响，叫“哭嫁”，同时亲属也陪同哭，哭的越厉害越好，“涟如”是哭声连连不断。另一喻意，新婚是喜事，在上六爻乐极生悲，流的是喜泪。

小结：

乾坤二卦是大天地。第三卦是屯卦建立婚姻家庭的小天地。屯卦男儿是主角。男儿像草木初生时的艰难成长。屯积力量，认准目标，意志坚强，不断的一而再，再而三的“乘马班如”去追求目标，最终获得成功，男儿娶到新娘。男人是天，女人是地，搭建了家族小天地，男儿奋斗过程是模拟天的运行，屯卦辞就是乾卦辞“元亨利贞”。仅是情景变了，内容不同，但仍遵从“天行健，君子以自强不息”，获得成功。屯卦仅以男儿从“草创”到婚姻成功作比喻，可引申到多种创业领域。

（三）选录多种解读

第三屯卦卦辞：屯，元亨利贞。勿用有攸往，利建侯。

例 1：屯卦象征初生，代表万物始生时的困难状态。本卦讲人们该如何面对创业之初的困难。从卦象来看，屯卦下卦为震，上卦为坎，震代表雷，惊雷唤醒万物，而坎代表水，水能够滋生万物，因此屯卦整个卦象比喻万物复苏获得新生。虽然新生事物面临重重困难，但却蕴含着无穷的生命力，迸发出勃勃生机，其生长的势头是极为亨通的。万物出生之时当坚守正道，固其根本才能克服艰难、茁壮成长。对国家而言，在国家初创时期困难重重，不宜对外轻举妄动，而是要对内建立巩固的国家体系，为国家的发展创造一个良好的内部政治环境。《周易》成书于周代，“利建侯”是对当时国家体制的客观描绘。周朝建国之初，周武王大封功臣，建立诸侯国，不仅笼络了人心，而且使社会趋于安定，为周朝的长治久安奠定了基础。⑲

例 2：万事开头难，小自一草一木、一人一家，大至国家乃至宇宙的创始，莫不是如此，这是事物发展的一般规律。但困难只是暂时的，只要正视困难并采取正确的策略、措施克服困难，渡过艰难时期，同时逐渐积蓄力量，就可以不断的发展、前进，因此说“元亨，利贞”。在事物之初、有诸多困难之时，首先要培根固本，打下牢固的基础，而不能不顾客观条件，脱离实际急于谋求发展，盲目行动，因此说“勿用有攸往”。政权交替、国家新生之际也是如此，应当首先封建诸侯，以辅佐、拱卫和稳固新生政权，因此说“利建侯”。㉖

例 3：屯卦讲的“元亨利贞”，与乾卦不同。乾卦“元亨利贞”四字四义，所说的乃是“天之道”即自然规律。屯卦“元亨利贞”四字二义，所说的乃是“民之故”即社会人事的规律。元亨，大亨；利贞，宜贞固守正。屯有大亨之道，将来必将达到顺利通畅的境界。关键的问题是坚守基地，不轻举妄动。

“勿用有攸往”，不要有所往。强调处于屯难之时，不要遽图发展，而要建侯。建，立；侯，君。一个国家处于草创时期，最要紧的是立君，即建立起有效的统治秩序。“利建侯”是一个比喻，具有普遍的指导意义。它是说，一个国家，一个集团，一个人，当处于屯难之时，应将着眼点放在解决自身的内部的问题上。㉕

例 4：屯：得人和。元亨：大为亨通。意思是得人和者大为亨通。贞：主。利贞：利主。勿用：不用。有：有。攸：所。勿用有攸往：不用到别处去。利建侯：在此地得人和，有利于建立诸侯之事业。卦辞教育有志者只有得人和，才能建立诸侯之事业。所以，常言道：“天时不如地利，地利不如人和。”⑱

屯卦爻辞初九：磐桓，利居贞，利建侯。

例 1：磐桓，磐，指大石；桓，指植物。指植物被大石压着不能成长，喻难进之象。

屯卦第一爻初九，如同大石压住了草木，难以前进，故有进退难安的磐桓现象。此时，君子要居贞，即守正。唯能守正，方可渡过难关，抓住时机，辅佐君王，建立功业。㉗

例 2：“磐”是指“大石头”，“桓”是指“大木柱”，这两种东西都是重要的建筑材料，尤其是一些大的建筑中不可缺少。

在中国建筑史上，到了夏商的时候，已经开始运用版筑、土坯筑墙的技术。后来为了使房屋更加宽敞而加高墙壁，使用大木柱支撑，如《诗经·小雅·斯干》中说“殖殖其庭，有觉其楹，哙哙其正，哕哕其冥”，前庭平正，柱楹高大，白天明亮宽敞，晚上深远光明。同时为了使墙壁、房屋更加巩固而使用柱石，例如在河北藁城台西商代遗址中，墙壁的下面用版筑，上面用土坯，房屋的基础有的已经使用柱石。

初九爻辞进一步从家、国两个方面说明事物之初需要打下稳固的基础。家庭稳定是社会稳定的基础，房屋是家庭稳定、安居乐业的必需条件之一，对于一个新建的家庭来说尤其如此，因此断语说 “利居贞”。童谣云：“娶新娘，盖新房。”年轻人要想娶新娘，首先要盖新房，大概也有这方面的考虑吧！同样的道理，一个国家刚刚建立之后，政权不稳，百事待兴，需要封建、册封诸侯国，用以拱卫、巩固帝系、王家，因此断语又说“利建侯”。其中的“居”就是居止、安居的意思，与“勿用有攸往”的“往”意思相反，断语说 “利居贞”也是进一步强调“勿用有攸往”。㉖

例 3：磐即盘。盘桓，难进貌。初九是阳爻，阳爻是刚明之才，刚明之才而居下位，在屯时，实未便前往济屯之难，故盘桓不前。假如不盘桓而遽进，势必遭逢险阻。所以，此时最好的办法是居贞，居贞即守正。人处屯难之中，唯其能守正，方可度过屯难。所谓盘桓不进，并不是一无所为。这时唯一可做的而且不可不做的事情是“建侯”。㉕

例 4：爻辞省去了“屯”字。“屯”与“囤”同音，假借为“囤”。《国语·晋语》将“屯”解释为厚，那是说囤积财货厚实。磐：磐石。桓：大。《辞海》：“桓，大。《诗·商颂·长发》：‘玄王桓拨。’毛传：‘玄王，契也。桓，大。拔，治。’”贞：主。居贞：居主。侯：诸侯。磐桓：囤积财货如磐石般厚实广大。利居贞：有利于安居乐业之主。利建侯：有利于建立诸侯之事业。初爻就讲诸侯，说明屯卦是诸侯等贵族卦。⑱

例 5：朱熹：“磐桓”，难进之貌。《屯》难之初，以阳在下，又居动体，而上应阴柔险陷之爻，故有“磐桓”之象。然居得其正，故其占利于“居贞”。又本成卦之主，以阳下阴，为民所归，侯之象也，故其象又如此，而占者如是，则利建以为侯也。④

屯卦爻辞六二：屯如邅如，乘马班如，匪寇婚媾，女子贞不字，十年乃字。

例 1：六二处中正之位，动而处坎险之下，建侯得定初有规模，但立基仍未坚实，故遇马多惊为寇。虽有婚媾外助而来，但仍不能骤以成事，而当继续积养其力，终则能有大用。⑰

例 2：邅（音 zhān），绕圈子。班如，进退两难，盘旋之状。婚媾，求婚。字，出嫁，也指生育。“女子贞”，六二为阴，阴为女。“屯如邅如，乘马班如，匪寇婚媾”是一首古老的求婚歌谣，反映的是求婚的队伍骑着马来迎亲的场面，马在原地打转不前进，有几分羞涩，几分诙谐，描写求婚喜庆的场面。女方原以为是强盗来了，结果却是迎亲的队伍，虚惊一场。前来迎亲的队伍是“九五”，因六二与九五中正相应。可六二从小与初九两小无猜，心心相印，九五位高，中间还相隔六三、六四，六二自然不想出嫁，因为她的意中人是初九，从而她坚守正道不出嫁，十年以后才出嫁。㉘

例 3：六二爻以阴爻偶位是为得正。此时事物仍然没有摆脱草创时期的艰难，叫人彷徨难以前进。爻辞接着讲了一个故事：有人骑着马儿徘徊不前，他不是匪寇，而且前来求婚的。然而女子却坚贞不嫁，要等十年才嫁。这个故事告诉人们在困难时期要树立坚定的意志耐心等待。⑲

例 4：这一爻总的意思是盘旋磐桓，犹豫不前。屯与邅都是盘桓不进的意思。如，语辞。《易》中凡重言如字的，皆取两端不定之义。乘马，上马欲行；班如，下马不进。“乘马班如”，意欲行而未遽行。“匪寇婚媾”，意思是说倘非初九侵逼六二，六二便前去与九五婚媾了。亦含有欲行而不得行之意。“女子贞”，六二是阴爻，故可称“女子”。六二阴爻阴位，居中且得正，所以叫“女子贞”。字，字育，即生育。不字就是不生育。六二居中得正，作为一个女子，该生育却不生育，恰是屯难之象。古人把十看作小盈，把万看作大盈。“十年乃字”，是说六二这个“女子”处于屯难之时，目前不能生育，到了一定的时候才能生育。㉕

例 5：屯：得人和，这里是得婚姻和，故而爻辞言婚媾。如：表示状态。邅：难行。屯如邅如：求得婚姻和很难。乘：古代数字“四”称作乘。乘马：四马。《说文》：“班，分端玉也。”将端玉裁分开必须仔细小心缓慢进行。乘马班如：要用四匹马拉车到处仔细寻访淑女。匪：古同“非”，匪不是土匪。寇：

暴。《说文》："寇，暴也。"匪寇，不是强盗或盗贼。婚：婚姻。《说文》："媾，重婚也。"重婚不是现代法律意义上的重婚，古代诸侯以姐妹或姑侄两女同嫁一君来缔结政治婚姻，称作婚媾。《周易》是为贵族统治者而作，所有《周易》用词是婚媾而不是婚姻。匪寇婚媾：诸侯缔结政治婚媾，双方要自愿不能使用暴力。贞：政。女子贞：女子执政的诸侯国。在父系制社会的初期，各诸侯国多数是男人执政，但也有不少是女人执政。例如《史记》所说的夏后氏（涂山氏）就是古代夏诸侯国的女国君。字：婚姻。女子贞不字：女子执政的诸侯国，不是以父系制社会的少男娶少女为婚姻。十年乃字：少女、少男等十年以后就是长女、长男，乃是实行母系制社会以长女取长男为婚姻。少男娶少女为婚是《周易》咸卦，长女取长男为婚是《周易》恒卦。

"单方不能买卖，强迫难成婚姻。"缔结婚姻要遵守该国法律或风俗习惯，故而"女子贞不字，十年乃字"。⑱

例6：这种抢婚的习俗在我国一些少数民族中至今还保留着。如哈尼族娶新娘时，男方请强壮的青年数人，佯装闯入女方家，背上新娘就跑。这时，新娘的女伴们上前掐、捏、捶打这些抢亲的青年，而抢亲青年不能还手，只能背着新娘夺路而逃。女伴们还可以用芋头、橄榄枝抛掷这些抢亲的青年，直到他们逃出寨子大门为止。当然，现在的抢婚已经成了一种象征性的，而不是古代名副其实的抢劫。

正因为抢劫婚与强盗掠夺行为相似，容易使人误会，所以《易经》卦爻辞中特别申明"匪寇婚媾"。

初九爻辞说到房屋的建筑，本爻中以迎亲、婚姻生活的艰难为例进一步阐明事物之初的艰难。简短的爻辞中使用了"屯如""邅如""班如"三个表示艰难意思的词，用来描述迎亲过程中的重重艰难，这也预示了婚后新生家庭的诸多曲折。如果女人占卦遇上这一爻，那是很不吉利的，有可能在很长时间内不能怀孕生育，因此说"女子贞不字，十年乃字"。㉖

屯卦爻辞六三：即鹿无虞，惟入于林中，君子几，不如舍，往吝。

例1："即鹿无虞"，即鹿，逐鹿，追逐野鹿；虞，原义为神话传说中的兽，后泛指掌管山林鸟兽的官吏，常充当狩猎人的向导。"即鹿无虞"的成语典故来源于此，意指没有目标，盲目从事。入，指迷入。几，接近，企望。吝，危险。狩猎在没有向导带路的情况下，猎人一心想着追赶一只野鹿，追到密林深处，野鹿逃跑消失了，自己却迷路了。这是告诫君子，对琢磨不定的东西，与其企望得到它，不如放弃它，如果执迷不悟，会有危险。㉘

例2：屯卦第三爻。阴爻居阳位。不中不正，无正无援。

爻辞说：在附近山麓追捕鹿，没有山林管理人员的引导，独自深入林海，就会迷失方向，那是很危险的。所以君子要机警，此时不如放弃追逐。否则就会陷入险境。《象传》说：追逐鹿，没有掌管山林的虞人帮助，只想得到鹿，一直追逐，结果只能是放走了猎物，君子应该立即放弃追逐，不然就会陷入危险境地，难以脱身。㉗

例 3：本爻说的“逐鹿”在甲骨卜辞中就有大量的反映，尤其是关于商王武丁“逐鹿”的记载更是屡见不鲜。从中可以看出，武丁逐鹿之前就是预先进行占卜，了解逐鹿之日天气情况如何、是否会有灾害等。更有趣的是，其中还提到，武丁外出猎鹿之前，首先要派人出去进行侦察，看是否有鹿、哪里有鹿。如果有鹿，然后再去猎取。这和本爻所反映的情况是非常吻合的。

不仅打猎如此，其他事情也是如此。在采取行动之前，首先要看清形势，权衡厉害得失。形势不明、举棋不定的时候，有一个像“虞人”那样的人为你分析形势、出谋划策是很关键的。㉖

例 4：古人狩猎，必有虞人设驱逆之车将禽兽赶到田野里，然后有所获。若逐鹿而无虞人，则鹿必逃入林中，人无法捉到它。君子遇到“即鹿无虞”的情况，预见几微，认为不如干脆立即停下来。假若一定去干，必陷入吝穷的境地。㉕

屯卦爻辞六四：乘马班如，求婚媾，往吉，无不利。

例 1：六四爻以阴爻居偶数位，得正。本爻继六二爻之后接着讲求婚的事，经过长时期耐心等待，求婚者再次前往求婚。由于处在艰难时刻，他仍然有些犹豫，因而骑着马徘徊不前。但六四已经得到女子“十年乃字”的承诺，故这次前往求婚结果是吉利的，并且是无所不利。⑲

例 2：关于此爻的解释有不同观点，不同之处在于求婚者是谁，向谁求婚。第一种观点认为，九五是求婚者，向六四求婚，因为六四与九五阴阳比合，同在“天”位；第二种观点认为，初九是求婚者，向六四求婚；第三种观点认为，六四是求婚者，向初九求婚。对这三种观点分析如下：九五为君位，六四为臣位，君向臣求婚，似乎不合礼仪，他们虽然比合，但不是男女的好合，在《周易》里只有相应之爻才为男女好合，这里应为君臣比合，也就是说，六四会得到九五的赏识与支持，他们并非是婚媾关系；第二种观点求婚者是初九，这符合男向女求婚之礼仪，但不符合初爻之民向处在高位之相求婚的现实，哪有普通百姓向宰相求婚的呢？本人倾向于第三种观点，六四是求婚者，向初九求婚。因为初九与六四相应，六四向初九求婚为上求下，既能得到九五的支持，又能得到普通百姓的拥护，之所以“乘马班如”，那是因为六四阴居阴位，阴柔敦厚，思考再三之故。这里表意讲求婚，隐指六四与下层民众相应，关心民众疾苦。㉘

例 3：四爻是国公之位，即诸侯大国为国公者。如周王朝有齐太公、鲁周公、燕召公。婚媾：政治婚姻。爻辞省去屯字。屯：诸侯国公得国和。求婚媾：谋求与其他诸侯国缔结政治婚姻。吉：善。无不利：没有不利的。意思说：往往以政治联姻达到政治同盟者吉善，没有不利的。据说西周初期有大大小小的诸侯国两千来个，诸侯国存在严重的生存危机，所以诸侯国以政治婚姻来结成政治同盟，以此壮大自己，求生存求发展。⑱

例 4：“乘马班如”的艰难与六二爻辞“屯如邅如，乘马班如”的艰难是相同的。婚姻中虽然曲折、困难，但也不能因为曲折、困难而畏缩不前，无所作为，而应该努力克服困难，力争圆满的结局，正所谓好事多磨，道路曲折而前途光明。爻辞中一个“求”字表现出了人在困难面前的主观能动性，断语“往吉，无不利”提倡和肯定这种主观能动作用。㉖

例 5：尚秉和：艮为求，四与初本为正位，婚媾而已，然必求者，以二三为阻也。知其阻而求之，故往吉也。四上承阳，下有应，故曰无不利。⑩

屯卦爻辞九五：屯其膏，小贞吉，大贞凶。

例 1：膏，指膏泽。为什么把膏泽屯积起来呢？因为九五阳爻居阳位，得中居正；但虽有德位，仍处于屯难的困境，在坎险之中若无得力之人辅助自己，则势单力薄，所以要屯积起来。要想摆脱困境，应从小事做起，问题一步一步解决，这叫小贞。从解决小事开始，才有成功的可能性。步子迈得过急或过大，急于求成，叫做大贞。大贞必然失败，故“大贞凶”。《象传》说：把德泽屯积起来，暂时未能发扬光大。实质上是“韬晦”之策。㉗

例 2：九五爻居上卦中位，得正，地位至尊。“屯其膏”就是把膏泽囤积起来，不与人分享，这种自私自利的行为对于困难时期的小人物来讲是可以理解的，如果他尚能坚守正道，结果是吉利的。但对于处于至尊地位的大人物来讲，面对人民的疾苦他本应广施恩泽以赢得人民的拥戴，而他却将膏泽囤积起来，不施于困难中的人们享用，即使他坚守正道也难以独善其身，势必激起民怨而招致凶险。⑲

例 3：建侯已久，虽看似有实力可以膏泽民众甚至外邦，但仍处险中，并不稳固，应谨防自大。君子于此时，当以柔顺之道行泽披四方之事，不能以为自身已经强大而以刚健霸道对待四邻。㉑

例 4：六三爻辞说到打猎，这一爻说“屯其膏”，二者之间有直接的承接关系。在游牧时代，猎获动物是先民们衣食生活的重要依靠；即使在进入农业时代后，狩猎也是先民衣食生活的一种重要补充。猎获动物以后，不仅饮其血、食其肉、衣其皮，还要将动物的油脂蓄存起来。动物油脂不容易变质，可以长期保存。在不适合打猎的季节，在没有新的猎获时，油脂可备不虞之需，是古人渡过生活艰难时期的一种方法，《诗经·国风·谷风》“我有旨蓄，亦以御冬”就是这个意思。

“屯其膏”从一个侧面反映了食物的不足、生活的艰难，同时也是应对生活艰难的一种策略。在这种情况下，干点小事是可以的，但不具备干大事的条件，不能大有作为，因此断语告诫说“小贞吉，大贞凶”。㉖

例 5：九五是天子之位。这里的屯有两义：一是天子要得天下和，二是囤积。膏：民脂民膏，财富。屯其膏：天子囤积财富以为天下和。小：外，即外国。大：内，即国内。贞：主。凶：险。“小，贞吉”：天子囤积外国贡献的财富，主吉。“大，贞凶”：天子囤积国内的民脂民膏，主凶。爻辞教导天子民富才能国强。王朝越强大，外国贡献的财宝越丰富，越能得天下和。⑱

例 6：朱熹：九五虽以阳刚中正居尊位，然当《屯》之时，陷于险中，虽有六二正应，而阴柔才弱，不足以济。初九得民于下，众皆归之，九五坎体，有膏润而不得施，为“屯其膏”之象。占者以处小事，则守正犹可获吉；以处大事，则虽正而不免于凶。④

屯卦爻辞上六：乘马班如，泣血涟如。

例 1：上六位屯卦之极，表象为求婚行为过头造成的“泣血涟如”。从母系社会过渡到父系社会初期，婚姻方式极其野蛮，男权部落到母系部落抢娶新娘，抢来的妻妾及随嫁奴仆均视为男权财产，这种行为难免遭到母系部落的强烈抵抗，经常出现你抢我夺甚至征战的局面，把本该喜庆的事变成了血腥的事，这就是上六“泣血涟如”的原因。这种风俗的痕迹在今天还能看到，但今天的人们只是作烘托喜庆气氛而已。这里揭示的道理是：因认不清事物的本质，本不该做过头的事却做过头了，结果适得其反。㉘

例 2：上六爻位于屯卦最上方，表明已经到了最为困难的时候。有人骑着马徘徊不前，流着长长的血泪，悲伤至极。然而这种困境不会持续太久了，物极必反，屯极必通，只要有坚定的意志并坚守正道就一定能够绝处逢生。⑲

例 3：屯卦第六爻，阴爻阴位。居屯卦之终。处坎险之极，正是屯极当通的时候，但上六与六三同属阴爻，无法相应，并无才无助，故“泣血涟如”，这样的悲痛能维持多久呢。

此爻提醒人们，人处在最困难的时候，流泪是解决不了问题的。明智者要坚强起来，既要有勇往直前的精神，又要拿出脚踏实地稳步前进的行动来。要坚信，胜利总是属于不怕艰难的勇进者。㉗

例 4：泣、血同义，都是指无声地哭泣，本爻描述了嫁娶中女人哭婚的情形。哭一般是人们情绪悲伤的一种流露和表达。《庄子·渔父》篇中云：强哭者虽悲也不哀……，真悲无声而哀。”古人把哭分为很多种：只有声而没有泪为“号”，既有声也有泪为“哭”，有泪而无声为“泣”。“号”往往只是一种形式，装装样子而已，没有多少真实情感在内，如“号丧”之“号”就属于这种情况。“哭”往往是一种不加掩饰的自然流露，小孩的“哭”属于这种情况。在有些环境、场合中，为了顾忌礼仪、考虑他人的感受、不至于把场面搞混乱等，你心中虽然悲伤想哭，但也不能发出声来，本爻中的“泣”就属于这种情况。与“哭”尤其是与“号”相比，“泣”往往反而表达了一种更为深沉、复杂的情感。

女子嫁人意味着脱离原来的家庭、与他人组成新的家庭。女人哭婚的缘由不外有二：一是离别父母兄弟之伤感，对原家庭生活的留恋；二是对未来新生活的恐惧、忧虑。这些都是人之常情，会随着时间的推移，随着对新生活的适应而逐渐淡化，正如《象》说：“泣血涟如，何可长也？”㉖

例5：上爻是祖宗之神位，这里指先王。爻辞省去了屯字。屯：一是厚，二是王族和。屯是对先王实行厚葬以为王族和。乘马：四马。班如：仔细、小心，缓慢行走。泣：有泪无声曰泣，有泪有声曰哭，有声无泪曰嚎。涟：大水波曰涟。乘马班如：对先王厚葬以为王族和，送葬的队伍用四马拉车仔细、小心、缓慢行进。泣血：孝子贤孙已哭不出声，只能抽泣，眼睛红肿流血。涟如：泪如大水波奔流。正因为古代君王实行厚葬，实行土葬，我们今天才能发掘出古代文物，为考察当时的国家社会提供珍贵实证。⑱

第四卦 蒙卦䷃艮上坎下

（一）原文

（卦辞）蒙，亨，匪我求童蒙，童蒙求我。初筮告，再三渎，渎则不告。利贞。

（爻辞）初六：发蒙，利用刑人，用说桎梏，以往吝。

九二：包蒙吉；纳妇吉；子克家。

六三：勿用取女，见金夫，不有躬，无攸利。

六四：困蒙，吝。

六五：童蒙，吉。

上九：击蒙，不利为寇，利御寇。

（二）解读

卦辞：蒙，亨，匪我求童蒙，童蒙求我。初筮告，再三渎，渎则不告。利贞。

解读："蒙"，卦名。"蒙"为蒙昧幼稚，愚昧无知。"亨"是蒙昧者用启发式教育可以亨通。"匪"通非、不是。"筮"（shì 音是）：古时用蓍草或竹签占卜、算卦，在此寓意教学时告诉学生。"渎"（dú 音读）：亵渎，轻慢不尊重。

卦辞说，蒙昧的童蒙，用启发式教育方法可以亨通。不是我去求不想学习的童蒙来学习，而是想学习的童蒙应主动求我。启发式教育方法是，初始已把问题讲清楚，又来问，又回答了。若同一个问题再三来问，那是不知道老师用心良苦；不回答，若再回答，妨碍独立思考。

这种教学把问题既讲清晰明白，又要培养童蒙之类的学生独立思考的能力。此启发式教育方法是正确的，因此亨通，"利贞"是坚持正确教育。

初六：发蒙，利用刑人，用说桎梏，以往吝。

解读："发蒙"是启发式教育童蒙。"刑"：法也。"刑人"是对童蒙严格管束的规章制度。"说"（tuō 音脱）通脱，是解脱、除掉之意。"桎梏"是刑罚所用的枷锁。

爻辞说，要用启发式教育童蒙。要对童蒙用严格的规章制度进行管理，废除体罚。若不这样，很难往前进行、“以往吝”。

九二：包蒙吉；纳妇吉；子克家。

解读：“包”是包容。爻辞说，为人师表，师者应具备宽阔的胸怀，不仅包容像童蒙之类的愚昧的人，而且妇女若参加学习也应接纳（纳妇）。古代封建社会轻视妇女，不许走出家门学习，只可请师作家教。“克”不是“尅”，《说文》讲“克，肩也”，是肩负、担当之意。“子克家”是教育孩子肩负起家务的使命感，引申为大家即国家，爱国教育。

六三：勿用取女，见金夫，不有躬，无攸往。

解读：“取”通娶。“金夫”是有金钱的男人。“躬”：身体，弯曲身体有礼貌之意。

爻辞说，不要娶这种女人为妻，见到有金钱的男子，不是按礼节规矩行事，随意就以身相许，这种女人自幼没受过启发式教育，成年品德不好，娶则不利。

六四：困蒙，吝。

解读：启蒙教育不能脱离现实，若教育方法是教条、单调、呆板，会使接受教育者困惑（困蒙），令人惋惜、遗憾。

六五：童蒙，吉。

解读：童年开始就应接受启蒙教育，这样会吉祥如意。这符合当今说教育从儿童抓起。

上九：击蒙，不利为寇，利御寇。

解读：“击”是打击。“御”是防备，抵制。初九爻里启蒙教育已废除枷锁体罚，用严格的规章制度来管束童蒙。但个别童蒙顽固不化，发展到上九层“为寇”了，侵犯了他人的人身安全，要“击蒙”，要有自我保护意识，不被寇伤害，要采取措施，抵制寇的暴行，以保人身安全。

用当代的语言说，该个例的童蒙，是少年犯罪，已触到法律底线，应“击蒙”，给予特殊“教育”。

小结：

蒙卦把童蒙比作丛生的草木不明事理，是蒙昧无知之童，应接受启发式教育。要求老师具有师德，为人师表，深懂教育法则。同时还应有严格的规章管理制度，约束童蒙，不用体罚。教育范围还应包括妇女参加学习。教育孩子有责任感，承担家务，这个家可喻意国家。用一个女人作例子，没受过教育，品德不端，不能娶用她，说明教育的重要性。尽管如此，还有个例童蒙成长为寇，伤害他人的人身安全，要打击少年犯罪。通过蒙卦，可知周朝已强调教育的重要性。教育影响到子孙后代。当今一位名人说，为了当前的生活要发展经济，为了未来要发展科技，为了永远要发展教育。

（三）选录多种解读

第四蒙卦卦辞：蒙，亨，匪我求童蒙，童蒙求我。初筮告，再三渎，渎则不告。利贞。

例 1：“匪我求蒙童，蒙童求我”，匪即非；童，原指奴隶，因为奴隶没有受教育的权利，被视为无知的人。童，泛指无知或智力还没有开发出来的人，因小孩无知，故引申为童。这里是说，求知应该是积极主动的，有一颗至诚至敬之心，是学生主动向老师请求学习，而不是老师求着学生去学习。“初筮告，再三渎，渎则不告”，筮，占筮，这里是以占筮比作蒙童的求学是否具有诚心的动机。占筮是神圣、圣洁之事，必须心怀虔诚，初次占筮，会告诉你占筮的结果。如果你对占筮的结果不满意，一而再、再而三的占筮，就不再告诉你结果了。因为你已失去了虔诚之心，亵渎了神灵，你跟神灵开玩笑，神灵可不跟你开玩笑，这样结果就不灵验了，如果告诉你，老师也亵渎了神灵。求学就应该像占卜一样心怀至诚之心，这才是正确的态度。“利贞”，指教育者和被教育者都应该坚守正道，学习至诚，授以正道。㉘

例 2：发蒙的精义在于一“正”字。养蒙之道必出于正，于启蒙之少儿时期，关键的养其静定之心，又不失赤子纯心。《易传・象》曰：“蒙以养正，圣功也”。

养正修身之道从心入，心有外观内观。外观则察视万物，内观则返视自身，以养此蒙发之能，乃《周易》内圣之学，故先有内观，而后才能做到外观。

屯卦以万物始，蒙卦以人类始。治蒙很难，举世多蒙昧，唯阳刚明决之才，方能破群阴昏庸。君子行宽严相济，则是治蒙之道。

初六发蒙以修身，不利于往；九二包蒙纳归，则是齐家；六三六四六五，皆外用，有治国之意；上九击蒙御寇，乃平天下。由此可见，修身齐家治国平天下者，皆自蒙始、皆在蒙中，皆以蒙成。㉑

例 3：蒙是蒙昧的意思，本卦讲的是启蒙教育的问题。从蒙卦卦象来看，蒙卦上卦为艮，下卦为坎，艮代表山，坎代表水，整个卦象犹如山下有泉水涌出，泉水四处漫流而不知所终，此时应有人开沟挖渠加以疏导才能汇流成河，比喻教师对于无知的蒙童当施以启发教育，循循善诱，方能使之成才。儿童虽然幼稚蒙昧，却具有畅通无阻的发展潜力，但前提是一定要施以启发教育。教育要充分调动学生的主观能动性，因此要让蒙童主动向老师请教，而不是老师去求蒙童来接受教育。接受启蒙教育就如同求筮问卜一样，应当怀有至诚之心。古人认为在求筮过程中如果是初筮，心怀诚意，神灵就告知以占筮的结果。若心无诚意，再三求筮，则是对神灵的亵渎，就不告知其结果。在启蒙教育中亦是如此，如果求学者初次求教，态度诚恳，教师就应当给予教诲；如果求学者心意不诚，再三求问就是对教师的轻慢，教师对这样的学生可以不予理会。启蒙教育必须坚守正道，防止蒙童误入歧途。⑲

例 4：蒙是六十四卦的第四卦。下卦为坎，象征水，象征险。上卦为艮，象征山，象征止。蒙卦也象征着山下有泉，喷涌的泉水源源不尽，新流出的泉水不知所向，也正像“童蒙”阶段，故，既有新生力量爆发之象征，同时也有险难的隐藏。蒙，有亨通。不是我求蒙昧的童蒙来受教育，而是童蒙来求教于我。开初，占卜可以告诉他。但若他一而再，再而三地胡乱提问，说明他没有诚心，三心二意，亵渎了神灵，那就不能告诉他。启蒙者应该守正，做到适度，才会有“利贞”，故蒙卦有启蒙通达之象。㉗

例 5：卦辞以占筮主持者的口吻谈占筮的基本原则。占筮、筮告是为了使蒙昧之人消除困惑、明白事理、增长知识、心与物通，这样可以使主观更好地与客观相符合，从而更好地保证行为的有效性，因此占断语说“亨”。占筮之事，心诚则灵。只有在人们真正有疑惑并且诚心诚意来占问的时候才灵验，因此一定要“童蒙求我”而不是“我求童蒙”，因为只有这样，才能表明求占者心诚。占筮的结果代表神明的指示，不相信初次占筮的结果而再三占筮，也就是不相信神明的指示，是对神明的亵渎，也表明求占者心不诚，不诚则不灵，告之也无用，因此说“渎则不告”。明白了占筮的原则并依据这种原则去求占，才利于占问，因此说“利贞”。㉖

例 6：为什么蒙卦讲教育却讲到筮占呢？因为古代筮占的方法就是教学方法，最初的教师是圣人，而圣人都是以神道设教的筮占者。按《周易》古筮法算卦是很繁难的，但筮占者算卦必须要一次成功，不能重新再进行第二次或第三次算卦，再进行第二次或第三次算卦就是亵渎神灵，神灵不会告诉吉凶。教师教学的方法也是这样，对于学生初次提问，教师会详细答疑，若学生第二次或第三次问同样的问题，这是亵渎教师，教师不会再告诉学生。古代最初的教师是圣人教学，教学二字来源于筮占算卦。⑱

蒙卦爻辞初六：发蒙，利用刑人，用说桎梏，以往吝。

例 1：蒙昧初期，一张白纸，必须首先让其知道什么是规矩，什么是正误，什么是是非，因此必须建立严格的纪律和规则。这样的目的是让他明辨是非，不去学坏，就好比解除了因学坏而戴上的手铐脚镣，从而脱离蒙昧。如果不这样就会误人子弟。㉘

例 2：发蒙之时，其心其行皆散乱，故师长当予以约束。人之初生，善与不善皆备。蒙之意，在于发挥善、遮蔽不善，改正不善习惯的过程执行起来是很困难的，就如同被桎梏，唯用此规则的束缚，蒙者才能自新。如果此时去掉桎梏的束缚而仓促行事，则使人吝惜。㉑

例 3：初六爻以阴爻位于蒙卦的最下方，象征着教育的初始阶段，教育的对象是最幼稚的蒙童，如果采用空洞的说教，恐难以达到理想的教育效果，而通过树立典范和具体的榜样让蒙童去效仿，就能帮助他们尽快摆脱蒙昧的束缚。对于蒙昧的儿童应当及时施以启蒙教育，如听之任之、放任自流，就会给他们带来羞辱。⑲

例 4：初六爻辞说，启发蒙昧，要制定适当的法规。让群众知道法律的严厉性，即“用刑人”。用手铐脚镣作为惩戒的手段，但要适度，否则会起相反的作用。《象传》说，利用惩戒的手段是为了“正法”。正法就是把法规明确下来，让百姓都知道。树立法律的尊严。㉗

例 5：我们常说：榜样的力量是无穷的。启发、教育蒙昧之人，应该为他们树立典型、榜样。使他们照着榜样的样子去做，这样就可以使之避免触犯刑法，摆脱刑具的惩罚，因此说“发蒙，利用刑人，用说桎梏”；反之，放任自流、任其发展，那是很危险的，因此说“以往吝”。这说明古人已经认识到树立榜样在教育中的重要作用。儒家推崇的修身、齐家、治国、平天下的“内圣外王”之道，实际上就是设想以自身的榜样力量来影响、带动一家乃至一国之人。㉖

例 6：教师若对学生实施体罚制裁，学生会有恨、痛。爻辞讲对启蒙的学生首先要进行启发式教育，进行法制教育，不能体罚学生，说明古代非常注重法纪文明教育。中国是文明古国，由此可见一斑。⑱

例 7：初六，发蒙，利用刑人，用说桎梏，以往，吝。

初六是阴爻，且居于下，所以这里所谓“发蒙”之“蒙”，可以理解为社会下层群众。发下层群众之蒙，有利的办法是“用刑人”。“用刑人”，就是制定明确、适当的法规，晓示群众，使之有所约束，有所戒惧，不敢肆意妄为，然后逐渐引导他们接受教化。“用说桎梏”。说同脱，桎梏是束缚手脚的刑具，假使不采取“用刑人”的办法，一开始就去掉对他们的约束，使其无所戒惧，那结果就要吝了。㉕

蒙卦爻辞九二：包蒙吉；纳妇吉；子克家。

例 1：“九二”以阳刚为内卦之主，三、四、五爻是启蒙的对象，九二是治蒙之主。由于每个人的资质条件不同，不能划一。故“包蒙吉”：包容而吉祥。“纳妇吉”，因全卦只有两个阳爻，九二刚居中，是全卦之主，诸阴爻都愿意归

顺，作为九二阳爻也愿意接纳，故吉祥。喻儿子能帮助父亲承担家务，顺利完成治蒙大事。㉗

例2：“包蒙”是指应该包容天生不是很聪明的人，这是对教育者而言的，要诲人不倦。“纳妇吉”，有两种解释，一种认为是娶妻吉祥之义，即九二娶初六为妻，因九二与初六比合；一种认为这里的“妇”代表母亲，即孩子接受母亲的教育是吉祥的事。本人倾向于后一种观点，理由有四：第一，蒙卦主题是阐发教育的道理的，不是说婚媾之事的；第二，九二应为教育者，也就是说，此爻主旨是对教育者而言，母亲应该是孩子的第一个老师，母亲教育孩子，孩子接纳母亲的教育应该是好事，如果一个母亲不教育孩子就不是一个好母亲；第三，“妇”应指已婚女子，婚媾一般用“取女”，除非“取妇”有特别原因；第四，九二与初六只是比合关系，不是相应关系，比合只是相容关系，不是男女相好关系。子，指九二。克，胜任，操持。“子克家”，意思是说九二是一个合格的教育者。㉘

例3：九二爻以阳爻居下卦中位，前后初、三、四、五爻均为阴爻，阳爻象征老师，而阴爻象征蒙昧之人。九二爻恰似一位受人尊敬的师长被一群求知的蒙童环绕着，他正给这些蒙童施以教诲，这当然是吉利的。古时男主外，女主内，教育子女的重任多落在妇女身上，娶一位贤内助当然是吉利的，她能够培养起子女持家立业的能力。⑲

例4：君子经发蒙之教，潜学已久，身心皆得所养，学而有成，至九二之时，已能齐家。㉑

例5：包：同“庖”，庖是厨房，引申为厨艺。吉：善。意思是对女孩子教授厨艺，吉善。纳妇：娶妻。纳妇吉：娶这种学会厨艺的女子为妻者，吉善。子：女子，古代男女都可称子。子克家：这种女子会料理家务。⑱

例6：初爻是概说治蒙的基本办法。三、四、五爻都是蒙者，是治蒙的对象。九二是治蒙之主。九二作为治蒙之主，它应该怎样呢？关键的问题是能够“包蒙”，“纳妇”。包，包容。九二作为治蒙之主，与六五相应，刚明居中，它应该发天下之蒙，将全社会的人都包容在自己的治蒙的范围之内。“纳妇”，从六爻来看，全卦只有二与上两个阳爻，九二刚居中，是发蒙者，是全卦之主，诸阴爻都愿意来归于它，它作为一个阳爻，也极愿意接纳她们。九二既如此有容量，又与诸蒙者有如“纳妇”一般志意相得，也像儿子为父亲克治家务一样，处卑位而任尊者之事，怎能不顺利地完成治蒙之事而获吉呢？㉕

蒙卦爻辞六三：勿用取女，见金夫，不有躬，无攸利。

例1：六三爻阴柔不中不正。爻辞说，不宜娶这样的女人为妻；她见了富有

的男人就动心，不顾体统，娶回家是不吉利的。《象传》说：不要娶这样的女人，娶回去也不顺利。㉗

例 2：爻辞经文是告诉男性，不要轻易娶那种只看中金钱的女子为妻，因为她还会遇到比你更有钱的男人。这一爻看上去似乎与教育无关，其实不然。蒙卦的教育不仅仅指学堂的教育，教育是终身的，这里是告诉即将成家立业的男女如何择偶。㉘

例 3：六三爻居于下卦的最高位，且以阴爻居奇数位，不中不正，象征一位轻浮的女子见到美貌男子就失去了自我，不能娶这样的女子，娶她没有任何好处。这一爻告诫人们接受教育要持之以恒，不可见异思迁。⑲

例 4：六三是此卦四阴爻之一，在卦中是个蒙者。四爻致蒙的原因各异。初爻因未受教育而蒙，四爻为不学习而蒙，五爻因性质未开而蒙，都有客观上的缘故，唯三爻因主观上修身不济而蒙。所以爻辞告诫治蒙者说："勿用取女。"六三是不正之女，不要取她。怎见得六三是不正之女呢？六三阴柔，不中又不正。她作为一个女子，本应等待与她正应的上九来求她，而她却见近旁九二这个美好的男子而动心，悦而从之，未能保有其身。㉕

例 5：勿用取女：不要收取女孩进行教育。金夫：有金钱却缺乏学识的丈夫。见金夫：见了多金钱少知识的丈夫。有：有。躬：躬身下拜。不有躬：不肯躬身下拜，不顺从丈夫。攸：所。无攸利：没有一点好处。意思是妻子不顺从丈夫，对家庭、对社会都没有好处。⑱

蒙卦爻辞六四：困蒙，吝。

例 1：六四阴柔，它远于九二和上九，处境不好。爻辞和象辞说，昏困而蒙昧，其因距阳刚最远，不能亲师亲贤，只能孤独地远离"阳"也。㉗

例 2：六四爻以阴爻居上卦首位，这是一个很危险的地方，前后都是阴爻，而远离阳刚的九二爻，象征蒙昧之人远离贤师而困于蒙昧之中，得不到老师的教诲，这终将招致羞辱。⑲

例 3：蒙卦六爻仅此得位，可见其具备了好的原始条件，但却困于蒙昧之中。故自身天赋优异不足以凭，贵在贤师友。

欲脱于蒙昧，其始在师，唯教才能学；其长在友，唯友则可固。无师友之助而能脱蒙，未之有也。㉑

例 4：《说文》："困，故庐也。"庐者，家居。古代家居四周必种树，故而困字从口从木。困，引申为家庭。困蒙：困守于家庭教育。吝：恨、痛。意思是困守于家庭教育，不能与人和社会交流，不能切磋学问，令人恨、痛。由此可知，《周易》作者反对"两耳不闻窗外事，一心只读圣贤书"。⑱

蒙卦爻辞六五：童蒙，吉。

例 1：蒙卦第五爻。阴爻阳位，与下卦“九二”相应，故吉。六五爻辞及象辞说，蒙昧幼稚的儿童，只要好好学习，是会吉祥的。㉗

例 2：六五爻以阴爻居上卦中位，具有中和谦逊的美德。童蒙虽然幼稚，但能够虚心接受老师的教诲，因而吉利。⑲

例 3：六五阴柔居中，蒙成而行事，要保护好童蒙纯真的心，继续学习提高，以行中道，不可因为有成就、地位高而放弃学习，若失童心之真诚，则非蒙之道。㉑

例 4：五爻是天子之位，五爻是高位。童蒙：将教育作为崇高事业。吉：善。意思是天子将教育作为崇高事业，吉善。《周易》作者在三千年前就把教育作为崇高事业，令人很难想得到！⑱

例 5：“童蒙”专指蒙昧无知的儿童。同样是蒙昧，“童蒙”为什么“吉”呢？这可以从两方面来理解：一是儿童虽然愚昧无知，但因为年纪尚幼，还没有危害社会、他人的能力；二是儿童年幼可教，有较大的可塑性，正如《论衡・率性篇》中说“譬犹练丝，染之蓝则青，染之丹则赤”，只要从小加以正确的教育、引导，就可以使之成为对国家、社会的有用之才。㉖

蒙卦爻辞上九：击蒙，不利为寇，利御寇。

例 1：上九治蒙，用过于激烈的手段打击，管制太过，攻击太狠，其结果必反。应在态度上强硬，来防御外来的邪恶，故“利御寇”。《象传》说：用过刚之策的态度御之是有利的。上面没有采取暴烈的手段，而是用强硬的态度和教育解决了下面昏蒙已极的问题，故“上下顺也”。㉗

例 2：击蒙，击，击打之意，以简单、粗暴甚至棒责的教育方法启蒙。寇，贼寇，这里指因为教育方法不当致使学生养成坏的习惯。“不利为寇”，不利，指这种方法不利。用简单、粗暴的教育方法会使学生产生逆反心理，导致自暴自弃，不能成才反成其“寇”了。“利御寇”，应该利用有效的方法防范“贼寇”（坏的习惯）。㉘

例 3：蒙卦中两个阳爻是治蒙的。它们治蒙有不同的特点。九二刚而居中，它治蒙的范围包容广大，治蒙的办法是宽的，所以叫“包蒙”。上九刚极不中，它所治之蒙，是昏蒙至极者，它治蒙的手段是猛的，所以叫“击蒙”。击蒙最为要紧的是掌握击的分寸、界限。击蒙必不可太深太过，目的要正确，方法要得当，理由要充分，这就能起到“御寇”的作用。若相反，击之过激过猛，结果很糟，则击蒙者本身就成为寇了。“御寇”好，“为寇”不好。㉕

例 4：击蒙：搏击教育，不是打击儿童。寇：暴，不是盗寇。不利为寇：不利为暴。御：抵御。利御寇：利于抵御施暴者。爻辞讲古代教育不仅学文，而且习武。习武是为了自卫防身和强身健体，这是中国自古以来的武德。我们现在的教育太强调智育，对德育和体育都不够重视。我们要知道少年德智体都强，则国强。⑱

例 5：“击”是惩治的意思；“御”是抵制、制止的意思。受教育的对象有素质上的差异，教育方式也因之多种多样，因人而异，因材施教。除了上面所说的启发、包容等教育方式外，也要有一定的惩罚措施，即“击蒙”。但惩罚的目的归根结底也是为了教育，是为了不使蒙昧者走上极端、变为强盗、危害社会。因此惩罚手段的运用要把握好分寸，掌握适当的尺度，既要防止教育对象为寇作乱，施教者本身又不能过于野蛮、粗暴。否则，施教者本身岂不是先成为“寇”了吗？过于粗暴的惩治手段往往容易使教育者产生逆反、报复等不良心理，这与教育的目的背道而驰，达不到教育的目的，因此说“击蒙，不利为寇，利御寇”。近年来，屡有因教师、家长对学生进行打骂、体罚而导致学生体残甚至死亡的报道，这种“为寇”式的教育方法应当休矣！㉖

第五卦　需卦䷄坎上乾下

（一）原文

（卦辞）需，有孚，光亨，贞吉，利涉大川。

（爻辞）初九：需于郊，利用恒，无咎。

九二：需于沙，小有言，终吉。

九三：需于泥，致寇至。

六四：需于血，出自穴。

九五：需于酒食，贞吉。

上六：入于穴，有不速之客三人来，敬之，终吉。

（二）解读

卦辞：需，有孚，光亨，贞吉，利涉大川。

解读："需"，卦名。"需"是需要、需求。有二含义，其一人生最大需求是饮食，民以食为天。前五爻描述自力更生解决饮食过程：在郊区种植、在沙滩渔业、在肥沃泥地丰收、在荒野打猎、改善生活酿酒等。其二需求是漂泊在外，希望回到温暖的家（上六爻的入于穴），卦辞描述回家归途坎坷的经历，需要在各种艰难环境里耐心思考如何达到目的地，经过了六爻才终于成功回到家。"孚"为信，"有孚"是要有信心。卦辞说，坚持走正确的路，前途是光明亨通。保持这正确的信心和决心，既使江河险阻，也能"涉大川"渡过河。（回到家）

初九：需于郊，利用恒，无咎。

解读："需"为需要，需要在不同的困境里思考脱身回家。"郊"为郊区，郊野。

爻辞说，身在郊野，需要在郊野思考脱身回家。要有耐心和恒心，才无过错。

九二：需于沙，小有言，终吉。

解读：身陷沙滩，需要在沙滩停留时思考回家。沙滩就在江河岸边，距江河更近了。追求目标到达目的地，就需过河，河是险阻的标记。"小有言"是别人对此“有议论”，但怀有信心最终会吉利的。

九三：需于泥，致寇至。

解读：身陷泥泞地，需要在泥泞环境中挣扎，身上沾满淤泥，难于自拔，身临险境害怕，就像贼寇随时会来到。

六四：需于血，出自穴。

解读：身在险境以致受伤出血，需要在血泊中挣扎，表达身处危险的环境，需要想尽一切办法，才能走出这危险的漩涡之穴。

九五：需于酒食，贞吉。

解读：说明已脱离危险的穴窝，来到友人家，多日奔走，需要酒食，在有吃有喝的环境里思考，这毕竟不是自己的家，需要尽快赶路，若回到家才是持久吉祥。

上六：入于穴，有不速之客三人来，敬之，终吉。

解读：“三”不是数量词，而是形容词表示“许多”。爻辞没有“需”字，表示终于成功“入穴”回家了。许多平素没有交往的客人也来祝贺成功归来，畅饮庆功酒，结局是吉祥吉利。

小结：

需卦告诫要想成功，需要在各种艰难的环境里磨练、思考摆脱困境回家。经历了“需于郊”、“需于沙”、“需于泥”、“需于血”、“需于酒食”，终于成功，“入穴”回到家里开庆功会祝贺。泛指胸怀正确目标，走正确道路，即使身陷各种困境，以坚韧不拔的毅力，以随机应变的智慧，最终会达到目的地，获得成功。

（三）选录多种解读

第五需卦卦辞：需，有孚，光亨，贞吉，利涉大川。

例 1：需卦，指天下坎上，坎象征着水，象征着云，乌云密布，祥雨要降，生机即将来临。但雨还没有降下来，故需要等，需卦的基本思想是等待。乾遇坎，乾健坎险。有险就需要等待。等待是有条件的，这条件就是有孚。有孚就是要有耐心、诚信、实心实意。要做到既不急于冒进，又不依赖等待。一旦前进，前途必光明亨通。即使像涉大川那样险难，也能突破。㉗

例 2：君子于需待之时，重在耐心守信，养其自身刚健中正的能力，循时顺理前行，则能化成天下。君子行此从容不迫之道，得外界之助，虽险终可涉之。

消极的待会陷入守株待兔，需卦的待是主动的，最终目的在于未来的进。内卦三阳为我，有刚健之阳气，助外卦坎中之阳，则九五虽处险中能不惧。君子渡大川、临大险，表面上是静候等待，实际上是在行刚健之力，《易传·象》曰："刚健而不陷，其义不困穷矣"。

需卦若于其时不当进，则应待东风之助，此时要养自身之能力，卦中有兑口、兑悦之象，以示不必忧愁，《易传·象》曰：君子以饮食宴乐"。㉑

例 3：卦辞中的"有孚"是从主观方面提出的要求。"大川"在《易经》经文中出现了十一次，并且都出现在占断语中，一般都从字面上理解为"大河"，未得其深层的象喻意义。众所周知，周人生活的中心区域——黄河流域是中华民族的发祥地，古时这一带的温度、湿度、雨量远高于现在，河流众多，洪水经常泛滥（详《涣》卦）。另一方面，古代渡水工具落后，渡河时弄不好就要遭灭顶之灾。因此，对于古人而言，"大川"也就意味着"困难""艰险"，《易经》中的"大川"都应作如此解释。《需》卦卦辞说"利涉大川"，表明了还需要进一步等待克服客观上存在的困难，正如《周易集解》中说"有险在前，不可妄涉，故须待时然后动也"。"利涉大川"是以"有孚"为前提的，如此才能"光亨，贞吉"。—— "光亨"在《易经》中仅此一见，疑为"元亨"之讹。㉖

例 4：需者，饮食也。有：不宜有，引申为大。孚：生。有孚：大生，即大众、众生。"需，有孚"，意思说：需者，饮食也，大众有饮食才有生命。光：正大光明。亨：通。光亨：光明正大地获取食物者，亨通。贞：主。贞吉：主吉。大川：大江大河，引申为干大事。利涉大川：有利于干大事。爻辞教育君王治国治天下要关注民生，人民有粮食，国家才能干大事。⑱

需卦爻辞初九：需于郊，利用恒，无咎。

例 1：需卦上卦为坎，坎为水，代表危险之地。初九爻位于需卦最下方，距离坎之险最远，就如同在郊外等待一样，那里是开阔平坦的陆地，距离危险的河岸最远，因而是十分安全的。然而初九毕竟是阳爻，颇具阳刚之性，恐有急躁冒进之嫌，故爻辞告诫之以恒心等待是有利的，可以免除过错。这一爻说明在等待时应该远离危险，以确保安全，同时要有持久的耐心，万万不可轻举妄动。⑲

例 2：初九只是需卦的起始，离坎险还较远，但一开始就要有风险意识，只要持之以恒，就会没有灾难。㉘

例 3：综合爻辞看，"郊"指主人公居住地的郊外，在主人公居住地与其等待的客人居住地之间有一条"大川"阻隔。主人在郊外等候客人，但是久等不来。一般人在这种情况下往往耐不住性子，前往客人来的方向探个究竟。如上所述，"大川"是危险的代名词，接近"大川"也就意味着靠近了危险。况且，还不知道客人是否能够如约前来。在这种情况下更不值得冒险前往，耐心地在远离"大川"的郊外等待就可以了，因此说"需于郊，利用恒，无咎"。㉖

例 4：此爻有乾卦初九潜龙之意，守定不动，才能打好阳进的根底。君子务本，本立方能道生，虽处僻远之郊，应守待时势的到来，不可冒进。㉑

例 5：在古代，一个国家里有国与野之分，郊以内为国，郊以外为野。郊处于国与野之间。这里讲“需于郊”，是借以比喻初九这个阳爻在需卦之初，距坎水之险最远，贸然涉险犯难的可能性最小。然后初九既是阳爻，有阳刚之性，极易一往无前，犯难而行，也就是最易失去需之常道。所以爻辞告诫说，初九处于郊，最为要紧的是能需，即耐心等待，坚持恒久不变。若能如此，便可无咎。㉕

需卦爻辞九二：需于沙，小有言，终吉。

例 1：九二爻逐渐接近于上卦坎，犹如在水边的沙滩上等待。九二爻虽未涉险，但与初九爻相比毕竟更接近危险，因此会遭人小小的非议。九二爻以阳爻居下卦中位，即具阳刚之气，又不失中和之德，它能够以一种平静的心态耐心等待，所以最终结果仍然是吉利的。⑲

例 2：沙，是河边之沙。言，言语责备，也有人认为是“愆”的借字，过错的意思。“需于沙”表明主人公果然耐不住性子来到了河边，向危险靠近了一步，但他的这种行为受到了善言制止，没有进一步发展，因此说“终吉”。㉖

例 3：沙滩离水边比郊外更近了，但毕竟在岸上，虽然相互之间有些小的争讼，还是没有什么危险的。㉘

例 4：九二刚中之德，处乾卦九二见龙在田之位，等待修养日久，开始被各方面所注视，但其处待而不进，各种谣言开始生发，小人损毁之言遍布。君子于此时，仍不可冒进，应继续以中道行事，等待时机，终必有吉。㉑

例 5：二爻是大夫之位。需：大夫家的饭食。沙：沙子。需于沙：大夫家的饭食有沙子。小：外，指餐厅外。有：不宜有。有言：不宜有之言，即发牢骚。小有言：家人吃饭被沙子咯了牙，走到餐厅外发牢骚（不宜有之言）。终：始终。吉：吉善。终吉：大夫食朝廷俸禄始终有饭吃，故而吉善。大夫是朝廷命官食朝廷俸禄，始终有饭吃，不像民众饿肚子。唐诗曰：“吏禄三百石，岁晏有余粮。”⑱

例 6：九二近于坎险之境，风险就大了些，难免有小人流言伤害。幸其守正守诚顶得住，不为流言蜚语所动，终可坚持到底，是吉祥的。《象传》说：临险境而沉着自守，以宽居中，宽大而不躁。虽受小人的讥谤、非议，但毫不介意，不动摇，以观时待变，终究是吉利的。㉗

需卦爻辞九三：需于泥，致寇至。

例 1：泥，逼近于水。站于水边之泥上很容易陷下去，九三面临着险难。处置太急，会马上招来灾害。故“致寇至”。寇，最大的灾难。《象传》说：水之泥很容易陷下去，灾难就在身旁，若能小心慎动，慢慢解决，待时而动，是不会失败的。㉗

例2：“需于泥，致寇至”，讲的是一则古老的寓言，人类蒙昧时期，狩猎时把猎物赶到沼泽地里，猎物在泥里难行，人便下去捕捉。当这种场面被别的部落发现时便过来抢夺。这寓言告诉人们的道理是：不要做离危险太近的事。在泥中等待（或求食）是有风险的事，泥中已含险（水），再往前就是危险（贼寇）了。㉘

例3：九三爻更加接近于上卦坎，犹如在水边的淤泥中等待。九三爻以阳爻居下卦最高位，过于刚健激进，有急躁冒进的冲动，会有深陷泥潭不能自拔的可能。匪寇比喻来自外部的危险，危险是否会真的来临完全取决于九三此时的行为。如果九三冒然前进，肯定会深陷危境，但如果他能静心等待，则可安然无恙。这一爻说明越是在接近危险的时候，越要谨慎行事，切不可急躁冒进，以免招致祸患。㉙

例4：泥，河边泥泞的地方。寇，强盗。河边泥泞之处介于河水与沙地之间。与“需于沙”相比，“需于泥”意味着又向危险迈进了一步，并且被强盗盯上了。

通观初九、九二、九三爻辞，揭示了这样一条规律：离家越远，离河越近，也就越是接近危险。㉖

例5：三爻是诸侯之位。需：诸侯家的饭食。泥：泥巴。需于泥：诸侯家的粮食是经过木杵土臼（杵臼）加工过的粮食，土臼里的泥巴与粮食混在一起，故而饭食中有泥巴。寇：暴，意为争抢。至：到。致寇至：诸侯家的饭食中有泥巴，致使家人弄到争抢好饭吃的地步。诸侯家人口多，大家争抢没有泥巴的好饭吃，这是合乎人性的。⑱

需卦爻辞六四：需于血，出自穴。

例1：六四爻已经进入到上卦坎，表示已经身处危境之中，受到了极大的伤害，情况十分危急，就好像在血泊中等待一样。穴比喻深深的危险。六四爻以阴爻居偶数位，是为得正，他能够在危境中从容应对，冷静地等待机会到来，最终逃出险境。人生不可能时时处处都风平浪静，随时都会有深陷危境的可能，只要人们以一种从容的心态静观其变、顺势而为就能够化险为夷。⑲

例2：“需于血，出自穴”是说主人公汲取了前几次的历险教训，不再像以前那样跑到河边，而是从家中出来，在离家较近、远离危险的护城河边等待客人，这样无论客人来与不来，既不至于自己犯险，又能体现出对客人的欢迎之情，比较自然，合乎常规，正如《象》说“需于血，顺以听也”。㉖

例 3：血，阴属，有循分自安的特点。“需于血”，是说六四这一爻，阴爻处阴位，它也要取老老实实需待的态度。从卦体看，应该是需卦之内卦三阳爻需坎，而不是坎需内卦之三阳爻。六四亦称需，是因为三阳爻从容不迫，坎虽为险，事实上并不能奈内卦三阳爻何。又，六四柔顺得正，依其本性，它不至于与三阳作难。“出自穴”，六四离开自己所安之处，给三阳让开前进的道路。㉕

例 4：四爻是国公之位。需：国公的饭食。血：畜生血，引申为国公是肉食者。《左传・庄公十年》：“齐师伐我，公将战。其乡人曰：‘肉食者谋之，又何问焉？’曹刿曰：‘肉食者鄙，未能远谋。’遂入见。”《周易）说王朝的国公才是肉食者，而《左传》说诸侯国的大臣也变成了肉食者。这是因为《周易》成书在前，《左传》成书在后，时代前进了，生产发展了，生活提高了。需于血：国公都是肉食者。穴：土穴窑洞。即王室用土穴窑洞贮存猪肉食品保鲜。出自穴：王朝的国公是肉食者，国公食的猪肉出自王室的土穴仓库。说明在周王朝时期，只有王室能食猪肉，当时国公食的猪肉要到王室仓库去领取。为什么家字由宝盖头（宀）与豕（猪）字组成？因为上古、中古时期能养猪、能食猪肉者，只能是帝王家。家，表示猪是非常高贵的动物，猪肉是非常高贵的食物，帝王家才有猪。后面小过卦六五爻辞“公弋取彼在穴”告诉我们，国公还要凭票证到王室的土穴仓库领取猪肉。⑱

例 5：血，同“恤”，阴弱、忧虑。“出自穴”，六四已处坎卦，坎为穴。这与需卦的变卦有关，需卦是从大壮卦变化而来的，大壮卦四、五爻互换，变成需卦，大壮卦五爻阴爻来到需卦四爻的位置，固有“出穴”之卦象。㉘

例 6：“六四”处在最坎险的血水中等待，从险难中走了出来。《象传》说，六四入于坎体，面临着血光的灾难。但六四阴柔得正，顺于阳刚中正之“九五”，听从内卦三阳爻之动，终于脱离了险境。㉗

需卦爻辞九五：需于酒食，贞吉。

例 1：九五爻处于全卦的尊位，以阳爻居于奇数位，且位于上卦中间，不仅具有阳刚之气，而且具有中正的德行和极高的威望，因此即使身居危境，也能一边安然地享用酒食，一边耐心等待，但他仍需要坚守正道结果才是吉利的。⑲

例 2：“需于酒食”是说在为客人准备的酒食旁等候客人。不出家门，在为客人准备的酒食旁静待客人，可见定力之大，而不是像以前那样耐不住性子贸然外出涉险，因此说“贞吉”，《象》说“酒食贞吉，以中正也”。㉖

例 3：在酒食宴乐中等待，守正道则吉祥。

解析爻辞：“需于酒食”，原意是指主人已经准备好了酒食等待客人。这里引申为百姓丰衣足食，君子治国成功。屯卦讲政治，蒙卦讲教，需卦讲养。君子应该懂得休养生息、安居乐业的治国之道。“贞吉”，在百姓和国家富足了之后，要固守正道，才会吉祥。如果被繁荣冲昏头脑，整天声色犬马，酒池肉林，沉溺于宴乐，最终会导致国家灭亡。㉘

例 4：九五是天子之位。需：天子的饭食。酒食：酒饭。贞吉：主吉。意思说：天子的饮食只有酒饭没有美味佳肴，主吉。爻辞教导周天子要经常节制自己，过俭朴的生活。⑱

需卦爻辞上六：入于穴，有不速之客三人来，敬之，终吉。

例 1：上六爻以阴爻居偶数位，虽然得正，但毕竟到了坎险的顶端，已经无路可走，而且作为阴爻上六极其柔弱，面对如此危境切不可失去耐心，只能积极地寻求外援。“入于穴”表示陷入了危险之中，“不速之客三人”指的是全卦中的三个阳爻。此时，已经到了最危险的时候，如果没有外援，上六只能坐以待毙了，所以三阳爻迸发出勇敢的阳刚之气，冲破坎陷，前去救援柔弱的上六。上六对主动前来救援的三位“不速之客”以礼相待，终于在他们的帮助之下脱离险境。⑲

例 2：需卦两阴爻均有“穴象”，如果说六四可以“出穴”的话，那么上六只能“入穴”。因为上六是需卦之极，无处可躲。“不速之客”，指下卦的三阳爻，六四对他们是让，上六无法让，只有敬重他们。因为来者不善，三阳刚健志勇，跋涉大川（坎险），冲破层层阻力，志在必得，不是上六所能匹敌的。不与之为敌，以友待之，化险为夷。㉘

例 3：上六陷入坎险之中，有三位客人不请自来，要尊敬他们，则最终是吉祥的。㉗

例 4：上爻是祖宗之神位。爻辞省去了需字。需：祖先的饮食。入：进入，表示居。穴：洞穴。入于穴：祖先穴居野处饮食很艰难。不速之客：不请自到的客人。三人：众人。敬之：恭敬侍候。终吉：始终吉善。意思说：恭敬侍候客人们的饮食，让他们吃好、喝好，始终是吉善之举。所以中国人传统待客之道都是恭敬待客，要让客人们都吃好、喝好。⑱

例 5：速，请、召。敬，警惕，对……保持警觉。走出家门去等待客人，等待的客人没来；回到家中，却发现来了三个不请自到的人。这颇有些离奇、滑稽的意味。爻辞以此比喻和说明：在时机不成熟的时候行事，客观结果和主观愿望往往是有差距的。遇到这种情况，小心谨慎的保持警觉，随机应变，最终也是吉利的。

与前三爻相反，本卦后三爻从正面揭示出这样的道理：在认识到危险的时候，要尽量远离危险；做任何事情，时机不到的时候，要忍隐待时，不要盲目行

动；万一遇有不测情况发生，保持警觉，小心谨慎地应付，也能转危为安。㉖

例 6：卦中六爻唯独此爻不言需，可见需道已成，君子不必再待时行事，而应事成归隐。对不速之客，不可大意，当行敬之心，才能终吉。君子于此时，虽事成已成，但居卦之极，又处在坎险之上，故应深隐，纵然被意外之人所打扰，也应以敬慎之心恭敬对待，但仍要安守隐遁之道，不可盲目出穴。

穴有阴象、藏象，卦中独二阴爻言穴。穴乃出入之门户，故六四言出，上六言入，可见取象之精、涵义之深。㉑

第六卦　讼卦☰☵ 乾上坎下

（一）原文

（卦辞）讼，有孚，窒，惕，中吉，终凶。利见大人，不利涉大川。

（爻辞）初六：不永所事，小有言，终吉。

九二：不克讼，归而逋，其邑人三百户，无眚。

六三：食旧德，贞厉，终吉。或从王事，无成。

九四：不克讼，复即命，渝安，贞吉。

九五：讼，元吉。

上九：或锡之鞶带，终朝三褫之。

（二）解读

卦辞：讼，有孚，窒，惕，中吉，终凶。利见大人，不利涉大川。

解读："讼"，卦名。"讼"：诉讼，打官司，争辩。"孚"：信，诚信。"有孚"是有诚信。"窒"是堵塞。"惕"是警惕。"有孚窒"是诚信被堵塞。

卦辞说，诉讼是诚信被堵塞，要警惕丧失理智。诉讼过程利于公正的"大人"调解、判断，若中途和解则"中吉"。若穷追不捨遇到艰难险阻，就像"不利涉大川"，可能会坠入深渊，最终凶。本卦九五爻，位中又正，是尊位，是仲裁者法官"大人"出现。

初六：不永所事，小有言，终吉。

解读："事"指诉讼之事。爻辞说，不要长时间的争讼不休，不宜总是争辩纠缠下去，得饶人时应饶人，不要结成冤家对头，化解是"终吉"，不去理睬说三道四的"小有言"。

九二：不克讼，归而逋，其邑人三百户，无眚。

解读："逋"（bū 音晡）：逃跑，躲避。"邑"（yì 音意）：古时受君主封之地。"眚"（shěng 音省）：眼睛疾病，灾祸。

爻辞说，打官司败诉，返回家乡后要逃跑，免得家族三百户邑人受牵连，这样可使家族邑人无灾祸。

六三：食旧德，贞厉，终吉。或从王事，无成。

解读："食"是享用、继承。"食旧德"是享用祖先的遗产和遗德。"贞厉"是守正防错。"终吉"是终身吉祥。"或从王事，无成"是随从君王从政工作，不求有功，但求无过。"无成"是不会有成就。言外之意，此类人不会发生争胜好强的诉讼，所以六三爻辞没有"讼"字不需要"讼"，与世无争。

九四：不克讼，复即命，渝安，贞吉。

解读："渝"是改变。打官司败诉了，恢复常态，不再去争讼，顺其自然，"听天由命"吧（这是自我慰藉）。"渝安"是由诉讼改变为安稳。"贞吉"是正态为吉祥。

九五：讼，元吉。

解读：这是九五爻。九五之尊，是正人君子是君王之位。在此"讼"字，是指主持公道的仲裁法官大人宣佈"讼"，伸张正义的诉讼者获胜。隐喻不是一概否定所有诉讼案件，伸冤呼唤正义的诉讼案件不应该否定。令人思考的是那些"不克讼"是否司法不公?

上九：或锡之鞶带，终朝三褫之。

解读："锡"通赐，赏赐之意。"鞶"（pán 音盘），"鞶带"是古时用皮革做的绶带，表示身份、地位和荣誉。"褫"（chǐ 音齿）：剥夺、夺去。"终朝"是早晨到晚间，表示一日。

爻辞说，打官司胜诉了，被赏赐绶带。但是从早晨到晚间，一天多次又被剥夺。言外之意，诉讼赢了，却失掉民心，令人鄙视，喻意此案件不要争讼，赢了也不光彩，物极必反，将走向反面，《周易》作者特安排在上九爻描述不提倡争讼。

小结：

讼卦基调不倡导诉讼，要安定团结，从"不永所事"开始，经过了"不克讼，归而逋"的场景，令诉讼者疲于奔命。中间出现了"食旧德"与世无争平静吉祥的生活。随后展现"不克讼，复即命"劝说不要再诉讼了。最后上九爻举例争讼胜者，也未获得益处，"锡之鞶带"、"三褫之"。仅在九五爻法官大人走过场说"讼"还是存在的。由上总结"和为贵"。

（三）选录多种解读

第六讼卦卦辞：讼，有孚，窒，惕，中吉，终凶。利见大人，不利涉大川。

例 1：讼卦，象征着争讼争辩，由于诚信在其间出现了阻窒，双方出现了猜疑、戒备之心，引起了争讼。以中正、谨慎为宗旨的争讼是吉祥的。但最终还是凶的。有利于见刚健中正的大人，不利于涉渡江河。㉗

例 2：一家讼争口舌，天下讼兴戈兵，以中道行事则能共赢，讼事若起则两方皆有所输，故当以不讼为上。

君子慎始，安忍不让讼起，自无讼事，若待讼事成，则已失机。凡事于未始之时，即审端查尾，则无讼可成，《易传·象》曰：“君子以作事谋始”。㉑

例 3：卦辞首先指出了争讼的原因、结局及应该采取的相应对策。“有孚，窒”——心中虽然诚信，但不被人理解或者被人误解，这是争讼生产的原因。的确，有很多言语是非往往是由于相互之间缺乏交流和沟通引起的，如果大家能够以诚相待，心平气和地探讨一切问题，也就不至于发生争讼了。但是，争讼一旦产生，双方处于敌对状态，就是另一回事了。为避免自己处于不利境地，受到不必要的伤害，就要认真对待，从思想上保持警惕，这样在争讼过程中会对自己有利，因此说“惕，中吉”。但争讼之事无论谁胜谁败，谁输谁赢，归根结底都不是什么好事，因此又说“终凶”。有才有德并且在位的“大人”能够明辨是非曲直，公平公正地对争讼进行裁决，有利于争讼的平息，因此说“利见大人”。一个人处于争讼之时，内忧外患，焦头烂额，心身憔悴，这种情况下不利于办什么大事、难事的，因此说“不利涉大川”。㉖

例 4：讼，卦名。讼卦由上乾下坎两经卦组成。依先天八卦，乾为天，坎为水，讼卦乃天降雨水之象。天降雨水，不分尊卑，不别贵贱，普施众生，公正无偏私。古之造字者曰：“讼者，公言也”。所以，讼卦卦象之义是诉讼。管理诉讼的官员公正无偏私，仗义公言，谓之讼。

需卦讲人要正大光明地获取食物，可是有些人搞阴谋诡计去夺取别人的食物，于是产生诉讼。朝廷管理诉讼的官员，要敢于主持社会公平正义，秉公断案，故而需卦与讼卦互为综卦。⑱

例 5：讼与需两卦相反对，卦辞都说“有孚”，但需卦说“利涉大川”，讼卦说“不利涉大川”。涉大川是度过大险大难的意思。需卦坎在外，中实而安分、稳当，所以利涉大川，能够度过大险大难。讼卦坎在内，中实而不安分，有血气方刚，使气好胜之象，往往不能自我克制，所以不利涉大川，即没有条件战胜大险大难。㉕

例 6：“有孚，窒”，窒，窒塞，不通，指诚信被窒塞。诚信是讲公平、公正的，讲诚信就不会与人争讼。因为把诚信搁置一边，为了获得比别人更多的私利，所以才引起争讼，所以诚信被窒塞。“惕中吉”，惕，警惕，畏惧。如果你怀有警惕、畏惧之心，不去和人家争斗，本着“吃亏是福”的心态，有可能免于争讼，这样就会吉祥。但这只是“中”，即中间有一段时期是平安无事的。“终凶”，指最终一场争斗不可避免。这是因为你让人家，人家可不让你，逼迫你要和他争斗。“利见大人”，即在争斗得不可开交的时候，有利于去找一位秉公的评判者调停，以免陷入纠葛难以自拔。“不利涉大川”，即不利于让军队跋涉大川投入战斗，引申为不要诉诸武力解决争端。争斗为险，一味争强，铤而走险，必致凶祸。㉘

例 7：讼是争讼的意思，本卦讲与争讼有关的道理。从卦象来看，讼卦上卦为乾，下卦为坎，乾代表天，坎代表水，天自东向西而动，水自西向东而行，天水行为相左，寓意人们意见不合，行动不一致，由此必起争讼之事。争讼是由于诚信受到阻塞，大家互不信任而引起的。⑲

讼卦爻辞初六：不永所事，小有言，终吉。

例 1：初六爻位于全卦的最下方，象征矛盾初起，尚未激化成争讼，此时如果能采取措施及时化解矛盾，虽然会遭到别人小小的非议，但自己因此将免于长久的争讼，从长远来看不失为明智之举，结果自然是吉利的。⑲

例 2：不要让刚刚发端争讼的小事发展下去，有点小的争执，结果吉祥。㉘

例 3：初爻是平民之位。爻辞没有讼字，表示民众之间发生了争议之事，但未发生诉讼，故而爻辞言事不言讼。不永所事：民众发生争议时，双方当事人不永久纠缠。小：外。有：不宜有。小有言：在外面讲了些不宜讲的话。终吉：双方始终不把争议上升为诉讼是吉善的。自古以来打官司都要花钱，古代民事诉讼双方当事人各要交一百支箭作保证金，刑事诉讼双方要缴纳三十斤铜作为保证金，双方都难以承受。所以，对民众来说不打官司始终吉善。⑱

例 4：初六居讼卦之初，乃讼事之始。事于初甚微小，易于平息，应通过交流，以将讼事消弭于萌芽之中。㉑

讼卦爻辞九二：不克讼，归而逋，其邑人三百户，无眚。

例 1：九二阳刚处险地，九五处阳刚之尊位而中正，九二自知不是九五的敌手，只有逃避，躲藏到只有三百户人家的小邑里。方可无灾祸。《象传》说：九二自知不敌，不但不诉讼，而且逃窜到很远的地方不与九五争讼，为什么呢？因九二地位卑下又处险地，与地位尊上势大的九五争讼，那是“自下讼上”势必不敌，并会给自己招来灾祸。

这一爻提示我们，争讼失利，应立即停止，以免遭受更大的损失。㉗

例 2：《象》曰：不克讼，归逋窜也，自下讼上，患至掇也。

直译象辞：官司败讼了，回来后便躲了起来。身居下位告有权势的人，这灾祸是自己找的。㉘

例 3：九二爻虽然阳刚，却位于偶数位，是为不正，且位于下卦，讼下卦为坎，表示正处于危险之中，此时与别人发生争讼则必败无疑。他唯一的出路就是回家后逃亡，也就是在争讼的过程中主动选择避让。古时一个人犯事，居住在一起的同姓族人往往会受到牵连，如能审时度势，及时放弃争讼之事，不仅可以保全自己，也使族人免遭灾祸。⑲

例4：由本爻看来，主人公是一个拥有三百户邑人的奴隶主，这在古代势力也算蛮大了，地位蛮高了，但他争讼的对象权势比他还大，地位比他还高，因而遭受到失败。与势力大、权位高的人争讼，这是不自量力，自找烦恼，正如《象》说“自上讼下，患至掇也”。

关于本卦，李大用先生《周易新探》从历史的角度研究认为，这是周、商之间纷争的实录，可以参考。其背景在《坤》卦中述及。如此的话，《象》中所说的“下”当指周文王，“上”当是指商王帝乙。㉖

例5：二爻是大夫之位。不克讼：大夫的诉讼输了。逋：逃亡。归而逋：归家后立即逃亡。其：指大夫官。《说文》：“邑，国也。”邑的本义是国，但古代贵族的封地也称作邑，称作采邑或食邑。《辞海》：“采邑，亦名‘采地’或‘封地’。”周代以井田制为国家根本制度，九百亩田按井字形分为九块，称为一井。一井八户，四井为邑。因此，古代三十二户就可称为邑。户：古代天子诸侯的家称为国，大夫的家称为家，平民不能称家，《周易》称作户。其邑人三百户：大夫采邑里有三百户平民。三百户，大约有三十八井，34200亩田。眚：灾祸。无眚：大夫采邑里三百户人才免除灾祸。爻辞告诉我们，古代法律不同于现代，古代有连坐法。但是古代法律又规定，只要罪犯逃避到法律规定以外之地，国家就不再追究其法律责任，所以大夫采邑里三百户人才免除了灾祸。《周礼·地官·调人》：“凡和难，父之仇，辟之海外；兄弟之仇，辟之千里之外；从父兄弟之仇，不同国。”意思说，凡是法律调解人对双方当事人进行调解，杀父之仇，只要罪犯逃避到海外；杀兄弟之仇，只要罪犯逃避到千里之外；杀堂兄弟之仇，只要罪犯逃避到别国，国家就不追究其法律责任了。若罪犯逃亡之地不在法律规定以外，那就要随时追究法律责任。周王朝的法律与现代法律一样，也是事先调解，然后才是诉讼。⑱

讼卦爻辞六三：食旧德，贞厉，终吉。或从王事，无成。

例1：六三爻以阴爻居阳位，是为不正，而且自身极为柔弱，故不宜参加诉讼，只能安分守己。“食旧德”指的是享受祖先遗留下来的恩赐。周代受君王赏赐的爵位和俸禄都是可以世袭的，因此可以安然享用，但必须继续守持正道以防危险，结果是吉利的。有时可以辅佐君王从事政务，但不能与君王争功，以安守一个追随者的本分。⑲

例2：六三不得位，又处坎险，君子于此，当安分贞定守旧德，无贪求之

心，故无争讼之象。㉑

例 3：贞厉，持守正道也没有好的结果。这是因为六三阴居阳位，不中不正，即使持守正道也不会有大的建树，因为位不正，但守正道比不守正道要好。“终吉”，即在不中不正的位置安分守己，最终还是吉祥的。“或从王事，无成”，或者遵从九五君子之道，和天子在思想上保持一致，和天子争讼的事情就不会出现。这里“无成”是好事，不让争讼的事情形成，各自相安无事。㉘

例 4：食，享用，引申为继承。旧德，犹如《尚书》中所说“旧政”“旧章”等。

“或从王事，无成”与《坤》卦六三“或从王事，无成有终”意思差不多，是说从事争王的事业没有成功。

尊老、崇古包括尊重、遵循前人的思想、道德、制度等。前人的思想、道德、制度等，被长期实践证明行之有效，是前人的智慧、经验的结晶，后人应该加以继承，因此说“食旧德……终吉”。但其中也难免有不能适应新形势下新情况、新问题的地方，需要加以扬弃、改革。如果全盘保守前人的思想、制度，在现实中难免碰壁，因此又说“贞厉”。爻辞反映了对于前人的思想、道德、制度等的继承与发展上的矛盾、复杂心理。联系历史上商、周关系来看，本爻所反映的可能是周人在伐商失败后，在反思对待殷商应采取什么政策、策略、态度上的一种矛盾、复杂心理。㉖

讼卦爻辞九四：不克讼，复即命，渝安，贞吉。

例 1：九四，不能胜诉，回心转意归就正理，改变主意，安守正道，结果是吉利的。⑲

例 2：“不克讼”，这里的“讼”有两种解释，一种认为是九四讼九五，一种认为是九四找不到“讼”的对象。本人倾向于后一种观点，因为九四为近臣之位，近臣的职责是辅佐君王，即使九四与九五有不同的观点，也不至于与君王打官司。“复即命”，复，返回；即，就；命，天命。找不到打官司的对象还是回来顺从天命吧，顺从天命就是遵从天规。“渝安贞”，渝，改变，指改变争讼的念头，安守正道。㉘

例 3：复，返回。即，靠近、顺从。命，上命。渝，变。争讼未能取胜，返回自己的领地，继续顺从在上者之命，争讼获胜的一方也未再深究，生活恢复了以前的平静安宁，因此说“贞吉”。

联系历史来看，“命”当指商王之命。周人从伐商失败的教训中认识到，自己的力量还不足以与商人抗衡，因此不得不继续听命于商王，安于现状。㉖

例 4：安，贞吉。四爻是国公之位。不克讼：国公的诉讼输了。国公是王朝柱石，是诸侯大国，他的诉讼是由天子判案。复：复归回国。即：立即。命：命令。渝：改变、改正。复即命渝：国公归国后立即下达改正的命令。安：安静。贞吉：主吉。意思说：国公今后安静不动、闭门思过，主吉。⑱

例 5：即，就。命，正理。渝，变。九四以刚健居不中不正之地，按其本性说，是好讼的。但是它没有争讼的敌手。九五君位，不可与之讼。六三阴柔而居下，不至于生讼。初六与九四正应而顺从，不能与之讼。左右前后都没有可与之讼的对象，九四虽欲讼而无由讼，所以“不克讼”。在这种情况下，九四若能克服躁动欲讼之心，复就正理，变其不安贞为安贞，则必然得吉。㉕

讼卦爻辞九五：讼，元吉。

例 1：九五居君位，有阳刚中正之德。在受命治讼的过程中，听讼不偏，断案无私，论断公正。使天下人心安定，争讼无几，这自然是大吉。㉗

例 2：九五爻以阳爻居全卦的尊位，至刚至尊，至中至正，象征一位德高望重、刚直不阿的尊者，由他来裁决争讼，定能秉公执法，明断是非，结果自然是大吉大利的。⑲

例 3：这里的“讼”，不是九五与别人争讼，而是裁决别人的争讼，化解争讼，化干戈为玉帛，所以吉祥。㉘

例 4：如前所说，争讼不是好事。为什么又说“讼，元吉”呢？因为这是从平息争讼的角度说的。九五在本卦中象征听讼之主，也就是卦辞中“利见大人”的“大人”。“大人”能够明辨是非曲直，能够公平公正地裁决争讼，使争讼平息下来，因此才说“元吉”，《象》说“讼，元吉，以中正也”。后来的包拯、海瑞堪称这样的“大人”。㉖

讼卦爻辞上九：或锡之鞶带，终朝三褫之。

例 1：上九爻以阳爻居全卦最上方，不中不正，象征争强好胜、誓要将争讼进行到底之人。“鞶带”本义是显示高贵身份的大腰带，“褫”是剥意思，比喻某人通过不正当手段赢得了争讼并获得了荣耀，但是一天之内就多次被剥夺，这说明通过争讼而获得的荣耀是不会长久的，最终反而徒增羞辱。⑲

例 2：上九阳居阴位，为讼卦之极位，按说到此之位，争讼即将过去，安分守位会安然自若。但上九因位不正而刚动，邀功争赏，不以为耻，反以为荣。这种被大家视为不光彩的行为怎么能受到尊敬呢？上九实际上成了争讼的反面教材，人们因他而受到教育，不再去争讼，也说明争讼之胜并非真赢。㉘

例 3：讼卦初爻无讼字，此上爻亦无讼字。初爻无讼字，杜讼之始；上爻无讼字，恶讼之终。其中体现了作《易》者反对争讼的思想。上九以阳居上，处于有利的地位，它是逞刚强，一定要把争讼进行到底的人。这样的人一般来说没有好下场，总要惹祸丧身的。即使退一步想，它善讼能胜，甚至于受到服命之赏，结果也无法保住，必一朝而三次被褫夺。㉕

例 4：因争讼取胜，有可能获“鞶带”之类的赏赐，但难以长保。爻辞中的“或”字表明了这种可能性，同时也表明了这种不确定性。一个表示时间短暂的“终朝”，一个表示次数多的“三”，两个状语连用，极端地表明了这种荣耀的难保。可见，争讼之事，失败固然是败，而获胜也不是什么光彩荣耀之事，不应当提倡和鼓励，正如《象》说“以讼受服，亦不足敬也”。

联系历史来看，可能是周与商争讼后，周人表面上继续臣服于商王朝，维系与商王朝的关系。而商王也利用周人维持、稳固自己的统治，因此对周人通过赏赐、任官等进行笼络，但又对周人极度不信任。㉖

例 5：或锡之鞶带：天子对管理诉讼的官员赏罚分明，有赐官三级者。终朝三褫之；也有在早朝时间被贬官三级者。爻辞教导王朝天子要亲自掌管官员的赏罚。在早朝时间里升官三级或贬官三级，都是事之极，天子以此建立权威。君王治国治天下，必须亲自掌握赏罚，所以《韩非子》将赏罚称作二柄。柄者，政治权柄也，赏罚就是两权柄。《韩非子》：“明主之所导致其臣者，二柄而已矣。二柄者，刑德也。何谓刑德？曰：杀戮之谓刑，庆赏之谓德。为人臣畏诛罚而利庆赏，故人主自用其刑德，则群臣畏其威而归其利矣。”⑱

第七卦　师卦䷆坤上坎下

（一）原文

（卦辞）师，贞，丈人吉，无咎。

（爻辞）初六：师出以律，否臧凶。

九二：在师中，吉，无咎，王三锡命。

六三：师或舆尸，凶。

六四：师左次，无咎。

六五：田有禽，利执言，无咎。长子帅师，弟子舆尸，贞凶。

上六：大君有命，开国承家，小人勿用。

（二）解读

卦辞：师，贞，丈人吉，无咎。

解读："师"，卦名。《说文》："二千五百人为师"，表示众多；师，出兵或指挥部队打仗。"丈人"：德高望重、英明长者。"贞"：正也。

卦辞说，出兵打仗，要有正义感，有德高望重的指挥统帅，不会有过错。

初六：师出以律，否臧凶。

解读："臧"：善，好。爻辞说，军队出兵打仗，要纪律严明，否则，将被战败，下场凶。

九二：在师中，吉，无咎。王三锡命。

解读：统帅指挥军队有勇有谋，吉利，无差错。获得君王多次奖励。

六三：师或舆尸，凶。

解读：指挥官帅师作战若指挥失利，战争失败，用车往回运尸体，凶险。

六四：师左次，无咎。

解读："左"：古人以右为上、为主；以左为下、为辅。"次"：驻扎。指挥官令部队驻扎在后勤辅助的地方，不是主战场，这是军情的需要，没有过错。

六五：田有禽，利执言，无咎。长子帅师，弟子舆尸，贞凶。

解读：用田间打猎比喻打敌人。田间来了禽兽（敌人）。"长子帅师"是英明的指挥员帅师战斗，“利执言”是有利于擒获俘虏并加以询问，无过失。“弟子舆尸”是没经验的指挥员导致战争失败，用车往回运尸体，凶祸。

上六：大君有命，开国承家，小人勿用。

解读：战争胜利结束，君主颁布命令，以功颁奖。立大功的封为诸侯，可建诸侯国（开国）；立小功的封比爵低些的卿大夫之类的官职，可以世袭“承家”；对军中败类分子小人不要用。

小结：

师卦特别强调指挥官在战争中的重要性。要为正义而战，军队要纪律严明。战争中若指挥不当，会造成惨痛代价。战争结束，君主要对战争中有功人员颁奖，封官晋位，对战争中不利人员小人不再用，赏罚分明，这些具有现世意义。

（三）选录多种解读

第七师卦卦辞：师，贞，丈人吉，无咎。

例1：师指军队，师卦讲行军打仗的道理。从卦象来看，师卦上卦为坤，下卦为坎，坤为地，代表民众，坎为水，代表凶险，因此师卦整个卦象有引众赴险之意，而古时最典型的引众赴险行为莫过于行军打仗，但动用军队必须坚守正道，即师出有名，要以惩罚暴虐和维护正义为目的。“丈人”指贤德的长者，行军打仗必须选用德高望重而又老成持重之人作为军队的统帅，这样的统帅既懂得用兵之道，又令兵众心生敬畏，做到令行禁止，这是决定战争成败的关键。⑲

例2：贞，正，是说打仗的目的要正确。丈人，才能、谋略、品德和事业都为大家所敬畏的人，是说打仗要选择这样的人做统帅。“吉无咎”，是说解决好这两个问题，打仗才能既取胜又得人心。师卦讲战争主要是讲这两条。《易》作者认为，兴师打仗，最要紧的是把握战争的性质和确定统帅的人选。这个思想，即使从现代看，也是可取的。㉕

例3：师，原是一种军队建制，在此指军队。丈人，指德高望重年老的人。

作战要有统帅。统帅的任用得当与否，对战争的胜败起着关键的作用。统帅要选择、任用富有经验和威望之人来担任。一般来说，经验、威望与年龄是成正比的，而年老之人在这方面占有优势，因此说“贞丈人，吉，无咎”，这与商、周之际的尊古、崇老倾向是一致的。反之，则如《正义》中说：“若不得丈人监临之，众不畏惧，不能齐众，必有咎害。”

联系历史来看，卦辞中所说的“丈人”应该就是指此次战役中担任统帅的吕尚即姜太公，对此宋代张载《横渠易说》中也说“丈人，……太公近之”。㉖

例4：师者，军队之师也。贞：主。丈人：身高一丈之人。吉：善。贞丈人吉：主身高一丈之人吉善。古代冷兵器作战是面对面厮杀，所以身材高大者占优势。古代尺寸少于现今，按六折算一丈也有六尺，合两米高，两米的身高今天也是身材高大的高个子。你去西安参观秦兵马俑，那些兵俑将士的身高都很高大，所以丈人是身高一丈之人。无咎：国家拥有军队无罪过。军队是保国安民的国家机器，何罪之有？⑱

师卦爻辞初六：师出以律，否臧凶。

例 1：初六爻位于师卦的最底部，象征处于行军打仗的开始阶段。良好的纪律是军队取得胜利的根本保证，因此在战争伊始就必须严明军纪，军纪涣散则必然招致凶险。⑲

例 2：如果军队没有严明的纪律，出征就会有凶险。这里为什么不说“军队有了严明的纪律，出征就会吉祥”呢？这是因为，战争的胜利是一果多因的，决定战争胜利与否还有诸多因素，仅有严明的纪律是不够的。㉘

例 3：军纪的好坏是决定战斗胜负的主要因素之一，但不是唯一的因素。军纪良好未必能取胜，但军纪不好肯定要吃败仗，因此爻辞不说“吉”而说“否臧凶”，《象》说“失律，凶也”。因此作战前首先要严肃军纪。例如，《周书·牧誓》中记载，周武王在伐商前发布动员令说：“今天的战事，行军时，不超过六步、七步，就要等待队伍整齐。将士们，要努力呀！”对军纪作了严厉、明确、详细的规定。㉖

例 4：朱熹：“律”，法也。“否臧”，谓不善也。晁氏曰：否字先儒多作不，是也。在卦之初，为《师》之始，出师之道，当谨其始，以律则吉，不臧则凶，戒占者当谨始而守法也。④

师卦爻辞九二：在师中，吉，无咎，王三锡命。

例 1：九二爻是师卦中唯一的阳爻，恰似军中的统帅。九二以阳爻居中，象征统帅具有刚毅的性情和持中不偏的行事风格，这样的统帅自然能够得到兵众的信服和拥戴，这对于行军打仗是很吉利的，当然不会有灾祸。将帅在外征战，能否得到君王的充分信任也是决定战争胜负的关键因素。如果君王对军队统帅用而不信，处处加以牵制，使统帅无所适从，则军队将必败无疑。像九二爻这样才德兼具的统帅自然能获得君王的信任，多次受到嘉奖并委以重任。⑲

例 2：九二为三军统帅，重权在握，从王之命坚守正道，所以吉祥没有灾难。收到君王的三道嘉奖令，古时“王三锡命”的规格往往是：第一道命令，授予号令三军的指挥权；第二道命令，授予统帅军衔（帅服）；第三道命令，授予统帅专用的车马。这说明九二受到君王的宠信和信赖，实际上是表现君王对军队

的看重。㉘

例 3：本爻的主语当是下文中的“王”。古时军队分左、中、右三军，主帅居中军。王，指周武王；三，泛指而非实指，指多次；锡，通“赐”，发布；命，战斗动员令。王三锡命，就是说周王多次发布战斗动员令，这如周武王伐纣前，发布《泰誓》《牧誓》的战前动员相似。㉖

例 4：师中：中师。古代军队分有左中右三师。《老子》曰：“吉事尚左，凶事尚右。偏将军居左，上将军居右，言以丧礼处之。”战争是凶事，故而古代师帅仪礼应居右师。但左右都是偏师，而古圣人崇尚中道，故而师帅居中师，军帅居中军。在师中：师帅居中师。吉：善。意思说：师帅居中师，吉善。无咎：师帅居中师，无罪过。锡：“赐”字。王三锡命：王赐三命。《周礼·春官·大宗伯》：“以九仪之命正邦国之位。一命受职，再命受服，三命受位，四命受器，五命锡则，六命锡官，七命锡国，八命作牧，九命作伯。”由此可知，王三锡命是受职、受服、受位。《周礼·夏官·大司马》：“凡制军，万有二千五百人为军。王六军，大国三军，次国二军，小国一军，军将皆命卿。二千五百人为师，师帅皆中大夫。五百人为旅，旅帅皆下大夫。百人为卒，卒长皆上士。二十五人为两，两司马皆中士。”由此可知，王三锡命是授予师帅中大夫之职位，师帅出征，师帅一定要有实权。师帅皆中大夫，而二爻正是大夫之位。⑱

例 5：九二在下，为众阴所归，而有刚中之德，上应于五，而为所宠任，故其象占如此。④

师卦爻辞六三：师或舆尸，凶。

例 1：六三爻以阴爻居阳位，且位于下卦最高位，不正不中，象征一位好大喜功却才疏德薄的统帅。军队在这样一位统帅的指挥下只会惨败，最终用车满载士兵的尸体归来，落得个惨不忍睹的结局。这一爻从反面再次强调了军队统帅的重要性。⑲

例 2：对此爻有两种理解：第一种，舆即车，尸即尸体，指阵亡将士；另一种解释，舆，众之义，尸，主之义，即众人都在作主（指挥），即政出多门。应该说这两种理解都符合爻义，前一种理解是“果”，后一种理解是“因”。爻辞表述的本义是指六三擅自作主出兵。凶，有两层含义：一是指六三擅自出兵对整体战事的破坏，可能会导致大战局的失败，凶；二是指这种破坏军纪的行为对六三的结果是凶。㉘

例 3：或，不定之辞，假如，如果。舆，车子，在此用作动词，用车运载的意思。尸，木主、神主，也就是代表死者的牌位。

关于此爻中“尸”字，大部分注家解释为“尸体”，这样就将本爻理解为：

军队打了败伤，运送尸体，因此说凶。这样的理解虽然也能讲得通，但如果结合历史来看，把“尸”解释为“木主”更为准确。㉖

例 4：舆：车舆，古代贵族外出都要乘车舆，故而舆代表地位。尸：古代是神主，不能按今义解释为尸首。《辞海》：“尸，古代代表死者受祭的活人。”《诗经·大雅·既醉》：“昭明有融，高朗令终。令终有俶，公尸嘉告。”《诗经》将尸称作公尸，《周易》称作尸，我们俗称尸公。《尚书·五子之歌》：“太康尸位，以逸豫灭其德，黎民咸贰。”周秉钧注：“尸，主。古代祭祀时鬼神的代表叫尸。像鬼神的代表一样处在位子上，而不做事，叫做尸位。”我认为，爻辞的“舆尸”就是尸位。师或舆尸：军队之师中有尸位素餐者。凶：军队之师里若有尸位素餐者，凶险。军队的师旅要真刀真枪厮杀，要流血死人。如果师部有人占着位子光吃饭而不做事，那当然很凶险。⑱

例 5：尚秉和：坎为尸，震为舆。管辂以坎为棺椁，故曰舆尸。夫陈师而出，舆尸以还，其无功甚矣，故曰凶。盖神为死，三失位无应，以阴遇阴，得敌。故凶如是。⑩

师卦爻辞六四：师左次，无咎。

例 1：左次，在古代军队，右为前，左为后。次：驻扎。

六四以柔居阴，自知克敌不能取胜，能做到知彼知己，向后退守，保全了自己的部队。虽没有战功，但也无丧师之咎。㉗

例 2：《左传》曰：“师一宿为舍，再宿为信，过信为次。”“左次”，撤退驻扎。战局是一个统一的整体，有时局部的胜利对整体战局不一定有利，退而防守可能更为有利，服从统帅的命令撤退守防，没有过错。㉘

例 3：次，撤退，如《周易尚氏学》：“古人尚右，左次则退也。”也有解释为“驻扎”的。

中国古代存在着“尚左”还是“尚右”的分别，如：《逸周书·武顺解》中云：“天道尚右，日月西移。地道尚左，水道东流。”“吉礼左还，顺地以利本；武礼右还，顺天以利兵。”其中分别把吉礼、武礼与天地相配，把日常的礼仪习俗提升到形而上学的高度，使左右与天地建立起对立关系，把尚左、尚右和宇宙精神相沟通。

因为兴兵作战是要死人的，所以古人把兴兵作战与丧亡一样，视为不祥、凶险之事。如《老子》云：“兵者，不祥之器，非君子之器。”又说：“吉事尚左，凶事尚右。偏将军居左，上将军居右，言以丧礼处之。”兴兵作战既然是不祥、凶险的事情，那么按照这种规定和说法，军队作战中应该是向右撤退或者驻扎的，如此方能“顺天以利兵”。因此“师左次”是不应该的，本来应该是“有咎”的。但是，因为吉事尚左，“吉礼左还，顺地以利本”，又如本卦卦象所象征的：地中聚藏着水源，象征着民众，而民众是兵力的来源。“左还”“顺地”可以使民众少一些伤亡，有利于民众这个根本。因此“师左次”又寓吉祥的意思，所以说是“无咎”。㉖

例 4：左：同“佐”，佐助部队。《说文》：“次，不前不精也。”次：指军队里的非战斗人员。师左次：师部安排一定的佐助部队和非战斗人员。无咎：师部安排佐助部队和非战斗人员，无罪过。师部作为指挥机关，当然要安排佐助部队和非战斗人员。至今打仗，师指挥机关都要安排佐助部队和非战斗人员。⑱

师卦爻辞六五：田有禽，利执言，无咎。长子帅师，弟子舆尸，贞凶。

例 1：六五阴柔居君位，柔顺而刚中，因柔而不好战。但贼寇如同禽兽一样侵入我方田舍，不得不反抗。为了保卫自己的家园必伐之。所以说正义之战是有利的，没有过错。长子指的是九二，弟子指的是六三、六四。利用“九二”长子率兵是对的。但六三、六四去分“长子”的权，这就必定要败师载尸而归。㉗

例 2：这是班师回朝后君王（六五）对三军将士的总结讲话：“田有禽”，比喻来犯的敌人，向来犯者宣战是行正义之师，没有过错。命九二为帅，六三为将，目的是让他们合作协调驱赶来犯的敌人，这样的决定初衷也是符合正道的，但在实际战事中六三擅自出兵导致局部的战事失利，好的初衷却没有带来好的结果。这里总结这场征战的得失有三层意思：第一，这场征战是正义的；第二，正义的征战总体上取得了胜利；第三，存在的问题是六三擅自用兵导致局部的失利，这是军队政出多门带来的教训。㉘

例 3：从表面的意思看，“田有禽”似乎是说打猎，其实没有这么简单。古代的田猎活动在很多方面与战争有相似之处，因此也往往以田猎比喻征伐。例如，周代的时候，规定每年的四季中都要组织大规模的射猎、习武活动，不同季节中的狩猎还有不同的名称：春猎为蒐，夏猎为苗，秋猎为狝，冬猎为狩。刑昺解释说：“此说田猎习武之事也。”本爻中的“田有禽”隐喻周人对商的征伐，大概如同殷纣王被周武王在鹿台上擒获一类的事。

周武王姬发在周文王的诸子之中排行第二，但因为文王的长子早年被商纣王杀戮，因此姬发是事实上的长子。姬发既然继承文王之位为王，又以文王的名义伐纣，从宗法制度上来说，理应由武王“舆尸”。但是武王又是军中的最高统帅，担负着指挥军队的重任，分身乏术，因此只能由“弟子舆尸”，负责运载、守护文王的牌位。这样，就出现了“长子”与“弟子”之间在任事上的不当，而这容易使人误认为是“弟子”继承了王位，从而造成对军队指挥权上的模糊、混乱认识，不利于战事，因此说：“长子帅师，弟子舆尸，贞凶。”又如《象》

说："弟子舆尸，使不当也。"㉖

例 4："田有禽，利执言，无咎"，意思说：这次征战大有擒获，得益于坚决执行军令，坚决执行军令无罪过。长子：指君王的嫡长子。古代宗法制度王位传嫡长子，所以嫡长子是国家的储君。古代称储君为大子，后来称为太子。五爻位是王位，而嫡长子是储君，可居此位。弟子：国子，即王室及其贵族的子弟。《周礼·夏官·诸子》："掌国子之倅，掌其戒令与其教治，辨其等，正其位。国有大事，则帅国子而致于大子，惟所用之。若有兵甲之事，则授之车甲，合其卒伍，置其有司，以军法治之。"长子帅师：嫡长子（太子）帅师出征。弟子舆尸：弟子（国子）中有尸位素餐者。贞：主。凶：险。"长子帅师，弟子舆尸，贞凶"，意思说：太子帅师出征，国子中有尸位素餐者，主凶。因为尸位素餐者致使战争失败，太子有凶险。尸位素餐者被太子"以军法治之"，有杀头的危险。⑱

师卦爻辞上六：大君有命，开国承家，小人勿用。

例 1：上六爻是全卦的终点，象征战争结束，军队凯旋。君王颁布法令，论功行赏。立大功者封国成为诸侯，立小功者承家成为卿大夫，但绝不能任用小人。⑲

例 2：大君，天子。这里展现的是武王灭纣建立周朝开国分封的场面，大君即武王。国即诸侯分封的领地。家即卿大夫分封的领地。㉘

例 3：武王伐纣，一举推翻商王朝，建立周王朝。周初仍然没摆脱天命说的影响，或者说有意利用天命说为周代商提供依据和借口，把朝代移革、政权交替归于天命意志作用的结果，因此说"大君有命"。战争胜利，国家建立后，论功行赏，分封功臣，根据功劳的大小，或分封为诸侯，或任命为大夫，因此说"开国承家"。夺取政权不易，但巩固政权、治理国家更难，用人得当与否是至为关键的因素之一，尤其不能任用那些有才无德的小人，因此说"小人勿用"，《象》说"小人勿用，必乱邦也"。《周书·武成》中载有这样的话："列爵惟五，分土惟三。建官惟贤，任事惟能。"可与本爻爻辞相互印证。㉖

例 4：《说文》："皇，大也。从自大。自，始也。始王者，三王，大君也。"因此，大君是三王。周王朝的三王是太王、王季、文王。太王、王季、文王是周王朝的先祖古公亶父、季厉、姬昌，他们生前不是王而是诸侯。周武王建立周王朝后，追封先祖谥号分别为太王、王季，文王，成为周王朝的三王。周王朝的先祖生前不是王，依礼不宜称大君。但周武王已追谥三位先祖为王，故而三位先祖在内部可尊称大君。有命：大命，即天命。三王生前不是王，对外不宜直接称天命，故而称"有命"。小人：平常人。勿用：不要用。大君有命：大君

（太王、王季、文王）秉承天命。开国承家：率领军民开辟国土承建家园。小人勿用：平常人不要用天命二字。因此，中国只有真正的皇帝才可以称“奉天承运皇帝诏”。⑱

第八卦　比卦䷇坎上坤下

（一）原文

（卦辞）比，吉。原筮，元永贞，无咎。不宁方来，后夫凶。

（爻辞）初六：有孚比之，无咎。有孚盈缶，终来有它，吉。

六二：比之自内，贞吉。

六三：比之匪人，凶。

六四：外比之，贞吉。

九五：显比，王用三驱，失前禽，邑人不诫，吉。

上六：比之无首，凶。

（二）解读

卦辞：比，吉。原筮，元永贞，无咎。不宁方来，后夫凶。

解读："比"，卦名。《说文》讲，"比，密也，二人为从，反从为比。""比"是二人肩并肩并列行进，喻为靠近，亲密，团结。"原筮"是重复占卜，即原来求占卜和再次占卜。"元"是开始，"贞"是正道。"元亨，永贞"是开始亨通走正道，永不变。

卦辞说，原来占卜和再占卜都是吉，都是走正道永不变，不会有过错。"不宁方来"是，原来远方的不安宁的邦国也来做比邻友好。"夫"是男人，比喻邦国。"后夫凶"是后来参与友好者若是别有用心，则要警惕防范凶险。

初六：有孚比之，无咎。有孚盈缶，终来有它，吉。

解读："有孚"是有诚信，"盈"：满也。"缶"（fǒu 音否）：陶瓷制品，瓦罐，古时用来盛酒。

爻辞说，有诚信的人与人，或国家与国家，应联合团结，无坏处。"有孚盈缶"是喻意诚心诚意，就像盛满罐的酒情意浓浓开杯畅饮。

"终来有它"是这般诚意联合团结，最终会有意外的收获，吉祥。

六二：比之自内，贞吉。

解读："内"有双重意义，为人诚信要发自内心，以心比心才能善交；另一含义是要求一个团体或一个国家，要搞好内部团结，团结就是力量，坚守正道吉祥。

六三：比之匪人，凶。

解读：“匪”通非、不。爻辞说，与居心莫测之人搞团结，要警惕凶险。

六四：外比之，贞吉。

解读：对外要睦邻友好，和平共处，共同发展，共同坚守正道，则吉祥。

九五：显比，王用三驱，失前禽，邑人不诫，吉。

解读：“显比”是处事光明正大。无论是人与人，或团体与团体，或国家与国家处世要光明正大，彰显无私气魄。在此是用君王狩猎作比喻，古代君王狩猎带领一群人，从左、右、后三个方面驱赶猎物（三驱），供君王狩猎，唯前方留给猎物逃走，俗称“网开一面”，表示君王胸襟开阔，因此被君王策封的邑人，见此情此景对君王不存戒（诫）心了，吉利吉祥。

上六：比之无首，凶。

解读：“首”是首领。人与人，团体与团体，尤其是国与国，友好团结联盟时，总得有个首领，主席之类，定期召开协商会议，共谋发展。即使是轮流为首，也应有首，若无首是一片散沙，无法协商制订方针政策，没有凝聚力，会发生不利的后果，凶。

小结：

比卦重点讲人际之间的关系，以及王国与诸侯国睦邻友好的关系。都要诚心善意，彼此团结起来才有力量，走和平和谐共同发展之路，对当今也有现实意义。

（三）选录多种解读

第八比卦卦辞：比，吉。原筮，元永贞，无咎。不宁方来，后夫凶。

例 1：比是相亲相近、辅助的意思，本卦讲交友之道。从卦象来看，比卦上卦为水，下卦为坤，宛如水附着在地上，二者亲密无间。又从卦形来看，比卦唯一的阳爻居上卦中位，至刚至尊、至中至正，前后有五个阴爻紧紧相随，象征群众和领袖之间、群众与群众之间相亲相辅、亲密团结的形象，这当然是吉利的。原筮就是再次求筮，比喻在决定亲比和辅助对象的时候一定要再三考察，谨慎而行。与人亲比自始至终永远坚守正道就没有灾祸。然而有些人并非出于自愿，而是因为走投无路了才心怀不安地前来亲比，这些姗姗来迟的人是有凶险的。⑲

例 2：原筮，原意指始初的占筮，这里的“原”指一直，“筮”指庄严、神圣的心态，即一直以庄严神圣的心态坚守正道。“夫”，指迟迟不肯归顺的人，天下大势已定，少数残余势力还在负隅顽抗不肯归顺，其结果一定是被消灭，故凶。㉘

例 3：卦象：比卦由上坎下坤两经卦组成。依先天八卦，坎为水，坤为地，比卦乃地上雨水之象。地上雨水，不分贵贱平等对待万物，万物与其相亲密。唐诗曰：“好雨知时节，当春乃发生。随风潜入夜，润物细无声。”比：亲密。《说文》：“比，密也。”两人的地位平等才可言比，如果一人站在高处，一人站在低处，那是不能比的，比是平等相比。因此，比卦卦象之义是国与国、人与人之间的关系要平等。外交平等，才能互相亲密。比，也是比较。人与人、国与国都是内外有别的。比者，外交关系比较亲密也。外交关系比较亲密，就是现今的和平外交。

师卦的卦象之义是战争，比卦的卦象之义是外交。军队之师讲强大，和平外交讲平等。军事与外交相辅相成，所以师卦与比卦互为综卦。⑱

例 4：“方”是商、周之时对周边一些小国家的称呼。在商、周之时，这些周边的小国家经常对商、周入侵、骚扰，是导致商、周不安宁的一个重要原因，因此当时又将这些小国家称为“不宁方”。商、周之时不断地对这些方国进行武力征讨，如《既济》九三中所说的“高宗伐鬼方，三年克之”即是。仅是讨伐一个鬼方，就用了三年的时间，可见想要从武力上征服这些方国实非易事，因此除了武力以外，也对这些方国采取团结、联合的怀柔政策——也即“比”。“比”的结果使原来一些不安顺的方国前来归顺，因此说“不宁方来”。“后夫”是指那些最后才来归顺的方国。“后夫”之所以“凶”，是因为“后夫”本来就心存观望、没有前来归顺的诚意，后来只是迫于大势不得不来，因此姗姗来迟。像这样的人表面上虽然归顺，但心怀异志，身在曹营心在汉，迟早要背叛而被剪灭、清除，因此说“凶”。㉖

比卦爻辞初六：有孚比之，无咎。有孚盈缶，终来有它，吉。

例 1：初六在此，比之初始。与人初始就亲比，以诚心诚信对待天下人，关怀、爱护天下人，取得天下人对他的信赖。若能这样做也就不会有灾难。诚恳充满于内，就像陶罐盛满水那样充实。最终还会得到其他的吉祥。㉗

例 2：“有孚盈缶”，盈，满，溢出；缶（音 fǒu），陶制容器，这里本义指盛酒的缸。这里的缶，借指人的内心，用美酒比喻诚信，就是让人的内心都盛满诚信，不要留一点儿子空间。缶，并不美观，这里寓意诚信本身不需要装饰，不能带一点儿虚假。有他，他，指意外。只要内心充满诚信，即使没有什么企图，必然有人前来依附，这种收获看似意外，其实是诚信的必然结果。㉘

例 3：此爻辞说“有孚比之，无咎”。“有孚盈缶”是说诚信充满了瓦罐，比喻诚信之施至广至深。诚之所至，金石为开。无知无觉的金石都能为之感动，何况是有感情的人呢？

“它”是“蛇”的古字。因为蛇既能生存于草莽丛林，又能生存于沼泽水滨，善于潜藏不易察见，出入无常而又具有突然攻击性，常使人防不胜防，危害古人的生存，给人们造成极大的恐惧感、不安全感。而上面所说的“不宁方”的入侵、骚扰，给商人、周人的感觉与蛇给人的感觉是一样的，因此也直接以“它”称呼这些方国，如《国语·晋语》“不出于它矣”注中所说“它，它族也”。可见，“有它”，也就是上面所说的“不宁方”，“终来有它”与“不宁方来”意思基本一样，都是说：最终使其他部落前来归顺。只不过“终来有它”是从招顺者的角度而言，“不宁方来”是从归顺者的角度而言罢了。㉘

例 4：初六爻位于全卦的最下方，象征亲辅之初始。爻辞首先讲要有诚信，说明诚信是亲辅的前提，从亲辅初始起就应该讲诚信，以取得彼此的信任才不会有灾祸。内心充满诚信就像酒缸里装满了酒，酒香能飘到遥远的地方，比喻内心的诚信远方的人同样也能感知到，于是他们也前来亲辅，这当然是吉利的。诚信不仅能增强内部的凝聚力，而且能够加强对外感召力，由此可见诚信乃是亲辅之本。⑲

比卦爻辞六二：比之自内，贞吉。

例 1：六二以阴爻居阴位，处中得正。内卦的六二与外卦的九五相比正应。六二要提高自身的素养，柔顺贞正，那必然可得吉祥。小象认为，六二与九五相比，要提高自身素养，修身正己，守真志满。不辱身求比，如果辱身求比，那就是失态了。

三十六计中的第三十三计“反间计”其原文有“疑中之疑。比之自内，不自失也”，指在疑阵中再设疑阵。布下一个疑阵，使敌人内部的要人归顺于我（当然同时不能被对方识破），离间对方，使其将与帅产生矛盾，削弱指挥战斗能力，瓦解部队战斗力，从而使我方取得胜利。㉗

例 2：发自内心与人交友，心灵纯洁，吉祥。㉘

例 3：《易》有内卦外卦之分，始见于此。六二以阴居阴，处中又得正，与九五为正应。二者以中正之道相比，自非一般的比。由卦象看，六二自内卦与外卦之九五比，所以叫做“比之自内”。“贞吉”的意思是说吉与不吉是有条件的。这条件就是贞与不贞。贞则吉，不贞则不吉。贞即正。与人亲比，坚守正道，则必得吉。㉕

例 4：二爻是大夫之位。内：家庭内与任职内。家庭内是家人，任职内是同事。贞吉：主吉。意思是大夫与家人亲，与同事关系密切，主吉。比，既表示亲，又表示密。⑱

例 5：从内部进行团结、联合，这是一切团结、联合的前提。要想成就一番大事业，首先要搞好内部团结，稳住自己内部的阵脚，这也就是《象》中所说的“不自失也”。而“不自失”也是进一步团结、联合其他力量的前提。如果自己的内部都不能团结一致、齐心协力，何谈团结、联合其他力量？团结、联合其他力量又有什么意义呢？㉖

比卦爻辞六三：比之匪人，凶。

例 1：六三爻以阴爻居阳位，又位于下卦顶端，不中不正，象征一位行为不端的人。相亲相辅必须坚守正道，如果对方品行不端，行为不轨而与之亲辅，不但不会带来利益，反而会引起祸端。爻辞从反面再次强调应慎重选择亲辅对象。⑲

例 2：六三阴柔不中不正。无才德，不能洁身自好。亲近的都是心术不正之人。《象传》说：六三周围都是小人，位置不正，不但不能建功立业，而且还亲近小人，真是悲哀啊！㉗

例 3：三爻是诸侯之位。比：亲密。匪：非。匪人：非人类的所有生命。比之匪人：诸侯要与臣民和所有非人类生命相亲密。诸侯是一国的国君，治理一方的国土。所以，诸侯不仅要与臣民相亲密，而且要保护好生态环境和自然资源。《周易》作者在三千年前就有这种思想，令今人不得不敬佩。⑱

例 4：匪人，指志不同、道不合的人，一般来说不是团结、联合的对象。这样的人，一方面一贯没有坚定的立场，常常两面三刀，出尔反尔，是骑墙派、墙头草，东风势大则顺东风，西风势大则顺西风；另一方面，这种人常常出入不同的集团、派别之间，对敌我双方阵营的情况都比较熟悉。与这样的人搞统一战线，弄不好被他在关键时刻从内部反戈一击，为害不浅，因此《象》云：“比之匪人，不亦伤乎？”——与志不同、道不合的人联合，难道不是很受伤吗？㉖

例 5：朱熹：阴柔不中正，承、乘、应皆阴，所比皆非其人之象，其占大凶，不言可知。④

比卦爻辞六四：外比之，贞吉。

例 1：“外比之”指六四比九五，是比贤从上。六四阴柔得正，以柔正之德，顺从九五。为国尽忠，竭力辅佐。所以六四贞正吉祥。㉗

例 2：六四爻以阴爻居阴位，得正，又处于上卦最底部，上卦又称为外卦，恰似一个正直的人向外寻求亲辅。亲辅不能只限于内部成员，而应该积极地向外拓展，主动去亲辅于那些贤德而高尚的人。向外亲辅也应该坚守正道才能获得吉利。⑲

例 3：这里的“外”，指九五。八卦以下卦为内，上卦为外。六四以下皆为

阴爻，同性相斥不能为友。㉘

例 4：四爻是国公之位，这里是指诸侯大国。外：外交。比：平等。外比之：诸侯大国与小国平等外交。贞吉：主吉。意思说：诸侯大国采取与小国平等外交的原则，主吉。《老子》："大国者下流，天下之交。"意思说：大国像江河处于下流能汇聚百川那样，屈尊为下，平等对待小国，这就是天下的外交。老子在两千五百年前，《周易》在三千年前提出外交要平等的原则，至今也是世界各国外交的基本原则。⑱

例 5："外比之"与六二爻辞的"比之自内"相对而言，指和一个国家或集团的外部力量进行团结、联合。

由六二的"比之自内"到六四的"外比之"，表明"比"的范围逐渐扩大，在搞好自己内部团结的基础上，进一步和外部力量进行团结、联合，这是应该肯定和提倡的，因此说"贞吉"。但和外部的人团结、联合要有所选择，尽量选择那些有贤德、能够听从统一指挥、服从统一行动的对象，因此《象》云："外比于贤，以从上也。"㉖

比卦爻辞九五：显比，王用三驱，失前禽，邑人不诫，吉。

例 1：九五有阳刚中正之德，亲比天下。比如君王狩猎用三面包围，留出一面为门，网开一面，若禽兽从门跑掉，就任其而不追。故"失前禽"。比喻贤君宽容大度，来者不拒，走者不追，不强求，一切顺其自然。"邑人不诫"因贤君亲比天下，对百姓一视同仁，邑人也就没有什么戒备恐惧之心。天子爱民，民众拥护，所以是吉祥的。㉗

例 2：显，张显，不掩饰。显比，指君王光明正大地亲近。因为君子无私，忧国忧民，无需掩饰，正因为这样才人心所向。"王用三驱"，有两种解释：第一种观点认为，君子将捕来的猎物分为三等，将上等的猎物用于祭祀宗庙，将中等的猎物招待宾客，最次等的猎物自己享用。表现出君王舍己为人，礼贤下士；第二种观点认为，君王效法汤王"网开三面"的狩猎方法，将四周的猎网撤去三面，只留一面，以示仁德。㉘

例 3：九五是王位，所以爻辞言王。显比：彰明显达的亲密外交是珍爱人的生命。所以《易传·系辞下》曰："天地之大德曰生。"王：周武王。王用三驱：周武王发动三次进攻。前：先前。禽：擒获，引申为俘虏。失："释""失"同音，假借为"释"，引申为释放。失前禽：都把先前的俘虏释放回去。邑人：国人。戒：警戒。邑人不戒：该国的臣民不再警戒而归顺。吉：善。意思是：这种释放俘虏的政策很得人心，吉善。古代虐杀俘虏是平常事，周武王不杀俘虏还释放俘虏，这在当时是最得人心之事。⑱

例4：“显比”也就是光明正大地团结、联合。爻辞中以古时的天子、国王围猎设喻来说明这一道理。

古时的天子或国王围猎，采取“不合围”的方法，由围场所在地村庄的人协助围猎，从左、右、前三个方向把禽兽驱赶到射猎者的地方。在众人的吆喝驱赶之下，禽兽四散，向不同的方向逃窜，对于那些背向射猎者逃窜的则射杀之，因为“背”有背叛之义；而对于那些直冲射猎者方向而来的，则网开一面，听任其逃逸，协助围猎的人也无须对之戒备，因为直冲射猎者方向而来的禽兽似前来投奔之义。㉖

比卦爻辞上六：比之无首，凶。

例1：上六爻以阴爻居阴位，虽正而极为柔弱，又位于全卦之末端，比喻一位自身懦弱而又迟迟不愿意亲辅于贤能君王的人，也就是卦辞中所谓“不宁方”。他在穷途末路的情况才去归附贤能君王，这种行为并不是出于内心的诚信，所以他的亲辅行为是会有凶险的。⑲

例2：上六之所以找不到可以依附的人结交，是因为他错过了结交的好时机，开始人们都归顺九五，他却置若罔闻。当九五被拥戴为王的时候他已经成了孤家寡人。

比卦大体上是以武王灭纣建周的史实为据来描述的，此时大约在武王已逝、成王为君、周公摄政时期，周公平了“三叔之乱”后，乘胜东征，一举歼灭了五十多个诸侯国，清除了纣王朝外围残余势力，使西周实现了天下统一。㉘

例3：上六阴爻居卦之终，诸爻不来比它，它也不与九五比，故凶。“无首”是说开始不善，有问题。上六居卦之终，应该说“比之无终”，此何以言“比之无首”？这是因为，古人认为，比这种事情要在开始，开始搞不好，有问题，必然导致“无终”。“无终”是说结果不善，不是说没有结果。“无终”源于“无首”。与其直言“无终”不如穷根究源，言其“无首”。㉕

例4：上爻是事之极位。比：外交。无首：没头脑，引申为无原则。凶：险。意思说：没头脑、无原则的外交，凶险。国与国之间的外交，其根本原则是维护本国的国家利益，尤其要捍卫国家的核心利益和领土完整。如果外交与内政没有区别，那也没头脑、无原则。⑱

例5：对于本爻的“首”字，有解释为首领、领袖的，也有解释为目标、方向的，这两种解释在字面上都能够讲得通，而且都有一定的道理。在《易经》中，类似的情况还有很多。也正因此，《易经》的一条爻辞能给我们多角度的人生经验的启示，这也是作为大道之源的《易经》魅力之所在，也是《易经》两千多年来诠释不绝、历久弥新的主要原因之一。以下从“首”字的两种不同的解释分别进行阐述。

从“首”字首领、领袖的意思来理解，就是说不同的集团、阵营结成一个统一战线以后，必须要有一个德高望重、领导才能出众、为众人所信赖的领袖，如果没有这样一个领袖，或者这个领袖不具备上面这些条件，那么这个统一战线不仅不会形成 1+1 等于 2 或大于 2 的力量，可能会因为内耗等原因而出现 1+1 小于 2 的情况，这样的统一战线，结局无疑是非常凶险的。

从“首”字目标、目的的意思来理解，凡是联合、结盟都要有一定的方向、目标，为达到一定的目标、目的服务。反之，如果统一战线没有一个共同的目标、目的，并且为这个目标、目的去共同努力，那只是一群乌合之众，日久则人心变乱，产生内讧，自然也不会有什么好的结局。与没有共同的首领一样，这同样也是凶险的。正如《象》所云：“比之无首，无所终也。”㉖

第九卦　小畜卦☴☰巽上乾下

（一）原文

（卦辞）小畜，亨。密云不雨，自我西郊。

（爻辞）初九：复自道，何其咎，吉。

九二：牵复，吉。

九三：舆说辐，夫妻反目。

六四：有孚，血去惕出，无咎。

九五：有孚挛如，富以其邻。

上九：既雨既处，尚德载。妇贞厉，月几望，君子征，凶。

（二）解读

卦辞：小畜，亨。密云不雨，自我西郊。

解读：“小畜”，卦名。“畜”通“蓄”，积蓄，储蓄。“小畜”是小有积蓄。

本卦显示，人在社会中要积蓄财与才，即物质财富和精神财富。卦辞“亨”声明可以亨通到小畜，会降甘雨滋养万物，因为乌云已遮天（密云），从我的西方来，虽然暂时没下雨（不雨）寓意将会降雨，乌云密布下雨可能性大。诗辞中也说：“东边日出，西边雨。”喻意条件具备走正确道路会成功。

初九：复自道，何其咎，吉。

解读：“复”：恢复，返回。走错路了，改正，重走自己的正确的路，何必自我责备，应往前看是吉祥。

九二：牵复，吉。

解读：误入歧途，受到别人帮助，手挽手一起又走上正确之路，获得吉祥。

九三：舆说辐，夫妻反目。

解读：“舆”：车子。“说”通脱。“辐”：车轮子辐条。“舆说辐”是说车身与车轮脱开分离了，车坏了不能启动，就像“夫妻反目”为敌、分崩离兮。“夫妻反目”家不和，万事不兴。喻意都是由于不和睦不团结造成的。

六四：有孚，血去惕出，无咎。

解读：“孚”：诚信。“血”通恤（xù），担忧，忧虑。“惕”：警惕，危险。“小畜”提倡“有孚”，“有孚”是相互彼此信任，这样才能团结共事，就没有什么需要担忧（血去），也没什么危险之事（惕出），如此做是正确的。没有过错（无咎）。

九五：有孚挛如，富以其邻。

解读：“挛”（luán 音峦）：联系，联结。《说文》“挛，牵系也。”“有孚挛如”是把诚信的人更亲密地联系在一起，比六四爻“有孚”情感更浓，团结的力量更大，帮助邻人共同富裕。

上九：既雨既处，尚德载。妇贞厉，月几望，君子征，凶。

解读：“既”：已经。“处”：停止。“德”同得，《帛书易》为“得”。“载”：用车装载。“几”是既；几乎。望月是满月。

从卦辞“密云不雨”等到上九已经下雨了（既雨）。甘雨滋养万物，有收获、积蓄。但雨已经停止了（既处）只能有小蓄。若继续下雨，会有大蓄。“尚德载”是尚需要继续获得（德）大收获用车载运。“妇贞厉”是妇女占筮求预测，结果“厉”害有危险，时间是在几乎月圆时，丈夫将出征，凶。“月几望”在此有两层含义，一是表示出征时间，另一是夫妻月圆应该团圆、却被拆散的伤感色彩。两层意义都“凶”，都不能大蓄。在小畜卦的最顶层上九爻展显出“物极必反”月圆必有月亏的自然规律。告诫不要积蓄过盛，适可而止。

小结：

小畜卦主题是，小到人际关系，大到国际关系，要想有所成就有小蓄，这和所走的路线以及与周边关系密切相关的，道路是曲折的，也是艰辛的。全卦都用比喻来形容，从开始“密云不雨”有“亨”了，“复自道”改邪归正。“牵复”又走上正道；中途遇到麻烦，“舆说辐，夫妻满目”；之后，心怀诚信“有孚”交往，避免灾害；又进一步“有孚挛如”共同富裕；终于“既雨既处”下雨了，雨又停，有收获，虽然是“小畜”，知足常乐，没必要再让君子出征争取大蓄，那样凶。

（三）选录多种解读

第九小畜卦卦辞：小畜，亨。密云不雨，自我西郊。

例 1：《序卦传》说：“比必有所需，故受之小畜。”人与人有了争比亲比关系，必然发生畜。故比卦之后是小畜卦。“小畜亨”小，六四为阴为小。众阳爻为一阴爻所畜，故曰“小畜”。小畜卦，乾下巽上，刚而能巽。刚健而和顺，故“小畜亨”。吹西风的天气，雨难下，但雨总是要下的，然而目前不行。六四一阴爻没有得到三阳爻的感应，就好像下级的正确意见没有得到上级的认

可，故“密云不雨”。为什么不下雨，是因为刮的是西风。㉗

例 2：畜本义为蓄积，又引申为养、止，本卦讲在蓄积力量的过程中应该遵守的原则和道理。在《周易》中，阳为大，阴为小，本卦只有六四一个阴爻，其余均为阳爻，象征以阴蓄阳，故称“小畜”。以一阴蓄养五阳，志向远大但毕竟力量有限，还有待进一步蓄积力量，待力量壮大且时机成熟就无所阻挡，故称之为亨通。“密云不雨，自我西郊”比喻蓄积力量是一个漫长的过程，不可能一蹴而就。“不雨”表示阴气还没有达到饱和状态，象征蓄积的力量还不够强大。西方是阴方，密云不断地来自西郊表示阴气在不停地增长，下雨只是个时间问题，象征力量的壮大是势不可当的。⑲

例 3：小畜，卦名。解析畜（音 xù），蓄，为畜聚、畜养、畜止之义。小畜卦由上卦巽卦（巽为风）和下卦乾卦（乾为天）组成，是谓风天小畜。甲骨文“畜”（音 chù）字是一个会意字，表示的是牛鼻子被牵引并出气的样子，泛指被驯化豢养的四条腿动物，即家畜，未被驯服野生的四条腿动物叫兽。因为家畜是人们的生产资料和生活资料，是财富的象征，驯养家畜就是聚积财富，畜便引申为蓄、聚积之义。财富聚积不动，不动为止，故畜有止义。《序卦传》曰：“比必有所畜，故受之以小畜。”风行天上，乃小畜卦卦象，风行速，表示政令畅通，百姓安居乐业，乃有小畜。小畜，有小的聚积，还没有达到小康的程度。

解析卦辞：畜有止义，止则不通。但小畜卦为什么亨通呢？因小畜为利，止为暂时小止，受利驱使最终还是亨通。“密云不雨，自我西郊”，有浓密的云层却不下雨，这是上卦“巽”风的原因，先天八卦“巽”位于西南，西南风把云层向东北推移，又因乾卦阳气上升，云层蒸发，故而不雨。西郊，因君位为乾，乾位在西北（后天八卦位）。为什么巽卦用先天位，而乾卦用后天位呢？这是因为云在天上受天支配，而君王位于西北是文王的后天定位。“密云不雨”正是小畜卦的寓意，只是小的聚积，没有大成。㉘

例 4：“小畜，亨”，小有所止而亦必有所亨。小畜能够制止某些小的过失，解决某些小的问题。暂时达不到目的，终究是能够达到目的的。从两个三画卦来看，健而能巽，不激不亢，虽暂时未通，而最终必亨。从六爻来看，九二与九五皆以刚健居中，同心同德，其志必行，必行则必通。“密云不雨，自我西郊”古人解释纷纭，多不中肯。其实这两句话不过是打个比方，用这个大家司空见惯的天气现象比喻小畜这一卦的基本思想。小畜的时代，臣对君的过错，下级对上级的问题，用适当的方法批评、谏止，最终肯定达到目的，雨总是要降下的。然而目前不行，目前六四一阴尚未得到三阳的感应，下级的意见尚未得到上级的理解、赞同。好像阴云虽密布，无奈“自我西郊”，雨一时半晌下不来。“密云”为何“不雨”？因为“自我西郊”。“自我西郊”就是云被风从西边吹

来。谚语云："云行东，车马通；云行西，披雨衣。"吹西风的天气，雨难于降下。㉕

例 5：小畜者，蓄积粮食也。亨：通。意思说：蓄积大量粮食，国家办事才亨通。古代判定国家强大有两个标准：一个是人口多，二是粮食多。密云不雨：秋收打场时需要晴朗天气，即使有密云也不要下雨。天气干燥容易晾晒粮食，粮食干燥易于蓄积贮藏。西郊：周王朝的国都在现今陕西省西安，其西郊是周王朝的发祥地岐山。自我西郊：自我西郊岐山起至整个王朝都晴明不下雨。"密云不雨，自我西郊"，意思说：秋收晾晒粮食时天空晴朗，自我西郊岐山至整个王朝即使有密云也不下雨。在农村种过粮食的人都知道，秋收打场时晾晒粮食，最担心午后下雨。"密云不雨，自我西郊"，是人们在秋收打场晾晒粮食时的祷告语，类似于"老天爷保佑、不要下雨啊。"⑱

例 6：畜，通"蓄"。小畜，指小的积蓄。农业生产固然可以创造和积蓄财富，但毕竟只是积蓄之道的一个方面、一种途径，相当于后面《大畜》卦中所描述的牧业、商业活动的广泛积蓄而言，积蓄之道未免偏狭，在赢利上也有小、大之差，因此与"大畜"相对而言称为"小畜"。

从卦象上看，《易经》中以"小"指阴、以"大"指阳。如《泰》卦乾下坤上、乾内坤外，卦辞说："小往大来"；而《否》卦卦象与《乾》刚好相反，卦辞说"大往小来"；《大有》卦乾下离上，只六五一阴爻，而其他五爻为阳爻，因此以"大"称之；《大过》卦巽下兑上，最下、最上二爻为阴爻，中间四爻为阳爻，阳爻多于阴爻，因此称为"大过"；而《小过》卦艮下震上，中间二阳爻，其他四爻为阴爻，阴爻多于阳爻，因此称为"小过"；《大壮》卦乾下震上，下四爻为阳爻，上二爻为阴爻，阳爻多出阴爻，因此称之为"大壮"。这说明《易经》卦的命名与卦象是有联系的，但究竟有多大程度上的联系，仅仅是一些卦名与卦象有联系，还是所有的卦辞都与卦象有联系，还有待于学术界进一步研究。

但是，对每一句卦爻辞都联系卦象来解释，有牵强附会之嫌，有使人如坠云雾之感，对于一般读者来说尤其不适合。而以训诂为主解释《易经》卦爻辞不仅符合一般读者的习惯，也有助于从学术上探讨《易经》卦爻辞与卦象到底有什么程度上的联系。

《易经》中对卦的命名有多种方式，从卦象的角度命名只是其中一种方式。还有以卦中常见词命名的，这种命名方式占大部分，在这种情况下，卦名往往是卦中论述的主题，如《需》《同人》《谦》《豫》《蛊》《临》《观》等等；还有以概括一卦主题、宗旨的词命名的，如《屯》《泰》《否》《睽》《姤》《既济》《未济》等等；还有以卦象象征的事物命名的，如《乾》《噬嗑》《明夷》

等等。如果只从一个角度，以一种方式命名，就会显得太呆板、太程式化了。

不过，仅说《易经》中以“小”指阴、以“大”指阳，仍然有一定的问题。就以《大畜》《小畜》两卦来说，《大畜》卦象为乾下艮上，也只是六四、六五二阴爻，其他为阳爻，阳爻多出阴爻，却以“大”称之；《小畜》卦象乾下巽上，只有六四为一阴爻，其他爻都是阳爻，却以“小”称之。为什么？因为“大”除了指阳爻以外还有“多”的意思；而“小”除了指阴爻以外，又有“少”的意思。《大畜》卦象中有两个阴爻，而《小畜》卦象中只有一个阴爻，因此分别冠以“大”“小”。

以上附带介绍了《易经》中“大”“小”的含义，以及卦命名的方式。现在让我们继续看《小畜》卦辞。

本卦名为“小畜”，卦象中只有一个阴爻，说明由于阴气蓄积不够，还不足以成雨，因此说“密云不雨，自我西郊”。民间谚语也说：“云往东，一场空；云往北，天空黑；云往南，水潭潭；云往西，马溅泥。”《经解》中也说：“凡云自东而西则雨，自西而东则不雨。”说明早在《易经》成书的年代，人们已经观察和认识到了云的走向和下雨与否之间的规律。

虽然目前还没有下雨，但密布的阴云表明阴、阳二气正处于积蓄、调和、趋向统一阶段，阴、阳相和成雨，只是时间上早晚的问题，因此说“亨”。㉖

小畜爻辞初九：复自道，何其咎，吉。

例 1：初九以阳爻居阳位，居下而德刚。自知不宜急躁冒进，便回到自己的位置上。说明初九非常慎重行事，不急于求进，这样哪会有过错呢，反而是吉祥的。㉗

例 2：复，复返。自道，自己本来的志向。初九为阳，阳具有刚健上升的志向，但上升到一定的程度受阻，受阻的原因是六四，上卦为巽，巽风将初九阳气往下吹。这是本卦小畜的缘故，畜而止，不止则无畜。初九领会六四之理，返回自己的本位而止，这是应顺正道的行为。㉘

例 3：在田间收获、往家中运载农作物的人们见到天上阴云密布，认为要下雨，担心被雨淋，于是从田间往家中返还，因此说“复自道。”

如上所述，云自西向东是不会下雨的。所以人们的疑虑、担心是多余的，是由于没有经验所致。而正是因为没有经验，不能确切地判断出是否下雨，才应该忧虑。从这个角度上说，这种忧虑又是应该肯定的。忧患意识是《易经》中所反复、着重强调的避凶趋吉的一种方式，即使是忧其非所当忧，也没有什么过错，因此说“何其咎？吉”。㉖

例 4：初爻是平民之位。爻辞省去了小畜二字。小畜：民众蓄积粮食。复：

反复积累。道：本义是道路，古“道”字同“导”，意为引导、指导，引申为经验、规律。复自道：农民依靠自己积累的耕作经验而指导耕种。何其咎：这有什么罪过。吉：善。意思说：农民根据自己反复积累的耕作经验为指导种植庄稼而蓄积粮食，此乃吉善也。⑱

小畜卦爻辞九二：牵复，吉。

例 1：此爻说明，任何时候都要坚守中正之道，与志同道合的人携手共同前进，即使受挫，也要坚守正道，这样做自然会获得吉祥。㉗

例 2：九二的复归虽然并非出于自愿而是受外力影响，但毕竟返回了正道，当然是吉利的。有时候人们难免会有一些错误的想法，如果能够审时度势并且在外在因素的制约下及时改正，也是极为可贵的。⑲

例 3：牵复，指九二与初九携手同行回到正道。㉘

例 4：牵字古人或训牵连，或训勉强，其实二义无甚差别，都有被动的意思。九二的复不是自觉自愿的复，而是被动、勉强、受牵连的复。㉕

例 5：牵着牛车返回，吉。牵，联系九三爻辞看，当是指“牵舆”。㉖

例 6：二爻是大夫之位。爻辞省去小畜二字。小畜：大夫蓄积粮食。牵：牵牛，指用牛力耕种。复：重复，意思是年复一年。吉：善。意思说：大夫在采邑用牛力耕种，年复一年而蓄积粮食，吉善。古代大夫官有自己的采邑，故而讼卦曰：“其邑人三百户”。大夫有采邑就可以年复一年耕种而蓄积粮食。⑱

小畜卦爻辞九三：舆说辐，夫妻反目。

例 1：九三爻以阳爻居阳位，得正，又位于下卦最高位，阳刚过盛而欲进不止，但前面有六四蓄止，结果在付出惨重的代价后被迫停止下来，就如同前进的马车撞坏了辐条不能再前进了一样。九三和六四一阳一阴有夫妻之相，夫妻本应志同道合，但此处九三欲冒进，而六四欲蓄止，志趣完全相反，以致夫妻反目，分道扬镳。这一爻说明人们应审慎的选择志趣相投的同伴共同进退，如大家目标不一致而各怀心思，最终只会各奔东西乃至反目成仇。⑲

例 2：“舆说辐”，车轮坏了车不能行走。这里是借因位不正而阴阳对抗的“夫妻反目”来阐明“舆说辐”的原因。㉘

例 3：车子脱落车輹，车厢、车杠、车衡等与车轴、车轮脱离，不再是一个整体。同样，夫妻组成一个家庭，夫妻分离，这个家庭也就破散了。这里的“舆说辐”有可能是写实，也有可能是比兴“夫妻反目”。

因为脱落车輹，车子瘫痪，不能继续赶路，忙中出错、急中添乱，夫妻二人相互抱怨，反目相向。㉖

例4：舆说辐：为蓄积粮食而车舆经常超载，致使车轮辐条断脱。夫妻：说明周代时诸侯是称夫妻的。后来则改变了称呼：天子曰皇后，诸侯曰夫人，大夫曰孺人，士曰妇，平民曰妻。夫妻反目：诸侯的妻子是朝廷命妇，而古代的命妇外出，依礼必须乘车舆。因车舆经常超载，致使车轮辐条断脱，妻子无车舆可乘不能外出，背对丈夫生气不理睬，谓之“夫妻反目”。⑱

小畜卦爻辞六四：有孚，血去惕出，无咎。

例1：六四爻是本卦唯一的阴爻，以阴爻居阴位，得正。六四爻虽柔弱，但他心怀诚信，对人坦诚相待，自然能赢得别人的帮助和保护，因此他可以免除忧恤和戒备，这是没有灾祸的。爻辞再一次强调了为人处世当以诚信为重。⑲

例2：血，同“恤”，忧虑、忧患之义。惕，因惊恐而警惕。六四有诚信，有强烈的忧患意识，时常告诫自己以诚信取信于别人，以忠诚辅佐君王，因此可以避免灾难。㉘

例3：四爻是国公之位，这里是指诸侯大国。爻辞省去了小畜二字。畜：牲畜。小畜：诸侯大国蓄积大量粮食后就饲养牲畜。有：不宜有，引申为大。孚：生，假为“牲”。有孚：国公畜养的牲畜都已经长大。血：大牲畜之血，即杀掉那些已经长大的牲畜。惕：意思为平圈。血去惕出；杀掉那些已长大的牲畜进行平圈。无咎：无罪过。平圈是一种饲养牲畜的好办法。牲畜长大了，就不再快长了，反而吃很多饲料，还不准小牲畜吃食，影响小牲长大。杀掉那些已长大的牲畜，既有经济效益，又使小牲快快长大，故而要平圈。所以，杀掉已经长大的牲畜进行平圈，无罪过。⑱

小畜爻辞九五：有孚挛如，富以其邻。

例1：九五爻以阳爻居尊位，至中至正，至刚至尊。《周易》以阳为实为富，以阴为虚为不富。九五爻蓄积了相当的财富，但它不独享其富，而是真诚的将左邻右舍紧紧地牵系在一起，让大家实现共同富裕，体现了一种大公无私的高尚情怀。⑲

例2：挛（音 luán），一胎双生。这里指双重诚信，非常诚信。㉘

例3：心怀诚信，一向以诚信待人，乐于助人，而他人也报以诚信，因此说“有孚挛如”。车子脱落车輹不能运行，而车上又满载农作物，夫妻二人无能为力，关键时刻邻人前来帮忙，重新安装上车輹，农作物因此可以及时运回家而免遭淋湿霉烂，因此说“富以其邻”，《象》说“有孚挛如，不独富也”。从一个方面反映了古代农业生产中互相协作的精神。㉖

例4：九五是王位，这里代表周王室。爻辞省去小畜二字。小畜：王室广积粮食而富有。有：不宜有，引申为大。有孚：大生，引申为贵族大家。《说文》："挛，系也"。段玉裁注："挛者，系而引之，其义近擢。"挛如：提携。有孚挛如：王室与贵族大家相互提携。富以其邻：以王室的富有使左邻右舍的贵族大家都富起来。《周易》作者在三千年前就有王室与贵族大家共同富裕的思想，真是佩服！⑱

小畜卦爻辞上九：既雨既处，尚德载。妇贞厉。月几望，君子征，凶。

例 1：上九爻处于全卦的最高位，表示蓄积已经达到了极点。卦辞中所谓"密云不雨"到现在已经降下来了，而且又停了。阴气通过不断地蓄积已经达到了饱和状态，阳气被阴气积载，一阴蓄五阳终于取得成功。此时阴气若继续蓄积则必然向反面发展，正如月盈满之后必然亏损。《周易》中称君子为阳，小人为阴，阴气过度积蓄对于君子来讲是极为不利的，此时君子也当更加小心谨慎以防范小人的不轨行为，任何轻举妄动都会带来凶险。⑲

例 2："既雨既处"，指需要的雨水已足够了。尚，上。尚德：指阳刚之德向上。载，积累。"尚德载"即阳刚之德到此已积累至极。"妇贞厉"，妇，指阴爻六四。六四一再坚守柔顺之道结果必然危厉。这是因为阴极阳至，由阴阳和合转化为阴阳对抗。"月几望"，月将盈未盈之时，表示阴气将要至极。征，指动。"君子征凶"即在月亮快要盈满，阴将化阳与阳对抗的时候，阳气再往上升，将会出现"龙战于野，其血玄黄"的局面。㉘

例 3：阴气经过不断的蓄积，达到一定的程度，与阳气中和而成雨，雨过天晴，又可以继续运载庄稼，因此说，"既雨既处，尚德载"。

日为阳、月为阴。阴气进一步蓄积，有超过阳气的趋势。反映在月亮上，月亮接近圆满。引申到人事领域中，月为阴，象征妇人；日为阳，象征丈夫。物极则反，月满则亏，因此告诫说"妇贞厉"。阴阳二者彼此消长，月亮接近圆满的时候，意味着阳气衰微。阳又象征行为的能力，阳微表明不具备行为能力，因此又说"君子征凶"，《象》说"君子征凶，有所疑也"，这有点结合月相而占的味道了。其实，阴阳本为一对平行的概念，阴消阳长、阳长阴消都是正常之事，男女之间也是平等的，爻辞说"妇贞厉，月几望，君子征凶"反映了一种尚阳抑阴、男尊女卑的观念。㉖

例 4：上爻是祖宗之神位。爻辞省去小畜二字。小畜：蓄积粮食。既：已。处：止。既雨既处：要雨有雨，要止有止，这是风调雨顺的年成。尚：同"上"，即祖上。尚载德：祖宗承载的德泽。意思说：风调雨顺的年成使王朝蓄积大量粮食，这是祖宗承载的德泽。所以，古代帝王敬祖宗，一年四时祭祀祖宗不绝。妇：妇女。贞：政，即执政。妇贞：妇人执政的诸侯国。"妇贞"与屯卦六二爻辞“女子贞”同义。厉：磨难。妇贞厉：妇人执政的诸侯国，由女人负担农耕是受磨难。农活都是重活、累活，女人的身体不宜干农活。所以，父系制社会取代了母系制社会，变成男耕女织的社会。母系制社会在先，父系制社会在后，父系制社会脱胎于母系制社会，故而爻辞将“妇贞厉”放在上爻。几：古“処”（处）字。月几望：月亮处于望月，望月是圆满之月，引申为丰收在望。君子：诸侯。征：征战。君子征凶：丰收在望时，诸侯发动战争是凶险的。以农耕稼穑为立国根本的国家，在秋收时节是不能发动战争的。⑱

第十卦 履卦☰☱乾上兑下

（一）原文

（卦辞）履，履虎尾，不咥人，亨。

（爻辞）初九：素履，往无咎。

九二：履道坦坦，幽人贞吉。

六三：眇能视，跛能履，履虎尾，咥人，凶。武人为于大君。

九四：履虎尾，愬愬，终吉。

九五：夬履，贞厉。

上九：视履，考祥其旋，元吉。

（二）解读

卦辞：履，履虎尾，不咥人，亨。

解读："履"卦名。"履"（lǔ 音屡）有二意。一是履行，实行，实践，践踏；二是礼，（《尔雅・释言》说"履，礼也。"）"咥"（dié 音叠）：咬。"不咥人"是不咬人。

卦辞说，按照礼仪行事，既使践踏到老虎尾巴，老虎也不会咬你，可以亨通而过。言外之意，老虎屁股也可以摸，就看用什么方式去摸。

初九：素履，往无咎。

解读：安着平"素"人之常情礼仪交往，用不着刻意的格外举动行事，不会有过错。

九二：履道坦坦，幽人贞吉。

解读："坦"是平坦。"道"是道路，道德。"履"在此有双重含义，为名词是"礼"，"履道"是礼道，明辨善恶的礼节之道，是平坦的正道；"履"为动词是行走，君子坦荡荡行走在此道路，吉祥。还比喻此道路既使在"幽"暗的环境里行走的"人"，也会吉祥。

六三：眇能视，跛能履，履虎尾，咥人，凶。武人为于大君。

解读："眇"（miǎo 音渺）：一只眼睛。"跛"（bǒ 音簸）：腿或脚有毛病，即瘸子。

爻辞说，独眼看东西，看不清楚；瘸子走路不稳。就像走路踩着老虎尾巴，被咬伤，有凶险。又像不懂治国理念的武夫，当上了君王那样不正常。这些反面比喻，这些行为，是不遵守“履道”常规，搞不好人际关系，若作为上层领导，岂能安邦治国。

九四：履虎尾，愬愬，终吉。

解读：“愬”（sù 音素）：谨慎小心，惊惧不安。

爻辞说，跟在老虎屁股后走，只要小心谨慎，别踩上虎尾，最终会吉祥。

九五：夬履，贞厉。

解读：“夬”（guài 音怪）：决，坚决，果断。“夬履”是与履道决裂，不走正道，很危险。

上九：视履，考祥其旋，元吉。

解读：“旋”：旋转，回旋。

爻辞说：重视礼仪，考虑周到圆满，必然大吉。

小结：

履卦讲人的行为要按礼仪行事，走正道，在践行的过程中，要陶冶情操，提高道德修养。不能胆小怕事，也不能过于急燥，要随机应变，表现在履历的几个阶段：“素履”、“跛履”、“夬履”、“视履”等，尤其表现在“履虎尾”，有时凶，有时吉，值得深思。

（三）选录多种解读

第十履卦卦辞：履，履虎尾，不咥人，亨。

例 1：“履”本义是行走、践行的意思，本卦讲小心行事的道理。从卦形来看，履卦恰似人们穿在脚上行路的鞋子，而六三爻就好比张开的鞋口，因此履卦取义“行走”，又引申为人们的一切行为。从卦象来看，履卦上卦为乾，代表天，天高高在上，每时每刻都在注视着人们的一切行为。下卦为兑，代表泽，比喻艰难险阻。履卦的整个卦象暗喻人们的行为要遵循天道，符合礼仪规范，行事要小心谨慎，不然就会陷入困境。卦辞讲小心地走在老虎尾巴后面而老虎不咬人，比喻在人生旅途中难免会遇到凶险，但只要自己能够遵守固有的礼仪规范，小心行事，即使像遇上老虎这样的凶险之事也能够安然无恙，一路畅通无阻。⑲

例 2：《序卦传》说：“物畜然后有礼，故受之以履。履者，礼也。”履的本义是鞋，也就是说穿上鞋子走路是合乎礼数的。即使跟在老虎的尾巴后面走路，有危险，然而老虎却不咬他，并且亨通无事。推及到人事上，犹如“伴君如伴虎”。只要你心怀中正，小心恭顺，一心事君，得到君王的信用，那就安然无

恙，当然也就亨通了。㉗

例 3：俗话说：老虎的屁股摸不得。老虎的尾巴又何曾不然？走路踩到老虎的尾巴上，而老虎却不咬人，还有比这更通顺的吗？因此说“亨”。㉖

例 4：履者，祭祀之礼也。古代扮成神主的神职人员，《周易》称作尸，《诗经》称作公尸，我们俗称尸公。履虎尾：祭祀时尸公要装扮成神主，依礼其衣着要装饰虎尾。咥：大笑。不咥人：祭祀时尸公装扮成神主，身着虎尾服坐在神主位上，参加祭祀的人见了不能大笑。亨：通。意思是尸公衣着虎尾服饰，参加祭祀的人们见了不能大笑，这是通行之礼。卦辞向我们描画了祭祀时的庄严场景。⑱

例 5：朱熹：“履”，有所蹑而进之义也。以兑遇乾，和说以蹑刚强之后，有履虎尾而不见伤之象，故其卦为《履》，而占如是也。人能如是，则处危而不伤矣。④

履卦爻辞初九：素履，往不咎。

例 1：初九以阳爻居阳位，得正，又位于全卦之始，象征一位有才德的人欲迈出人生的第一步。因为初出茅庐，涉世未深，他行事本着一种朴实无华的精神，不虚浮，不张扬，一路向前而没有灾祸。⑲

例 2：素，平素，质朴。“素履往”就是叫人安分守己，不要有超过自身实际的非分欲念。虽居低位，要守其志，一步一步地践行自己的志向。这样做就不会有什么灾险。㉗

例 3：素，原色、白色。“素履往”比喻人的品德、行为朴实无华。在思想上能够保持自己的本色、没有虚饰、不受外界的影响；在行为上一出一处安分守己、量力而行、行不逾矩。爻辞提倡和肯定这种思想作风，因此说“无咎。”㉖

例 4：钱玄注：“素屦，白色单底鞋，闲居时穿用。”古代朝廷官员有燕居，有闲居。燕居是朝廷在官衙提供的住所，闲居是家人居住的私宅。素履往：官员们从私宅出发穿白色单底鞋直接参加祭祀典礼。无咎：无罪过。因为履卦讲日祭、月祀、时享，祭祀活动频繁，所以官员们从闲居穿素屦直接前往参加祭祀，无罪过。⑱

履卦爻辞九二：履道坦坦，幽人贞吉。

例 1：九二以阳居阴位，刚中而独行其道，前途平坦无险。过着幽静恬淡与世无争的生活。淡泊名利，清幽寂静，洁身贞正。所以说是吉祥的。㉗

例 2：幽，暗，引申为目盲，幽人也就是盲人。也有将“幽”解释为幽静恬淡的，这种解释虽然与“暗”有相通之处，但结合《归妹》九四“眇能视，利幽人之贞”来看，前面说“眇”，后面说“幽”，正表明“幽”指“目盲”。

“履道坦坦”比喻人的胸怀坦荡、行为正直。一个人即使有目盲的生理缺陷，但只要是胸怀坦荡，行为正直，目盲而心明，同样可以获得吉祥，因此说“幽人贞吉”，《象》说“幽人贞吉，中不自乱也”。盲人占问且“吉”，况于他人乎?

本爻所说的“幽人”以及六三爻中所说的“眇能视”“跛能履”还见于《归妹》卦，幽人、眇者、跛者当然都是残疾人，但除了本卦六三爻外，其他相应的占辞断语却都是吉的。㉖

例3：履道：礼乐制度。坦坦：平坦又平坦，即通行天下。履道坦坦：王朝的礼乐制度通行天下。幽：通黝。《辞海》：“幽，通黝。黑色。陈奂传疏：‘幽即黝之古文假借。’”幽人：皮肤黝黑色的庶人民众。民众整天在外日晒雨淋，皮肤变成了黝黑色。贞吉：主吉。幽人贞吉：王朝的礼乐制度通行天下，对皮肤晒成黝黑色的民众主吉。幽人是庶人民众，隐居者也是庶人，所以幽人不是指隐居者。周王朝制定的礼乐制度是规范朝廷官员的，其繁文缛节既要有地位、有钱又要有时间，庶人一无地位二无钱三无闲工夫，故而古代“礼不下庶人”，所以“幽人贞吉。”⑱

例4：程颐：九二居柔，宽裕得中，其所履坦坦然平易之道也。虽所履得坦，《易》之道亦必幽静安恬之人处之则能贞固而吉也。九二阳志上进，故有幽人之戒。③

履卦爻辞六三：眇能视，跛能履，履虎尾，咥人，凶。武人为于大君。

例1：六三爻以阴爻居阳位，又处于下卦最高处，不正不中，象征一个才疏德薄而又急于冒进的人。独眼之人虽能视，却看不清楚，脚跛之人能行，却走不平稳，二者都比喻自身能力不济却又自以为是，而且逞强好胜之人，他们的行为就如同走在老虎尾巴后面一样，结果落得被老虎咬的下场，这当然是凶险的。“武人”指有勇无谋的人，这种人凭借勇猛和强壮可以在一定程度上为国效力，但毕竟缺乏智慧而不堪重用。人们行事处世贵在有自知之明，凡事当量力而行，如一味逞强终将招致凶险。⑲

例2：瞎了一只眼另一只眼还能看见东西，跛了一条腿勉强还能行走，踩到了虎尾，被虎咬伤，凶险。武人可以作用于足智多谋的君子。㉘

例3：眼睛有疾则视事不正，足有跛疾则行路不正。有目眇、足跛的生理缺陷，又不能以心智之长补形体之残，却强不能以为能，勉强地以视以行，随时有可能陷入困境之中，就像一不小心踩上老虎尾巴，被老虎咬一样。“武人为于大君”也属于这种情况。武士因为有勇力，而被国君任用护卫左右，但武士刚强有余、阴柔不足，鲁莽少文，疏于礼仪，随时有可能触犯君王而惹祸上身。后世

“伴君如伴虎”一语即是源于本爻爻辞。㉖

例 4：《说文》：“眇，小目也。”眼目小者是小孩。眇能视：小孩子个子矮，祭祀时被大人身体挡住看不见，故而他要挤到前面去才能看清楚。跛：跛足者。跛能履：跛足者身子矮，也要跛行挤到前面才看得清。履虎尾咥人：人们看见尸公装扮神主，身着虎尾而大笑。凶：失。意思说：小孩、跛足者往前挤，人们看见尸公身着虎尾而大笑是失礼之举。武人：武士。

“为”的意思有二：一是守候，二是等候。爻辞“武人为于大君”的为字是守候意。

无为是无等候的作为，无等候的作为是无事之先作为。老子将“无事之先作为”简称“无为”。

武人为于大君：武士立即守候在装扮成大君的三位神主周围。⑱

履卦爻辞九四：履虎尾，愬愬，终吉。

例 1：当踩着老虎的尾巴时，若恐惧小心，最终可化险为夷，所以说是吉祥的。㉗

例 2：九四爻以阳爻居阴位，有阳刚之气，又不乏中和的性情，他小心地走在老虎尾巴后面，因感到恐惧害怕而愈加小心谨慎，最终结果是吉利的。⑲

例 3：身处险境，有了这种恐惧之心，在思想上、心理上提前作出防范，而不是一味的恐惧，处险不乱，小心谨慎地应付处理，如此也可以化险为夷，因此说“终吉”。㉖

例 4：履虎尾：尸公装扮成神主依礼身着虎尾。《辞海》：“愬，诉的异体字。”《说文》：“诉，喜也”。愬愬：欣喜又欣喜，即欣然喜悦。终吉：始终吉善。意思说：尸公装扮成神主，依礼服饰有虎尾，神主坐在神坛上接受享献欣然喜悦，始终吉善。⑱

履卦爻辞九五：夬履，贞厉。

例 1：夬，刚决果断之意。厉，有凶险的意思。九五居于至尊的位置，果决独断，犹如穿鞋一样，太猛烈了，鞋裂开了，故称“夬履”。英明果决是贞吉的，可是过刚而不柔，不能刚柔并济，这当然又是凶险的。有吉有险，故“贞厉”。㉗

例 2：九五爻以阳爻居尊位，至中至正，至刚至尊，象征人生之旅已经进入了最为辉煌的时期。此时人们才德兼具，行事果断，但仍然需要坚持正道，以防范危险的情况。人们在人生的最高峰突然坠入低谷往往就是因为得意忘形、放松警惕而误入歧途。⑲

例 3：九五爻辞大部分用“吉”“元吉”“无咎”，而履卦九五爻辞用“贞厉”，说明履卦九五虽为君位，却为危厉之象。危厉在于九五没有相应辅佐能臣，与九二不能相应，与九四不能比和，都为阳刚相斥，孤立无援。只能通过果断履行正道震慑群臣，渡过险境。㉘

例 4：爻辞强调九五夬履贞厉，指出九五为危象。这是为什么呢？这里又看出《易》作者具有深刻的辩证法思想。他总是善于从正面的东西中找出反面的东西，从一派吉利的形势中发现不吉利的征兆。九五以刚中正履帝位，下面有人悦而应它，它有权有威有势，对待一切的事情，它完全可以果决独断，即所谓“夬履”，不会遇到任何阻碍。但是它以刚居刚，过刚而不能以柔济之，犹如人君，英明刚决有余，而包容兼听不足。若守此道长久不变，则必有危厉。㉕

例 5：“夬履”比喻君王的个性坚定刚毅，行事果断，雷厉风行，这固然有值得赞赏的一面。但这样的人也容易养成刚愎自用、独断专行的作风，长此以往，也是很危险的，因此说“贞厉”。也有将“夬履”理解为破鞋子的，道理也一样。鞋子的作用在于行路，鞋子都破裂了，怎么能走路呢？这样“夬履”就是预示人的行为艰难，但尚未陷于困境，因此只是说“贞厉”。㉖

例 6：夬者，快速也。夬履：天子不按祭祀典礼的程序而是快速进行走过场。贞厉：主磨难。⑱

履卦爻辞上九：视履，考祥其旋，元吉。

例 1：上九居履之终，是事成之时。是成是败，要总结与内省。审查自己所做之事，经过反复周全地审查，心无愧疚，故大吉。㉗

例 2：上九位于全卦末端，爻辞是对全卦的总结。在人生旅途中人们很有必要冷静地回顾一下自己所走过的道路，总结其间遭遇的吉凶祸福，及时吸取经验教训。由于人们行事谨慎，遵守了社会礼仪规范，当自己回首往事时会发现自己的人生之旅是极为圆满而吉利的。⑲

例 3：旋，周旋完备。上九居履之终，履已宣告完成。现在可以回过头来看看其所履行之情况如何了。犹如一个人到他生命完结的时候，人们要据他一生的实际表现，论定他善恶成败之多少大小。善多吉，恶多凶。若自始至终周旋无疚，尽善尽美，则曰元吉。元吉，大吉，无以复加的吉。㉕

例 4：上爻是祖宗之神位，这里指尸公装扮神主。视：视察。是谁在视察呢？尸公装扮成神主代表大君在视察。考：考校。祥：通“详”。段玉裁注《说文·详》：“经传多假为祥字。”旋：本义是周旋，同音假借为全，意为周全。元吉：大吉。意思说：装扮成大君的神主一直视察祭祀典礼，详细考校后感到很周全，大吉。⑱

第十一卦 泰卦䷊坤上乾下

（一）原文

（卦辞）：泰，小往大来，吉，亨。

（爻辞）初九：拔茅茹，以其汇，征吉。

九二：包荒，用冯河，不遐遗朋亡，得尚于中行。

九三：无平不陂，无往不复，艰贞，无咎。勿恤其孚，于食有福。

六四：翩翩，不富以其邻，不戒以孚。

六五：帝乙归妹，以祉元吉。

上六：城复与隍，勿用师。自邑告命，贞吝。

（二）解读

卦辞：泰，小往大来，吉，亨。

解读："泰"，卦名。"泰"：顺利，亨通，安宁，安泰。卦辞说，国泰民安，小的过去，大的到来，即得到的大于失去的，利大于弊，吉利，亨通。

初九：拔茅茹，以其汇，征吉。

解读："茅"：茅草。"茹"：草根，根系相连。"以"：以及（分词）。"汇"：种类，汇集。

爻辞说，拔茅草连根都拔出来了，而且根部连结在一起，斩草除根，比喻出征吉利。

九二：包荒，用冯河，不遐遗朋亡，得尚于中行。

解读："包"：一种瓜，瓢瓜、葫芦。"荒"：荒废。"冯"（pīng 音平）：涉、渡。"包荒"是把葫芦瓤掏出来，"瓤"（ráng 音穰）：内部包着种子。用掏空的葫芦扎在身上渡河时增加浮力不下沉，即"用冯河"。"遐"：远，远离。"不遐遗朋亡"是渡河时不要远离、不要放弃面临死亡边缘的朋友，要帮助一起渡河，同舟共济是得尚于中庸之道。

九三：无平不陂，无往不复，艰贞，无咎。勿恤其孚，于食有福。

解读："陂"（bēi 音杯）：坡，坡度，倾斜，斜坡。

爻辞说，没有平地就没有山坡，没有往就没有来，说明帮助别人必得回报。

即俗话说“来而不往非礼也”。帮助别人，即使再艰辛，也不会有过错。勿须担心助人得不到回报，助人为乐心广体胖有福气。

六四：翩翩，不富以其邻，不戒以孚。

解读：“翩”（piān 音偏）：轻飘飘的。

爻辞说，虽然钱财不多不富裕，但仍帮助邻居，不介意对方是否给以回报。

六五：帝乙归妹，以祉元吉。

解读：古代归为嫁，妹指少女，“帝乙归妹”是说商纣王的父亲帝乙，把自己的小女嫁给周文王。那时周是商朝下属的一个小邦国。“帝乙归妹”的目的是和亲友好，稳定局面。即“以祉元吉”祈求大吉利。“祉”：求、祈求。和婚想保持“泰”的局势。

注：“帝乙归妹”是历史上著名的故事，用作寓意，其目的“以祉元吉”。但下一代开战了。即帝乙的儿子商纣王，周文王的儿子周武王，两者开战，周灭商。对商朝来说是“泰”尽“否”来，下一卦是“否”卦。

上六：城复于隍，勿用师。自邑告命，贞吝。

解读：“城”：城墙。“复”同覆，颠倒。“隍”（huáng 音皇）：城墙下的壕沟，有水为池（城池即护城河）；无水称隍（城隍）。“邑”：城市，都城；县城。

爻辞说，城墙倒塌在护城壕沟里，不祥之兆。地方向君王请命，不要出兵打仗了，避免损失。

上六爻是泰卦发展到顶层，物极必反，盈则亏，盛则衰，这是辩证哲理。展显城墙倒了，出征不利。

小结：

泰卦由单卦乾卦和坤卦组成。乾为天、阳、上升；坤为地、阴、下沉。泰卦是坤上、乾下。坤阴下沉，乾阳上升，如此阴阳相迎相合，天地相交，亨通，这是卦辞“小往大来”。

泰卦呈现万物亨通，国泰民安的景象，大的象征是国家太平，小的象征是人们心胸开阔，搞好团结，助人为乐，前途泰然，这都是艰苦奋斗获得的。但要居安思危，不能麻痹大意，事物发展不会是一帆风顺的。泰卦从开始排除障碍“拔毛茹”，才能走出去。在危险困境中，不抛弃朋友，携助友人生死与共，共度难关，即“包荒，用冯河，不遐遗朋亡。”表现了高尚的品德。在前进的道路上，“无平不陂，无往不复”，总会有坎坷，只要艰苦奋斗就会取得成功（无咎）。有助人为乐，乐观向上的精神，虽然自己不富裕，还帮助邻居不计较个人得失“不戒以孚”。为了渲染与维持“泰”的局面，插入“帝乙归妹，以祉元吉”的故事。最终在上六爻，由于城墙年久失修倒塌了“城复于隍”。说明辩证的哲理，盛极必衰，“泰”去“否”来。

（三）选录多种解读

第十一卦泰卦卦辞：泰，小往大来，吉，亨。

例 1：泰是通泰、安泰的意思，本卦讲在安泰的社会环境中人们为人处世的道理。泰卦上卦为坤，代表地，下卦为乾，代表天。地为阴，天为阳，《周易》中阴为小，阳为大，坤卦为外卦，故曰：“小往”，乾卦为内卦，故曰“大来”。从整个卦象来看，“小往大来”指的就是阴气下降、阳气上升而得以相互流通，泰卦象征天地相交，阴阳相合，万物遂成发育生长之势，因而通泰顺畅。从人事来看，乾为君王，代表上级，坤为臣民，代表下级，君臣上下级之间能够相互沟通，志同道合，一派和谐安泰的形象，这当然是吉利的。⑲

例 2：泰，通。《易经》明于天之道，察于民之故，既讲自然界的规律，也讲社会人事的道理。它认为自然界有规律，社会人事也有规律，而且两种规律有其一致性。泰卦就是明显地把自然界的规律与社会人事的规律放在一起对待的。在《易经》看来，天地之间与人类社会有时会出现一种不多见的交通和畅的最佳状态。这种状态，这种时代，就叫做泰。泰是怎样来的呢？《易经》认为，在自然界中，天与地相交，万物因而发育成长，顺遂和畅，这就是泰，就是通。但是天毕竟在上，地毕竟在下，天与地实际上不能相交。于是古人说，不是天地之形交，是天地之气交。天为阳，阳气下降；地为阴，阴气上腾。阴阳和畅，则万物生遂。由此看来，所谓天地交，实质上是阴阳交。阴阳是代表万事万物对立斗争的两个方面。它们不但处于斗争的状态，有的时候，也会非常和谐地统一在一起。

天地相交，二气相通，从卦上面反映了出来。泰卦乾下坤上。天在下，表明天气下降；地在上，表明地气上升。在上的往下降，在下的往上升，二者必然相交。若否卦则不然。否卦坤下乾上。天在上，天气未曾下降；地在下，地气未曾上升，二者必然不相交。㉕

例 3：小，指阴爻；大，指阳爻。往，指阴爻居上、居外；来，指阳爻居下、居内。《泰》卦乾下坤上，乾为阳，象征天；坤为阴，象征地。天本来在上，地本来在下。而《泰》卦乾下坤上，天地位置互换，象征阴阳、天地交合，对立面相反相成而达到统一，如此万物亨通，生生不息，因此说“吉，亨”。㉖

例 4：卦象：泰卦由上坤下乾两经卦组成。依后天八卦，乾为男，坤为女。男为内卦，女为外卦，泰卦乃男娶女为婚姻之象。泰者，通达也。周王朝以法律规定男娶女为合法婚姻而通行天下，故而谓之泰。我们不能以先天八卦来读解泰卦卦象，其理由有三。其一，乾为天，坤为地，而地气是往上升的，天气是往下降的。现在地气在上面，天气在下面，天地之气不能相交，怎能谓之泰（通达）呢？其二，自然界以天在上地在下是通达的，若天地相倒则世界末日。其三，古圣人认为，天为大，地为大，天地都为大没有小。如果乾坤为天地，那泰卦卦辞“小往大来”，你怎么解释？有人解乾为阳气，坤为阴气。他们认为：阳气上升，阴气下降。坤上乾下，阴阳之气相交，故而谓之泰。殊不知阳气上升与阴气下降是自然的，所以只会乾阳在上而坤阴在下，不可能出现坤阴在上而乾阳在下的状况。而且阳气与阴气无分大小，那“小往大来”又作何解？所以，泰卦的乾是男，坤是女。《周易》大为内，小为外。男娶女为婚，通常都是男方年龄大些，女方年龄小些，一般都是男大女二岁左右。年龄小的女方从外面嫁往年龄大的男方家内来，谓之“小往大来”。所以，泰卦卦象之义是男娶女为婚姻。

泰卦是月卦，月建干支历寅月（农历正月）。正月是全年的开始而通达全年，正月阳气动而演生万物，故而谓之泰。⑱

例 5：泰卦还是消息卦之一，是代表阴历立春到雨水两个节气的正月时期。泰卦虽然阴阳平衡，但总体处于阳长阴消的态势，标志着严寒即将退去，春天即将来临。

泰卦坤上乾下，地在天上，这个卦象让人有些费解，坤为女，为母，乾为男，为父，怎么母上父下而为泰呢？这不违反封建人伦的观点吗？应该说这个疑问是有道理的，文王、周公、孔子也并非不知道泰卦的卦象违背了他们的伦理道德。但是，八卦在他们之前的母系社会伏羲时代就形成了，母系社会只知其母，不知其父，泰卦母在上、父在下是符合母系社会人伦道德的。又因为泰卦揭示的阴阳二气交合为天地之道，不能因为人类进入父系社会而改变这一自然规律，故而后天八卦遵从先天八卦之理。其实，谁上谁下那是后天人们的习惯概念，并不重要，重要的是在于理解泰卦揭示了阴阳二气交合为泰的自然规律。㉘

泰卦爻辞初九：拔茅茹，以其汇，征吉。

例 1：初九象征着把连根的茅草拔起。拔起初九这跟茅，就连带了九二、九三这些茅。茹，根与根在地中相牵连。三阳在下，相连而进，如同君子拔草一样，不但自己上进辅佐君王治理国家，而且协同众仁人志士为国效忠。这当然是吉祥的了。㉗

例 2：茹，牵引。以，把。汇，类。征，指行为、行动。茅草根系相连，拔起一颗茅草会牵动其他的茅草，在此比喻三阳连动。阳象征君子，三阳连动象征内庭的君子同心同德、携手前进，团结率领外庭的小人在通泰的大好形势下共创

事业，因此说“征吉”。㉖

例 3：初爻是平民之位。茅：茅草。茹：马草。《说文》：“汇，器也。谓有器名汇也。”故而汇是古代一种编织器具。《说文》：“征，正行也。”因此，征的本义是正行。而征战是引申之义，表示发动征战要是正义之战。吉：善。拔茅茹以其汇：民众通常拔来茅草和马草编织成器具使用。征吉：这是正常而吉善的行动。⑱

泰卦爻辞九二：包荒，用冯河，不遐遗朋亡，得尚于中行。

例 1：“包荒”讲的是九二能大度包容一切。“用冯河”指要不怕风险敢于渡河。如同改革一样，要勇敢革新。“不遐遗”指不抛弃远大目标。“朋亡”指不私结朋党。“得尚于中行”，指在治泰的过程中，用中行之道，方可达到治泰之目的。㉗

例 2：九二爻辞讲的包荒、用冯河、不遐遗、朋亡四条，包括了治泰之道的主要内容。包荒，极言包容之广，含量之大。在天地交泰的盛时，统治者最重要的是包荒，大度包容，一切反面的东西都能容得下。然而只是如此，则必无所作为，不能前进。大度包容之下，还要“用冯河”，即刚决果断，勇于改革。“包荒”与“用冯河”是相反相成，不可或缺的两个方面。“不遐遗”与“朋亡”也是相反相成的两个方面。“不遐朋”，不弃遐远；“朋亡”，不结朋党。远人在所怀，近者无可昵，居中不倚，不偏不党。“得尚于中行”，得是庆幸之辞，尚是佑助之意。㉕

例 3：《泰》卦乾下坤上。

1973 年长沙马王堆出土的帛书《易经》中，“坤”字更是毫无例外的写作“川”。商周之际，船只虽然已经发明，但还是没有普及，因此往往把掏空的葫芦捆绑在身上，用来帮助渡河，因此说“包荒，用冯河”——这里的“河”就是“坤”所象征的“川”。但因为葫芦体积、浮力较小，因此没有多远就飘走了，同渡的伙伴也被大水冲走，幸运的是，在中流被他人救起，或者遇到其他救生之物，因而得免于灭顶之灾，因此说“不遐遗，朋亡，得尚于中行”。㉖

例 4：二爻是大夫之位。包：通“苞”，即苞草。包荒：敢于在苞草荒僻之地行走。

冯河：古人把敢于不用舟船渡河而徒步涉水过河称之为“敢于冯河”。

不遐遗：不敢远离大路。朋：“淜”字，即冯河。朋亡：淜亡（冯亡），朋亡就是无冯河的意思，冯河是无舟渡河，无冯河是否定之否定句，变成有舟渡河。有舟渡河，就是“不敢冯河”。尚：通“上”。中行：古人将符合中道的行动称作中行。

得尚于中行：大夫不敢暴虎而走大路，不敢冯河而用舟渡河，采取通达、合宜的中行为上。⑱

泰卦爻辞九三：无平不陂，无往不复，艰贞，无咎。勿恤其孚，于食有福。

例 1：九三爻以阳爻居下卦的最高位，阳刚盛极，但物极必反，爻辞接连举了两个例子来证明这个道理，平坦的大地不可能一直延续下去，最终会出现陡坡，有离去的自然也就有归来的。九三爻处于天地交合的临界点，预示着泰极否来的趋势，此时人们当居安思危，坚守正道，以防范灾祸。为人处世以诚信为本，就不用担心不能取信于人。如果能做到这些，就能享用俸禄而自有福庆。⑲

例 2："无平不陂，无往不复，艰贞无咎"是在阐发事物发展过程中的普遍规律，实际上是对前面的总结，对后面的启示，起承前启后的作用。事物发展都不是一帆风顺的，渡坎险才能履坦途，历艰难才能守正道。恤，忧虑。孚，指先有约，后履约，诚信。"勿恤其孚"即不用忧虑是否履约，因为这种诚信是"天行健"的体现，月明日落，春暖花开会如期而至的，天是不会骗人的。其结果会吉祥的。㉘

例 3：九三居三阳之上，三阴之下，正处泰卦之中又将过中，恰是泰极之时。泰极否来，这是客观的规律。《易》作者深知此理，乃于九三提出两个"无不"的告诫。陂，偏颇不平，平坦一定变成偏颇，去了的必然要回来。从卦来看，三阳爻降于下，终究会升上去；三阴爻升于上，迟早要降下来。平者陂，往者复，泰极要变否。怎么办呢？"艰贞无咎，勿恤其孚，于食有福"。人不是无能为力的。人完全可以发挥自己的主观能动性。人处方泰之时，应居安思危，所作所为坚守正道，能如此，便无可咎。岂止无咎，若能"勿恤其孚"，还要有福。恤，忧；孚，诚。天道无情而我无忧，我要诚信不移地思我所应思，行我所当行。㉕

例 4：世界上没有绝对平坦的道路，再平坦的路也不会没有一点倾斜；物极必反，事物发展到一定的程度，就会走向其对立面，没有一去不复返的。这是事物发展的辩证规律。"无平不陂，无往不复"一语通俗地阐述了矛盾双方互相转化的规律，含有深刻的辩证思想。依据这个辩证规律，在一定条件下，有利的因素可以转化为不利的因素，反之亦然。另外，从卦象上看，九三爻处于下乾与上坤交接之际，已经预示了这种转化。㉖

泰卦爻辞六四：翩翩，不富以其邻，不戒以孚。

例 1：六四爻以阴爻居阴位，得正，且具有谦逊的性情。"翩翩"是群起而向下飞的样子，比喻六四、六五和上六三个阴爻一起向下与下卦的三阳爻求合。《周易》以阳为富，阴为不富，“不富以其邻”指的就是六四与邻近的六五和上六都不富。这三阴爻之间没有戒心，唯有以诚相待。于人事而言，意气相投的伙伴当患难与共，共同进退，万不可独善其身而不顾他人。在苦难的时候，人们更应该消除戒心，以诚信待人，在精诚团结的基础上共渡难关。⑲

例 2：翩翩，指鸟轻盈飞翔的形态。不富，是《易经》对阴爻的专用语，不富即不明显。不富的原因是阳气还未升至此位，阳为实，阴为虚，故而六四像鸟一样轻盈飞翔。以，以及。邻，指六五。“以其邻”即六五的状况也是如此。戒，戒惧。“不戒以孚”即不必戒惧，大家都有诚信。㉘

例 3：翩翩，本义是鸟儿飞上飞下的样子，在这里比喻思想、行为的轻浮。以，由于、因为。戒，戒备。

自己心存诚信，这本是好事。但因此也天真、一厢情愿的认为他人也是如此，因而在思想、行动上麻痹大意、不加以戒备而遭邻国侵略，这是有利的因素转化为不利的因素。㉖

例 4：四爻是王朝大臣之位。翩翩：本义是鸟疾飞貌，引申为王朝大臣在邻国之间奔走。邻：邻国。不富以其邻：大臣在邻国之间奔走，不告诉他们富强之道。戒：通“诫”。孚：生，即生存。不戒以孚：不告诫生存的艰难。爻辞省去泰字。泰：通行无阻。意思说：王朝大臣不告诉邻国富强之道，不告诫生存的艰难，却反而能在各国间通行无阻。因为邻国的国君都喜欢听奉承话，而忠言逆耳，故而王朝大臣讲奉承话能通行无阻。⑱

泰卦爻辞六五：帝乙归妹，以祉元吉。

例 1：帝乙，指商纣王之父。归妹：嫁妹。帝王之妹下嫁臣子。祉：福祉。元吉：大吉。六五下嫁九二，能够屈尊从阳，以尊从夫，这不仅是大福大贵的，更是吉祥的。《象传》说，六五之所以能获得福祉，都因它以柔顺居中，有中庸之德，按照中庸原则去办事。屈尊从阳，任贤从下，这都是发自内心自愿的行动。㉗

例 2：六五以阴爻居尊位，象征一位谦逊中和的君王形象。“帝乙归妹”讲的是商纣王之父帝乙将自己的妹妹下嫁给周文王的事。当时商为大国，而周为小邦，帝王之妹能够屈尊下嫁体现了帝王虚怀若谷的胸怀和礼贤下士的气度。于当今世事而言，居于上位的领导切不可居高临下，摆出一幅盛气凌人的样子，领导如能对自己的下属恭敬有加，做到谦逊和蔼，就能得到下属的拥戴和由此带来的福祉，这当然是大吉大利的。⑲

例 3：帝乙把少女嫁给周文王而带给周人福祉，非常吉利。因为“帝乙归

妹”在一定程度上修复了商、周本已破裂的关系，所以爻辞记载、引用这一史实，进一步阐述事物由“否”向“泰”转化的道理。㉖

例 4：此处的帝乙当指武乙。归妹：“妹”字是古时候的一个地名，即妹邦，妹邑，也叫沬邦、沬邑。商代是迁都最多的一个朝代，从成汤到武乙曾迁都十几次。到了武乙，才在妹都定都，不再迁走。定都后改为朝歌。从此国泰民安，因而得福，大吉大利。⑰

泰卦爻辞上六：城复与隍，勿用师。自邑告命，贞吝。

例 1：上六爻位于泰卦最高位，此时泰极否来即将成为现实。城是城墙，隍是城墙外的壕堑。高高的城墙是用从壕堑中挖来的土一天天累积起来的，而如今城墙垮塌后泥土又重新填回到壕堑中，爻辞比喻安泰的局面是从困境中一点点积累起来的，而到了泰极否来的时刻世事终将再次逐步陷入困境。物极必反、盛极必衰是自然规律，同时也是社会法则，这不是人的意志所能改变的。“城复于隍”表示现在形势相当严峻，如果兴师动众势必劳民伤财，进一步扰乱人心，而加速灭亡。现在只能将政令限制在自己的领地内，做到内部政令畅通，为即将到来的困境做好充分的准备。此时此刻人们应以更加坚定的信念守持正道以防范更多的灾祸。⑲

例 2：泰发展到上六，到了泰的终极处。泰极而否来，就好像城墙倾覆了。隍，是城墙外无水的壕沟。“勿用师”中，用师，指把民众召来，组成军队参加战斗（古代的百姓，平时务农耕田，战时集合起来打仗）。勿，指不要。这句话意思是说，想组织军队也难办了。为什么呢？因为人心离散，天下将乱。“自邑告命”：邑，居住之地，此指在君王所在地附近居住的人；告命，命令。就是说，命令只能在身边小范围发布有效，看起来已经到了国破家亡的地步了。㉗

例 3：隍，城边壕沟。筑城就地取土，筑土为城，挖堑为隍，一举两得。堑沟为隍，注水为河。“城复于隍”即城墙倒于堑沟。邑，指城。“自邑告命”，这里指向皇城里的人发布告令，大家要精诚团结守住皇城。贞，即发布告令动员大家守城的行为是符合正道的。吝，羞辱、难行。“贞吝”即持守正道也免不了灾难，因为气数已尽，覆灭不可避免。㉘

例 4：城墙本来是挖掘城壕中的泥土垒砌而成，是因为战争的需要而设。现在城墙倒塌，城墙的泥土又回填到原来取土的城壕里，因此说“城复于隍”。城墙为什么会倒塌呢？或是由于年久自败，或是由于战争中被摧毁。但联系全卦由六四不利向六五利转化的趋势看，更有可能是人为的推倒、铲平。把城墙推倒，不再需要城墙，如同马放南山、刀枪入库一样，是战争、混乱局面结束的一种标志。例如，秦始皇统一中国后，就把“堕坏城郭”“夷去险阻”作为自己统一天下的标志和象征。爻辞以此进一步说明，混乱、否塞、不利的局面转化为统一、通泰、安定的局面。天下已经平定，不可再兴师动众、大动干戈，因此说君王自都邑中发布命令告诫“勿用师”，否则“贞吝”。《象》说“城复于隍，其命乱也”，其中所说的“乱”并不是“混乱”的意思，而恰恰是“治”“安定”“正常”的意思。这种现象在训诂学上称为“同出而背训”。㉖

例 5：现在泰已发展到极点，将要变为它的反面否。也如城墙将倾圮回复到隍里。城复于隍，是个严酷的事实。《易》作者看到这个事实，并且加以肯定。这不简单。他具有了关于质量互变的思想。就一个国家来说，泰极否来，城复于隍，形势极为严重。严重到“勿用师”的程度。古代实行兵农合一的制度，国家不设常备兵，平时耕田是农夫，战时召集起来出征打仗就是军队。用师是把人民召来应付战事。在泰的时候，这样做当然没有问题，现在天下将乱，人心离散，想要用师，办不到了。只能“自邑告命”。邑，所居之邑，指身边近处而言。泰达到变否的时候，国势已成土崩瓦解之状，统治者的权威、命令只在自己的身边近处勉强有效了。即便能够“自邑告命”，而且做到守正，也为时太晚、无济于事了。㉕

例 6：城复于隍：将城墙拆毁填满壕沟，出行就四通八达了，勿用师：也不用行师打仗了。自邑告之：自国都起通告全国都知道。贞吝：失去城墙与壕沟作军事防御，若今后战争来临，君主只有恨、痛不已。⑱

第十二卦　否卦䷋乾上坤下

（一）原文

（卦辞）否，否之匪人，不利君子贞，大往小来。

（爻辞）初六：拔茅茹，以其汇，贞吉，亨。

六二：包承，小人吉，大人否，亨。

六三：包羞。

九四：有命，无咎，畴离祉。

九五：休否，大人吉，其亡其亡，系于苞桑。

上九：倾否，先否后喜。

（二）解读

卦辞：否，否之匪人，不利君子贞，大往小来。

解读：“否”（pǐ 音痞），卦名。“否”字是否定，闭塞，隔离不通。“匪人”：小人，没有道德的人，坏人。

卦辞说，昏庸的君王时代，闭塞的大环境，小人得势，不利于有道德修养的正人君子做事，国家“大往小来”，即因小失大。

初六：拔茅茹，以其汇，贞吉，亨。

解读：“拔茅茹，以其汇”也是泰卦初爻的爻辞，拔出杂草观察其根连成一片，喻意小人得势结帮成群，“人以群分，物以类聚”。君子处在此境界，仍要坚持自己正确的信念，未来会吉利、亨通。

六二：包承，小人吉，大人否，亨。

解读：昏君包容阿谀奉承的小人，小人吉，君子（大人）不利，此道理古今一样（亨）。

六三：包羞。

解读：昏君比六二爻“包承”更进一步，包容不知羞耻的人和事。

九四：有命，无咎，畴离祉。

解读：“命”是父母赋予的个性；先天之命，天赋。“畴”（chóu 音筹）：同类。“离”即丽，依附，附着。“祉”：福祉。

爻辞说，君子之命是天赋，在昏君时代，刚直不曲，无过错。君子团结志同道合的群众，共谋人民的福祉。

九五：休否，大人吉，其亡其亡，系于苞桑。

解读：“休”：止也。“苞”：草木的根茎。“桑”：桑树。“休否”是说恶人恶事得到遏止。对君子（大人）有利。九五爻多指君王之位，此指昏君。这时昏君获知反抗的声浪，悲叹难道要灭亡，灭亡吗？君王的命运就像系在脆弱的“苞桑”上，形势危机。

上九：倾否，先否后喜。

解读：“倾”：倾倒，昏君政权倾倒了，人民的“否”时代已过去，获得欢喜。

小结：

否卦由单卦乾卦、坤卦组成：乾上、坤下。乾在上为天，天的阳气往上升；坤在下为地，地的阴气往下沉。天地之气相反而行，天地不能相交，阴阳二气，隔离而闭塞成“否”。否卦是泰卦的覆卦、反卦，因此其意义也相反。泰是平安康泰，否是昏暗闭塞。泰卦是“小往大来”的利大于弊；否卦是“大往小来”的弊大于利。否卦是昏君执政“包承”、“包羞”，是政治黑暗“否”的时代。君子在初爻已经观察到小人得势、勾结成群，即“拔茅茹以其汇”，在九四爻君子团结正义的人共谋福祉，终于在上九爻使昏君政权“倾否”，物极必反，留下成语：“否极泰来”。

（三）选录多种解读

第十二否卦卦辞：否，否之匪人，不利君子贞，大往小来。

例 1：否是封闭不通的意思，本卦讲在封闭不通的社会环境中人们为人处世的道理。否卦上卦为乾，代表天，下卦为坤，代表地。天为阳，地为阴，《周易》中阳为大，阴为小，乾卦为外卦，故曰“大往”，坤卦为内卦，故曰“小来”。从整个卦象来看，“大往小来”指的就是阴气上升，阳气下降，阴阳互不交合，象征天地不交，一派闭塞不通的景象。于人事而言，此时人际交往受到阻碍，不符合人道，这是一种极为不利的局面。此时小人道长而君子道消，君子面临极其恶劣的社会环境，但绝不能与小人同流合污，他应该坚守正道静待通泰局面的到来。⑲

例 2：否，就是闭塞不通，喻世道黑暗，小人当道，君子之道被阻塞。小人得志，君子被排斥。乾居外卦，乾为大，外往为退。坤居内，坤为小，内来为进。所以说君子退出，小人进来。否卦，三阴消阳，建申，代表七月。㉗

例 3：否卦闭塞不通非君子之道，不利于君子持守正道，阳气逐渐离去，阴气已经来临。这时天地不能交合致使万物不会亨通，君王高高在上，臣民卑微在下，志不同，道不合，君王的天下失去诸侯邦国的支持。内卦为阴，外卦为阳，内在柔弱，外表刚强，内在本质为小人，外表为君子。这是小人之道强盛、君子之道衰弱的表现。㉘

例 4：否者，不通也。匪：非。否之匪人：非人之不通，而是事之不通也。君子：诸侯。贞：正，通“政”。不利君子贞：行事不通，不利于诸侯之政。大：男方年龄大。小：女方年龄小。大往小来：年龄大的男方往年龄小的女方家里来，这种女取男婚是不通行、不合法的婚姻。⑱

否卦爻辞初六：拔茅茹，以其汇，贞吉，亨。

例 1：初六爻位于否卦最下方，象征闭塞不通的局面刚刚形成。否卦前三爻均为阴爻，就像拔起的茅草根紧紧牵系在一起，形成一个闭塞不通的环境，比喻阴险小人紧密地勾结在一起，使整个社会形势处于封闭隔绝的状态。这种险恶的环境对君子是极为不利的，任何轻举妄动都会使自己陷入更加危险的境地，他唯有坚守正道耐心等待社会形势的转变，才能获得吉利和亨通。⑲

例 2：初六当否之时，它应该连结同类二、三两爻，共同坚守正道，可获得吉祥亨通。㉗

例 3：泰卦初九行君子之道是为了应合君子的正道，而这里的初六也与九四相应，却婉拒不应，而是联合下卦三阴爻暗地积蓄力量，随时准备取代上卦阳爻，这里已经表现出小人的力量正在积蓄。㉘

例 4：《易》为君子谋，不为小人谋。言吉亨，则肯定是说君子，不会是说小人。卦辞与《彖传》皆以为否卦内小人外君子，那么初六阴爻居内卦，当为小人，爻辞何以视作君子呢？这是因为《易》有随时取义的特点，卦爻有时候取义不一致。否卦就是属于这类情况。否之初六与九四本来是正应，但是由于否之时上下隔绝不通，初六失去了与九四正应的意义。因为初六与九四无应，所以“以其汇贞吉亨”。汇，类；贞，正。它应该连结它的同类即二、三两爻，共同守正不动，才能得吉获亨。不可像泰卦那样“征吉”，征是动，在泰卦，初爻动，方得吉；在否卦，初爻如果还是动，那就必然致凶了，否卦初爻坚持守正不动，则吉亨。吉是平安无事，不出坏事，亨是进一步发扬自己的长处，有所通达。㉕

例 5：《泰》《否》二卦都有“拔茅茹以其汇”一句，但因为语境不同，寓意也不相同。在《泰》中比喻君子同心同德、携手创业；在《否》中比喻君子铲除国君身边结党营私、朋比为奸的小人。处《泰》之时，具备了天时、地利、人和各方面的条件，君子可以大干一番事业，因此直接说“征吉”；而处《否》之时，小人当道，环境恶劣，君子要想有所作为，首先要清君侧，铲除当道小人，

改变这种否塞的局面，为亨通的局面，因此说“贞吉，亨”，《象》说“拔茅贞吉，志在君也”。㉖

例 6：初爻是平民之位。茅：茅草。茹：马草。汇：编织器具。拔茅茹以其汇：民众拔来茅草和马草编成五面不通的器具。贞吉：主吉。亨：通行。意思是用编织器具盛物到处通行。爻辞省去了否字。否：五面不通。⑱

否卦爻辞六二：包承，小人吉，大人否，亨。

例 1：六二阴柔而中正，小人能包容从顺，并有阿谀逢迎的本领，求得君子的信任。所以说小人占得此卦，则吉。大人则应当安守否境，不受小人的甜言蜜语的迷惑，立场坚定，是非分明，在否境中求亨通。㉗

例 2：对此爻“小人”和“大人”的解释有两种观点，一种认为“小人”就是小人，因为六二为阴，阴即小人，否卦是小人当道，故小人吉。“大人”指君子，因否卦君子之道受阻，故而闭塞；另一种认为“小人”是六二的谦恭，是隐身自我保护，“大人”指以“大人”自居，因而闭塞。这两种观点从否卦的本义看，都有其合理之处，但仔细推敲，不能完全反映爻辞的本义。本人以为，、第一种观点解释“大人”是合理的，第二种观点解释“小人”是合理的。这是因为六二中正且与九五君王相应，处在此位此境之人不应该是小人，虽然是行中正之道的贤能，由于处在否难时期，不得不以低调谦恭的隐身办法做人，包容承受，以保存自己。而“大人”指九五君王，九五居三阳之中，被孤立隔绝，因此“大人否”，但因与六二相应，已经在积蓄正义的力量，虽暂时阻塞，但终究会亨通。如果以“大人”自居来解释“大人”，那么“亨”就无法解释。㉘

例 3：政治黑暗、社会混乱之时，小人靠阿谀奉承、溜须拍马而发迹得势。小人奉承地位、权势比自己显赫的人，也喜欢被地位、权势不如自己的人奉承，这是小人惯用伎俩和惯有心理，因此说“包承，小人吉。”但光明磊落、正气凛然的大人，鄙夷、不屑于此道，即使处“否”之时，也恪守正道、洁身自爱，不与小人同流，出污泥而不染，自然也不容于当时，难以得志，因此说“大人否亨”，《象》说“大人否亨，不乱群也”，“不乱群也”就是“不乱于群”，不与小人同流的意思。㉖

例 4：二爻是大夫之位，大人就是大夫。小人：平常人。包：通“庖”，引申为饮食。承：奉承。包承：有人奉承饮食。小人吉：平常人认为这事吉善，乐得享受。大人否：大夫却认为此事不吉。亨：通行，引申为很常见。意思说：有人奉承饮食，平常人认为这是吉善之事，大夫却认为是不吉善之事，这种不同的看法很常见。大夫为什么认为不吉善呢？《论语·里仁》：“子曰：‘君子喻于义，小人喻于利。’”大夫认为靠别人养活不是好事，“梁园虽好，不是久留之地”，所以大夫认为不吉。⑱

否卦爻辞六三：包羞。

例 1：六三爻以阴爻居阳位，不正，又位于下卦最高位，象征小人得势。小人的各种无耻行为不但没有遭到世人的唾弃，反而被世人所包容，可见世道已经到了何等不堪的地步。在如此闭塞不通的社会环境中君子虽不能阻止小人的无耻行为，但一定要洁身自好，保持自己高尚的德行。⑲

例 2：这里的“包羞”不是包容羞耻，而是不知羞耻，自作自受，为人不齿。㉘

例 3：六二虽阴柔但居中得正，它可以包承，不易为人识破，故以否亨戒大人。六三既阴柔又不中正，又切近于上，它的面目大家看得清楚，它想迷惑人，笼络人，不易得逞。但它忍耻固位，无心离去，尸位素餐，无所作为。这就是包羞。㉕

例 4：本爻卦辞过于简单，没有主语，也没有断辞，提供的信息量很少，只能从《否》卦的总体背景来理解。

对小人而言，奉承讨好也并不是在任何时候、在任何地方、对任何人都行得通，也会自讨没趣、自寻尴尬，这就是俗话说的“拍马屁拍得不是时候（地方）”。

进一步说，小人靠阿谀逢迎、溜须拍马、结党营私、排斥异己等不正当的手段可以一时发迹得势、窃据高位，但最终免不了落个身败名裂、遗臭万年、自取其羞的下场。㉖

否卦爻辞九四：有命，无咎，畴离祉。

例 1：九四爻已经进入上卦，表示闭塞不通的社会环境已经具备了转向通泰的可能。九四以阳爻居阴位，具有打破闭塞的阳刚之气，但他并不急于采取行动，他在等待一个最佳的时机。“遵循天道”就是要懂得社会发展的规律，此时小人的势力依然非常强大，君子的任何轻率行为都可能引来杀身之祸。君子现在能做的就是广泛联系与自己同类的人，把大家紧密地团结在一起，壮大自己的力量，待时机成熟后冲破闭塞的环境一起享受福祉。⑲

例 2：畴，指同类，即上卦三阳爻。离，光明之义。阳为明，三阳志同道合履行正道，故光明。祉，福祉。㉘

例 3：九四以阳刚居近君之位，有济否之才和济否之势。若能既自处于无过、又不肯躁进，则必无咎。因为否极必然成泰。其中有“天命”亦即客观的规律在起作用。大往小来变为小往大来，不唯九四自己受福，与它同畴的诸阳爻，也将附丽于它而一齐受福。㉕

例 4：从九四爻开始，由下坤三阴爻进入上乾三阳爻，犹如拨开乌云见太阳，形势开始向好的方向发展。君子、大人们拥有天命、天道，其思想行为合乎天命、天道，因而也受到天命、天道的保佑，可以顺利成功地实现自己的理想了，因此说“有命，无咎，畴离祉”，《象》说“有命无咎，志行也”。㉖

例 5：四爻是国公之位。有：不宜有。有命：不宜有的命令，即违反法律的命令。爻辞省去否字。否：不行。即下达违反法律的命令是不行的。无咎：无罪过。即天子赦免国公的死罪虽是不宜有的命令，是违反法律的命令，但无罪过。因为只有为王朝作出特殊贡献者方可任国公，也只有天子可下达不宜有的命令，赦免国公犯下的死罪。畴：耕治之田地，引申为国公的封地。“畴离祉”应该是“畴离离祉”，中间省去一个离字。离：分离，引申为剥夺、罢免。畴离：剥夺其封地。祉：本义是地神，引申为食禄。离祉：罢免其爵位。畴离祉：要剥夺其封地，罢免其爵位。⑱

否卦爻辞九五：休否，大人吉，其亡其亡，系于苞桑。

例 1：九五阳刚中正而居尊位，已进入息否之时，故“休否”。由于九五阳刚中正，能拨乱反正，所以说“大人吉”。当泰即将到来之时，九五还念念不忘“其亡其亡！”这居安思危之心如同“系于苞桑”那样不拔。㉗

例 2：九五爻居全卦的尊位，至中至正，至刚至尊，象征一位具有大才大德且社会地位显赫的正人君子。他不仅有勇气而且有能力打破目前闭塞不通的局面，让整个社会恢复通泰，这是非常有利的。在社会形势即将发生扭转，通泰的社会局面即将到来的时刻，“大人”们不敢有丝毫懈怠，他们时常提醒自己：“将要灭亡了啊！将要灭亡了啊！”他们始终保持着戒惧心理，也就是人们常说的忧患意识。许多人功败垂成，往往就是因为没有这种忧患意识。保持忧患意识才能真正实现长治久安，使通泰的局面像紧紧地牵系在丛生的桑树上一样稳固。⑲

例 3：小人之道停止，君子吉祥。要灭亡啊要灭亡，结果不但没有灭亡，而且还像系在丛生的大桑树上一样牢固。㉘

例 4：九五是否卦之主爻，阳刚中正且居尊位，可谓居其位，有其德，得其时。它有条件有力量休否，即拨乱反正，扭转乾坤。休否固属势之必然，但是要将休否的可能性变为现实，九五即大人的刚决果断，奋力推动，具有决定意义。可见《易经》既强调客观的规律，又重视人的主观能动作用，并没有丝毫的宿命论思想。当元气渐复，泰道将还的时候，人皆晏然安乐，唯大人有戒惧危亡之心，他念念不忘“其亡！其亡！”有如此戒惧危亡之心，必能像“系于苞桑”那样坚固不拔。㉕

例 5：休，休息、停止。

闭塞不通的局面已经结束，形势开始向有利于君子、大人的方向转化，因此说“大人吉”。但有利的局面也不是一成不变的，终究会向对立面转化。因此要从大好的局面中看到其中不利的一面，要抱有忧患意识，时刻警惕、及时预防事物向坏的方面转化。

桑树丛生易活，根系深入，生命力极强，因此在古代神话中被视为生命之树，是生命、生殖力的象征，历史上很多人物的出生都与桑树有关。

“桑”又与“丧”谐音，因此桑树也象征死亡。

从上面所述桑的象征意义看，桑代表生命的生、死两极，生、死也由此轮回。爻辞说：“其亡其亡，系于苞桑”，将要灭亡，将要灭亡，全系在丛生的桑树之上！其意正在于警示人们注意生存与死亡之间的转化。㉖

例 6：休否：停止不通，意思是天子广开言路招贤纳士。大人：大臣。与大人相对的是小人，而爻辞省去了小人二字。其：代表小人。即平常人。吉：得。大人吉：有志者得以提升为大臣。亡：失。系：牵挂。苞桑：苞草与桑树。古代平民住家周围遍植苞草和桑树，苞草用来编织器具，桑树用来养蚕。故而苞桑引申为家庭。“其亡，其亡，系于苞桑”，意思说：一次又一次失去机会啊，平常人只知安于现状牵挂家庭。有志者能舍小家为大家，故而被天子提升为大臣。⑱

否卦爻辞上九：倾否，先否后喜。

例 1：上九以阳刚居否，否极而倾，也就是说闭塞到了极点，否必然要倾覆，这就是自然法则。先担忧而后欢喜，当否时，担忧、努力奋斗。当泰时，激动、欢喜。这不正是“先天下之忧而忧，后天下之乐而乐”之意吗。㉗

例 2：“倾否”，否难到此要终止了，因为否已至极。这里用“倾否”，而不用“否倾”，是有深刻含义的。因为否极时刻，否难虽为强弩之末，但还很疯狂，这时还需要人力应顺天力，天人合一来治否，否则“否”是不会自行退出历史舞台的。倾，代表天人合一的力量。因为否极（从卦象上看是六阴、阳爻已退尽），所以否象外表强大，故有先忧。只有击退阴气，真正把否卦倾覆过来才转为喜，因为把否卦倒过来正好是泰卦，是谓“否极泰来”。㉘

例 3：否之上九是阳刚之才，它有能力倾否，使否变为泰。无论泰至上六复为否。还是否至上九变为泰，当社会发展到极点，即将发生质变的时候，人的作用是不可忽视的。《易经》一方面把社会历史的发展看成是有规律性的，一方面又十分重视人的作用。实际上它已经有了人是历史的主人的思想，至少它不认为人类历史的命运是由上帝主宰的。

先否后喜，否极时忧在先，否倾时喜在后，有先天下而忧，后天下而乐的意思。正与九五“其亡其亡，系于苞桑”的含义相似。㉕

例 4：君子们先是在否塞的环境中郁郁寡欢不得志，后拨乱反正，转“否”为“泰”而扬眉吐气，洋溢出奋斗的乐趣和成功的喜悦，因此说“先否后喜”。㉖

例 5：倾否：将否卦倒过来就是泰卦。上爻是事之极位，表示父系制社会倾覆了母系制社会的女取男婚，变成男娶女婚。倾否，可以理解为否极泰来。否极泰来，其哲学意义是事物发展过头了就会走向它的反面。母系制社会发展过了头，把男人当奴役使，就被父系制社会所取代。先否：起先女人说不，反对男娶女婚。

父系制社会是女家曰嫁，女人只有嫁人才有家，所以《诗经》说“谁谓女无家”。从诗句中可见女人起先对男娶女婚是坚决反对的，不管打官司还是坐牢都不肯嫁，“不”字说得多么坚决啊！后喜：后来女人喜欢上了男娶女婚。

为什么后来女人喜欢男娶女婚？因为社会发展到了农耕社会，女人的身体不适宜干农活。所以，女人喜欢上了男耕女织的父系制社会。⑱

第十三卦　同人卦☰☲乾上离下

（一）原文

（卦辞）同人，同人于野，亨，利涉大川，利君子贞。

（爻辞）初九：同人于门，无咎。

六二：同人于宗，吝。

九三：伏戎于莽，升其高陵，三岁不兴。

九四：乘其墉，弗克攻，吉。

九五：同人先号咷而后笑，大师克相遇。

上九：同人于郊，无悔。

（二）解读

卦辞：同人，同人于野，亨，利涉大川，利君子贞。

解读："同人"，卦名。《辞海》讲"同人"是"志趣相同的或共事的人"。过去以修建的城墙为基准，城墙以内是城，城的外围修建的城墙称为廓，廓以外称为郊野。"同人于野"是争取团结的人群最终能扩大到郊野那样广泛。"亨"是发展亨通，可以"利涉大川"，对君子有利。

初九：同人于门，无咎。

解读："门"派别，俗称门派，比郊野范围小，比宗派范围大。例如：孔门弟子，佛门弟子等。"同人于门"是说团结的人相当的多，无过错。

六二：同人于宗，吝。

解读："宗"是宗族，宗亲，宗派。爻辞说，仅在有血统关系的宗族范围搞团结，实在是太有局限性，范围较小，令人遗憾。

九三：伏戎于莽，升其高陵，三岁不兴。

解读："戎"（róng 音荣）：军队，士兵。"莽"（mǎng 音蟒）：茂密的草。"三岁"：喻很多年。爻辞说，军队埋伏在茂密的草木中，登上高山瞭望敌情，见敌情防御较严，不敢轻举妄动，多年不敢兴师进攻。积蓄力量，继续扩大"同人"，以利进攻。

九四：乘其墉，弗克攻，吉。

解读：“乘”：登上。“墉”（yōng 音庸）：城墙。

爻辞说，终于进攻了，已登上城墙，“弗克攻”是没继续进攻。为减少流血牺牲，和敌方和平谈判成功，进军城里，吉祥。

九五：同人先号咷而后笑，大师克相遇。

解读：“咷”（táo 音淘）：哭喊。

爻辞说，不料，敌方假投降，进军城里而后被围困在城里，大声哭喊求救援。援军攻“克”敌军而进入城里，解救被围困的“同人”，与“同人”相遇，哭脸变成笑脸。

上九：同人于郊，无悔。

解读：卦辞定的目标是“同人于野”，上九爻已到达郊野，达到了广泛统一战线、一视“同人”的目标，无悔恨。

小结：

同人卦是讲团结可以团结的一切力量，五湖四海皆兄弟，组成统一战线，目的要取得战争的胜利，还要用好战略战术。一、二爻是团结力量，三至五爻是战争。团结的“同人”范围由小到大，经过“同人于宗”、“同人于门”以及数场战争，最后达到“同人于郊”的最终目标，结成广泛的统一战线，凝结了强大的力量，以利再战。

（三）选录多种解读

第十三同人卦卦辞：同人，同人于野，亨，利涉大川，利君子贞。

例1：同人，指君子行事，需要志同道合之人。卦中以门、宗、陵、墉、郊、野等来表示在不同的地方，皆需要同人，君子得同人相助则行事可通。

野乃蛮荒险恶之地，若有同人，虽于野仍能亨通。大川乃险滩之地，若有同人，遇之仍能涉过。其缘故，在于同声相应同气相求之人，遇险难则能不惧。君子若隐退而居，有同人，则可静定贞固守静。离火为心，火乃虚物，同人者，关键在同心也，君子以中正之德待乎同人、遇乎同人，则心自可通、道自可合。

卦辞言两利，一为动，一为静，可见君子得同人则动静皆能不失。

火于乃人类文明之象，离火能光耀四方，离目能明察万物，君子得遇同人，也需要洞察之能。㉑

例2：《序卦传》说：“物不可以终否，故受之以同人。”否是天地不交，同人卦，上乾下火，天在上，火向上，天火都有光明之象，故称“天火同人”。野，指的是范围宽阔。“同人于野”是说同人的范围要宽、要广、要远。要团结广大的民众，这样做是亨通顺利的。“利涉大川”指做到了同人于野，即使是像涉大江大河那样的艰险，也能渡过去。“利君子贞”是说君子与人同，必自身中正，大公无私，坚守君子之道，方可达到“同人”。㉗

例 3：孔子用“乾行”解释“同人于野，利涉大川”。乾行，天之行，天之道。天之行，天之道，其特点是刚健无私。同人这一卦所以能够“同人于野”，能够“利涉大川”，是九五的刚健无私在起作用。没有九五，光有柔爻六二自己是不行的。

“文明以健，中正而应，君子正也。唯君子为能通天下之志”。这是解释卦辞“利君子贞”的。文明指内卦之德。刚健指九五之德，中正指六二与九五两爻居中得正而相应。刚健则无私，文明则烛理，中正则无偏。三者俱有，便是“君子正”了。是君子而行正道，心志自然会与天下人相交通，天下人自然会与之相和同。㉕

例 4：同人的卦象，有如太阳的光热自地平线上升，照到普天之下的旷野。当然是亨通的。它的象征，利于渡涉大川，而且有利于贞正的君子。㉚

例 5：同人，卦象：同人卦由上乾下离两经卦组成。依先天八卦，乾为天，离为火。天下火者，人间烟火之象。人间烟火者，人火也。人火者，伙也。伙者，伙伴也。《辞海》：“火伴，亦称伙伴。古代兵制，五人为列，两列为火，十人共一火炊煮。同火的称为火伴。因用以称同在一个军营的人。”因此，同人卦卦象之义是“同火”，引申为士兵。

同人者，士兵也。野：城外的野地。据说古代离城五十里曰郊，离城一百里曰野。同人于野：士兵的军营驻扎在野地里。亨：通，引申为很常见。利涉大川：利于渡过大江大河，引申为利于干大事。意思说：国家有军队士兵，有利于干大事。贞：正，同“政”。君子：诸侯。利君子贞：军队士兵强大，利于诸侯之政。⑱

例 6：“同人”本义是聚集的意思，而同人卦是对古代战争的描述。从卦象来看，同人卦上卦为乾，代表天，下卦为离，代表火，整个卦象寓意天下燃起了熊熊的战火。“野”是离城中心最远的地方，“同人于野”就是要将遥远之地的人聚集起来，比喻聚集面要广，也就是战前要做充分的战争动员，求得广泛的支持战争的形势才能亨通。但战争毕竟会造成生灵涂炭，是迫不得已的行为，战争的目的是要维护正义，因此战争的行为必须坚守正道，这才是有利的。⑲

同人卦爻辞初九：同人于门，无咎。

例 1：门乃家的出入之处，表示在同人之初，君子处成长之始，还未有能力去知道更多的复杂情况，故寻求同人应从身边之人开始。㉑

例 2：初九爻以阳爻居阳位，阳刚而得正，位于全卦的最下方，表示战争行为的最初阶段。在战争之初要进行充分的动员工作，把众人都聚集起来。“门”是象征内外的界限，聚集众人首先要清除门户内外的界限，动员所有可以动员的人，建立最广泛的基础才能保证取得战争的胜利，免于灾祸。⑱

例 3：“同人于门”就是同人于门外，不分远近厚薄或亲疏，都要“同人”，这样做没有什么害处。㉗

例 4：同人的第一爻（初九），象征同志之人同出一门，没有灾咎。象辞说：同志之人同出一门与同志之人同行，谁也没有咎怨。㉚

例 5：门，指自家范围。“同人于门”在同人的范围、人数上都很有限，表明同人者的眼光、胸襟还不够远大、宽广，但毕竟迈出了同人的第一步，谈不上什么过错，因此说“无咎”㉖

例 6：初爻是平民之位。同人：同火。门：大门，意思为全家人。同人于门：全家人同火吃饭。无咎：无罪过。意思说：平民人家全家人同火吃饭，无罪过。因为平民人家都是小户人家，所以从古至今平民人家都是一家人同火吃饭的。⑱

同人卦爻辞六二：同人于宗，吝。

例 1：由家而宗，意味着开始走入社会。君子处六二之时，柔顺守正，以此行事，结交宗亲同人。

同人之道，在于博大吸纳，而不能独亲，否则容易忽略更多的志同道合之士，故以吝戒之。㉑

例 2：六二爻以阴爻居阴位，得正。但过于柔弱，他缺乏聚集群众参与战争的勇气，而只能将聚集的对象限定在宗族内部。当然，将宗族宗亲聚集起来，获得宗族内部成员的支持和理解是非常有必要的，但是对于大规模的对外战争仅凭宗族内部的力量是远远不够的，没有广大人民群众的支持战争不可能取得胜利，因此仅“同人于宗”无疑将招致羞辱。⑲

例 3：宗，指的是宗族、宗党或门内的人。“同人于宗”说的是与宗族内的人或门内的人“同人”。这种做法是狭隘的，对自己的事业是不利的。㉗

例 4：本卦本爻的观念，是从内卦六二爻的立场而论。它上与九五相应。以阴阳的相得而爱恋，自然便受私心的障碍，所以比拟它虽然在同志之人之中，却有私心只顾其宗亲的象征。㉚

例 5：宗，宗族。“同人于宗”与“同人于门”相去无几，聚合的范围、人数仍然有局限，因此说“吝”。㉖

例 6：二爻是大夫之位。同人：同火。宗：全宗族，意思为大夫全宗族人。

吝：恨、痛。意思说：大夫全宗族人同火吃饭，有恨有痛。贵族大夫是大家族，宗族人口很多，众口难调，故而有恨有痛。⑱

同人卦爻辞九三：伏戎于莽，升其高陵，三岁不兴。

例 1：九三与上九两爻皆阳，故不正应。不正应就是不同，有争执。这就可能引起双方开战，九三加强备战，在草丛中埋伏着军队；十分警惕，登高而观察敌情。由于敌人强大，三年不进攻，也就是只守不攻。㉗

例 2：九三爻以阳爻居阳位，阳刚而得正。经过初九和六二阶段的战争准备。九三已经进入了战争的实质阶段。将军队埋伏在草丛中，登山高处察看敌情。战争有战争的规律，抑或敌方力量过于强大，抑或时机尚未成熟，经过长时间的埋伏和侦察却不急于发动进攻，可以看出古人对战争的审慎态度。⑲

例 3："伏戎于莽"意在埋伏、隐蔽军队，伺机对敌人进行奇袭、偷袭。另一方面也反映出军力不足，难以与敌人正面决战。"同人于门""同人于宗"的弊端、局限于此也可见一斑。"升其高陵"意在登高望远，观察敌方的防守、戒备情况。由于自身兵力不够强大，加上观察到敌人城墙坚固、防守严密，经过权衡对比，认为胜算不大，因此没有仓促发动攻击，而是暂时撤回，继续蓄积力量，等待时机，因此说"伏戎于莽，升其高陵，三岁不兴"。㉖

例 4：三爻是诸侯之位。爻辞中的"其"就代表诸侯国。伏：隐藏。戎：兵。爻辞省去了同人二字。同人：士兵，士兵就是戎兵。莽：草莽。古代将民间称为草莽，草莽与朝廷相对。

升：上升。陵：山陵。高陵：高山大陵。升其高陵：诸侯将高山大陵往上升。我认为，人力能将高山大陵往上升者，那是诸侯国在高山大陵上修筑长城。

修筑长城如山如阜，如冈如陵，如川流连绵而来，谋求不断增长。所以，爻辞的意思说：诸侯实行藏兵于民的政策，民兵共同修筑长城，只要三年国家就能够不断兴起。⑱

同人卦爻辞九四：乘其墉，弗克攻，吉。

例 1：居高有地势之利，爻辞以兵戈之事，突出君子虽无同人之助，倘有地利，也可自保。㉑

例 2：九四爻以阳爻居阴位，虽具有阳刚之气却不中不正，具有冒进之象，他在还没有完全准备好的情况下发动了进攻，结果己方军队虽攻占了敌方的城墙却没能攻克整个城池。爻辞判之以吉，一方面是因为毕竟已经攻占了敌方的城墙，取得了阶段性的胜利；另一方面也在于敌方实力仍然很强大，为了减少己方的损失，避免更大的伤亡而暂时放弃攻占整个城池，从而保存实力以图来日再战，这是一种非常明智的军事斗争策略。⑲

例 3：同人的第四爻（九四），象征登上他的壁垒小城，但是进攻也不克胜，是吉的。象辞说：虽然已经登上他的壁垒小城，然而在道义上，是不能胜的。所谓是吉的，那是因受困以后自反而不缩，可是要把握善与人同的原则。㉚

例 4：“乘其墉，弗克攻”是说虽然登上了敌人的城墙，但没有能够攻克而又撤回，这是由双方的力量对比所决定的。如上文所言，敌强我弱、敌众我寡，因此进攻失利是必然的，正如《象》云：“乘其墉，义弗克也”。进一步说，在敌强我弱的情况下，即使侥幸攻下敌人的城池，也难以长久保有。攻城失利而说“吉”，在于攻城失败而能够及时主动地撤退，保存和补充壮大自己的力量，总结经验教训以利再战。㉖

例 5：四爻是王朝大臣之位。爻辞省去了同人二字。同人者，大臣的同伙也。大臣的同伙即大臣安插在别国的内应。乘：乘机。墉：城墙。乘其墉：王朝大臣以安插的同伙作为内应乘机打开城墙的城门。弗克攻：不必再与敌人进行攻城战斗。吉：善。这种安插内应的战法，是不战而屈人之兵，是高明的战法，故而吉善。⑱

同人卦爻辞九五：同人先号咷而后笑，大师克相遇。

例 1：一开始以为其非同人，但之后发现是同人，可见君子居尊位，同人难以亲近，要得同人，关键还是在同心。彼此同心，则可相遇，此同人之道也。㉑

例 2：九五与六二的同，不是轻而易举的同，因中间有九三、九四两阳爻的阻隔。故“先号咷而后笑”，意思是先哭而后笑，引申为先弱而后强。号咷说的是异，不同。后笑说的是同。到了九五终于异变同了。“大师克相遇”，大师指军队，克指战胜。九五经过斗争，扫除了障碍，取得了胜利，如同大师胜利会师一样。㉗

例 3：九五爻居尊位，至中至正，至刚至尊，象征一位勇敢顽强而又足智多谋的首领，在他的领导下战争终于取得了胜利。“先号咷”比喻战争之惨烈，双方死伤无数，以至于号啕大哭。“后笑”比喻己方多路大军胜利会师，战胜顽敌后的喜悦心情。⑲

例 4：同人卦的特点是内卦由同而异，外卦由异而同。“同人于门”，同的程度高，“同人于宗”，同的程度差些。到了九三“伏戎于莽”，就由同变为异了。至外卦九四，“乘其墉，弗克攻”，还是异，没有同。至九五，情况发生变化，开始由异变同了。“先号咷”是说异，“后笑”是说同。同人至九五，反异归同，同终于占了优势，所以叫“先号咷后笑”。

九五与谁同？与六二同。九五与六二同不是轻而易举的，需要经过斗争扫除

障碍方可实现，所以叫做“大师克相遇”。㉕

例5：同人：士兵“十人共一火炊煮”，故而是士兵同伙十人。号咷：号啕大哭。同人先号咷后笑：士兵同伙十人脱离大部队后，起先号啕大哭后来又大笑。大师：王师。九五是王位，因为王可以称大，故而大师是王师。克：战胜。大师克相遇：士兵同伙十人与胜利班师的王师大部队相遇了。古代战场通信很差，又不熟悉地理，士兵与大部队失去联系的事经常发生。⑱

同人卦爻辞上九：同人于郊，无悔。

例1：上九虽居卦之极，仍心怀谦逊，以迎同人。同人乃君子人生行事所必须，须臾不可离也。㉑

例2：在郊外与人同，说明还没有达到在“于野”的至公大同。只能说“无悔”。㉗

例3：上九爻位于全卦之末，象征战争的结束。战争结束后军队凯旋，聚集在城郊，对整个战争做总结，奖励有功之臣。战争本身是很残酷的，无论是己方还是对手都付出了惨重的代价，因此即使取得了战争的胜利也不能称之为“吉利”，但通过战争手段维护了正义，达到了战争的目的，所以判之以“无悔”，即没有悔恨。⑲

例4：古代国家以邑以中心，邑外是郊，郊外是野。卦辞讲“同人于野”，有天下至公大同的意思。郊近于野，上九爻辞讲“同人于郊”，有无私的意思，但未达到至公大同的程度，所以不能得吉，不过无悔而已。㉕

例5：“同人于郊”比之于“于门”“于宗”有所进步，在范围上有所扩大、人数上有所增加，但还没有达到卦辞所说的“同人于野”的最终目标和最高境界，正如《象》说“同人于郊，志未得也”，因此只能说是“无悔”而已。㉖

例6：郊：城郊。古代距城五十里曰郊，距城一百里曰野，城郊比野地距城近。距城近，生活方便。无悔：无悔无怨。意思是军营能驻扎在城郊，那士兵就无悔无怨了。因此，爻辞“同人于郊”与卦辞“同人于野”是相呼应的。⑱

第十四卦 大有卦䷍离上乾下

（一）原文

（卦辞）大有，元亨。

（爻辞）初九：无交害，匪咎，艰则无咎。

九二：大车以载，有攸往，无咎。

九三：公用亨于天子，小人弗克。

九四：匪其彭，无咎。

六五：厥孚交如，威如，吉。

上九：自天佑之，吉，无不利。

（二）解读

卦辞：大有，元亨。

解读："大有"是卦名。"大有"是丰收有了财富。"大有"之后怎样与人交往对社会做贡献，是本卦的主题。

初九：无交害，匪咎，艰则无咎。

解读："匪"通非。爻辞说，自己富足大有了，与人交往不能盛气凌人伤害人，这样做人无过错。勿忘艰苦时期与人交往那样随和无过错。

九二：大车以载，有攸往，无咎。

解读：即使财富积累用大车运载，也要对人"无交害"，继续与人友好往来、往前行，不会犯错误。

九三：公用亨于天子，小人弗克。

解读："大有"之后，应对社会公益事业做贡献，相当效忠于"天子"。没有财富的"小人"做不到。

九四：匪其彭，无咎。

解读："彭"，通澎，澎涨。"大有"之后，思想不要澎涨昏愚忘乎所以。应不骄不躁，继续走正道，才能无过错。

六五：厥孚交如，威如，吉。

解读："厥"：其，他的，是代词。"孚"：信用，诚信。"交"即交往。

“威”是威望，威信。

爻辞说，“大有”之后以诚信交往为本，才能树立起威信、威望。获得吉祥。

上九：自天佑之，吉，无不利。

解读：所以能“大有”，古人反思没做亏心事，顺从天道，获得上天保佑才“大有”，因而吉祥吉利。

小结：

本卦是说丰收“大有”之后，怎样处世为人对社会做贡献。对人“无交害”，富有“大车以载”对社会做贡献，“公用亨于天子”。“大有”之后不要得意忘形思想澎涨、“匪其彭”。要以诚信为本“厥孚交如”，以天德行事“自天佑之”，获得吉祥。

（三）选录多种解读

第十四大有卦卦辞：大有，元亨。

例 1：同人卦离心在乾天之下，为人心，其爻言人；大有卦离心在乾天之上，为天心，其爻言天。君子以果敢勇健之德，行明照四方之事，则能查细微而决、观善恶而断。㉑

例 2：《序卦传》说：“与人同者，物必归焉，故受之以大有。”大有，即万物归我所有。上卦离，下卦乾，全卦只有一个阴爻，并且居尊位。也就是说六五一阴居尊，五阳都来归于它。阳为大，阴为小，诸阳至大，都归阴所有，所以叫大有。

这里的“元亨”与别的卦的元亨不同。元，主要是大、善之意。元亨，是元之善，亨之大。㉗

例 3：农业生产是古代获取物质生活资料的主要来源，农业丰收使人们的物质生活资料富有。《尚书·洪范》中说：“五福，一曰寿，二曰富，三曰康宁，四曰攸好德，五曰考终命。”物质生活资料上的富有被视为“五福”之一，同时又是其他四福的物质基础。有福如此，自然是“元亨”了。㉖

例 4：“大有”的意思有二：一是赋税，二是王有。元亨：大为亨通。意思说：大有者，赋税也，赋税属于王朝所有，大为亨通。⑱

大有卦爻辞初九：无交害，匪咎，艰则无咎。

例 1：初九，大有卦的第一爻。以阳爻居初，处卑下地位。上面没有系应，没有交感对象。更无骄盈之失，所以不会有灾难。“匪咎”指大有本无咎，如果

掉以轻心，忘记了艰难的历程，必有咎害。㉗

例 2：初九爻以阳爻居全卦最下方，得正。《周易》以阳为富，初九表示在财富积累的最初阶段。财富可以使人过上富足的生活，同时也容易给人带来骄奢淫逸的害处。“交”即骄，初九品行端正而且尚处于“大有”的起步阶段，还不至于产生骄奢的恶习，这当然不会有灾祸。在财富积累的过程中人们时刻不忘艰难的时刻，长具戒惧之心就不会有灾祸。⑲

例 3：农作物成熟以后，要抓紧时间抢收。否则，一场雨下来，就全烂在地里了。正值农作物收获时期，天气干旱无雨，这有利于农作物的收割、晾晒、储藏，因此说“无交害，匪咎，艰则无咎”。㉖

例 4：初爻是平民之位。交：交易。无交：民众中有人不去市场交易。害：有害处。匪：非。咎：罪过。匪咎：无罪。害匪咎：民众中那些不到市场交易者，虽然有害但无罪过。艰则无咎：只要他们愿意过艰苦的生活则无罪过。爻辞说周王朝的赋税虽然主要来自民众，但民众中有人不愿去市场交易，你不能强迫他去交易，收不到他们的市场交易税无罪过。民众不到市场交易，那就只能过自给自足的生活。然而自给自足的生活是很艰苦的生活，但他愿意过艰苦的生活，故而曰“艰则无咎”。⑱

例 5：“无交害”有两层含义：一是指无交无害，不去交往就不会有灾害；二是指在交往中无害人之心。匪即非。咎，过失、灾难。“匪咎”，不是灾难。“艰则无咎”，心存敬畏，考虑艰险就没有灾难。㉘

大有卦爻辞九二：大车以载，有攸往，无咎。

例 1：大车是古代载重运输的车。九二象征着大车，因为九二与六五相应，为六五所信任。九二本身阳爻有刚健之才，并且又处在阴柔之位，有谦和之德，可胜此任。用大车运载物品，运往该去之处，没有什么咎害。㉗

例 2：九二爻以阳爻居中，阳刚而不失中和的美德。“大车以载”表示财富有了较多的积累。财富虽然增长了，但不能持“财”傲物，如果人们保持着一份谦逊柔和，无论前往何处都不会有灾祸。⑲

例 3：大车在古代是载重的车，用牛牵引。九二在大有之时与六五正应，为六五所信任、倚重。九二自身又是阳爻，有刚健之才；居柔位，有谦顺之德；又处下卦之中。九二具备这些条件，足可胜大有之任，有大车以载之象。任重行远，必然无咎。㉕

例 4：农作物收割后，用大车运载到一定的地方。在奴隶社会、封建社会中，这个地方当然是土地领主的家中。土地领主占有土地的所有权，不劳而获、坐享其成；而奴隶们辛勤地耕作，却不得不把大部分劳动成果上缴给土地领主。

奴隶们辛勤耕种劳作，到头来收获的成果却被运到奴隶主们的粮仓中。因此，断语“无咎”。《象》所说的“积中不败”只能是从土地领主、剥削者的立场出发而言的。㉖

例 5：二爻是大夫之位。大车以载：大夫用大车满载货物经商贩运。有：假为“又”。攸：安然。有攸往：又可以安然前往。无咎：无罪过。意思说：大夫经商贩运，只要他按章交纳关市税，无罪过。由此可知，古代的大夫官可以贩运为商。⑱

例 6：“大车以载”，大车即牛车。古时以牛拉的车为大车，以人推的车为小车，用大车表示九二慷慨大义。大车里载的是什么呢？是贡品，丰收了，向君王进贡皇粮。“有攸往”即有所往，有利于前往，往哪里？当然是往六五那里，九二身处士大夫之位，与六五相应，丰收了，用大车装载贡粮，送往国库，表现为九二忠君爱国，应顺天理人道，故而无咎。㉘

大有卦爻辞九三：公用亨于天子，小人弗克。

例 1：九三以阳刚居下卦之上，有公侯之象。公，指九三。天子，指六五。亨，《春秋传》作享，亨、享本是一字，在这里朝拜的意思。也就是说公侯大臣大公无私，主动向天子朝献，为国尽忠，报效国家。这是做臣子应该做的事情。“小人弗克”也就是说小人是做不到的。㉗

例 2：九三爻位于下卦的最高位，阳刚得正，象征一位富有而又正直的公侯。他积累了较多的财富，并将其中的一部分朝献给天子。公侯向周天子纳贡是周代固有的礼仪规范，但罔顾礼仪而拒绝纳贡的事也屡见不鲜，所以“用亨于天子”对心术不正的小人而言是很难做到的。于现代社会来讲，当人们积累了财富就应当及时回馈社会，如人们坐拥巨大的财富而独享其成，必然遭人唾弃。⑲

例 3：向天子晋献贡品，这是一种义务，也是一种地位、身份和荣誉的象征。处于社会最下层的劳动者只有劳动的资格，而没有资格向天子晋献，因此又说“小人弗克”。㉖

例 4：三爻是诸侯之位。公：诸侯国的爵位。古代诸侯的爵位分为五等：公、侯、伯、子、男，公是最高等。亨：享，贡献。天子：古人认为帝王是上天神的儿子，他代表上天神在人间执政治理天下人，故而谓之天子。所以，天子是古代帝王的另一种称呼。公用亨于天子：诸侯国公贡献给天子的货物免征关口税。关口税收属于关市税之一，因为收取关市税是用于天子的膳食和服装，所以国公贡献给天子的货物免征关口税。小人：平常人。弗克：不能用这种办法过关。小人弗克：平常人莫想用这种办法蒙混过关。⑱

大有卦爻辞九四：匪其彭，无咎。

例 1：彭，是盛多之貌。“匪其彭”就是谦损不彰显的意思。九四有盛极之象，能做到谦损戒惧，不自高自大，处事不走极端，这就没有什么灾祸了。㉗

例 2：九四爻已经进入了上卦，表示财富有了更多的积累。“彭”是过盛的意思。财富的积累应当有限度，如贪得无厌，毫无节制的收敛财富，势必会酿成灾祸。爻辞告诫人们不能过分追求财富，当适可而止，如此便不会有灾祸。⑲

例 3：匪其彭：王朝大臣在市场店面内盛币帛的竹篚盛多。无咎：无罪过。意思是只要王朝大臣按章交纳市场税，无罪过。由此可知，古代王朝的大臣可以经商为贾。爻辞省去了大有二字。大有：市场税。⑱

例 4：匪即非，不是。彭，打鼓发出的声音，《说文》曰：“彭，鼓声也。”“匪其彭”，不是来犯敌人战鼓的声音，原来是浩浩荡荡进贡大车的声音，转惊为喜。“无咎”，因为不是战鼓的声音，如果真是战鼓的声音那就有咎了。

还有观点把“彭”解释为张扬、自大，“匪其彭”即不是骄傲自满。㉘

大有卦爻辞六五：厥孚交如，威如，吉。

例 1：六五处君位，上下诚信相交，也就是用孚信与各爻相交。六五作为人君，光靠信赖相交是不够的，还需要有威信，有威仪，使臣民既有所敬，又有所畏，威与信并济。所以说吉。㉗

例 2：六五爻是全卦唯一的阴爻，居尊位，象征一位性格谦逊的君王。他自身并不富有，但其他五阳爻都来归附于它，象征天下所有的财富都归其所有。他以诚信待天下，而天下所有的人也以诚信待他，构成了和谐亲密的上下交往。他以诚信获得了天下人的敬畏，仪表威严，这当然是吉利的。⑲

例 3：五爻是天子位。厥：其，代表天子。孚：生，即生活。厥孚：五爻是天子位，所以“厥孚”是王朝天子的生活。我们只有知道《周易》卦爻之位代表不同的社会地位，五爻位是天子位，才能读解“厥孚”为王朝天子的生活。否则，就不能读解“厥孚”的“厥”是指什么。交：交易。交如：交易正常。威：威严。威如：收取关市税很威严。爻辞省去了大有二字。大有：关市税。吉：吉善。意思说：王朝天子的生活费用由关市税开支，市场正常交易，收取关市税很威严，吉善。因为市场交易正常，才能源源不断收取关市税，收取关市税很威严，才不会偷税漏税，周天子的生活才有保障，所以爻辞曰“吉”。⑱

大有卦爻辞上九：自天佑之，吉，无不利。

例 1：上九，获得上天的佑助，吉祥而无所不利。㉗

例 2：上九爻以阳爻居于全卦的最高位，象征财富积累的最高阶段。根据物极必反的道理，最高位通常具有衰危之象，但大有卦上九爻却判之以“吉，无不利”，原因就在于“得到了上天的保佑”。“天”其实就是自然和社会发展的基本规律，“自天佑之”其实就是按规律办事，不违背自然和社会法则。大有卦在九四爻就提出“匪其彭”，告诫人们积累财富不能过盛，其实也就是在警示人们物极必反的道理，人们如能悟出其中的真谛自然就能避开因财富过盛而酿成的灾祸。⑲

例 3：本人以为，这段文字是从六五、上九两爻的关系阐释大有卦的成因。六五、上九同处三才天道，六五处天之下位，为天子，上九处天之上位，为宗庙，因他们阴阳比和，表示六五道德行为符合天道，符合祖德，所以能够得到上天和祖宗的护佑。六五履信、思顺、尚贤，上九予以应之佑之，因此大有卦获得天助，在六五成大有，在上九则大有之极，这里实际是总结大有全卦的结果。㉘

例 4：诚能通天。求雨的虔诚、诚信感动上天，上天因之降下及时雨，农作物可以及时播种，为来年的丰收打下基础，因此说“自天佑之，吉，无不利。”反映了古代农业生产依赖天时、靠天吃饭的局限，同时也反映了无限扩大人的主观能动性的唯心思想和对天命的迷信思想。㉖

例 5：大有：九赋。上爻是祖宗之神位。佑：保佑。自天佑之：祖宗在天有灵保佑周王朝。吉：得，意思是得以收取九赋。无不利：收取九赋使王朝财力充实，没有不利的。⑱

第十五卦 谦卦☷☶坤上艮下

（一）原文

（卦辞）谦，亨，君子有终。

（爻辞）初六：谦谦君子，用涉大川，吉。

六二：鸣谦，贞吉。

九三：劳谦，君子有终，吉。

六四：无不利，撝谦。

六五：不富以其邻，利用侵伐，无不利。

上六：鸣谦，利用行师征邑国。

（二）解读

卦辞：谦，亨，君子有终。

解读："谦"，卦名。卦辞说，谦虚者，诸事顺畅，君子能保持始终。"谦"时能做什么？应怎样做？要看下面爻辞。

初六：谦谦君子，用涉大川，吉。

解读：谦而又谦的君子，能度过难关"涉大川"，吉祥。

六二：鸣谦，贞吉。

解读：有名望而又谦虚，若能保持常态则吉祥。

九三：劳谦，君子有终，吉。

解读：有功劳而又谦虚，只有君子能保持始终，故吉祥。

六四：无不利，撝谦。

解读："撝"（hūi 音挥）：指挥、发挥；谦逊。爻辞说，发挥谦逊的美德，对为人处事没有不利的。

六五：不富以其邻，利用侵伐，无不利。

解读：因为邻国侵犯来掠夺财物，造成不富。不应因谦虚而无动于衷。谦虚是有原则的，应利用正义去讨伐，没有什么不对的。

上六：鸣谦，利用行师征邑国。

解读：不应以有声望而又谦虚就不顾诸侯小国叛乱，应名正言顺出军征服。

小结：

六十四卦唯“谦”卦六爻皆吉祥，表明“谦”是中华民族崇高的美德。“谦”在各个时期有哪些状态，从爻辞的描述中得知其经过是：谦而又谦的“谦谦”、有名望而又谦虚的“鸣谦”、有功劳而又谦虚的“劳谦”、发挥谦虚美德的“撝谦”。在“谦”德具备的六五爻和上六爻时，因受到伤害，也应出征讨伐敌方。

（三）选录多种解读

第十五谦卦卦辞：谦，亨，君子有终。

例 1：《序卦传》说：“有大者不可以盈，故受之以谦。”也就是说，大有之后要谦逊，只有谦逊才能通达进步。谦卦，上卦为坤，下卦为艮。坤为顺，艮为止。内止外顺。故有谦象。坤为地，艮为山，高山身居地的下面，这不是“有其德而不居”吗！所以说谦卦象征着谦逊。只有品德高尚的君子，才能够一生做到谦逊。谦逊使人顺利亨通。只有君子做事善始善终，保持着谦虚，最终才获得好的结果。㉗

例 2：谦的意思是谦逊，虚心，不自满，本卦讲谦虚的美德。从卦象来看，谦卦上卦为坤，代表地，下卦为艮，代表山，山本来高高在上，理应在地之上，而谦卦中山却在地之下，象征一位才德很高而又不愿显山露水的君子，体现了一种谦逊的形象。谦虚的君子虽不刻意去张扬自己，但自己的才德终究会被发现而受人敬重，因而能在事业上得到众人的支持和帮助。君子秉持谦虚的人生态度，做任何事情都将无不亨通，并获得美好的结果。⑲

例 3：君子有终，是说君子能够保持谦虚至终。谦虚者不自我满足、固步自封，能够不断进取、不断受益，能够与人保持一种和谐、融洽的关系，为事业的发展创造良好的内部和外部环境，因此说“亨”。一时的谦虚容易做到，始终的谦虚并不是每一个人都能够做到的，而唯有君子能够做到，因此说“君子有终”。㉖

例 4：若按谦的古义是诚敬，则卦辞意思说：谦，孝慈尊卑之礼也，孝慈尊卑之礼天下通行。行孝慈尊卑之礼必诚敬，诸侯终生唯诚敬。⑱

谦卦爻辞初六：谦谦君子，用涉大川，吉。

例 1：初六居卦之初，于坎险之下，君子应谦而再谦，行谦卑之道，以养身心，那么即使遇大川之险，仍能行而涉之，可见谦德之重要。㉑

例 2：初六位于全卦的最下方，本身具有柔顺的品格，而且甘居最下位，象征一位谦而又谦的君子。谦虚并不表示消极无为，“用涉大川”就是要求君子积极主动地去开创事业并克服重重困难。如果君子利用谦卑的态度去培养自己的德行，并约束自己的行为，在事业中就能够克服各种艰难险阻，结果自然是吉利的。⑲

例 3：初六以柔居谦之最下，有谦而又谦之象，所以称“谦谦”。真正能够做到谦谦的是君子，小人不能。凡事做过了头都不好，唯独谦不存在这个问题。君子谦而又谦谦，“用涉大川”亦吉，居常无事还能有什么不吉呢！“用涉大川”与“利涉大川”不同。“利涉”是强调有涉过险难的实力，此处言“用涉”，是强调君子有谦谦之德，居后而不与人争先，什么样的险难都可渡过。㉕

例 4：具备谦虚之德的君子胸怀全局，虚怀若谷，卑以自牧，忍辱负重，而不是居功自傲，夜郎自大，目空一切，斤斤计较于个人名位得失，能够成就大事，因此说“用涉大川，吉”——“涉大川”如《需》卦所述，是“干大事”“做难事”的代名词。㉖

例 5：初爻就讲诸侯（君子），说明谦卦是专门为诸侯设的卦。谦谦：谨慎又谨慎。用：用来。涉大川：渡过大江大河，引申为干大事。意思说：谨慎又谨慎，诸侯用来干大事。现今许多解释《周易》的书，都是这样断句：“谦谦君子，用涉大川。”按照他们的解释谦是谦虚，翻译成今文就是：谦虚又谦虚的诸侯，用来干大事。谦虚又谦虚的诸侯用什么来干大事？诸侯能够用谦虚来干大事吗？显然这样断句是不正确的。所以，我的断句与别人不同。再说，“谦谦”与“鸣谦”“劳谦”“㧑谦”是多么工整对仗啊！《周易》是古文，古文都是没有标点符号的。所以我们读解《周易》时，将经文正确标注上标点符号，也是非常重要的。⑱

谦卦爻辞六二：鸣谦，贞吉。

例 1：“鸣谦”指谦逊的名声远扬，有谦逊之德的人，能够贞正自守，这是吉祥的。㉗

例 2：六二爻阴爻居阴位，又位于下卦中位，得正而柔顺，中和而谦卑。谦虚是一种内在的美德，又通过外在行为举止表现出来让人真切地感受到。君子谦虚的美名能广泛传播，他不仅受人敬仰，更能引起全社会的共鸣，让谦虚的美德蔚然成风。谦虚不是一时的行为，而是一生的表现，谦虚能给人带来美名和成就，但功成名就之后仍然需要坚守谦虚的正道，如此才能获得最终的吉利。⑲

例 3：鸣谦，谦见于声音颜色，表现在外面。九三是谦卦之主爻，谦卦之所以为谦卦，关键在于九三这一爻。自九三看，上六与它正应，六二与它相比。雄鸣雌应，阳唱阴和，所以六二与上六皆曰“鸣谦”。

谦之德本不应形之外，然而六二以柔居柔，居中得正，所以吉。贞，正。正则吉，不正则不吉。㉕

例 4：“鸣谦”，鸣，本义为大的动静或声响，与沉默相对，有公开张扬之义，这里引申为公开、透明之义。光明正大、公开、坦然地以谦德为人处世，以缩短赢得别人信任的时间，使谦德与同仁产生共鸣，这表现为智慧的谦虚，与那种表面谦虚的伪君子有着本质的区别。㉘

例 5：鸣：本义是鸟鸣，引申为人言。鸣谦：谨言。爻辞省去主语，主语是诸侯，因为谦卦是专为诸侯设的卦。贞：主。贞吉：主吉。意思说：诸侯能谨言者，主吉。⑱

谦卦爻辞九三：劳谦，君子有终，吉。

例 1：劳，有乾乾健行不息之意。谦卦是乾卦九三。九三处内圣外王之边际，艮止震动皆在此爻，君子行谦道，必为不易，定然艰苦辛劳，唯有夕惕若厉，行事努力勤恳行谦，方能有终得吉，成就事业，《易传·象》曰：“万民服也。”

爻辞与卦辞相同，指出了君子行谦之道，关键在劳。同时也明确了此爻在卦中的地位，当与乾卦九三互为参看。《易传·系辞》对此爻的评论说：“劳而不伐，有功而不德，厚之至也，语以其功下人者也，德言盛，礼言恭。谦也者，致恭以存其位者也。”㉑

例 2：劳谦，指有劳绩而谦虚。终：结果。

九三，一阳爻居于下卦之上。九三有刚健守正之德，是谦卦之主。有功绩而又能谦卑自处。所以说终生劳谦都是吉祥的。㉗

例 3：谦卦只有九三这一阳爻，其他五个阴爻都来尊它，它在谦卦中居重要地位，是成卦之主。所以九三爻辞与卦辞基本一致。卦辞说“谦亨，君子有终”，爻辞将亨字换成吉字，谦字前加一劳字。人既有大功劳，又能谦卑自处是谓劳谦。谦已属不易，劳谦尤为难能。劳谦一时，勉而为之，或不为难；若持久不变，劳谦终生，则非有大德之君子不行。是君子，方能终生劳谦则吉。㉕

例 4：谦卦的第三爻（九三），象征劳苦功高而又谦虚的君子，它的结果，终归是吉的。象辞说：劳苦功高而谦虚的君子，那当然会使万民拱服的。㉚

例 5：“劳谦”，劳，有两层意义：一是指勤劳，身体力行；二是指功劳。两者相互关联，积劳而为功，功是对劳的肯定，说明劳而有功，功与劳都具有楷模榜样的感召力量。㉘

例 6：劳谦：勤政又谨慎。君子：诸侯。有：有。有终：终生。君子有终：诸侯终生都做到勤政又谨慎。吉：吉善。意思说：诸侯终生都勤政又谨慎者，吉善。周公能做到“一饭三吐脯”与“一沐三握发”，就是劳谦的范例。⑱

谦卦爻辞六四：无不利，撝谦。

例 1：六四是大臣，又处在多惧之地，它谨慎戒惧，发挥谦逊之美德，对上恭敬，对下卑让，这样处事什么时候都是有利的。㉗

例 2：六四爻以阴爻居阴位，得正。“扐”，明智的意思。“明智”使人遵循自然和社会发展规律，做到顺势而为。“谦虚”让人不骄傲自满，而且受人拥戴。因此，一个明智而又谦虚的人处理任何事情自当无所不利。⑲

谦卦爻辞六五：不富以其邻，利用侵伐，无不利。

例 1：不富，指六五是阴爻，阴为虚，为贫，为不富。以：用，能左右。邻：这里指大臣百姓。侵伐：征伐。无不利：没有不利的。

六五以阴柔居君位，具有谦卑之德。有天下之富而不骄，团结臣下，关心百姓。所以获得臣下百姓的拥护和信赖。没有不利的。㉗

例 2：谦卦的第五爻（六五），象征并不富有。但因邻居的影响，有利于用兵侵伐，也并没有什么不利的。象辞说：所谓有利于用兵侵伐，这是说，可以对不服者进行征讨的意思。㉚

例 3：因不富有而虚怀谦逊，可以得到邻居的亲近和帮助，利用这个优势讨伐不肯归顺的人，没有什么不利。㉘

例 4：虽然说德能服人，但也须有一定的客观基础为前提。在客观基础不具备时，一味强调德的作用，不免空泛无力，会被视为软弱可欺，遭受欺凌、侵略。在中国历史上，几乎每一个朝代，都有边疆地区一些小国家入侵内地的情况发生，这些小国家的入侵往往不是为了土地，不是为了颠覆朝廷，而是为了掠夺财物人民。㉖

例 5：爻辞的主语是诸侯。爻辞省去了谦字。谦：谨慎。邻：邻国。不富以其邻：诸侯能谨慎地使邻国不富强。利用侵伐：利用其不富强、不谨慎去侵略他、讨伐他。无不利：没有不利的。意思说：利用邻国不富强、不谨慎而讨伐他，没有不利的。因此，诸侯国不谨慎的危害极大。⑱

谦卦爻辞上六：鸣谦，利用行师征邑国。

例 1：谦卦中六二与上六共有“鸣谦”，但由于两爻各自处境不同，其结果也不同。六二谦德发于外，名声远扬，所以贞吉。上六由于处境不佳，是柔之极，谦而极，有所过甚。求应九三，九三不应，没办法，上六只好“利用行师，征邑国”即征伐自己管辖地域的叛乱，这就是谦的表现。谦不仅包含着德治、礼治，而且还包含着刚武。㉗

例 2：“鸣谦”，这里的“鸣”与九三的“鸣”是有区别的，九三为“内鸣”，即坦露内心之谦，因九三处在内卦；这里为“外鸣”，高举谦道大旗，兴谦道之师，去征讨不谦之国，表现为张扬，大鸣。诚然，为兴卫谦护谦之师而大鸣谦德并无不妥之处。㉘

例 3：上六爻辞承六五爻辞而来，虽然行谦之德，但下属的诸侯国、方国并不买账，反而认为你软弱可欺。在这种情况下，一味讲谦虚是无济于事的，要以武力进行讨伐。㉖

例 4：鸣谦：谨言，引申为保守军事秘密。利用行师：诸侯出师打仗，保守军事秘密。邑：国，这里是指国家的都城。征邑国：攻城伐国。意思是：诸侯在行师打仗、攻城伐国时要保守军事秘密。⑱

第十六卦 豫卦 ䷏ 震上坤下

（一）原文

（卦辞）豫，利建侯行师。

（爻辞）初六：鸣豫，凶。

六二：介于石，不终日，贞吉。

六三：盱豫，悔，迟有悔。

九四：由豫，大有得，勿疑，朋盍簪。

六五：贞疾，恒不死。

上六：冥豫，成有渝，无咎。

（二）解读

卦辞：豫，利建侯行师。

解读："豫"是卦名。"豫"有多重意义：安乐，安逸；预备，计划；防备，防御。

卦辞说，在安乐时期，有利于封公侯高级官员，还要居安思危，防备骚乱时行师出征。"豫"卦令人思考安乐与危机相依并存、互相转化的辩证观点。

初六：鸣豫，凶。

解读：得意忘形的享乐，必遭凶险。

六二：介于石，不终日，贞吉。

解读："介"：刻画之意，《新华字典》："介"，放在心里，如介意。"不终日"是不能从早到晚。爻辞说，不能从早到晚心里总想着寻欢作乐。守正规才吉祥。

六三：盱豫，悔，迟有悔。

解读："盱"（xū 音需）：《说文》："盱，张目也。"即张大眼睛。

爻辞说，"盱豫"是睁开眼就寻欢作乐，会后悔的，越迟悟，越后悔。

九四：由豫，大有得，勿疑，朋盍簪。

解读："由"：由来，缘由。"朋"：朋友。"盍"：同合，聚合。"簪"（zān 音咱）：是发针，把头发束缚在一起。爻辞说，由于给大家带来欢乐，大有收获，毫无疑问，朋友们团聚在一起共享欢乐，俗话“有福同享，有难同当。”

六五：贞疾，恒不死。

解读：“贞”：坚定。“疾”在此指缺点、毛病。爻辞说，坚守常规走正道，既使自身有缺点，也不会丧失前途。

上六：冥豫，成有渝，无咎。

解读：“冥”：昏暗。“成”：成功。“渝”：改变。

爻辞说，醉生梦死的欢乐，要想成就大事业，必须改正，才能有成就，无过错。

小结：

豫卦展现欢乐与危机、正反两方面的对立统一。处理不好，会乐极生悲。得意忘形“鸣豫”为“凶”，睁开眼就寻欢作乐会后悔的“盱豫悔”，有福同享的“由豫，大有得”为好，欢乐中走正道才能“恒不死”，“冥豫”时改正错误才能“无咎”。

（三）选录多种解读

第十六豫卦卦辞：豫，利建侯行师。

例 1：豫卦乃乾卦之九四。或跃在渊的或，即是迟疑，即是豫。

前面说过，乾卦之九四，或跃或在渊，其最终还是会跃而出渊，那么对于豫卦，虽然是犹豫不定，然而雷动终于出地，故豫卦虽有多疑不定，最终还是会前行的。懂得乾卦九四，就能更容易理解豫卦。

临犹豫之时，应以顺而动，豫卦重在言顺，顺的是什么呢？顺的是天地自然人事所蕴涵、遵循的规律。《易传・彖》曰：“刚应而志行，顺以动，天地以顺动，故日月不过而四时不忒，圣人以顺动，则刑罚清而民服”。

建侯以定国之内，行师以征国之外，此两者皆是国之大事，必然会面临选择，君子虽豫而能振其气、顺其道，终能成事。㉑

例 2：豫是愉悦、享乐的意思，本卦讲如何正确对待安逸享乐的问题。从卦象上看，豫卦上卦为震，代表雷，下卦为坤，代表地，犹如春雷响彻大地，万物复苏，一派生机盎然的景象。于人类社会而言，人民安居乐业，过着愉悦而享乐的生活。然而这种愉悦的社会生活是以安定的社会秩序为前提的，周初实行诸侯制度，建立诸侯国稳定了社会秩序，为老百姓过上欢愉的生活提供了基础。当社会秩序遭到破坏，在别的手段都无济于事的时候有必要出师征战，虽然战争不是最终目的，但却是实现国家社会稳定的重要手段，只有在安定的社会环境中人们才能过上欢愉的生活。⑲

例 3：豫卦所以名豫，可从以下诸方面得到解释。从卦之德来看，外卦震，“震，动也”；内卦坤，“坤，顺也”。坤下震上，有顺动之象。动而和顺，所以名曰豫。此其一。第二，从卦之主来看，卦主九四以一阳统五阴，五阴都应于它，下面又有坤来顺承，动而上下顺应，所以名曰豫。还有，从卦之二象来看，“震为雷”，“坤为地”，雷出于地上。雷先潜闭于地中。待它动而奋出之时，自然发出声音，其中有通畅和乐之义，故名之曰豫。㉕

例 4：彖辞说：豫卦的现象，是得阳刚的感应而得行其志，它有顺时以动的作用，所以叫做豫。因为豫卦是有顺时以动的作用，所以天地的运动，也正如它顺时而动，何况建立侯王与行师的事呢！天地运动的规律，也要顺时而动，所以日月的运行不超过规则，才使四时（春、夏、秋、冬）不至于偏差。圣人的德业应天顺人而取行动，于是刑罚清简而民心悦服。所以豫卦所包含顺时的意义，是最重大的。㉚

例 5：“利建侯”，这里的“利建侯”与屯卦的“利建侯”有着不同的意义。屯卦的“利建侯”为建立之义，这里为建设巩固之义，因为建立的任务早已完成了。屯卦只说“利建侯”，而这里不仅“利建侯”，而且利“行师”。天子的邦国势力雄厚了，已经具备加强国防建设的条件，顺时而行，兴师征伐来犯之敌。这里的“行师”与谦卦上六的“行师”相联系，谦卦上六没有完成的任务由豫卦来完成。㉘

例 6：你也许会感到纳闷，欢乐怎么与封建诸侯、出兵作战联系在一起呢?这是因为，从根本上说，正当的欢乐来自于人的思想、行为对自然、社会规律的顺应、顺从。“建侯”“行师”的关键也在于顺应、顺从，诸侯国顺应天子，才能保持国家上下统一、社会安定；士兵服从将帅的指挥，才能令行禁止、步调一致，取得战斗的胜利，正如《彖》中所说：欢乐源于顺应自然、社会规律以动，况且是封建诸侯，出兵作战呢！天地顺应自然规律而运行，因此日月的运行不会过度，春夏秋冬四时的交替不会出现错误。圣人顺应这种规律以动，则刑罚公正清明而百姓信服。

可见，《豫》卦中对于欢乐不仅仅是从个人的角度来认识和阐述，而是上升到天地自然、国家社会“大乐”的高度来阐述和认识。欢乐有如此之大之广的妙用，难怪《彖》中感叹“豫之时义大矣哉”！㉖

例 7：豫者，礼乐也。建侯：封建诸侯。行师：出师打仗。利建侯行师：行鼓乐，有利于封建诸侯典礼和出师打仗誓师。古代王朝在分封诸侯举行典礼时必须行鼓乐，在出师打仗誓师时必须行鼓乐。古代在战场上，击鼓进攻，鸣金收兵。⑱

豫卦爻辞初六：鸣豫，凶。

例 1：初六居卦之初、坤地之下，又不得位，当以静居之以求免咎。若犹豫不定，鸣而欲出，则凶。㉑

例 2：初六以阴柔居初，与九四相应，共鸣。位在初爻就开始沉溺于欢乐，这不就是胸无大志，忘乎所以吗，所以说“凶”。㉗

例 3：鸣是心中有感而发于声音，是感情的自然表达。然而感情的性质有所不同。谦卦上六的“鸣谦”是鸣，豫卦初六的“鸣豫”也是鸣，但是两个鸣的情状、意义是不一样的。谦之上六因感于九三而“鸣谦”，有不乐居上之意，是鸣而求谦，所以吉。豫之初六因感于九四而“鸣豫”，有耽于逸豫之意，是豫而自鸣，所以凶。㉕

例 4：豫卦的第一爻（初六），象征自鸣得意，是凶的。象辞说：所谓初六有自鸣得意的象征，是说其志已到穷极，所以有凶的征兆。㉚

例 5：初爻是平民之位，平民引申为民间。鸣：鸟鸣，引申为人言。鸣豫：其意是以人言为乐，不能使用乐器奏乐，引申为禁止行乐。凶：凶事。意思说：民间禁止行乐，那是国家有凶事。古代国家的诸侯薨这样的凶事，则禁止民间行乐。⑱

豫卦爻辞六二：介于石，不终日，贞吉。

例 1：六二居中得正，又无相应，有坚守之象。也就是说六二终日坚守中正，每天勤勤恳恳工作，当天的事情当天处理完，发现有事情，发现事物之苗头就去做、去处理，坚刚如石。所以说是吉祥的。㉗

例 2：介，铭刻。古时没有纸张，将重大的事项铭刻于龟甲、石头予以传承。这里指六二将自己的志向像刻于石头上一样铭刻于心。“介于石”有两层含义：一是石静止不动，示志向只需铭记在心，不需彰显；二是不可磨灭，要矢志不渝。“不终日”即不要等到当日终了。㉘

例 3：介，《释文》“介，古文作砎”，坚硬的意思。“介于石”，是说一个人的意志比石头还坚硬。“不终日”指“不终日豫”，也就是不从早到晚整日地欢乐。㉖

例 4：二爻是大夫之位。介：通“界”，以为分界。介于石：古代没有时钟，人们在石板上以日影画界线记时。当日影落在所画界线时就停止行乐，谓之“介于石”。爻辞省去了豫字。豫：行乐。贞吉：主吉。意思说：大夫们不去终日行乐，主吉。⑱

豫卦爻辞六三：盱豫，悔，迟有悔。

例 1：六三阴爻居阳位，不中不正，近比九四，故称为“盱”。六三一味取悦于上，对上司阿谀逢迎，必将有悔恨之时。若悔悟很快，坏的环境可能变好，若悔得迟，那最终就会更加悔恨了。㉗

例 2：盱（音 xū），张目。豫，犹豫。“犹”本指选育良犬的长远计划，借指时间长且没有确定性；“豫”指大象伸展长鼻尝试取物。“犹”和“豫”联合起来表示长时间把玩手中物品，没有决定是要还是不要，引申为因过多注重细节，对行为的结果不能预料而左右为难。谨慎是对的，过于谨慎则是犹豫，会贻误时机的。机不可失，失不再来，犹豫往往因小失大。处在和乐喜悦的盛世，看准了的事情就应该守正道果决而行。㉘

例 3：盱（xū），有的版本作“盱（xū）”是太阳初升的意思，也就是指早晨。俗话说：一岁之计在于春，一日之计在于晨。以一天而论，早晨是一天的开始，也是人的精力最旺盛、最充沛的时候，是最适宜做事、工作效率最高的时间。一大早就开始享乐、不务正业，其他时间就更不用说了。浪子回头金不换。如果及时醒悟，认识到自己的这种错误行为，亡羊补牢，为时未晚。反之，如果痴迷不悟，至老不悔，不仅将一事无成，而且小则毁身败家，大则亡国，到那时再后悔也来不及了，因此断语说“悔迟，有悔”。㉖

例 4：三爻是诸侯之位。盱：张目，引申为大。盱豫：大乐。诸侯不宜称大，故而大乐称之为盱豫。古代只有天子能行大乐，诸侯不能行大乐。诸侯行大乐是犯上作乱行为，要受到严厉的制裁。

悔迟：后悔已迟。有：假为“又”。有悔：又悔之。悔迟有悔：后悔已迟又悔之。意思说：诸侯僭行大乐，乐极生悲，以犯上作乱罪受到严厉制裁，悔之已迟又悔之。⑱

豫卦爻辞九四：由豫，大有得，勿疑，朋盍簪。

例 1：九四之所以成为豫卦之主，是由它的阳刚而决定的。五个阴爻都来悦顺它。因此，它团结带领众爻而得到了逸豫。由此可见，“豫”这种局面的形成，是众爻齐心努力的结果。故“大有得”。“勿疑”指对朋友要诚信不移，倍加信任。“朋盍簪”指如头发聚于簪那样，紧密地和朋友团结在一起，这样豫就可以常保不散啦。㉗

例 2：豫卦的第四爻（九四），象征豫卦的自有由来，大有所得，不必怀疑。有朋友聚合簪发并头而交欢的现象。象辞说：所谓自有由来，大有所得，这是说：其志可以大行。㉚

例 3：四爻是王朝大臣之位。因此，《小雅》是周天子宴飨群臣时用当时的普通话演唱的主流歌。

勿疑：不用怀疑。盍：合。簪：簪头发的簪子。盍簪：将簪头发的簪子合上，只要一瞬间。朋盍簪：众位大臣只要合簪那么一瞬间就会到达宴会大厅。⑱

豫卦爻辞六五：贞疾，恒不死。

例 1：六五阴柔处尊位，是柔弱之君。“贞疾”说明它处于安乐而沉溺于逸豫，很少理政，像有病一样，常疾不死。故“恒不死”。象辞说，六五贪图享乐，骄奢淫逸的生活将使其灭亡，但为什么有疾而未亡呢？只因有九四这个阳刚大臣在下边辅佐它，劝谏它，这才使其不敢过分沉溺于豫。从爻象上看，六五虽柔弱，但它的位置居中，中气尚在，所以说不死。㉗

例 2：六五爻以阴爻居尊位，象征一位高贵、中和而又谦卑君王。作为一个明君，他深知生于忧患、死于安乐的道理，因此他始终能坚守正道以防范灾祸，坚守正道不是一时的行为，必须持之以恒才能免于死于安乐的结局。⑲

例 3：贞而有疾，常疾而不死。六五以阴居尊位，是柔弱之君。柔弱之君处在逸豫之时，必骄侈恣欲，本宜死于安乐而有余。

贞，正，这里的贞，不是自正于己，而是见正于人。“贞疾”，不是说受到人家的救正反而得疾，是说因受到人家的救正而得以恒不死，仅仅得疾而已。㉕

例 4：豫卦的第五爻（六五），象征要贞正自守。有疾病，但常在病中而不会死亡。象辞说：六五爻所谓的要贞正自守，但有疾病，这是说它下乘九四爻阳刚的关系。所谓常在病中而不会死亡，这是说它位置得中，所以不会死亡。㉚

例 5：“贞疾”，疾，快速，快速地推行豫道实施。“恒不死”，恒，恒久、持久。不死，久长，这里的“不死”不是指人的生命，而是指豫道久长。爻辞整体表述的意思是：推行豫道不是一蹴而就的事，否则会欲速则不达；持之以恒的坚守，春风化雨的实施才能长治久安。

“贞疾”还有另一种解释，认为六五持守正道而产生疾病。因得中而没有死亡。本人不能赞同这种观点，原因有三：第一，《周易》一般只阐释应背凶吉的道理，不轻言“死”；第二，因“贞疾”而致死并非因果对应关系；第三，五爻君位持正，这是《周易》的基本立论，用“死”断五爻之义不符合《周易》的本意。㉘

例 6：讲“乐”的问题为什么又扯到疾病上去了呢？这是因为过度的欢乐、逸乐不仅不利于人体健康，反而有害于人体健康。《孟子·告子下》中说：“生于忧患，死于安乐。”这里的“于”是由于、因为的意思。是说人由于有忧患意识而生，因为安乐过度而死。这话不是随便说的，而是有其医学依据的。

过度的欢乐、安乐，其危害犹如罹病在身，因此爻辞由安乐联想到疾病。但安乐对于人的危害毕竟不同于疾病对人体的危害那么直接，而是日渐消磨、潜移默夺人的精神、意志，进而窒息人的生命，相对于疾病直接地危及人身，这是一个相对长久的过程，因此说“贞疾，恒不死。”。㉖

豫卦爻辞上六：冥豫，成有渝，无咎。

例 1： 上六，以阴居上，不中不正，沉溺于逸乐。但能自知危亡，遂转变，知迷途而返，这就不会有什么灾祸了。象辞说，沉溺于豫乐，让“冥豫”占领了上峰，长此下去，必有凶。如果能认识到它的严重性，马上转变，是谓上策。“何可长也”也就是说，这种“冥豫”的局面能坚持多久呢？

此爻理告诫世人，无论什么人，处在“冥豫”时，只要知错改错，改恶从善，“冥”凶，也就变为“渝”而无咎了。㉗

例 2： 豫卦的第六爻（上六），象征幽冥晦暗。即使成功，也会变了。但没有灾咎。象辞说：所谓幽冥晦暗处在豫卦的最上位，哪里可以长久地成长呢？㉚

例 3： 冥，昏暗。“冥豫”，有两层寓意，一是寓上六浑噩、迷不知返，二是寓豫卦已至极点，已近黄昏。渝，改变。“成有渝”，指豫卦大象至此将有所改变了，物极必反了。“无咎”，上六虽浑噩，但不是他的过错，是天理天规所致。㉘

例 4： “成有渝”无疑是一件坏事，但是断语却说“无咎”，这不合常理，其中可能有文字上的脱误。㉖

例 5： 上爻是祖宗之神位。冥：冥供。祭祀祖宗都要上供物品。豫：祭祀祖宗的祭祀音乐。

冥豫：祭祀祖宗的礼乐制度。成有渝：将夏、商王朝实行的祭祀制度改革为新的祭祀制度。无咎：无罪过。周王朝是创新的王朝，对祭祀进行了许多改革。如改春禴（礿）为春祠，改夏禘为夏禴，改每年夏天禘祭为五年一禘祭，这些关于祭祀制度的改革无罪过。⑱

第十七卦　随卦䷐兑上震下

（一）原文

（卦辞）随，元亨，利贞，无咎。

（爻辞）初九：官有渝，贞吉，出门交有功。

六二：系小子，失丈夫。

六三：系丈夫，失小子。随有求得，利居贞。

九四：随有获，贞凶。有孚在道，以明何咎。

九五：孚于嘉，吉。

上六：拘系之，乃从维之。王用亨于西山。

（二）解读

卦辞：随，元亨，利贞，无咎。

解读："随"，卦名。"随"：随从，随和，追随。《广雅·释诂》："随，顺也。"

随卦讲的应跟随君子，学习君子优良品质，对人生事业有利，这样开始就能亨通，坚持正道走下去，不会有过错。

初九：官有渝，贞吉，出门交有功。

解读："官"指官方、形势。"渝"：改变。"门"指家族门户。

爻辞说，客观形势在改变，要与时俱进，坚守正道则吉利。要打破门户观念，广交朋友会有功效的。

六二：系小子，失丈夫。

解读：若跟随小人交朋友，将失去君子的帮助，因小失大。

六三：系丈夫，失小子。随有求得，利居贞。

解读：追随君子，就会远离小人。跟随君子的目的是有所求，学习君子的优良品质和美德，利于走正道。

九四：随有获，贞凶。有孚在道，以明何咎。

解读：若追随别人是为了获得私利，会有灾祸的。心怀诚意走正道，才能明白这个道理。

九五：孚于嘉，吉。

解读："孚"：诚心。"嘉"：善，美。爻辞说，诚心诚意跟随他人做善事，会吉祥如意。

上六：拘系之，乃从维之。王用亨于西山。

解读："拘"：拘捕，拘留。"系"：捆绑。"从维"：释放。

爻辞说，第六爻通常物极必反，追随君王者成了反面人物，被拘留之后，又释放了，君王让他一起到西山祭祀。言外之意，此人不愿追随君王而被拘留，反省改正后被释放，随从君王去西山祭祀。

小结：

随卦主题是跟随，要明确跟随的原则和目的。跟随君子要学习君子高尚的情操和对事业的进取心，不可追随目的是为了个人私利。本卦经历曲折反复，开始是客观形势变化的"官有渝"；"系小子"时觉察不对；后"系丈夫"走正道；谋私利"随有获"是凶险；跟随他人走正道"孚于嘉"才吉祥；但最后走向反面被拘留，悟改又走上正道去西山祭祀。如此曲折反复，值得吸取经验教训。

（三）选录多种解读

第十七随卦卦辞：随，元亨，利贞，无咎。

例 1：随卦有随从时势、规律的含义，根据四季运行而随时契合，爻辞中三次用了系，可见随之义。《易传·象》曰："天下随时，随时之义大矣哉"。

从卦象看，随卦的不利在于缺乏自身的主动性，震动则遇艮止，随卦的顺有被动的意思，与坤顺不同。㉑

例 2：《序卦传》说："豫必有随，故受之以随"。豫中有愉悦、顺畅，必有跟随者，故豫卦之后是随卦。

随，有随从、跟随之意。这里讲的随，是有条件的随，有原则性地随；不盲目地随从，无主见的随从。所谓有条件的随，必须以贞正为前提，这样才能亨通而无灾祸。有原则性地随，那就是随正，不是诡随。当然，随的含义很广，我们常说的不耻下问，也含随的意思。㉗

例 3：随卦也具备"元亨利贞"四德，但与乾卦"元亨利贞"的意义还是有区别的，随卦"元亨利贞"应该是元亨，利贞，并非乾卦的四德循环。"无咎"，是对随卦的条件，跟随的对象是正道的，随的时是顺时的，随的心是纯正的，随的方式是顺势的。这样才元亨，利贞，才无咎，否则就有咎。㉘

例 4：随者，服从也。元亨：大为亨通。周王朝以卑下服从尊上，以朝廷官员服从礼乐制度建立社会秩序，大为亨通。利贞：利政。即有利于国家行政。无咎：无罪过。以卑下服从尊上的政治纪律治国治天下，无罪过；以妻妾服从丈夫治家，无罪过。卦辞教育贵族统治者，要严格尊守卑下服从尊上的纪律来治家、治国、治天下。⑱

随卦爻辞初九：官有渝，贞吉，出门交有功。

例1：初九是阳爻，阳为阴主，故称谓官。“官有渝”指官场之事多变，但为官始终要坚守中正，方可获得吉祥。“出门交有功”指走出门外应与外边的人多交往、多交流，多听听众人的意见，追随民众的利益，所以就能获得成功。㉗

例2：官，官场，官职。渝，变化。“官有渝”，这里有两层意思：第一，初九“官有渝”的直接原因是从否卦上九变化而来的，由朝廷重臣变成平民；第二，指官场变化莫测。有变就面临选择跟随问题，随得不好就有“站错队”的危险。怎么随？随正道。坚守正道在官内安稳，即使失位也不失道，在官外也会有收获，因为人们总是追随正道的。㉘

例3：官，馆舍。渝，变化、变故。交，都、相互。功，好处、益处。

结合全卦卦爻辞看，“官有渝”是指奴隶从奴隶主、贵族家中逃跑的事情。奴隶虽然从甲奴隶主家门逃出，但为了生活、生存，又不得不跑进乙奴隶主家门。根据“有亡，荒阅”之类的公约，奴隶主相互之间要遣返逃跑的奴隶，在追捕逃亡奴隶上相互协作。在这种情况下，逃跑的奴隶很容易被抓回。因此说“贞吉，出门交有功”，《象》说“出门交有功，不失也”。㉖

例4：初爻是平民之位。爻辞省去随字。随者，民众服从官府。官：官府。有：不宜有。渝：改变。这里又“渝”“谕”同音，假借为“谕”，意为告示。官有渝：官府的告示是不能随便改变的。随便改变告示是不宜有的行为。贞吉：主吉。意思是民众随从官府告示的改变而改变主吉。出门交有功：民众中那些随从官府的告示改变而改变者，他们出门办交涉才会成功。爻辞教育民众要服从官府的意志。⑱

随卦爻辞六二：系小子，失丈夫。

例1：六二以阴柔随人，叫做系。小子指初九。丈夫指九五。六二阴柔而居中，因迷恋小子（初九）而失去有道之主的丈夫（九五）。象辞说，系小子初九，必失去丈夫九五。二者不能兼系。

此爻提醒人们做事不能贪小失大，选择“随”时，要看准随之对象，要小心而慎重，不要被表面现象所迷惑，不要因小失大，“捡了芝麻丢了西瓜”。㉗

例2：初九以刚随人，叫做随。六二以柔随人，叫做系。其实讲的都是随。

小子与丈夫各指谁？小子指六三，丈夫指初九。《易》以阳为大，以阴为小。六三是阴，故称小子。初九是阳，故称丈夫。六二因阴柔而居中，有系人而不能自立之象。依它的本意，既要系小子又要不失丈夫，然而实际上办不到。㉕

例 3： 随卦的第二爻（六二），象征缚住小子失去丈夫。象辞说：所谓缚住小子，这是说，有不能兼顾并得的现象。㉚

例 4： 关于“小子”“丈夫”有两种解释：一种观点认为，小子指孩提、儿童。丈夫指成人，意思是已经到了成人的年纪了，本该承担成人的责任，可心态行为还处在孩提时代，这样就失去了成人应有的风范，这里借人成长之事阐发违背随时、随心所欲之理；另一种观点认为“小子”即小人，“丈夫”指君子，意思是说六二本与九五相应，应该跟随九五君子，而他却随从了初九小人，其意义也是说随错了对象。从卦象分析，六二乘刚，本与初九不合；六二中正，选择初九不合情理。本人认同第一种观点。㉘

例 5： 六二以阴爻居阴位，又位于下卦的中间位置，虽中正而过于柔弱，因而必须去追随他人，但不幸的是他选择了错误的追随对象。追随并不是毫无目的的盲从，人们必须坚守正道，选择正确的追随方向。“丈夫”本义指成年男子，借指思想成熟、目光远大的人物。“小子”本义指未成年的男孩，借指思想幼稚、目光短浅之辈。“系小子，失丈夫”显然有失正道，是不可取的。⑲

例 6： 捆绑小孩子，又逃走了成年人。㉖

例 7： 爻辞省去了随字。随者，随嫁也，意思是随嫁丫鬟被贵族大夫纳为妾。系：牵挂。小子：少女丫鬟心中的情郎，也可能是随嫁的男仆。系小子：心系少年情郎。失丈夫：失去丈夫的宠爱。意思说：少女丫鬟随嫁大夫为妾，心中牵挂着情郎小子，就会失去丈夫的宠爱。根据卦象，大夫的年龄在二十五至三十岁，而少女年龄在十二至十八岁。所以，少女丫鬟不喜欢年龄相差悬殊的丈夫在情理之中。但小妾如果失去丈夫的宠爱，那日子是很难过的。爻辞告诉我们大夫可以纳妾，教育小妾要随从丈夫。《红楼梦》里平儿服侍王熙凤很好，服侍贾琏更好，所以平儿活得很滋润。⑱

随卦爻辞六三：系丈夫，失小子。随有求得，利居贞。

例 1： 六三一味随从丈夫而失去小子。丈夫是九四，小子是初九。六三与九四近比，随从九四后，有求必得。随从时，只要重道义，安守贞正，无谄媚之意，便是有利的。㉗

例 2： 六三爻以阴爻居阳位，又位于下卦的最高位，不中不正，但在选择追随对象的时候却作出了正确的判断。在“丈夫”和“小子”之间他选择追随前者，而远离后者，这是一种成熟而有远见的抉择，必然会让他有所收获。但六三爻本身心术不正，有小人之象，爻辞告诫他一定要安居守正，以防灾祸。⑲

例 3：关于此爻“小子”和“丈夫”仍然有两种观点：一种认为，到了成年，心系成年，随时有得；另一种认为追随君子，远离小人，随人有得。㉘

例 4：捆绑成年人，又逃走了小孩子。追逐搜索，将其抓获。安居不动，占问有利。㉖

例 5：三爻是诸侯之位。系：牵挂。失：忘记。随：从嫁。有：现有。求得：求得儿子。系丈夫：少女从嫁诸侯为妾，心中牵挂丈夫。失小子：就会忘记对情郎小子的思念。随有求得：随从现有丈夫求得儿子。利居贞：有利于家国兴旺。对于诸侯来说，家就是国。古代诸侯往往以侄娣缔结政治婚姻。以侄娣缔结政治婚姻，姐姐或姑姑是夫人，妹妹或侄女是从嫁，故而这里的随是从嫁。妹妹或侄女从嫁，就是为了双保险能生儿子，生儿子就是为了继位当国君，故而“随有求得，利居贞”。⑱

随卦爻辞九四：随有获，贞凶。有孚在道，以明何咎。

例 1：九四近临九五，处九五之下，以阳刚居大臣之位。“随有获”说明九四的威望很高，天下之心随于己。这必然出现功高震主的险境，故“贞凶”，有吉有凶。若能处理得好，那就是“有孚在道”，既用真诚之心，又合乎道义的去明察事理，那就自然无咎了。若守此不变，一意孤行那就有凶了。象辞说，随有获，从义理上看是凶的，但有凶兆未必有凶。只要心存诚信，坚守中正，有所作为，不自我表功便可建立功勋。㉗

例 2：九四爻以阳爻居阴位，阳刚而又不失柔和，下位的两个阴爻都来追随它，而自己又接近上位的九五。九四代表一位才高德厚而又谦卑的君子，众人都来依附于他，自己又能主动去接近别人，所以能有所收获。虽有收获，但君子应时刻不忘坚守正道，以防范凶险。在追随的时候，无论是己随人，还是人随己，都应该以诚信为本，坦诚相待，这才符合正道，行为光明磊落，如果能做到这些，又怎能有灾祸呢？⑲

例 3：“随有获”，这里“随”指随其职权，因为九四为近臣、重臣，国家重大决策及实施均以他为首。这种随是谓“大随”，大随必有大获。“贞凶”，行正道也取凶。“有孚在道”即以诚信持守正道。“以明”，使之以明，即让人家明白你诚信持守正道。㉘

例 4：追逐抓获（了逃亡奴隶），占问凶险。心中诚信，根据道义辨明，有什么过错呢？㉖

例 5：四爻是国公之位。随：听从。《辞海》：“有获：古代对奴婢的贱称。”古代男有罪曰奴，女有罪曰妾（婢），故而“有获”是奴婢一样的贱人。

贞凶：主凶。意思说：国公若听从奴婢一样贱人的话，主凶。有：不宜有，引申为大。孚：生。有孚：大生，引申为政治生活。道：政治生活之道。明：光明正大。“有孚在道以明，何咎”，意思说：你的政治生活之道光明正大的话，何罪之有呢？⑱

随卦爻辞九五：孚于嘉，吉。

例 1：九五居尊得正，对六二、九四友善不疑，以至诚感召天下人，天下人都诚心跟随他。九五真诚地随天下之善而不过分，故“孚于嘉”。象辞说，在诚信友善的基础上感召天下，是因为九五居正得中，居正讲的是随善。得中讲的是随善不过分。也就是走中正之道。

此爻告诉我们，居尊者应从善如流，以真诚之心对待他人，这样别人才会真心追随你，跟随你。㉗

例 2：九五爻以阳爻居尊位，象征一位至中至正、至刚至尊的君王。他以诚信感召天下人，天下人也以诚信来追随他，使追随之道达到了至善至美的境界，这当然是吉利的。⑲

例 3：随卦第五爻（九五），象征有信孚于嘉庆，是吉的。象辞说：所谓有信孚于嘉庆是吉兆，这是说它的爻位处在正中的关系。㉚

例 4：“孚于嘉”，嘉，指嘉会，是祭天时用的质地上乘的玉帛，指尽善尽美之义。这种尽善尽美的玉帛是用来祭天的，意在诚信于天。㉘

例 5：诚信是化解矛盾、解决问题的基础。虽然奴隶主在逃亡奴隶问题上达成一致，彼此间也有一定的诚信，之所以仍然会出现九四爻辞中那种误会、矛盾和摩擦，说明相互之间的沟通还不够。彼此间的诚信达到完美、完善的程度，大家都能够严格地执行公约、配合默契，使逃亡的奴隶各归其主，奴隶主、贵族们可以皆大欢喜，因此说“吉”。㉖

例 6：九五是天子之位，这里是指王室家。孚：生。爻辞省去了随字，所以孚是随孚。随孚：随生，即随从命运安排而生。嘉：美。孚于嘉：服从命运安排生于嘉美的王室家。吉：吉善。因为生活在王室家，将来有可能继承王位，也可能成为大臣或诸侯，都是吉善的事。我认为，随生（孚）这个词很有哲理。我们生在什么时代，生于哪个国家，生在谁家，是贫是富，是男是女，是美是丑，是智是愚，那是不依你的意志为转移的，你只有听从命运的安排。现在网络流行出生是技术活的说法，我认为这种做法是错误的。人的出生是随机的，本人无法选择，只能听从命运的安排。人生的道路是可以选择的，不能听从命运的安排。《周易》有本卦，也有变卦，说明命运是可以改变的。⑱

随卦爻辞上六：拘系之，乃从维之，王用亨于西山。

例1：因上六居卦之极位而被拘禁。由于九五是有德之君，所以释放了他，并给予信任让其主持祭祀，祭亨西山之神。象辞说，由于上六处于随卦之极位，发展已穷尽。穷则变，也就是随变为不随。尽管随这样艰难，九五还是信任他，让其担任祭亨。㉗

例2：上六爻以阴爻居全卦最高位，代表追随于人的行为已经到了该终结的时候，由于物极必反的道理，这时追随有可能会转变为离散。追随之道当以诚信为本，是建立在自愿基础之上的，因此对于个人而言如果不愿意追随，切不可勉强而为之，但于国家大事则另当别论。古时国家将要举行重大行动，如出师征战甚至改朝换代等都要举行大规模的祭祀活动，从“王用亨于西山”来看此事绝非个人之间的小事，而是关乎国家前途和命运的大事。如果诚信不能够感召对方，可以采用其他必要措施迫使其随从。“拘系之，乃从，维之”就是比喻在涉及大是大非的问题上可采用适当的强迫手段使对方服从追随。⑲

例3：拘，拘捕。系（音jì），用绳索捆绑。“拘系之”即被拘捕。维，捆绑。“乃从维之”，已经被拘捕了，只能随由绳索捆绑。“王用亨于西山”，王，指文王。亨，这里当“享”用。西山即岐山，在陕西省境内，今有岐山县。上六爻辞借用一个历史典故来说明随卦上六的处境。在商纣时期，纣王娶了九侯的女儿，因其女厌恶纣王荒淫，结果被纣所杀，纣余怒之下，把九侯也杀了。鄂侯见纣残忍便指责纣王，纣王就把鄂侯剁成肉脯。文王见状叹息了一声，在一边的崇侯虎向纣王进献谗言，说文王有反主之心。于是纣王将文王囚禁于羑（音yǒu）里（位于今河南汤阴县北），后文王诸臣通过贿赂纣王才得以释放。释放后文王在岐山举行祭天活动，以感恩上苍的赐福。㉘

例4：捆绑他的双手，又捆绑他的双脚，君王用逃亡的奴隶在岐山祭祀。

拘、系、维义近，都是捆绑的意思。之，指逃亡的奴隶。从，进一步。王，当指周王。亨，通“享”，祭祀。西山，当指岐山。

奴隶们逃亡又被抓回，为防止他们再度逃亡，捆绑一重又一重。㉖

例5：拘：拘捕。指战争中被拘捕的俘虏。系：悬挂，在这里表示反绑，因为将俘虏反绑时绳索要往上提。从：跟从。维：维持。亨：享，祭享。西山：岐山。岐山是周王朝的发祥地，也是周王朝的始祖庙所在地。周王朝的始祖是后稷。上爻是祖宗之神位，这里指岐山始祖庙。拘系之：将拘捕的俘虏反绑着。乃从维之：让他们维持一个跟从一个走的队形。王用亨于西山：周王要把他们祭享岐山始祖庙。古代以俘虏作为祭牲是很平常的事，认为这是对祖宗的诚敬，是发展了祖宗的事业。将俘虏杀死当作祭牲，这当然很残酷，故而被后世废止。⑱

第十八卦 蛊卦䷑艮上巽下

（一）原文

（卦辞）蛊，元亨，利涉大川，先甲三日，后甲三日。

（爻辞）初六：干父之蛊，有子，考无咎，厉，终吉。

九二：干母之蛊，不可贞。

九三：干父之蛊，小有悔，无大咎。

六四：裕父之蛊，往见吝。

六五：干父之蛊，用誉。

上九：不事王侯，高尚其事。

（二）解读

卦辞：蛊，元亨，利涉大川，先甲三日，后甲三日。

解读："蛊"，卦名。"蛊"是象形字，是器皿里食物腐乱生"虫"子，即腐败，弊端，过失。"甲"是古代用来记时间的十个天干之一，"甲三日"表示多日。

卦辞说，治理弊端要整治得当，开始时就认真才能顺利。如同要渡过险滩大川，先要多日调查弊端的实际情况，采取措施，行动以后，再用多日总结经验教训。

初六：干父之蛊，有子，考无咎，厉，终吉。

解读："干"：行动，干预，干掉，引申为清除。

爻辞说，儿子承担清除父辈的错误弊端。"考"是古代称为父亲，"妣"是古代称为母亲，例如父母亲已去世，称为"先考、先妣。""考无咎"是不要过多去追究父辈的过错，虽然这样做不妥（厉），但最终家业会吉祥的。

九二：干母之蛊，不可贞。

解读：古代男尊女卑。父主家业、主外，影响面大；母主家务、主内，次要任务。整顿母辈的家务弊端过失，就不必那样太认真严肃了。

九三：干父之蛊，小有悔，无大咎。

解读：整治父辈的弊端有些过分，想起稍有后悔，但没有原则性大错误。

六四：裕父之蛊，往见吝。

解读：“裕”：宽容。整治父辈的弊端错误很宽容，若不彻底，往前进还会犯同样的错误。

六五：干父之蛊，用誉。

解读：父辈的事业有功有过，整顿的是父辈的弊端过失，还应保留功跡，维护父辈的荣誉。

上九：不事王侯，高尚其事。

解读：前五爻都有“蛊”，有主角“有子”。最后一爻上九要突出不提“蛊”，也无主角。按《周易》六十四卦第六爻惯用“物极必反”。也就是整治弊端过失的主角有功，被王侯发现并被召见，主角说“不事王侯”，不为五斗米折腰，以高尚的气质隐退了。

小结：

把“随”卦的两个单卦颠倒过来，便是“蛊”卦，是“随”卦的反卦、综卦，意义正好也相反。“随”卦是随和、随从，而“蛊”卦却是整治弊端错误。整治弊端过失要掌握原则，要有分寸。不能过分，也不要不彻底而“裕父之蛊”，要肯定以往的成绩“用誉”。干蛊的目的是改邪归正，治病救人。“蛊”卦以父辈的事业作为比喻，可以扩大为团体组织，甚至为国家。

（三）选录多种解读

第十八蛊卦卦辞：蛊，元亨，利涉大川，先甲三日，后甲三日。

例 1：蛊的本义是腹中的寄生虫，在本卦中引申为弊病，本卦讲如何治理父母遗留下来的各种弊病。从卦象来看，蛊卦上卦为艮，代表山，下卦为巽，代表风。春风吹拂，万物复苏，而如今风被大山阻挡，万物得不到风的滋润，日久必生蛊害。艮和巽都是阳爻在上，阴爻在下，阳气上升，阴气下沉，阴阳不相交，久而生蛊，万物患蛊害如不及时清除必然灭亡。于社会人事而言，当社会和人出现了弊病就应该及时纠正。清除蛊害，万物生长就无不通畅，纠正社会人事弊病，人类社会发展就无不亨通。自然界的蛊害也许能自动清除，但人类社会的蛊害如不经过人的主观努力断难得到治理。“利涉大川”就是比喻人们要克服艰难险阻，治理社会蛊害，从而实现亨通的社会局面。人类社会的蛊害绝非一朝一夕所致，而是日积月累而成，因此治蛊断不能一蹴而就，须经过长时间准备，循序渐进地进行。“甲”是十干之首，可引申为事物的发端。“先甲三日”指治蛊开始前的准备时间，此时人们应该去深思熟虑和周密部署。“后甲三日”指治蛊开始之后，人们应该去分析评估治蛊效果，并制定下一步行动方案。⑲

例 2：彖辞说：蛊卦的现象，阳刚在上而阴柔在下，而且在下的内卦是巽卦，巽有顺而止的意义，这便是蛊卦的大象。所谓蛊卦具有根元的、亨通的德性，这是说它有顺天道的演变而成为天下大治。所谓利于涉渡大川，这是说它前往而有事的象征。所谓“先甲三日，后甲三日”，这是说一事的终结便是另一事的开始，这是天道运行必然的规律。㉚

例 3：蛊者，迷惑也。元亨：大为亨通。意为在战争中能成功迷惑敌人，大为亨通。利涉大川：利于渡过大江大河。

“先甲三日，后甲三日”，意思说：选择上旬甲日的日出时，或者下旬甲日的日出时，能成功迷惑敌人而渡过大江大河。古代生产力不发达，渡过黄河、长江这样的大江大河是非常困难的事，何况还有敌军把守，所以必须先迷惑敌人，才有可能渡过大江大河。为什么选择先甲三日或后甲三日，能成功迷惑敌人而渡大江大河呢？其中奥秘不得而知。如果按照我对巽卦九五爻辞“先庚三日，后庚三日，吉”的读解，那“先甲三日，后甲三日”的意思是：从上旬甲日的日出时起，至下旬甲日的日出时止，经计算权衡有把握成功迷惑敌人后才能渡过大江大河。⑱

例 4：“元亨，利涉大川”，元亨，有两层意思：一是指开始亨通，蛊卦是从泰卦变化而来的，泰卦起始的时候就亨通，到蛊卦时就闭塞了；二是指大亨通，这里正如毛泽东所说的“不破而立，破字当头，立也就在其中了”。正因为有蛊的阻塞，所以要破蛊通政，拨乱反正，革除弊政。因积蛊难返，所以“利涉大川”，冲破艰难险阻，去蛊布新。这就是蛊卦致大亨通的道理。“先甲三日，后甲三日”，对此有多种解释，不胜枚举。这里重点是对“甲”的理解，从《周易》与天干、地支的关系上看，这里的“甲”指甲子，因与日有联系，应该理解为“日甲子”。按天干与地支轮配原理推算，十天为一轮，六十天完成“日甲子”轮回。“先甲三日，后甲三日”是指蛊卦由泰卦变化而来，泰卦的初九与上六换位便成了蛊卦。按纳甲原理，泰卦内卦为乾卦，乾卦纳甲的口诀为“乾金甲子外壬午”，那么泰卦初爻为甲子，二爻为甲寅，三爻为甲辰。当泰卦变成蛊卦时，泰卦的初爻甲子则到了蛊卦的上九位。卦爻的走向是由内而外的，内为先，外为后。在泰卦时为“先甲三日”，到蛊卦时则为“后甲三日”。先甲三日，即甲日前的第三日，后甲三日即甲日后的第三日。按天干排序，先甲三日为辛日，后甲三日为丁日。“先甲三日，后甲三日”有多重含义，其一，解释蛊卦的成因，大凡事态变故，不是在开始，也不是在中间而是在开始后或终了前的某个阶段。其二，阐发事物发展的起始与终了的关系，起始于泰，终了于蛊，泰、蛊轮回。始则有终，终则有始，十年河东，十年河西，同一人，在泰卦时通泰明亮，到蛊卦时则闭塞晦暗，此一时，彼一时，这也是天理使然。天有其理，天理通人，只是人们不懂或不信而已，故有“天有不测”之叹。其三，“先甲三日”为辛日，辛，同“新”，有布新之义。“后甲三日”为丁日，取叮咛、叮嘱之义。辛、丁都有对“蛊事”的提示、警示、警戒之义。㉘

蛊卦爻辞初六：干父之蛊，有子，考无咎，厉，终吉。

例1：初六，儿子纠正了父亲的错误，这样有了治蛊的儿子，父亲可就没有灾祸了。处在治蛊的时候，毕竟存在着危险，绝不能掉以轻心，疏忽大意，如能做到，最终是吉祥的。象辞说，儿子纠正父亲的过错，实质上是在继承和发展父辈的遗业。

这就是此爻传达的做儿子的道理，此种行为是一种“大孝”。㉗

例2：蛊卦的第一爻（初六），象征能干父亲的事业。有好的儿子（能干老父的事业），老父便没有灾咎。但要勉励勤奋，才能得到终结的吉庆。象辞说：所谓能够干老父的事业，这是说，他的志向，足以承继老父了。㉚

例3：干：意思是树的主干或主体，故而引申为主。父：父亲。父亲主持管理全家，引申为管理。干父：主管。初爻代表初级主管。蛊：疑惑。干父之蛊：对于初级主管的疑惑。子：古代男女都可称子，后来才变成对有道德文章者的美称，如老子、孔子、墨子、孟子、朱子等。爻辞的子是主管下面的办事员。考：考校，引申为质疑。有子考：若有办事员提出质疑。无咎：无罪过。意思说：若有办事员对主管提出质疑，无罪过。厉：磨砺、磨难。意思是办事员会遭受主管的磨难。吉：得。终吉：始终有所得。意思是办事员虽然会遭受主管的磨难，但经历磨难始终会有所得。作者非常了解官场，初级主管都是厉害角色。而办事员历经磨难，也会熬成初级主管。⑱

蛊卦爻辞九二：干母之蛊，不可贞。

例1：九二阳刚，与六五相应，有母子之象。匡正母亲的弊乱，不能操之过急，否则，反会把事情搞糟，所以说“不可贞”。

象辞说，纠正母亲的弊端，要采用刚柔适中的办法，既要顺应，又要匡救。

此爻说明了革除旧传统的陋习不是一朝一夕能见效的，要耐心适中，逐步解决。㉗

例2：九二爻以阳爻居中，阳刚而不失中道，将之应用到矫正社会弊病，就是要扼守中道，且不可操之过急。相对于父亲的弊病而言，矫正母亲的弊病更加棘手，需要更多的时间和精力。这必须联系周代的婚姻制度来看，周代已经确立了“同姓不婚”的制度，因此母亲多来自外姓或外族。父亲方的弊病来自本族群内部，处理起来相对容易，而母亲方的弊病不仅涉及母亲本人，更涉及族群之间的关系，如果采用急风暴雨式的方式矫正母亲遗留下来的弊病，不但达不到目的，反而会破坏亲情，甚至酿成族群之间的矛盾和冲突，因而只能在坚守正道的前提下，采用循循善诱、因势利导的方式来解决。⑲

例 3：在封建社会，女人不参政，母亲的过失只是家庭的一些琐碎之过，如溺爱、偏心等。对母亲的过错不要过于较真，其一，这些小的过错不会危害国家；其二，过于纠正母亲的不是，会伤害孝道。㉘

例 4：初九爻辞既称“父”又称“考”，而九二爻辞只称“母”而不称“妣”，可见是父已亡而母尚存。古时社会分工，一般是男主外，女主内。母亲所管辖的事局限在一家门户之内，本来不是男子应该干预的；况且母亲尚且健在主事，即便母亲有什么差错，做儿子的也不宜干预，因此说“干母之蛊，不可贞”；即使干预也要把握一定的分寸、限度，适可而止，卑顺委曲以求全，正如《象》说“‘干母之蛊’，得中道也”。㉖

例 5：母：这里不是母亲。干母：这里不是干妈。“干母”何解？《辞海》：“干母：初春由越冬蚜虫卵孵化出第一代蚜虫。雌性，体肥大，以单性繁殖，寄生在越冬寄主上。”蛊：疑惑。干母之蛊：对初春第一代蚜虫是这么生出来的疑惑。不可贞：不可以用卜筮解答。因为卜筮只能问人事吉凶，而初春第一代蚜虫是怎么生出来的疑问不是人事，所以不可用卜筮来答疑释惑。⑱

蛊卦爻辞九三：干父之蛊，小有悔，无大咎。

例 1：九三阳刚居阳位，过刚而不中。这就避免不了在纠正父亲错误的过程中有些过失，伤了父亲尊严，有些懊悔，故“小有悔”。但毕竟做的事是应该做的，没有大的过错。㉗

例 2：九三爻以阳爻居下卦的最高位，得正而不居中，有急躁冒进之象。父辈的弊病现在已经根深蒂固且深入人心，如果采用过于激进的方式迅速矫正有可能激化矛盾而后悔不已，但也不至于酿成大的灾难，毕竟矫正社会顽疾对社会发展是有利的。⑲

例 3：“小有悔”，小的悔恨。这个“小有悔”不是因为纠正父亲的过失有悔，而是方法过激伤害了父子感情有悔。㉘

例 4：三爻处于卦爻之中，故而三爻的干父是中级主管。蛊：疑惑。小：外，即外表。有：不宜有。悔：悔恨。大：内，即内心。咎：罪过。干父之蛊：对中级主管的疑惑。小有悔：他们做错事时外表表现出不宜有的悔恨。无大咎：而内心则认为无罪过。⑱

蛊卦爻辞六四：裕父之蛊，往见吝。

例 1：六四爻以阴爻居阴位，得正，但显得过于柔弱，象征一个懦弱的后辈没有勇气去矫正父辈遗留下来的弊病。“裕”是宽容和原谅的意思。从父辈时期就养成的社会弊病如果得不到及时矫正，一味姑息任其发展，必将铸成大错而无法挽回，最终会给父辈蒙羞。⑲

例 2：“裕父之蛊”就是宽容和姑息父亲在事业上所犯错误。这种姑息持续下去，就会出现灾难。象辞说，用姑息的态度去对待父亲在事业上所造成的问题，这样继续下去，不会有什么好的结果。

六四以阴居阴，有居艮之体，阴为柔，艮为止。这就表现出优柔寡断、毫无主见、得过且过的样子。以这种态度不但不能继承发展父业，反而会将父业毁于己手。

此爻提醒我们，治理弊病绝不能手软，要坚决彻底。姑息迁就，只能使弊病越积越重，父业将毁于己手。㉗

例 3：六四阴居阴位，阴弱且位不处中，是位碌碌无为的高位之人，他与九三相反，从一个极端走向另一个极端。

九三、六四爻辞阐发治蛊的方针与策略，过激和过宽都是不可取的，应该持守中正之道，讲究中庸之策。㉘

例 4：四爻是高位，故而裕父是富裕的高级主管。见：同“现”，表现。吝：吝啬。蛊：疑惑。裕父之蛊：对富裕的高级主管的疑惑。往见吝：他们往往表现得很吝啬。所以鲁迅先生说：愈有钱愈不肯放松，愈不肯放松就愈有钱。⑱

蛊卦爻辞六五：干父之蛊，用誉。

例 1：六五爻以阴爻居尊位，象征一位高贵而不失谦卑的君王。他能够利用自己的威望，虚心接受臣民的建议，矫正父辈遗留下来的社会弊病，这不仅使自己受到人民的赞誉，而且也能给父辈带来荣誉。⑲

例 2：既纠正父亲过失的一面，又继承父亲美德的一面，利用父亲的信誉、声望，光大父亲的事业。㉘

例 3：五爻是尊位，故而干父是最高的主管。用：使用。誉：赞誉。蛊：疑惑。干父之蛊：对最高管的疑惑。用誉：他们总喜欢对天子用赞誉之词。最高主管往往对天子报喜不报忧，或者对天子阿谀奉承，不乏溢美之辞。⑱

蛊卦爻辞上九：不事王侯，高尚其事。

例 1：“不事王侯”就是不为王侯办事。因为上九处蛊卦之终，下无相应，处蛊之外，好像无所作为，实质上是有所作为的。他治的不是表现出来的蛊，而是治人心之蛊。所以说“高尚其事”。也就是说，他做的事是高尚的。㉗

例 2：上九以阳爻居全卦的最高位，表示社会弊病已经到了积重难返的地步。

古代先贤认为社会开明则应该建功立业，兼济天下，如社会腐败至极，则归隐保全，我行我道以保持自己高尚的节操，不与腐朽的王侯同流合污。但“不事王侯”不能完全理解为消极遁世，而应理解为君子的应变策略。当社会弊病已经发展到无可救药的地步，在腐朽淫邪势力压倒一切的时候，君子奋起抗争无异于以卵击石，此时他只能暂时韬光养晦，以图来日复出。物极必反是社会运行法则，社会弊病发展到极致必将引发改朝换代，君子复出革故鼎新之日已近在咫尺。⑲

例 3：“不事王侯”，事，指治蛊之事，指九三、六四王侯所犯的过激治蛊和宽容治蛊的错误。不接受王侯之位治蛊的方法，不愿意重蹈覆辙。“高尚其事”尚，推崇、崇尚。纠正原来的弊端，使王侯真正成为除旧鼎新的表率。㉘

例 4：本爻中的两个“事”，前一个用作动词，为……做事的意思；后一个是名词，指事业。高尚，也用做动词，以……为高尚。

匡正、发扬光大前人的事业、非一人几人之力可为，需要广致天下人才，尤其是对于家天下的封建帝王家族来说更是如此。但总有一些人因各种原因、出于方方面面的考虑，不愿意为王侯做事而退隐山林。㉖

例 5：上爻是事之极位。爻辞省去了蛊字。蛊者，极为疑惑不解也。不事王侯：不为王侯办事。高尚其事：当作高尚之事。意思说：极为疑惑不解的是，有人把不为王侯办事，当作高尚之事。爻辞省去了蛊字，我们在读解爻辞时，一定要加上蛊字。否则，爻辞的意思则相反，变成“有人把不事王侯，当作高尚之事”。这样读解违背了作者本意。古代有些隐士把不事王侯当作高尚的事，庄子就是古代有名的隐士。⑱

第十九卦　临卦䷒坤上兑下

（一）原文

（卦辞）临，元亨，利贞，至于八月有凶。

（爻辞）初九：咸临，贞吉。

九二：咸临，吉，无不利。

六三：甘临，无攸利，既忧之，无咎。

六四：至临，无咎。

六五：知临，大君之宜，吉。

上六：敦临，吉，无咎。

（二）解读

卦辞：临，元亨，利贞，至于八月有凶。

解读："临"，卦名。"临"有三意，一为：至，到；二为由上往下看，即居高临下；三为《说文》："临，监也。"引申为监视，治理。

卦辞说，作为君主对待百姓不应居高临下，应到群众中来，了解民情，为百姓办实事，才能"元亨，利贞"。八月是雨季自然灾害多发期（凶），要注意安全。

初九：咸临，贞吉。

解读："咸"：全，都。爻辞说，全心全意到群众中去，了解民情办实事，如此才吉祥。

九二：咸临，吉，无不利。

解读：到群众中去，都为百姓着想，这做法吉祥无不利。

六三：甘临，无攸利，既忧之，无咎。

解读："甘"：甘甜。爻辞说，到群众中去说些甜言蜜语哄骗群众，是有害无利的。既然感悟到忧伤，知错必改无遗憾。

六四：至临，无咎。

解读：不应居高临下只听汇报，应亲自深入群众调查研究，听百姓的呼声，则无过失。

六五：知临，大君之宜，吉。

解读：“知”：知识，又同智、智慧。大君要用知识和智慧教化群众。“宜”：适当，适宜。这是大君适宜的做法，吉祥。

上六：敦临，吉，无咎。

解读：“敦”：敦厚。要以忠厚之心管理国家，以德治国，吉祥，无过错。

小结：

作为一国之大君，要掌控管理好国家。国以民为本，应深入群众调查研究，了解民情，做到“咸临”、“至临”。要有智慧治国的“知临”，又强调以德治国的“敦临”。

（三）选录多种解读

第十九临卦卦辞：临，元亨，利贞，至于八月有凶。

例 1：阳气在复卦时，已经蓄积其中，到了临卦，阳气足够，增长趋势已明，阳气开始回转，元亨利贞的过程就开始了。

临卦开始言元亨利贞，是因为临卦阳气盛大，群阴将消，乾卦得见。但卦辞突然一转：至于八月有凶。八月观卦二阳在上，阳气岌岌可危，再消就阳气剥尽了，故凶。卦辞这样的转折在六十四卦是很少的，物于盛时应堤防其衰，此处警示君子要看到之后的变化趋势。㉑

例 2：要知道临卦与“八月”的关系，首先要了解“十二”辟卦，即：复、临、泰、大壮、夬、乾、姤、遁、否、观、剥、坤。其分领十二个月。临卦是二阳息阴，建丑，领第十二月（阴历腊月）。复至乾六卦，是指阴阳二气阳长阴消的过程。姤至坤六卦，是阴长阳消的过程。十二辟卦也称十二消息卦。乾坤二卦为消息之母。㉗

例 3：临的本义是由上往下看，引申为接近、临近的意思，本卦讲君王对民众的治理问题。从卦象来看，临卦上卦为坤，代表地，下卦为兑，代表泽，地在泽上，象征君王居高临下，地又延伸到泽中，象征君王莅临民众，上下和睦，这是极为亨通的。治理民众务必坚守正道，不可劳民伤财或横征暴敛。进入八月，阳气将盛极而衰，阴气日渐积累，卦辞以此警示统治者时刻保持戒惧心理，不可耽于太平盛世而放松勤勉的意志。⑲

例 4：临卦。具有根元的、亨通的、利益的、贞正的四种德性。但到了八月则有凶。㉚

例 5：“元亨，利贞”，元亨，指从蛊卦来到临卦亨通，即改革后始初亨通。利贞，指改革后要坚持、巩固改革成果。“至于八月有凶”，临卦代表消息卦十二月，由二阳四阴组成，二阳在下，四阴在上。阳气上升，逐渐逼退阴气，为阳长趋势。八月为消息卦观卦，观卦也是二阳四阴组成，但二阳在上，四阴在下，虽卦面相同相等，但因阴阳位置不同而卦义不同，为阴长趋势，阴气将逐渐逼退阳气，故而为凶。㉘

例6：本卦六爻大部分是从正面列举正确的统治之术，其断语大部分也是吉的。正确的统治之术无疑有利于统治者的统治，因此卦辞说“元亨，利贞”。古人信奉天人相应，往往以自然现象类比社会现象。在自然界中，春生、夏长、秋收、冬藏，到了秋天，七月阴气始生，八月阴气已盛，草木凋零，万物萧条，因此以“八月”比喻统治的残暴、苛虐。以残暴、苛虐之道统治天下，民众口服而心不服，非长治久安之道，长此以往，势必激起民众的反抗，最终推翻统治者，因此说“至于八月有凶”。

例7：临，卦名。其卦象是临卦由上坤下兑两经卦组成。《说文》：“临，监也。”段玉裁注：“监，视也。监，临下也。”所以，临是监视、监管。依先天八卦，坤为土地，兑为泽水，临卦乃土地监管泽水之象。依后天八卦，坤为母，兑为少女，临卦乃母亲监管少女之象。少女（年龄12~18岁）未成年，母亲要对其进行监管。临卦以母亲监管未成年的少女，象征周王朝监管天下的臣民。母亲监管未成年少女是因为母亲的慈爱，所以周王对臣民的监管也要出自慈爱。故而古语说：“天子爱民如子。”老子曰：“爱以身为天下，若可托天下。”

临卦是月卦，月建干支历丑月（农历十二月）。临卦是十二月，表示母亲对未成年少女全年十二个月都要进行监管，周王对臣民全年十二个月都要进行监管。⑱

临卦爻辞初九：咸临，贞吉。

例1：初九爻以阳爻居阳位，阳刚而得正。“咸”是“感”的通假字，即感化的意思。初九位于全卦的最下方，象征君王亲自深入民众的最底层去体察民情，用自己高尚的德行去感化教育民众，使民众心悦诚服。用感化的方式去治理民众绝不是走形式，做样子，而是要坚守正道，以内心的真诚和实际行动教化民众，如此才能获得吉利。⑲

例2：“咸临”，感，感应、感化。与初九的感应，来自六四，因初九与六四相应。六四秉承君王旨意，来到民间，探访民众疾苦，初九受到感化，标志着君臣民众上下和谐。㉘

例3：初爻是平民之位。《说文》：“咸，皆也；悉也。”临：监管。咸临：对民众全年皆能进行监管。贞吉：主吉。意思说：周天子能做到对民众全年皆进行监管，主吉。⑱

临卦爻辞九二：咸临，吉，无不利。

例 1：九二以阳爻处阴位，以刚居柔，刚柔相济。这样治理是吉祥的，没有什么不利的。刚，指的是用法律手段治理。柔，指的是用道德教育感化。㉗

例 2：九二与六五相应，与六五相互感应。九二刚健得中，德才兼备，此时受到君王的信任与嘉奖，将来要成为治世明君，为本卦卦主。㉘

例 3：初九、九二讲的都是“咸临”。“吉，无不利”是对“咸临”的进一步肯定。㉖

例 4：二爻是大夫之位。临：监管。咸临：对大夫官全年皆能进行监管。吉：善。无不利：周天子对大夫官全年十二个月皆进行监管，没有不利的。⑱

临卦爻辞六三：甘临，无攸利，既忧之，无咎。

例 1：六三以阴居阳，不中不正，居兑体之极，有位而无德。故用甜言蜜语取悦于下，故“甘临”：因此没有什么利可图。当认识到自己这种行为是不正当的，便心存忧虑，立即能改过自新。所以“既忧之”：这样做也就没有什么灾祸了。㉗

例 2：六三爻以阴爻居阳位，又位于下卦的最上方，象征一位懦弱而又不中不正的君王。他既没有高尚的德行，又缺乏治理民众的才能和威望，因此他只能用甘言美语去骗取民心，用一些无法兑现的承诺去取悦于民。甘言美语或许能欺骗民众一时，但久而久之民心自然散去，因此用甘言美语来治理民众是没有好处的。君王若能有所忧虑及时反思存在的问题，加以改正，也就不会有更多的灾祸。⑲

例 3：甘，甜，这里指六三以巴结的言语和表情取悦来者。这种行为不应该受到指责，因为他处境不好，是一种自我保护措施。来临者，指九二。六三处在兑卦的上爻，似兑卦之口，兑卦为悦，故六三擅长察言观色，能言善辩。“无攸利”，无所往，即不利于前往。因前往无应，皆阴阴相斥。㉘

例 4：甘，通“拑”，拑制、强制的意思。“甘临”是一种强制的统治方法，不能从根本上化解矛盾，而只能激化和加剧矛盾。虽然被统治者可能暂时屈从，但一等机会来到，便会群起反抗，以暴易暴，危及统治者。因此“甘临”从长远来看是对统治者不利的，因此说“无攸利”。既然已经认识到这种统治方法的不可取并加以及时调整、改变，也可“无咎”，又如《象》说“既忧之，咎不长也”。㉖

例 5：三爻是诸侯之位。甘：美。临，监管。甘临：对诸侯的监管只看到美好的一面。因为周王朝实行分封制，王室子弟大多数外封为诸侯，周天子出于手足之情，往往只看到他们美好的一面。无攸利：没有一点好处。意思是周天子只知诸侯美好的一面，不知其丑恶的一面，没有一点好处。既：已。忧：忧愁。无咎：意思是既然已经为监管诸侯失察而忧愁，无罪过。知忧者已知错，知错才能改，故而无罪过。⑱

临卦爻辞六四：至临，无咎。

例1：六三、六四为人位，阳气息长皆难。可知君子以浩然阳气行人事，甚为不易，故当坚持以阳消阴，刚健行事，事功能成。㉑

例2：六四爻以阴爻居阴位，得正，虽位于上卦，却最接近下卦，象征一位正直宽容，亲近于民的君王。“至”本义是“鸟儿从高处下飞至地上”，此处引申为君王亲近于民，体恤民患，与民同乐。于现代社会来讲，就是领导要走群众路线，从群众中来，到群众中去，永远不要脱离群众，这种亲民的领导无不受到群众的拥戴，因而能免于执政中的灾祸。⑲

例3：至，最高，最佳。六四与下兑卦泽水相邻，是地与泽的交界处，立地临水，位置最佳，呈现临卦之大象。㉘

例4：四爻是国公之位。至：极致。临：监管。至临：对国公进行极致的监管。无咎：周天子出自爱心对国公进行极致的监管，无罪过。⑱

临卦爻辞六五：知临，大君之宜，吉。

例1：五乃尊位，阳息至五，有大君居而行事之象，君子于此行事，则能事成。㉑

例2：六五爻以阴爻居尊位，恰似一位中和而包容的君王。“知”是“智”的通假字，智慧的意思。大君即伟大的国君，一个伟大的国君善于用自己非凡的智慧去治理国家。大君之智慧不是一般的聪明才智，更不是权谋之术，而是一种顺天应时的大智慧，他以高尚的德行去感化民心，以超凡的才能去统御民众，以亲和的情怀去体恤民情，以包容的胸怀去倾听民声，以这样的大智慧来治理国家无疑是吉利的。⑲

例3：六四爻辞中所说的“至临”固然应该肯定，但一个人时间、精力、能力毕竟都有限，尤其是作为一个高层统治者，如果事无巨细，都躬身亲临，也有很多弊端。

其一，分身乏术，穷于应付，导致身心疲惫。

其二，由于身心疲惫，进而导致决策失误。

其三，不利于调动下属的积极性，养成下属推诿、依赖的心理。

因此，领导者凡是都亲至亲为，不仅实际上不可能做到，即使能够做到也是一种很不明智的做法，不值得提倡和鼓励。㉖

例 4：五爻是天子之位。知：通智。临：监管。知临：对周天子明智的监管。大君：周王朝的三王（太王、王季、文王）。宜：适宜。大君之宜：对周天子明智的监管，适宜用先祖大君制定的祖宗家法。吉：天子若遵从大君之道，吉善。爻辞敬告当朝天子，对王权的监管除了神圣，还有祖宗家法。祖宗家法也是神权，所以古代王朝是神权至上，不是王权至上。因此，中国王朝天子与封建皇帝最重要的功课是祭天地和祭祖宗。⑱

临卦爻辞上六，敦临，吉，无咎。

例 1：君子于此高位，虽阳气盛满，事功皆无可阻，然需留意其衰之迹。易道盛衰互根之理，尤当了然于心。㉑

例 2：上六爻以阴爻居阴位，得正，且位于全卦的最上方，象征对民众的治理已经达到了圆满的顶点。上爻通常寓意物极必反，因而并不吉利，但爻辞却判之以“吉，无咎”，原因就在于君王能够以一种敦厚笃实的态度来对待他的臣民，得到了民众的真心拥戴，从而避免盛世中的危机。⑲

例 3：敦，厚，敦厚。“吉无咎”，吉，指他这样做没有违背人情常理，因而“无咎”。无咎是“敦临”的结果，本来有咎，上六为临之极位，无职无位之临，已经成为人们的累赘，因他敦厚仁义，人们不再厌烦他，这个“吉无咎”并没有多大意义。㉘

例 4：敦临：在先祖画像前审视自己是否慎终如始遵守先祖之道。吉：善。无咎：当朝天子在先祖的画像前，认真审视自己是否遵守先祖之道，无罪过。所以，中国的皇帝在太庙里必定供奉先祖的画像和神位。⑱

第二十卦　观卦䷓巽上坤下

（一）原文

（卦辞）观，盥而不荐，有孚顒若。

（爻辞）初六：童观，小人无咎，君子吝。

六二：窥观，利女贞。

六三：观我生，进退。

六四：观国之光，利用宾于王。

九五：观我生，君子无咎。

上九：观其生，君子无咎。

（二）解读

卦辞：观，盥而不荐，有孚顒若。

解读：“观”，卦名。“观”：观察，考察，观看，观光。“盥”（guàn音灌）：洗手用的器皿。“荐”：祭祀用的祭品。“顒”（yóng音喁）：仰慕，恭敬。“若”：如、像。卦辞说，祭祀前仅洗手，没供上祭品，诚心诚意恭仰，有同样效果。

初六：童观，小人无咎，君子吝。

解读：“童”即“小人”。爻辞说，幼童观察事物是浮浅的，是表面现象，因为幼稚无知，没有过错。若是君子大人这样则羞耻。

六二：窥观，利女贞。

解读：“窥”：从缝隙中看，偷着看。古代男尊女卑，女子关在家里从门缝中看外边事物，不出门不惹是非，利于女子贞洁。喻意观察事物有局限性，是贬义词句。

六三：观我生，进退。

解读：回顾以往的经历，总结出经验与教训，采取进或退。

六四：观国之光，利用宾于王。

解读：“光”：光景，情况。“宾”：宾客，君王的宾客。

爻辞说，观察民间情况，了解实际情况，有利于宾客向君王汇报。

九五：观我生，君子无咎。

解读：此爻“观我生”与六三爻“观我生”意义不同，此爻九五是尊位，是君王。“观我生”是君王下到百姓间亲自考察民生，君王此做法无遗憾。

上九：观其生，君子无咎。

解读：君子考察别人管辖地区的民情，以便借鉴管理经验，君子此做法无过失。

小结：

“观”卦阐述君子或君王如何观察明辨民情，不能幼稚的“童观”，不要坐井观天的“窥观”，应到民间观察的“观我生”，还应到他人管辖区取经“观其生”。如此才能总结并吸取对事业的成功经验与失败的教训。

（三）选录多种解读

第二十观卦卦辞：观，盥而不荐，有孚颙若。

例 1：祭祀之礼中，盥礼以心祭神，荐礼以物祭神。观物的时候常会留意外在，但观卦的本质在于观心，心观则神见，故卦辞突出了要内心信敬，而对外在的物祭则放在次要位置。㉑

例 2：观是观察的意思，同时有观下和瞻上两层含义。本卦讲不同的人有不同的观察方式。从卦象来看，观卦上卦为巽，代表风，下卦为坤，代表地，风吹拂大地，无孔不入，万物受风润泽而生机盎然，君王受此启发，巡游四方，观察民情，体恤万民，此为观下。从爻象来看，观卦两阳爻位于全卦的最高位，诸阴爻均在阳爻下方，阴爻仰视阳爻，此为瞻上。在上者观下以察民情，在下者瞻上人心归顺。“盥”是祭祀前洗手，“荐”是祭祀时献上祭品，“孚”指诚信，虔诚，“颙若”指庄严肃穆的样子。洗了手而没有献上祭品，这说明在祭祀的时候心意虔诚比祭品更重要，在祭祀初始阶段即洗手的时候人们就已经心生诚意感受到了庄严肃穆的氛围。卦辞以祭祀为喻，旨在说明无论是观下还是瞻上都必须有诚心，君王“观下”不是走形式，而是真心体察人民的疾苦，民众“瞻上”不是阿谀奉承，而是由衷归顺服从。⑲

例 3：观卦。象征斋戒或祭祀前的盥洗，但不亲献祭品。犹如已有孚信于人，只须齐庄中正以临观天下，如此便可以了。㉚

例 4：盥，（音 guàn），洗手。荐，祭品。“盥而不荐”即在未上祭品前洗手。“有孚颙若”，有孚，有诚信。颙（音 yóng），向上望，仰慕之义，表示庄严而恭敬。卦辞只叙说祭祀前的两个仪式，没有再叙说祭祀的过程，其目的是借这种祭祀前的庄严、神圣的仪式，把对上天和祖宗的虔诚恭敬之心表达出来，表达的目的不是给天看的，是给臣民们看的，人们看到君王对天和祖先虔诚、敬仰至尊，进而对君王产生仰慕、虔诚之心，从而完成由“自观”到“人观”，再到“大观”的过程。㉘

例 5：盥：盥手。古代盥手是用瓢舀水淋洗双手，而水流注于盘。所以，盥字上部左边是左手，右边是右手，中间是水，下部是皿。荐：草席。古人席地而坐，坐下有草席，草席谓之荐。盥而不荐：参加禘祭者盥手肃立不能坐下。有：不宜有，引申为大。孚：生。有孚：大牲。颙：大头。若：表示状态。有孚颙若：祭祀用大牲是大头牛。古代猪牛羊是大牲，其中牛头最大，故而卦辞言“颙”。卦辞告诉我们，古代王朝禘祭时要杀牛以祭。⑱

例 6：观：卦名，观看，观望，观察。卦象坤下巽上。盥：马融曰：“进爵灌地以降神也”，即用酒洒地祭神。荐：献牲于神。盥而不荐：只祭酒不献牲。有：用、以。孚：诚信。颙若：仰望貌。有孚颙若：以诚信严肃的神情仰望于上（指上天）。在祭酒而尚未献牲之时，以诚信严肃的神情仰望上天。㉛

观卦爻辞初六：童观，小人无咎，君子吝。

例 1：初六阴柔，又居最下层，如同稚童一样，看事物看得不清楚、不准确。对于一般庶民来讲，看问题幼稚、狭隘，是正常的，不会有过错。可是对君臣来说，那就不一样了，如果天子大臣童观，就会铸成大错。

象辞说，小人位卑而见识短浅是可以谅解的。天子大臣童观，那就会吝难天下了。

此爻说明，作为手握重权之人，目光短浅，思想守旧，将会给一个地区或一个国家带来灾难。㉗

例 2：初六爻位于全卦的最下方，距离全卦中的阳爻最远，象征目光短浅，不能高瞻远瞩，就像一个儿童观察事物一样，由于生活阅历浅薄，儿童往往只能看到当前的利益，而不能放眼未来，其分析问题只能看到表面，而不能深入问题的本质。如卑鄙无耻的小人采用这种鼠目寸光的观察方式，这对于全社会来讲也不失为一件幸事，因为他们目光越是短浅，对社会的危害就越小，但担当社会重任的君子如缺乏远见，则不但不能治理国家，而且会给自己带来羞辱。⑲

例 3：童，古时指奴隶，后泛指没有受过教育的人。因小孩没有受过教育，故引申为童。童没有得到教育，不是他们不想得到教育，而是社会规定不对其教育，认为奴隶只知道做具体事就行了，没有必要教育。“童观”即儿童的眼光。儿童认识肤浅，是因为他没有阅历，没有接受教育的原因。“小人无咎”，小人，原指儿童、无知的人，后外延不断扩大，泛指无知、无德、无信、无礼、阴险、浅薄等人，也指女人。小人无咎，指小人本来就目光短浅，是没有什么过失值得追究的。“君子吝”即如果君子也像小人那样目光短浅那就会受到困辱了。因为君子只有高瞻远瞩，胸怀大志才能担当治理天下的大任。㉘

例 4：童：今之“僮字”。古代“儿童”的“童”是“僮”字。观：禘祭。小人：平常人。君子：诸侯。周王族姓姬，这里是指姬姓诸侯。例如，鲁、燕、晋、卫、管、蔡等都是姬姓诸侯。吝：恨、痛。童观：孩童参加禘祭。小人无咎：平常人家的孩童参加禘祭无罪过。因为禘祭是祭祀周王族的先祖，平常人家的孩童参加禘祭是尊敬周王族的先祖，何罪之有？君子吝：姬姓诸侯的孩童参加禘祭是祭自己的先祖，因为自己没有很好地遵从先祖之道，所以姬姓诸侯的小孩参加禘祭有悔恨有悲痛。⑱

观卦爻辞六二：窥观，利女贞。

例 1：六二爻以阴爻居阴位，得正而且柔顺，恰似一位身居闺中的大家闺秀。古时女性是不能随意抛头露面的，她们观察世界只能透过门缝窥探，这种观察方式犹如坐井观天。无疑是狭隘而片面的。女性用“窥观”的方式来观察世界是迫于封建礼俗不得已而为之，只要她们能坚守正道也并无大碍。显然，这种狭隘片面的观察方式对君子来讲是不可取的，他应该以更广阔的视野去观察世界。⑲

例 2：六二与九五正应，六二观于九五，由于六二柔弱，从门缝窥视九五，如同女子从门缝观看。对于女子来讲，若不失贞正，是有利的。㉗

例 3：观卦的第二爻（六二），象征偏狭的窥察，利于女子的贞正。象辞说：所谓偏狭的窥察，形容它偷看女子的贞节，这是一幅很丑恶的图案。㉚

例 4：窥，本义指暗中观看，使被看的人不知道在被看。窥，一般有障碍物挡住看的人的视野，多指透过门缝、窗户缝窥测。这里的“窥”引申为暗地的阴谋行为。“利女贞”，贞，这里指妇道。女子天生害羞、腼腆，况古时男女有别，不能直面，只能窥观，所以窥只适用于女人。㉘

例 5：贞：主。女贞：女主，即王室家族的女主人。窥观：偷看禘祭典礼。利女贞：有利于王室家族的女主人。由此可知，周王朝不允许王室家族女主人参加禘祭典礼，女主人只能躲在一旁偷看，其他女人则连偷看的权利都没有。⑱

观卦爻辞六三：观我生，进退。

例 1：六三爻以阴爻居下卦最高位，失正，而且第三爻是一个可进可退的位置。“观我生”就是反观自省，在观察自身生存环境的基础上，检讨自己的思想和言行，以决定进退。如果环境与自己的行为方向是一致的，则毅然前进。如果环境与自己的行为方向不一致，则急流勇退，等待时机成熟再图进取。⑲

例 2：“观我生”，观察思考当前的位置对自己生存的利弊。“进退”这里指退，或进中有退，以退为进，退为了保身保誉。㉘

例 3：爻辞“观我生”就是说观察我宗族内部的情势。宗族内部的力量是成就一切事业最基本、最可靠的力量，因此要想有所进取、有所成就，首先要观察自己宗族内部的情势，以确定正确的方针策略，正如《象》说：“‘观我生，进退’，未失道也”。㉖

例 4：三爻是诸侯之位，这里是姬姓诸侯。观：审视。观我生：姬姓诸侯禘祭时面对先祖的画像审视自己的一生。进退：就知道进退了。⑱

观卦爻辞六四：观国之光，利用宾于王。

例 1：“观国之光”指的是六四观九五，九五处君位，君王可以代表国家。“光”指的是风俗民情的盛况。也就是通过观察国内的民情风俗之盛况，有利于人们成为嘉宾贤臣来辅佐君王。古代，贤能的人步入仕途，进入朝廷称之为宾。㉗

例 2：“观国之光”，表意为君王邀请六四观礼，实为六四得到君王的信任去仰观君王。“利用宾于王”，宾，一指宾客，二指入士，只有取得入士的资格，才可以为国家做事，为国家做事才能为宾。这里有双重意思，表意为宾客，实意为效劳于君王。㉘

例 3：四爻是王朝大臣之位，这里指王族姬姓子弟为大臣者。观：审视。国之光：国家的光明。观国之光：在禘祭时面对先祖的画像审视国家的光明。

利用宾于王：使更多蛮夷之地宾服于王朝。意思说周王朝越强大，宾服于周王朝的国家就越多，越发显示周王朝的光明。⑱

观卦爻辞九五：观我生，君子无咎。

例 1：“观我生”是指九五自观。“生”指的是自己的所作所为。九五处君位，阳刚中正，要知道自己做得如何，首先要观民，民风民情淳正，那就说明君王施行的是中正之道，当然也就没有什么灾祸了。象辞说，君王观察自己的所作所为，首先观察民风民情，如淳正，说明自己是一个英明的国君。㉗

例 2：“观我生”即观自己。因君王的生存是与民众的生存密切联系的，所以君王观自己不是直观，而是间观、对观、下观。通过观察民情、民生来总结、反省、调整治国方略。可见，这是位明君。㉘

例 3：谋划、成就大事业，需要团结、联合各方力量，但宗族内部的力量是最基本、最可靠的。因此，首先要对宗族内部的力量有一个正确、清醒的估计，这是决策、行动的出发点，因此六三爻中说“观我生，进退”，本爻中说“观我

生，君子无咎”。㉖

例 4：九五是王位。这里的九五爻辞，我认为是写周公旦。

观我生：周公旦审视自己的一生。君子：诸侯。周公一生是诸侯，其封地是鲁国。君子无咎：我当诸侯无罪过。这是周公旦在禘祭时向先祖交差，他没有篡夺王位，他一生忠诚辅佐周成王。传说周公旦创作了《周易》的爻辞，看来是有根据的。因为只有周公旦才能写出爻辞“观我生，君子无咎”。⑱

观卦爻辞上九：观其生，君子无咎。

例 1：上九爻以阳爻居全卦最高位，象征一个阳刚而盛气凌人的君王。作为一国之君，他受万民敬仰，容易产生高高在上、唯我独尊的思想，这样的君王脱离民众，不能及时了解民情，势必招致祸患，因此爻辞给予“观其生”的告诫，也就是劝告君王时刻不忘人民疾苦，要体察民情、观察人民的生活状态，以此免除灾祸。⑲

例 2：“观其生”的“其”指别的或他人，而不是指自己。就是指上九观九五，向九五学习，以君子为榜样，必然就无咎了。㉗

例 3：“观其生”，也是观察民众的生存状况，但这里与九五不同，九五是通过观察民生，反过来“观”自己做得怎么样，从而调整治国方略，而上六只是直观而已。作为上六，能够走到民间关注民生已是难能可贵了。㉘

例 4：由九五的“观我生”到上九的“观其生”，表明观察的范围由内而外进一步扩大，不仅观察、了解本宗族的情势，而且也观察、了解其他宗族的情势，这是不同于“窥观”片面的观察，而是全面的、广泛的观察。如果你是一位君子的话，就应该如此，因此说“君子无咎”。㉖

例 5：上爻是祖宗之神位，这里是指周王朝的先祖（太王、王季、文王）。其：代表先祖。先祖们生前都是诸侯，故而言君子。观其生：综观先祖们（太王、王季、文王）的一生。君子无咎：他们当诸侯无罪过。从这句爻辞可知，《周易》是周王室人员创作的。⑱

第二十一卦　噬嗑卦䷔离上震下

（一）原文

（卦辞）噬嗑，亨，利用狱。

（爻辞）初九：屦校灭趾，无咎。

六二：噬肤灭鼻，无咎。

六三：噬腊肉，遇毒，小吝，无咎。

九四：噬干胏，得金矢，利艰贞，吉。

六五：噬干肉，得黄金，贞厉，无咎。

上九：何校灭耳，凶。

（二）解读

卦辞：噬嗑，亨，利用狱。

解读："噬嗑"，卦名。"噬"（shì 音适）：咬。"嗑"（hé 音合）：合也，合口，闭口。"噬嗑"：咬合，嘴里咀嚼吃东西。

六十四卦中讲刑罚共有两卦，"讼卦"和"噬嗑"卦。"讼"卦是讲诉讼的，"噬嗑"卦是讲审理案件轻重和治狱的卦。为了社会的安全与稳定，"利用狱"对犯罪者进行审理与惩治，对社会对百姓有利，故能亨通。

初九：屦校灭趾，无咎。

解读："屦"（jù 音句）：同"履"、鞋。"校"（jiào 音教）：古代木制刑具。"灭"：覆盖、遮盖。

爻辞说，罪犯很轻，仅戴上木制刑具把脚还覆盖上，怕别人看见，仅限制走路，无大妨碍。

六二：噬肤灭鼻，无咎。

解读："肤"：软的肉，寓意煮烂的肥肉。"灭鼻"：把鼻子遮盖了。

爻辞用比喻犯罪程度来审理案件轻罪或重罪，在以下爻辞中还用："噬腊肉，遇毒"，"噬干胏，得金矢"，"噬干肉，得黄金"等作比喻。

六二爻辞说，审案者对此案很易判断，就像一块大烂肉大到往嘴里吃时，把鼻子都遮盖住，在嘴里很易"噬嗑"吞下肚里，很顺畅，罪情轻，无大灾祸。

六三：噬腊肉，遇毒，小吝，无咎。

解读："腊肉"：干肉。审理此案较难，因干肉需用力细嚼，还夹杂发霉的毒素，对此案审理有些辛苦，案件虽然复杂些，实质罪情并不重，较轻，无大过错。

九四：噬干胏，得金矢，利艰贞，吉。

解读："胏"（zǐ 音姊）：带骨头的肉。"金矢"：金属箭头。

爻辞显示，此案情比六三爻难断案，此爻是啃骨头，又故意夹杂进去金属箭头制造难度，经艰苦判断实质案情不算重，对判案人员来说还算顺利。

六五：噬干肉，得黄金，贞厉，无咎。

解读：吃干肉，又加进去比干肉还硬的黄金，历经层层困难，分辨出罪情轻与重，无过错。

上九：何校灭耳，凶。

解读："何"：荷，担负荷，扛着。"何校"：肩扛着木制刑具。

爻辞表示，此罪情毋庸置疑，当机立断，必须戴上把耳朵都盖上的枷锁，凶险。

小结：

为了社会的安定，为了百姓生活安全有保障，需要以法打击刑事犯罪，"利用狱"来惩罚罪犯。审理案件判断罪刑的轻重程度，决定处罚使用何种刑具。用"噬嗑"形容难易程度来比喻罪情的轻重。初爻开始，罪情很轻，易判，当场"屦校灭趾"。然后逐渐加大难度，即"噬肤灭鼻"、"噬腊肉遇毒"、"噬干胏得金矢"、"噬干肉得黄金"，最后罪大恶极者上来就"何校灭耳，凶。"

（三）选录多种解读

第二十一噬嗑卦卦辞：噬嗑，亨，利用狱。

例 1：《序卦传》说："可观而后有所合，故受之以噬嗑。"有了可观的成就，人心必相和，故观卦之后是噬嗑卦。

噬嗑，噬是吞咬的意思；嗑是指上下牙合起来咬硬的东西，如嗑瓜子。嘴张而欲合，由不通变为亨通。噬嗑也就是咬住大案要案不放，执法如山，所以说是亨通。有利于用刑断狱。此卦上离下震，震为雷，为动。雷声大震，有震慑之意。离为火，为电，为明。有明判是非之意。故有利于用刑治狱。㉗

例 2："噬"是咬的意思，"嗑"是上下颚合拢，"噬嗑"就是将上下颚之间的东西咬碎之后合拢。噬嗑卦讲古代的刑罚。从卦形来看，噬嗑卦初爻和上爻均为阳爻，而中间九四爻亦为阳爻，其余诸爻皆为阴爻，恰似在嘴巴上下颚之间塞进了一个硬物，必须咬断硬物嘴巴才能合上。从卦象上看，噬嗑卦上卦为离，代表火，下卦为震，代表雷，整个卦象犹如雷电交加，以雷电之威力象征刑罚之威严。《周易》主张教化民众，并不提倡滥用刑罚，但施用刑法对维护稳定的社会秩序是完全有必要的。犹如口中塞入硬物，必咬碎之才得通畅，一些严重破坏社会秩序的行为必须用刑罚以革除之，如此社会的发展才能亨通。⑲

例 3：解析卦名。噬嗑，噬，啮也，咬；嗑，合也。用上下牙将有壳或硬的食物咬碎，即啮合，引申为利用刑罚，除去隔阂。噬嗑卦卦象似口，初九和上九比上下颌，三阴爻比牙齿，阳爻九四比口中之物，有啮合之象，咬合食物，可致亨通。噬嗑卦由上离火、下震雷组成，雷电火光交加，大动而明，威明兼备，震慑四方，将阻隔之物清除，而致亨通，便是噬嗑卦的卦象，是谓火雷噬嗑。《序卦传》曰："可观而后有所合，故受之以噬嗑，嗑者，合也。"通过观察、调查发现阻碍发展的弊端，施以刑罚，清除障碍。天打雷劈，本为天象，君王效法于天，以雷电般的迅猛，将危害国家安全、阻碍社会发展的坏人绳之以法，以此震慑人们弃恶从善。

解析卦辞：噬嗑卦辞简明，只有"亨。利用狱"四个字，可这却是对贤明君王治世经验的高度概括和总结。"利用狱"是噬嗑卦的过程，即利于判别真伪，用刑狱决断。亨是噬嗑卦的结果。该是决断清除障碍、弊端的时候了，实现亨通。噬嗑卦前面是观卦，君王通过观察总结，民众的愿望不外乎安居乐业，于是君王以身作则，率先垂范，可民众仍然不能安宁生存；于是君王虔诚地祭祀上天、宗庙，教化人们弃恶从善，但邪淫腐败现象仍然存在；于是君王明白了，邪恶不除，国无宁日，必须用重典惩恶才能实现民众安居乐业的愿望。㉘

例 4：本卦是以咬吃、咀嚼食物比喻对犯人的惩治。六爻之中，初九、上九两爻直接描述对犯人的惩治；六二、六三、九四、六五以咬吃食物比喻对犯人的惩治。㉖

例 5：噬嗑者，因为饮食、多言而获罪判刑也。亨：通，表示很常见。意思是因为饮食、多言而犯罪判刑者很常见。利用狱：国家利用监狱来改造罪犯。⑱

噬嗑卦爻辞初九：屦校灭趾，无咎。

例 1：初九爻位于全卦之始，象征在犯罪的最初阶段，此时犯罪情节较轻。"校"是木制的枷锁，给脚套上枷锁，刚刚遮住了脚趾，比喻刑罚轻微。给小有过失的人施以轻微的惩戒，目的在于以防范其铸成大错，以免除更大的灾祸。⑲

例 2：屦校，一种将人的脚套住的刑具。从卦形上看，整个噬嗑卦形似一具大的枷锁，初九则是脚镣，这个脚镣很大，连脚趾也被包在刑具里面。只戴上脚镣，并没有戴上手铐和枷锁，说明罪行不重，因将其囚禁，犯罪行为已经制止，因此无咎。这里“无咎”是指这个人已经得到了惩戒，以后不会有大的过失了。㉘

例 3：噬嗑：初爻表示初进监狱的罪犯。屦：用麻葛制成的鞋。校：木枷。灭：通“没”，遮没。趾：脚趾。灭趾：从上往下看木枷很大遮没了脚趾，不是消灭了脚趾。屦校灭趾：给罪犯戴上遮没脚趾的大木枷。无咎：无罪过。意思是为了防止罪犯逃跑，给初进监狱的罪犯戴上大脚枷，无罪过。⑱

噬嗑卦爻辞六二：噬肤灭鼻，无咎。

例 1：六二爻以阴爻居阴位，得正，又位于下卦的中位，象征一位中正的执法者。由于他能秉承中正之道，量刑合理，当重则重，当轻则轻，因此他很容易使罪犯服从刑罚。“肤”是皮下的肥肉，肉质鲜美细嫩，轻轻一咬连鼻子都陷进了肉里，比喻中正的执法者处理案件比较轻松，犯罪分子很快服罪。⑲

例 2：“噬肤灭鼻”，噬，咬。噬肤，这里指行刑致使皮肤受伤。灭鼻，鼻刑，也叫劓（音 yi）刑，将鼻子部分割去。关于“噬肤灭鼻”有三种解释：第一种观点认为六二吃肉吃相太贪，咬肉的时候肉把鼻子遮住了；第二种观点认为六二中正，执法有度，在惩治中只是伤及罪犯皮肤，再施以鼻刑；第三种观点认为，六二犯了罪，惩罚并不重，只是伤及皮肤，受了鼻刑。第一种观点，解释“噬”为吃似乎贴切，但吃相不雅只能体现粗俗与滑稽，与刑罚并没有关联；第二种观点，以中正解释六二执法持中有度似乎贴切，但六二为士大夫之位，士大夫乃有名无位之阶层，是没有断案行刑之权的。因此本人同意第三种观点。㉘

例 3：“肤”比喻所犯罪过较轻、容易整治驯服的犯人，“噬肤灭鼻”比喻整治犯人过于严厉、矫枉过正。但其最终目的还是为了使犯人改过自新、走向正道，因此又说“无咎”。㉖

例 4：噬肤：原本意思是食肤，引申为在皮肤上刺字。在头面的皮肤上刺字，这是古代的墨刑。灭鼻：割去罪犯的鼻子，这是古代的劓刑。无咎：意思是说对罪犯施行墨刑与劓刑，无罪过。现代法律认为，对罪犯施行墨刑与劓刑，罪犯生不如死，对罪犯的心理伤害最大，所以现代法律取消了墨刑与劓刑。⑱

噬嗑卦爻辞六三：噬腊肉，遇毒，小吝，无咎。

例 1：六三是用刑之主，断案时不但没有制服罪犯，反而遇到了一些麻烦。就像吃了变味的腊肉一样，不小心而中毒。但这只是小的危险，最终无咎。象辞说，咬腊肉时遇到了毒害，是因为六三以阴居阳位，不中不正所造成的。㉗

例 2：六三爻以阴爻居阳位，又位于下卦的最高位，不中不正，象征执法者有失中正之道。“腊肉”指干肉，肉质坚韧，且由于存储时间过长而往往有毒，人吃干肉不但嚼不动而且还会中毒，爻辞以此比喻执法者本身失正，量刑难以服人，甚至会给自己带来羞辱。但是受刑的人毕竟犯了罪，理应受到惩罚，即使执法者用刑不当罪犯也不能因此逃脱罪责。⑲

例3：腊肉即腌渍风干的咸肉。这里指腊肉没有腌渍好，腐败变质。小吝，指咬了一口发现肉变质就没有再吃了。㉘

例4：风干后的肉干而硬，不易咬嚼；并且制作保存不当有时会变质，食用时中毒。爻辞以此比喻犯人不易整治，给执法者制造诸多麻烦、困难；同时，这其中也有执法者用刑不当的原因，因此说“小吝”。如能及时调整策略。改变方法，犯人终究会驯服，因此又说“无咎”。㉖

例5：噬腊肉遇毒：罪犯食整体晒干的小禽兽肉时，遇到腊肉变味的情况。小：表示外，即外表。吝：恨痛。小吝：外表很痛苦。因为三爻本身是内卦，所以“小吝”的真实含义是内急外苦。内急是拉肚子，外苦是表情痛苦。无咎：食了变味的腊肉，罪犯内急外苦拉肚子。因为监狱不是有意这样做，所以无罪过。⑱

噬嗑卦爻辞九四：噬干胏，得金矢，利艰贞，吉。

例1：吃了有骨头的干肉，并咬到了打猎时射进肉里的铜箭头。这预示着在办案中，要有金石般的刚直品德，并且要坚守中正的原则，即使是复杂艰难的案子，如此办理也是吉祥的。㉗

例2：九四爻以阳爻居阴位，阳刚而不失柔顺之德，象征一个刚柔兼具的执法者。“胏”指带骨头的干肉，是比腊肉更难咬的干肉，比喻顽固不化的犯罪分子。“金矢”是铜制箭头，古人狩猎常用弓箭，猎物晾干后制成干肉，而箭头往往还留在肉中，铜制箭头质地坚硬，比喻执法者刚正不阿的精神。对付顽固不化的罪犯，必须讲究策略。执法者如能刚正不阿，秉公执法，对受刑之人晓之以理，同时又动之以情，软硬兼施，即使应对最为顽固的罪犯也能使之服罪。给犯罪分子量刑定罪是件极为艰苦甚至危险的事情，执法者要有在艰难困苦中坚守正道的勇气，最终结果是吉利的。⑲

例3：干，指骨头。胏（音 zǐ），腊肉骨头上的干肉。“噬干胏”，骨头上的干肉很难啃，这里比喻九四碰到了一个很棘手的案件，难以权衡决断。“得金矢”，矢，箭头，即在啃骨头上的干肉时意外啃到了一个金属箭头。箭射猎物，肉中含有箭头是平常的事。金矢给九四以启示和信心，要坚守正道，再难啃的“骨头”（棘手案件）也要把它拿下。㉘

例4：本卦的第四爻（九四，位于二阴之间），他的治狱，有噬坚硬之干胏的象征。需像金一样的刚，如箭一样的直。虽治狱艰难，必须保守正道就能吉利。象辞上说：治狱艰难须保守正道才能吉利，是因为他本身夹在二阴之间，未见光明正大呀。㉚

例 5：噬：食。《说文》："胏，食所遗也。"遗者，遗留也。我认为，"食所遗"是别人挑食大块干肉后遗留下的碎小干肉。乾胏：碎小干肉。噬乾胏：罪犯要求食碎小干肉。得：取得。《说文》："得，行有所取也。"金：铜，古代将铜称作金。金矢：铜箭头。得金矢：得用铜箭头来换取。因为在监狱里是不能用货币购买东西的，只能以物易物。艰：艰苦。贞：主，这里是罪犯。利艰贞：有利于监狱用艰苦生活改造罪犯。吉：善。监狱这样做，有利于用艰苦的生活来改造罪犯，故而吉善。因为铜箭头不是每个罪犯都有的，所以只有少数罪犯能食碎小干肉。⑱

噬嗑卦爻辞六五：噬干肉，得黄金，贞厉，无咎。

例 1：六五吃干肉"得黄金"，说明六五在办案时比较顺利，就好像咬住了美味的肉，如同得到黄金了一样。黄代表中色，即中。金代表刚物，即刚。所以六五居中得中道。以柔居刚，坚守贞正，虽有艰难危险，但终究没有什么灾祸。㉗

例 2：六五爻以阴爻居尊位，象征一位阳刚尊贵而又不失中道的君王。古代君王是最高执法者，拥有量罪定刑的最后决断权。爻辞以"噬干肉"来比喻本爻面对的案件，"噬干肉"不如"噬肤"和"噬腊肉"那么容易，但也不如"噬干胏"那么艰难。"黄金"是贵重金属，代表了君王的尊贵，"黄"是"土"的颜色，土位于五行中央，因此黄色代表中间色，象征君王能秉承中和之道。本爻案件由君王亲自来处理，可见绝非一般案件，而是重大案件，非下层官员能胜任之。君王之所以能顺利处理好这桩案子，除了君王的权威以外，还在于君王坚持了中道的原则，不偏不倚。君位尊贵而又充满了危险，在位的君王当时刻不忘坚守正道以防范危厉，以免除灾祸。⑲

例 3：肉本以新鲜为美，风干肉并不好吃。君王食干肉是节俭心志的体现。古时吃干肉是不得已的事情，吃不完的肉有的霉烂变质扔掉，有的被风干还可以食用，并非现代人有意制作腊肉作为美味。"得黄金"，作为君王并非吃不到鲜肉，他也吃干肉表示与民同甘共苦，君王这样节俭，国家的财富一定会得到积累，这就是"得黄金"之意。黄，中色，六五阴为坤土持中，土为黄色，黄色为古时帝王专用之色。"贞厉，无咎"，君王这样节俭持守正道，当然没有灾难。㉘

例 4：黄金，也就是九四爻中所说的"金矢"。有的书说成是黄铜，黄铜怎么会跑到骨头里？说不通。

啃骨头上的肉时，由于比较难啃，啃吃的速度较慢，骨头上的箭头也容易发觉，而嵌入肉中的箭头则很难发觉，容易误食伤人，以此比喻犯人难以整治更甚一层，因此说“贞厉”。虽然如此，但其最终目的还是为了使犯人改过自新、走向正道，因此又说“无咎”。㉖

例5：噬：食。乾肉：这里指大块干肉。噬乾肉：罪犯要求食大块干肉。黄金：黄铜。得黄金：得用整块黄铜来换取。贞：主。厉：磨难。贞厉：主磨难。意思是监狱要用过艰苦生活来改造罪犯，可罪犯在服刑期间还是想吃整块干肉，难改好吃的恶习，不能提前释放，所以主磨难。无咎：意思说监狱允许罪犯用黄铜来换取干肉，所以罪犯这样做无罪过。⑱

噬嗑卦爻辞上九：何校灭耳，凶。

例1：上九，脖子上带着枷锁，耳朵都陷没了，说明他是一个罪重的犯人。这是多么凶险呀。

《象传》说，上九脖子上带的枷锁厚到连耳朵都陷进去了，罪过深重应受到重罚，这是他咎由自取。

此爻是针对受刑者而言的，不听劝告，积恶而不悔改，必然要受到重罚。㉗

例2：上九爻以阳爻居全卦的最高位，象征一个穷凶极恶的罪犯。他被处以重刑，脖子上戴上了宽大的枷锁，连耳朵都遮住了。“灭耳”比喻惩罚之严厉，同时也揭示了罪犯最终受到重刑的根本原因。他对于别人的劝解总是充耳不闻，屡教不改，最终落得凶险的结局。⑲

例3：“何校灭耳”，何，负荷，承负枷锁的重量和羞辱。校，刑具，即枷锁。灭耳，表面是枷锁很大很重，戴在脖子上，将手锁住，将耳遮住，内在是指因利欲熏心听不进别人的劝诫，有耳如同没耳。凶，说明这是个罪大恶极的死刑犯，这是赴刑场途中的场面，即将处决。㉘

例4：上九为本卦的最上爻，爻位最高，因此也取象于人体较高部位的“耳”与之相应。“何校灭耳”象征严厉的惩罚。犯人不能因小惩而大诫，屡教不改，顽固不化，铤而走险，已不可救药，最终遭到严厉的惩罚，因此说“何校灭耳，凶”。㉖

第二十二卦 贲卦䷕艮上离下

（一）原文

（卦辞）贲，亨，小利有攸往。

（爻辞）初九：贲其趾，舍车而徒。

六二：贲其须。

九三：贲如濡如，永贞吉。

六四：贲如皤如，白马翰如，匪寇婚媾。

六五：贲于丘园，束帛戋戋，吝，终吉。

上九：白贲，无咎。

（二）解读：

卦辞：贲，亨，小利有攸往。

解读“贲”，卦名。“贲”（bì 音必）：《说文》“贲，饰也”。装饰，修饰，打扮，文饰。人或物、或文章，为了美观悦目，可以适当装饰，适当包装，但不能过度，不能掩盖了本质，造成虚假现象。

卦辞说，适当的装饰，可以获得“小利”，尚能“亨”通，利于交往。

初九：贲其趾，舍车而徒。

解读：“趾”：脚趾。“舍”：放弃，捨弃。“徒”：步行。

爻辞说，把脚都修饰了，为了宣耀能让别人看到，不坐车而步行。

六二：贲其须。

解读：“须”：胡须。把面部的胡须修饰了，美容。

九三：贲如濡如，永贞吉。

解读：“如”语气助词。“濡”（rú 音如）：浸湿，滋润，润色。

爻辞说，修饰打扮得光泽华丽，光彩照人。言外之意为何？没有答案，暗喻劝戒应“永贞吉”、永久坚持走正道才吉祥。

六四：贲如皤如，白马翰如，匪寇婚媾。

解读：“皤”（pó 音婆）：白色。“翰”：高飞。

爻辞说，打扮的高雅洁白出众，骑着白马奔跑，不是贼寇，是来求婚。

六五：贲于丘园，束帛戋戋，吝，终吉。

解读："丘"：丘陵，土坡。"丘园"：山坡上的园子，家园。"束"：捆、包扎。"帛"：絲织品。"戋"（jiān 音尖）：小，少。"戋戋"即"残残"，小小的，数量不多。

爻辞说，为了娶亲，把家园简单装饰，送给女方一捆絲织品为聘礼，显得有些吝啬。如此是节俭，最终会吉利。

上九：白贲，无咎。

解读："白"指素色。

爻辞说，人或物简单些修饰打扮，说得过去就行了。寓意不要浪费。

小结：

"贲"卦是"噬嗑"卦的综卦，反卦，意思也相反。"噬嗑"卦是恶要罚，"贲"卦是善要饰，但修饰要适度，这样吉。不能过度掩饰了本质，不能饰得面目全非，搞成虚假包装骗人，目的不纯，凶。

（三）选录多种解读

第二十二贲卦卦辞：贲，亨，小利有攸往。

例 1：贲是文饰的意思。从卦象来看，贲卦上卦为艮，代表山，下卦为离，代表日。日在山下即日出或日落之时，青山在旭日或夕阳的映衬下愈发显得美丽。贲卦讲的是文与质的关系，主张返璞归真的思想。《周易》认为质是主体，文起辅助作用，文使质的表达更为通畅，但文的作用仅仅是"小有利"而已，文不可太盛，否者质就会被文掩盖起来，使质之亨通变为闭塞。⑲

例 2：贲卦亨通，是从两个方面体现的，一是"贲"使讲文明、重礼仪、守礼节成为风尚，从而促进社会的和谐而致亨通；二是"贲"启发人的爱美之心，通过修饰外表使自己更加得体美观，这样便增强了自信心，也增加了别人的好感，从而促进人与人之间的和谐亨通。"小利有攸往"，说明"贲"只是小利，内在本质才是大利，不要本末倒置装扮粉饰得过头了。"贲"适可而止才会有小利，只有"小"才能致"亨"。㉘

例 3：贲者，修饰打扮也。亨：通，表示通行。意思说：修饰打扮，天下通行。小：外，即外表。攸：安行。利有攸往：有利于安然外出办事。意思说：外表修饰打扮一番，有利于安然外出办事。所以，从古至今人们外出办事或者相互交往，总要修饰打扮一番，给人良好的第一印象。⑱

贲卦爻辞初九：贲其趾，舍车而徒。

例 1：初九只是修饰一下脚趾，甘愿不坐车而步行，说明他不贪富贵而洁身自好，淡泊明志。是以心灵为美、不以奢华为贲的君子。㉗

例 2：初九爻位于全卦的最低处，比喻最为低俗的一种文饰。“徒”是赤足步行。脚趾的主要功能在于行走，本无文饰之必要，一个人不仅文饰了自己的脚趾，而且为了显摆，让别人看见，不惜舍弃马车而光着脚走路。这种文饰行为完全是为了虚荣，显得十分粗鄙而反为人讥讽，是断不可取的。⑲

例 3：“贲其趾”，本义为修饰脚趾或装扮鞋子，引申为打好基础。身体力行，因为万事从第一步开始。“舍车而徒”，舍弃车子不坐而步行。对此爻有解释为初九为了显示脚的漂亮，宁可舍弃车子不坐，讽刺那些为了外表漂亮而舍本求末的人。㉘

例 4：趾，脚趾。其，指新郎。舍，放弃。徒，徒步、步行。

说“贲其趾”，一方面是因为初九是本爻的最下一爻，因此也取象于人体最下部的脚趾。更重要的是，脚、足等在古代文化中有象征生殖器的意味。

新郎有车不坐而步行，可能因为车子是供新娘乘坐的，或是专门运载嫁妆的；或者礼仪规定，新郎要亲自执绥御辇，不能坐车；也可能是新郎人逢喜事精神爽，以此宣泄内心的激动、兴奋；也可能是新郎为了向人们展示、炫耀他文饰后的脚。总之，无论出于什么原因，都如《象》所说：“舍车而徒，义弗乘也。”㉖

例 5：贲：装饰。趾：脚趾，引申为鞋。贲其趾：将脚上穿的鞋装饰漂亮一些。舍：舍弃。车：车舆。舍车：舍弃车舆不坐。徒：步行。舍车而徒：贵族命妇若脚上有一双装饰漂亮的鞋，她宁愿舍弃车舆不坐而步行。

初爻就讲贵族命妇，说明贲卦是讲贵族统治者的修饰打扮。由爻辞可知，古代妇女注重鞋脚漂亮。现代妇女也一样，所以各种高跟鞋、长筒靴令人眼花缭乱。⑱

贲卦爻辞六二：贲其须。

例 1：修饰自己的胡须者，古有“美髯公”之称。但六二阴爻，女子怎会有须，故“贲其须”有装饰、装扮之意。

六二依附九三如同胡须依附脸一样，修饰胡须，从头上开始，以求得容貌的美。

修饰自己，是为了与上司同兴。也就是说文是质的表现，文是修饰质的，故文饰要适度。㉗

例 2：六二爻以阴爻居阴位，得正而居中，象征一位中正的君子。古人认为

“人之发肤，受之父母，不敢毁伤，孝之始也”，因此，胡须不能随意剪掉，胡须越来越长，若不加以文饰，势必严重影响个人形象。胡须的长短、疏密和各种形态无不显示出男人的气质。修饰外表是为了能够更好地表达人的内在气质，因而对于这种必需的修饰是值得积极提倡的。⑲

例3：须，胡须。胡须是男子区别于女人特有的生理特征，是男子阳刚之气的一种象征，也是个人品德、品格的一种标志。

胡须对古人来说是如此重要，承载了众多的文化内涵，难怪新郎要文饰他的胡须了。

由初九的“贲其趾”到六二的“贲其须”，可见新郎自下而上、从脚到头经过一番精心的修饰、打扮。㉖

例4：贲：修饰。须：胡须。因为只有男人有胡须，所以爻辞讲古代贵族男人。贲其须：贵族男人总喜欢修饰自己的胡须。由爻辞可知，古代男人注重自己的胡须漂亮，所以古代有许多像关云长那样的美髯公。而现今的男人却不同，他们以无须为漂亮，所以各种剃须刀应有尽有。⑱

贲卦爻辞九三：贲如濡如，永贞吉。

例1：九三以阳处在六二与六四之间，受到两个阴爻的賁饰，将其修饰得光亮润泽。由此可见，賁饰达到了很盛的程度。故叫做“賁如”。文饰达到了一定程度，就会向反面转化，所以叫“濡如”。要想把握好文饰不过度，就需要永久坚守贞正方可获吉利。㉗

例2：九三爻以阳爻居下卦的最高位，有文饰过盛的趋势。“贲如，濡如”指外表装饰得华丽柔润，但文饰过度却可能掩盖了内在的气质。因此爻辞告之以“永贞吉”，也就是要永远坚守正道，在修饰外表的同时不忘记培养内在的气质美，以达到外在美和内在美的和谐统一，这样的美才是吉利的。⑲

例3：贲如，装饰得充盈。濡如，贲饰得文采华丽、润泽。㉘

例4：濡如，润泽、容光焕发的样子。本爻从总体上描述新郎经过文饰、打扮后的效果：经过修饰打扮，加上迎娶时的心情激动、情绪亢奋，新郎面目润泽、容光焕发。

婚姻是人生中的大事、喜事，在迎娶时修饰、打扮一下，在情绪表现得过分一些，都是人之常情，作者对此持肯定的态度，因此说“永贞吉”。㉖

例5：贲：装饰，引申为化妆。濡：沾染。濡如：化妆时只将色彩沾染上去，也就是化淡妆。贲如濡如：化妆时沾染色彩化淡妆。永：永远。贞：主。吉：善。永贞吉：化妆时沾染色彩化淡妆，永远主吉善。所以，自古至今人们都喜欢化淡妆，不喜欢化浓妆，讨厌化艳妆。⑱

贲卦爻辞六四：贲如皤如，白马翰如，匪寇婚媾。

例 1：皤，指白色。本卦指头发白。翰如：轻快，也有白之意。寇：贼寇。匪：非。

六四，白发、白马，修饰素雅，洁白如玉，骑着素白的马，轻快如飞地向初九奔驰而来。行驰中被九三所阻隔，六四怀疑九三是贼寇，其实九三不是贼寇，而是向六四求婚。六四贞正不同意，不同意也没有什么害处。㉗

例 2：六四爻以阴爻居阴位，得正而居中，象征一位中正的君子。六四爻已经进入上卦艮，艮为山，山有静止不动之象，比喻九三爻文饰过盛的趋势到此应该休止了，必须返回朴素。“皤”是素白的意思，“翰”也是白色的意思。前去求婚本应装扮得华丽一些，而本爻中的求婚者却一身素妆，甚至骑的白马也没有经过任何修饰，体现了一种朴实无华的美丽。⑲

例 3：皤（音 pó），本义为白色，这里指肤色白净，有返贲归素之义。“贲如皤如”，本来就天生丽质，再加贲饰，更加光彩照人。翰，鸟的羽毛。“白马翰如”即马奔跑得像鸟飞翔一样。匪即非，不是。“匪寇婚媾”，不是彪悍的盗寇来了，而是求婚的人来了。关于此爻有多种解释，有人认为“白马翰如”是初九前来求婚，六四怀疑他是盗寇；有人认为“白马翰如”是六四前往求婚，初九怀疑六四是盗寇。有人认为“白马翰如”是六四前往求婚，怀疑初九是盗寇。本人以为，六四是向初九求婚的人，在求婚的途中，她看到初九前往向自己求婚，由开头的误会（六四以为初九是盗寇）到消除误会，皆大欢喜。㉘

例 4：皤（pó）、翰，都是白色的意思。修饰打扮以白色，所骑的马也是白色。由于是黄昏之际，迎亲的队伍使人疑心是强盗。㉖

例 5：贲如皤如：将自己全身装扮成素白色。白马：浑身长白毛的白马。翰：高飞。白马翰如：骑上浑身白色的大马高飞疾走。四爻是大国诸侯位。匪寇婚媾：大国诸侯缔结政治婚媾要两厢情愿，引申为非常高兴地迎接新娘。意思是大国诸侯穿上白色婚装把自己装扮成素白色，骑上浑身白色的大马飞奔而去，那是他缔结政治婚媾非常高兴地迎娶新娘。穿白色婚礼服，说明周王朝以白色为喜庆色。⑱

贲卦爻辞六五：贲于丘园，束帛戋戋。吝，终吉。

例 1：丘园，指山丘园林。束帛：丝织品。束：量词，指一捆。戋戋：小，少。

六五以阴居阳位，受上九的賁饰，上九是丘园，上九给六五一束丝织品，作为薄礼，显得有些吝啬，故“束帛戋戋”。表面上看上九是有些吝啬，但实际上吝啬是俭。俭比奢好。所以最终是吉祥的。㉗

例 2：“贲于丘园”，即对皇家园林修饰打理。束，布匹或丝麻的量词，五匹为一束。帛（音 bó），丝织品总称。戋（音 jiān），少。“束帛戋戋”，用了很少的束帛，这里引申为花了很少的费用。吝，忧吝，吝啬，这里是节约、简朴之义。对此爻也有解释为，六五花费了很多的钱财装饰皇家园林，因而忧吝。㉘

例 3：迎亲队伍来到女方家园所在地，装饰了一下女方的家，献上一束帛，可是女方家嫌彩礼微薄而产生不满，阻挠迎娶，因此说“吝”；但经过调解说合，女方家还是让新郎把新娘接走了，因此又说“终吉”，《象》说“六五之吉，有喜也”。㉖

贲卦爻辞上九：白贲，无咎。

例 1：上九已发展到艮至之终。“白賁”只有素白朴质的文饰，实质上是以无色为饰，以质素为賁。这种追求质朴的美，没有什么过错。故“无咎”。㉗

例 2：“白贲”，白，素色，无色，本来的颜色，即不用装饰，保持本色。㉘

例 3：联系上文六四“贲如皤如，白马翰如”、六五“束帛戋戋”来看，新郎文饰以白色为主调，迎亲队伍所骑乘的马也是白色，作为彩礼的帛也是白色，大概当时崇尚、流行白色，因此上九爻辞总括说“白贲，无咎”。㉖

例 4：上爻是祖宗之神位。贲：装饰。白贲：帝王祭祀祖宗时用素白色装饰大庙。无咎：周王朝以白色为喜庆色，而祭祀祖宗是大喜事，所以将大庙装饰成素白色，无罪过。《周易》作者认为，人的生与死都是遵守自然规律，人死也是喜得归去，故而要用喜庆色。所以，中国人至今还将丧事称作白喜事，在办理丧事时都喜穿白衣，戴白纱，佩白花，用白色装饰灵堂，挂白纸黑字的挽联。⑱

第二十三卦　剥卦䷖艮上坤下

（一）原文

（卦辞）剥，不利有攸往。

（爻辞）初六：剥床以足，蔑贞凶。

六二：剥床以辨，蔑贞凶。

六三：剥之，无咎。

六四：剥床以肤，凶。

六五：贯鱼以宫人宠，无不利。

上九：硕果不食，君子得舆，小人剥庐。

（二）解读

卦辞：剥，不利有攸往。

解读：“剥”，卦名。“剥”：剥落，剥蚀，剥灭。

卦象是坤下艮上，六爻有五爻皆阴，阴盛阳衰，小人得势挡道，不利有攸往。

小人能得势，必然是昏君执政，小人阳奉阴违，逐步剥蚀君王而垮台。用剥床作比喻。

初六：剥床以足，蔑贞凶。

解读：“蔑”（miè 音灭）：轻视，不重视。

爻辞说，剥蚀床足，若轻视，将有凶险。

六二：剥床以辨，蔑贞凶。

解读：高亨先生说，辨是床的框架。

爻辞说，剥蚀到床的框架，床将垮塌。还不重视，凶祸临头。

六三：剥之，无咎。

解读：继续剥，还认为无咎。

六四：剥床以肤，凶。

解读：“肤”：本意是指皮肤，又指与人皮肤接触的床面，在此双指。

爻辞说，剥蚀到床面，床倒塌了，君王不能在床上寻欢作乐了，凶祸。

杨志沐先生在六二爻“剥床以辨”说，“辨”为“辮”的异体字，指毛发。六二爻已剥蚀到君王的毛发，还不以为然。六四爻的“肤”亦指皮肤，君王皮肤被剥，毛发连根拔掉，喻意君王体无完肤、完蛋了，不仅仅寻欢作乐的床被剥蚀垮台，故凶恶。

六五：贯鱼以宫人宠，无不利。

解读：“贯”：穿，串也。“宫人”：嫔妃。

爻辞说，与往常一样，嫔妃以受宠的身份，一连串的有次序等待进入君王寝室供君王床上作乐，宫人与往常一样感觉无所不利，并不知床倒塌了，君王体无完肤垮台了。剥卦的卦象由初爻到六五爻都是阴爻，都是小人得势，直到六五爻君王位被剥落垮台。

上九：硕果不食，君子得舆，小人剥庐。

解读：“庐”（lú 音炉）：茅舍。“舆”：舆论。“硕果不食”是指大好河山君王没掌控好，垮台了。剥卦最后一爻即上九爻是阳爻，君子英雄豪杰起义得到百姓舆论的支持，为人民造福，惩罚小人，连茅舍也不给小人居住。

小结：

剥卦六爻，前五爻皆阴。用比喻的方法形容小人得势，昏君寻欢作乐，荒淫无耻，只过床上生活。国家状况用床作比喻。初爻“剥床以足”，从基础的脚先腐蚀，君王轻视。六二爻“剥床以辨”，由床脚已往上腐蚀到床的框架，又暗示腐蚀到君王的毛发，还不重视。六三爻继续腐蚀“剥之”。六四爻“剥床以肤”即剥蚀到床面，无法床上作乐，床倒塌了。又暗喻剥蚀到君王的皮肤，体无完肤，垮台完蛋了，由量变到质变。六五爻“贯鱼以宫人宠”，用古诗词形容：“宫女不知亡国恨，隔江犹唱后庭花”。上九爻“硕果不食”即君王大好河山丢失，剥卦顶层上九是阳爻是君子，君子英雄豪杰起义得到群众舆论的拥护。造反者为人民造福，惩罚小人，连茅舍也不给小人居住。

（三）选录多种解读

第二十三剥卦卦辞：剥，不利有攸往。

例 1：剥是剥落的意思，本卦讲小人对君子的剥落以及君子该如何应对的问题。从卦象上看，剥卦上卦为艮，代表山，下卦为坤，代表地，山在地上受到日晒雨淋，风吹雷击，久而久之逐渐被剥落到地上。从卦的结构上看，全卦只有上九一个阳爻，其余诸爻皆为阴爻，有众阴剥阳之势。于自然而言，此时天地间阳气几乎被剥夺殆尽，万物凋零。于人事而言，此时小人得势，君子道消，此时君子的任何行动都是不利的，他只能效法自然顺势而为。坤代表顺，艮代表止，象征君子顺势而止的行为。暂时抑止自己的行为，这不是消极无为，而是一种积极的应变策略，正所谓“留得青山在，不怕没柴烧”，终有君子出头之日。⑲

例 2：《序卦传》说：“賁者饰也。致饰然后亨则尽矣，故受之以剥。”賁卦是讲文饰的。文饰达到一定程度，过多的文饰就不通达了，就要向其反面转化。所以说賁卦之后是剥卦。“不利有攸往”指到了剥的时候，不利于有所行动。

从卦体上看，五阴在下，一阳在上，阴生阳尽，阴盛阳衰。所以叫剥。剥卦，五阴消阳，建戌，代表九月。九月为四季中的秋末。秋去冬来，也是阴息阳消的过程。故曰剥。

从卦德上看，下坤上艮，坤顺艮止。正是顺而被阻之象。阳代表君子，阴代表小人。小人得势，君子遭贬受难，所以君子处在剥时，要隐忍，屈身避害，待时而动，以免小人之害。

三十六计中第二十二计“关门捉贼”的最后一句是“剥，不利有攸往”。剥卦，坤下艮上，坤为大地，艮为山，意思是说，辽阔的大地在吞没着山。此卦辞引用在军事上，是指对小股之敌要及时围歼，不宜急追远袭。因“贼”指的是经过特殊训练的、战斗力强的小股部队。危害性巨大，必歼之。㉗

例 3：从人事上说，阴象征小人，阳象征君子。五阴进逼一阳，象征小人进逼君子。小人之势嚣张，君子之势式微，大有阴霾压城、众芳芜秽的感觉。

本卦卦象像一张床的形状，所以初六至六四皆取床象，通过床由下而上被剥蚀比喻阴对阳的步步进逼。㉖

例 4：剥者，分立也，引申为搞分裂闹独立。不利有攸往：搞分裂闹独立，不利于治国治天下的行动。卦辞教育执政治国者必须团结一致，才能治理好国家社会。⑱

剥卦爻辞初六：剥床以足，蔑贞凶。

例 1：初六爻以阴爻居全卦的最下方，表示剥落的开始。床本是用来安身休息的卧具，在本卦中用来比喻君子赖以安身立命的事业。床脚是支撑床体的基础，如果床脚被剥落了，整个床也就坍塌毁坏了。如果君子创业的基础遭到了破坏，君子创造的辉煌成就便会毁于一旦。邪恶势力对君子的剥落往往就是从最基础的地方开始的，这种做法极其阴险，危害性却又不易被人察觉。爻辞以此为喻告诫君子要树立防微杜渐的意识，警惕阴险小人对事业基础的剥落，以防范凶险。⑲

例 2：“剥床以足”指床脚已被剥落，意味着君子面临危难，虽还没有夺君

子之位，但已经侵犯了君子之权。小人无视君子之贞，凶险即将来临。㉗

例 3：床是人们安寝的地方，“剥床以足”，即小人腐蚀君子之道从根基开始，此时小人还未得势，是用谄媚的手段腐蚀君子而君子毫无察觉，却坦然消受。“蔑贞凶”，蔑即灭；蔑贞：即邪恶灭掉正义；凶，指小人用蚕食、腐蚀的手段，不易让人觉察，最终会带来凶险。㉘

例 4：阴湿之气过度使人生病，不利于健康。阴湿之气生于地，床的作用就在隔离阴湿之气。床脚是床与地面接触的部分，初六为第一阴爻，因此取象于床最下部的床脚与之对应。床脚被剥蚀，表明卧室中阴湿之气过重，所以不用占问就知道其结果是凶。㉖

例 5：床：睡床。剥床：父母与长大的儿子分床睡。足：脚，这里是父母的脚，不是床的床脚。剥床以足：父母不与长大的儿子分床睡，总让他睡在自己的脚边。引申为父母不让长大成人的儿子分开独立生活，总让他围在自己脚边转。蔑：蔑视。贞：主。凶：险。贞凶：主凶。意思说：父母不让已经长大的儿子分开独立生活，总让他围在自己脚边转，这是蔑视儿子已成年，主凶。⑱

剥卦爻辞六二：剥床以辨，蔑贞凶。

例 1：六二爻以阴爻居阴位，象征一个极其阴险邪恶的小人。较之初六爻，此时小人的势力进一步壮大。“辨”是床脚和床身的连接处，即床干。床干被剥落，比喻小人对君子的迫害进一步加深。此时君子的处境十分危险，自己的事业随时都有被毁灭的危险。他唯有及时归隐保全，坚守正道，才能防范凶险。⑲

例 2：辨，通“牑”，床板。六二爻位高于初六，所以取象于床板。阴湿之气剥蚀床到了床板，其严重性比初六的“剥床以足”又进一步，同样也是不用占问就知道其结果是凶。㉖

例 3：剥床：分床睡，引申为分开独立生活。《说文》：“辨，判也。”段玉裁注：“判，半分而合者。”因此，辨是一半之义。剥床以辨：父母虽然让长大的儿子分开独立生活，却总是要当他一半的家。蔑：蔑视。贞凶：主凶。意思说：父母虽然让长大的儿子独立生活，却总是要当他一半的家，这是蔑视儿子已成年，主凶。⑱

剥卦爻辞六三：剥之，无咎。

例 1：六三爻以阴爻居阳位，虽然被阴爻上下困扰，却包含着阳刚的气质。当人们不小心陷入了邪恶的环境，如能及早摆脱小人的纠缠，拒绝与他们同流合污而独善其身，也就能免于灾祸。⑲

例 2：六三被剥为什么可以避免灾难呢？因为他阴居阳位蕴含阳质，又因他

与上九相应，有含阳待复之义，有抵御小人剥蚀的强烈防范意识，故而可以避免灾难。㉘

例 3：剥之：父母完全让长大的儿子分开独立生活。无咎：父母让二十岁的儿子完全独立生活，无罪过。因为二十岁的儿子已是成年人，应该独立生活，所以无罪过。⑱

剥卦爻辞六四：剥床以肤，凶。

例 1：肤，指皮肤，腹部。

六四，是指小人一步步向上剥君子，已剥到君子的皮肤了。对于受剥的君子来说，已经凶险了。㉗

例 2：六四爻以阴爻居阴位，且已经进入了上卦，比喻邪恶势力更加强盛了。“肤”指代床的表面，也就是床板，是与人直接接触的地方。床板被剥落了，接下来就要伤及睡觉的人了，比喻小人对君子的迫害达到了相当严重的程度，凶险已经迫在眉睫了。此时君子应以坚强的意志同时又充满希望地渡过难关，危机即将过去，转机就要来临。⑲

例 3：“剥床以肤”，从床脚至床腿到床板都已被腐蚀，床已经塌了，摔伤了人的皮肤。六四为近臣之位，已经剥蚀到了近臣，说明国家政权已经被剥蚀瘫痪了，国家的灾难即将来临了。㉘

例 4：剥床：父母让长大的儿子独立生活。肤：原本是皮肤，这里“肤”“腹”同音，假借为“腹”。《说文》：“肤，皮也。”段玉裁注：“肤，陈序也。腹前肥大曰肤。”因此，这里的肤是腹前肥大的意思。腹前肥大，表示年龄已大成为大腹便便之人了。剥床以肤：父母等到儿子年龄已大，变成大腹便便时才让他独立生活。凶：险。意思说：父母等到儿子成为大腹便便之人时才让他独立生活，凶险。此时的儿子已经丧失了独立生活的能力，所以是凶险的。爻辞教导做父母的，这样对待儿子，不是爱而是害。⑱

剥卦爻辞六五：贯鱼以宫人宠，无不利。

例 1：六五爻以阴爻居尊位，不仅包含柔顺的性情，而且具有阳刚的气质和威望。“鱼”是水中之物，属阴性。“贯鱼”就是将鱼按次序贯穿成一串。“宫人”指后宫中的嫔妃。六五爻处于阴爻的最高位，已经是穷途末路了，她不但没有与诸阴爻一起去继续剥阳，反而能将诸阴爻统摄起来去顺承阳，犹如统领后宫的王后统摄众嫔妃按次序去接受君王的宠幸。爻辞以后宫的嫔妃为喻，揭示了小人得势而张狂作威，失势而顺承邀宠的品性。对于君子而言，只要小人能够顺承正道，不再犯上作乱，适当地给他们一些甜头以示安抚也没有什么不利。⑲

例 2：六五以阴处阳位，并得中。近于上九。六五作为众阴之首，率领众阴爻鱼贯而行，接受君王的宠爱而受封。众阴爻已臣服，听命于阳刚上九。恢复了正道顺序，所以事无不利。㉗

例 3：鱼是生活于水中的阴类生物，与女人在阴阳属性上同为阴。又因为鱼尤其是双鱼的形状与女性外生殖器相似，并且鱼腹多子，生殖繁衍能力极强，所以在古代文化中，鱼成了女人的象征和比喻。

鱼象征女人。《剥》卦卦象中五阴一阳，其中五个阴爻象征众女，所以六五爻辞又把众女比做成串的鱼。诸阴爻之中，只有六五与上九爻距离最近，这就好像众多的女人中，只有宫女能够接近君王而受到宠幸一样。古代的君王，一个人拥有众多的嫔妃，难以普施雨露。嫔妃能够霑溉君王的雨露是一件幸事，所以说“以宫人宠，无不利”。㉖

例 4：剥：独立生活。贯鱼：原本是指鱼群一尾接着一尾连成一线游动，俗称“连鱼咬尾”，引申为儿子们相继独立生活成家立业。宫：不是宫殿，而是古代的中室。古代中室是家长的居室，引申为成家立业成为家长。宠：位居荣宠。古代只有王室家族的子弟能够位居荣宠。五爻位是王位，所以荣宠是王室子弟位居荣宠。无不利：没有不利的。意思是王室子弟像连鱼咬尾一样相继独立生活，成家立业位居荣宠，没有不利的。⑱

剥卦爻辞上九：硕果不食，君子得舆，小人剥庐。

例 1：上九是剥卦中唯一的阳爻，诸阳皆被阴剥去，唯剩上九高高在上，犹如一个巨大的果实还没有被吞食。阴盛极而衰，众阴剥阳之势终于走到了尽头，阳气得以恢复，这是自然运行的必然规律。于社会人事而言，“君子得舆”比喻君子终于等来了复出的机会，他得到了人民的拥戴和支持。“小人剥庐”比喻此时邪恶势力已开始崩溃，小人的卑鄙行为惹得天怒人怨，连容身的房子也被人剥了。⑲

例 2：上九，是全卦唯一的一个阳爻，像一个硕大的果子，没有被吃掉。象征着阳没有被剥尽。君子得到了车，如同得到了众人的拥护，有了好的结果。小人剥君子，等于剥了自己居住的房屋。也说明了“恶有恶报”的因果关系。㉗

例 3：“硕果不食”，硕果，硕大的果实，这里指丰硕的成果或功绩。不食，不享用。“硕果不食”有两层意义，一是指君王不享用人民对他拥戴的功绩，而致力于国家振兴。二是指小人剥蚀到此终极也取得了很大的成果，可他们却没有资格享用，因为他们都被锁在宫中了，已经失去了颠覆国家的能力。“君子得舆”，舆，车，这里代表民众，君子之道得到民众舆论的支持，君王得到人民的拥戴。庐，房舍，这里代表小人的巢穴，“小人剥庐”即小人的巢穴被剥蚀

了，倾覆了，小人无处安身了。㉘

例 4：硕果，就是大的果实。食，在此用做动词，吃的意思。得舆，指收获一车的粮食。庐，帛书《易经》中作“芦”，《说文》：“芦，芦菔也。一日芥根。”

《剥》，初六至六四，皆取象于床。到了六五，切换了物象，以鱼象征、比喻阴爻、女人。到了上九，又切换了物象，把上九一阳比作硕大的果实。

孤阴不生，独阳不长。阴、阳既相互对立，又相互依存。本卦中只有上九一爻是阳爻，如果上九一阳也被剥落，那么阴、阳之间失去了转化的可能，将会产生孤阴不生、万物消亡的可怕局面。爻辞中以“硕果”比喻上九，进一步说明这个道理。

因为果实有再生的功能，所以在古代文化中常用以比喻性爱、生殖、婚姻。这样一来，《剥》上九一阳的“硕果”，不仅是植物再生的种子，也是宇宙万物再生的种子。㉖

例 5：上爻是祖宗之神位。爻辞省去剥字。剥：分立，引申为分家。硕果：硕大的果实，引申为伟大的家业。不食：不能进食，引申为自己不能享受了。硕果不食：祖宗建立如此伟大的家业自己不能享受了。君子：诸侯。舆：不是车舆，而是舆图。舆图是诸侯国的国土疆城。《辞海》：“舆图，疆土。《新元史・世祖记》‘舆图之广，历古所无。’”君子得舆：诸侯家的子弟分家得以继承国土疆城。小人：平常人家。庐：庐是菰不是庐舍。《新华字典》：“菰，多年生草本植物，生在浅水里，开淡紫红色小花。嫩茎经黑穗病菌寄生后膨大，叫茭白，果实叫菰米，都可以吃。”“君子得舆，小人剥庐，是解庐为菰。”因此，我认为庐是菰不是庐舍。爻辞的菰（庐）是古代粮食之一。剥庐：剥菰。菰的嫩茎有外包子衣，要剥去外包子衣才能食，故而称作剥菰（庐）。小人剥庐（菰）：平常人家的子弟分家却是分得田地种植粮食。因此，庐是菰不是庐舍。若庐是庐舍，那“小人剥庐”岂不是平常人家分家要拆屋下瓦闹翻天？⑱

第二十四卦　复卦䷗坤上坤下

（一）原文

（卦辞）复，亨，出入无疾，朋来无咎。反复其道，七日来复，利有攸往。

（爻辞）初九：不远复，无祇悔，元吉。

六二：休复，吉。

六三：频复，厉，无咎。

六四：中行，独复。

六五：敦复，无悔。

上六：迷复，凶。有灾眚。用行师，终有大败，以其国君凶，至于十年不克征。

（二）解读

卦辞：复，亨，出入无疾，朋来无咎。反复其道，七日来复，利有攸往。

解读："复"，卦名。"复"：恢复，改错。"疾"：毛病，过错，缺点。

卦辞说，改正错误要有恒心，在家里或外出都要如此，朋友来了也不要沾染恶习。有错误要知错必改，返回正道，七日复来，每周七日，有利于循环往来。

初九：不远复，无祇悔，元吉。

解读："祇"（zhī 音知）：通抵，抵触。"不远复"是犯了错误不久就改过来了，恢复原状，没有抵触情绪，愿意这样做，大吉大利。

六二：休复，吉。

解读："休"：休止；一说喜悦。"休复"是知错必改，吉祥。一说错了高兴地改错。

六三：频复，厉，无咎。

解读："频"：频繁，多次。

爻辞说，频繁地犯错误，改了又犯错，错了又改。虽然不太好（厉），却做对了，无遗憾。

六四：中行，独复。

解读：心怀错误观念远行办事，中途醒悟了，独自改正。

六五：敦复，无悔。

解读：“敦”：高亨先生解译为“考察”。经过了调查研究知道错了才改正，无后悔。

上六：迷复，凶，有灾眚。用行师，终有大败，以其国君凶，至于十年不克征。

解读：“眚”（shěng 音省）：眼疾，引申为灾祸，过错。

爻辞说，执迷不悟，迷途不知走正道，将遇凶祸，有灾难。若是行师打仗必大败。若是国君如此，将更凶险，甚至多年出征都会失利。

小结：

上一卦是剥卦讲剥落、腐蚀。剥卦的综卦、反卦是复卦，与剥卦用义相反，复卦是犯了错误要改错，要恢复走正道。复卦改错举了若干例子：“不远复”是错了很快就改过来，“休复”是知过必改，“频复”是屡犯屡改，“中行独复”是半途醒悟改错了，“敦复”是调查研究才改错。虽然情况各不同，但改错都无凶。只有上六爻“迷复”是执迷不悟，做各种事都凶。

（三）选录多种解读

第二十四复卦卦辞：复，亨，出入无疾，朋来无咎。反复其道，七日来复，利有攸往。

例 1：复是复归和返回的意思。本卦讲阴阳消长、反复更替的自然哲学以及迷途知返、复归正道的人生哲学。从卦象上看，复卦上卦为坤，代表地，下卦为震，代表雷，有雷在地下之象。惊雷炸响，大地为之颤抖，万物因而复苏，从此阴气逐渐衰落，阳气开始回复。阴出阳入是自然运行规律，不会有任何阻碍，因而无比亨通。“朋”指代阳气，阳气升腾为大地带来生机，当然不会有灾祸。卦爻阴阳的消长是固定不变的，从一阴初生到一阳复出需要经过七爻，反反复复永不停歇，如果将一爻看作一日，实现阴阳的循环更迭总共需要七日的时间。人们如能遵循自然法则，按阴阳消长的规律来指导自己的行为是很有利的。⑲

例 2：复，就是自然界出现周而复始规律性的运动。如，日东升西落，寒来暑往，四季轮转，等等。这种变化也称为阴阳消长的自然规律。阴剥阳剥到了极处，在卦上看，剥到了极于上，阳就要复生了，阳复生于下。所以说剥卦之后是复卦。

复卦，一阳息阴，建子，代表十一月。到了冬至的时节，阳气复生于地中，复归的时节又顺利开始了。所以亨通。“出入无疾”指阳气的返回，向内生息、向外生发都不会受到殃害。朋友前来聚会也没有灾祸。“反复其道”指阴阳消长的自然规律反复交替变化。“七日来复”的“七日”，是指姤至坤六卦乃至变为复卦。姤、遁、否、观、剥、坤这前六卦是阴消阳的过程，即阴逐渐增加，阳逐渐消减。经过七次的变化，阳又回来，利于往前进发。㉗

例 3：亨，是指复卦阳气虽然微弱但处于上升趋势，所以亨通。出入，指万物生长，生长为出，成熟为入。疾，疾患，这里指妨碍、影响、禁忌。“出入无疾”，这里指从事一切事情都没有妨碍和禁忌。“朋来无咎”，朋，指阳气，后面阳气逐渐上升，阳气越聚越多，这些朋友来都会带来好消息。“反复其道，七日来复”，七日来复，有很多种解释：有人认为阴阳变化七天为一个周期；有人认为卦每一爻代表一天，六爻共六天，加复卦初爻一天为七日；有人认为七日不是一个定数，是指阴阳变化是有其固定规律的；当今《易经》学者贺华章先生认为“七日来复”源于先天六十四卦，四正卦代表春夏秋冬四季，余下六十卦每卦代表六日，每爻代表一日，一年共三百六十日。那么实际一年为三百六十五又四分之一天，古人把余下的五又四分之一天记作五天。因为这五天不在八卦记日之内，因此没有凶吉禁忌，又临近冬至日，故把它作为过年喜庆的节日。实行夏历以后，人们把立春日作为过年的节日，但过年期间没有禁忌的习俗一直保留了下来。“七日来复”，是指坤卦的最后一爻为一天，中间没有入卦的过年五天，加复卦初爻一天，共七天。来复即复来，就是复卦到来，从坤卦到复卦中间有七日。“反复其道”，是说“七日来复”是天恒常的规律，是循环往复按照这个规律运行的。㉘

例 4：复者，地震也。亨：通，表示很常见。意思是地震是很常见的自然灾害。出入：指人员出入地震现场。疾：快速，引申为流行疫病。疫病流行很快，故而谓之疾。无疾：没有流行疫病。出入无疾：出入地震现场的人员没有流行疫病。朋来：指友好诸侯国派来抢险救灾的队伍。咎：罪过。无咎：没有遭罪受害。朋来无咎：友好诸侯国派来地震现场抢险救灾的队伍没有遭罪受害。此句卦辞说明周王朝当时就有处理紧急事件的预案，规定当地震发生时，各诸侯国要派人员支援地震发生国抢险救灾。中国是文明古国，真是名副其实！反复：指地震发生后还会反复发生余震。其：指反复发生的余震。道：原本是道路，引申为规律。反复其道：反复发生余震的规律。七：数字七，七是期数。期数，现今称作节律。例如，鸡蛋要孵 21 天（三个七）才会出小鸡，猫怀孕 63 天（九个七）才会生小猫，女人月经期是 28 天（四个七），女人怀孕要 280 天（四十个七）才会生小孩，等等。七日：以七日为期数。来：到来，指地震初发的日子。复：复来，指余震复来的日子。七日来复：地震发生后会余震不断，但只有最大的余震最能危及抢险人员的生命，最容易造成祸害。七日来复是指最大余震复来是以七日为期数的。也就是说：复发最大余震是有规律的，其发生的规律是以七日为期数的。⑱

复卦爻辞初九：不远复，无祇悔，元吉。

例 1：初九爻是全卦唯一的阳爻，且位于全卦的最下方，表示阳气的回归。于人事来看，爻辞告诫人们要做到“不远复”。人生在世难免会犯一些错误，如果能及时发现，趁错误还不甚严重就及时返回正道，就不会造成太大的悔恨，这是至为吉利的。⑲

例 2：“不远复”指在歧路上走出不远就返回了正道。不至于悔恨。所以是吉祥的。如同一个人做事，刚有了过错就认识到并马上改，这就不至于悔恨，所以是吉祥的。㉗

例 3：“不远复”，没走多远就回来了。“不远复”有三层含义，一是指时处复卦，不要有大的作为。复，本身就有恢复之义，以恢复元气为主，不要有不切实际的远大之举。二是指初九阳爻阳居阳位好动，冬至日本来是不能出门的，他却走出门外，但走出门看到外面空无一人，便想起来今天不能出门，便又回来了，比喻初九知错就改。“无祇悔”，祇（音 zhī），原意为敬，恭敬，这里引申为“很大”之意。无祇悔，是说没有很大的悔恨，但还是有小的悔恨，毕竟违反了出门的禁忌。“元吉”，从他开始一直往后都吉祥，因为阳气不断上升。㉘

例 4：复：初九表示初发地震时。不远复：不从远方回来。祇：本义是地神，转注为言辞。段玉裁注《说文・祇》：“释文曰：祇，辞也。”无祇悔：没有后悔之辞。元吉：大吉。意思是地震初发时不从远方回来，没有后悔之辞，大吉。⑱

复卦爻辞六二：休复，吉。

例 1：六二爻以阴爻居中，得正，性情柔顺谦和。“休”是美好、愉悦的意思，“休复”就是美好地返回，在误入歧途之后，能虚心听取别人的意见，意识到自己的错误，然后心甘情愿地改正错误，这是很吉利的。⑲

例 2：休，指休养，有美的意思。

休养生息，复兴大业，完美地返回，吉祥。六二处中得正，而且切比于初九，既有从阳之志，又有礼贤下士之仁心。所以说是吉祥的。㉗

例 3：“休复”，有两层意义，第一，休，停止之义，即六二停止返回，六二为阴，在复卦代表阴气消退，他只有上升才能为阳气腾出空位，让阳气不断加强来复，如果他往下返回，占据阳气位置，阴气凝结阳气就不能来复；第二，休，有喜乐、美好之意，指六二洞明时势大局，主动与初九休戚与共，共同迎接阳气来复的美好前途，可谓志士仁人，明智之举。㉘

例 4：休：停止。复：余震。休复：停发余震。吉：善。意思是停发余震有利于抢险救灾行动，故而吉善。⑱

复卦爻辞六三：频复，厉，无咎。

例 1：六三爻以阴爻居阳位，失正。“频”是频繁的意思，“频复”指的是屡屡犯错，频频改正。六三象征那些不能主动改正错误，而是迫于环境的压力才返回正道的人，他们再三犯错，又再三改正的行为是很危险的，很容易铸成大错。不过他们毕竟是最终改邪归正了，因而能免于灾祸。⑲

例 2：频，频繁。也有人认为“频”通“颦”，是“皱眉”的意思，也能讲得通。

“频复”是说人外出办事，事情办得不顺利，皱着眉头返回。比喻阳气在回复过程中遇到麻烦、不顺利。㉖

例 3：频复：频发余震。厉：磨砺，引申为磨难。无咎：无罪过。意思说：频发余震，对抢险救灾者造成磨难，这是自然界给我们的磨难，不是人为的罪过。⑱

复卦爻辞六四：中行，独复。

例 1：六四处在上卦之下，下卦之极，居众阴之中。独与初九应。故“中行独复”。虽然六四能保持中正的德性，但初九弱，给其帮助不够。所以此爻辞不言吉与咎。

象辞说，六四与众阴爻不同，保持中正的德性，能独自返回正道上，说明它遵从了天道运行的规律。㉗

例 2：六四爻以阴爻居阴位，得正，又位于五个阴爻中间，因而称为“中行”。六四前后都是阴爻，象征一群为非作歹的小人，他们在胡作妄为的过程中六四幡然醒悟，从而拒绝与他们继续同流合污而独自返回正道。当自己不能改变环境让更多人都弃恶从善的时候，自己若能做到独善其身也是非常值得肯定的。⑲

例 3：“中行独复”，中，并非指六四得中，而是指六四居近臣之位，又阴居阴位，且居复卦之中，它具备持守中道的道德品质，因此能够持中而行。独复，是指六四与初九相应，他遵从阳气复归的天理，迎接阳气的到来。㉘

例 4：既然说“中行独复”，意味着同时外出的不止一个人。同时外出，有返回的，有不返回的。爻辞以此比喻阳气有回复的时候、有不回复的时候。㉖

例 5：中行：符合中道的行动，意思是通达合宜的行动。独复：独发地震没有余震。意思说：地震后能够采取通达、合宜的救援行动，那就是独发地震没有余震。⑱

复卦爻辞六五：敦复，无悔。

例1：六五以敦厚中正的德行，返回了正道，没有什么悔恨。六五以中顺居尊位，坚守正道，始终如一，所以为“敦复”。既然做到了敦复，也就没有什么后悔的了。㉗

例2：六五爻以阴爻居尊位，持中不偏，敦厚而又柔顺。“敦”是敦厚、诚恳的意思。“敦复”是诚恳地返回正道。教人改正错误不能依靠胁迫、利诱或哄骗的手段，这些手段也许能暂时起到一定的作用，但不能持久，犯错的人终究还会一错再错。人们应该采用“攻心”的方法，让误入歧途的人心悦诚服地意识到自己的错误，心甘情愿地改正错误，使他们将来不再犯相同的错误，如此就不会有悔恨。⑲

例3：敦，厚。敦，指德行，六五居上坤卦之中，坤地承天，厚德载物。通过前面阳气的复归，阳气的精力恢复了，智力恢复了，到这里该恢复道德了。为什么到这里才恢复道德呢？这是因为道德被剥卦剥蚀了，道德的恢复是很难的，不是个人行为所能决定的，必须由国家、君王来履行。天地相通，坤地承乾天之道，六五居君王之位，这种“铁肩担道义”的恢复大道行为，应顺天道，固然无悔。㉘

例4：敦，信，引申为按时。《老子》中云：“敦兮其若朴”，其中的“朴”是“道”的一种比喻，“敦”是对“道”特征的一种描述。“敦复”表面意思是说，人外出后按时返回。实际上比喻阳气能遵循自然规律及时、准确地回复。

至此，阳气经过初九的“不远复”、六二的“休复”、六三的“频复”、六四的“独复”，最终及时、准确回复到位。㉖

例5：敦：通“雕”，画饰，引申为美丽如画。复：指地震后的恢复重建。敦复：地震后恢复重建家园时要建成美丽如画的新家园。无悔：建成美丽如画的新家园，执政治国者和灾区人民才无悔很。由此可见，《周易》作者是多么有政治气魄啊！⑱

复卦爻辞上六：迷复，凶。有灾眚。用行师，终有大败。以其国君凶，至于十年不克征。

例1：上六居复卦之终，有迷而不返之象，故称“迷复”。执迷不返固然是凶险的，并且还会有天灾人祸。在这凶险之际还贸然出兵打仗，最终是大败而归。国君也会遭此凶险。甚至打了十年仗，也没有取得胜利。㉗

例2：上六爻以阴爻居全卦最高位，阴柔至极，恰似一个身居高位却又顽固不化、不知悔改的人。这种人往往手握重权，如果领军打仗则注定要大败而归。“国君”指代整个国家，这种执迷不悟的人一旦掌握了国家的最高权力，势必给整个国家带来凶险，国运长久不得昌盛。爻辞旨在告诫当权者能够虚心纳谏，犯了错就当迷途知返，否者害人害己，祸国殃民。⑲

例 3：“迷复”，迷，源于上坤卦，坤卦卦辞说“先迷后得主”。迷的原因在于上六进退无路，复道在六五就完成了，阳气至五爻位已经是五阳鼎盛了，上六不自量力“用行师”返回抵制阳气，可谓以卵击石，故而凶险。“有灾眚”，眚本义为眼疾；灾，指外灾；眚，指内患。外灾指出征大败，内患指国君凶险。“以其国君，凶”，以其，在于其，上六的凶来自国君的凶。这里的国君指初九，初九在复卦时不是国君，但到了九五位便成为国君了，当初九到九五位只剩下上六一阴了，则是夬卦了，这时国君凶险即将来临了，因为再上一爻就是乾卦了，又该阴长阳消了，君子之道又开始削弱了。“至于十年，不克征”，十年，并非指十年时间，而是指从阴长阳消再到阳长阴消是一个漫长过程，只有到阳气鼎盛的时候征战才能取胜。㉘

例 4：迷：迷失无措。复：地震。迷复：执政治国者面对突发地震灾害迷失无措。凶：险。有：不宜有。灾眚：灾祸。“迷复，凶，有灾眚”，意思说：执政治国者面对突发地震灾害时迷失无措，凶险，会造成不宜有的灾祸。行师：打仗。用行师：用迷失无措来指挥打仗。终：始终。有：有。终有大败：始终都会有大败仗。以：用。以其国：用迷失无措来治理国家。君凶：执政治国的国君凶险。不克：不能。征：正，引申为正常。至于十年不克征：以至于十年都不能恢复正常。爻辞借突发地震灾害警告执政的统治者，一定要事先制定紧急处理突发事件的预案。⑱

第二十五卦 无妄卦☰☳乾上震下

（一）原文

（卦辞）无妄，元亨，利贞，其匪正有眚，不利有攸往。

（爻辞）初九：无妄，往吉。

六二：不耕获，不菑畲，则利有攸往。

六三：无妄之灾，或系之牛，行人之得，邑人之灾。

九四：可贞，无咎。

九五：无妄之疾，勿药有喜。

上九：无妄行，有眚，无攸利。

（二）解读

卦辞：无妄，元亨，利贞，其匪正有眚，不利有攸往。

解读："无妄"，卦名。"妄"：妄想妄为，胡思乱想。（《说文》："妄，乱也。"）

卦辞说，不妄想妄为，干正事才能亨通吉利。心怀不正，不走正道，将有灾祸，不利于事业发展。

初九：无妄，往吉。

解读：不妄想妄为走正道，往前行则吉。

六二：不耕获，不菑畲，则利有攸往。

解读："菑"（zī 音资）：初次开荒的田地。"畲"（yú 音鱼）：已耕耘数年的熟地。

爻辞说，自己不耕种而想收获，不去开荒就想变成熟地，这是妄想，想不劳而获，这样能利于所往吗?

六三：无妄之灾，或系之牛，行人之得，邑人之灾。

解读：不妄想妄为偶尔还有意外之灾，村里（邑）人把牛系在树干，过往的人顺手把牛牵走了，村人受到损失。

九四：可贞，无咎。

解读：无妄才能坚守正道，无过错。

九五：无妄之疾，勿药有喜。

解读：不胡思乱想还得上了心理疾病，是情绪问题，不吃药也会好的。

上九：无妄行，有眚，无攸利。

解读：不妄想妄动，行为正常，无灾祸，往来有益。

小结：

无妄卦宣讲要遵循客观规律，实事求是，不要胡思乱想不切实际的思路与行为，走正路，才能有攸往。偶尔也会有意外遭遇，有可能是塞翁失马，有失就有得。但不能妄想不耕耘而获，天上不会掉馅饼来充饥。

（三）选录多种解读

第二十五无妄卦卦辞：无妄，元亨，利贞，其匪正有眚，不利有攸往。

例 1：无妄就是没有虚妄，不胡作妄为。本卦讲人们该如何应对在没有虚妄的情况下而发生的灾难。从卦象上看，本卦上卦为乾，代表天道；下卦为震，代表雷，且有动的意思。整个卦象表示天下有雷，象征人的行动必须遵循天道，不可恣意妄为。天道就是规律，人们如果都能按照事物的运行规律去办事，自然就不会遇到任何阻碍，亨通无比，但前提是人们必须坚守正道。人若行为不正，胡作非为，就会招致灾祸，做任何事情都不会有利。⑲

例 2：无妄卦同样有元亨利贞四德，但与乾卦的四德还是有区别的，乾卦的四德是广义的元亨利贞，无妄卦的四德只限于本卦，而且还是有条件的。“其匪正有眚”，其，指“元亨利贞”；“匪正”，不正，有眚，眚，眼疾，这里指过错、灾祸。处无妄卦如果不走正道就会有灾祸。“不利有攸往”，即不利于有所往，不利于行动。㉘

例 3：本卦论述的主题是“无妄”，即不违背自然、社会规律的正道行事。思想、行为合乎自然、社会规律，就不会犯错误或少犯错误，因此说“元亨，利贞”。反之，违背自然、社会规律的正道行事，就会动辄得咎、四处碰壁、招致灾害，不利于有所行动，因此说“其匪正有眚，不利有攸往”。㉖

例 4：无妄者，诚实也。元亨：大为亨通。利贞：利政，即有利于执政治国。其：代表无妄。匪：非。正：正直。有：有。眚：灾祸。其匪正有眚：重用不诚实、不正直者治国有灾祸。不利有攸往：不利于治国治天下的行动。⑱

例 5：“无妄”：卦名。卦象震下乾上。何谓“无妄”？历代注家有两种说法：一曰：“不敢虚妄也”；一曰“妄，犹望，谓无所希望也”（马融）。无妄，实乃不违背自然法则而妄为。不妄为，乃符合“元、亨、利、贞”四德。匪：非也。眚：灾也。其匪正，有眚：行为不正，则有灾眚，故不利有所往。㉛

无妄卦爻辞初九：无妄，往吉。

例 1：无妄卦初爻爻辞是说，修养自己的品性不妄动妄求，前往办事就会吉祥。㉗

例 2：初九爻是无妄卦下卦之主，以阳爻居阳位，阳刚而得正，并且位于全卦的最下方，表明初九谦卑的性情。人如没有痴心妄想的困扰，行事能够遵守天道，且为人谦和，那么他的行动就会吉利。相反，如果人们头脑中总是充斥一些不切实际的妄想，行事违背天道，为人自高自大，一意孤行，那么他就很容易招致灾祸。⑲

例 3：初九为震雷之主，雷为震慑他人守法，初九无妄，说明他刚健行正，无妄卦走正道就吉祥，下动而上健，所以有利于前往。㉘

例 4：往，前往，指行为、行动。不违背自然、社会规律正道行事，能够实现主观与客观的相互符合，在行为上达到预期的目的，因此说："吉"，《象》说"无妄之往，得志也"。㉖

例 5：初爻是平民之位。无妄：民众中的诚实者。往：往往。吉：善。往吉：民众中的诚实者，往往遇事吉善。⑱

无妄卦爻辞六二：不耕获，不菑畬，则利有攸往。

例 1：六二阴爻柔顺中正，能顺其自然。"不耕获"不是说不耕不收，而是说耕种后不盼着丰收之获。"不菑畬"不是说不耕耘，而是说不要盼望垦荒一年的地能像三年熟地那样收成好。当然这是比喻。通过耕与获说明了六二安分无奢望。注重做好眼前应该做的事。不被物质生活所累，始终保持恬淡安分的心境。有了这样的心态，做什么都利于前往。㉗

例 2：六二爻以阴爻居阴位，得正，又位于下卦的中间，具有中和谦卑的性情。六二爻以实例继续阐述无妄的重要性。"耕"就是耕耘，"获"就是收获。如果没有辛勤的耕耘，就不要妄想有丰硕的收获。"菑"是新开垦只有一年的农田，是未熟之田，是不能用于耕种的，"畬"是三年之田，即熟田。没有新垦之田，当然就不要贪恋熟田。六二就像一个中正的君子，心中没有非分的奢望，行事就能无所不利。⑲

例 3：菑畬，耕耘、耕稼之义，比喻事物的根本。此爻有多种解释，从表意来看，不耕耘而有收获，不垦荒而获得良田，似乎有悖常理，应为虚妄，无妄卦虚妄有灾祸，那么为什么又有利于前往呢？不好理解。故有人解释为，因为虚妄，为纠正虚妄，所以要前往。卦辞说"其匪正有眚，不利有攸往"，如此解释也不好理解。又有人解释为，这里"不耕获，不菑畬"是反说，是"不耕耘怎么会有收获呢？不开垦怎么会得到良田呢？”意思是六二通过耕耘劳作而获得收成和良田，这样六二就无妄了，也就有利于前往了。但与象辞“不耕获，未富也”意义有相悖。从象辞的用语分析，爻辞的“不耕获”并不是反说。本人以为，爻辞的表意即本义，表面看似乎违背常理，但实际上六二是一个特例，他就是不耕耘就有收获，不开垦就得到良田。这是因为六二中正，又与九五相应，这个收获来自君王的赏赐。但终究不能靠赏赐生存，不耕耘毕竟不能富有。这样，六二还是无妄的，因此有利于前往，应该通过耕耘劳作而获得富有。㉘

例 4：二爻是大夫之位。爻辞省去无妄字。无妄：诚实。不耕获：大夫官不用耕种而有收获。《辞海》：“菑，初耕之田地。《尔雅·释地》：‘田一岁曰菑，二岁曰新田，三岁曰畬。’”不菑畬：大夫官不用开荒就拥有土地。则：连词，表示前后相承。利有攸往：有利于行动。则利有攸往：大夫官不用耕种就有收获，不用开荒就拥有土地，他们食朝廷俸禄，则有利于诚实地为王朝办事。⑱

无妄卦爻辞六三：无妄之灾，或系之牛，行人之得，邑人之灾。

例 1：六三以阴爻居阳位，又位于下卦最高位，失正，象征那些不中不正而又高高在上的人，由于他们自身品格低劣，行为不轨，一旦有事情发生常常被人列为主要怀疑对象。“无妄之灾”就是无缘无故地遭受灾害，比如有人拴的牛被过路的人牵走了，村里的人却蒙受不白之冤。“无妄之灾”虽不能完全避免，但如能加强个人修养，树立良好的形象，即使遭受冤情也容易取得别人的信任，也就能很快证明自己的清白。⑲

例 2：“无妄之灾”是说如同路旁拴上系着一头牛，被路人顺手牵走了，官府怀疑是邻里人把牛偷走的，于是邻里人受到了审查与拘捕。这意外的灾祸，对邻里人来说便是无妄之灾。

象辞说，路人顺手把牛牵走，邻里人却被怀疑成是偷牛的对象，蒙上了不白之冤，故“邑人灾也”。㉗

例 3：这里充分体现“妄乱”之义，牛主人不是本村的人却把牛拴在本村，为一乱；路过的行人不是牛主人却把牛牵走了，这是二乱；牛本不是村里人偷的，牛主人却偏认为是村里人偷的，这是三乱；村里人没有偷牛却被蒙上偷牛之罪名，这是四乱。乱到一块儿了，不该发生的事发生了：不该失去的牛失去了，行人不该得牛却得到了，牛主人不该怪责邑人的事情也发生了，邑人的不白之冤终于降临了。这都是“无妄”的另一极端“有妄”造成的。这里从反面告诫人们不能妄乱，妄乱的结果必然是灾祸。㉘

例 4：无妄之灾，不违背正道而产生的灾害，也就是意外之灾。或，可能。系，捆绑，引申为应验。行人，即行路之人。之，是“得”的前置宾语，指牛。

不违背自然社会规律的正道行事，一般来说是无害的。但这也不是绝对的，一般之中也有偶然，也就是意外之灾。例如，牛丢失了，被过路人捡去就属于这类情况。这种事情在日常生活中常见。如上所述，“无妄之灾”的“灾”有别于卦辞“其匪正有眚”的“眚”，前者是由客观因素导致的，而后者是由主观因素造成的。㉖

无妄卦爻辞九四：可贞，无咎。

例1：九四以阳爻居阴位，阳刚中包含着柔顺和谦卑。坚守正道是避免灾祸的前提，行事如有失正道则是自寻灾祸。凡事顺应天道，保持一份柔顺的性情，处世谦卑中和，终可以免除灾祸。⑲

例2：“可贞”，可以持守正道，之所以说“可贞”，是因为他不完全具备“贞”的条件，要通过努力才可以达到“贞”。九四阳居阴位，又为近臣之位，是多险多惧之位，往往持守正道也难免灾祸。但九四与六三不一样，六三阴居阳位，无德无才，身不由己，九四阳居阴位，可以以柔守刚，以无妄之心保持警惧持守正道，可以免除灾难。㉘

例3：这一条爻中只有断占词，而没有叙事词。但结合全卦的宗旨来看，“可贞，无咎”的前提是“无妄”。爻辞的意思是说，能够遵循自然、社会规律行事“可贞，无咎”。㉖

例4：四爻是王朝大臣之位。爻辞省去无妄字。无妄：诚实。有诚实者，也就有不诚实者，这里的无妄是不诚实。可贞：可以改正。无咎：意思是大臣有不诚实的言行可以改正，改正者无罪过。⑱

无妄卦爻辞九五：无妄之疾，勿药有喜。

例1：九五爻以阳爻居中位，至中至正，至刚至尊，恰似一位中正阳刚的君王。“疾”就是疾病，治病首要的是找到病因，对症下药。“无妄之疾”就是无缘无故地生病，对于这类疾病不能急于用药，通过人体的自我调节和保养，就能逐渐痊愈。爻辞以治病为喻告诫人们该如何去应对无妄之灾，当人们行为端正却无故遭受灾难时，应当处乱不惊，冷静应对，以不变应万变，以自己高尚的品性去证明自己的清白。⑲

例2：九五刚健居尊位，居中得正。本来身体健壮，但没想到却得了疾病，可是没有服药就痊愈了，真可谓大喜。“有喜”就是不药而愈的意思。㉗

例3：对“无妄之疾”有多种解释，有解释为九五得了一种怪病，是九五妄念导致的，因为是意念的疾病，所以不能用药医治，只需戒除妄念病就可病愈。九五本来中正，为本卦之主，身为中正的君王不会有妄念。这样解释有悖彖辞

“大亨以正”的断语；有解释为九五平白无故生病了。古人认为生病是因为得罪了神灵，是不能用药医治的，应该祭祀神灵请求恕罪，九五因没有做过坏事，坚信自己的病会好，所以不用吃药。本人以为“无妄之疾”即“因为无妄而带来的疾患”之义。这似乎不好理解，其实是符合人世间实情的：当一个讲诚信的人遇到一个不讲诚信的人，讲诚信的人就会吃亏。表象看是“老实人吃亏”了，实际上是有妄的人导致无妄的人吃亏，特别是当众人皆以有妄处世时，无妄的人肯定吃亏。“勿药”是指不能因为无妄吃亏而改变无妄的品质与有妄的人同流合污，不需要改变本来正确的信念。“有喜”，有两层含义，一是九五在困境时坚持无妄不改初衷值得高兴；二是九五实现了无妄卦的大目标而值得庆贺。㉘

例 4：五爻是王位，这里是指王后。无妄：实在。疾：不是病，而是症状。无妄之疾：王后妊娠症状很实在。勿药：不要用药。有喜：女人怀孕，称作有喜。“勿药，有喜”，意思说：不要用药，这是怀孕有喜了。由此可知，三千年前的古人就把女人怀孕称作有喜，而且知道妊娠反应是不能用药的。⑱

无妄卦爻辞上九：无妄行，有眚，无攸利。

例 1：上九爻以阳爻位于全卦的最高位，过于阳刚，象征冒进急躁之人。上九是极亢之地，物极必反，身居此处宜静不宜动，任何盲动都会带来灾难。“眚”是由于自身过错造成的灾难，爻辞旨在告诉人们一切行动都应该顺天应时，当时机不成熟，条件不允许时，妄动是没有任何好处的。⑲

例 2：“有眚”前面应该是省略了“妄行”，即应作“无妄行，妄行有眚，无攸利”，在修辞上这叫承前省略。否则，于理不通。

爻辞重申和告诫人们：不要违背自然社会规律行事，否则会自取其咎，招致灾害。这与《老子》中所说的“不知常，妄作凶”是一个意思。

读了《无妄》卦之后，我们发现：原来一般之中有个别，必然之中有偶然的辩证法思想，早在《易经》中就已经存在了。难怪说《易经》为大道之源，一点也不过分！㉖

例 3：无妄：上爻是事之极位，所以无妄是过于诚实。无妄行：过于诚实的行动。有：不宜有。眚：灾祸。有眚：不宜有的灾祸。无攸利：没有一点好处。意思是：过于诚实的行动，会造成不宜有的灾祸，没有一点好处。

我认为，做人要诚实，做事要实事求是。例如，对于癌症病人，我们过于诚实，立即将化验结果告诉他，病人心理负担太重就会使病情恶化，没有一点好处。所以，这时说善意的谎言是可以的。⑱

第二十六卦　大畜卦☶☰艮上乾下

（一）原文

（卦辞）大畜，利贞。不家食，吉，利涉大川。

（爻辞）初九：有厉，利已。

九二：舆说輹。

九三：良马逐，利艰贞。日闲舆卫，利有攸往。

六四：童牛之梏，元吉。

六五：豮豕之牙，吉。

上九：何天之衢，亨。

（二）解读

卦辞：大畜，利贞。不家食，吉，利涉大川。

解读："大畜"，卦名。"畜"：积蓄。本卦主题是积蓄品德修养，积蓄学业有成，为群众谋福利。

卦辞说，"大畜"时期，不应坐在家里吃闲饭，应走出去，成长锻炼，谋仕途生涯，为社会承担责任，锻炼成能"涉大川"。

初九：有厉，利已。

解读："厉"：危险。"已"（yǐ 音以）：停止。

爻辞说，有危险就停止，等时机成熟再行动。

九二：舆说輹。

解读："舆"：车子。"说"通脱。"輹"（fù 音父）："车轴缚也"。（《说文》）

爻辞说，途中车子坏了，需要修复车子再前行。

九三：良马逐，利艰贞。日闲舆卫，利有攸往。

解读："逐"：追逐，奔跑。"闲"：练习，演练。"卫"：保卫、防卫。

爻辞说，仕途生涯就像在竞技场上良马互相追逐，有利艰苦奋斗成长。日常既要练习驾车技术，又要练习自我防卫的能力，这样才有利于锻炼成才。

六四：童牛之梏，元吉。

解读："梏"（gù 音顾）：绑在牛角上使牛不得顶人的横木。

俗语"初生牛犊不怕虎"，在此比喻刚走出家门步入社会时，要防止因积蓄修养欠缺，气盛伤人。"童牛之梏"就不会伤害人，大吉。

六五：豮豕之牙，吉。

解读："豮"（fén 音汾）：阉割。"豕"（shǐ 音史）：猪。

爻辞说，阉割过的猪，不会用锋刃的牙齿去追逐异性，故安吉。此爻寓意走出家门积蓄品质、学业修养，应有性教育。

上九：何天之衢，亨。

解读："衢"（qú 音瞿）：大路，四通八达的道路。"何"通荷，负起。

爻辞说，大畜时期，肩负起天命走正道，令四通八达，亨通。

小结：

大畜卦从开始就号召走出家门，进入社会进行积蓄品德学业，经历了曲折的过程。初九爻遇到问题暂停"有厉，利已"；九二爻乘车途中车子坏了"舆说輹"，又停下来修车；九三爻到了竞赛场互相竞争"良马逐"；六四爻警告不要盛气凌人"童牛之梏"；六五爻"豮豕之牙"暗喻应加入性教育；最后上九爻积蓄到可以肩负国家命运走正道，为民谋福。

（三）选录多种解读

第二十六大畜卦卦辞：大畜，利贞。不家食，吉，利涉大川。

例 1：大畜，即丰厚的蓄积，本卦讲才德的蓄积。从卦象来看，本卦下卦为乾，代表天，上卦为艮，代表山，无边无际的天藏于山中，这是至大无比的蓄积。对于人生而言，最大的蓄积莫过于道德和才能的蓄养，因此应首先坚守正道，不可失正。"家食"指在家吃饭，比喻乱世中的君子隐居在家，不与邪恶势力同流合污。这种在乱世之中独善其身的行为是值得称道的，但在此大畜之时世道清明，君子若继续"家食"，则是消极避世，懦弱无能，此时君子当"不家食"，也就是要建功立业，达济天下，这无论是于己还是于民都是至为吉利的。"利涉大川"也是鼓励君子克服艰难险阻去成就大业。⑲

例 2：《序卦传》说："有无妄然后可畜，故受之以大畜。"无虚妄，心有元亨利贞之美德，就是大畜卦。

此卦下乾上艮，乾为天，艮为山。可见山所畜之大，故大畜。畜有积聚、储存起来之意，也有在心里藏着之意。本卦上艮，艮为止，乾为艮所止，畜为畜止，所以畜也有止的意义。

“利贞”指利于坚守正道。“不家食”指不食于家，而食于外。如同大丈夫不食于家中，要有抱负，志在四方，四海为家，为国效力，为民谋福，这才吉祥。“利涉大川”指像渡涉大河那样，不畏艰难险阻，报效国家，建功立业。㉗

例 3：“不家食吉”，有两层含义：一是指时逢盛世有识之士都争相为国家效力，能得到君王赐予的官位和俸禄，不用花费家里的钱财而能富裕地生活；二是指因为君王敬尚贤士，臣民把国家利益置于个人家庭利益之上，克己奉公。“利涉大川”，也有两层含义：一是指大畜不易，不通过艰苦奋斗，没有敢于跋涉艰难险阻的决心和实践，是不能实现大畜的；二是指大畜以止，为防治腐败，遏制骄奢淫逸之风，必须跋涉艰难险阻，同腐败现象作坚决的斗争，以捍卫大畜成果。㉘

例 4：家，名词状语，在家。食，用作动词，吃饭。卦辞说“利贞。不家食，吉”，反对坐吃山空，提倡外出经商、广开财源。但外出经商要跋山涉水，克服旅途、食宿等诸多困难，还会遇到强盗的抢劫，要冒生命危险，因此又说“利涉大川”。㉖

例 5：大畜者，富有也。贞：政。利贞：利政，意思是国家富有，才有利于行政，家：不是现代所谓家庭。段玉裁注《说文·家》：“天子诸侯曰国，大夫曰家。凡古曰家人者，犹今曰人家也。”因此，古代只有大夫之家才能称为家，君王之家则称作国，平民大众之家称作户。不家食：不能解释为不在家里吃饭。因为古代体制内的大臣与官吏都是吃朝廷的俸禄，所以“不家食”是吃国家饭。“不家食”，现今俗称“吃公家饭。”现今吃公家饭的人是公务员。吉：善。意思说：国家富有，对于吃国家饭的朝廷官员来说，吉善。利涉大川：利于渡过大江河，引申为干大事。意思说：国家富有，才有利于干大事。⑱

例 6：“大畜”：卦名。卦象乾下艮上。大畜与小畜相对，其含义有二：一指大牲畜，爻辞所谓“良马”、“童牛”、“豮豕”之类。二指大有积蓄。《释文》“畜，积也，聚也”。综观全卦，“畜”既有“牲畜”之意，亦有蓄聚之意。利贞：利于坚守正道。不家食：不宜把大牲畜供食用。大牲畜能够繁殖使用，宜饲养，不宜“家食”，才能使财富日益积蓄。大有积蓄，乃“利涉大川”，度过一切困难。㉛

大畜卦爻辞初九：有厉，利已。

例 1：初九爻以阳爻居阳位，得正，但有冒进之象，又处于全卦的最下方，象征蓄积的初始阶段。当人们初出用事，才和德都还不够充足，需要进一步积累，此时不能不顾实际情况而贸然前进，否则必将遭遇危险。最明智的做法就是暂停冒进的行动，继续蓄积自己的才德，静待时机再图发展。⑲

例 2：已，停止。初九刚健好动，求蓄心切，想毕其功于一役，这样是危险的。因与上两阳爻相斥，过激行为得到阻止，立即停止自己的急躁冒进，便化险为夷。㉘

例 3：本爻之中只有断占辞，而没有叙事之辞，只能结合全卦的主旨来理解。如上所述，外出经商有诸多困难、危险甚至是生命危险。经商致富固然重要，但也不能因利而轻命，遇有危险时应该停止前进，正如《象》说：“有厉则已，不犯灾也”。

也有人认为“已”通“祀”，爻辞承《大有》卦而言。在《大有》卦中，“有厉”指农业生产中天旱不雨、影响播种之事。天旱不雨，需要进行祭祀，禳天求雨，因此说“利已”。也能够讲得通，有一定道理。也可能正是因为本爻承《大有》卦而来，所以只有断占辞，而没有叙事之辞。㉖

例 4：初爻是平民之位。爻辞省去大畜字。大畜：富有。有：不宜有。厉：磨难。有厉：平民靠农耕能够富有者，会招致不宜有的磨难。因为古代生产力低下，平民依靠耕种田地为生，维持生计都很困难，不可能富有。利己：平民中凡是富有者，必定有违法犯罪的利己行为，故而有磨难。爻辞告诉我们，古代平民大众是不能富有的。⑱

大畜卦爻辞九二：舆说輹。

例 1：九二爻以阳爻居阴位，阳刚中带有柔顺，与初九相比，九二蓄积了更多的才德，同时又少了急躁冒进的性情。如果车身与车轴脱离，车就不能前进了，比喻人们在前进过程中发现不宜再前进了，就主动停止下来，再伺机而动。凡事欲速则不达，人们在前进的路上如能适时驻足不失为明智之举，不仅能让疲惫的身心得到充分休息以恢复元气，从而为下一步行动蓄积更多精力，更能让人们去总结前进路上的经验和教训，并冷静地审时度势，从而为前进积蓄更多智慧。⑲

例 2：舆，车。说，同“脱”。辐，车轮的辐条。舆说辐，即把车身从车轴上卸下来，表示停止前进。㉘

例 3：“舆脱輹”已见于《小畜》九三爻辞。《小畜》《大畜》二卦无论在卦象、卦名还是所反映的内容上都有一定的联系。《小畜》卦描写的是农业生产活动中的场景，“舆脱輹”之辞在这里再次出现，意在表明靠农业生产积蓄财富之不易，同时也提示拓展其他积蓄之道的必要。所以以下九三、六四、六五爻辞分别说商业买卖活动和畜牧业的事。㉖

例 4：二爻是大夫之位。爻辞省去大畜字。大畜：大夫家富有。舆：车舆。

说：脱。輹：车舆车厢下面钩住车轴的木头，《周易》称作輹木，而后来称作伏兔。舆说輹：大有卦告诉我们，大夫是经商贩运的。大夫为了发家致富，经商贩运时经常超载，致使輹木经常与车轴脱钩。⑱

大畜卦爻辞九三：良马逐，利艰贞。日闲舆卫，利有攸往。

例 1：良马奔驰向前，是说九三刚健居刚位，喻良马奔腾。“利艰贞”指在艰苦的环境下训练，有利于磨练人的意志，培养耐艰苦的品行。“日闲舆卫”指日日驾车训练，不但学会了驾车的技能，并且还练就了一身防卫的功夫，有利于有所前进。㉗

例 2：九三爻以阳爻居下卦的最高位，阳刚而得正，象征君子已经具备了一定的才德，可以去开创自己的事业了。爻辞用“良马逐”比喻君子创业的势头强劲而迅速，形势一片大好。同时爻辞又告诫人们越是在顺利的时候越要心存戒惧，牢记创业中的各种艰难险阻，坚守正道。君子之事业能够取得当前的成绩是因为他前期积蓄了足够的才德，如果君子就此懈怠，其事业注定将停止不前。随着君子事业的不断壮大，君子的个人修养和能力都需要与日俱增。“舆卫”是古人必备的技艺，借代为君子创业必备的所有素质和技能。“日闲舆卫”就是告诫君子要不断地积蓄自己的才能和德行，以利于日后进一步发展。⑲

例 3：如良马奔驰，利于在艰难中持守正道，历练车夫卫士，有利于前往。

解析爻辞：“良马逐”，良马，指九三，九三阳居阳位，又处乾卦上爻，刚勇好动，比喻良马。逐，奔跑。“利艰贞”，艰，艰难，指九三上有两阴爻，阴为坎险，故而艰难。初九动而止，九二不动止，乾卦刚健本性为动，那么九三一定要动的，但动而艰难，健而有止，所以九三动必持度，坚守正道。“曰闲舆卫”，曰，据朱熹考证是“日”字的误写；闲，同娴；舆，这里指驭手，驾车的人；卫，卫士。这句话指经常加强军事训练，提高驭手和卫士的军事技能。前面说的都是“利有攸往”的条件，这些条件都具备了，才有利于前往。㉘

例 4：良马可以代步、负重，帮助人们克服远途贩运中的困难，因此说“良马逐，利艰贞”。外出经商要跋山涉水，还会遇到强盗抢劫，不仅要有良好的驾车技术，还要有一定的防卫本领，因此说“日闲舆卫，利有攸往”。其中“日闲舆卫”是“利有攸往”的前提条件。㉖

例 5：三爻是诸侯之位。爻辞省去大畜字。大畜：诸侯国君富有之后就养马，马是大牲畜，故而爻辞言“良马”。良马逐：诸侯国君富有，饲养的良马成群，马群在草地上相互追逐。艰：艰苦奋斗。贞：主。利艰贞：利于艰苦奋斗之主。

舆：车舆。卫：保卫。曰闲舆卫：担任保卫的车舆保持适当的间距。利有攸往：有利于车队行动。⑱

大畜卦爻辞六四：童牛之牿，元吉。

例 1：六四以阴爻居阴位，得正。“童牛”指牛犊，牛犊性情躁动，为防止牛角伤人，人们常给牛犊犄角戴上一根横木加以约束。爻辞以此告诫人们对可能出现的问题要加以预防，防患于未然。同时也说明道德规范的积累应该从小开始，就如同驯养小牛犊一样，让孩子从小逐渐养成良好的行为习惯和道德修养是大吉大利的。⑲

例 2：童牛，小牛。牿（音 gù），绑在牛两角之间的横木。小牛没有经过驯化，脾气暴躁，故有“初生牛犊不怕虎”之说，因此给小牛上牿不仅是为了防止它伤人，而且是一种驯化牛的方法。㉘

例 3：四爻是国公之位，这里是诸侯大国为国公者。爻辞省去大畜字。大畜：大国诸侯富有后就养牛，牛是大牲畜，故而爻辞言牛。童牛：小牛犊。

牛耕田要告（教），马拉车也要告（教），故而《周书》曰：“今惟牿（告）牛马。”所以，只有人们教牛耕田、教马拉车才能称作告牛、告马。童牛之牿：大国诸侯饲养的小牛犊都已长成告牛。元吉：牛是古代非常重要的生产力，诸侯大国饲养的小牛犊都长成告牛，都能耕田犁地了，大吉。⑱

大畜卦爻辞六五：豮豕之牙，吉。

例 1：豮豕，指被阉割的公猪，有去势的意思。

在殷周时期，野猪初被人驯养，野性未尽，刚暴咬人，治猪的牙解决不了刚暴的问题，唯独去势，即阉割，猪方可驯服。六五以阴爻居尊得中，以柔畜止九二，但九二刚暴之性已长成，难以畜止。要解决畜止问题，六五就得像制服猪那样为对方阉割去势，使其不再伤人。经过一番努力，六五畜止九二成功，所以说是吉祥的。㉗

例 2：六五爻以阴爻居尊位，柔顺中带有阳刚的性情。野猪是性情凶猛的动物，常用獠牙伤人。古人最初将其獠牙拔掉，却发现野猪性情未改，难以驯服。后来古人采用阉割的办法去掉了野猪凶猛本性的根源，使野猪变得温驯。古人驯化野畜的经验为人们蓄养道德修养提供了借鉴。对于一些性情刚烈、桀骜不驯的人，如一味采取以暴制暴的方法可能很难达到教育目的，但如果能根据其独有的特征，抓住要害，从根本上解决问题，就能够使其从善如流，改邪归正，结果当然是吉利的。⑲

例 3：豮豕之牙，阉割过的公猪之牙。因经过阉割，公猪的獠牙长不出来了，因此不会伤人，使之成为人们享用的生活资料，故而吉祥。㉘

例 4：豮（fén）豕，小猪；一说为阉割去势后的猪。牙，猪栏。

六四、六五两爻所述内容类似，都是说畜牧的事情。将猪、牛圈养、栏养有诸多好处：第一，不会践踏、损坏农作物；第二，不容易丢失、或者陷入人为设置的陷阱以及其他捕捉野兽的机关中；第三，猪、牛活动范围受到限制，运动量减少，有利于增肥。二爻断语分别说“元吉”“吉”，意在提倡、鼓励这种畜牧方法，在一定程度上反映出当时的畜牧业水平。㉖

例 5：五爻是王位，这里是指王室。爻辞省去大畜字。大畜：王室富有后就养猪，猪是大牲畜，故而爻辞言豕。豮：专门配种的公猪。王室还将专门配种的公猪修饰打扮一番，故而豮字由豕字与贲字组成。豕：猪，存栏猪。牙：古人认为，牙大齿小。《说文》：“牙，壮齿也”。段玉裁注：“壮齿者，齿之大者也。”故而爻辞的牙引申为肥壮。吉：王室富有，饲养的配种公猪与存栏猪都很肥壮，吉善。根据前面的爻辞，古代诸侯可以养马，大国诸侯可以养牛，只有王室家族可以养猪。马、牛大量吃草，只需要少量粮食。而养猪要消耗大量粮食，只有王室家族养得起。为什么家字由宝盖头（宀）与豕（猪）组成？因为古代只有王室家族可以养猪，猪是高贵地位的象征，也是富有的象征。⑱

大畜卦爻辞上九：何天之衢，亨。

例 1：衢，指四通八达之路。何：与荷同，这里有荷载之意。

上九居大畜之终，畜止已极。到了该通的时候了。其通行有着像天空一样四通八达的大道，任其驰骋，所以是亨通顺利的。㉗

例 2：上九以阳爻居全卦的最高位，通常这是一个十分危险的位置，有过犹不及之意，但道德和能力的蓄养是没有止境的，当然也就不存在物极必反的可能，因此爻辞判之以亨通。经过长期蓄积，君子的才和德已经达到了相当的高度，此时他尽情施展自己的才德为国效力，犹如驰骋在四通八达的通天大道上，没有丝毫阻碍，无比亨通。⑲

例 3：何，同“荷”，负荷、担当、承担；衢（音 qú），大路，四通八达的大道。“何天之衢”，即上九承担着通向天的大道。㉘

例 4：“何天之衢”的说法很新颖，也很独特！地上的路，固然可以足行，并且也只能足行。但是这里说的是“天衢”、天路。天路在上，不能足行，只能肩负了。我们常说大路朝天，与地面上的路相比，天空中没有任何阻碍，畅通无阻，爻辞以此比喻致富之路的宽广通畅，因此说“亨”，《象》说“何天之衢，道大行也”。㉖

例 5：上爻是祖宗之神位。爻辞省去大畜字。大畜：大牲畜。何：通“荷”，承接。何天：承天。《说文》：“衢，四达谓之衢。”何天之衢：祖宗开创承天四达的伟业。亨：祭享。意思是禘祭祖宗时要用大牲畜做祭牲。所以，观卦卦辞曰：“有孚颙若。”⑱

第二十七卦　颐卦䷚艮上震下

（一）原文

（卦辞）颐，贞吉。观颐，自求口实。

（爻辞）初九：舍尔灵龟，观我朵颐，凶。

六二：颠颐，拂经于丘颐，征凶。

六三：拂颐，贞凶，十年勿用，无攸利。

六四：颠颐，吉。虎视眈眈，其欲逐逐，无咎。

六五：拂经，居贞吉，不可涉大川。

上九：由颐，厉，吉，利涉大川。

（一）解读

卦辞：颐，贞吉。观颐，自求口实。

解读："颐"，卦名。"颐"：颔，下巴，面颊。吃入食物面颊动，引申为"养"。《序卦传》"物畜然后可养，故受之以颐。颐者，养也。"

卦辞说，观看人吃饭时不要妄想，要自力更生解决自己吃饭问题，坚守正道才会吉祥。

初九：舍尔灵龟，观我朵颐，凶。

解读："灵龟"：神灵之龟，在水陆都能生活，会养生长寿。

"舍尔灵龟"是捨弃了灵龟自谋生活方式，只看我吃东西面颊动（朵颐），羡慕我口中的美食，企图不劳而获有凶险。

六二：颠颐，拂经于丘颐，征凶。

解读："颠"：颠倒。"拂"：违背。"丘"：丘陵，山丘。喻指自己的上级。

爻辞说，颠倒了颐养的常规，违背了经伦，把颐养寄托在上级的施舍，这样的前途是凶祸。

六三：拂颐，贞凶，十年勿用，无攸利。

解读：违背了颐养之道是凶兆，很多年不会得逞的，没有好结果。

六四：颠颐，吉。虎视眈眈，其欲逐逐，无咎。

解读：虽然颠倒了养颐之道，但是吉利。因为不是坐等上级施舍，而是学老虎觅食，自食其力，盯准猎物“虎视眈眈”，“其欲逐逐”是强烈欲望要捕捉到口，无过失。

六五：拂经，居贞吉，不可涉大川。

解读：违背常规的谋生行为，不可能有大的作为，要混口饭吃，需走正道安居则吉利。

上九：由颐，厉，吉，利涉大川。

解读：“由”：遵循。

爻辞说，遵循颐养之道，即使有风险，也将吉利，还可以“涉大川”。

小结：

颐卦是讲颐养之道的饮食问题。要自力更生“自求口实”，不能“颠颐”、“拂经于丘颐”的坐享其成。若是违背颐道“拂颐”成性，长期“无攸利”；若能走正道，前途会安居吉利。遵循颐道行事，即使遇到险阻，终究会吉祥，甚至能涉大川。

（三）选录多种解读

第二十七颐卦卦辞：颐，贞吉。观颐，自求口实。

例1：颐，本义口旁，引申为养、颐养等。口实：口中有物。

《序卦传》讲：“物畜然后可养，故受之以颐。”大畜卦讲的是把物质及贞正的道德学问经验畜聚起来。畜聚起来就得养，故称之颐。

颐卦的卦体是下震艮上，上艮为止，下震为动。中间虚，如同嘴动口咬。口粮是为了养命养身。故卦名叫颐。

颐，一是食物上的养，即颐身；二是道德上的修养，即颐德。颐卦的旨意是颐德，即修养品德。修养贞正的品德，才会吉祥。“观颐”指观察自己是否修养的是正道。“自求口实”即靠自己的劳动求得口粮，即自养身；贞正的品德是靠自己学习修养出来的，即自养德。㉗

例2：颐是颐养、养护的意思，本卦讲颐养之道，包括颐养自己和颐养他人，从卦的结构来看，颐卦恰似人之口。初、上两阳爻好比上下颚，而中间诸阴爻好比牙齿。从卦象来看，颐卦上卦为艮，代表山，有静止不动的意思，下卦为震，代表雷，有动的意思，上止下动犹如口中咀嚼食物，进食以养身，又由养身引申出养德的意思。颐养无论是养己还是养人都必须坚守正道才能吉利。观察颐养之道，无论是养身还是养德都应该“自求口实”，养身以自食其力为根本，做到自己动手，丰衣足食；养德首先要加强自我修养。⑲

例3：“观颐”，从表象看是观看别人吃东西，但从深层看，有判别他人所得是否来自正道，自己应该如何谋求颐养之义。“自求口实”，实，表意指饮食，内在指自求所得来自正道、实在、坦然，可以用于颐养，“观颐，自求口实”也有“与其临渊羡鱼，不如退而结网”之义，指应该自食其力，不要不劳而获。㉘

例 4：颐者，生养也。贞：主。吉：善。贞吉：生而能养者，主吉。观：审视。观颐：审视生养之道。自求口实：自己求取口中的食物。意思是不能靠别人养活，要自己养活自己。⑱

颐卦爻辞初九：舍尔灵龟，观我朵颐，凶。

例 1：初九阳爻居阳位，本来自己像灵龟那样有智慧，完全能做到自养，却舍去自食其力之道，垂涎别人口中的咀食。有妄动之意，所以是凶险的。㉗

例 2：“舍尔灵龟”，舍，舍弃，放弃；尔，代词，指初九；灵龟，神龟。龟具有高深的养生之道，可以很长时间不吃东西，心跳和呼吸都很缓慢，而且长寿，具有灵气，故称灵龟或神龟。“舍尔灵龟”，即本来具有灵龟般的颐养道行，而予以舍弃。朵颐，鼓着腮帮嚼食的样子，形容胃口好，馋涎的吃相。“观我朵颐”，即看我大口大口吃东西的样子。初九本来具有灵龟般的颐养节制品质，但经不起美食的诱惑，还是落入贪吃的俗流之辈。凶，凶险。这种舍弃大德、追求小得，舍弃长远志向、追逐眼前享受的行为是会有凶险的。㉘

例 3：作为一种面部动作，“朵颐”当是预设的对所占之事表示肯定、同意的暗示。推想“舍尔灵龟，观我朵颐，凶”的语境，大概是龟卜结果对所占之事不支持，周王心怀犹豫，因此征询陪同的巫师或大臣的意见，后者鼓起脸腮以暗示同意、支持所占之事，但又不敢自信，故有此语。《象》中也说“观我朵颐，亦不足贵也”。㉖

例 4：舍：弃。尔：你。灵龟：古代所谓天龟。

爻辞中的灵龟是表示以卜筮为生。舍尔灵龟：舍弃你以卜筮为生的生活。观：审视，引申为向往。《说文》：“朵，草木华叶垂。”颐：生。朵颐：跟草木打交道的人是农民，故而“朵颐”是以农耕为生。观我朵颐：向往我以农耕为生的生活。凶：失，失策。意思是：舍弃你以卜筮为生的生活，却向往我以农耕为生的生活，这是失策。⑱

颐卦爻辞六二：颠颐，拂经于丘颐，征凶。

例 1：六二爻以阴爻居阴位，得正，而且居中。六二虽然中正，却过于懦弱，不能自养，于是向下求助于初九。六二位高于初九，位高者不仅当自养，还应该养活他人，因此六二向初九求养的做法违背了“以上养下”的常理，是行不通的。“丘”指高地，“于丘颐”比喻往高处求养，也就是六二向上九求养，但上九距离六二太遥远，路途中充满了凶险。六二于上于下都不能求得所养，处境何等艰难，爻辞再次强调了自力更生的重要性，真是求人不如求己。⑲

例2：颠，鼓起。拂，揩拭。经，指丝织品之类的手帕。丘，山丘。

“颠颐”“丘颐”与初九“朵颐”意思相同，都是形容脸腮鼓起来的形状，表示“不”“不可相信”的意思，暗示“我”对所占之事、龟卜的结果持相反的意见，认为所占之事不宜实行，否则的话，行动凶险。《象》中对为什么“征凶”的解释是“行失类也”，而“失类”就是“偏颇”之义，如此“行失类也”就是说在人意、龟卜意见不一致的情况下贸然行事。㉖

例3：颠：通“阗”。《辞海》：“颠，通阗。充满。”颐：生。人以饮食为生，引申为饮食。颠颐：想吃满口食物。拂：我认为是“柫”字之误写，将木字旁误写成提手旁。《说文》：“柫，基禾连枷也。”连枷是古代手工脱粒粮食的工具，现今在边远的农村还在使用。经：经纬之经。柫经：经线是垂直的，纬线是水平的。柫经是用连枷垂直击打禾穗脱粒。丘：山丘。丘颐：丘是禾穗像山丘一样堆积，颐是颐养，丘颐表示禾穗能养人。柫经于丘颐：要用连枷垂直击打像山丘一样堆积的禾穗脱粒。乾卦爻辞已告诉我们，古代收获庄稼是割取禾穗，故而丘颐是像山丘一样堆积的禾穗。征：战。凶：险。征凶：秋收打场时发动战争是凶险的。⑱

颐卦爻辞六三：拂颐，贞凶，十年勿用，无攸利。

例1：六三爻以阴爻居阳位，失正。颐养的前提是坚守正道，六三既已失正，也就违背了颐养之道，象征通过巧取豪夺、坑蒙拐骗等不正当手段来获得颐养，长此以往必然陷入凶险。“十年勿用”指永远也不能用有失正道的方法去求得颐养，这样做是没有好处的。⑲

例2：“拂颐”，表层意为违背颐养之道，实为违背人生之道。六三的“拂”比六二的“拂”更加深重，不仅自恃与上九相应，以求颐养，还含有不择手段等其他恶劣行为索求颐养。虽说颐养是生存的合理需求，但必须自食其力，以寄生或掠夺的办法颐养，是违背颐养之道的，其结果必然凶险，所以“贞凶”。“十年勿用”，十年，不是指具体的十年时间，而是指很长时间。这句话表面指因颐养不合理，导致身体羸弱，大伤元气，难以恢复；内在指六三违背人生之道带来的凶险后患殃及深重，断送了自己的政治前途。“无攸往”，无所往，不利于前往。六三祸及不仅“十年”，“十年”以后仍然无利好命运，可见灾难深重至极。㉘

例3：“拂颐”就是六二“拂经于丘颐”的意思，也表示人意对所占之事持反对意见。“贞凶”是说龟卜的结果也是“凶”的。龟卜结果与人意相合，都反对所占之事，所以所占之事在长时间内不可能实行，如果实行没有什么好的结局，因此说“十年勿用，无攸利”。《象》解释“十年勿用”的原因是“道大悖也”，也就是说所占之事既违背了人意，也违背了龟卜之意。㉖

例 4：《说文》：“拂，过击也。”过击，我们现今称作重击。拂颐：拂是重击，颐是生养。所以，拂颐有二义：一是被对手重击颐部，二是以拳击为生。只有以拳击为职业生活者，有可能被对手重击颐部而失败，才会想方设法重击对手的颐部以击倒为胜。从而获取更多的金钱养家糊口。贞凶：主凶。意思说：以拳击为生者被对手重击颐部，主凶。十年勿用：十年都不能参加拳击比赛。拳击比赛防护颐部很重要，拳击手被对手重击颐部后，往往容易被击倒起不来，严重的会致使下巴脱落，以至于十年都不能上场比赛。⑱

颐卦爻辞六四：颠颐，吉。虎视眈眈，其欲逐逐，无咎。

例 1：六四爻以阴爻居阴位，得正。六四和六二都颠倒颐养之道，均向下求养，结果却不同，六二凶，六四吉，原因在于他们向下求养的目的不一样，六二的目的在于养己，而六四身居高位，近在君侧，其向下求养的目的是颐养天下，即取之于民，用之于民，因而吉利。如六四将向下所求之养归为己用，则必凶无疑。既然为了养育万民，就应该专心致志地去做，孜孜以求，这样做合符正道，没有过错。⑲

例 2：“颠颐吉”，这里的颠颐与六二不一样，六二是以上压下，以弱凌强，而六四颠颐是求取初九的阳刚美德，因六四与初九相应，求之阳刚，施之教化，为养贤之颐，因此吉祥。“虎视眈眈，其欲逐逐”虎视，老虎凝视猎物不仅是看，而且有对如何获取猎物的正确判断。眈眈，睁大眼睛凝视。其，指虎。欲，虎对猎物获求的欲望。逐逐，紧追不舍。其欲逐逐，比喻六四为了求得初九贤能，像老虎凝视猎物一样地执着追求。由养体上升至养贤，固然没有灾难。㉘

例 3：虎，是凶猛之物的代表。眈眈，专注的样子。逐逐，迫不及待的样子。眼睛是心灵的窗户，能够反映人内在的思想动机。“虎视眈眈，其欲逐逐”是对人的眼神、表情的形容，说明人有一种强烈的行事愿望，也是自信的一种表现，正如高亨先生所说“以喻人有强力以逞其雄心”。如上所述，“颠颐”表示“我”对所占之事持赞成意见，再加上求占者对所占之事表现出一种强烈的愿望和自信，在这种情况下，应顺从人意行事，因此说“吉”“无咎”。㉖

例 4：颠颐：吃满口食物。吉：得。意思是饥饿时吃满口食物，急于得到满足。虎视眈眈：像饿虎扑食那样。其欲逐逐，其欲望越来越强烈。无咎：无罪过，即这种难看的吃相无罪过。⑱

颐卦爻辞六五：拂经，居贞吉，不可涉大川。

例 1：“拂经居贞吉”的拂经是说六五以阴爻居尊不当位。居贞吉是说六五居尊位坚守贞正而不动，可谓吉祥。像涉渡大河会遇到的那些艰险，六五无能处理，故“不利涉大川”。㉗

例 2：六五爻以阴爻居尊位，性情柔弱，身为君王他本应去颐养天下万民，但六五柔弱的性格担当不起如此重任，只好向上求养于上九，向下求养于初九，这显然是违背常理的。但六五求养于人并非为己，而是为了黎民百姓，因此并无大碍，他若能安心坚守正道也是吉利的。六五虽身居君位，但毕竟能力有限，所以此时不能去苛求关涉大险大难的事，以专心而稳妥地解决当前的事情为宜。⑲

例 3：“拂经”，作为君王不能自养而求取太上皇或宗庙的支持，表象看违背颐养常理，实则不然，因为君王求上不是为了自己，而是为了江山社稷颐养万民，所以“居贞吉”，居即六五居君王中位，居中为贞为正，因此吉祥。“不可涉大川”，因六五阴弱，必须有求于上九支持护佑，自身阳刚不足，故而不宜跋涉大川险阻。㉘

例 4：居，安居、静止。“居贞吉”也就是《尚书·洪范》中所说的“用静吉”。“大川”喻指难事、险事，“涉大川”喻指有大的作为，也就是《尚书·洪范》中所说的“用作”。此爻中虽然只说到“拂经”，而没有记载龟卜的情况，但联系“居贞吉”“不可涉大川”来推求，龟卜结果也是不支持所占之事的。这样，龟卜、人意对所占之事都持反对意见。因此爻辞告诫：居止不动吉，不可以做难事、险事。㉖

例 5：拂（柫）经：以连枷击打禾穗脱粒。爻辞省去颐字。颐：用连枷脱粒以农耕为生。居：居所。贞：主。吉：善。居贞吉：以安居农耕现状主吉者。不可涉大川：不可渡过大江河，引申为不可干大事。意思说：以安居农耕现状主吉者，不可干大事。因为他做不到舍小家为大家，所以不能干大事。⑱

颐卦爻辞上九：由颐，厉，吉，利涉大川。

例 1：颐卦上下有两个阳爻，而以上九为主。上九处艮之极，众阴爻都由它来养，故“由颐”。作为臣子的上九，肩负着君王委托的颐养天下之重任，可谓吉祥。但他毕竟是臣子，稍有差错，或功高震主，必有凶险。故“厉吉”。上九有能力解决像涉大川那样会遇到的艰险问题。㉗

例 2：“由颐”，由此来实现颐养大道，“由颐”包含颐身、颐贤、颐德、颐养万民，这样的重任都由上九来担当。“厉吉”，厉，指：上九为颐之极位，即将走向颐养的反面，颐养的反面当然是穷困，为坎险、危厉。但上九是艮山上爻，艮山性止，虽阳刚，但知止，因他为通天之道，应顺天道故而能止，上爻能止就吉祥喜庆。“利涉大川”，上九“由颐”应顺通天之道，以颐养万邦作为己任，会得到万民的支持和拥护，故而有利于跋涉大川险阻。㉘

例 3：如上所述，在天命思想仍有较大影响的周代，完全按照人自身的意愿、意见行事，毕竟还不是那么自信，也不是那么名正言顺，会遭到一些人的疑问、诘难、反对，会有一些麻烦和阻碍，因此说“厉”。但最终的事实证明人的意见是正确的，按人自身的意见行事，最终克服了困难，做成了大事、难事，因此又说“吉”。这个先“厉”而后“吉”的过程也是人意最终战胜龟卜所代表的天意的过程。㉖

例 4：由：伴奏，引申为随从。《说文》曰：“由，随从也。”颐：生养，引申为生活。厉：磨难。意思说：随从平常人生活，有磨难。上爻是尊位，而君王是上尊。吉：善。利涉大川：有利于干大事。意思说：随从君王生活，吉善，有利于干大事。⑱

第二十八卦　大过卦䷛兑上巽下

（一）原文

（卦辞）大过，栋桡，利有攸往，亨。

（爻辞）初六：藉用白茅，无咎。

九二：枯杨生稊，老夫得其女妻，无不利。

九三：栋桡，凶。

九四：栋隆，吉，有它，吝。

九五：枯杨生华，老妇得其士夫，无咎无誉。

上六：过涉灭顶，凶，无咎。

（二）解读

卦辞：大过，栋桡，利有攸往，亨。

解读："大过"，卦名。"大过"：过度，大的过错，意外过失。"栋"：房屋栋梁。"桡"（ráo 音饶）：弯曲，曲折。

卦辞说：房屋栋梁弯曲，为了避险，利于采取措施才能亨通。

初六：藉用白茅，无咎。

解读："藉"（jiè 音届）：垫子，又"藉"同借。"白茅"：一种贵重的草。

爻辞说，借用白茅草铺在地上做垫子，上面摆放祭品，很简朴，但谦诚供奉，无过错。

九二：枯杨生稊，老夫得其女妻，无不利。

解读："稊"（tí 音堤）：嫩芽，新枝。

爻辞说，枯萎的老杨树生出了嫩芽，老头子娶了位年轻女子为妻，这些没有不吉利的。

九三：栋桡，凶。

解读：房屋栋梁弯曲，有倒塌险情，若不行动，可能有凶灾。

九四：栋隆，吉，有它，吝。

解读："隆"：凸起，向上隆起。

爻辞说，房屋栋梁向上隆起，不会往下塌陷，是吉兆。“有它”是若有其它变故，可能就不是吉兆。

九五：枯杨生华，老妇得其士夫，无咎无誉。

解读：“华”同花。枯萎的杨树开了花，老妇人找到年轻男士为丈夫。这些情况没有过错，也没什么可赞誉的，言外之意不要大惊小怪。

上六：过涉灭顶，凶，无咎。

解读：河水很深，过河时有灭顶之灾的凶险，渡过去便脱险了，无过失。

小结：

大过卦主旨讲人生会遇到多种意外的险情和喜事，只要心怀正确理念，有信心有智慧就能化险为夷，能使“栋桡”改成“栋隆”，这种成功，就像“老夫得其女妻、老妇得其士夫”，这现象就像“枯杨生稊、生华”，拥有这些经历和经验，“过涉灭顶”都无咎。

（三）选录多种解读

第二十八大过卦卦辞：大过，栋桡，利有攸往，亨。

例 1：大过就是过于盛大的意思，本卦讲超越常规的一些情况。从卦象来看，大过卦上卦为兑，代表泽，下卦为巽，代表木，泽在木上。泽本该润养树木，如今却将树木完全淹没在水中，因此有大过之象。从卦形来看，大过卦中间诸爻均为阳爻，显得坚实厚重，而初、上两爻均为阴爻，力量虚弱，而如果将大过卦当作一根木头，这种木头很容易向下弯曲，是不宜作为房屋栋梁的。大过卦四阳两阴，阳代表君子，阴代表小人，君子势盛利于前往做事，但必须小心谨慎。大过卦犹如房屋栋梁向下弯曲，有坍塌之危，比喻君子处境艰难，他应时刻心存戒惧，谨言慎行。如此行事才能亨通。⑲

例 2：“栋桡”，栋，栋梁，指中间四阳爻形似栋梁；桡（音 ráo），曲木，木头弯曲，泛指弯曲。栋桡，即栋梁弯曲了，因上卦泽水淹没了下卦巽木，栋梁被水浸泡而弯曲。“利有攸往”，有利于前往。之所以前往有利，是因为下巽卦为顺，上兑卦为悦，下顺上悦，中间四阳爻健实，形比通向泽水两岸的桥梁，可以实行大的跨越。亨，亨通。因有桥梁可以通过，所以顺而悦，故而亨通。㉘

例 3：栋，房屋的中梁。桡（ráo），弯曲。往，在这里指采取行动、措施予以纠正。

俗话说：上梁不正下梁歪。从建筑学角度上说，建造房屋宫殿，栋梁非常重要。房屋的上梁细弱而承受过大的压力，是“大过”，会引起上梁向下弯曲断裂，房屋随时有塌陷的危险，严重威胁到人的安全，当然不能坐视不管，要采取措施予以纠正，因此说“利有攸往”，然后方可致“亨”。㉖

例 4：大过者，死葬也。栋：屋顶上的栋梁，房屋的栋梁都是正直的。爻辞的栋，引申为棺椁的顶盖木。桡：弯曲。栋桡：房屋的栋梁要用正直的树木制作，而棺椁的顶盖木要用曲木制作。直至今日，棺材都是用顶端大的曲木制作。利有攸往：古人将棺椁的顶盖木制作成弯曲形，是仿照木船的式样。古人生前主要靠木船往来远行，将棺椁制作成船形，是为了便于死者从阴间往来阳世，故而曰：“利有攸往”。亨：享献。意思说：人死后其灵魂能将棺椁当作木船，从阴间往来阳世领受子孙们的享献。⑱

大过卦爻辞初六：藉用白茅，无咎。

例 1：初六爻以阴爻居全卦的最下方，柔顺至极。“白茅”即白色柔软的茅草。祭祀时不仅要献上祭品，而且要在祭品的下面垫上白茅，这样做一方面是显示对神的敬重，另一方面也是为了确保祭品不会被打坏。爻辞用祭祀时的礼仪来比喻在非常时期行事一定要慎之又慎，如此才能免除灾祸。⑲

例 2：初六处大过之始，以阴居下。不敢犯上，小心翼翼地把东西放在铺在地上的茅草上面，很怕弄脏弄坏，这样做是没有什么过错的。㉗

例 3：在祭祀时，先在地上垫上质地柔软的白茅，再往上摆放祭祀用品，既可以防止器皿碰坏，也可防止祭品受到玷污。实际上摆放祭品的地方早已被打扫得干干净净，完全可以直接在地上摆放祭品，之所以垫上白茅，意在表明祭祀者心存庄严、圣洁、虔诚。白茅虽然并不珍贵，但通过这一举动，反映了祭祀者对神灵的真诚、敬重之心。这里告诫人们一个道理，无论是神还是人，在乎的是真心诚意，而不在乎祭品或礼物的贵贱，所谓心诚则灵。㉘

例 4：初六爻代表墓底的底土。藉：以物衬垫。白茅：一种白色的茅草，古代帝王常用白茅滤酒。藉用白茅：以滤酒的白茅做棺椁底部的衬垫。无咎：以滤酒的白茅做死葬者棺椁的衬垫，无罪过。爻辞省去大过二字。大过：死葬。⑱

大过卦爻辞九二：枯杨生稊，老夫得其女妻，无不利。

例 1：九二爻以阳爻居阴位，阳刚而不失和顺，居中不失中和之道。“枯杨发新芽”和“老夫娶少妻”都是超乎寻常的事，但人们不必对此大惊小怪，没有什么不利的。“枯杨发新芽”比喻自然生命的延续，此时大自然焕发出勃勃生机。“少妻”能够生育，“老夫娶少妻”预示着新生命的诞生，对人类生命的繁衍是极为有利的。⑲

例 2：枯萎的杨树发出了新芽，寓意着有了新的生机。年老的男子：娶了一个少妻，寓意着新的生命将要诞生。这样做是没有什么不利的。㉗

例 3：稊，枯木上长出的嫩芽。“老夫得其女妻”，老夫，指九二。阳气具有向上性，阳长，由下而上生长，先出生的自然为老。故震卦阳爻在下，称为长男，坎卦阳爻在中，称为中男，艮卦阳爻在上，称为少男。九二为本卦下位阳爻，故称“老夫”。女：少女，指初六。因九二与初六比应，有老夫少妻之象。“无不利”，古代为男权社会，认为老夫娶少妻是枯木逢春，喻为兴旺发达之事，故而无不利。㉘

例 4：爻辞中以“枯杨生稊”比兴“老夫得其女妻”。“老夫”与“女妻”在年龄、生理、心理等各方面都相差悬殊，也即“大过”。从现代科学的角度来看，老头子娶年轻的妻子，也是一种很不恰当的匹配，为什么说“无不利”呢？这首先与男尊女卑的观念有关，也当与古代“采阴补阳”的性学理论有关。

以阴、阳而分，男为阳、女为阴。但阳之中又有阴，阴之中又含阳，即便是再具阳刚之气的男人也有阴的成分，再柔弱的女人也有阳的成分。㉖

例 5：枯杨：枯死的杨树，引申为老死的老夫。生：指老夫生前。稊：古代的数目字，表示众多。《辞海》：“稊，数目。十万为亿，十亿为兆，十兆为京，十京为垓，十垓为稊。”生稊：生前侍妾众多。枯杨生稊：老夫生前侍妾众多。；古代贵族实行一夫一妻多妾制，故而侍妾众多。女妻：《周易》将女人称作女或妇、妻。未出嫁的称作女，已出嫁的称作妇或妻。而小畜卦九三爻辞告诉我们，诸侯称夫妻。所以，女妻是指小妾像女儿一样很年轻。得其女妻：死后能得到年轻小妾的殉葬。无不利：老夫死后能得到年轻小妾的殉葬，没有不利的。由此可知，《周易》作者提倡贵族统治者死后用小妾殉葬，故而曰：“无不利”。现今考古发掘证明周王朝实行小妾殉葬。⑱

大过卦爻辞九三：栋桡，凶。

例 1：九三以阳处阳，过于刚而不中，又处大过之世。如栋梁已被压弯曲，所以说凶。㉗

例 2：九三爻以阳爻居下卦最高位，虽得正，但阳刚过亢，有失中和之道。九三爻居臣位，上有辅佐君王之职，下有安抚黎民之责，是国家的栋梁之才，但他性情过于阳亢，行事偏激，一意孤行。在此非常时期唯有聚众人之力才能完成大任，但以九三的性情却难以得到别人的拥护和支持，他只能凭一己之力单打独斗，终于不堪重负，出现了“栋桡”的凶险。爻辞从反面强调了行事持中不偏的原则，在非常时期更要坚持中和的为人风格和中庸的处世态度。⑲

例 3：九三为栋梁之中部，最为受力的地方，导致弯曲的原因是阳居阳位过

于刚强，加之与上六相应，阴湿之气袭击，木受湿易弯曲，阳受阴易泄气，故而有坍塌的凶险。㉘

例 4：栋：棺椁的顶盖木。桡：通“挠”，弯曲而折断。《辞海》：“桡，通挠。《易·大过》：‘栋桡。’陆德明释义：‘曲折也。’”栋桡：棺椁下葬后要用土填实，顶盖木因填土充实而弯曲折断。凶：险。意思说：棺椁下葬后因填土充实致使顶盖木弯曲折断，凶险。所以，时至今日的棺材，都是用结实厚重的原木制作。⑱

大过卦爻辞九四：栋隆，吉，有它，吝。

例 1：九四爻以阳爻居阴位，阳刚中兼有柔顺的品质，如此刚柔相济，是堪当重任的栋梁之材。古人从建设实践中发现“栋桡”的房屋有坍塌的危险。而“栋隆”，即栋梁向上隆起呈弧形状则可以承载更多的重量，房屋将更加坚固，因此爻辞判之以吉利。于人事而言，才智过人、能力超群本无可厚非，但为人一定要谦和，行事要秉承中道，如此才能获得吉利。但在非常时期，人们极有可能遭遇别的意外，因此人们当常怀戒惧的心理，行事小心谨慎，以防范可能蒙受的羞辱。⑲

例 2：“栋隆”，隆，向上隆起，栋梁向上弯曲，按力学原理，向下弯曲受力点在弯曲中央，故易坠落、塌陷；向上弯曲受力点分向两端，故稳固，吉祥。“有它吝”，指九四与初六相应，但初六却嫁给了九二老夫，因女人变节不能相应，因而有困辱之象。㉘

例 3：隆，向上高起。有它，有其他变故。弯曲的栋梁不会自动向上高起，爻辞说“栋隆”，显然是人力矫正后的结果。矫枉需要过正，为了使原来向下弯曲的房梁恢复到水平位置，需使之适当高出原来的水平位置，因此说“栋隆，吉”，《象》说“栋隆之吉，不桡乎下者也”。栋梁隆起而说吉，是因为不再向下弯曲。但矫枉过正也要有一定的限度，如果向上隆起过度，同样也会引起房梁的弯曲、断裂，因此说“有它，吝”。㉖

例 4：隆：隆起。栋隆：棺椁下葬后修筑高高隆起的坟堆。吉：吉善。有它：委蛇。委蛇有二义：一是虚于应付，二是连绵不断。这里的委蛇是虚于应付。吝：恨痛。意思说：如果修筑坟堆时虚于应付，墓顶封土被洪水冲走那就有悔恨，有悲痛。所以，古代帝王的墓葬都要修筑高高隆起的坟堆，许多都是一座山。⑱

大过卦爻辞九五：枯杨生华，老妇得其士夫，无咎无誉。

例 1：九五处刚之极，比与上六，上六为阴之极。又如枯萎的杨树长出了花叶，老妇嫁给了一个年轻力壮的小伙子，虽生育无望，但没有什么过错，也不值得赞誉。象辞说，枯萎的杨树又开了花，只因为树枝汁水尽而开花。但树干的生命力已枯竭，这样能维持多久呢。老妇嫁给了一个小伙子，也不是多光彩的事。

此爻说明，做超常之事，也不能违背原则，虽暂没有艰难，仍是后患无穷。㉗

例2：“枯杨生华”，枯杨，指下卦巽木；生华，华即花，指上卦兑泽，兑为花，九五有枯木生花之象 。“老妇得其士夫”，老妇，指上六，上六为阴居终极之位，阴为女，终老之女为老妇。士夫，士，少壮男子，指九五，九五阳爻居上卦位，为少壮男子。因上六与九五比应，故有上六老妇得到九五少壮男子为丈夫之象。“无咎无誉”是说，老妻少夫虽然没有什么过错，但也没有什么值得称赞的。九二老夫少妻是阳过，九五老妻少夫是阴过，阴阳失衡，都表现为不当。㉘

例3：华，通“花”。士，年轻男人，“士夫”即年轻的丈夫。九二爻中的“老夫得其女妻”与本爻中的“老妇得其士夫”都是“大过”，都是不恰当的婚姻匹配。㉖

例4：枯杨：枯槁的杨树，代表老死的老妇，生华：生前地位华贵。九五是王位，此老妇应是王室华贵的女人。枯杨生华：老死的老妇生前是华贵的王室贵妇。士者，事也。古代的阶级分为王、诸侯、大夫、民。民分为士、农、工、商。士民是干事的，故而曰：“士者，事也。”士夫：专门为华贵女人干事的年轻人，故而谓之士。他也是华贵女人的性伙伴，故而谓之夫。士夫与女妻是相对应的，他们的地位也是相同的。后世将这样年轻的士夫称作男宠。老妇得其士夫：老妇死后能得到士夫的殉葬。年轻的士夫地位低下与侍妾同，故而可以像女妻一样殉葬。无咎无誉：没有罪过也没有荣誉。意思说：王室华贵的贵妇死后能得到年轻士夫的殉葬，没有罪过也没有荣誉。由此可知，《周易》作者不赞成年轻士夫为华贵老妇殉葬，故而曰“无咎无誉。”爻辞省去大过二字，大过：殉葬。⑱

大过卦爻辞上六：过涉灭顶，凶，无咎。

例1：上六以阴爻居阴位，得正。“过涉灭顶”是大过卦固有的卦象，现在终于通过上六表现了出来，这种凶险是非常时期的必然结局，是无可指责的。但涉险之人如能始终坚守正道，并提前做好准备，便可将灾祸降到最低限度。“大过”不可能永远持续下去，“过涉灭顶”之后事物终将恢复正常。⑲

例2：上六过河，水淹没了头顶，有凶险，但只要会游，会周旋，就没有什么险难。象辞说：上六过河有灭顶之灾，但上六又是以柔居阴，善柔顺，会周旋。不至于把事情搞糟，不应该责难他。

此爻说明，国难当头，大丈夫岂能坐视不理，明知有艰险，也要冲在前，牺牲我一个，换得千千万。㉗

例 3：“过涉灭顶”，有两层含义，一是指大过卦为水淹木之象，上六是泽水水面，阳气上升，涉水灭顶；二是指上六过于阴弱，作为支撑栋梁的支柱，不堪四阳爻重负，支柱倾倒，阳过阴灭。“无咎”，不是自己的过失。㉘

例 4：过，超过，在此具体指人体的重量超过河水的浮力。涉，不借助于任何工具渡水。灭，淹没。顶，头顶。

在河水较深而渡河的人又不会游泳的情况下，人体的重量超过河水的浮力，难免要遭灭顶之灾，因此说“凶”；但如果河水不是太深，渡河的人可以触及地面，或者会游泳以增加浮力，都不至于灭顶，因此又说“无咎”。当然，“无咎”是以纠正“大过”为前提的。㉖

例 5：过涉：徒步涉水过河。灭顶：水深淹没人的头顶。过涉灭顶：将棺椁安葬在水深超过人头顶的深水处实行水葬。凶：失。指后人因找不到安葬处而有所失。无咎：为防止盗墓者盗墓，无罪过。为了防止盗墓者盗墓而实行水葬，因此古代不知有多少古墓安葬在深水里被淹没。为防止盗墓而实行水葬，由此也知道盗墓的历史是多么悠久。爻辞省去大过二字。大过：水葬。⑱

第二十九卦　坎卦☵坎上坎下

（一）原文

（卦辞）习坎，有孚维心，亨，行有尚。

（爻辞）初六：习坎，入于坎窞，凶。

九二：坎有险，求小得。

六三：来之坎坎，险且枕，入于坎窞，勿用。

六四：樽酒簋贰，用缶，纳约自牖，终无咎。

九五：坎不盈，祇既平，无咎。

上六：系用徽纆，寘于丛棘，三岁不得，凶。

（二）解读

卦辞：习坎，有孚维心，亨，行有尚。

解读："坎"，卦名，由两个单卦坎卦组成，是坎中有坎。"习"：反复，重复。"坎"：坎坷，坑，陷阱，险。"孚"：诚信。"维"：维系，思维，思考。"尚"：高尚，崇尚。

卦辞说，反复遇到坎坷时，要怀有战胜坎坷的信心，果敢行动能亨通。这行为是高尚的。

初六：习坎，入于坎窞，凶。

解读："窞"（dàn 音蛋）：陷阱，深坑。

爻辞说，反复遇到坎坷，陷入坎中的深坑，凶险。

九二：坎有险，求小得。

解读：坎中有险情，希望得到小的改善。

六三：来之坎坎，险且枕，入于坎窞，勿用。

解读："枕"：通"沈"（shēn 音深），"沈"通深，引申为没入水中。

爻辞说，过了一个坎坑，又遭遇一个坎坑，这个坎坑有很深的水有危险，"勿用"是掉进不宜乱动。言外之意等候救援。

六四：樽酒簋贰，用缶，纳约自牖，终无咎。

解读："樽"：酒杯子。"簋"（gǔi 音轨）：古代装饭器皿。"贰"即二。“缶”（fǒu 音否）：瓦罐，泥制陶器，可盛水。“纳”：接纳、送入。“约”：约定。“牖”（yǒu 音友）：窗户。

爻辞说，遇到坎坷暂时被扣押，给一杯酒，两碗饭，连同装水的瓦罐，约定好，从窗户送入。最终审理清楚被释放了。

九五：坎不盈，祇既平，无咎。

解读：“盈”：满。“不盈”是不满。“祇”（zhī 音枝）通坻（chí 音迟）：水中的土丘。

爻辞说，铲土丘的土来填坎坑，土丘铲平了，而坎坑还没填满。就这样吧（无咎）。言外之意，此土丘只能帮到这种程度。

上六：系用徽纆，寘于丛棘，三岁不得，凶。

解读：“徽纆”：黑色绳索。“纆”（mò 音墨）：黑色。“丛棘”：古代囚禁人之地。

此人连续遇到坎坷，上六爻是最后一爻，用黑色绳索捆绑投入荆棘丛中监禁。三年指多年没释放，凶险。

小结：

坎卦开始的卦辞是，鼓励人生中遇到坎时，应持有的正面态度，才是高尚的人品。但事与愿违，在六爻中，开始“习坎”就陷入坎坑，又在“坎有险”中求得小的改善。继续是“来之坎坎”险情掉入坎坑。六四爻暂被关押，饮食“纳约自牖”，后被释放。最后上六爻被捆绑投入“丛棘”，长时间不会出来了。留给后人思考，有过不去的坎吗？

（三）选录多种解读

第二十九坎卦卦辞：习坎，有孚维心，亨，行有尚。

例 1：习坎卦是下坎上坎，习，就是重，即坎上加坎，险上加险。《序卦传》说：“物不可终过，故受之以坎。坎者，陷也。”坎卦，一阳居在二阴之中，故陷也，坎就是险，坎险就是险难。“有孚”的“孚”为诚信，阳居中，表示内心有诚信。“维心亨”指内心唯有诚信方可亨通顺达。“行有尚”指水总是往低处向前流淌，经过艰难险阻、流向大海，这种不畏险阻、勇往向前的精神是高尚可嘉的。㉗

例 2：习，不断重复而加深印象，这里指重复。“习坎”即重复坎险。“有孚”，有诚信，这里指身陷坎险中仍然保存诚信之心。“维心亨”维，维系。心系刚健、诚信就会亨通。行，行为、行动。尚，高尚、崇尚。“行有尚”是说，具有刚健、诚信的品质行为则高尚，行动则有利。㉘

例 3：习，本义是鸟飞上飞下的意思，引申为重重、重复。习坎，就是坑中有坑、大坑之中套小坑的意思。维，系。尚，保佑。

虽然身陷土牢之中，处境危险，但如能临危不惧，处险不乱，心怀诚信，排除艰险，前途还是光明的，因此说“亨”。古人迷信天命，把这归功于上天的保佑，因此说“行有尚”。㉖

例 4：习，习熟。习坎：习水要熟悉水性。有孚：有生，意为是否有生命迹象。惟心：唯有听是否还有心跳。有孚惟心：是否还有生命迹象，唯有听他是否还有心跳。亨：通。意思说：他是否被水淹死，听他是否还有心跳，这是通常的方法。时至今日，判断人是否活着的方法，还是听他是否有心跳。尚：通上。行有尚：水性好者往往能逆水而上。⑱

坎卦爻辞初六：习坎，入于坎窞，凶。

例 1：初六爻以阴爻居阳位，柔弱而不正。“窞”指深坑，“坎窞”指陷穴中的深坑。初六位于全卦的最下方，象征陷入了陷穴的最深处。初六行为有失正道，使自己陷入危险的深渊，其性格柔弱不能走出深渊，难以自拔，故而凶险。爻辞旨在告诫人们务必坚守正道，一旦误入歧途陷入危境就很难脱身，必然招致凶险。⑲

例 2：“入于坎窞”，窞（音 dàn），同“陷”，深坑，指初六陷入重重坎险深渊之中。㉘

例 3：身陷深深的土牢中，其险自不待言，因此说“凶”。㉖

例 4：初爻是指初学游泳者。习坎：初学游泳者练习游泳时。窞：深坑。坎窞：深水坑。入于坎窞：进入深水坑。凶：初学游泳者若进入深水坑，凶险。⑱

坎卦爻辞九二：坎有险，求小得。

例 1：九二爻以阳爻居二阴之间，进入陷穴中央，深陷危境。九二具有阳刚的性情，而且居中，以其才能虽不能完全脱险，但可以小有所得。积小可以成大，只要有走出陷穴的信心就终有脱离险境的一天。⑲

例 2：小，稍微。得，收获、获得，这里指处境得以改善。

可能由于土牢长期闲置、废弃不用，里面积满了水，牢壁有坍塌的可能，说不定还有老鼠之类的东西，因此说“坎有险”。但经过囚犯的修缮、改造，危险的处境稍微好转。一个“求”字反映了囚犯的主观努力。但这并不是说囚犯已经脱离土牢，而只是在土牢的范围内稍微改变了一下处境，正如《象》说：“求小得，未出中也”。㉖

例 3：坎有险：河、湖水深有危险。小：外，指深水之外。得：取得。求小得：在深水之外捕捞求取有所得。⑱

坎卦爻辞六三：来之坎坎，险且枕，入于坎窞，勿用。

例 1：六三以阴爻居下卦的最高位，位于两个坎卦之间，进退都是陷穴。“枕”是深的意思，表示陷入了陷穴的深处，处境十分危险。以六三柔弱的性格和不中不正的品行是不可能脱离险境的，故爻辞告诫“勿用”，也就是不要贸然采取行动。这时候人们只能静观其变，耐心等待，并且深刻反省落入陷穴的原因，同时为脱离险境创造条件。⑲

例 2：“来之坎坎”，六三位于内、外卦交界处，来往都是坎险。来，进入外坎；往，陷入内坎，内外都是险，“险且枕，入于坎窞”，枕，靠近、紧挨；紧挨着内外之险，容易陷入灾难的深渊。六三犹如攀援在洪水中央的一棵树上，不能行动，只有等待救援。㉘

例 3：之，到。枕，通“沈”，也就是“深”的意思。

身陷土牢险境之中，人身失去自由，暂时是不可能有所作为的，因此说“勿用”，《象》说“来之坎（坎），终无功也”。㉖

例 4：坎坎：鼓之舞之，引申为欢欣鼓舞。如《诗经·小雅·伐木》：“坎坎鼓我，蹲蹲舞我。”来之坎坎：欢欣鼓舞而来。险：危险。且：凭借。《说文》：“且，所以荐也。”段玉裁注：“荐训荐席，荐席谓草席也。草席可为藉，谓之荐。”枕：枕头。险且枕：凭借水面为枕头做危险的仰泳动作。入于坎窞：进入河、湖的深水坑处。勿用：不要用危险的仰泳。因为仰泳时头面向上，眼睛看不见前方有无障碍，非常危险。⑱

坎卦爻辞六四：樽酒簋贰，用缶，纳约自牖，终无咎。

例 1：六四，以阴爻居柔位，得正。处臣之位并近于君。其所面对的是九五之君。六四怀着柔顺真诚之心，并将一杯酒、两盘供品放在瓦盆里，故称“樽酒，簋贰，用缶”，从窗户进献简约而真诚的祭礼，终究没有什么过错。㉗

例 2：六四爻以阴爻居阴位，得正，但仍然出于陷穴之中。“樽”是盛酒的容器，“簋”是盛饭的容器，“缶”是朴质的瓦罐，“牖”是窗户。酒饭都装在瓦罐里从窗户送入取出，说明六四正深陷牢狱之灾。六四虽为囚犯，但能享受酒食的优待，表明狱事有缓和迹象，又因为六四能始终坚守正道，其最终结果是吉利的。⑲

例 3：簋（音 guǐ），用竹篾编织的方形器皿，通常用于放置不带汤汁的菜肴。缶（音 fǒu），瓦器，这里指瓦钵。牖（音 yǒu），窗户。这里是说，六四准备了一樽酒、两盘菜、一钵饭，将这份食物从窗户递进请君王享用。“终无咎”，最终没有灾难。用这样粗陋的餐食，以这样不合礼仪的行为请君王用膳，为什么还“无咎”呢？因为是在险难的非常时期，能够准备这样的餐食已属不易了，在患难中还能保持对君王的恭敬之心，可谓患难见真情，君王只会感激不会怪责。㉘

例 4：因为土牢内有积水，为防止酒、饭被水浸泡，因此有人用瓦罐盛着一壶酒、两篮饭，从洞口中送入土牢，而犯人从洞口接下。让犯人不仅有饭吃，还有酒喝，且为了防止酒食被土牢积水浸泡，还用瓦罐送递，可见这个犯人的待遇还是不错的，不是一般的犯人。那么，他是谁呢？㉖

例 5：意思说：被囚禁时只有一杯酒，二簋饭食，使用粗陋的瓦器，从牢门窗洞口纳入的物品很简约，终于被无罪释放。我认为，这句爻辞是讲周西伯当年被商纣王囚禁在羑里七年时的生活写照。四爻是国公之位，而周西伯正是商纣王的国公。爻辞讲周西伯老老实实在监狱改造，终于被无罪释放。⑱

坎卦爻辞九五：坎不盈，祇既平，无咎。

例 1：“坎不盈”指水流而不盈，“祇既平，无咎”指水流达到了平，但还未盈，所以没有什么过错。九五以阳刚居尊位，居中得正，所以保持水流而不满的品德，虽尚未脱离危险，但也没有什么过错。㉗

例 2：九五爻以阳爻居尊位，至中至正，至刚至尊。以九五的能力和德性走出陷穴已希望在即。“坎不盈”指流水还没有把陷穴注满，但只要流水不断，陷穴总有盈满的时候，比喻虽然现在还没有脱险，但脱险之日已为时不远了。“祇既平”指高出地面的小山丘被铲平了，比喻走出陷穴的障碍已经被清除，免除灾祸指日可待。⑲

例 3：“坎不盈”，有两层含义，表意指九五居于天之高位，水具向下性，不可能盈满于天；内在指君子持守中道，刚健而又谦逊，不会让自己盈满。“祇既平”，祇，同“只”；既，既定，正常状态。水不但不盈，而且保持在正常状态，与河床平齐，说明水流平缓，象征君子胸怀平静坦荡。㉘

例 4：盈，满溢。祇（zhī），通“坻”，土丘，指土牢之内相对高出的地面。

由本爻可以推见，此土牢底部某个地方凸起，这也就是“祇”，是犯人平时栖息立足之处；而土牢底部其他地方相对凹陷，这也就是“坎中之坎”的“窞”。土牢之中有积水，但积水还没有到满溢的程度，仅仅与土牢中凸起的地方齐平，犯人不至于灭顶淹死，因此说“无咎”。㉖

例 5：坎：击鼓声。《诗经·陈风·宛丘》：“坎其击鼓，宛丘之下。”朱熹注：“坎，击鼓声。”坎不盈：击鼓声不再盈耳。古代战争时击鼓进攻，鸣金收兵。

九五是王位，周公当年摄政当国，可列此位。祇：本义是地神，引申为王朝的天下。祇既平：周王朝的天下既已太平。无咎：意思说周公旦摄政当国平定了武庚、管叔、蔡叔发动的叛乱，天下从此太平，无罪过。⑱

坎卦爻辞上六：系用徽纆，寘于丛棘，三岁不得，凶。

例 1：上六以阴爻居全卦的最高位，代表落入陷穴的最终结局。落入陷穴只有两种结局，或者顺利走出陷穴，摆脱困境，或者长期囿于陷穴，最终困死其中。走出陷穴是以坚持正道为前提的，而上六为人阴险，品行低劣，完全不具备走出陷穴的条件。“丛棘”借代陷穴、牢狱等危险境地，“三年”是一个虚数，表示时间很长。上六被人用绳索捆绑起来，投入荆棘丛中，深陷危境多年不得解脱，最终结局是凶险的。⑲

例 2：系，捆绑。徽，三股拧成的绳子。纆（音 mò），用两股拧成的绳子。“系用徽纆”，即用绳子捆住。“寘于丛棘”，寘（音 zhì），放置。被捆绑了本来人就动不了，把捆绑的人放在荆棘丛中，便为两道坎险，更是动弹不得。这是一种比喻，实际上是将上六投进大牢了。“三岁不得”，三年不能解脱。古时有惯例，关了三年不能出狱者，就要斩首，有杀身之祸，为凶险至极了。

直译象辞：上六穷途末路，三年后必遭凶险。

解析象辞：上六阴居阴位，处坎险之极，无相应、无比和。上坎为天险，处天险之极位，意味着犯下滔天罪行，固有罪不可赦的牢狱凶祸。“失道”，有双重含义，一是人失道，阴爻乘凌君王，有犯上之罪；二是道失道，水本在下，却居于天之上，有违背天理之罪，故而罪不可赦。㉘

例 3：系，捆绑。徽纆，绳索。置，放置，在此指拘禁。丛，丛生、密集。棘，荆棘，一种带刺的树木。不得，指不能够出狱。

“置于丛棘”是古代囚禁犯人的另一种方式。荆棘多刺，放置在犯人囚舍的周围，类似于现代的铁丝网，可以起到防止犯人逃跑的作用，在古代常用。

又《周礼·秋官》说“上罪三年而舍，中罪二年而舍。下罪一年而舍”，罪行大的犯人三年以后释放，罪行中等的犯人二年以后释放，罪行较轻的犯人一年以后释放。犯人被囚禁三年，在古代已是严厉的惩罚。这位犯人被囚禁三年，仍然没有释放出狱，可见罪行之重、惩罚之严，因此说“三岁不得，凶”。㉖

第三十卦　离卦☲ 离上离下

（一）原文

（卦辞）离，利贞，亨，畜牝牛，吉。

（爻辞）初九：履错然，敬之，无咎。

六二：黄离，元吉。

九三：日昃之离，不鼓缶而歌，则大耋之嗟，凶。

九四：突如其来如，焚如，死如，弃如。

六五：出涕沱若，戚嗟若，吉。

上九：王用出征，有嘉折首，获匪其丑，无咎。

（二）解读

卦辞：离，利贞，亨，畜牝牛，吉。

解读："离"，卦名。"离"是火，战火。八卦中单卦离五行属火，离火是夏季；离又通丽，有附着、依附之意，君主与民众的关联性。本卦之"离"具有这双重含义。"牝"（pìn 音拼）：雌性。

卦辞描述夏季民众生活祥和，亨通。饲养温顺的母牛，一片田园风光，吉祥。

初九：履错然，敬之，无咎。

解读："履"（lǚ 音屡）：鞋子，脚。"错"是错乱，杂乱。

爻辞说，响起嘈杂的脚步声，民众观看是君主的军事训练，备战，民众敬之，无过错。

六二：黄离，元吉。

解读："黄"是黄色，是皇权高贵颜色，五行中黄色居中，是中央核心，是领导统治者。"离"是"丽"，"黄丽"是君主依附于民众，二者相互依赖生存，吉祥。

九三：日昃之离，不鼓缶而歌，则大耋之嗟，凶。

解读："昃"（zè 音仄）：太阳偏西。"鼓缶而歌"是古代举丧之礼时，敲打瓦罐唱着歌。"耋"（dié 音谍）：老年人，"年八十曰耋"（《说文》）。

“嗟”（jiē 音皆）：叹息，唉叹。

爻辞说，日落西山时，传来敌人将要侵犯，民众不可能“鼓缶而歌”，暗做准备，老人哀叹老了，敌人来时老命相拼，凶险。

九四：突如其来如，焚如，死如，弃如。

解读：敌人突围进来了，烧、杀、抢又乱扔。

六五：出涕沱若，戚嗟若，吉。

解读：“涕”：眼泪，鼻涕。“沱若”：流的很多。“戚”：忧伤，悲痛。

爻辞说，君王去世，民众痛苦流涕，哀声叹气。新君王继位，吉祥。

上九：王用出征，有嘉折首，获匪其丑，无咎。

解读：新君王带领征服叛军，嘉奖斩掉叛军首领之头者，俘获其随行的同党，这次出征无过失。“丑”是同类。

小结：

卦辞描述了祥和的田园风光，却暗藏战火之乱，主题是要居安思危。从初爻的“履错然”军训备战开始，已嗅到火药味。“黄离”是君王与民众关系很好，国以民为本，相互依存。在“日昃之离”时传敌人要来侵犯。果然敌人突围来“焚如，死如，弃如”。战火未停，君王却死了，民众悲痛，最后新君王带领军队出征平息叛军，战火告停。

（三）选录多种解读

第三十离卦卦辞：离，利贞，亨，畜牝牛，吉。

例 1：离、坎两卦的卦辞中，以离火跃动，配牝牛示之以静；坎水静处，配行健示之以动，则有动静互补而中和之象，易道之理，当细思之。

离卦为第三十卦，至此《周易》上经终，上经明天道，始乾坤，终坎离。㉑

例 2：离是附丽、附着和依附的意思。离卦讲如何处理人生和人际关系。从卦象来看，本卦由两个离卦重叠而成，离代表日，又因此引申出光明的意思。太阳必须附丽于天才能普照大地，由此给世间带来光明，因此离卦又寓意附丽。世间万物总是相互附丽，彼此联系的。人尤为如此，人不可独立于社会而存在，人与人之间有着错综复杂和千丝万缕的附丽关系。人际关系处理不当，社会就会闭塞不通，人际关系通畅了，社会也就亨通了。人际关系能否处理得当首先要看这种附丽关系是否合乎正道。离卦寓意光明，人际间的附丽要做到光明磊落，以追求正义为目的，而不是鬼鬼祟祟地相互勾结在一起蝇营狗苟。离卦二阳蓄一阴，以阴柔为正，象征人们在处理人际间的附丽关系时应该像温驯的母牛那样，始终秉持一种柔顺的态度，相互谦让，彼此顺从。以光明磊落的胸怀和柔顺的性情来处理人际关系，就能够获得亨通和吉利。⑲

例 3:“利贞”，利于持守正道，因为离卦两阴爻居中，内虚才能外实，才能发出光和热，才能成就大事业，故而亨通。“畜牝牛”，畜，畜养。牝（音 pìn）牛，母牛。母牛温顺，势坤，象征胸怀博大。畜养母牛，即养德，养虚怀。处离卦要具有博大胸襟，虚己照人，燃烧自己，温暖别人，这样就吉祥。㉘

例 4：包括牛在内的动物是古人衣、食、住等生活的主要依靠，在古代战争中用途也极为广泛：可以驾驶战车、运输辎重，必要时可杀而食之以充军粮，其皮还可以制成箭袋、战鼓等多种军用品。母牛可以繁殖、生产更多的牛，从而更好地服务于战争，因此说“利贞，亨，畜牝牛吉”。㉖

离卦爻辞初九：履错然，敬之，无咎。

例 1：初九爻以阳爻居阳位，得正，但有过于阳刚而又急于冒进之象。犹如一个初出茅庐的年轻人，他满怀积极向上的热情，而缺乏冷静和审慎，以致步履错乱，行动毫无目标。好在他发现了错误，重新采用恭敬慎重的态度来做事，所以最终能免于灾祸。⑲

例 2：“履”，原义为鞋，引申为步履、践行、行动，这里指从事、做事。“错然”，错落有致，有条不紊，从这种行为中表现出恭敬谨慎。“敬”，有谨慎、虔诚、敬畏之义。㉘

例 3：履，脚步。错，杂乱。然，……的样子。敬，通“警”，对……保持警戒。之，指“履错然”的情况。

脚步错杂表明队伍步调不一致，纪律不严明。军纪不严会导致战斗失败，正如《师》初六所说：“师出以律，否臧凶。”但如能认识到这一点，对军纪加以整肃，随时保持警戒，就可以避免因军纪不严而遭败绩，因此说“无咎”，《象》说“履错之敬，以辟（避）咎也”。㉖

例 4：离是春夏的炎热，而初爻是初春。爻辞省去离字。离：初春时还要烤火取暖。履：本义是鞋，引申为双脚。错：交错。履错然：初春烤火时双脚要交错向火。敬之：对火敬而远之。无咎：初春烤火取暖时双脚交错向火，对火敬而远之，无罪过。⑱

离卦爻辞六二：黄离，元吉。

例 1：黄是五种颜色中的中色，引申为中正之道。

六二，被黄色所依附着，所以大吉大利。㉗

例 2：六二以阴爻居阴位，居中得正，是一卦之主，离卦以柔顺为正，本卦以母牛为象盖由六二引申而来。黄色是大地即土的颜色，土位于五行中央，因此黄色被视为中间色，寓意中和、中正。将黄色附丽在事物上面，比喻人们在处理人际关系时应该本着中正的原则，不偏不倚，走中庸之道，如此是大吉大利的。⑲

例 3：黄昏的时候，人的精神处于低迷状态，容易懈怠、麻痹，放松警觉，因而也是敌人偷袭的好时机。所以在黄昏之时也保持战斗行列，常备不懈，使敌人无机可乘，可谓万全之策，因此说“黄离，元吉”，《象》说“黄离元吉，得中道也”。㉖

例 4：二爻是中春。《说文》：“离：离黄，仓庚也，鸣则蚕生。”黄离：既代表中春，又代表黄鹂鸟。《周礼・天官・内宰》：“中春，诏后帅外、内命妇始蚕于北郊，以为祭服。”由此可知，古代王朝在中春二月黄鹂鸟鸣时，王要下诏给王后，王后要率领内、外命妇到北郊养蚕，蚕丝织成布是为了制作祭服之用。元吉：中春黄鹂鸟鸣就开始养蚕，用蚕丝织布制作祭服，大吉。⑱

离卦爻辞九三：日昃之离，不鼓缶而歌，则大耋之嗟，凶。

例 1：九三，太阳西斜，将要落山。犹如一个人进入老年阶段一样，生命将至垂暮。九三正是如此，它处下体之终，有如光明将尽，以刚居刚，过而不中，不能正确对待老与死的问题，不去敲打着瓦器欢乐歌唱，而是整日忧愁哀叹。这就加速了垂老死亡，故凶。㉗

例 2：对于人生而言，人生垂暮是不可避免的生命现象，如以一种“鼓缶而歌”的乐观精神去面对，则可以乐而无忧地安度晚年。相反，如果总是哀叹老之将至，无异于加速衰亡，结果必然凶险。⑲

例 3：三爻是季春三月，是清明扫墓祭祖时节。日昃：太阳偏西的傍晚。离：燃起篝火。日昃之离：清明节的傍晚燃起篝火。鼓：不是击鼓，而是鼓瑟鼓簧。

耋：八十岁以上的老人。大：常人不能称大，但是八十岁的老人可以称大。嗟：叹。则大耋之叹：却有八十岁老人的叹息，因为老人的好友已逝世，清明节的篝火晚会，老人为了纪念好友便禁止行乐，“今者不乐，逝者其耋”，故而“不鼓缶而歌，则大耋之嗟”。凶：失，引申为逝世。意思是大耋的老友已逝世，“今者不乐，逝者其亡”。⑱

离卦爻辞九四：突如其来如，焚如，死如，弃如。

例 1：九四，烈火骤起突然而来，遇之被焚，焚而没命，没命而弃。由此看来祸已达到死弃的地步，必然是凶。九四以刚居刚，不中不正，过于刚烈，刚过必折。故凶。㉗

例 2：九四爻以阳爻居阴位，不正，又位于上卦之初，不中，象征九四在处理人际关系时有失中正之道。中正是维系人际间附丽关系的基本原则，如人际交往有失中正之道将带来灾难性的后果。爻辞生动地描写了这种不正当关系破裂后的惨状：犹如一场突如其来的火灾顷刻间烧毁了一切，原本还如胶似漆的朋友现在变成了你死我活的敌人，最终相互抛弃而分道扬镳。爻辞从反面再强调了中正原则的人际交往中的重要性。⑲

例 3：突如其来，指灾难突然降临且不明原因。如，来临，出现，如期。"突如其来如"有两层来意，一是指逆子的不孝行为突然出现，古"突"字是一个倒写的"子"字，引申为不孝顺的儿子。这种不孝之子会突然做出匪夷所思的坏事来。九三为有这样的不孝之子哀叹，到了九四已是夜晚，老人行将死亡，儿子嫌弃年迈的父母是累赘，将父母连同他们所住的屋舍烧了，并将烧死的父母尸体丢弃。这里援引远古时期的习俗，据史料记载，在远古荒蛮时期，人老了不能劳动，儿子就将其杀死或用筐子装起来送至深山喂野兽。以这种恶习比喻九四的恶劣行径。二是指九四之火来自自己的内心，内心无名之火上窜，突然爆发，对别人、对自己都很突然，不明就里。九四从九三而来，九三阳亢，到九四仍为阳，可夜晚之火无处附着，积于内心，不能容纳，突然爆发，无依附之火为无名之火，无名为无道，故九四之火伤人害己。这里隐喻火有两重性，既有光明温暖为人所利的一面，也有伤人害己为人所祸的一面。㉘

例 4："突如其来如，焚如"的主语是突袭的一方，形容敌人来得突然、迅速，进行焚烧抢掠。"死如，弃如"的主语是被突袭的一方。由于敌人突然袭击，来势迅猛，被偷袭一方毫无准备，仓皇失措，营帐被焚，人员伤亡，弃尸而逃，正如《象》说"突如其来如，无所容也"。㉖

例 5：四爻是初夏四月，正是雷电多发季节。爻辞省去离字。离：四月雷电引发的山林大火。如：用在词尾，表示状态。突如其来如：四月的雷电突然引发山林大火。焚如：整个山林被焚烧已尽。死如：一片死寂。弃如：只留下一片废墟。⑱

离卦爻辞六五：出涕沱若，戚嗟若，吉。

例 1：六五以阴居阳位，不当位不得正，故有危险之象。但六五有柔顺之德，而且居中，自知有险，所以担忧至眼泪流出来，忧虑哀叹，故吉祥。㉗

例 2：六五爻以阴爻居尊位，虽不正而居中，象征一种中和谦卑的性情。六五虽身居君位，但自知性情柔弱，能力不足，因而能心存戒惧，处处小心谨慎，这样便可以处理好君臣和君民关系。"出涕沱若，戚嗟若"是其戒惧心理的真实表现，同时六五中和谦卑的性情能够赢得万民的支持和拥戴，因而结果是吉利的。⑲

例 3：“出涕沱若”，形容悲痛伤心之极，涕泪滂沱。“戚嗟”，戚，悲切。嗟，哀叹。六五痛哭、悲叹原因有二，一是看到九四不孝，伤天害理，悲切世风日下，作为君王，痛心自责；二是通过九三、九四行为偏斜，造成凶祸，建立了自己的忧患意识，警惕自己要持守正道。六五之吉，不是来痛哭悲叹，而是来自他居安思危、自警自省的忧患意识。㉘

例 4：涕，眼泪。沱，泪多的样子。戚，忧伤。

遇到敌人偷袭后，人们为死者悲伤叹息。遭敌偷袭，伤亡、损失惨重，这本是坏事，但如果能从中汲取教训，引以为戒，那么坏事也可以变为好事，因此说“吉”。㉖

例 5：离：仲夏五月。涕：眼泪。出涕：流出的眼泪。沱：江水。出涕沱若：周天子祭祀大庙时夺眶而出的眼泪如江水奔流。戚：悲戚。嗟：嗟叹。戚嗟若：悲戚嗟叹不已。吉：仲夏五月禴祭大庙时，周天子能做到诚心而敬，吉善。⑱

离卦爻辞上九：王用出征，有嘉折首，获匪其丑，无咎。

例 1：嘉，指嘉奖。首：头领。丑：众，一般群众。折首：斩首。

上九，以阳居离卦之上位，刚明之极。能够担当察邪恶、武力讨伐的重任，君王派其征伐邪恶之徒，其获胜受到嘉奖。首恶被斩首，对胁从者不问罪，这样做没有灾难。㉗

例 2：上九爻以阳爻居全卦最高位，有阳刚过盛之象，象征处理人际关系时所采取的一种极端方式。当天下人心归顺的时候出现了少数“异己”分子，君王为维护国家利益而不得已出兵征讨，获得了人民的赞誉。但征战必须适可而止，斩杀敌人的首领即可，俘获敌众而不加以杀戮。如一味赶尽杀绝，则会激起对方奋力抵抗，酿成更加惨重的损失。用征讨来处理人际关系毕竟有失中正原则，即使获胜对于国家也只是“无咎”而已，不能称为吉利，因而不到万不得已不能用兵。⑲

例 3：“王用出征”，王用，为王所用，即执行君王之命讨伐那些不守正道、行邪作恶的匪寇。嘉，原指祭祀用的布帛，因祭祀虔诚恭敬，所用布帛为上等极品，故“嘉”引申为极好之义，这里指取得重大胜利。“折首”，折，损失，这里指斩杀。首，首领、统帅。折首，即把敌军首领斩杀。“获匪其丑”，获，获得，这里指捕获、俘获。“其丑”，其，指敌军；丑，居地支第二，这里指捕获敌军的二把手，应为敌军大将。“无咎”，是指上九本来有咎，咎在于离之极位，上而无位，物极必反。因上九与六五君王阴爻比合，应君王之命征战取得战功，将功补咎。㉘

例 4：遭到有嘉国的偷袭后，被偷袭的一方进行了报复性的反击，俘获了敌国众人，打击了侵略者的气焰，维护了国家的安全和尊严，正如《象》说“王用出征，以正邦也”。㉖

例 5：上爻是六月。爻辞省去离字。离：上爻是事之极位，故而离是火攻。王：上爻是祖宗之神位，王是指周武王。王用出征：周武王当年出征采用火攻。有：不宜有。嘉：美好。有嘉：不宜有的美好，引申为不得已的选择。折首：斩首，即斩下敌人的首级。获：获取。匪：非。丑：通“纽”，指与头相连接的躯体。获匪其丑：获取的不是与首级相连的躯体。无咎：六月天气炎热，敌人的尸体容易腐烂。将敌人的首级取下，将尸体掩埋，以敌人的首级多少论功行赏，无罪过。⑱

至此是第三十卦，是《周易》上经；往下排序到结束是《周易》下经。

第三十一卦 咸卦䷞兑上艮下

（一）原文

（卦辞）咸，亨，利贞。取女吉。

（爻辞）初六：咸其拇。

六二：咸其腓，凶，居吉。

九三：咸其股，执其随，往吝。

九四：贞吉，悔亡。憧憧往来，朋从尔思。

九五：咸其脢，无悔。

上六：咸其辅颊舌。

（二）解读

卦辞：咸，亨，利贞。取女吉。

解读：“咸”，卦名。“咸”通感，感应，互相交感。“取”通娶。

卦辞说，人与人能互相感应，能感应就是通，通有利于坚持守正。娶妻吉祥。

初六：咸其拇。

解读：互相感应到脚的大拇指。脚指在人体最下部位，虽然离心脏、离心心相印较远，但开始交往有感应了。

六二：咸其腓，凶，居贞。

解读：“腓”（féi 音肥）：小腿肚子。

爻辞说，互相感应到小腿肚子。小腿肚子在脚趾以上，离心脏近些，说明交往有进步。但小腿肚子容易动，因时机不成熟，动则凶。安居吉祥。

九三：咸其股，执其随，往吝。

解读：“股”：大腿。“执”：执着，执意。“随”：追随，跟随。

爻辞说，感应到大腿，大腿在小腿之上，提升了，有进步。但还不到位，若执意去追随求婚，前往不适宜。

九四：贞吉，悔亡。憧憧往来，朋从尔思。

解读：“憧憧”（chōng 音充）：频繁。“尔”：你。

爻辞说，守正吉祥，懊悔消亡。频繁往来，加强沟通，朋友遵从你的思路。

九五：咸其脢，无悔。

解读："脢"（méi 音煤）：脊背肉，后背。

爻辞说，互相感应到后背，从大腿提升到后背，贴近心脏，说明感情加深了，心心相印，即使结婚也无悔恨。

上六：咸其辅颊舌。

解读："辅"：上牙床，即上颚。"颊"：面颊。"舌"：舌头，口舌。

爻辞说，互相感应到脸上了。别害羞脸红说不出口，不能总感应不动口舌，说了心里话，于是行动娶女成功了。

小结：

咸卦主题明确，卦辞说"取女吉"。叙述谈婚论嫁培养感觉由浅入深的经过。形象的用人体部位比喻互相感应、感情的进展。要掌握分寸，不能操之过急，执意追求总会成功。

咸卦由单卦兑卦和艮卦组成。艮卦是少男，兑卦是少女，如此组合也预示婚姻成功。

（三）选录多种解读

第三十一咸卦卦辞：咸，亨，利贞，取女吉。

例 1：咸卦是《周易》下经的首卦，上经从乾坤至离卦，共三十卦，下经从咸卦至未济卦共三十四卦。

宋代理学家程颐说："天地万物之本，夫妇人伦之始。所以上经首乾卦，下经首咸，继以恒也。"上下二经是一个整体，六十四卦全部由乾、坤二卦所产生。人伦是由夫妇构成而开始的。咸卦谈的是夫妇之道，然后就谈长久的恒卦。

《序卦传》说："有天地然后有万物，有万物然后有男女，有男女然后有夫妇，有夫妇然后有父子，有父子然后有君臣，有君臣然后有上下，有上下然后礼仪有所错。"错，措也。

咸是交感的意思。古代咸字就是感字。从卦体上看，咸卦兑上艮下，兑为少女，艮为少男。男女纯洁而多情易感相处，有利于坚守正道，则亨通顺利。所以娶妻吉祥。㉗

例 2：咸是感的古字，感应的意思。咸卦讲人与人之间相互感应的道理。从卦象来看，咸卦上卦为兑，代表泽，下卦为艮，代表山，山上有泽，泽水向下润泽大山，大山承载着泽，山水交融而相互感应。正如天地万物无不相互联系，且彼此和谐共存，而人与人之间的相互交往若能达到一种相互感应和感同身受的境界，那么整个社会就无比亨通。但人际间的感应必须以坚守正道为前提，而不是相互揣测。夫妻关系是基本的人际关系，“取女吉”比喻人与人之间的感应要像夫妻那样默契，心有灵犀。⑲

例 3：男女的相互吸引与感应是生物体的本能，所以这种感应往往是一见钟情，这也是苍天赋予物种个性化选择的规则，即缘分。既然苍天只赋予你选择一个配偶的权利，你就不能多选择，过去皇帝有三宫六院七十二妃子，故而大多皇帝寿命不长，娶三妻四妾，妻妾、子女相互之间的矛盾不可协调，今人有同时三角、四角恋爱关系的最终大都陷入灾难，因为这些都违背了天理。所以要“利贞”，遵循苍天只选一个配偶的正道。持守了这个正道就亨通、吉祥，反之则凶祸。㉘

例 4：取，“娶”的古字。从广义上来说，天地、阴阳交感是宇宙万物得以产生的途径。从狭义上来说，男女婚姻前的交往，可以增进感情、加深了解，这是未来缔结美满婚姻的基础，卦辞对此持肯定的态度，因此说“亨，利贞”，并从男性的角度说“取女吉”。㉖

咸卦爻辞初六：咸其拇。

例 1：咸，指感情。拇：脚拇指。

初六在下卦之下，感应到脚拇指。拇指虽动，脚还没有行动。㉗

例 2：初六居全卦最下方，象征人与人相互感应的最初阶段。“拇”是大脚趾，位于人体的最下方，比喻人际交往之始。“拇”又位于足的最前方，是最先行动的地方，比喻两人初次见面相互感应还不够深入，但双方都有增进了解的愿望。⑲

例 3：从卦象上看，与初六感应的是九四，“咸其拇”，是指事物的感应有一个由浅及深的过程，初六是事物的发端，只能是肤浅的感应。爻辞按人体由下而上的顺序阐明不同阶段感应的特点，以阐发从男女的感应延伸到天地的感应以及人对万物的感应。㉘

例 4：初六爻辞“咸其拇”说，少男触摸、抚摸少女的脚趾，表明少男情窦初开，春心萌动，产生了接近异性的欲望，并迈出了与异性交往的第一步，正如《象》说“咸其拇，志在外也”。㉖

例 5：初六爻是艮卦，表示少男。此时少男为 15 岁，少女为 13 岁，少男比少女大二岁。咸有二义：一是少男娶少女为妻，二是周遍。其：指少女。拇：脚的拇指，引申为双脚。咸其拇：15 岁少男娶 13 岁少女为妻，夫摸遍妻的双脚，妻无感觉。古之造字者曰：“有心曰感，无心曰咸。”13 岁少女不懂夫妻性生活，故而“咸其拇”之后无下文。⑱

咸卦爻辞六二：咸其腓，凶，居吉。

例 1： 腓，指小腿肚子。

一个人行动时足未动，小腿肚子就先动起来，说明有急躁之象，动有凶险，不动则吉祥。六二与九五正应，应该是等九五来求六二，这样才会吉祥。如果六二先求九五就有凶险。因六二只有微动的感应，行动条件还不具备，故动有凶。㉗

例 2： 六二爻以阴爻居阴位，得正，又居中，有中正之德。“腓”指小腿肚子，与初六爻相比此时人际间的感应有了初步发展，但仍然处于交往的初级阶段，感情的发展不宜过快，一见钟情式的感应往往是不真实的，甚至会带来凶险。六二秉持中正的德性安居现状，不急于求成，这是有利的。⑲

例 3： 腓（féi），小腿肚子。六二爻位高出初六，因此取象于脚趾之上的腿肚子。“咸其腓”是说少男开始触摸少女的小腿肚子。如果机械地按照爻位以及所取象的人体部位顺序看，由初六的“咸其拇”到六二的“咸其腓”，似乎是顺理成章的事，但断语说“凶”，为什么？人的感情是一件复杂的事情，是非线性发展的。两性交往中，一般来说，男性往往主动、外向，喜欢坦诚直率、单刀直入；而女性则较被动、内向、羞涩，喜欢委婉、温柔一些。㉖

例 4： 六二爻表示少男 16 岁，少女 14 岁。咸有二义：一是少男娶少女为妻，二是周遍。其：指少女。腓：小腿肚。咸其腓：16 岁少男娶 14 岁少女为妻，夫摸遍妻的小腿肚。凶：失。这是失礼的举动。居：居所，引申为安静不动。吉：善。居吉：夫安静不动者吉善。意思说 :14 岁的少女已懂得夫妻性生活，但今天她没有性趣，所以丈夫安静不动者吉善。由此可知，古人非常文明，夫妻性生活要双方都有性趣时才行。⑱

例 5： 较初六又进了一步，指六二与九五相应感应到小腿了。凶，是指虽然已经感应到了小腿，但还未到全身心感应的程度，但六二急于求成，因六二居咸卦下互卦的巽卦下位，巽为入，为动，有急于求成之象。六二为士大夫之位，与君王九五相隔甚远，虽与君王相应，但并未到感应深刻的程度，时机未到贸然行动故而凶险。“居吉”，表意为安居吉祥，实际指等待时机，三思而行，伺机而动，这样才吉祥，并非指躲在家里不出来。㉘

咸卦爻辞九三：咸其股，执其随，往吝。

例 1： “咸其股”指九三处下体之上，处境有如一个人的大腿一样，感应已发生在大腿上。执意要跟随他人，即“执其随”，前往会有灾难。象辞说，九三看到人家动，难以自控，欲要动，故“亦不处”。九三虽刚，但毫无主见，志在随从别人，这种做法未免太卑下了。

此爻说明，一个没有主见、“随风倒”的人，一生中是办不成大事的。㉗

例 2：九三以阳爻居下卦的最高位，虽得正但有性情急躁冒进之象。“股”是大腿，大腿不能自主运动，只能随脚和小腿而动，比喻在与别人的相互感应中始终处于一种被动局面，缺乏主见。在人际交往中，如对方施以一点恩惠就盲目地追随人家，就很容易被人控制，丧失自己独立的人格，这样做只会给自己带来羞辱。⑲

例 3：股，大腿。执，执着。其，代词，指初六、六二。随，随从，“执其随”，这里有盲从并有暧昧之义，即盲目而执着地跟随初六、六二那样急于求成的行动，同时对初六、六二还有暧昧之义。“往吝”，往，前往；吝，过错，忧吝。因为九三与上六相应，比初六、六二急于求成的心情更加迫切，同时与六二比应，也想与六二、初六相好。上六还没有做好全部接受他的心理准备，初六、六二各有其主，所以急匆匆前往与那么多异性约会肯定会有忧吝。㉘

例 4：九三爻位高于六二，所以取象于高出腿肚的大腿和臀部。对于女性而言，大腿、臀部已经接近生殖器官，是比较敏感的部位，一般人是不能触摸的。更有学者认为，这里的“股”“随”实际上都是暗指生殖器官。

如同六二一样，虽然“咸其股，执其随”从爻位取象上说合乎顺序，但“股”“随”是较为隐秘的部位、禁区，两性的交往除非到了瓜熟蒂落、水到渠成的地步，否则是不会轻易染指这些部位的。也就是说，“咸其股，执其随”是感情发展到最高阶段时才应有的行为。在爻位上，九三与六二都象征少男少女的感情尚且处于发展阶段，还不应有这样的行为。六二“咸其腓”尚且不适宜，所以断语告诫“凶，居吉”，何况是“咸其股，执其随”呢？对于少男少女来说是如此，作为少女更不应该如此，因此断语说“往吝”。㉖

例 5：九三爻表示少男 17 岁，少女 15 岁。咸有二义：一是少男娶少女为妻，二是周遍。其：指少女。股：大腿。执：执拿。随：随同大腿一起动的膝盖、小腿、脚。咸其股：17 岁少男娶 15 岁少女为妻，丈夫摸遍妻子的大腿。执其随：丈夫执拿住妻子腿脚而强行性交。吝：恨痛。往吝：丈夫这样粗暴，往往会给妻子带来得妇科病的悔恨和痛苦。意思说：15 岁的少女懂得夫妻性生活，也懂得保护自己，她今天来例假不能过性生活。如果丈夫强行性交，往往会造成妻子有得妇科病的悔恨和痛苦，所以爻辞说“往吝”。⑱

咸卦爻辞九四：贞吉，悔亡，憧憧往来，朋从而思。

例 1：九四以阳爻居阴位，具有阳刚的气质，但又不失谦卑的性情。“憧憧往来”指心意不定地频繁往来。“朋”是朋友的意思。九四已进入咸卦的上卦，表示人际交往和相互感应已经进入一个新的阶段，这一阶段人们内心充满了矛盾，犹如男女经过相识而刚刚进入恋爱中，明明倾心相从却又有些心神不宁。爻辞告诫人们在交往和感应中要始终坚守正道才能获得吉利，也才能免于悔恨。⑲

例2：九四坚守贞正吉利，怨恨会消失。如不守正道，将有悔恨。“憧憧”心怀私事跟人来往，这就违背了“往来”的规律，因往来应是无私的、正道的。如春去秋来，昼夜交替，寒来暑往。“朋从尔思”，少数人与其来往，就是说只是在小圈子里感应罢了。㉗

例3：“贞吉悔亡”，贞吉，守正道吉祥。悔亡，因守正道的吉祥与忧悔的事相抵。亡与吉相应，守正道则没有后悔，但九四之悔与前面几爻之悔不同，九四是位之悔，而前面几爻是人之悔。反之，如果九四不持贞守一，像九三那样是三角四方恋爱关系，就会一念生悔，有了杂念就不能感应了，如果这个“悔”发生，比前面几爻的“悔”后果更加严重，因为九四是近臣之位。“憧憧往来，朋从尔思”，憧，心中盼望、企望。憧憧，被这个念头所折磨。是什么念头呢？是相思的念头，九四与初六相应，频频往来于初六，执着地向初六传递相思的信息。这里的“憧憧”把相爱之人的相思之情既十分执着、又有几分隐秘和羞涩勾画得淋漓尽致。“朋从尔思”，朋友也跟你想法一样。朋，指初六，指两人相互倾心、相互都爱着对方。㉘

例4：本爻爻辞没有叙述所交感的部位，然结合上下文来看，九四处九三、九五之间，九三对应人体的“股”“随”，九五对应“脢”（胸、脖之间的部位），那么九四应该是对应着人体的心脏。受古代科学水平的限制，古人错误地认为人之所思所想皆发端于心脏。也就是说，古人所谓的“心”就是我们现在所说的思想、心理。

本爻中的“憧憧往来，朋从尔思”也是这个意思。少男少女经过一番交往，逐渐揣摩和了解了相互之间的思想、感情，彼此间眉目传情，心旌摇荡，往来交感，心领神会，达到了和谐融洽的感情交流阶段，因此说“贞吉，悔亡”。㉖

例5：四爻是兑卦，代表少女。此时少女16岁，少男18岁。爻辞省去咸字。咸：一是少男娶少女为妻，二是夫妻两人皆。贞吉：主吉。意思是：18岁少男娶16岁少女为妻，主吉。悔亡：无悔。两人都无怨悔，引申为两人都心甘情愿。憧憧：憧憬。往来：往是前往，前往是未到，来是来到，故而往来引申为未来。憧憧往来：夫妻俩憧憬未来。朋：朋党，这里指凤凰。凤是雄，凰是雌，代表夫妻俩。从：随从。尔：你。思：思想。朋从尔思：妻子随从丈夫所思所想，即旧时文人所言“夫唱妇随”。意思说：18岁少男娶16岁少女为妻，吉善。夫妻俩憧憬未来，但愿能做到夫唱妇随。根据爻辞的意思，《周易》作者主张 18 岁的少男娶 16 岁的少女为婚，故而旧时代称 16 岁的少女为“二八佳人”。⑱

咸卦爻辞九五：咸其脢，无悔。

例 1：九五，感应到后背，不会后悔。脊背与心相背，未能感应，说明九五孤僻高傲，身居深宅，“两耳不闻窗外事”，没有什么矛盾可发生，所以也不后悔。㉗

例 2：九五爻以阳爻居尊位，至中至正，至刚至尊。九五居君位，他所感应的对象是天下黎民百姓。“脢”是后背上的肉，距离心脏很近，感觉尤其敏锐，比喻君王时刻心系苍生，对百姓的生活状态十分敏感，这样的君王能够得到百姓的拥戴，也就能做到无悔。⑲

例 3：咸其脢，指感应到背部，这里有三层含义，一是指已感应到全身；二是指这种感应有其复杂性，你感应到了某些人，有人与你相应，有人却与你相背；三是指九五君王之感已不是纯粹的男女感应，而有感召、感化之义。“无悔”，没有悔恨，没有遗憾。“无悔”与“悔亡”是有区别的，悔亡指有“悔”的前提，因为守正道，而使“悔”没有发生或抵消，而无悔指没有悔恨和遗憾，即已仁至义尽了。㉘

例 4：脢，胸、脖之间的部位。九五爻位进一步升高，交感的部位也取象于胸、脖之间。少男少女的感情循序渐进地进一步发展，到了卿卿我我的阶段，合乎交感之道，因此说“无悔”。㉖

例 5：九五爻表示少男 19 岁，少女 17 岁。咸有二义：一是少男娶少女为妻，二是两人皆。脢：脊背肉。其：指少男。咸其脢：19 岁少男娶 17 岁少女为妻，妻子用双手紧箍丈夫的背脊。五爻是高位，表示高潮。无悔：无悔于两人皆达到性高潮。⑱

咸卦爻辞上六：咸其辅颊舌。

例 1：辅，指牙床。颊：腮。

上六，感应到了牙床、脸颊、舌、口。上六以阴居兑之上，有如人之口部，能说会道，如人们常说的光耍嘴皮子，而不办实事。这当然感而无应了。㉗

例 2：上六爻以阴爻居全卦最高位，象征人与人之间的感应已经走到了穷途末路，不能再继续发展下去了。“辅、颊、舌”指“牙床、面颊和舌头”，辅颊舌三者配合而动人才能说出话来。“咸其辅、颊、舌”说明感应需要用言语表达出来，这不是真正的感应行为。感应本是心灵的交融，无需言语而达到内心的默契，以花言巧语去求得别人的感应是不真实的。⑲

例 3：“咸其辅颊舌”，辅，人的上牙床为辅，下牙床为车，古人说的“车辅相存，唇齿相依”就是说人口中器官的相互关系。颊，两腮部下面的肌肉，这里指上下牙床活动带动颊部肌肉活动。整句的意思是说，已经感应到了面颊、牙齿和舌头，这种感应主要表现是因为嘴在说话。㉘

例 4：辅，牙床。颊，面颊。上六爻位最高，因此所感触的辅、颊、舌等部位，也都在人体的上部。少男少女的感情发展到了这一步，开始深深地接吻，亲她（他）的脸儿，吻她（他）的嘴和舌。

少男少女的感情已经发展到接吻的程度，再往下发展会发生什么事情，那就不言而喻、心照不宣了。按常规来说，接下去就该谈婚论嫁了。这超出了本卦探讨的范围，所以《咸》卦就此打住。㉖

例 5：上六爻表示少男 20 岁，少女 18 岁，两人都已成年。咸有二义：一是少男娶少女为妻，二是两人皆。其：指少男。辅：口上为辅，即上唇。颊：面颊。舌：舌头。意思说：20 岁少男娶 18 岁少女为妻，两人皆达到性高潮后，妻子会深吻丈夫的上唇、面颊，甚至还将舌头伸进口中热吻。上爻是事之极，表示少年夫妻的性生活有这种极致的状况。⑱

第三十二卦 恒卦䷟震上巽下

（一）原文

（卦辞）恒，亨，无咎，利贞，利有攸往。

（爻辞）初六：浚恒，贞凶，无攸利。

九二：悔亡。

九三：不恒其德，或承之羞，贞吝。

九四：田无禽。

六五：恒其德，贞妇人吉，夫子凶。

上六：振恒，凶。

（二）解读

卦辞：恒，亨，无咎，利贞，利有攸往。

解读：“恒”，卦名。“恒”：久。（《说文》：“恒，常也。”）

卦辞说，保持美德，下定恒心去干，亨通，无过错，利于守正，有利于前进。

初六：浚恒，贞凶，无攸往。

解读：“浚”（jùn 音俊）：深挖。

爻辞劝那些心怀不正的人，邻里之间，或人事相处，不要总去挖人家的“墙角”，这是干凶险事，不能与此人交往。

九二：悔亡。

解读：突然出现此二字“悔亡”，只能与恒卦联系，应是“恒，悔亡”。“悔”是对过去做错的事后悔、悔恨，“恒”是很久。“恒，悔亡”是很久以前做错的事而后悔，应总结经验教训，总是后悔也无用，应忘掉使悔消亡。

九三：不恒其德，或承之羞，贞吝。

解读：不长久保持真美德，将蒙受耻辱，遭遇困难。

九四：田无禽。

解读：田野里已没有禽兽，去打猎也不会有收获。言外之意，不要捕猎的恒心不变，应改变主意。

六五：恒其德，贞妇人吉，夫子凶。

解读：家务劳动是美德，妇女在家里总有事干，吉祥。丈夫应知“巧媳妇难做无米之炊”，已经“田无禽”，家中无饮食，若不做其他谋生之事，饥饿凶险。

上六：振恒，凶。

解读：“振”：动荡。

爻辞说，生活总是动荡不安，吃上顿饭，没下顿饭，这种生活凶险。

上六爻在呐喊，“难道这是‘田无禽’造成的吗？”

小结：

无德之人“浚恒”，挖人家墙角。做错事之人，改正，总后悔无用，要“悔亡”忘掉。有美德之人要“恒”坚持，即使妇女做些家务事也“贞妇人吉”。“不恒其德”是不坚持美德之人，将会羞耻。要知晓恒中也要变，不能总以打猎为生，当“田无禽”时期，家人挨饿，生活动荡“振恒”，仍恒守以猎为生，无应变能力，凶险。

（三）选录多种解读

第三十二恒卦卦辞：恒，亨，无咎，利贞，利有攸往。

例1：《序卦传》说：“夫妇之道不可以不久也，故受之以恒。恒者，久也。”指咸卦讲的是男女感应，男女结合在一起而建立了家，为说明如何让家维持长久，故出现恒卦。恒卦，卦体是下巽震上，震为长男，巽为长女。女在男之下，男居尊，女居卑。男主外，女主内，为夫妇居家的常理。所以恒卦象征着亨通顺利，没有灾难，利于前往。㉗

例2：恒是恒久的意思，恒卦讲持之以恒的道理。从卦象来看，恒卦上卦为震，代表雷，下卦为巽，代表风，风雷交加是恒久的自然现象。将之引申到社会层面，震为长男，巽为长女，震上巽下象征古时男尊女卑的伦理观念，在古人看来这种观念是不容颠覆而恒定持久的；同时也比喻男动于外，而女顺于内的夫妻之道，古人认为这种夫妻之道是恒久不变的社会常理。持之以恒是取得事业成功的关键，只有树立坚定的信心并为之不懈努力，事业才能够亨通，也才能在前进的路上免于灾难。不过“持之以恒”也是有前提的，那就是要坚守正道。如果人们已经误入歧途，并长期坚守而不思悔改，人们就只能在错误的道路上越走越远，如此不但不能亨通，反而会带来灾难，因此人们只有坚守正道才能无所不利。⑲

例3：家庭的稳定持久，来自两个方面的保证：一是情感基础牢固，这就要

“利贞”，夫妻双方始终要持贞守一，忠贞于对方，富贵不淫，贫贱不移，患难与共；二是物质基础的巩固，持家不像恋爱那样浪漫，需要面对现实生活，既要赡养父母，又要教育子女，要解决家庭成员中的温饱生存问题，因此要“利有攸往”，丈夫要从外界谋取家庭的生活资料，妻子在内操持家务。精神情感和物质基础稳固了，家庭就没有灾难了，就实现恒卦的亨通了。可见，“利贞”和“利有攸往”是“无咎”和“亨”的前提，而“亨”和“无咎”又反过来促进“利贞”和“利有攸往”。无论是情感危机还是物质危机都会给家庭带来不幸，也就违背了恒常之理。恒卦卦辞告诫每个家庭，尤其是告诫丈夫，维系和巩固家庭的情感基础和物质基础，是建立稳固和幸福家庭的必备条件。㉘

例 4：恒者，长女取长男为婚也。亨：通，表示在母系制社会长女取长男为婚是通行的婚姻。无咎：无罪过。意思说：在父系制社会容许长女取长男为婚姻，无罪过。因为父系制社会是逐步取代母系制社会的，夏、商、周王朝还有女人掌权的诸侯国和诸侯大国，这些诸侯国还是实行女取男婚。夏、商、周王朝容许这些诸侯国由女人掌权，实行女取男婚，相当于现今少数民族地区的自治，所以无罪过。利贞：利政，即有利于王朝的政治。利有攸往：有利于行动，即有利于王朝治国治天下的行动。⑱

恒卦爻辞初六：浚恒，贞凶，无攸往。

例 1：初六居恒卦之初，以柔居刚而不正，有外顺内刚躁的表现，过深地追求恒常，故“浚恒”。过分地追求，强人所难，虽出发点是贞固的，但结果是凶的。“无攸利”即什么利益也没有。㉗

例 2：浚，深入水底淘挖疏通河道。浚恒，追求河道恒久的深度。人类大都择水而居，日久河塘淤塞水患危及居所，所以要疏浚河塘，使之畅通。浚，本为正道，为贞，但整天无休止地疏浚河道，追求正道过头了，就走向了偏斜，故而“贞凶”。疏浚河流的目的是为了防止水患，达到防患的目的则可停止疏浚，可初六一味追求河道的深度而成天忙于清理河床，就没有必要了。这里以“浚恒”来讽喻那些机械、教条地墨守陈规之人，虽然出发点是好的，但最终却违背了自然规律。说明恒久是相对的，不是绝对的、静止的、一成不变的。㉘

例 3：浚（jùn），深掘。“浚”的目的在于掘深以疏通河道，这本是有益之事，但这并不是说挖掘得越深越好。挖掘到多深，应以水道疏通、水流畅通为度。如果无限度地深挖，会造成堤坝塌陷，反而适得其反，好事变成坏事，因此说“贞凶，无攸利”。所以，持“恒”之道也要因时、因事把握好一定的度。㉖

例 4：初爻是民众之位。女取男婚，男人称作赘婿。浚：疏浚、疏通。例如，疏通下水道。疏通下水道要消耗体力，故而浚引申为索取。例如，白居易的

《重赋》诗曰：“浚我以求宠，敛索无冬春。”恒有二义：一是长女取赘婿为婚，二是长久。浚恒：民女取赘婿为婚，民妇长期对赘婿的身心进行索取。凶：失，失策。无攸利：民妇若对赘婿的身心长期进行索取，这是失策，对自己没有一点好处。⑱

恒卦爻辞九二：悔亡。

例1：九二爻以阳爻居阴位，不正。有失正道就应该有悔，而爻辞却直接判之以悔亡，是因为九二居中的缘故。恒道尤为尚中，“过”与“不及”都只是暂时的，只有扼守中道万事万物才能处于一个恒常的稳定状态。爻辞由此告诫人们行事要坚持中庸的原则，不偏不倚就没有悔恨。⑲

例2：悔，指悔恨，懊悔。亡：消失，没有。

讲：“悔亡”即悔恨消失。九二以阳居阴，不正。所以有悔恨。但九二居中，并与六五相应，有处中、动中的中德，故悔恨也就没有了。㉗

例3：此爻只有占断语，无叙事之辞，具体所指不详。但从全卦宗旨来看，既然说“悔亡”，则表明行为人能够在正当之事上守恒，并且能够适中把握“恒”的度，做到不偏不倚，守恒有道，正如《象》所说“九二悔亡，能久中也”。㉖

例4：恒有二义：一是女大夫取赘婿为婚姻，二是长久。悔亡：女大夫取赘婿为婚姻，女大夫要无悔无怨地与赘婿长相厮守。此爻只有判断词“悔亡”两字，如果我们不知二爻是大夫之位，那是很难读解爻辞的。⑱

恒卦爻辞九三：不恒其德，或承之羞，贞吝。

例1：九三阳刚处阳位，有好动之象，又在巽体之极，巽风易随顺而不稳定，所以他“不恒其德”即不能长久地恒守正德。由于它朝三暮四的行为，多数人都看不起它，所以它承受着羞辱。即使有人同它的关系贞固下来，也同样会遭受灾难，故“贞吝”。㉗

例2：九三爻以阳爻居阳位，虽得正而不居中，又位于下卦的最高位，预示着事物即将发生变化，故称之为“不恒其德”。“德”指的是中庸的美德，坚守中道不是一朝一夕的事，必须恒常持久。九三不能恒守中庸之德，必将遭到别人的羞辱。爻辞再次告诫人们要长期坚守中正之道，不能半途而废，如此才能防止过错。⑲

例3：“不恒其德”，不能始终如一地遵守道德准则，有时遵守，有时不遵守，实际上是不能遵守。“或承之羞”，或，或许，也许。承，承担，承受。之羞，之，代词，指不能遵守道德这件事；羞，羞辱，羞愧。一贯遵守道德准则就会亨通吉祥，不能遵守道德准则就会处处碰壁，会得到应有的报应和惩罚，搬起石头砸自己的脚，自作自受，自食苦果。“贞吝”，本该具有守正道的有利条件，因为患得患失，使这些有利条件变成不利条件。九三为阳爻，本具有刚健之德，又居阳位，是一位称霸一方骁勇善战的诸侯，如把这些有利条件用到正道上，可成为国家栋梁之才。可他却不能守住正道，刚愎自用，患得患失，有如三国时期的吕布，虽然勇猛英俊，却总附炎于势，最终承受“三姓家奴”丧家之犬之辱。㉘

例 4：三爻是诸侯之位。恒有二义：一是女国君取赘婿为婚姻，二是长久。长久，引申为坚守。其：女国君。德：妇德。不恒其德：女国君取赘婿为婚，若女国君不坚守妇德。或：有。承：奉承。羞：美味珍馐。或承之羞：虽然有美味珍馐奉承。贞：正。吝：恨痛。贞吝：女国君不坚守妇德，虽有美味珍馐奉承，赘婿是正常男人都会有恨痛。⑱

恒卦爻辞九四：田无禽。

例 1：没有捕猎到禽兽，徒劳无功。九四以阳居阴，不中不正，又处在震体，既不安稳，又好动。到处奔逐狩猎，结果没有收获，犹如一个人，一生忙忙碌碌，到头来没有什么成就。㉗

例 2：九四爻以阳爻居阴位，不正，且不居中。“田”是田猎，“禽”是猎物，“田无禽”是指长期田猎却没有获得猎物，比喻劳而无获。九四既不中也不正，完全违背了恒道的基本规则，比喻某人长期处于一个不当的位置，无论怎么辛苦劳作，最终亦将一无所获。⑲

例 3：“田无禽”，田，指田猎，在田野狩猎。禽，指飞鸟，这里泛指田间的小猎物。“田无禽”的原因是，老在田猎，动物被捕猎完了或者被惊吓不再往田里去了。田间无猎可捕，可还是去狩猎，有“守株待兔”之讽。㉘

例 4：田，打猎。禽，古代泛指飞禽走兽。禽兽出没无常，须耐心地等待，方能捕获。田猎一无所获，空手而返，究其原因是心猿意马，心浮气躁，没有恒心。或者，虽有恒心，但打猎的人跑到鸟兽稀少，或者根本没有鸟兽的地方，这样等待的时间再久，也难有收获。㉖

例 5：四爻是大国诸侯之位。爻辞省去恒字。恒：大国诸侯女国君取赘婿为婚姻。田：田猎。禽：飞禽走兽的总称。田无禽：田猎时一无所获，引申为一无所有。意思说：大国诸侯女国君取赘婿为婚姻，其赘婿是一无所有的。

旧时代的赘婿是要改姓女方的姓的，所以禹改姓为夏后氏的姓，姓姒氏。禹在家中是一无所有的，虽然后来禹成为天子，也要遵守这种婚姻制度，这就是“虽天子之贵，亦用此制”。⑱

恒卦爻辞六五：恒其德，贞妇人吉，夫子凶。

例 1：六五，以阴居阳，得中而不正。柔顺而顺从，这对于女子来讲是吉祥的。对于男子来讲是有凶险的。当时在男尊女卑的社会中，女子“以顺为正”即以顺从丈夫为贞正，认为假如丈夫顺从女人那就有灾祸了。当然这种观点的存在毕竟是历史实情，而不是当代之情。㉗

例 2：“恒其德”，恒守妇人之德，妇人之德即柔顺持中之德。贞，妇人的正道，指从一而终。守住德、贞，妇人就吉祥。“夫子凶”，有四个方面的含义：其一是说作为妻子，顺从丈夫，持守柔顺之道是她应守的正道，所以吉祥；其二是说，作为丈夫不守丈夫之德，反守妻子之德，就凶险；其三是说，五爻位为天子之位，作为六五君王守妇人之道也是凶险；其四是说，如果君王让夫人参政，听信妇人之言，那就凶险了。君子应该守刚健正人君子之道，而不能守妇人之道。㉘

例 3：同样是“恒其德”，而断语说“贞妇人吉，夫子凶”，表明了作者对男女有不同的道德规范要求，反映了男尊女卑、男女不平等的思想观念。

要求妇人恪守妇道、遵循从一而终的妇德，因此说“贞妇人吉”；而男人可以不受此限，可以三妻四妾，其冠冕堂皇的理由是“不孝有三，无后为大”。这不仅是说说而已，事实上真有这么认为的。㉖

例 4：五爻是王位，指王室贵族女也实行取赘婿为婚。恒：坚守。其：指赘婿。恒其德：赘婿为了王室贵妇要坚守男德。贞：主，即王室贵妇是其所有性伙伴的主人。吉：善。贞妇人吉：王室贵妇是所有性伙伴的主人是吉善的。夫子：伕子。《辞海》：“伕，旧时用为夫役的专字。如车伕、火伕、挑伕。”王室贵妇有多个性伙伴，年轻的性伙伴是伕子。凶：《大过》卦九五爻辞告诉我们，王室贵妇的士夫要殉葬，故而凶险。意思说：贵妇为所有性伙伴的主人是吉善的，年轻的性伙伴为夫子还要殉葬则凶险。⑱

恒卦爻辞上六：振恒，凶。

例 1：上六爻处于上卦的最高位，上卦为震，有震动而摇摆不定之象，又位于全卦之终，预示着事物将要发生变化，故称为“振恒”。恒道贵在坚持，如反复摇摆不定只能带来凶险。如身居高位而不能坚守恒道，性情摇摆不定，朝令夕改，就只能给国家和人民带来无尽的灾难。⑲

例 2：振恒即恒振，长久地振动不停。上卦震卦本为震动，上六处在上卦的上位，振幅更大，振动时间更久。高位振动更大更久也是自然现象，凡摩天大楼顶部大都恒久地保持在一定空间的水平距离晃动。高大建筑物顶部的晃动不影响建筑物的稳固，但如果一个国家的政令法规朝令夕改、变动频繁，民众则无所适从了。上六位于国家上层建筑，犹如国家的宪法，国家的根本大法是不能随意更改的，必须保持恒久。老子曰："治大国，若烹小鲜"。小鲜即很小的鱼虾，烹制小鲜，是不能轻易翻炒的，否则小鲜会成为碎末。说明治国需要精心、细心、耐心、恒心，国家是不能振动的，需要长治久安。㉘

例 3：动与静对言，有动就有静，动静结合才符合事物发展的规律。而"振恒"违背这一规律，之所以"凶"，原因同初六一样，在于"恒"而无度。

"持之以恒"不能笼统地讲，要看是什么事情、什么情况，如果是好的品德、有益的事，持之以恒、始终如一地坚持下去，那是应当提倡和肯定的；但如果是不良品德、有害之事，愈久为害愈大，就应该反对和否定。㉖

例 4："振，赈的本字。救济。"恒有二义：一是长女取赘婿为婚姻，二是长久。长久，意思是长年累月。上爻是事之极位，表示长男年老体衰以后。凶：险。意思说：长女取赘婿为婚姻，当赘婿年老体衰以后被赶出家门，长年累月靠国家救济过日子，凶险。上爻是事之极位，所以爻辞是讲女娶男婚的极端情况。⑱

第三十三卦　遁卦☶乾上艮下

（一）原文

（卦辞）遁，亨，小利贞。

（爻辞）初六：遁尾，厉，勿用有攸往。

六二：执之用黄牛之革，莫之胜说。

九三：系遁，有疾，厉，畜臣妾，吉。

九四：好遁，君子吉，小人否。

九五：嘉遁，贞吉。

上九：肥遁，无不利。

（二）解读

卦辞：遁，亨，小利贞。

解读："遁"，卦名。"遁"：逃遁，隐退。（《说文》："遁，逃也。"）

卦辞说，到隐退时期，若能如期隐退行得通，不要大权不放，利于做些小事。

初六：遁尾，厉，勿用有攸往。

解读：能隐退早进行，拖延到末尾，没有好处，不会重用你。

六二：执之用黄牛之革，莫能胜说。

解读："执"：捆绑。"革"：皮革。"说"通脱。

爻辞说，当要隐退时，却被上级用黄牛皮绳子把隐退捆绑，用此作比喻不让隐退，那也不能挣脱隐退。隐喻没交代清楚不能隐退。

九三：系遁，有疾，厉，畜臣妾，吉。

解读："系"：牵系，束缚。"疾"：疾病。

爻辞说，隐退受到束缚而不能隐退，患了疾病，险厉，就像被畜养的臣妾，（古代男奴为臣，女奴为妾）。把病养好，思想开朗些，才能吉利。

九四：好遁，君子吉，小人否。

解读：见好就收的隐退，君子这样做，吉祥，小人做不到。

九五：嘉遁，无不利。

解读：“嘉”：善、美好。

九五是君位，居中守正，让位给贤者，是“嘉遁”，妥善的隐退，坚贞吉祥。

上九：肥遁，无不利。

解读：“肥”：宽裕、富裕。

上九爻是遁卦中最上层的一爻。给一笔有功隐退的“奖金”，这是“肥遁”。无不利是否定的否定，肯定有利。

小结：

遁卦宣告有多种隐退方式，不要“遁尾”再隐退。当被“执之用黄牛之革”，或“系遁”时，想隐退也办不到，这是前三爻。后三爻是“好遁”、“嘉遁”、“肥遁”，都是良好的隐退。

（三）选录多种解读

第三十三遁卦卦辞：遁，亨，小利贞。

例 1：遁是隐退和退避的意思，遁卦讲隐退和退避的道理。从卦象上看，遁卦上卦为乾，代表天，下卦为艮，代表山，天下有山，山试与天比高，看上去山高而近在眼前，而天却退而远之。遁卦初爻和第二爻均为阴爻，代表阴气自下而生，阳气有逐渐衰落的趋势，比喻小人势力渐长，此时形势对君子很不利，君子只有暂时退而避之才能亨通。在阴长阳消的时候，君子势力是很弱小的，暂时退隐不失为明智之举，但同时也必须坚守正道，以等待复出的机会。⑲

例 2：遁，这里指阳气退避，阳气退避为什么亨通呢？因为此时阳气退避不是畏难躲避，而是应顺天道规律。阳气利于万物生长，但阳气过盛就会有害万物。人间六月已是“赤日炎炎似火烧”的天气，如果阳气继续上升，万物会枯焦烧死，人们也无法生存。天造万物，是让其生生不灭，阳气应顺天意消退，利于万物万民，故而亨通，“小利贞”，《周易》中“大”指阳气，“小”指阴气。这里指阴气宜于持守正道，应顺四时变化规律，才利于万物生长。实际上阴阳二气受天规支配，消长变化从不出错，遁卦之所以阐述阳“遁”阴“贞”的道理，旨在告诫君王要效法天道规律，不以个人的得失论成败，而要以万民亨通吉祥为己任。同时告诫民众要不误农时，不违礼法，做好自己应该做的事。㉘

例 3：《易经》中以“大”指阳、以“小”指阴。阳为明、为动、为进取；阴为暗、为静、为潜伏。“小”说的正是隐退。如上所述，隐退或者是出于自觉自愿，或者是迫于现实环境。就前者来说，隐退满足自己的心愿，不再被官场矛盾斗争缠绕，心身自由畅快；就后者来说，是一种以退为进的斗争策略，暂时的隐退是为了将来更好的发展，因此说“亨，小利贞”。㉖

例 4： 遁者，逃避也。亨：通行，指农历六月天人们逃避暑热很通行。小：外，指天山之外。贞：指刑事罪犯者。利贞：逃跑到天山之外，有利于罪犯逃避法律制裁。⑱

遁卦爻辞初六：遁尾，厉，勿用有攸往。

例 1： 初六爻以阴爻居全卦的最下方，地位卑微，性情柔弱，行事优柔寡断。当危机来临，人们本应当机立断及时退避，而初六却迟疑不决，退避不及时，落在了退避队伍的最后，这当然是很危险的。如同自然界的生存法则一样。当猎物受到猛兽攻击时，猎物惊起逃奔，而那些反应迟钝来不及逃避的猎物最终将落入猛兽之口。遁卦总体上呈现一种阴长阳消小人得势的态势，初六所处的环境和他本身的素质都不允许他采取任何冒进的行动，他最明智的做法就是及时退避，如来不及退避至少也应该在相对安全的地方静观形势的变化。⑲

例 2： 尾，尾巴，长在动物身体的后部，因此引申为后面。在是否隐退的问题上犹豫不决，因此落在后面。当断不断，必受其患，会因此错过隐退的最佳时机而陷于进退两难的境地，因此说“厉”。隐退本是由于社会政治黑暗、难以用于时而起，在这样的情况下自然是难以有所作为的。

尾巴是动物身体的一部分，也可以将“遁尾”理解为隐退不彻底，也能讲得通。㉖

例 3： 遁：逃犯。尾：尾巴，引申为最后。遁尾：逃到最后的罪犯。厉：磨难。勿用有攸往：莫想再出逃。意思说：逃到最后的逃犯，莫想再出逃，有坐牢的磨难。爻辞告诉我们，古代法律也是防止罪犯出逃的。⑱

遁卦爻辞六二：执之用黄牛之革，莫之胜说。

例 1： 六二爻以阴爻居阴位，得正，又居中位，有中正之德。六二爻讲当危机来临时人们无法退避的情况。人生中并不是每种危机人们都能选择退避，对于一些无法退避的危机我们必须勇敢地面对。“黄牛之革”异常坚韧，被黄牛皮制成的革带捆绑住比喻人们被危机牢牢捆住，无法脱身。此时人们应当坚守中正之道，既不贸然行动，也不与邪恶势力同流合污，尽量做到独善其身。⑲

例 2： “执之用黄牛之革”，执，捆绑；之，指被捆绑之物，这里指志向；黄牛，六二得中，中为五行土的方位，土为黄色，六二中正，品德行为柔顺纯正，比之以牛，故六二有黄牛之象；革，皮革，这里指黄牛之皮。整句是说，用黄牛皮制成的绳子将自己的心志牢牢捆绑。莫，不能。胜，胜任，能够。说，同脱。“莫之胜说”是说，心志牢牢正固，没有人能够将其瓦解。

例 3：隐退是对政治黑暗不满的表现，是对当道恶势力的一种反抗。而恶势力总希望有更多的同类与他们同流合污，也希望有一些正直之士为他们充充门面，因而不能容忍正直之士的隐退。当然，这里的“执之用黄牛之革”不一定是说真的捆绑起来，更是一种比喻。虽然不捆绑住你的身体，但诱之以名利，恐之以生死，设置种种障碍，左右掣肘，照样叫你瞻前顾后，心有所系，脱身不得！所以说，明智的人要见机而作，做事谋始，看到形势不妙，就要早做隐退的打算。等到小人势盛、君子势衰的局面已定，错过了隐退的良机，再想隐退也难了。㉖

例 4：遁：逃犯。执：执拿。执之用黄牛之革：将执拿住的逃犯用黄牛皮革制成的绳索捆绑。莫之：莫想。说：脱字。莫之胜说：莫想再挣扎得脱。爻辞告诉我们，古代法律也是捉拿逃犯的。⑱

遁卦爻辞九三：系遁，有疾，厉，畜臣妾，吉。

例 1：九三以阳爻居阳位，阳刚得正。但由于与初六、六二两个阴爻同居艮体而被牵系，不但不能随时随地退避，而且被阴爻拖累得像有疾病那样危险。在这种境况下，九三只能以“畜臣妾”的办法对待阴爻，即小人，方可吉祥。㉗

例 2：九三爻以阳爻居下卦的最高位，这是一个面临进退抉择的位置，故爻辞曰“系遁”，即本该隐退却心有所牵系，以致身心疲惫终成疾患，这是很危险的。爻辞告诫人们既然已决定要退隐，就应该洒脱豁达一些，全身而退。“臣”是男性奴仆，“妾”是女性奴仆，“畜臣妾”是家庭内部的一些小事，比喻人们隐退之后当持“不在其位，不谋其政”的思想，管理好家事是最吉利的。⑲

例 3：“系遁”，系（音 jì），束缚，系住。逃跑的人被束缚了，逃不了了。“有疾厉”，疾，劳顿疲惫之义。疾，既是被“系”之因，又是有“厉”之因。这里的“疾”表象上看是身体的疲惫，内在指心力疲惫。疾，来自九三不能守住心志，遁卦讲的是在特定的环境下必须逃遁的道理，及时尽快地退避才会亨通，但九三却徘徊踌躇，既想尽快逃跑避祸，又心恋六二不想走，最终心被情牵，身为情累，疲惫不堪，没有逃脱，故而危厉。古时因奴隶没有人身自由，为获得自由经常会逃跑，奴隶主对逃跑的奴隶惩罚是非常残酷的，甚至将其活活打死，以此迫使奴隶屈服、忠诚于主人。畜，畜养。臣，这里指奴仆、童仆。妾，婢妾、奴婢。因奴隶社会奴隶、奴婢与家畜一样可以畜养买卖。“畜臣妾吉”是说通过惩罚奴隶，让奴隶们明白不忠于主人的下场，有利于对奴隶们的看管和统治，借以说明严峻法度对国家的统治有利。㉘

例 4：既不容于恶势力，欲隐退又不能，果然陷于进退两难的境地，因此说“有疾厉”。臣妾、奴隶在古代也是一种财产。“畜臣妾”是胸无大志、没大出息的表现。在身处险境、进退两难之时，迫不得已，只好退而求其次，闲居在家畜养男女仆役，以示自己胸无大志，没有与他人争锋之心，借以避祸，因此说“吉”，《象》说“不可大事也”。㉖

例 5：系的本义是悬挂，引申为直系、牵连。系遁：罪犯逃跑了，逃犯的直系亲属受牵连。有：不宜有。疾：迅速、突然。厉：磨难。有疾厉：亲属突然遭受不宜有的磨难。畜：畜养、蓄积，假借为好。

臣妾：引申为男女。吉：善。畜臣妾吉：只有争当遵纪守法的好男女，吉善。爻辞教育人们要遵纪守法，不要给亲属带来不宜有的磨难。爻辞再次告诉我们，古代法律有连坐法。俗话也说：“跑得了和尚跑不了庙。”⑱

遁卦爻辞九四：好遁，君子吉，小人否。

例 1：九四居乾体，刚健果断。虽与初六相应，并且彼此关系密切。但九四不被初六所系恋，能果断地割舍私情，断然退避。所以君子吉。小人为什么否呢？因小人贪恋私情而不舍得退避，小人要像君子那样做事，肯定是做不到的。故小人否。

象辞说，君子能果断退避，小人是做不到的。小人与君子的思维、想法、品行、目光都是截然不同的。

此爻是说君子与小人的区别在于，君子坦荡无私，小人贪恋私情。㉗

例 2：九四爻以阳爻居阴位，在此阴长阳消之时形势对君子是极为不利的，君子当机立断，不为当前利益所诱惑而急流勇退，其结果当然是吉利的，而小人却根本做不到这点，他们往往贪图眼前小利而错失退避的良好时机，因而使自己陷入闭塞不通的境地。⑲

例 3：“好遁”，好（音 hào），善于，识时务，善于把握时机隐退。九四本与初六相应，按理应前往下求初六，不该隐退。但九四为上乾卦，乾为君子，身处遁卦，明辨是非，不为物累，不为情牵，明心固志，决然隐退。“君子吉”，因九四应时顺势隐退，君子处遁卦退避则亨通，故而吉祥。小，这里指阴爻。“小人否”是说遁卦为阳气消退，阴气增长，阳气避退，阴气不该退避，如果阴气隐退那就闭塞了。㉘

例 4：好（hǎo），善于。否，不、不能。出仕需要政治智慧，隐退同样也需要运用智慧，并不是每个人都能够做到、做得好的。君子善于此道，因此说“君子吉”；小人则不能，因此说“小人否”。㉖

例 5：好遁：见好就收手。君子吉：诸侯认为吉善。小人：平常人。否：不通。小人否：平常人却想不通。意思说：见好就收，诸侯认为是吉善之举，平常人却想不通。为什么诸侯认为吉善，而平常人想不通？孔子曰："君子喻于义，小人喻于利。"所以小人想不通。⑱

遁卦爻辞九五：嘉遁，贞吉。

例 1：九五爻以阳爻居君位，至刚至尊，至中至正，代表功成名就之时，此时是隐退的最佳时机，可保全身而退，故而称为"嘉遁"。如待泰极否来之时不得已而隐退，则有可能导致身败名裂。当君子身处阴长阳消的环境中，主动采取"嘉遁"的处世之道无疑是最为明智的做法，但他还必须始终坚守正道方可获得吉利。⑲

例 2：嘉，极好之义。嘉遁，在最适宜的时机隐退。贞吉，守正道吉祥，正道是指真正的隐退，退后不再问政、干政。㉘

例 3：嘉，美、完美。能够做到完美地隐退，当然是"贞吉"。九四"好遁"从过程上来讲，本爻"嘉遁"从结果上来讲。㉖

例 4：嘉：美好。遁：小暑、大暑时避暑。嘉遁：在小暑、大暑时节到美好的胜地避暑。贞吉：主吉。意思说：天子在小暑、大暑时到美好的避暑胜地避暑，主吉。⑱

遁卦爻辞上九：肥遁，无不利。

例 1：上九以阳刚之才居遁卦之极，它无牵无挂，无疑无虑，果决而退。有这样宽阔的心志，无所不利。㉗

例 2：上九爻以阳爻居上卦的最高位，表明君子以坚毅的性格义无反顾地远走高飞，他脱离了世俗的纷扰而进入一种"超尘脱俗"的境地，这当然是无所不利的。⑲

例 3："肥遁"，肥，宽余之义。肥遁有两层含义，一是说上九为乾卦上爻，乾卦本身就是反映天道的，按时进退不会出现差错；二是说上九即使不在遁卦也会很快隐退的，因为上而无位可进了，物极必反。㉘

例 4：肥，通"飞"。九四、九五、上九三爻虽然用词不一，但意思差不多，都是说善于隐退，其断语也都是很好的。

如初六所说的"遁尾"，在隐退问题上犹豫不决，该隐退时不引退，说到底是名利之心不死。完全抛开名利的羁绊，像鸟儿一样，远走高飞，超尘脱俗，"赤条条来去无牵挂"，这才是彻底的隐退，不仅身隐，而且心退。

无论是什么时代，无论是什么人，也不管你是做什么的，一生之中难免会遇到沟沟坎坎，不可能总是一帆风顺。因此，《遁》卦不仅做官者应该仔细体会，

一般人读来也会有所受益。㉖

例 5：肥：本义是肥胖，引申为财富，如“肥水不流外人田”“损公肥私”。上爻是事之极位，肥表示财富可以敌国。遁：逃避，引申为隐姓埋名。肥遁：富可敌国者能够做到散尽家财隐姓埋名，无不利：富可敌国能够做到散尽家财隐姓埋名者，没有不利的！⑱

第三十四卦　大壮卦䷡震上乾下

（一）原文

（卦辞）：大壮，利贞。

（爻辞）初九：壮于趾，征凶，有孚。

九二：贞吉。

九三：小人用壮，君子用罔，贞厉。羝羊触藩，羸其角。

九四：贞吉，悔亡。藩决不羸，壮于大舆之輹。

六五：丧羊于易，无悔。

上六：羝羊触藩，不能退，不能遂，无攸利，艰则吉。

（二）解读

卦辞：大壮，利贞。

解读："大壮"，卦名。"大壮"：很强壮。人或国家强壮，利于坚守正道。

初九：壮于趾，征凶，有孚。

解读："趾"：脚趾，"孚"：在此通俘，俘获，获得。

爻辞说，脚趾强壮，象征刚开始强壮，有收获。若想动武，凶险。

九二：贞吉。

解读：仅此二字，只有与大壮卦联系，即大壮了"贞吉"，因强壮了走正道坚贞吉祥。

九三：小人用壮，君子用罔，贞厉。羝羊触藩，羸其角。

解读："壮"：强壮，盛气，阳刚也。"罔"通网，柔软，阴虚也。"羝"（dī 音低）：公羊。"藩"：篱笆。"羸"（léi 音累）通累，累是重叠或捆，缠绕。

爻辞暗喻治国或办某事，要文治武卫、文武兼用。小人只知用武，君子只知用文，都厉险。小人用武就像好斗的公羊顶撞篱笆，羊角被缠住。

九四：贞吉，悔亡。藩决不羸，壮于大舆之輹。

解读："舆"：车。"輹"通辐，辐条指车轮。

爻辞说，强壮了应该坚贞吉祥，悔恨消亡。不用篱笆设防，有强壮的车马做后盾。

六五：丧羊于易，无悔。

解读：“丧”：丢失。“易”通场（yì 音易），疆界，田边。

爻辞说，主人的羊丢失在田边，若迷路也会醒悟归来。因主人“大壮”，他人也不敢偷羊，用不着后悔。

上六：羝羊触藩，不能退，不能遂，无攸往，艰则吉。

解读：公羊撞篱笆被卡住，既不能退也不能进，无所往，经过艰苦奋斗才脱险。

小结：

遁卦倒过来便是大壮卦，是与遁卦隐退对立，宣扬是强壮、强盛。强壮了要坚守正道，不可盛气凌人，不可学好斗的公羊去招惹是非。强壮了要对外开放、“藩决不羸”，要用实力做后盾，要文治武卫。大壮卦由乾下震上组成，乾天在下，震雷在上，天上打雷，威震四方，强壮也。

（三）选录多种解读

第三十四大壮卦卦辞：大壮，利贞。

例 1：事物的发展总是有退有进，当退到一定程度的时候，就转为新的进长，故为大壮。《序卦传》说：“物以不可以终遁，故受之以大壮。”

大壮在十二消息卦中为二月卦，即四阳息阴，建卯，领二月。其乃阳爻自下往上逐步增长，是阳长阴消的过程。故曰大壮。

《杂卦传》说：“大壮则止，遁则退也。”四阳为壮，若五阳或六阳那就为阳过盛，过盛必衰，所以大壮应该停止，可为利贞。也就是在大壮之际，坚守贞正，方可胜利。㉗

例 2：大壮是大为强盛的意思，本卦主要讲如何运用强力的道理。从卦象上看，大壮上卦为震，下挂为乾，震为雷，乾为天，取雷声响彻天上，声势浩大，强壮有力之意。从卦的构成来看，大壮卦下面四个阳爻，上面两个阴爻，表示阳气强盛，阴气衰微，此时正是万物茁壮成长的大好时机。但在如此壮大强盛的时刻，切记要坚守正道，不可妄为。⑲

例 3：大壮是阳气大壮，处大壮卦必须持守正道，如果不守正道或自恃其壮，恃强凌弱，以势压人，则违背君子之道，就不能大壮。㉘

例 4：大壮者，王朝强大也。利贞：利政。意思是王朝强大，才有利于行政。⑱

大壮卦爻辞初九：壮于趾，征凶，有孚。

例 1： 趾，指脚趾。征：行动。孚：信。

初九，以阳刚居阳位，又在乾体，因此过于刚。过刚又在脚趾上，往前行是有凶险的。“有孚”指相信有凶险毫无疑问。㉗

例 2： “壮于趾”，初爻为足之位，故大壮卦初爻有脚趾强壮之象。“征凶”，征，征讨，这里指前进、有所行动。凶，有两层含义：一是指初九为大壮之初，只壮其趾，并未大壮，却自以为强壮，好动好战，结果凶险；二是指大壮卦本来阳气旺盛，再往前行，则阳极转衰，故而征凶。“有孚”，有诚信，信守承诺。初九为下乾卦初爻，乾卦信守阴阳消长天规，不会因为前往凶险就畏缩不前。㉘

例 3： 羝羊是贯穿本卦始终的物象。联系全卦看，本爻中的“趾”也当指羝羊的趾。羊象征正直、公平、公正、善良，一般情况下是温顺的，但也有凶狠、好斗的一面，尤其是公羊更是如此。

初九为本卦初爻，而羊趾在最下，是羊的力量生发之处，因此取羝羊的“趾”为象，象征力量尚且处于增长之初。于人而言，像一个人初出茅庐，血气方刚，虽有些气力，但还缺乏相应的品德和智慧，正如《象》说“壮于趾，其孚穷也”。在这种情况下，鲁莽行事，那是很危险的。作为万物之灵、高级动物的人类，不能像公羊那样一味运用蛮力，有勇力的同时还要具备相应的品德修养和智慧，因此告诫说“有孚”。㉖

例 4： 初爻是平民之位。壮：健壮。趾：脚趾，引申为腿脚。壮于趾：民众中那些腿脚健壮者。征：征战。凶：险。征凶：征战时首先被征召入伍而有凶险。有孚：有生，引申为能够生还。意思说：民众中那些腿脚健壮、身材高大者，在征战时首先被征召入伍有凶险，但他们往往能够生还。因为古代是冷兵器作战，那些腿脚健壮、身材高大者在战场厮杀时占优势，所以大多数能够生还。⑱

大壮卦爻辞九二：贞吉。

例 1： 九二，以阳爻处阴位，得中，有刚柔之德。得中，其动必正，刚柔并用，所以是吉祥的。象辞说，九二之所以贞正吉祥，是因为它处中，有中正之德。

九二提示我们，与人为善，像水那样，为人谦下，虚静沉默，可获吉祥。㉗

例 2： 九二爻以阳爻居阴位，失正，但结果却是吉利的，原因在于九二居中，具有中庸之德。爻辞在于告诫人们在力量不断壮大的时候，一定要坚守正道，并秉持中庸之道，断不可持强而偏执。⑲

例 3：大壮卦本为阳盛之卦，过盛则衰，过衰则不敌阴，故以持中为贞为吉。㉘

例 4：本爻中无叙事之辞，只有占断之语，只能结合全卦主旨来理解。既然说“贞吉”，那么必定与作者所倡导的思想相吻合，也就是说在“壮”的同时，也能做到“有孚”，把二者结合起来，适当、适中地运用，正如《象》中说“九二贞吉，以中也”。㉖

例 5：二爻是大夫之位。爻辞省去了大壮二字。大壮：大夫身体健壮。

贞吉：主吉。意思是大夫身体健壮者、主吉。乾卦告诉我们，大夫官要深入田间地头了解情况；坤卦告诉我们，大夫官要在冰雪天气到农村了解民情。所以，大夫要有健壮的身体。此爻除了爻题，只有贞吉二字。如果我们不知二爻是大夫之位，那爻辞是很难解读的。所以，其他人的解读是五花八门的。⑱

大壮卦爻辞九三：小人用壮，君子用罔，贞厉。羝羊触藩，羸其角。

例 1：罔，指无，不。厉：危险。羝羊：大公羊。藩：藩篱，篱笆。羸：拘系，卡住。

九三以阳爻居阳位，又在乾卦之中，十分强壮。如果是小人，趁势而用壮，侵犯他人，如果是君子，就不会像小人那样趁势而用壮凌人。但君子处于壮势，虽贞固，也有危险。故“贞厉”。小人强壮得像大公羊一样，总是用它的角抵触篱笆，结果篱笆没有抵坏，反而卡住了羊角。㉗

例 2：九三爻以阳爻居下卦的最高位，有阳刚过盛、持强冒进之嫌。身居此位的小人往往仰仗自己强大的力量，以强凌弱。恃强斗狠也许能逞一时之勇，但最终结果却是很凶险的，就如同一头争强好胜的公羊用角去抵触藩篱，结果反而让藩篱把它的角给缠绕住了，使自己陷入进退两难的境地。爻辞以此为喻告诫人们使用强力不但不能从根本上解决问题，反而会使问题更加恶化。与小人“用壮”不同的是，君子的势力虽然很强壮，但他不持强好斗，而是巧妙地运用自己的智慧使人心悦诚服。但君子在强壮之时也应该时刻警醒坚守正道，以防范可能出现的危厉。⑲

例 3：“小人用壮”，小人有勇无谋，倚仗勇武。“君子用罔”，罔（音 wǎng），无，没有，指君子不盲目用武，而是用智慧，用谋略。“贞厉”，并非完全指守正道就危险，这里“贞”是指小人用“壮”并没有错，但要看“壮”用在什么地方，用在为国尽忠、为民造福上就吉祥，用在违犯规则或侵占他人利益上其结果就凶险。这里“贞厉”的“贞”并非指正道，而是指打着正道的幌子干着邪道的事情。“羝羊触藩，羸其角”，羝（音 dī）羊，强壮的公羊。藩，羊圈的篱笆。公羊好动好斗，不想被圈，故用角抵撞羊圈篱笆，想冲出藩篱。羸（音 léi），原义瘦弱的羊，指瘦弱，有病，有恙，这里指羊角被缠住不能解脱。这里将羝羊比作小人，武力用在不当的地方，羊圈藩篱本是用来护卫羊群安全的，是对羊群有利的规则，类比小人用暴力抵抗或破坏国家法度和规则，其结果固然凶险的。㉘

例 4：“小人用壮，君子用罔”一句中，“君子”与“小人”对文，则“罔”与“壮”对文。“壮”为勇力，那么“罔”就象征着智慧。使用蛮力还是运用智慧，这是小人与君子的区别之一。本卦作者提倡运用智慧，反对一味地使用蛮力，因此“贞厉”是对“小人用壮”而言的。篱笆的形状、特征、用途等都与网相似，也象征着智慧。小人单凭勇力鲁莽行事，就会像公羊顶撞篱笆羁绊住其角一样，最终会陷入困境。爻辞以此比喻说明：智慧胜于勇力，勇力终究要受制于智慧。㉖

例 5：三爻是诸侯之位。小人：平常人。用：以。小人用壮：平常人以自身健壮欺负别人。君子：诸侯。君子用罔：诸侯以自身强壮祸害别国。贞厉：主磨难。羝羊：公羊，公羊的特点是善触为患。藩：篱笆墙。羝羊触藩：公羊用角抵触篱笆墙。羸：瘦弱，在此是“羸”“累”同音，假借为“累”。羸其角：自累其角。意思说：平常人以自身健壮欺负别人，诸侯若以自身强壮祸害别国，他就像公羊抵触篱笆墙一样，自累其角。⑱

大壮卦爻辞九四：贞吉，悔亡。藩决不羸，壮于大舆之輹。

例 1：亡，指消失。决：突破。舆：车。輹：车轮上的辐条。

九四以阳爻居阴位，有刚有柔，但不中不正。为此，九四若坚守贞正则吉祥，也没有悔恨。“藩决不羸”即篱笆被羊角撞开而没有被卡住，又如大车的车辐坚固强壮，而利于壮，利于行。㉗

例 2：“贞吉悔亡”，守正道吉祥忧悔可以抵消。九四阳居阴位，本不正，为何吉祥悔亡呢？因为大壮卦是阳盛之卦，阳爻居阴位具有刚柔相济之优势，能够克制阳气过盛，故而能持正。九四居近臣多惧之位，且位不正，本该有悔，因为能持正，故而能抵消忧悔。“藩决不羸”，藩篱被冲破，羊角被解脱。九三因莽撞而“羸其角”，到九四则不一样了，九四聚下四阳爻之力，刚柔相济，既有冲破藩篱的谋略，又有冲破藩篱的力量，故能一举冲破藩篱，使羊角得以解脱。“壮于大舆之輹”，舆，车。輹（音 fù），覆盖于车轴之上的弓形大梁，以承载车厢。是说羊角壮于大车的车輹，形容九四强壮。㉘

例 3：车的辐条形状、特征也与网、篱笆相似，同样是智慧的象征，篱笆虽然一时破裂，没能卡绊住公羊，使之逃脱，如《象》所说“藩决不羸，尚往也”。亡羊补牢，经过修补，藩篱比大车的车辐条还结实，不会再发生亡羊事件，因此说“贞吉，悔亡”。爻辞以此比喻说明：单靠勇力，虽然可能取胜于一

时，但这并不能说明勇力胜于智慧，真正的强大还在于智慧。㉖

例 4：四爻是诸侯大国之位。贞吉：主吉。意思是诸侯大国强大，主吉。悔亡：无悔。即周王朝任命诸侯大国作牧来管理各诸侯国，这种政治制度是不能反悔的。藩决不羸：冲破兴风作乱诸侯国的国藩而不累。壮于：强于。大舆：大的舆图，引申为周王朝的强大。輹：车舆下面钩住车轴的輹木（伏兔），引申为周王朝与作牧大国之间的轴心关系。壮于大舆之輹：王朝与诸侯大国之间的轴心关系强大。意思说：冲决兴风作乱诸侯国的国藩而不累，是因为王朝与诸侯大国之间的轴心关系强大。⑱

大壮卦爻辞六五：丧羊于易，无悔。

例 1：丧，指跑掉。易：边界，疆界。

六五，羊在疆界走失了，没有后悔。六五以阴爻居尊位，羝羊之势锐减。六五所乘九三、九四为兑。兑为羊，易为场，易为疆界。故“丧羊于易”。六五居中，于九二正应，所以无悔。㉗

例 2：六五爻以阴爻居尊位。整个大壮卦都以“羊”来比喻“壮大和强盛”，但六五爻已经刚刚从阳爻变成了阴爻，已经失去了壮大和强盛的气势，故曰：“丧羊”。但六五居中不失中和之德，行事谦卑，因而不会招致悔恨。⑲

例 3：“丧羊于易”，易，地名，在今天的河北省境内，指在易地把羊丢失了。这里借“易”地名引申变易之义。“丧羊于易”与旅卦“丧牛于易”的典故同源，说的是殷商先祖王亥是驯服蓄养马、牛、羊的高手，于是他赶着他的马、牛、羊群到河北的有易部落去卖，结果他被那里的人杀害，马、牛、羊群也被当地人抢走了。爻辞引用这个典故来说明不该发生的变易而导致灾难。王亥本为一国之君，不履行君王之职而离开君王之位到远方去做生意，属于“位不当”之悔恨。“无悔”，没有悔恨。因位不当而丢失了羊本应有悔，怎么又无悔呢？关键在于六五变易符合天道，六五阴气不消退，阳气就不能上升，退位让贤乃是行中美德，隐退虽然丢失了王位（丢羊），但与守时应顺天道让位于贤能的九四相比，那又算什么呢？故而无悔。㉘

例 4：易，通“狄”，狄人。“丧羊于易”为史实，爻辞因“羊”的比喻联想到这一史实，进一步说明思想品德、智慧力量的伟大。

狄人虽然依靠武力称雄一时，但后来却日渐没落；周人虽然丧失了很多牛羊，但争取了民心，以德聚民，并在迁岐以后运用智慧进一步发展了农业生产，并由此日益强大，坏事变成好事，因此说“无悔”。㉖

例 5：五爻是王位。爻辞省去大壮二字。大壮：犯上作乱诸侯国自恃强大。丧：丧失。羊：指犯上作乱的诸侯。他好比公羊。

朱熹注："易，治也。"丧羊于易：为治理天下而将那些犯上作乱的诸侯诛杀或者流放。无悔：王朝将那些犯上作乱的诸侯诛杀或者流放，无悔。⑱

大壮卦爻辞上六：羝羊触藩，不能退，不能遂，无攸利，艰则吉。

例 1：遂，指前进。

上六，大公羊猛烈地抵触篱笆，不能前进，也不能后退，没有什么顺利的事。"艰则吉"指知道艰难慎重处之，不轻举妄动，这样才会吉祥。㉗

例 2：上六爻以阴爻居全卦的最高位，比喻已经到了"强盛"的尽头而出现衰微之势。此时人们如不量力而行，贸然行事，就如同一只公羊用角抵触藩篱，却反而被藩篱缠绕住，处于进退维谷的境地，这样做当然是没有什么好处的。当势力由盛入衰陷入艰难之境时，人们应该坦然地面对现实，在忍受艰苦的同时耐心等待形势好转，这样做结果才是吉利的。⑲

例 3："羝羊触藩"，大壮卦上震卦为藩篱，上互卦兑卦为羊，故有羊触藩篱之象。"不能退，不能遂，无攸利"，上六处于大壮卦极亢之位，所以行为鲁莽，又因为是阴爻不像九四那样强壮，所以困于藩篱，进退不得，不能遂愿，没有所利。"艰则吉"，处在进退不得随心如愿的境地故而艰难，但只要守住艰难就会吉祥，因为是上爻极位了，阴气即将退尽了，阴极阳至，就会吉祥了。㉘

例 4：像公羊那样只凭蛮力行事，最终会陷于"不能退，不能遂"进退两难境地，因此说"无攸利"。如果未雨绸缪，做事谋始，行事之初充分认识到事情的艰难困苦，并运用智慧加以克服，就会避免陷于这种困境之中，即使陷于困境也能够摆脱，因此又说"艰则吉"，《象》说"艰则吉，咎不长也"。㉖

例 5：上爻是祖宗之神位，这里指周王朝的先祖周西伯。爻辞省去大壮二字。大壮：当时周王朝还很强大。羝羊触藩：公羊抵触篱笆墙，引申为周西伯造商纣王的反。不能退：造反以后不能退却。遂：成。不能遂：面对强大的商王朝又不能取得成功。无攸利：没有一点好处。艰：艰守忍耐。则：原则，引申为策略。艰则吉：周西伯被商纣王囚禁在羑里长达七年之久，周西伯采取艰守忍耐的策略。⑱

第三十五卦　晋卦䷢离上坤下

（一）原文

（卦辞）：晋，康侯用锡马蕃庶，昼日三接。

（爻辞）初六：晋如，摧如，贞吉。罔孚，裕无咎。

六二：晋如，愁如，贞吉。受兹介福于其王母。

六三：众允，悔亡。

九四：晋如，鼫鼠，贞厉。

六五：悔亡，失得勿恤，往吉，无不利。

上九：晋其角，维用伐邑，厉吉，无咎，贞吝。

（二）解读

卦辞：晋，康侯用锡马藩庶，昼日三接。

解读："晋"为卦名。"晋"：提升，提拔。"康侯"：治国康民的公侯。"锡"通赐。"蕃庶"：很多。"三"泛指多。

爻辞说，治国康民的公侯，被国王赐给很多匹马，一天多次被接见。

初六：晋如，摧如，贞吉。罔孚，裕无咎。

解读："摧如"：挫折、摧毁。"罔"：不，无。"孚"：诚信。"裕"：宽裕、充裕。

爻辞说，好像要晋升，因受到挫折未成，自己还应努力安守正道。尚未得到信赖，不要自己嘀咕，思想开朗些无过错。

六二：晋如，愁如，贞吉。受兹介福于其王母。

解读：晋升中有忧愁，努力勤勉可吉祥。这福分来于王母的恩赐。

六三：众允，悔亡。

解读：晋升获得群众允许、谅解，悔恨消亡。

九四：晋如，鼫鼠，贞厉。

解读："鼫"（shí 音时）鼠：田鼠。

爻辞说，晋升后的作为如同偷吃田间五谷的田鼠，祸害民众，真险恶。

六五：悔亡，失得勿恤，往吉，无不利。

解读："恤"（xù 音蓄）：忧虑。"失得勿恤"：患得患失。

爻辞显示，晋升了，若影响别的事，不后悔，不要患得患失，继续往前吉祥，没有不利的。

上九：晋其角，维用伐邑，厉吉，无咎，贞吝。

解读："维"同惟，惟有。

上九爻辞说，最后晋升到这种角色，任务是惟有去讨伐敌对的邑国，如此行动可能有胜败（厉吉），虽然无过错，却有些遗憾。

小结：

晋卦描述总想晋升，却遇到许多挫折和困难并没丧失信心，继续努力争取获得群众认可，终于晋升了。有的人晋升后是贪官害民（鼫鼠）；有的晋升后心态患得患失、不稳定；有的晋升官职是带兵伐邑国，虽无对错，却自感遗憾。晋卦阐述了晋升后多种经历与心理复杂的变化，世事并非尽如人意。

（三）选录多种解读

第三十五晋卦卦辞：晋，康侯用锡马蕃庶，昼日三接。

例 1：晋，就是前进。晋卦下坤上离，坤为地，离为火，为明。光明出现在地平线上，有盛进之象。"顺而丽乎大明"：顺，指的是坤之柔顺，坤依附于离之大明。柔顺地前进而上往。因此，有功的诸侯，天子赏赐他很多车马，并且在一日之内多次接见。㉗

例 2：晋是前进和晋升的意思，晋卦讲前进和晋升的道理。从卦象来看，晋卦上卦为离，代表日，下卦为坤，代表地，整个卦象恰似旭日从大地上升腾起来普照大地，比喻万物得以生长，人们的事业不断增进发展。那些受人尊敬的诸侯使人民过上安康的生活，他们不仅应该得到天子的嘉奖和器重，而且能够得到晋升，被赋予更多的职责去治国安天下。⑲

例 3："康侯用锡马蕃庶，昼日三接"，对晋卦卦辞易学界一直有两种解释，一种观点认为，康侯即康叔封，文王的第八个儿子，是武王的同母弟弟，初封于康，故称"康侯"，后任周朝司寇。因此，一些易学家从晋卦卦辞判定，《周易》卦辞非文王所作，因为在周王朝建立之前，文王已经逝世。锡，同赐。蕃庶，蕃息而众多。昼日三接，三，指数次、多次。从早到晚一天之内受到君王数次接见。受到君王接见意味得到君王宠幸，有荣耀晋升之义。另一种观点认为，康侯是对治理诸侯国有方的诸侯的荣称，对封地治理得好的诸侯国称作"康明安邦"，诸侯王就会受到天子的赏赐，"锡马蕃庶"，赏赐许多马和车，同时

还频繁地受到君王的接见，不仅表现了诸侯王个人荣耀，同时有整个诸侯国的国民也享受天子恩泽，得到晋升之义。㉘

例 4：康侯用赏赐的马繁殖很多的马匹，一天之中多次交配。

康侯，指周武王的弟弟康叔，名封，最初被封于康，后来改封于卫，故称康叔，也称康侯。周武王灭商后，殷商旧族并没有真心归顺周王朝，时刻梦想复辟，叛乱时起，周人平定了武庚之乱后，改封康叔于殷商故地——卫。改封康叔于卫，可能主要是从平定叛乱、维护社会治安的角度考虑的，因为康叔还担任司寇之职。

古代战争频繁，因而与战争有密切关系的马也成了衡量国力、军力的重要标尺之一，代表国家的力量、强盛和安全。如《左传·昭公四年》中记载，晋平公认为“晋有三不殆”，其中之二就是“国险而多马”，把险要的地形、国家多马，视为安全的重要依据。所以康侯用赏赐的马繁殖很多的马匹，一天之中多次交配。

之所以“用锡马蕃庶”，是因为“锡马”为良种马，繁殖出来的马质量更高，耐力更强，速度更快，因而可以在战争中取得先机。

之所以要“昼日三接”，频繁地交配，是出于备战的迫切需要。虽然商、周的时候还没有骑兵，但马拉的战车早已出现。㉖

例 5：根据卦辞“用锡马蕃庶”，我认为康侯是卫顷侯。卫顷侯厚赂周夷王，周夷王不仅命卫为侯，而且还赐给卫顷侯良种马，命卫顷侯繁殖良马群。卫顷侯是养马能手，故而卦辞说：“康侯用锡马蕃庶，昼日三接。”为什么卦辞不写卫顷侯而写作康侯呢？原因有二：一是《周易》作者在创作或修改晋卦卦辞时，卫国已经不是伯而是侯。二是古人非常崇敬始创者，卫国的始君是康叔，故而以康侯代表顷侯。古人非常崇敬始创者，例如周公旦是第一代周公，其后世子孙都称周公。

昼日三接：整个白天小马驹接二连三相竞出生应接不暇。根据卦辞内容，我推论《周易》可能成书于西周，理由有三：一是康侯是卫顷侯，所以《周易》可能成书于周夷王时期。二是周夷王之后是周厉王，而卫国是卫釐侯。周厉王是暴君，不可能出书《周易》。三是众诸侯兴兵造反，周厉王出逃到彘，然后是共和行政。⑱

例 6：晋：卦名。《说文》：“晋，进也。日出而万物进。”卦象坤下离上。康侯：顾颉刚以为周武王之弟康叔封，封于卫。锡：赏赐，赐予。蕃庶：繁殖。接：交配。三接：多次交配。昼：通周。康侯用周成王赏赐的良马来进行繁殖，整天使其多次交配。㉛

晋卦爻辞初六：晋如，摧如，贞吉。罔孚，裕无咎。

例 1：初六以阴居卦之初，进则拥挤，故“摧如”。但初六以平和的心态，能进则进，能退则退，无论进与退都坚守正道，故“贞吉”。初六因处晋之初，又被六二、六三所阻，得不到上面的信任，故“罔孚”。但初六以宽裕之态处之，坚守贞正，不急于求进，所以没有什么灾难。㉗

例 2：“晋如”，前进的样子。“摧如”，遇到挫折而后退的样子，摧，摧残，这里指受到挫折、排挤。“贞吉”，守正道吉祥。“罔孚”，罔，无，没有。孚，诚信。这里不是说初六没有诚信，而是说初六还未能得到别人的信赖。罔孚有两个原因：一是因为他初出茅庐，还不足以达到被别人信任的程度；二是因为初六与九四相应，得到九四的赏识，有晋升的潜力，越是领导信任的人就越会受到同类的嫉妒和排挤，下卦三阴爻相斥，阻碍他前进，故而形成“晋如摧如”的样子。“裕无咎”，裕，宽余，指心胸开阔，要学会忍耐、谦让，把心量放宽就没有灾难。这里的“裕”就是正道，做到“裕”就吉祥。㉘

例 3：摧，摧毁。罔，通“网”，网罗、笼络。裕，《说文》“裕，衣物饶也”，引申为广大、充裕，其主语是“孚”，承前而省。

“晋如，摧如”描写战斗中攻击前进、摧枯拉朽的情形，看来战斗进行得很顺利，故云“贞吉”。但由于康叔年纪轻轻，没有足够的威信，在统帅军队作战时，士兵不是十分地信任他。古语说：无威不行。没有诚信，对于统兵作战来说是很不利的，甚至是很危险的。因此首先要笼络人心，取信于部卒，故有“罔孚”之语。有了足够的威信，方可“无咎”。㉖

例 4：初爻是平民之位。晋：竞争。如：表示状态。《说文》：“摧，挤也。”拥挤者，争先恐后也。晋如摧如：民众争先恐后为多打粮食而竞争。贞吉：主吉。意思说：民众为多打粮食而争先恐后竞争，主吉。《说文》：“罔，包牺氏所结绳以田以渔也。”罔是多义词。在此，罔同“网”。在大壮卦，罔是祸害之意。孚：生。裕：不是富裕而是剩余，裕通“余”。罔孚裕：民众以种田网鱼为生，而衣食有剩余。无咎：无罪过。意思说：民众以种田网鱼为生能够衣食有剩余者，无罪过。大畜卦初九爻辞告诉我们，民众是不能富有的。民众中的富有者有罪过，但民众衣食有剩余者无罪过。所以，裕是剩余不是富裕。⑱

晋卦爻辞六二：晋如，愁如，贞吉。受兹介福于其王母。

例 1：六二“晋如”还会“愁如”，是因为六二居中得正，并有柔顺中正之德，不强进，以平和之态对待进退。即使是进也不忘乎所以，并有忧患意识。即“愁如”。六二坚守中正，所以是吉祥的。“受兹介福”指因六二柔顺中正，虽无相应，时间长了，必有发现其才能的人请他出来而因此晋升，得厚禄，享受大

福。“于其王母”指因六二六五皆为阴爻，故六五称为王母，即祖母。六二将从祖母那里得到福泽。㉗

例 2：六二爻以阴爻居中，得正，具有中正柔顺之德。前进的道路不会是一帆风顺的，人们往往会因为受到挫折而充满忧愁，但只要保持锲而不舍的意志不断进取，付出的努力就能够得到丰厚的恩惠和福泽。“王母”指处于君位的六五爻，六二能够坚持中正柔顺的品格，且始终具有锐意进取的精神，因而能够得到君王巨大的嘉奖。⑲

例 3：“晋如，愁如”描写战斗进攻中受到抵抗、因战事不利而忧愁的样子。“贞吉”是因为有其祖母的庇佑。大概康叔因指挥作战失利，面临被削去指挥权和爵位的危险，而当时他的祖母尚健在，充当了和事佬，保护了康叔，因此有“受兹介福于其王母”的话，《象》说“受兹介福，以中正也”可能也是因此而发。㉖

例 4：二爻是大夫之位。晋如：市场不公平竞争。晋如愁如：大夫过去经商贩运，常常为市场竞争不公平而忧愁。贞吉：主吉。意思是现在市场公平竞争，主吉。兹：此。介福：洪福。《辞海》：“介福，大福；洪福。《诗·小雅·楚茨》：‘报以介福，万寿无疆。’”受兹介福：受此洪福，即享受市场公平竞争的洪福。王母：周夷王的母亲。王后是管辖市场的，是周夷王的母亲在当王后时创立了市场公平竞争的原则。受兹介福于其王母：大夫官现在能享受市场公平竞争的待遇是享受到王母的洪福。⑱

晋卦爻辞六三：众允，悔亡。

例 1：六三爻以阴爻居阳位，既不中，也不正，本应有悔，爻辞却判之以“悔亡”，原因就在于他获得了众人的信任。六三与下面的两个阴爻团结一致，共同前进，具有广泛的群众基础。爻辞强调人们要得到晋升和发展就必须获得民心，以赢得人民群众的信赖和支持。⑲

例 2：“众允”，众，指下面二阴爻，允，允许，认可，支持。“悔亡”，悔，指六三有悔，悔在其位不正，阴居阳位，好在阴爻，柔静能守，如果是阳爻就凶险了。悔亡，是指“众允”之吉和不正之“悔”可以抵消。㉘

例 3：允，相信、信任。取得了众人信任，上下同心，团结一致，令行禁止，有利于发挥出更大的战斗力，争取战斗的胜利，因此说“悔亡”，《象》说“众允之，志上行也”。㉖

例 4：三爻是诸侯之位。爻辞省去晋字。晋：市场竞争。众：众诸侯国。允：诚信。《说文》：“允，信也。”众允：在市场竞争中，众诸侯国都讲诚信。悔亡：无悔。意思说：众诸侯国在市场竞争中都讲诚信，无悔。爻辞告诉我们，市场竞争的原则之二是诚信。⑱

晋卦爻辞九四：晋如，鼫鼠，贞厉。

例 1：艮为鼠。鼫，指大鼠。阳为大。鼠为夜行之物，畏光而行。坎为疑，九四初出于地，进退犹豫迟疑，有如鼫鼠。贞厉。㉑

例 2：九四，以阳居阴，不中不正而居于高位。像鼫鼠那样上进，其性贪婪到让人害怕，但贪而无所成。九四虽居近君之位，但贪婪必有危险。故“贞厉”。㉗

例 3：“晋如鼫鼠，贞厉”，鼫（音 shí）鼠，《说文》曰：鼫，五技鼠也。能飞不能过屋，能缘不能穷木，能游不能渡谷，能穴不能掩身，能走不能先人。”说明鼫鼠晋升的速度和高度都很有限，像鼫鼠那样晋升，即使守正道也有危厉。㉘

例 4：“晋如鼫鼠”描写在战斗中士兵胆小怕死、畏缩不前的样子。两军相遇勇者胜，勇敢是士兵的优秀品质，是夺取战斗胜利的重要因素之一。士兵“晋如鼫鼠”，前怕狼后怕虎，无论指挥多么高明，战术安排多么得当，也是不可能取得战斗胜利的，因此说“贞厉”，《象》说“鼫鼠，贞厉。位不当也”。㉖

例 5：四爻是诸侯大国之位。晋如鼫鼠：诸侯大国在市场竞争中技技不如人没有核心竞争力。贞厉：主磨难。意思说：诸侯大国在激烈的市场竞争中没有核心竞争力，主磨难。爻辞告诉我们，市场竞争的原则之三是核心竞争力。现代大国之间的竞争，如果没有核心竞争力，那就更加受磨难，就会处处受制于人。我认为，六四爻辞讲核心竞争力就是创新。创新是晋卦的中心思想，也就是以往读易者常说的卦德。创新是周王朝的先进思想，所以《诗经》说：“周虽旧邦，其命维新。”《周易》以晋卦表示创新思想。⑱

晋卦爻辞六五：悔亡，失得勿恤，往吉，无不利。

例 1：君子于此时，当行中道，光明磊落行事，无自私自利之心，不在乎得失，勇猛精进，事无不成。㉑

例 2：六五以阴柔居尊位，虽不得位而得中，并有中正光明柔和之德。并不为失去的和得到的而担忧，故“失得勿恤”。前途吉祥，没有什么不利的。㉗

例 3：六五爻以阴爻居君位，具为中和之德，为人谦逊，行事持中不偏，虽自身资质柔弱，但他能得到周围贤能的辅佐，因而能做到“悔亡”。在前进的道路上人们不必患得患失，眼前的得失往往会成为前进路上的绊脚石。胸怀远大志向的君子不会羁迷于当前的利益，他将撇开所有的羁绊而义无反顾地前进，其结果是吉利的。如果他被当前暂时的得失困扰而停止前进的步伐，无疑将前功尽弃，这样做没有任何好处。⑲

例 4：“悔亡”，六五悔在于位不正，吉在于得中，故而忧悔与吉祥可以抵消。“失得勿恤”，恤，忧虑、顾虑，指不需要顾虑得与失。“往吉无不利”，因为得中，君位刚健与君王柔中相济，持守正道，故而前往吉祥，没有任何不利。㉘

例 5：失得勿恤，也即“勿恤失得”，不要患得患失。

战斗的胜败关系到指挥者的升降荣辱，作为指挥员如果顾虑重重，患得患失，会影响到正确的决策和指挥，因此指挥者要把个人的荣辱生死置之度外，一心用于筹划战争，指挥作战。

作为将领应该如此，士兵也应如此。士兵要冲锋陷阵，死亡的危险更大。如果患得患失，贪生怕死，必然临阵逃脱，未触即溃。因此，作为士兵要不顾个人生死，勇往直前，这样才利于争取战争的胜利，方能“悔亡”，“往吉，无不利”，又如《象》说“失得勿恤，往有庆也”。㉖

例 6：五爻是王位。爻辞省去晋字。晋：市场竞争。悔亡：王朝坚持市场竞争不要后悔。失得勿恤：对那些市场竞争中的失败者不要怜悯。往吉：坚持以往则吉善。无不利：王朝坚持市场竞争不动摇不后退，没有不利的。爻辞告诉我们，市场竞争的原则之四是国家要坚持市场竞争不动摇。⑱

晋卦爻辞上九：晋其角，维用伐邑，厉吉，无咎，贞吝。

例 1：“晋其角”指上九处晋卦终位，犹如头上的角，欲进而无可进，有急进的情绪。“维用伐邑”指可以用来征伐自己的属国。“伐邑”实质上是安定内部，解决自身存在的问题。有急进情绪，就有危险，把自己的问题解决了，才会吉祥，艰难也就没有了。故“厉吉无咎”。“贞吝”指虽坚守正道，但也面临着艰难。㉗

例 2：上九爻以阳爻居全卦的最高位，表示已经前进到了尽头，恰如处于兽角的尖端，再没有任何前进的空间了，比喻事物发展到了物极必反的阶段，任何进一步的行动都可能招致灾祸。于国家而言，此时已不宜再采取对外行动，而应该专注于处理国家内部事务，巩固前进过程中取得的业绩。“邑”是国家内部的小邦国，“维用伐邑”即采用军事手段维护国内的安定团结，这样做虽然有危险，但对于国家的长治久安是大有裨益的。采用军事行动是为了维护正义，不可滥用，因此爻辞再次强调要坚守正道，以防出现令人遗撼的事情。⑲

例 3：“晋其角”赐予象征荣誉的冠冕，这种赏赐其实是安慰。“维用伐邑”，维，同唯。邑，村镇，这里指一些小国。因上九阳爻好动，不服老迈，不安虚荣，唯有通过征伐小国来显现他的功勋。“厉吉无咎”，厉，危厉，凶险，厉在上九老迈，战争会有伤亡，会伏下仇恨的种子。吉，因小国不堪一击，战争会取得胜利。虽然征服了小国，也不过是“厉”与“吉”相抵没有灾难而已。“贞吝”，守正道也有困辱，征伐为国建功可谓“贞”，因上而无位，即将退出历史舞台，因战争埋下复仇的种子等可谓“吝”。㉘

例 4：兽角长在头的前部，是它们运用、发挥力量的主要工具，在这里比喻先头部队、精锐部队。所属邑国反叛，于是加以征伐。因为是下属的邑国，反叛力量有限，所以只是派出精锐部队即足以平叛。下属邑国反叛，这是“厉”；征伐取得胜利，这是“吉，无咎”；然而，邑国之所以反叛，有宗主国不能以德服人的因素在内，正如《象》说“维用伐邑，道未光也”；这毕竟是一件遗憾的事，因此又说“贞吝”。

下属的邑国反叛，是因为宗主国不能以德服人。需要对此进行反思和总结，因此有了《象》卦“君子以自昭明德”之语。㉖

例 5：上爻是祖宗之神位。晋：竞争，引申为竞赛。角：角力。晋其角：祖先采用角力竞赛的办法。维：维持，意思是只用这种办法。邑：国。伐邑：攻城伐国。维用伐邑：只用这种办法选拔攻城伐国的将士。厉：磨砺，即角力竞赛对将士是一种磨砺。吉：这种办法是吉善之举。无咎：这种角力竞赛的办法无罪过。贞吝：主恨痛。意思是角力竞赛失败者，主恨痛。⑱

第三十六卦　明夷卦䷣坤上离下

（一）原文

（卦辞）明夷，利艰贞。

（爻辞）初九：明夷于飞，垂其翼。君子于行，三日不食。有攸往，主人有言。

六二：明夷，夷于左股，用拯马壮，吉。

九三：明夷，于南狩，得其大首，不可疾贞。

六四：入于左腹，获明夷之心，于出门庭。

六五：箕子之明夷，利贞。

上六：不明晦。初登于天，后入于地。

（一）解读

卦辞：明夷，利艰贞。

解读：“明夷”，卦名。“明”是光明。“夷”：灭，平息（夷如平地）。

卦辞说，“明夷”是日落地下，黑暗时期，昏君执政，君子坚守正道，其经过见爻辞。

初九：明夷于飞，垂其翼。君子于行，三日不食。有攸往，主人有言。

解读：“翼”：翅膀。“三”：泛指多。

爻辞说，就像在黑暗中飞鸟很累，翅膀下垂。君子行走逃离君王，多日没进食，劳累就像那飞鸟。君子继续前往，主人君王有言（暗喻抓来问罪）。

六二：明夷，夷于左股，用拯马壮，吉。

解读：“左股”：左腿。“夷”通痍：损伤。“拯”：拯救。

爻辞表示，君子在黑暗中行走时左腿受伤，若用壮马带他赶路，拯救他，吉。

九三：明夷，于南狩，得其大首，不可疾贞。

解读：“南狩”：南方打猎。

爻辞说，君子逃到了南方荒凉打猎地区，当地草民尊敬他为首领。但君子拯救国情的愿望，不可操之过急。

六四：入于左腹，获明夷之心，于出门庭。

解读：君子的伤情加重，由左腿入于左腹部，暗喻昏君的朝廷更加“明夷”。要想获知“明夷”的核心内情，应走出门庭探听消息。

六五：箕子之明夷，利贞。

解读：“箕子”是商纣王的叔父，著名哲学家、政治家，辅佐商纣王执政。后因商纣王奢华享乐、荒淫残暴，箕子向商纣王进谏，纣王执意不听，箕子又不愿意离开祖地，无奈便装疯卖傻免遭杀害，故利贞。爻辞用此例子展示给“入于左腹”的君子。

上六：不明晦。初登于天，后入于地。

解读：“晦”：昏暗不明。

爻辞说，到了最后一爻这昏君不明白自己的昏暗。开始时是登上天子宝座，最后一败涂地，垮台了。传说这是商纣王的写照。

小结：

昏君的执政黑暗时期，被迫害的君子心怀正道逃跑的经过。虽然君子遭遇“夷于左股”又“入于左腹”的伤害，终于昏君垮台了。“明夷”消失，重见日出光明。明夷卦由坤上离下组成，坤为地，离为火、日（太阳），是日落地下昏暗时期。明夷卦是晋卦的综卦反卦，晋卦讲晋升、提升，明夷卦则与之相反。

（三）选录多种解读

第三十六明夷卦卦辞：明夷，利艰贞。

例 1：明，光明。夷：伤。《序卦传》说：“晋者进也。进必有所伤，故受之以明夷。夷者伤也。”

明夷卦下离上坤，离为火，为明，坤为地。明含冤被打入地中，黑暗猖狂得势，明被伤也，故明夷。昏君当权，奸佞当道，忠良被贬、被害，国家政治一片混乱，故为明夷。作为君子，在明夷的艰险时期，要不失贞正，索居闲处，沉默寂寥，心动神疲，守真志满，故为有利。㉗

例 2：明夷是光明泯灭的意思，本卦讲韬光养晦之道。从卦象来看，明夷卦上卦为坤，代表地，下卦为离，代表日，整个卦象恰似太阳没入地下，光明遭到泯灭，世道昏暗。在此君主昏庸、奸臣当道的世事中，君子自不会与邪恶势力同流合污，但若贸然与昏暗的世事抗争却难免性命不保。因此，此时君子最为明智的做法就是采取韬光养晦之术，在艰苦的世事中将自己的智慧隐藏起来，以免遭小人之害，并坚守正道，静待世道好转再图发展。⑲

例 3：在光明被阻隔之时，利于牢记艰难，守持正固，韬光养晦以保身固志。黑暗虽为不利，但黑暗也是天规使然，也有规律可循的，在黑暗中历练心志，磨炼智慧，求得生存，积累阅历，寻找走出黑暗的规律。从这个角度看，明夷卦给人们提供应对磨难、经受挫折的磨炼机会，使人们走向成熟，以利于应对更大的危难和挑战。身处明夷，既是坏事，又是好事。明夷卦与否卦、坎卦等从不同角度阐述了一个共同的道理，“祸兮福之所倚，福兮祸之所伏”，祸、福本为同生同在，以危难警惧之心履难，化祸为福，以骄奢淫逸之心履福，变福为祸。㉘

例 4：这里的“明夷”是光明被遮蔽的意思。君子出行于外，本因政治环境险恶黑暗而起，出行于外也会遇到诸多的困难艰险，因此说“利艰贞”。㉖

例 5：明夷者，商纣王政治黑暗也。艰：艰苦忍耐。贞：主。利艰贞：商纣王政治黑暗使诸侯与大臣们受到明伤，却有利于艰苦忍耐之主。⑱

明夷卦爻辞初九：明夷于飞，垂其翼。君子于行，三日不食。有攸往，主人有言。

例 1：初九居离日之始，处地之深，光不得见。君子于明夷之初，当守位以自安，潜而蓄其力。爻中以三个比喻，来说明不可动，而应潜隐固本以待时。㉑

例 2：初九，身陷黑暗之中，像鸟飞一样迅速离去。把翅膀垂敛下来往下滑翔，喻低调保身。君子出行逃命，就是三天不吃东西也要前往。即使主人责怪也不在乎。㉗

例 3：初九爻位于全卦的最下方，比喻光明刚开始遭到泯灭。此时君子虽然并没有受到伤害，但他能够审时度势，预见到昏暗的世道即将来临，于是他毅然决定远走高飞。飞鸟垂翼比喻君子低调而又迅速地离开，三日不食表明君子志在急于逃离黑暗的是非之地，连饭也顾不上吃，一副饥肠辘辘的形象，即使遭到别人的非议也在所不惜。⑲

例 4：在黄昏时分狩猎射伤鸟翼，鸟虽垂其翼但还能飞行逃遁，猎人追赶三日未获，也没能吃上饭，因追赶猎物而前往，因劳累饥饿便向临近的邑人乞讨充饥，却被主人责备了一番。

解析爻辞：对此爻的解释有多种见解，第一种观点认为：夜晚了，鸟垂下双翼，归林栖息，喻君子该是离开朝廷归隐的时候了，三日忧郁没有进食，最后还是决定离开，受到君主的责备；第二种观点认为，初九像受伤的鸟垂下翅膀，为脱离黑暗险境，为追求自己的目标，奋力飞行，三日没有进食，即使受到主人的责难；第三种观点认为，初九趁夜追赶受伤的飞鸟，追赶三日未果，饥肠辘辘，向邑人乞讨饭吃，被主人责备一顿。本人以为最后一种观点符合爻辞和爻象本义。㉘

例 5：明夷：在商纣王黑暗的牢房受明伤。飞：飞鸟。“明夷于飞，垂其翼”，意思说：在监狱黑暗的牢房，哪怕你是飞鸟也要垂下翅膀。君子：诸侯，初爻就讲君子，表示明夷卦是专讲诸侯与王朝大臣受明伤的卦。君子于行：诸侯要出行。三日：蛊卦卦辞已告诉我们，三日不是三天，而是旦日，旦日是太阳出山时。不食：不能吃早饭。因为古人日出而作，太阳出山的旦日（三日）便出去劳作，不是吃早餐的时间，要到食日（二日）才能吃早餐。三日不食：太阳出山时不能赶早吃早餐。攸往：安然前往。有攸往：有想要安然前往某地者。主人：商纣王派来监狱的监狱长。诸侯被商纣王囚禁，一切行动都得听监狱长的。有：不宜有。有言：诸侯要听监狱长的话，原本这是不宜有的。主人有言：事先要有监狱长发话。我认为爻辞讲周西伯当年被商纣王囚禁在羑里长达七年的情况。周是商王朝的诸侯国大国，周文王当时是商纣王的西伯。⑱

明夷卦爻辞六二：明夷，夷于左股，用拯马壮，吉。

例 1：六二，以阴居阴，居中得正。但在明夷时左腿也受了伤。“用拯马壮，吉。”是说六二善于顺时，而且中正，虽腿受了伤，马上采取拯救的办法，犹如骑上强壮的马迅速脱离险境，所以是吉祥的。㉗

例 2：“夷于左股”，表面为左股受伤，实则为六二效仿“箕子佯狂”以晦养明。“用拯马壮”，拯马，经过阉割的公马，有识途通人性之灵。这里以拯马喻拯救人之义。壮，壮行。在黑暗中虽然左股受伤，但遇到“拯马”一样的贵人搭救指路，可以从容壮行，因此前往吉祥。㉘

例 3：明夷，山鸡。后一个“夷”字是“伤”的意思。股，大腿。拯，拯救。

“明夷夷于左股”表面的意思是说鸣叫的山鸡伤了左腿，实际上是比兴箕子在出行中左腿受伤。腿受伤不能行走，而壮马可以代步，因此说“用拯，马壮，吉”。㉖

例 4：明夷：明伤。夷：痍。夷于左股：明伤在左股。古代诸侯出战是车战，车战要三人。一人驾车，右边是防卫者，左边是进攻者。因此，诸侯在左边进攻最容易伤到左股。用：以。拯：举。马壮：高头大马。用拯马壮：以勒紧缰绳使高头大马立举起来冲阵。吉：善。意思说：诸侯被迫上战场受明伤，伤于左股。此时，以勒紧缰绳使高头大马立举冲阵，吉善。爻辞讲商纣王命令诸侯带兵征战东夷时，诸侯受明伤。⑱

明夷卦爻辞九三：明夷，于南狩，得其大首，不可疾贞。

例 1：九三以阳处于刚位，并处于下卦离之极，离为明，有利于行动。上六处坤之上，为暗之极，九三去南方指的是上六。在昏暗中去南方狩猎，古代“狩猎”兼指战争，实际是指去南方征战。俘获了大首领。战后，其他事情处理不要操之过急，这才是正确的做法。㉗

例 2：“明夷于南狩，得其大首”，表意为狩猎，捕获大的猛兽，实则为一场夜战，擒获敌军首领。“不可疾贞”，在敌暗我明攻其不备的情况下发动夜战，征讨黑暗势力，可谓是成功率极高的正义行为，但毕竟是黑暗不明，不宜穷追不舍，不能毕其功于一役将敌人斩尽杀绝。㉘

例 3：“明夷于南”即“明夷于南飞”，山鸡飞翔在南方。狩，田猎、狩猎。得，指射中。大、首同义，都是指脑袋、头部。

山鸡被射中头部，必死无疑。如果占问疾病遇到这一爻，那是很不吉利的，同样也是死亡之兆，因此说“不可疾贞”。㉖

例 4：明夷：明伤。南狩：南方的狩猎场。明夷于南狩：商纣王命令诸侯随从去南方狩猎时，诸侯受明伤。得：获得。大首：大象。大象的头最大，故而称作大首。古代气候与现今不同，当时的黄河流域温暖潮湿，大象、犀牛很多。现今河南省简称为豫，豫就是大象。得其大首：猎获一头大象。疾：疾速、很快。贞：正，即正常。不可疾贞：不可能很快恢复正常。被大象攻击受伤，那不是一般的伤，不可能很快痊愈。⑱

明夷卦爻辞六四：入于左腹，获明夷之心，于出门庭。

例 1：六四为坤之初，坤从全卦来讲为暗，为腹。六四进入坤体腹的左部位，了解了昏暗者的心思，于是走出了门庭。㉗

例 2：六四爻以阴爻居阴位，得正，又位于上卦的最下方，上卦为坤，表明六四已经进入了昏暗的地下。周代以左为尊，“入于左腹”比喻君子已经涉入了黑暗势力的腹心之中，因而能够了解到光明遭到泯灭的内情。坚守正道的君子是不屑于与黑暗势力同流合污的，但如与黑暗势力公然对抗，恐性命难保，他此时最为明智的做法就是出门逃避，远离黑暗的是非之地。⑲

例 3：“入于左腹”，表意为伤害到左腹的部位，表示伤害至深，实则为六四为近臣左右心腹之位，对昏庸暗君伤害良臣的内幕了如指掌。“出于门庭”，门庭，坤卦为门庭，这里指皇宫深院，离开这个黑暗的地方，退隐于世。因“入于左腹”而“获明夷之心”，因“获明夷之心”而“出于门庭”。㉘

例 4：获，指射中。门，指口，如《老子》“闭其门”注云：“门，口也。”庭，庭院，在这里指山鸡的头部。

六四爻辞详述了山鸡被射中的具体情形：箭从山鸡的左腹射入，穿过心脏，透出门面，与九三“狩得其大首”相照应。㉖

例 5：我认为爻辞讲比干之明夷。史说比干是商纣王的大臣，故而位列四爻。

比干谏纣很强烈，商纣王恼怒之下，剖开比干的身体，挖取比干的心脏，观看是否心有七窍。箕子很恐惧，便装疯卖傻，被商纣王囚禁，最后得以活命。入于左腹：比干被商纣王剖开身体入于左腹。获明夷之心：挖取比干早已伤痕累累之心。于出门庭：拿出门外观看是否心有七窍。⑱

明夷卦爻辞六五：箕子之明夷，利贞。

例1：六五以阴爻居尊位，柔顺而中正。“箕子之明夷”指纣王暴虐，无法挽救，箕子处在昏暗而明受到伤害时，就佯狂蓬发，装疯卖癫，表面虽然受辱伤己，可保全了性命与光明。这种做法不但对己有利，而且也守了正，保了明。㉗

例2：六五爻以阴爻居尊位，具有中和谦卑之德。“箕子”是商纣王的叔父，他曾苦谏商纣王停止骄奢淫逸的生活和残暴的统治，却遭到商纣王断然拒绝，于是箕子披发佯狂为奴，得以保全性命。武王克商后，箕子将治国之道和盘托出授予武王。爻辞以箕子的故事告诉人们光明遭到泯灭时应采取灵活多变自晦其明的策略，保全性命得以安然度过艰难的昏暗时期，静待光明再次降临以充分发挥自己的才智。⑲

例3：箕子明夷在解析彖辞时已说过，实际箕子受伤害的是一颗忠贞的爱国之心。他作为纣的叔父，凭他的威望和影响，既可以通过宫廷政变取代纣王，也可以发动诸侯灭掉纣王，作为持守正道的箕子他不会这样做。他忠诚于商朝，又无力挽救商朝的覆灭，于是选择“佯狂”，表象似乎被人误解，箕子顾及个人安危，实则不然，灭纣对于他是违道的事，那么装疯为奴则是正道的事。㉘

例4：初九说到箕子出行，多天没有吃饭。本爻字面的意思是说：箕子出行途中，猎获山鸡以充饥。有山鸡充饥，可以免于饿死，因此说“利贞”。除此以外，还有更深一层的意思，是说箕子的光明被遮蔽。光明被遮蔽，为什么说“利贞”呢？

商王朝灭亡前夕，微子求教于父师、少师：“现在这种局面下，我是外出逃亡呢？还是在家中直到年老呢？”父师说：“我劝告您逃出去。箕子、王子你们都应该逃出去。如果不逃出去，那我们殷商就彻底灭亡了。”可见，父师是有为商朝保存力量，以图东山再起打算的。㉖

例5：《史记》所言“箕子惧，乃佯狂为奴，纣又囚之”。意思说：箕子受明伤却得以保全性命。据《尚书》记载，周武王建立周王朝后，曾经向箕子问政。箕子回答治国治天下有九大法，这就是《尚书·洪范篇》。利贞：利政。意思说：箕子受明伤却得以保全性命，才有利于周武王问政箕子留下《尚书·洪范篇》。箕子是商纣王的大臣，为什么居于五爻的王位呢？因为据《史记》记载，箕子被周武王封为古朝鲜国的国王，不再是周武王的臣下，所以箕子可居五爻之位。⑱

明夷卦爻辞上六：不明晦。初登于天，后入于地。

例1：上六居全卦之终，也为明夷之极，其代表的是不明而昏暗。实质是指商纣王。其开始时登上了天子位，后来亡国堕落到地下。故“初登于天，后入于地”。㉗

例2：上六爻居于全卦的最高位，表示到了昏暗至极的时候，即光明完全被泯灭，人世间处于一片黑暗的状态。“初登于天”指的是日出，此时大地一片光明，“后入于地”指的是日落，此时大地陷入黑夜之中。光明和黑暗总是在不断地交替轮回，人世间的开明和昏暗又何尝不是如此？在光明被泯灭，自晦其明的君子当坚信在世道最为黑暗的时刻光明就要来临了。⑲

例3：“不明晦”，上六阴居阴位，离光明太远，没有光明，阴弱晦暗。“初登于天，后入于地”，这里是就卦象和阴阳变化规律而言的，从卦象和卦序上看，明夷卦是晋卦的覆卦，在晋卦时则登于天，在明夷卦时则入于地；从阴阳变化上看，上六已是明夷昏暗至极，物极必反，则意味光明即将到来，又从入于地进入登于天的另一轮循环，这都是天道规律的作用。再登于天者则是新一朝君子了。㉘

例4：“初登于天，后入于地”表层的意思是说：太阳早晨从东方升起到天空，傍晚西下落山。太阳落山，黑暗因之降临，因此说“不明，晦”。

黑暗的降临也可以说是光明被黑暗遮蔽，也是“明夷”。爻辞以此影射商王朝由政治清明到政治黑暗的没落，正如《周易集解》说“况纣之乱世也”。

商纣王在初登王位时，也是政治清明，励精图治，政绩辉煌，如太阳的光芒照射四方，因此说“初登于天”，《象》说“初登于天，照四国也”。可是，当他违背了为君之道，将其才能用于压迫剥削人民，用于残害忠良之臣，用于荒淫奢侈的生活时，他的才能也使他的暴君角色发挥得淋漓尽致，最终导致政治黑暗，众叛亲离，身死国亡，因此说“后入于地”，《象》说“后入于地，失则也”。㉖

例5：“晦，月尽也。”因此，“不明晦”是月末的夜晚没有月亮的光明。初登于天：起初月亮还挂在西方的天边。后入于地：后来就入于地平线之下。我认为，上六爻辞讲卦象。太阳在地平线以下未升起是卦象，月末的夜晚月亮落入地平线以下也是卦象，都是黑暗之象。⑱

第三十七卦 家人卦䷤巽上离下

（一）原文

（卦辞）家人，利女贞。

（爻辞）初九：闲有家，悔亡。

六二：无攸遂，在中馈，贞吉。

九三：家人，嗃嗃，悔厉，吉。妇子嘻嘻，终吝。

六四：富家，大吉。

九五：王假有家，勿恤，吉。

上九：有孚威如，终吉。

（二）解读

卦辞：家人，利女贞。

解读："家人"，卦名，讲治理家庭，喻指君主治理国家。

古代男人主外，女人主内。女人在家操劳家务，安分守己是吉利的。

初九：闲有家，悔亡。

解读：男人在外工作回到自家休息，温暖的家忘掉不愉快的事情。

六二：无攸遂，在中馈，贞吉。

解读：遂：成就，成功，顺利。"馈"（kuì 音溃）：饮食。

爻辞说，不要要求主妇立大功，把家中饮食和家务活认真做好，便是吉祥如意。

九三：家人嗃嗃，悔厉，吉。妇子嘻嘻，终吝。

解读："嗃嗃"（hè 音荷）：严厉。

爻辞表示，国有国法，家有家规。"家人嗃嗃"是家规太严厉了，令人不愉快，但是吉。若妇人与孩子终日嬉皮笑脸没规矩，最终无益。

六四：富家，大吉。

解读：治家富了，大吉。（民富国强是百姓的愿望）

九五：王假有家，勿恤，吉。

解读：君王假如把国家当做自己家庭那样周到来治理，百姓勿忧虑，吉祥。

上九：有孚威如，终吉。

解读：“孚”：诚信。“威”：威严。

爻辞说，家庭或国家要有诚信，有威严，最终会吉祥。

小结：

家人卦表面上是说治理家庭情况，实质也是指治理国家，小道理，寓意大道理。有了家庭才能组成国家，二者紧密关连。国以民为本，民以食为天。六二爻讲了饮食“中馈”，是由家庭主妇操作。古代虽然男尊女卑，但家人卦特别强调了妇女在家中的作用和重要性，从卦辞开始到爻辞，几乎都有妇女的身影。初九爻“闲有家，悔亡”，寓指家中有主妇温暖家庭，成为男人的避风港。“家人”应有主妇，主妇又喻指贤君、君王，例如九五爻“王假有家，勿恤，吉”，就是说君王忠于治理国家，百姓勿忧而吉祥。

（三）选录多种解读

第三十七家人卦卦辞：家人，利女贞。

例 1：《序卦传》说：“明夷伤也。伤于外者必反其家，故受之以家人。”明夷卦主要指男子在外从事经济活动或政治活动受到伤害，而回归故里，与家人团聚，故曰“家人”。

本卦六二爻指的是女居中得正，并处在内卦。九五指的是男居中得正并处在外卦。女主内，男主外就是家人卦。

男主外，女主内的观念一直延续着，至今在部分人的观念中仍有残存。“利女贞”是说在一个家庭中主要看主妇是否正，正者家正，否则不正。“家有贤妻，男儿不出忿事”。可见女子在家庭中之地位与作用是多么的重要。所以说利女贞。当然了，就夫妻而言，古代提倡的是男尊女卑，夫唱妇随，现在已经成为历史了。㉗

例 2：家人即家庭成员，家人卦讲如何治家的道理。从卦象来看，家人卦上卦为巽，代表风，下卦为离，代表火，火使热气上升而形成风，比喻人们在家生火做饭，家人吃完饭后便像风一般迅速各就各位，各司其职。家庭是国家和社会的基本构成单位，家庭和睦国家才能安定，社会才能和谐，因此中国古人十分重视家庭教育和治家之道。古时男女有别，通常男主外，女主内，饮食起居、财务支出、子女教育等家务往往由妇女来承担，一个能够贤惠持家的女子对家庭来说至关重要，因此爻辞特别提到“利女贞”，如果主持家务的女子能够坚守正道，整个家庭都能步入正道。⑲

例 3：解析家人：卦名。家人，一家人、家庭之义，以阐述治家、伦理之道。甲骨文中的“家”字，是房舍下面一个“豕”字，豕即猪。远古时期，人们择穴而居，最早能捕猎的大动物要数野猪了，因为野猪珍贵难得，故而首先用于祭祀神灵，在洞穴外面搭建棚舍将捕猎的野猪供奉其中让神灵享用。房舍下有猪，这是“家”字的由来。早期“家”的含义并非指现在的家庭，而是指原始部落祭祀的地方，引申为部落的属地，后来又引申为卿大夫的领地。“国”为诸侯的领地，“家”为卿大夫的领地，“修身、齐家、治国、平天下”中的“家”也是这个意义。后来，捕获的野猪多了，人们便学会了驯养，猪是人类最早畜养的家畜。据学者考证，人类走出洞穴后，人畜同居，房屋的中央便是猪居，后来，人占了猪居住的位置，通常把猪圈搭建在屋旁。猪、马、牛、羊既是生产资料，又是生活资料，是家庭财富的象征。可见猪在农耕时代的家庭中占有重要位置。

解析卦辞：“利女贞”，是说，家道之事，女子为主要因素，因此，女子要以正持家。这是因为：第一，妻贤夫祸少。夫妻长期生活在一起，相互影响最大，妻子贤惠丈夫就不会在外惹是生非。相反，妻子贪婪，丈夫为了满足妻子，就会在外做出一些不择手段的事来。事实证明，清官大多都有一个贤惠的妻子，贪官大多都有一个贪婪的妻子。第二，妻子主内，必须持家有度，如果好逸恶劳、坐吃山空，这个家庭则难以维持。第三，妻子必须持贞守一忠诚于丈夫，这样才会维系夫妻稳定的情感，从而使家庭巩固、稳定。㉘

例 4：家人者，贵族人家也。贞：主。利女贞：贵族人家，利于贵族女嫁进成为女主人。中国自古以来讲究婚姻要门当户对，古代贵族不可能与平民结成婚姻，所以是贵族女嫁进成为贵族人家女主人。⑱

家人卦爻辞初九：闲有家，悔亡。

例 1：初九为家人卦的开始，刚健得正。一开始就在家立下了防闲的规矩，做到了防患于未然，消除了悔恨。假如在家闲着无事，放任自流，家里乱了套，那将悔之晚矣。㉗

例 2：“闲有家”，闲，为闭户人在家中，为防范贼寇入室，最早是在门中立一根直木，后演变为在门前围上栅栏，最后发展为围墙，将前后门围成院子，引申为防范自卫之义。这里不仅指建筑上的防范，更重要的是指思想上的防范。“悔亡”，初九阳居阳位，虽当位，却过于阳亢，初爻如初涉世的青年，没有阅历，没有经验，刚勇好动，会有悔恨。但因当位，当位则正，具有防范意识，有应对不测的措施，故而悔恨可以抵消，不会发生有悔的事。㉘

例 3：闲，防范。有，词前缀，无实义。有家，家庭、家庭成员。

“闲有家”指防范家庭内部成员可能出现的邪恶不正思想和行为，防微杜渐，将其消灭在萌芽状态，而不是放任自流，以至于积重难返、不可收拾而产生

悔恨，因此说“闲有家，悔亡”，《象》说“闲有家，志未变也”。㉖

例 4：家人：古代大夫分为上、中、下大夫。初爻是下大夫之家。闲：闲居。

古代大夫是朝廷命官，朝廷给他们在官衙安排的居处称作燕居，而大夫的私宅称作闲居。有：不宜有。有家：大夫之家不宜称大家，故而称有家。悔亡：无悔。意思说：大夫若有自己闲居的私宅，能够与全家老小和谐相处，那就无悔了。爻辞讲治家的第一原则是和。⑱

家人卦爻辞六二：无攸遂，在中馈，贞吉。

例 1：六二以阴爻居阴位，居中得正，坚守妇道。“无攸遂”就是指妇人不自作主张，以中和之态主持家里的饮食及其他的家务。这样做既坚守了贞正，又获得了吉祥。㉗

例 2：攸，所。遂，心愿。“无攸遂”，没有自己的心愿。但这里并非是指没有自己的心愿，而是指妻子贤惠，不自作主张，顺从丈夫的心愿，服从家庭的需要。“在中馈”，中，六二得中，意在家中。馈，食品。在家中为家人烹制食品。㉘

例 3：在古人看来，女人不能当家，否则是要败家的。即使是主持饮食之类的事务，也要依据和顺从丈夫提出的大原则，而不可自作主张，擅行其事，如此方可“贞吉”，正如《象》说“六二之吉，顺以巽也”。反映了古代社会男权至尊的思想，在现代社会中是不合时宜的。㉖

例 4：二爻是中大夫之家。爻辞省去家人二字。家人：治家。攸：所。遂：成。无攸遂：无所行动。中：家中。馈：进食于人。中馈：在家中侍候父母饮食。贞吉：主吉。意思是丈夫在官衙无所公事，回家侍候父母饮食，主吉。爻辞讲治家的第二原则是孝。⑱

家人卦爻辞九三：家人，嗃嗃，悔厉；吉。妇子嘻嘻，终吝。

例 1：九三以阳爻居刚位，并得正。治家过于严格，尽管家人对他有些怨恨，有时抵触情绪强烈，甚至有出现危险的现象，但最终是吉祥的。若是宽，使老婆孩子嘻嘻笑耍，自以为是，谁的话都不听，这必然带来吝难。㉗

例 2：“家人嗃嗃”，嗃嗃（音 hè），大声或严厉斥责的样子，指九三对家人管束得太严厉。“悔厉吉”，因管束太严，使家人产生惧怕，使家庭气氛沉闷，这些表现为悔厉，因管得严也使家人不会做出违反人伦道德的事来，所以吉祥，所谓“父严子孝”。“妇子嘻嘻”，妇人和孩子成天嘻嘻哈哈，说明家长管教不严，虽然家中气氛融洽，却显示出家中人伦关系混淆，没大没小。在家中没

大没小，嘻嘻哈哈，在外也这样则与社会伦理不合，会被他人小视为没有家教，从而带来困辱。㉘

例 3：女人、孩子是家庭中的常驻成员，也是家庭治理中的主要对象。孔子说：“唯女子与小人难养也。近之则不逊，远之则怨。”（《论语・阳货》）治家过于严厉，家人不堪忍受，满面愁容，叫苦不迭，因此说“家人嗃嗃”。这样会使家庭气氛过于严肃，家庭成员之间的关系过于紧张，失去应有的天伦之乐，因此说“悔，厉”。但从长远来看，效果还是好的，还是符合治家之道的，因此又说“吉”，《象》说“家人嗃嗃，未失也”。相反，如果放任家庭成员恣意胡闹而不加以约束，最终必将导致家规废驰、伦理败坏、闲邪滋生，正如《象》说“妇子嘻嘻，失家节也”，不可避免地发生遗憾的事情，因此说“终吝”。㉖

例 4：三爻是上大夫之家。“家嗃嗃，悔。厉，吉”，意思说：大夫治家严厉，家人会有怨声。但经过磨砺，反而吉善。妇子：妇人与小孩子。嘻嘻：嘻嘻哈哈。吝：恨痛。终吝：终究有恨痛。“妇子嘻嘻，终吝”，意思说：治家若纵容，妇人孩子整天嘻嘻哈哈没有规矩，终究会有恨痛。爻辞讲治家的第三原则是严。⑱

家人卦爻辞六四：富家，大吉。

例 1：六四爻以阴爻居阴位，得正。六四已经进入上卦巽，巽为顺，代表家中柔顺的贤妻良母。家中如有这样一个坚守正道的女主人，既温柔贤惠，又能克俭持家，使家庭富裕，当然是大吉大利的事。⑲

例 2：六四与初九相应，与九五比和，又居上互卦离卦之中，柔顺当位。应和、比和代表六四的社会人际资源融通，居上互卦离卦之中代表六四内心光明磊落，因此六四不仅物质富裕，而且精神富有，所以大吉大利。㉘

例 3：“富家”不外乎开源与节流两条途径。广开财源，积蓄财富，这主要是男子的职责，如《大畜》卦中所说的从事畜牧业、商业活动，都是广开财源的途径。勤俭持家，减少财富的消耗与流失，这主要是女子的职责。因此，家庭治理与“富家”关系密切，家庭治理得好，可以“富家”；反过来，“富家”也表明家庭治理得好。㉖

例 4：四爻是国公之位。家人：国公人家。富家：国公治家能成为富有之家。大吉：国公治家能够成为富有之家，大吉。爻辞讲治家的第四原则是富。⑱

家人卦爻辞九五：王假有家，勿恤，吉。

例 1：九五以阳刚居尊位，为一家之主。“王假有家”指九五能以身作则，以模范的行为感化家人，使家里人对他有敬畏之感。这种治家方式使人不用担

忧，是吉祥的。㉗

例 2：九五爻以阳爻居君位，至刚至尊，至正至中，恰似一位威严而又不失中和之德的君王。爻辞将治家的道理上升为治国的方略，古时家国为一体，君王将臣民视为自己的家人，治国犹如治家。国就是一个大家庭，君王就是这个大家庭的家长，君王与臣民相亲相爱，天下所有的人都像爱护自己的家人那样去爱护别人，这个国家还有什么可担忧的呢？结果自然是吉利的。⑲

例 3：“王假有家”，王，君王，九五为天之下位，为天子之位。假，与“格”同音同义，是“至”“到”之义。君王所到之处都是自己的家。这是因为：其一，君王家的概念不仅仅是皇室的概念，而是天下的概念，君王治家就是治国，国就是家，家就是国；其二，“普天之下，莫非王土，率土之滨，莫非王臣”。君王要巩固国与家，不仅在治理上灌输大一统的思想，而且皇室成员与诸侯国王室成员联姻，使政治联姻和家族联姻交相巩固，从而形成利益、利害关系的统一体，君王所到之处确实也是他的家族。“勿恤吉”，恤，忧虑，不需忧虑，很吉祥。㉘

例 4：假，至、到的意思。因治家有道，国王驾临其家中，以示嘉奖与推崇，正如《象》说“王假有家，交相爱也”，《周易正义》注中说 “居于尊位，而明于家道，则下莫不化矣。对于国王的大驾光临，家人不明白其中的意图，或者是因为国王的驾临而受宠若惊，心中惶恐，因此爻辞以安慰的口吻说“勿恤，吉”。㉖

例 5：五爻是王位，故而言王。爻辞省去家人二字。家人：治家借为治天下。假：假借。有：不宜有。有家：平民之家不宜称大家，故而称有家。有家，引申为天下人。王假有家：王借天下人为家。勿恤：不是怜悯天下人，而是慈爱天下人。吉：善。意思说：王借天下人为家而治天下。不是怜悯天下人，而是慈爱天下人，吉善。⑱

家人卦爻辞上九：有孚威如，终吉。

例 1：上九爻以阳爻居全卦的最高位，代表一位高高在上的家长。“诚信”和“威严”是一家之长必备的素质。作为家长他必须以身作则，严于律己，以高尚的品行去感召家人，以诚信的言行赢得家人的信赖和敬畏。治家如能做到威而有信终究是吉利的。⑲

例 2：君子持家，应行之以信，诚信遍家，不怒而威、不严而肃，则家道大治。㉑

例 3：本爻中“有孚威如”的“威”也属于道德之威。“威”是以“有孚”为前提的，不是来自于厉声严色、作威作福，更不是来自于强制暴力手段，而是来自于自己的品德修养，来自于自己的人格力量，来自于自己的以身作则，正如《象》说“威如之吉，反身之谓也”。能够如此，家庭岂有治理不好的道理？所以断语说“终吉”。㉖

例 4：上爻是祖宗之神位。爻辞省去家人二字。家人：治家，即以祖宗家法治家。有孚：有生，引申为子子孙孙。威：威仪。

威仪是祖宗制定的祖宗家法，它规定了子孙们的行事进退方式。终吉：始终吉善。意思说：子孙们敬畏祖宗家法的威严，始终吉善。爻辞讲治家的第六原则是遵守祖宗家法。⑱

第三十八卦　睽卦䷥离上兑下

（一）原文

（卦辞）睽，小事吉。

（爻辞）初九：悔亡，丧马勿逐，自复。见恶人，无咎。

九二：遇主于巷，无咎。

六三：见舆曳，其牛掣，其人天且劓，无初有终。

九四：睽孤遇元夫，交孚厉，无咎。

六五：悔亡，厥宗噬肤，往何咎。

上九：睽孤，见豕负涂，载鬼一车，先张之弧，后说之弧，匪寇婚媾，往遇雨则吉。

（二）解读

卦辞：睽，小事吉。

解读：“睽”，卦名。“睽”（kúi 音葵）：“目不相视也”（《说文》），背离，违背不和。

两个人的观点不同，对同样事有不同的看法，若在小事情上意见不和，无大妨碍，无所谓，故小事吉。

初九：悔亡，丧马勿逐，自复。见恶人，无咎。

解读：不要懊悔马走失了，用不着去找，多年驯养的马会认识主人的马圈，马会回来。即使遇到恶人想牵走牠，牠目不相识（睽），恶人不会得逞，无损失。

九二：遇主于巷，无咎。

解读：原与主人不和，又在窄巷中对面相遇，稍加躲让，双方都通过。这是解决“睽”的一种方法，无过错。

六三：见舆曳，其牛掣，其人天且劓，无初有终。

解读：“舆”：车。“曳”（yè 音夜）：拖拉，牵引。“掣”（chè 音撤）：牵制，阻碍，例如掣后腿。“劓”（yì 音意）：古代割鼻刑法之一，在此喻指五官不正。“天”：其意不是人为的，是先天的。

爻辞说，遇见牛拉车，牛脾气不好好拉车，车夫是先天五官不正，牛与车夫又不配合（睽），初始是些艰难情景，但最终不“睽”了，到达目的地。

九四：睽孤遇元夫，交孚厉，无咎。

解读：“睽孤”是与别人有分歧而自己又很孤独的人，命此人名为“睽孤”。“元夫”：大丈夫。“孚”：诚意。

爻辞说，睽孤此人与人不和而孤独，巧遇有智慧的大丈夫，被艰难的说服，以往不究。

六五：悔亡，厥宗噬肤，往何咎。

解读：“厥”（jué 音掘）：其，他的，文言代词。“宗”：宗族。“噬”（shì 音是）：吃。“肤”：肉，肥肉。

爻辞说，懊悔事过去了，宗族到祖庙祭祀，相聚共进酒肉，消除分歧团结了，共同前进无过错。

上九：睽孤，见豕负涂，载鬼一车，先张之弧，后说之弧，匪寇婚媾，往遇雨则吉。

解读：“豕”（shǐ 音史）：豬。“负涂”：涂上泥巴。“载鬼一车”是车上载了一车鬼。“弧”：木弓。“说”：脱：“匪”：非。“寇”：抢劫。“婚媾”：结婚，娶亲。

爻辞说，睽孤此人看见豬身上涂满泥巴，车上载着求婚人带领一群化妆的人，睽孤以为是一车鬼，拉开弓箭欲射，仔细看时松开了弓箭，原来是娶亲，不是抢亲，是吉祥场面。他往前行若遇到甘雨则更吉祥。

小结：

睽卦是讲通过沟通，增进相互了解，消除不和与分歧，共同前进。用多种比喻讲道理，从“丧马勿逐”开始；经过“遇主于巷”谦让而过；见到拉车的牛与车夫不合，最终合作到达目的地；“睽孤遇元夫”是巧遇元夫被感化说服；宗族祭祀相聚共进酒肉而团结。这些都是化解“睽”的例子。最后上九爻睽孤遇“载鬼一车”欲射箭是误会，消除误会避免了伤亡，以对方喜庆婚姻而告终。

（三）选录多种解读

第三十八睽卦卦辞：睽，小事吉。

例 1：睽是乖异、背离的意思。本卦讲如何处理不同意见的道理。从卦象来看，睽卦上卦为离，代表火，下卦为兑，代表泽，火焰向上烧，而泽水往下渗透，二者的运动方向是相反的。宇宙万物既彼此依存，却又相互矛盾。“睽”指大家各怀心志，不能团结一致，这对于一些仅凭个人能力就能完成的小事暂且是吉利的，但欲成就一番大事业，大家必须同舟共济、同心同德方能取得成功。⑲

例 2：《彖传》说，睽卦上离下兑，离为火，火向上；兑为泽，泽润下，二者相背。离为中女，兑为少女，二女虽一同居住在一起，但嫁到不同的人家，有不同的想法，追求各异，志向也不一样。兑为说，为和悦附丽于离明，有利于睽合。阴爻柔顺而上行，六五居中而应九二之刚，故“得中而应乎刚”，因此“小事吉”。天与地一个在上，一个在下，二者只因为乖离，才会有四时轮转，万物萌生而成长。只因为男女各异，才使人类繁衍不息。天地间的万物各异，但他们受阴阳二气的搭配是相同的。由此看来睽而能合的意义是多么的重大。㉗

例 3：因睽卦是从“家道穷”中走出，表示前面的家庭或共事不欢而散，已元气大伤，物质匮乏，资财拮据，精神受到挫折，信心还没有恢复，此时只能从事一些小的事业，不能不切实际地贪大求多。这里告诫人们，挫折或失败后，必须从小处做起，不能求得大成。㉘

例 4：睽者，和而不同也。小：外。小事：外事，即外交事务。吉：善。意思说：王朝处理各诸侯国的外交事务时能做到和而不同，吉善。据说周王朝是两千来个大小不同诸侯国的共主，怎样才能使这两千来个诸侯国和平相处呢？《周易》作者主张采取和而不同的外交原则。周王朝处理外交事务坚持和而不同的原则，促使周王朝能够维持八百多年的天下。当今世界有两百来个大小不同的国家，联合国怎样才能使这两百来个国家和平相处呢？也只能采取和而不同的原则。⑱

睽卦爻辞初九：悔亡，丧马勿逐，自复。见恶人，无咎。

例 1：初九爻以阳爻居全卦的最下位，虽得正，但地位卑微，能力不足，因此不宜轻举妄动。此时人们如能耐心等待，凡事都顺其自然，悔恨就会消失。爻辞以“丧马”为例，马跑了，人越追马越跑；干脆不去追它，马反而会自己跑回来。如遇到与自己意见不合的人，不要刻意立即求同，以谦虚的态度去倾听对方的意见，避免激化矛盾，如此则可以免除与人交恶的灾祸。⑲

例 2：亡，指消失。丧：丢失。逐：追赶。复：返回。

初九以阳刚居卦之初，刚在下面动，故有悔。但它在睽离之中悔，不足为奇，悔恨很快消失。初九与九四皆为阳爻，不能相应，所以丧马。马跑了，越追反而跑得越快，不去追则反而自己跑回了家。这就是说，在睽的时候，须耐心等待，不急于求同，要宽容大度，时机一到，睽也就合了。即使遇见了恶人也没有灾难。㉗

例 3：“悔亡，丧马勿逐，自复”，丧，丧失，丢失。逐，追逐，寻找。自复，指马具有识途的灵性，可以自己回来。爻辞是说，丢了马，不用去寻找，马自己会回来。丢马是“悔”，马“自复”是“悔亡”。这里说明初九具有异中有同的判别能力，具有正确把握事物的能力，具有善于用“异”的智慧。“见恶人无咎”，是说要善于与恶人打交道，恶人是客观存在的，既然不能回避那就直面。恶人，是一种“异”“背离”，是睽。把握异中有同的分寸，与恶人打交道，不是认同恶人，而是避开恶人的过错，甚至感化他，教化他改过自新。这样，即使与恶人相处，也不会有灾难。㉘

例 4：初九爻辞中通过马匹丢失又自己返回和仇人恢复关系两个事例说明由分而合的道理。

马匹逃离主人而去，这是“分”，使人悔恨；不用追寻，马匹又回到主人身边，这是“合”。由“分”而“合”，悔恨消失，因此说“悔亡”。㉖

例 5：丧马：离群走失的马，比如离家出走的人。爻辞省去睽字。睽：离家出走者与家人不同。悔亡：离家出走后不悔，引申为不想回家。丧马勿逐：走失的马不用去追逐回来。自复：它自己会回来。意思说：离家出走者就像走失的马，自己会返回家。因为离家出走者认为外面的世界很精彩，所以他要离家出走。到外面转了一圈，发现外面的世界很无奈，他就回家了。恶人：在外面作恶多端而服刑的人。无咎：无罪过。意思是他曾经是罪犯，但他已服刑赎罪，被监狱改造好现在释放回家，不能认为他还有罪过。⑱

睽卦爻辞九二：遇主于巷，无咎。

例 1：九二爻以阳爻居阴位，虽不正，但位于下卦中位，具有中和、柔顺之德。六五是一卦之主，九二和六五都处于中位，故言“遇主于巷”，“巷”是十分狭小的地方，比喻意见不合的双方狭路相逢，避无可避，退无可退，到了必须面对彼此的时候。此时已没有必要去回避双方的分歧了，不妨以一种中和、柔顺的态度去面对和处理矛盾，这样做就会避免因激化矛盾而造成灾祸。⑲

例 2：“遇主于巷”，主，范围很广，或是主人，或是冤家，或是债主，巷中遇主，有狭路相逢之象。不管你是我的主人也好，是冤家债主也好，我都按我的良心、道德对待你，这样不会有灾难。偶遇其主，可谓尴尬的邂逅，也是一种“睽”，在睽中持守正道，便可异中求同。㉘

例 3：仆人与主人走散，后来又在小巷中与主人相逢，也是分而后合，因此说“无咎”，《象》说“遇主于巷，未失道也”。㉖

例 4：睽：家人爱逛市场者与家长不同。古代法律规定，朝廷命官与命妇不能随便逛市场，否则要受到处罚。

作为家长的命官不能随意逛市场，其家人则可以逛市场。主：一家之主的家长。巷：街巷。遇主于巷：家人逛市场后，在回家的街巷与家长不期而遇。无咎：无罪过。意思说：家人与作为命官的家长不同，家人在回家的街巷中不期而遇家长，无罪过。如果作为命官的家长随意去逛市场，则有罪过。命妇不能随便逛市场，既济卦爻辞将会告诉我们。⑱

睽卦爻辞六三：见舆曳，其牛掣，其人天且劓，无初有终。

例 1：六三爻以阴爻居阳位，失正。驾车人和拉车的牛本应同心协力，而此时双方却向不同的方向用劲，比喻意见不合的双方产生了激烈的冲突和矛盾。“天”指在犯人的额头上刺字，“劓”是古代挖掉犯人鼻子的酷刑。由于双方各执一词，互不相让，结果最终对簿公堂，输掉官司的一方遭到严酷的惩罚。“无初”指意见不合的双方因不能相互体谅而遭到惩罚。“有终”指在受到惩罚后双方终于化解了矛盾，避免了更为严重的后果。⑲

例 2：“见舆曳”，舆，车，这里名词动用，指车手。曳，拽，制约牛的速度，不让其跑得太快。“其牛掣”，掣，掣肘，其力量相背，作用力相反。牛不听车手使唤，与车手相掣，两者力量相睽。结果出现“其人天且劓”，天，天意，这里指跌倒。劓，古时鼻刑，这里指车手跌倒将鼻子摔破了，天让其鼻子受刑。“无初有终”，牛不听使唤，以致车手跌倒把鼻子摔破，这是“相睽”带来的伤害，这个开头不好。有终，因六三与上九相应，虽然受到伤害，但六三曳牛止进的行为是正确的，会得到上九等众阳爻的理解和支持，最终会有人驯服这头牛。㉘

例 3：曳，拉。“见舆曳”是一种被动语态，也就是“见曳舆”的意思。其，指拉车的牛。掣，牛角一高一低的样子。天，古代在额头上烙印的刑罚。劓（yì），古代割去鼻子的刑罚。

六三爻辞通过拉车的牛开始不驯，最终驯从；赶车的人先触犯法律受到刑罚，最终改邪归正两个事例阐述由分而合的道理。㉖

例 4：睽：强迫罪犯改造的劳动与常人的劳动是不同的。

爻辞言“其人天且劓”，是说对罪犯已“加明刑”，被执行了墨刑与劓刑。爻辞言 “见舆曳，其牛掣”是说罪犯“任之以事而收教之”，他被强制劳动改造。见：看见。舆：车舆。曳：横而引之。见舆曳：看见有人横着身子推车。掣：拉。其牛掣：其车是牛拉车。天：人的头顶对着天，引申为头面。且：俎，引申为借。天且：借头面执行墨刑。古代在罪犯的头面刺字施墨称作墨刑。劓：古代的劓刑，即割掉罪犯的鼻子。其人天且劓：其人是被执行了墨刑与劓刑的罪犯，也就是噬嗑卦六二爻辞所言“噬肤灭鼻”。初：初始，即过去。无初：过去他无成一件好事。终：终老。有终：今后他只有好好劳动改造才有终老之日，否则就有杀头的凶险。⑱

睽卦爻辞九四：睽孤遇元夫，交孚厉，无咎。

例 1：九四，睽离之时，孤单无援，后遇初九阳刚的大丈夫，彼此以诚相见，虽然有危险，但最终无灾难。㉗

例 2：君子于此时，虽处睽之地，但应以信行事，初虽有睽危之险，终则能合。㉑

例 3：睽，背离。孤，孤独。元夫，大夫，在此指部落首领、族长之类的人物。交，相互。

九四爻描写一个离家出走的孤独之人重新回到宗族中，以此阐述由分而合的道理。此人因背离宗族，显得形单影只，孤独无助，这是“分”；后来遇到族长，彼此以诚相见，相互交心，交流沟通，化解了矛盾，又回到宗族集体之中，不再孤独，这也是由分而合，先分后合，因此断语先说“厉”而后说“无咎”。“厉”是针对“分”而言，“无咎”是针对“合”而言。㉖

例 4：四爻是大国诸侯之位。

睽孤：大国诸侯自称孤寡与众不同。元夫：我认为是大夫的古称。

遇元夫：遇到出身不是大夫家的杰出人才。如当年周西伯遇到姜子牙，姜子牙出身就不是大夫家，所以《周易》损卦上九爻辞是“得臣无家”。古代大国诸侯通常讲究大臣的出身，出身大夫家才能当大臣。敢于任命出身平民的人当大臣，这才是孤家寡人的作风。孚：生，引申为生命。交孚：以生命相交拜为大臣。例如，当年周西伯在渭水见到姜子牙以后，就立即以生命相交拜姜子牙为国师。厉：磨难，引申为患难。姜子牙感激周西伯的知遇之恩，始终与周王室共患难。无咎：无罪过。意思是周西伯以生命相交，任命姜子牙为国师无罪过。⑱

睽卦爻辞六五：悔亡，厥宗噬肤，往何咎。

例 1：“厥宗噬肤”，厥，其，代词。噬，吃。肤，亲近。同宗的人在一起吃饭，相互很亲近。六五阴居君尊之位，因位不正而有“悔”，因得中，且与九二相应，以柔中之德对待宗亲，以温和而恰当的方法解决各种矛盾，故而“悔亡”。因相应而同心同德，故而前往没有灾难。㉘

例 2：六五爻以阴爻居尊位，失正，本应有悔，但爻辞却判之以“悔亡”，其原因是六五居中位，具有中和、柔顺之德。“宗”指族人，宗亲。“噬肤”指吃肉。爻辞讲意见不合的双方化解了矛盾，终于能够像族人一样相亲相爱，分享快乐。当人们能够冰释前嫌，同心同德，一同前往成就一番事业也就不会有灾祸。⑲

例 3：厥，他的，指“睽孤”。噬肤，吃肥肉。

离开出走的孤独之人，经过与族长的一番沟通，矛盾消除弥合，回到宗族之中，因此宗族设宴吃肉以示庆贺，正如《象》说“厥宗噬肤，往有庆也”。前面讲过，古代的时候，肉是稀罕之物，难得吃上一次，“睽孤”之人回归宗族而吃肉庆贺，看来这位“睽孤”之人来头还不一般呢！此时前去参加宴会没有什么害处，故反问“往何咎”。㉖

例 4：五爻是王位。爻辞省去睽字。睽：王室内不同政见者与王室人员不同。悔亡：不同政见者现今有了改悔。厥：厥角，即叩头。《辞海》：“厥角，叩头。”宗：祖宗。厥宗：在祖宗的画像前叩头认错。噬肤：在皮肤上刺字，引申为有了切肤之痛。厥宗噬肤：在祖宗的画像前叩头认错有了切肤之痛。往何咎：以往的罪过还追究什么。因为王室内部不能闹分裂，必须团结统一才能治天下。⑱

睽卦爻辞上九：睽孤，见豕负涂，载鬼一车，先张之弧，后说之弧，匪寇婚媾，往遇雨则吉。

例 1：上九居睽卦之终，刚爻居上，是刚之极，乖离之孤独，故为“睽孤”它看六三像一头满身泥巴的猪，又像载了一车鬼。说明上九疑心之多，孤独而瞎猜疑。先是拉开了弓，后来又把弓放下。原来不是强盗，而是来求婚的。往前走遇到了雨吉祥，比喻疑团消除了。㉗

例 2：上九爻以阳爻居全卦的最高位，失正，恰似一位高高在上而又自我封闭的人。上九爻首先描写了一副怪异而虚无的场景。当人们与别人意见有分歧时，往往性情暴躁，内心狐疑，对别人凭空产生严重的猜忌，甚至出现一些毫无根据的幻觉。此时人们应该尽快镇定下来，犹如在路上遇到一场冰冷的大雨，让已经迷乱的心智立刻清醒过来，冷静地处理双方的矛盾和冲突，这样做结果才是吉利的。⑲

例 3：乖异而狐疑，见猪浑身涂满污泥，又见到载着一车鬼（怀疑是贼寇来抢掠），先张弓搭箭准备射击，后又愉悦地放下弓箭，原来不是贼寇而是求婚的队伍，往前走，遇到下雨就会吉祥。㉘

例 4：世界上是没有鬼的，爻辞中所说的“鬼”其实是迎亲中装扮成鬼神形象的人们。这位孤独的人由于浪迹他乡，不熟悉这种风俗，加上孤独而产生紧张、惊惧、虚幻的心理，不能正确地识别事物，把在泥淖中打滚的猪和迎亲中装扮成鬼神形象的人认作怪物，先是张弓准备射杀，这是“分”；后来凝神定志仔细辨别，才认识到真相：原来不过是一头猪和一车迎亲的人，而不是强盗。虚惊一场后，又放下弓箭，这是“合”。

前面讲过，雨是阴、阳二气相互和合、作用的结果；反之，阴、阳相分则不能成雨。所以爻辞以“遇雨”比喻说明事物矛盾最终由对立趋向统一，说“往遇

雨则吉”，《象》说“遇雨之吉，群疑亡也”。㉖

例 5：上爻是祖宗之神位，故而睽是清明祭祖与众不同。孤：周王自称，引申为王室。睽孤：王室清明祭祖与众不同。见：看见。豕：猪，即王室祭祖的供品是猪肉。负：背负，引申为背面。涂：涂色。见豕负涂：只见有的人在猪肉背面涂色。我推测古代王室在清明祭祖用猪肉作供品时，猪肉背面要涂色。可能是棕红色，因为现今祭祖时所上供品是用油炸成棕红色猪皮的猪肉。载：车载。鬼：鬼神，即古代的刍灵。

载鬼一车：载刍灵一车，即有的人将茅草扎的人马载上车。弧：竹马。《辞海》：“弧，张旗的竹弓。”先张之弧：有的人起先张开竹弓张旗。说：脱。后说之弧：后来又将竹弓张的旗脱下。匪寇婚媾：原本是诸侯缔结政治婚媾要自愿，引申为这些祭祖的事要自觉自愿地去做。如今也一样，祭祖的事情都是自己主动去做的。遇雨：三月清明祭祖时往往下雨。往遇雨则吉。⑱

第三十九卦　蹇卦䷦坎上艮下

（一）原文

（卦辞）蹇，利西南，不利东北，利见大人，贞吉。

（爻辞）初六：往蹇，来誉。

六二：王臣蹇蹇，匪躬之故。

九三：往蹇，来反。

六四：往蹇，来连。

九五：大蹇，朋来。

上六：往蹇，来硕吉，利见大人。

（二）解读

卦辞：蹇，利西南，不利东北，利见大人，贞吉。

解读："蹇"，卦名。"蹇"（jiǎn 音俭）：原义是跛足，行路不方便，引申为前进困难，艰难。

卦辞说，开始出行时，要选好方向，西南有利，东北不利。选好了，利于大人物出现，坚贞吉祥。

初六：往蹇，来誉。

解读：往前进遇到困难，要克服困难，要战胜困难前进，才能回来时获得荣誉。

六二：王臣蹇蹇，匪躬之故。

解读："匪"：非，不。"躬"：自己，自身。"故"：事情。

爻辞说，君王与臣都陷入重重困难中，臣挺身救助君王脱险，不顾自己安危，而是对君王表衷心。

九三：往蹇，来反。

解读：前进中遇到暂时难以克服的困难，返回来反思，积蓄力量，再行动。

六四：往蹇，来连。

解读："连"：联系、联合。

爻辞说，这次战胜前进中的困难，不是单干，是搞联合，依靠集团的力量。

九五：大蹇，朋来。

解读：前进中遇到了大困难，有朋友来相助才脱险。

上六：往蹇，来硕吉，利见大人。

解读：“硕”：大，丰硕。

爻辞说，战胜困难前行，获得硕果，吉祥如意，有利于出现大人物。

小结：

战胜困难要分析具体情况，有的困难靠个人艰苦努力去排除。有的大困难需要依靠群众集体力量，需要朋友相助才能完成。能克服艰难险阻，必获硕果，也会涌现出大人物。

（三）选录多种解读

第三十九蹇卦卦辞：蹇，利西南，不利东北，利见大人，贞吉。

例 1：蹇是艰难险阻的意思，本卦教人如何渡过艰难险阻。从卦象来看，蹇卦上卦为坎，代表水，下卦为艮，代表山，整个卦象比喻山高水深，引申为艰难险阻。坎有险的意思，艮又有停止的意思，所以全卦还有教人遇险而止的含义。“东北”和“西南”只是比喻，而并非具体的方位。根据八卦方位，西南为“坤”，代表平坦易行之地，而东北为“艮”，代表艰险之地。“利西南，不利东北”是告诉人们避险就易的道理。遇险而止是人生的大智慧，并非懦弱胆怯，相反明知有险而为之乃匹夫之勇，不但一事无成，反而徒增无谓的牺牲。当国家和黎民处于艰难之时，那些具有大才大德的伟人应该出来济民于水火，减轻人民的疾苦。卦辞还告诫人们在艰难之时一定要坚守正道结果才能吉利。⑲

例 2：“利西南，不利东北”，在文王八卦方位中，西南方位为坤卦，坤为顺，为平地，没有险阻，故而利西南方。而东北方位为艮卦，艮为山，为止，意味山高路险难行，故而东北方不利。“利见大人，贞吉”，大人，指有智慧和有威望的人，这里指九五君子。有利于拜见君子，得到君子的指点和帮助，让受难的人渡过难关，因为君子持守正道，故而拜见君子吉祥。㉘

例 3：大人，在这里指部落酋长、首领之类的人物。

通观《易经》卦爻辞，在涉及行动方向的占问时，一般都是说“利西南，不利东北”。除了本卦卦辞以外，其他还有《坤》卦辞“利西南得朋，东北丧朋”、《解》卦辞“利西南”、《升》卦辞“南征吉”。

对于其中的道理，一般都结合《说卦》中所述的后天八卦方位（文王八卦方位）进行解释。认为在后天八卦方位中，艮在东北，象征山，山高路险，行路艰难，因此不利于前往；坤在西南，象征大地，大地平坦，没有险阻，因此有利于前往。

但说西南为平地，东北为山地，显然与中国的地理不符。实际情况恰恰相反：中国的地形是东部、北部多为平原地带，西部、南部为山区或丘陵地带，正如卦象所象征的那样，是高山大川、高山流水的地理特征。

古代交通条件本来就不便利，加上高山大川，出使西南更是艰难，因此说“蹇”。唐代大诗人李白感叹：“蜀道之难，难于上青天！”也反映了西南山川地势的艰险。

可见，卦辞说“蹇：利西南，不利东北”，是从政治地理而非自然地理的角度讲的。

在东北，却是与周敌对的大国殷商，以及亲附于殷商的一些国家和部落，与敌对的殷商及亲附殷商的国家和部落当然谈不上联合，正如《象》说“利西南，往得中也；不利东北，其道穷也”。

出使的目的在于同所使国家结盟。能否结盟，关键取决于能否见到其国或部落的首领，见不到其首领，一切无从谈起，也意味着外交使命的失败，因此卦辞强调“利见大人，贞吉”。㉖

例4：蹇者，艰难也。西南：依后天八卦，西南是坤卦的方位，坤是耕治的田地。利西南：耕治的田地里有道路，利于跛足者行走。东北：东北是艮卦的方位，艮为山。不利东北：山地没有道路，不利跛足者行走。见：出现。大人：大臣。利见大人：艰难困苦的环境有利于大臣的出现。贞吉：主吉。意思说：在艰难困苦的环境里，有利于大臣的出现。艰难困苦的经历也是一种财富，故而主吉。⑱

蹇卦爻辞初六：往蹇，来誉。

例1：初六爻居全卦的最下位，表示处于险难之始，同时又位于下卦艮卦的第一爻，艮有“停止”的意思，比喻人们刚刚涉险，便立刻停止前进。知难而退是明智之举，可以避免更大的损失，因而能够得到人们的赞誉。人们欲成就事业，能力和勇气固然重要，但同时也要选择恰当的时机。在蹇难之时，时机尚未成熟而勉强为之，不但于事无补，而且会反受其害。⑲

例2：“往蹇”，刚刚走出家门就遇到险阻。初六之险主要是前进的路被阻隔，初六为艮卦下爻，有出门见山之象。“来誉”，来，回来，返回。誉，赞誉，荣誉。返回来受到赞誉，是因为初六遇险能止，为“知矣哉”，表示他有警省智慧的一面，不去盲目前行，因此得到赞誉。㉘

例3：初爻是平民之位。往：来往。蹇：蹇驴。来：得来。誉：称誉。往蹇：民众中有能力骑上一头蹇驴来往者。来誉：就会得来称誉。爻辞告诉我们古代平民的生活是很艰难的，穷到连一头蹇驴都没有。⑱

蹇卦爻辞六二：王臣蹇蹇，匪躬之故。

例 1：“王臣蹇蹇”，王，君王，这里指九五。臣，这里指以六二为代表的群臣。蹇蹇，重重险境。九五处上坎卦之中，六二处下艮卦之中，同时又处下互卦坎卦下位。君臣都处在重重坎险包围之中，虽然他们中正相应，但君臣却不能相见。“匪躬之故”，匪即非，不是。躬，亲身，亲自。他们的艰难险境不是他们自身造成的，是他们的时运所致的。㉘

例 2：王指的是九五，臣指的是六二。六二居中得正，又与九五正应，六二在自己处于蹇难的境况下，又去济九五之难，故“王臣蹇蹇”。六二不是为了自己，而是为了救助君王，故“匪躬之故”。㉗

例 3：王臣，周王的大臣。蹇蹇，艰难的样子。匪，非，不是。躬，自身、自己。故，事、事业。

“王臣蹇蹇，匪躬之故”，言外之意是说“王臣”是在为国家大事操劳、奔走。之所以要申明这一点，是因为虽然为国家大事操劳、奔走，但不被人们（包括家人）所理解，甚至被怀疑别有动机。㉖

例 4：王臣：二爻是大夫之位，所以王臣是王朝的大夫。蹇蹇：难言难行。王臣蹇蹇：王朝大夫难言难行。匪：非。躬：本身。故：缘故。非躬之故：不是他们本身的缘故。那是谁的缘故？大夫的上面是公卿，还有王。所以，是王和公卿的原因引起大夫们难言难行。《周易》作者多么了解官场啊！⑱

蹇卦爻辞九三：往蹇，来反。

例 1：九三居下卦上位，又阳居阳位，刚动是九三的本质特征。但前行遇到更大的坎险又返回来。㉘

例 2：九三爻以阳爻居下卦的最高位，有冒进之嫌。九三如再进一步就进入上卦“坎”中，坎代表险难，因此爻辞告之以“往蹇、来反”，也就是及时地返回，此时人们不宜急于前进，而是不断地积蓄才德，并耐心地等待克服险难的时机，待时机成熟一举战胜艰难险阻。⑲

例 3：反，《周易通义》：“犹反反，……广大美好的样子。”去时艰难，但圆满完成使命而返，内心充满喜悦之情，因此说“来反”，《象》说“‘往蹇来反’，内喜之也”。㉖

例 4：三爻是诸侯之位。往：以往。蹇：蹇吃。往蹇：诸侯以往蹇吃者。来反：得来相反的结果，即反而更加蹇吃。意思说：以往蹇吃者，为尽量避免蹇吃反而更加蹇吃。《周易》作者多么了解生活啊，口吃者不都是这样吗？⑱

蹇卦爻辞六四：往蹇，来连。

例 1：六四爻以阴爻居阴位，得正，但性情柔弱，而且已经进入了坎陷之中，危机四伏，仅凭六四一己之力是难以渡过艰险的，因此他必须联合其他人的力量，同舟共济才能走出危难。当人们处于艰险时，需要主动寻求盟友，建立最广泛的统一战线共同应对险难。⑲

例 2：六四前往有险难，返回与众爻联合（众指的是九三、六二、初六），六四与九三阴阳搭配，与六二、初六有同性相与之缘，故“往蹇来连”。㉗

例 3：连，同联。六四处上坎卦下位，已在坎险之中，仍需前往，会陷入坎的深渊，故而联合众人共渡难关。

直译象辞：前往遇险联合众人共渡难关，是因为六四当位并处实质权力的有利地位。㉘

例 4：连，联盟，《说文》：“联，连也。”去时艰难，回来时友邦随同前来结盟。㉖

例 5：往：前往。往蹇：国公年老，往来行走很困难。连：古通“辇”。《说文》：“辇，挽车也。”

《辞海》：“辇，人推挽的车。慧琳《一切经音义》卷二十七：‘古者卿大夫亦乘辇，自汉以来天子乘之。’”夏、商、周三朝的国公是可以乘辇的，到汉代以后只有天子才能乘辇。来连：来一辆辇车坐着往返。⑱

蹇卦爻辞九五：大蹇，朋来。

例 1：九五爻居君位，当一国之君处于艰险之中，整个国家就出现了危机，又九五已经深入“坎陷”之中，因此爻辞称之为“大蹇”。“朋来”指志同道合的人前来帮助。九五之所以能够得到众人倾力相助，不仅因为他是一国之君，更因为他至中至正、至刚至尊的德行。爻辞暗示统治者应该加强个人修为的培养，以高尚的德行去赢得民心，在大难之时民众自然能奋不顾身地解救国家危难。⑲

例 2：九五阳刚居君位，九五蹇难就是天下之大难。朋指的是六二，六二居中得正，如同贤臣一样来辅佐九五之君，故“大蹇朋来”。㉗

例 3：“大蹇朋来”，大蹇，大的险阻，大的灾难。这个大难不仅是君王的，而且是国家的。朋，并非指朋友，这种国难仅靠朋友帮忙是解决不了的，况且君子无朋，而是指尽忠于国、效忠于君的志士仁人。从卦象上看，九五与六二相应，与六四和上六比和，这些治世贤能与国家和君王保持一致，都能同心同德拯救国家于危亡。㉘

例 4：朋，指西南友邦、部落。

历尽千难万险，终于取得“朋来”的实际性外交成果。本卦诸爻言出使之难，都说一个“蹇”，唯独本爻说“大蹇”，意在进一步突出表明“朋来”的外交胜利之不易。反过来也说明，要取得事业的成功，首先要经过一番磨难。㉖

例5：九五是王，王可以称大，故而爻辞言大蹇。大蹇：周王有大难，一时难以传令到达各诸侯国。朋：朋党，这里指周王朝下面的诸侯国。朋来：各路诸侯都要赶来勤王。意思说：当周王有大难，一时难以传令到达各国就点燃烽火台的烽火紧急报警，各路诸侯都要赶来勤王。爻辞讲周王朝制定的紧急事件处理预案。正是因为周王朝有这个紧急事件处理预案，所以周幽王才能搞成“烽火戏诸侯”。⑱

蹇卦爻辞上六：往蹇，来硕吉，利见大人。

例1：上六爻以阴爻居全卦最高位，虽得正，但毕竟是到了艰险至极而且已经穷途末路的时候，处于无处可去的境地。上六本身极为柔弱，如继续在艰险中前进，无异于自取灭亡，因此他最为明智的选择就是及时返回与他人结成联盟，共济艰险，从而战胜困难获得大丰收，这样做当然是吉利的。当国家和社会处于艰险之时，具有大德大才的贤能自然不能袖手旁观，他理应站出来肩负起解救危难的历史责任。⑲

例2：上六居蹇卦之终，前往，无路可走。不来就是往了，不来可获得大的帮助。硕指的是阳爻九三，上六与九三正应，所以吉祥。“大人”指的是九五，上六与九五有相比的关系，能得到九五的支持与援助。故“利见大人”。㉗

例3：“往蹇来硕”，往蹇，前往有难。硕，大，这里指大的收获。上六之蹇与前五爻之蹇不同，前五爻是险阻之蹇，上六是穷途之蹇。既然前往无路，那就返回，知险而返，智也，故而有很大的收获，吉祥。“利见大人”，这里有两层含义，一是指上六无路返回是智慧的选择，回来依附于九五君王，不仅免难，而且君王以礼待之，以利养之，这样的收获是很大的；二是指整个蹇卦渡过险阻都在于“利见大人”，这时蹇难已经过去了，该是回头总结渡过蹇难的经验的时候了，这个最主要的经验就是“利见大人”。㉘

例4：硕，大。外交取得丰硕成果，因此说“来硕”。“吉，利见大人”也就是卦辞中的“利见大人，贞吉”，再次重申和强调“见大人”是外交取得成效的关键。㉖

例5：上爻是祖宗之神位，周王朝的祖是太王、王季、文王，宗是周武王。往：以往。蹇：艰难。往蹇：祖宗以往艰难创业。来：得来。硕：大，引申为伟大。来硕：得来王朝如此伟大的基业。吉：得。意思是后世子孙得以为王、为诸侯。见：发现。大人：大臣。利见大人：还得利于祖宗发现了以太公望为首的这些忠诚耿介的大臣。⑱

第四十卦　解卦䷧震上坎下

（一）原文

（卦辞）解，利西南，无所往，其来复吉。有攸往，夙吉。

（爻辞）初六：无咎。

九二：田获三狐，得黄矢，贞吉。

六三：负且乘，致寇至，贞吝。

九四：解而拇，朋至斯孚。

六五：君子维有解，吉。有孚于小人。

上六：公用射隼于高墉之上，获之，无不利。

（二）解读

卦辞：解，利西南，无所往，其来复吉。有攸往，夙吉。

解读：“解”，卦名。“解，判也，从刀判牛角”（《说文》）。“解”字分拆用刀把牛角分开：解除，分离。解卦主题是把社会险恶之事解除，用比喻讲述。“夙”（sù 音素）：早。

《周易》多个卦中说西南吉祥，即“利西南”，解读时，众说纷纭。不妨把它说成大政方针的制定在西南方。在此喻意为民解除忧患的布告贴在西南方。

卦辞表示，除掉社会险恶人与事的布告，张贴在西南方。若去看，方向是“利西南”，别的方向不要去。若往西南方向走，若没做好准备，返回去吉利，明日早出发，吉祥。

初六：无咎。

解读：社会险恶之事有所缓解，不要急于求成，无过错。

九二：田获三狐，得黄矢，贞吉。

解读：“三”：泛指多。“矢”：箭头。

爻辞说，在田间打猎捕杀些狡猾的狐狸，得利于黄色金属做的箭头。这种做法是坚守正道，所以吉祥。狐狸喻指恶棍小人，“得黄矢”喻指正人君子。

六三：负且乘，致寇至，贞吝。

解读：肩负着贵重物品，并且乘坐在车上路过闹市，招惹贼寇来抢，应守正防错。喻指在“解”的时期，应避免这种行动。

九四：解而拇，朋至斯孚。

解读：“而”通尔：你。“拇”：脚趾、手指，泛指为手脚。“朋”：朋友。“至”：到。“斯”：此，这里。“孚”：诚信，信任。

爻辞说，放开手脚理直气壮地去干，解除社会险恶之事，朋友才会信任你，团结在你周围。

六五：君子维有解，吉。有孚于小人。

解读：君子维护群众的利益，并排除歪风邪气，吉祥。小人也佩服君子的行动，改变了恶习。

上六：公用射隼于高墉之上，获之，无不利。

解读：“隼”（sǔn 音损）：凶猛的鹰。喻指恶人。“墉”：城墙。

爻辞说，王公在城墙上用弓箭射杀空中的鹰，射中捕获了，对社会有利。喻指，解卦最后一爻即上六爻，王公亲自解除掉社会恶人恶事。

小结：

解卦的卦辞说在西南方张贴了布告，要解除掉社会上的恶人恶事，进行动员。于是君子射杀狡猾的狐狸，王公射杀凶猛的鹰，比喻解除恶人恶事的行动。喻指整顿社会的治安，要上级和下级皆行动，才能有好效果。

（三）选录多种解读

第四十解卦卦辞：解，利西南，无所往，其来复吉。有攸往，夙吉。

例1：解是解除、解脱的意思，本卦讲如何解除危难的道理。解卦上卦为震，有动的意思，下卦为坎，坎代表艰险。《周易》中上卦为外卦，下卦为内卦，从解卦的整个卦象来看，震在外，坎在内，寓意动于险外，比喻危难得以解除。在八卦方位中，西南方是“坤”，代表平坦易行之地，“利西南”比喻避险就易，这是解脱危难的根本原则。当人们还没有确立解脱危境的目标和方向时，切不可轻举妄动，暂且返回原地静待时机，这样做是吉利的。如果时机已经成熟，并且确立了解脱危境的目标和方向，宜及早行动，不可犹豫，结果是吉利的。⑲

例2：解卦，坎下震上，坎为水，为险。震为雷，为动。雷响雨降，阴阳交合，万物萌动而生长，如同人民受压迫得解放重获新生，故为解卦。

《序卦传》说：“蹇者难也。物不可以终难，故受之以解。”蹇难发展到一定程度，必然向反的方向发展，这个反的方向就是解。解就是解难。所以说蹇卦之后就是解卦。

西南为坤，坤顺而厚德载物，所以利于去西南方，无事不要前往，不要没事乱找事，宜静不宜动，固守原地不动，休养生息为吉祥。“有攸往，夙吉”。对险难要有步骤快速地解决，及早解难为吉祥。㉗

例 3：“利西南，无所往”，利西南，是指蹇卦时往西南方有利，因为西南方位是坤卦，坤为顺，为平坦中正之道。无所往，不要前往了，不必要再往西南方了，往西南方是为了避难，现在蹇难已经解脱了。“其来复吉”，其，指解卦；复，复兴。蹇难虽然解除，并非万事大吉，蹇难带来创伤至深，百废待兴，解脱险难只是第一步。时不我待地复兴才是最重要的。“有攸往，夙吉”，夙，及早，及时。解卦有利于前往，必须及早地解脱险阻，因为蹇难会接踵而来，等问题成堆会积重难返，而且解决危难也并非容易之事，所以要及早行动，尽快解决才会吉祥。这里的“复吉”和“夙吉”是解卦的重要意义所在。㉘

例 4：解者，雷雨解除旱情也。西南：西南是坤卦的方位，坤为田地。利西南：雷雨有利于解除田地旱情。无所往：雷雨来时人们都要躲避雷雨，只能无所前往。其：代表雷雨。其来复：雷雨反复不停地下。吉：得。意为得以解除旱情。攸：安然。有攸往：有人在雷雨停止后就安然前往。夙：早。吉：得。夙吉：早得。意思说：大雷雨之后有些地方会形成水涝，早出去得以解除田地水涝。⑱

解卦爻辞初六：无咎。

例 1：初六爻位于全卦之初，又在下卦“坎”的首位，表示此刻刚刚涉险。在涉险之初就立刻想办法解除，这样做是没有灾祸的。如果人们对当前的险难置之不顾，任其自由发展下去，则会在险难中越陷越深，最终将难以自拔，从而酿成灾祸。⑲

例 2：初六阴居阳位，位不正，且居于下坎卦之初，本应有咎，因初六与九四相应，与九二比和，能得到九四与九二的帮助，有解脱之象，故而无咎。㉘

例 3：本爻无述事之辞，只有断语，当是承卦辞而言，意思是说，能够按卦辞指示行事，便可“无咎”。㉖

例 4：初爻是平民之位。爻辞省去了解字。解：雷雨解除了旱情。无咎：无罪过，即民众不再受抗旱的罪了。初六爻只有无咎二字，如果我们不知初爻是平民之位，则“初六，无咎”就无法解读。⑱

解卦爻辞九二：田获三狐，得黄矢，贞吉。

例 1：九二以刚居柔，刚中有柔。去田地狩猎（有除害之意），捉获了三只狐狸。也指卦中三个阴爻（除六五外其他三个阴爻）。阴爻也指小人。“得黄

矢”的黄，指中色，中正；矢，指箭，直。中而直，比喻君子有中直的品德能清除小人。所以是吉祥的。㉗

例 2：九二爻位于下卦的中位，具有中庸之德。“狐”指阴邪的小人，爻辞以狩猎为喻，告诫人们解除险难必须首先清除潜伏在身边的小人。黄色在五行中是中间色，比喻铲除小人不能采用过于偏激的手段，宜实施中庸的策略，既清除小人的危害，又让他们能够看到希望，从而使他们主动放弃反抗。肃清小人能够为解除险难创造条件，但同时自身也必须坚守正道才能获得吉利的结果。⑲

例 3：俗话说：家丑不可外扬。“田获三狐”表层意思是说猎获了三只狐狸。实际上，如《师》卦中“田有禽”一样，“田获三狐”也是一种隐语、隐喻，暗指擒获、诛杀了发动叛乱的首恶管叔、蔡叔、武庚。

不便明言，因此采用隐语、隐喻的方式说“田获三狐”。

周公因平息叛乱有功而被周王赏赐铜箭，因此说“得黄矢”。叛乱平息，国家恢复安定，自己也因此而获殊荣，当然“贞吉”了。㉖

例 4：二爻是大夫之位。田：田猎。狐：狐狸。

田获三狐：田猎的陷阱获得三只狐狸。黄矢：黄铜箭头。得黄矢：得到黄铜箭头，即有一只狐狸身上还带着黄铜箭头。贞吉：主吉。意思说：大夫解除了地妖之患，主吉。爻辞省去解字。解：解除地妖之患。⑱

解卦爻辞六三：负且乘，致寇至，贞吝。

例 1：六三爻以阴爻居下卦的最高位，他即将走出“坎险”，但却不中不正，俨然一副小人形象。古时穷人徒步而行，只有贵族和富人才有钱乘车。六三本是穷人，自己背负着重物，却坐在华丽的马车上招摇过市，这种丑陋的行为招来了强盗，也可谓咎由自取。爻辞用这个故事告诉人们在即将解除险难的时候，不可忘乎所以，应当秉持本分，坚守正道，以防范可能出现令人遗憾的事情。⑲

例 2：六三以阴居阳，不中不正，无正应，又居下卦上位，犹如小人窃据高位。小人本应当是背负着东西徒步而行的，可是现在却乘坐在君子的车上，意味着小人窃君子之位，故“负且乘”。贼寇见到小人强占君子的车，于是就下手抢夺，意味着小人、敌寇都觊觎君子之位。故“致寇至”。“贞吝”：“贞”指的是君子之位是贞的、是正的；“吝”指的是小人坐上君子之位，那可就吝了。㉗

例 3：“负且乘”，负，背负，负重，为穷人、小人之用。乘，君子之器也，指马车，这里名词动用，指乘坐马车。这里用了一个滑稽的比喻，表达两层意思：一是穷人负重惯了，即使乘坐豪华车子也不知道把重物放下，这样也就暴

露了穷人的身份，从而导致贼寇抢劫；二是说明高低贵贱不是简单的是否拥有物质的区别，而在于内在修养、思维定式的区别。㉘

例4：自负自大，凌驾于（周王之上），导致叛乱发生，占问危险。

负，自负。乘，凌驾。寇，叛乱、战争。关于本爻所指，一般都认为是管、蔡二叔，但笔者认为应当指周公旦而言。

《象》中说“负且乘，也可丑也。自我致戎，又谁咎也？”自负而且凌驾于周王之上，也是令人感到丑陋的。自己招致了战争，又能怪罪谁呢？其中的口气也像指责周公。㉖

例5：三爻是诸侯之位。负：背负、承载。且：俎。《说文》：“俎，礼俎也。从半肉在且上。”

爻辞的礼俎是右半体羊肉。古人平时贵左，故而左半体羊肉不能分给被解聘者。因此，且是礼俎。乘：数字四。负且乘：将右半边羊肉放在案板上分解成四块礼俎。寇：暴，即争抢。致寇至：致使被解聘的家臣争抢四块羊肉。据说诸侯祭祀后赏给家臣祭肉者是继续留用者，没有赏给祭肉者是被解聘者。可能左半边羊肉是经过处理和被用于祭祀的羊肉，故而作为祭肉赏给留用者。被解聘者也参加祭祀，右半边羊肉是未经处理和未被用于祭祀的羊肉，故而作为礼俎分给解聘者。贞：主。贞吝：主恨痛。意思是被解聘的家臣有恨痛，于是弄到争抢羊肉的地步。爻辞省去解字。解：分解、解聘。⑱

解卦爻辞九四：解而拇，朋至斯孚。

例1：九四爻以阳爻居阴位，失正。九四刚刚从“坎”中解脱出来，进入了上卦“震”，失正就在于他受到了小人的束缚。“拇”位于人体的最下方，地位极其卑微，象征小人。九四只有完全摆脱小人的纠缠才能够进一步远离艰险，那些真正的朋友才会纷至沓来，并获得他们的信任。⑲

例2：九四以阳居阴，不中不正，与初六正应，因此被小人所附丽，要解除与小人的关系，朋友就能来。初六如同脚拇指，居人体之下，象征着小人。朋友指的是六三、六五两阴爻。㉗

例3：解，放开。而，你、你的。拇，足拇指。朋，指西南友邦、盟国。斯，乃、就。

如前所述，周人靠自己的力量对平息叛乱没有必胜的把握，信心不足，内怀犹豫，必须取得盟国的支持，才能坚定信心，放开手脚，前往征讨叛逆，因此说“解而拇，朋至斯孚”。㉖

例4：四爻是国公之位，这里指大国诸侯。拇：拇指。解：分开。解而拇：大拇指能与四指分开，又能与四指握成拳。朋：朋党，即大国诸侯管辖下的众诸侯国。至：至交。斯：其，代表大国诸侯。孚：生，引申为生死。朋至斯孚：众诸侯国与大国结成生死至交。意思说：大国与各小国能像大拇指与其他四指那样既能分开独立又能握成拳头，众诸侯国就会与大国结成生死至交。⑱

解卦爻辞六五：君子维有解，吉。有孚于小人。

例1：六五以阴爻居君位，具有中和、柔顺的性情。君子已经完全从艰险中解脱出来了，这当然是吉利的。此时君子虽然不能亲近小人，但同时也要处理好与小人的关系。对君子来讲，一味压制和惩罚小人恐适得其反，最明智的做法就是用诚信去感化小人，让他们心悦诚服，彻底改邪归正。⑲

例2：六五阴居君尊之位，位不正，同时处上互卦坎卦之上，表示有“维”。但六五居中，刚柔相济，胸襟豁达，持守中道，自我解脱的办法是一方面起用贤能，因与九二相应，与九四比和，充分信任这些能臣辅佐自己，一方面以诚信宽恕之心对待小人。贤能的起用，使小人势力孤立，诚信对待小人，使小人得到感化，即使自己得以解脱，又使小人改恶从善，这种不战而屈人之兵的君子之解，可谓大解，真解。㉘

例3：维，助词。解，在这里指宽大。小人，指叛乱者。平定叛乱不是说一定要赶尽杀绝，实际上也不可能赶尽杀绝。武力不能从根本上消弭叛乱，真正使人心服口服，而惟德能服人，使人真心实意地降服归顺，因此要“有孚于小人”。所以，对叛乱者尤其是胁从者，应该采取宽大怀柔政策，从思想上对其进行感化，因此说“君子维有解，吉”，《象》说“君子有解，小人退也”。㉖

例4：五爻是王位。君子：诸侯。惟：唯有。解：分解，引申为分而治之。君子惟有解：王朝对众诸侯唯有分而治之。吉：善。意思是这种治理诸侯国的办法才是吉善的。有孚：有生，引申为生活。小人：平常人，即民众。有孚于小人：治理民众要将他们分开，每户独立生活。所以，周王朝对各诸侯国采取分而治之的政策，从古至今的民众也都是每家每户分开独立过日子。⑱

解卦爻辞上六：公用射隼于高墉之上，获之，无不利。

例1：上六爻以阴爻居全卦的最高位，得正，代表一位德高望重的公侯。此时国家虽然暂时解除了险难，但为官者不能就此懈怠，他务必时刻警惕小人作祟使整个国家再次陷入险难。如能用诚信感化小人是为上策，但并不是所有的小人都能够被感化的。“隼于高墉之上”象征那些身居高位，却心怀叵测而又冥顽不化的小人，对于这样的顽固小人非用武力不能剪除。采取强有力的措施及时排除不利因素，实现国家和社会的长治久安当然无所不利。⑲

例2：上六居解卦之上，解难没有完成。上六在上是一个顽固而凶猛的小人，“高墉”即高墙。是说上六像凶猛的鸷禽一样高高在上，只能用利箭像射鸷禽那样，解除上六。条件完备，时机已到，解除上六定能成功。王公用射隼的办法除掉了小人，这样做没有什么不利的。象辞说，王公用射隼的办法除掉了小人，平灭了暴乱，国家得到了安宁。㉗

例 3：王公射获栖在高墙上的猛禽，没有不利。

解析爻辞：“公用射隼”，公，王公，指受君王之命的将军。隼（音 sǔn），指鹰一类的猛禽。“于高墉之上”，墉，城墙，指隼栖于高高的城墙之上，这里指像隼一样的不服从君王的敌对势力，占据着不该占据的位置。这里是说用武力解决那些不服从管束的叛军，是符合道义的，没有什么不利的。解脱尽量用不战而屈人之兵之法，但符合道义又不得不用武力的时候就必须诉诸武力。㉘

例 4：隼（sǔn），一种猛禽，与鹰类似。墉（yōng），城墙。“公用射隼于高墉之上”也就是“公用射高墉之上隼”。

“公用射隼于高墉之上，获之”句与九二“田获三狐”一样，也是隐喻周公射杀、擒获叛乱的管叔、蔡叔。擒贼先擒王，射杀、擒获了叛乱的首恶，叛乱平息、危机解除，因此说“无不利”。而《象》说“公用射隼，以解悖也”，则明白无误地告诉我们，“射隼”就是一种隐喻。否则，射鸟与消除悖乱何干呀！㉖

例 5：上爻是祖宗之神位。公：周文王当年是商纣王的国公，称作周西伯。西伯公当年曾讨伐崇侯虎。

高墉：崇墉。隼：猛禽，引申为守城猛将。公用射隼于高墉之上：崇墉非常坚固易守难攻，所以当年西伯公用箭将崇墉上的守城猛将射落城下。获之：将其擒获。无不利：没有不利的。意思说：当年先祖西伯公一箭将崇墉上的猛将射落城下，并将其擒获。从此解决了战斗，没有不利的。爻辞省去了解字。解：解决战斗。⑱

第四十一卦 损卦䷨艮上兑下

（一）原文

（卦辞）损，有孚，元吉，无咎，可贞，利有攸往。曷之用？二簋可用享。

（爻辞）初九：巳事遄往，无咎，酌损之。

九二：利贞，征凶，弗损，益之。

六三：三人行则损一人，一人行则得其友。

六四：损其疾，使遄有喜，无咎。

六五：或益之十朋之龟，弗克违，元吉。

上九：弗损，益之，无咎，贞吉，利有攸往，得臣无家。

（二）解读

卦辞：损，有孚，元吉，无咎，可贞，利有攸往。曷之用？二簋可用享。

解读："损"，卦名。"损"：损失，减少。"曷"：何，什么。"簋"（guǐ 音轨）：竹子编制的装食物的盘子。

卦辞说，只要诚心帮助他人，即使自己有些损失，也无遗憾，大吉。走正道有利于交往，如同在祭祀时，仅供两盘微薄供品，只要心诚则灵。

初九：巳事遄往，无咎，酌损之。

解读："巳"（sì 音四）通祀。"遄"（chuán 音传）：快，迅速，急。

古人祭祀是件大事。爻辞说，该祭祀时应迅速去，这样无遗憾，祭品可不多。

九二：利贞，征凶，弗损，益之。

解读：有利的行为是，当他人遇到危难时，应尽力去帮助，有益于他人，自己并没受损失（弗损）。助人为乐。

六三：三人行则损失一人，一人行则得其友。

解读：三人合办一件事，其中有一人不同心，则损失一人；一个人去办事，虽然孤单，但友人帮助办成了。

六四：损其疾，使遄有喜，无咎。

解读："疾"：疾病。

爻辞说，若有疾病应及时治疗，这样会很快有喜讯，无遗憾。

六五：或益之十朋之龟，弗克违，元吉。

解读：“朋”：朋贝，古代用贝壳当钱用。

爻辞说，假如他人送你价值十朋的金龟，你应接受，不要违背他人的心愿，那是你曾去帮助过他来报恩的，大吉。

上九：弗损，益之，无咎，贞吉，利有攸往，得臣无家。

解读：君臣使国家受益，对自己并无损失（弗损），没什么不对的，坚守正道，勇往直前。“得臣无家”是君臣效忠国家，甚至把家都忘了。

小结：

损卦宣扬的是损人不利己，损己利人是美德。不图报应，也会得到他人的尊重和回报。笔者题外话：“吃小亏占大便宜”对吗？

（三）选录多种解读

第四十一损卦卦辞：损，有孚，元吉，无咎，可贞，利有攸往。曷之用？二簋可用享。

例 1：损是减损的意思，本卦讲损所当损的道理。从卦象来看，损卦上卦为艮，代表山，下卦为兑，代表泽，山在泽上，泽水无时无刻不在侵蚀损削山体，而山体在泽水侵蚀下倾覆到泽中，湖泽的面积就会减损，因此山和泽呈相互减损之势。损并不是坏事，关键是看损的对象和程度，把一些不利的因素和不必要的成分减损掉，只留下根本和精华，这对事物的发展是有益无害的。卦辞以祭祀为例向人们阐述了减损的道理。商周时期祭祀是一件非常神圣而庄严的事，内心的虔诚比一些虚伪的繁文缛节更加重要，因此在祭祀中减损过分烦琐的礼仪，而保留内心的真诚是很有必要的。只要内心充满了真诚，即使二簋粗淡的食物也足以用来祭祀了，结果当然是大吉大利的，没有灾祸，也足以表明人们坚守正道，这对于人们前往要办的事是极为有利的。⑲

例 2：“有孚”，有诚信，因损益是双方的事，是互惠互利的事，必须信守承诺，如果无信，只受益而不愿受损，那么损益的规则就打破了，互惠互利的规则也就不存在了。“元吉”，因始初就是一种互惠互利的合作友好关系，故而一开始就亨通吉利。“无咎”，因为一开始相互都守着规则的承诺，故而没有灾难。“可贞”，是说这种相互约定的承诺是正固的，正道的，正义的。“利有攸往”，这种合作是互利的，有利于合作下去。“曷之用”，曷（音 hé），问语，同“何以”，即用什么呢？是问用什么规格祭祀神灵。“二簋可用享”，簋（音 guǐ，前文已解义），盛祭品的器物。用享，是指请神灵享用。一般祭祀神灵的仪式用八簋，六簋，或四簋规格，用两簋就是最少的了。这里是说，用“二簋”祭祀，表现对祭品的减损，但同时有另一种增益，那就是祭祀的人虔诚之心增益了。㉘

例 3：“曷”是“用”的前置宾语。“曷”同“何”，什么的意思。之，结构助词，起使宾语前置的作用。“曷之用”就是“用曷”。簋，一种圆形竹器。享，古与“亨”字通用，祭祀。

卦辞首先以祭祀为例来阐明损、益的道理。祭祀的关键在于心诚，心诚则灵；而不在于祭品的丰俭，祭品的丰俭只是外在的、次要的。卦辞中的“元吉，无咎，可贞，利有攸往”都是以心诚即“有孚”为前提的。在“有孚”的前提下，即使适当地减省祭品的数量也是可以的。古代祭祀之礼，祭品最多的用八簋，一般用四簋，二簋的祭品可以说是比较省检的了，但只要心诚，二簋的祭品也足够了，所以说“二簋可用享”。㉖

例 4：损者，节省也。有孚：有生，引申为生活。元吉：大吉。意思是生活中知道节省者，大吉。无咎：无罪过。意思是节省无罪过。贞：正。可贞：可以改正。意思是节省可以改正奢靡的恶习。利有攸往：轻装上阵有利于行动。曷：何。曷之用：节省有何用？簋：古代盛饭食（黍、稷）的器具。亨：享，祭享。二簋可用亨：二簋饭食可以祭享。可能周王朝为了节省民力对祭享进行了改革，由夏、商王朝四簋用享节省为二簋用享。⑱

损卦爻辞初九：巳事遄往，无咎，酌损之。

例 1：初九爻以阳爻居全卦的最下方，表示减损的开始。初九放下自己的事情而迅速前往帮助别人，表现出一种舍己为人的高尚情怀。阳爻代表强盛，强者适当地减损自己而去增益弱小的对象，这是强者义不容辞的社会责任。但同时也应该注意减损的程度当酌情而定，把握好尺度。如果减损过多，伤及自身根本则是不足取的。⑲

例 2：“已事遄往”，已，完毕，完成，已做。事，指祭祀的事。祭祀完毕应该及时离开祭祀现场，因为祭祀场所是供奉神灵的神圣场所，祭祀完毕仍待在那里是对神灵的不敬。遄（音 chuán），急忙，快速。遄往，快速地前往，速往。这里有两层含义，一是指做了祭祀这件减损的事之后，不要就此停止，还要继续做；二是指初九与六四相应，他要应时前往，以减损自己，增益六四。这样适合时宜地做应该做的事，固然没有灾难。“酌损之”，酌，酌情，适量。损是有止的，不是无限的，量力而行减损自己才是适宜的。㉘

例 3：巳，通“祀”，祭祀。遄（chuán），快速、急速。酌，斟酌。之，指祭品。

有诸内者形于外。走路的快慢反映出一个人的心情、态度。一般来说，走路快反映人的性子急，心情比较迫切，态度比较恭敬。

对人来说是这样，对于祭祀更是如此。“巳事遄往”已经表现出对祭祀的诚心，以此为前提，对于祭品酌情减损，同样可以与鬼神合志，得到鬼神的庇佑，因此说“无咎”。㉖

例 4：巳：古通“祀”，祭祀。巳事：祭祀之事。遄：疾速。巳事遄往：祭祀之事疾速前往。无咎：无罪过。意思是祭祀之事急速前往，无罪过。酌：饮酒。损之：祭祀后在酒宴中饮酒，就要减省。据说古代君王祭祀后都要举行酒宴聚会群臣。在这种场合饮酒，理所当然要控制自己。⑱

损卦爻辞九二：利贞，征凶，弗损，益之。

例 1：征，指出征，出兵。弗：不。

九二以阳爻居阴位，得中而不正。与六五正应。六五处中而不正，九二在这种环境中，只有坚守中正方能有利。如果前往自损，不但不能益上，反而有凶险。若能自守而不妄进，反而增益了对方。㉗

例 2：九二爻以阳爻居柔位，其实力已不如初九强盛，因此他不宜采用减损自己的方法来增益别人。九二居下卦中位，他应该坚守不偏不倚的中庸之道，不可不顾自身的实际情况盲目地减损自己。如果自身实力不济而贸然前进，不但不能增益别人，反而会使自己成为别人的累赘。⑲

例 3：益，本义是水从器皿中溢出，引申为增加、采纳、进一步等义。

爻辞中虽然没有涉及具体的损、益对象，但正如《彖》说“损刚益柔有时，损益盈虚，与时偕行”，或损或益，应该具体问题具体分析。本卦的主题为“损”，当损则损，如此可以致“中”，因而“利贞”；当损而“弗损”，反而“益之”，“征凶”。㉖

例 4：利贞：利政。意思是节省有利于国家行政。征：征战。征凶：战争是凶事。损：节省。勿损：战争是凶事，不要节省。益：增加。益之：要增加人、财、物力对战争的投入。爻辞教导我们，该节省的要节省，不该节省的不能节省。⑱

损卦爻辞六三：三人行则损一人，一人行则得其友。

例 1：六三爻以阴爻居阳位，不中不正。爻辞描述了一种普遍存在的社会现象，当三人在一起时，往往因为能力、社会地位或政见的不同而相互排斥，最终有一人将被迫离去，这无疑将有损群体团结，对自己也是一个损失。而与此相反的是，当一个人独处时，则急于寻找一个志同道合的人来相互帮助，这对于彼此都是有益的。爻辞旨在告诫人们要尽量避免损人损己，而应该竭力交友得益。⑲

例 2：三人一同卜筮，舍弃一人的不同意见；一人卜筮，就要得到相同意见的支持。

三、一，都非实指，分别表示多和少。行，指卜筮。友，志同道合的人。

损也好，益也罢，其目的在于损上益下、损多益少、损有余而补不足，最终达到致“中”的目的。

在“一”“二”“三”这三个数目字中，“一”最少，“三”最多，都是奇数；“二”不多不少居中，为偶数。爻辞中以“三”表多、以“一”表少，以“二”表“中”。“三人行则损一人”是谓“二”，“一人行则得其友”也是“二”，最终都达到了致“中”的目的。㉖

例 3：对损卦六三爻辞的解释历来有不同的观点，主要有以下两种观点：第一，“三人行，则损一人”，三人行，指原泰卦下卦三阳爻本为同行，到损卦后，原泰卦的九三则到了上九位置，是为了执行“损下益上”的使命，这则意味在泰卦时为三人行，到损卦时则损了一人到了上九。“一人行，则得其友”，泰卦的九三本来为三人行，到了损卦上九位则变成了一人独行，虽独行，却得其朋友。这朋友则是六三与六五，因上九与六三相应，与六五比和。第二，“三人行，则损一人”，三人指六三、六四、六五三阴爻同行，因同性相斥，相互猜忌，其中必有一人以为另外二人亲密而疏远自己，这样便减损一人。剩下二人因失众为从，要相互依靠为伴，容易形成相互帮助的融洽气氛，因此二人行不会再损。“一人行，则得其友”，被减损的一人只能独行，从卦象上看，这一人应该是六三，因六四为近臣，六五为君王，一方面近臣要依靠君王，一方面近臣理应辅佐君王，六四、六五的关系应该融洽。唯六三独行，独行孤单，主客观都要求寻找新的伴侣，六三与上九相应，六三阴居阳位，上九阳居阴位，相互都有不足，但相应后彼此互补。三人行减损一人，二人得益，一人行减损二人，寻得新的朋友，亦无不利。其实，这两种观点并不矛盾，可以相互补解。㉘

例 4：损：减少。“三人行，必损一人”，意思说：三人结伴同行，必有一人先行到达目的地而减少一人。“一人行，则得其友”，意思说：一人行总想结伴同行，则得其友。爻辞讲生活中的常识。损，不能解释为损失。有人将“三人行，必损一人”，解释为“三人同行，必定会损失一人”。这样解释不符合常理，更不符合逻辑。⑱

损卦爻辞六四：损其疾，使遄有喜，无咎。

例 1：六四以阴爻居阴位得正，而且与初九正应。初九益六四，六四欣然接受。初九损掉了六四的缺点错误，弥补了六四的不足，所以六四前往，有喜庆而无过错或灾难。㉗

例 2：六四爻以阴爻居阴位，得正。“疾”本指疾病，可以引申为一切不利因素。当患了疾病，及时迅速地损削之，可获痊愈，如待病入膏肓将无药可救。当一切不利因素刚初见端倪时就采取措施及时损削掉，可以有效地防止灾难发生。⑲

例 3：“损其疾”，损，减损。其，指自己，自我减损。疾，疾患，这里指缺点、弱点，不良习惯，陋习、恶习等自身不好的东西。自我戒除陋习、恶习。“使遄有喜”，使遄，使，使其。遄，尽快、快速，亦有不断之义。有喜，养成新的好的习惯。使自身陋习、恶习尽快地离开，不间断、不懈怠地克服自身不足，并养成新的好习惯，这样做固然没有灾难。㉘

例 4：疾，疾病。遄，快速。有喜，痊愈。

损、益最终的目的在于有利于人类自身，疾病对人的生命构成了危害，是不利之事，无疑在当损之列，因此说“损其疾，使遄有喜，无咎”。㉖

例 5：损：减速。疾：快速。损其疾：将快速行车减速。遄：快速。喜：喜欢，引申为舒适。使遄有喜：使快速行车变成舒适喜欢的速度。无咎：无罪过。意思是将快速奔跑变成舒适的速度，无罪过。⑱

损卦爻辞六五：或益之十朋之龟，弗克违，元吉。

例 1：六五以阴柔居中而处尊位，虚中，有自损之象。并与九二正应。柔顺而中正，得到众爻的支持和帮助，天下人都志愿来损己益六五。以昂贵的大乌龟进贡于六五，六五不拒绝而收下，是谓大吉。㉗

例 2：六五爻以阴爻居君位，具有中和柔顺的德行。六五本身柔弱，因此他不能减损自己去增益别人。但由于身处君位，他肩负着治理国家的重任，由于六五中和谦卑的德行能够感召天下的贤能之士来辅佐他，从而弥补了自身能力的缺陷。“朋”是古代的货币单位。“龟”是很有灵气的动物，“或益之十朋之龟”比喻有人向六五举荐了一个精明强干的帮手，这对于治理好国家是大有裨益的，因此六五断不能推辞，欣然接受这样的贤能于己于国都是大吉大利的。⑲

例 3：“或益之十朋之龟”，或，指不特定的多数人，指很多人受益。十朋之龟，朋，古贝币的单位。龟，这里指龟甲，龟甲也是古币的一种，不是一般的龟甲，它是价值十朋的龟甲。这里的“十朋之龟”并非指具体的确切数字，而是指六五自损很多去补益众人。“弗克违”，弗，不。克，担当，胜任。违，违背、拒绝。这里有两层含义，指既不违背自损益人的承诺，也不拒绝众人补益的需求。“元吉”，开始就吉祥，大吉之义。因为六五为君王，君王受命于天，众人的意愿代表天意，一开始就应顺天意，舍己为人，故而大吉。㉘

例 4：或，《经传释词》：“犹‘又’也。”益，进一步。之，指疑难之事。朋，古人以贝为货币，用绳串起，一串五贝，两串为一朋。弗，不。克，能够、可以。

对于疑难之事，众人意见不一，难以决断，因此又进一步求助于龟卜。龟卜的结果代表神的旨意，是不能违背的。遵循龟卜的结果行事就可以得到神的保佑，因此说“元吉”。㉖

例 5：五爻是天子位。或：有。益：增加，引申为超过。朋：不是朋党，不是溯河，这里的朋是古代的货币。

朋是古代的货币，两枚贝为一朋。而且，古代龟与贝是相提并论的。或益之十朋之龟：若有价值超过十朋的元龟。弗克违：不要减价。爻辞省去了损字。损：减价。元吉：大吉。意思是天子得此宝龟，大吉。据说由于上古时期大量使用龟卜，致使龟资源很缺乏，这样的元龟在周王朝时已很难找到了，故而周天子得到价值十朋的元龟是大吉的事。⑱

损卦爻辞上九：弗损，益之，无咎，贞吉，利有攸往，得臣无家。

例 1：上九，“弗损益之”是说上九居损卦之极，极必变，那就变成不损了，也就是变为风雷益卦了。无损而增益。所以说“弗损益之”：上九这样做不但没有过错，而且坚守了正道，是大吉大利的，有利于前往。“得臣无家”：臣，指的是群臣；无家，指的不是小家而是天下这个大家。上九以阳刚之德益于下，而不是损于下，这种损己惠民的行为，使天下的广大臣民对他不但心服，而且十分敬佩。㉗

例 2：上九爻以阳爻居损卦之终，表示已经减损至极点，到了不能再损的地步。增益别人的最高境界并不在于舍己为人，而在并不减损自己却又能使他人受益，做到两全其美。损并不以减损自己为目的，而是为了增益别人，舍弃自己的部分利益或者根本不用以自身的利益为代价就能够让别人受益，使天下人心归顺。“得臣无家”是指天下之民不分远近内外都前来臣服，收获民心对于统治者来讲其实是最大的利益，固然不会有灾祸。爻辞同时还告诫身居上位者务必坚守正道以获得吉利。⑲

例 3：“弗损益之”，因为上九从泰卦九三而来，它是损了泰卦的“下”，而来补益损卦的“上”，弗损益之，是指它来到损卦不是损，而是益。当然，损益是相辅相成的，去补益别人就是减损自己，只是这个“益”不是上九自身的益，而是来自泰卦乾天的益。“贞吉”，守正道才吉祥。这里的“贞吉”非常关键，因为上九带来的是“天益”（上九在泰卦时是乾卦的上爻），天益必须用于正道，用于天下苍生，如果用于个人私利那就违背了天意，就会有灾难。“得臣无家”，本义是指上九在泰卦时为内卦乾卦的三爻，内为家，三爻位为内卦家长。来到损卦上爻位后，拥有了社稷和天下臣民，却没有了自己家的名分了。内在含义是指来到损卦为了“益上”，为了造福天下苍生，已经舍弃个人小家私利，以天下为家了，如大禹治水，三过家门而不入，舍其个人小家，而成就万世大业。㉘

例 4：同样是“弗损，益之”，九二爻中断为“征凶”，而本爻断语说“无咎，利贞，利有攸往”，为什么？如前所述，损、益之道，当损则损，当益则益，要视时间、对象等具体情况而定，自九二而上九，各方面情况均已发生了变化，断占之辞自然也出现了差异。

“得臣无家”字面意思是说，得到一无家可归的大臣或者奴仆，具体所指不明。

“得臣无家”莫非就是指周文王根据卜兆的指示得遇姜太公这个“无家”之臣？如果是这样的话，那么本爻的“弗损，益之”是就登进、任用贤人吕尚而言。正是在吕尚的大力辅助下，周文王父子推翻了殷商的统治，成就了自己的王业，正如《象》说“弗损，益之，大得志也”。“损”与“益”相反而相成，本卦虽名之为“损”，但在内容上也涉及“益”，与《益》共同阐述了“损”“益”的道理，当合参。㉖

例 5：上爻是祖宗之神位。我认为爻辞讲周西伯遇吕尚（姜子牙）的故事。勿损：不用减省礼仪，即礼少。益：增加，引申为礼多。益之无咎：礼多无罪过。贞：卜问。贞吉：周西伯行前卜问得遇吉。

利有攸往：利于周西伯得遇吕尚的行动。得臣：得遇的大臣。无家：不是没有家，而是吕尚出身不是大夫家。

周西伯得遇的首辅大臣吕尚出身不是大夫之家，所以说“得臣无家”。⑱

第四十二卦 益卦䷩巽上震下

（一）原文

（卦辞）益，利有攸往，利涉大川。

（爻辞）初九：利用为大作，元吉，无咎。

六二：或益之十朋之龟，弗克违，永贞吉。王用享于帝，吉。

六三：益之用凶事，无咎，有孚，中行，告公用圭。

六四：中行告公从，利用为依迁国。

九五：有孚惠心，勿问元吉，有孚惠我德。

上九：莫益之，或击之，立心勿恒，凶。

（二）解读

卦辞：益，利有攸往，利涉大川。

解读："益"，卦名。"益"：增益，利益，富裕。

卦辞说，君子增益，富裕，有利于发展，有利于远渡重洋。

初九：利用为大作，元吉，无咎。

解读：利用大有作为的人，发挥其才能，为社会增益，大吉大利，无过错。

六二：或益之十朋之龟，弗克违，永贞吉。王用享于帝，吉。

解读：送来价值十朋之金龟，不要拒绝接受，永远坚决走正道则吉祥。君子用此礼物祭祀于先帝，吉利。

六三：益之用凶事，无咎，有孚，中行，告公用圭。

解读："凶事"：灾害、战争。"圭"（guī 音龟）：古代用玉雕刻成长方形的吉祥物。

爻辞说，把收益用在灾害救助，无过错。对群众守信走中正之路，并告诉王公祭祀时用吉祥的圭玉。

六四：中行告公从，利用为依迁国。

解读："依"：依据、依靠。

爻辞说，走中正之路，劝告王公顺从民意，依据这些理由应该迁都。

九五：有孚惠心，勿问元吉，有孚惠我德。

解读：有诚信，施惠于民之心，不用问，这是大吉之事。百姓也会诚信施惠于我。

上九：莫益之，或击之，立心勿恒，凶。

解读：不仅对他不授益，还击伤他，他若坚守正道之心很快丧失，凶险。

小结：

损卦与益卦互为综卦，反卦，用意相反。益卦阐述要走正道，做好事，善于帮助别人，尤其是执政者，要实行“人尽其才，物尽其用”，为国增益，百姓会反馈给执政者“有孚惠我德”。

（三）选录多种解读

第四十二益卦辞：益，利有攸往，利涉大川。

例1：益卦，下震上巽，震为雷，巽为风，雷与风关系密切而互益。风骤而雷迅，雷激则风烈，风雷互助而皆益，故曰益卦。

《序卦传》说：“损而不已必益，故受之益。”事物发展到一定程度会向其反面发展，这是一切事物发展的规律。同样，损发展到一定程度就转变为益。所以说损卦之后是益卦。

益卦是损上益下。损卦是损下益上。两者是正覆卦，也是相反卦。损卦是益上损下而伤根基，益卦是损上益下而固本。我们要走就得走益之路。

“利有攸往，利涉大川”指利于有所前往，有所发展，有所作为。利于涉渡有风险的江河，也就是利于干大事，图大业。益时指要抓住时机，敢于冒险，奋力进取，方可获大益。㉗

例2：益是增益的意思，本卦讲益所当益的道理。从卦象来看，益卦上卦为巽，代表风，下卦为震，代表雷。震雷乍起，巽风大作，雷借风威，风凭雷势，风雷相得益彰，声势浩荡，整个卦象表示风雷相互增益。君子由此得到启发，用别人的长处来增益自己的不足。增益之事于国于民都是好事，“利有攸往”是鼓励人们多去做一些有益的事，“利涉大川”比喻增益有助于人们克服各种艰难险阻。⑲

例3：“利有攸往”，益卦所行“损上益下”惠民之道，故而有利于施行，有利于去做。“利涉大川”，来自于两方面的动力，一方面的动力是，益卦是损上益下，会得到人民的拥护和支持，上下齐心协力有利于共渡难关，能够克服大的艰难险阻；另一方面的动力来自于益卦本身，益卦上卦巽卦和下震卦在五行都属木，益为水溢，水生木，卦性与卦象相生，相生为吉，故而利涉大川。㉘

例 4：益者，增加也。利有攸往：增加人财物的投入，有利于行动。利涉大川：国家增加人力、财力、物力的投入，有利于干大事。⑱

益卦爻辞初九：利用为大作，元吉，无咎。

例 1：初九是益卦之始爻。以阳刚居阳位而得正，是成卦之主。又与六四正应。虽位卑居下，但有六四的辅助，本身就刚正，是谓大有作为，有利于干大事业，做大事。这是吉祥的，没有什么灾难。㉗

例 2：初九以阳爻居阳位，得正，但又处于下卦的最下方，地位卑微，恰似一个刚刚出道的年轻人，能力和经验都不足，但是他却受到了别人的增益，被委以重任。初九之所以能够得到别人的增益，是因为他具有正直的品性，是可造之材。处于初九地位的年轻人应当胸怀坦荡，行事谦虚谨慎，虚心接受别人的意见，将来必定大有作为，结果必定是大吉大利的，没有灾祸。⑲

例 3：“利用为大作”，用于大的作为。初九是从否卦九四来到益卦初位履行“损上益下”使命的，虽然位处初爻，却是下卦唯一阳爻，是震卦动力之源。他要带动二阴爻干一番伟大的事业，以不辱使命，使“损上益下”的国政方针在初九的作为下得以充分体现。因为益卦一开始就做这样伟大的事业，得到人民的普遍拥护，所以一开始就吉祥，开始大吉，固然可以避免灾难。㉘

例 4：大作，大兴土木、大的工程。如上所述，“大作”就是指营建、重建洛邑。营建、重建洛邑，为便于更好地监视、震慑和统治殷商旧民，因此说“元吉，无咎”。㉖

例 5：初爻是平民之位。爻辞省去了益字。益：日益增加。大作：大有作为。利用为大作：利用日益增加的民众人口而大有作为。元吉：大吉。意思说：利用大量民众而大有作为，大吉。无咎：利用大量民众而大有作为，无罪过。古代民众可以“用脚投票”，对于圣明的君王，民众就会大量迁徙前往，民众众多就可以大有作为。⑱

益卦爻辞六二：或益之十朋之龟，弗克违，永贞吉。王用享于帝，吉。

例 1：六二爻以阴爻居阴位，又处于下卦的中位，具有中正之德。“十朋之龟”指巨大的收益，六二能获得如此丰厚的收益，是因为六二为人中和正直，且柔顺而谦卑，对于这样的人大家都乐意去增益他。增益是双向的，六二没有必要推辞，在受人之益的同时也承担着去增益别人的责任和义务。爻辞同时强调增益必须永远坚守正道才能获得吉利，如果受人之益却忘恩负义，结果自然是凶险的。“王用享于帝”，是件极为重大的事情，六二受众人之益能堪此重任，吉利。⑲

例 2："或益之，十朋之龟，弗克违"这句话与损卦六五爻辞相同。益卦与损卦相反，损卦是损下益上，益卦是损上益下。换句话说，益卦上下都是受益者，所以说大家拿着昂贵的礼物大乌龟赠送给六二，六二欣然收下。永久坚守贞正而吉祥。六二有中正之德，是受益之臣，君王任用他去祭祀上帝，这是吉祥的。㉗

例 3：王，当是指周成王。用亨，进行祭祀。

如上所述，营建洛邑、迁移殷民，遭到殷商旧民的反对、抵制。不仅如此，从一些相关文献的记载看，周王朝统治阶层内部对此也有不同的意见。

《周书・洛诰》中记载，在重建洛邑时，先是由召公勘察了地形，然后周公前往负责营建，并派遣使者请周成王来到洛邑，向他禀告占卜的结果。其中记载，在选择营建洛邑地址一事上，周公先后就黄河以北的黎水地区、涧水以东地区、瀍水以西地区、洛邑地区进行占卜，卜来卜去，只有周公与周武王早已拟定中的洛邑是吉兆。这与本爻所记是相符的。㉖

例 4：二爻是大夫之位。益：超过。或益之十朋之龟：若有价值超过货贝十朋的宝龟。弗克违：不要讲价，直接买回去。永贞吉：永远主吉。亨：享。帝：同"禘"，即禘祭。禘祭是古代王朝盛大的祭祖活动。王用亨于帝：周王将价值超过十朋之龟用于禘祭卜问吉日。周王朝五年一禘祭，禘祭在秋八月举行，八月哪一天是吉日良辰要龟卜来确定。现代发掘出大量殷商时期的甲骨文，有许多就是龟卜祭祀吉日的文字。吉：善。意思是在吉日良辰进行禘祭，吉善。⑱

例 5：对此爻的解释有多种观点，莫衷一是。其主要分歧在于谁受益"十朋之龟"？谁在祭祀先帝？有没有就"十朋之龟"用于祭祀？第一种观点认为：益卦为上益下，因为六二与九五相应，九五君主益于六二"十朋之龟"，实际上是君王赐予六二对所封辖地的自治权，六二不要拒绝，但要永远持守正道才会吉祥，君王赐予的权利不能滥用。同时，君王在祭祀先帝，吉祥。君王一方面分出自己的权利赐予下属，为下属创造条件自我发展；一方面祭祀先帝，祈求先王护佑天下繁荣昌盛。第二种观点认为：六二用"十朋之龟"益于君王，奏请君王用"十朋之龟"祭祀先帝，说明六二对君王和国家的忠贞，所以吉祥。第三种观点认为：六二得益"十朋之龟"，但他并没有自己享用，而是用于祭祀先帝。第一种观点解释似乎合乎爻辞本义，但这里是解释六二的，不是解释九五的，为什么会出现"王用享于帝"呢？第二种观点解释六二将"十朋之龟"益于君王，君王转用于祭祀先帝，爻辞先后的意义似乎合理联系，但益卦主旨是解释"损上益下"的，六二用"十朋之龟"益上，不仅与益卦意义相悖，而且六二"十朋之龟"如何得来无法解释。第三种观点对六二"十朋之龟"的得来和用处解释虽然合理，但六二作为士大夫身份直接祭祀先帝是不符合古制祭祀礼法的。本人以为：

六二的“十朋之龟”是九五君王益于的，因为九五与六二相应，六二对君王忠贞，君王对六二信任，赐予六二权力是让六二带领辖地民众更好地发展。六二中正贤良，不肯直接享用这个大益，而是转益于君王用于祭祀先帝，祈求先王赐福护佑天下苍生。这样君王自然非常高兴，从而实现益下到益上互益的大目标。㉘

益卦爻辞六三：益之用凶事，无咎，有孚，中行，告公用圭。

例 1：六三以阴爻居下卦的最高位，代表一位身居要职的官吏，他上受君王之益，下接百姓之益，虽受益丰厚，但为人却不中不正，极易招致灾祸，为了避免灾祸他应该尽量将所受之益授之于人。“凶事”指各种凶险之事，如各种天灾人祸。当百姓遭受灾难时，他应该慷慨解囊，将所受之益用来增益急需帮助的人们。增益别人应该真诚且坚守中道，益所当益，本不必增益而益之只是虚伪的作秀，并非出自内心的真诚。“圭”是古代传递信息的证物，进一步引申为诚信。为官者只有心怀诚信其所言之事才能获得上级的信任。⑲

例 2：凶事，指荒灾。圭：古代君臣对外传递消息的证物。

六三虽以阴爻居阳位，不中不正，但是六三在下卦之上，作为地方上一位行政长官，并且六三与上九正应，又处在震卦之上，震为动，为刚正。“益之，用凶事，无咎”指在灾荒年赈济百姓，没有什么过错或灾难。“有孚中行”：有孚，指的是诚实，信用；中行，指的是在全卦中六三、六四两爻居中。六三虽有官位，但要开仓赈灾是大事，不能擅作主张，必须向近君的大臣六四请示，即“告公用圭”，获得批准方可开仓济民。告指的是递上的折子。公指的是六四。圭指的是折子上的印证。

象辞说，灾荒之年，因开仓赈灾之粮本来就是从百姓那里征收过来的，是老百姓的固有之物，现在又赈济百姓，不必另外求益。再说赈灾救民是国家与地方官员固有的责任。㉗

例 3：“益之用凶事”，凶事，指灾荒、灾难一类不好的事情。将自己的得益用于解救辖地人们的危难。六三为诸侯之位，因为是阴爻，又处下卦上位，在“损上益下”中得到补益最多。益卦是讲益人之道的，六三将得到的补益用于解救自己辖地人们的灾荒，这样做固然没有灾难。“有孚中行”，六三本为不好的位置，但在益卦却不然，他处在下互卦坤卦中位，坤地为土，土在五行为中，处在坤卦中位，为双重得中，故而能诚信守中。“告公用圭”，圭，是天子配置给王公大夫代表爵位和身份的玉制信物，具有崇高的严肃性，象征既要听从天子调遣，又要忠诚于君王恪守诚信之义。告，起誓、发誓之义。公，王公，这里指君王。这句话意思是说，以圭的名义向君王起誓信守承诺，一定把自己得到的收益全部用于解救民众危难。㉘

例 4：三爻是诸侯之位。爻辞之公是指周公旦，因为周公旦是诸侯又是国公。凶事：古代国家将战争、灾荒、瘟疫、君王生病、国丧等都称作凶事。益之用凶事：国家增加对凶事的投入。无咎：无罪过。即国家增加对凶事的投入无罪过。有孚：有生，引申为身体无恙。中行：符合中道的行动，这里指周武王身体有恙时，周公采取告庙的行动是中正合宜的行动。有孚中行：武王有病不愈需要采取中正合宜的行动。告：告庙。告庙是古代帝王遇到国家大事作决策时，必须到祖庙占卜祷告。《辞海》：“告庙，古时皇帝或诸侯外出或遇到大事，例须向祖庙祭告，称告庙。”圭：古代龟卜时要用圭玉做信物。因为圭玉是爵位的象征，也是治理一方国土权利的象征。告公用圭：周公旦戴璧秉圭告庙，并且以自身为人质代替武王生病。⑱

益卦爻辞六四：中行告公从，利用为依迁国。

例 1：六四爻以阴爻居阴位，得正。六四居全卦的中间位置，行事坚守中道，因而深得王公信赖，凡六四告之王公的任何事情都能得到应允，甚至包括迁国这样的大事。六四的一切行动都必须是为了益民，益民是迁国的前提和依据。⑲

例 2：六四以阴处阴位，又与六三在全卦里居中，有中正之德。为“中行”，六四上奏王公（君王）提出为了益民而迁都。君王已批准。“从”有准奏、批准之意。在古代，迁都是一件大事，最大的益民行动莫过于迁都。当然为了使皇权永固，统治阶级代代世袭永久，也要迁都。㉗

例 3：“中行”，持中慎行。“告公从”，告，公告，告示，是公告迁都之事。从，指民众服从，拥护，赞同。“利用为依迁国”，六四阴居阴位，柔正处上卦之始，临近君王，承九五阳刚，想通过迁都易地而受益，有依附君王“施益于民”之象。国都是人口汇集的地方，久之，人们的生存空间逐渐变小，生产资料和生活资料就会日显不足，发展到制约生存的时候就要迁都。迁都可谓两地得益，旧都的自然环境恢复了，新都又可以繁荣起来，而且新都还靠近天子京畿，这样通过易地而三重得益，民众自然拥护。㉘

例 4：从，听从。应当作“公从”，“公”承上省略。依，通“殷”，指殷商旧民。

大概此时洛邑重建告成，仲衍向周公汇报了有关情况，并提出了相应的建议，周公听从了他的建议，进一步坚定了迁移殷民的决心，因此说“中行告公，（公）从，利用为依迁国”，《象》说“告公，（公）从，益志也”。㉖

例 5：中行：中正合宜的行动。告：告庙。中行告公：当年古公亶父为迁移国都进行告庙是中正合宜的行动。从：古公听从告庙时龟卜的结果。依：依据。

迁国：迁移国都。利用为依迁国：利用告庙时龟卜的结果为依据而迁移国都。爻辞省去益字。益：日益强大。意思说：古公亶父迁移国都到岐山，从此周便日益强大起来。

爻辞却告诉我们，古公迁移国都是听从告庙时的龟卜。古代迁移国都是国家大事，必须事先进行占卜，所以古公听从告庙的告诉，“利用为依迁国”肯定是事实。⑱

益卦爻辞九五：有孚惠心，勿问元吉，有孚惠我德。

例 1：九五爻以阳爻居君位，至中至正，至刚至尊。九五代表君王，他时刻心系天下，以真诚的行动让百姓获益，从而民心归顺，受万民拥戴。收获民心是君王最大的收益，不用占问，这无疑是大吉大利的，人民将真诚地回报君王的恩德。⑲

例 2：“有孚惠心”，有孚，有诚信。惠心，惠，仁爱。九五刚健得中当位，既有恒常的志向，又有怀柔的仁德，诚信和仁爱之心兼备。“勿问元吉”，勿问，不用问。元吉，一开始就吉祥，大吉。君王具有诚信和仁爱之心，不必去占卜，肯定是大吉之象。“有孚惠我德”，这个“有孚”是指民众“有孚”，君王诚信仁爱之心感化民众，民众以诚信和敬爱之心回报君王的诚信与仁爱。㉘

例 3：惠，恩惠、仁爱，在这里是使……充满恩惠、仁爱的意思。

周人从商亡周兴的事实中认识到：天命不可恃，惟德能服人。诚信使人的思想、品德中充满恩惠、仁爱，把这种恩惠、仁爱广施于天下之人，达到以德治天下，不用占问也是非常吉利的，因此说“勿问元吉”，《象》说“有孚惠心，勿问之矣。惠我德，大得志也”。㉖

例 4：九五是天子。爻辞省去益字。益：日益增长。有孚：大生，引申为民众。惠心：慈爱心。有孚惠心：天子日益增长对民众的慈爱心。勿问：不要卜问。元吉：一定大吉。德：道德。有孚惠我德：民众所爱者是我的道德。何谓道德？道德是天地生长万物只讲奉献不求回报的爱心，慈爱是父母养育儿女只讲奉献不求回报的爱心。父母有情，故而称慈爱。天地无情，故而称道德。人性慈爱与天地道德是同一的。

为人民服务，就为了人民的幸福只知奉献不求回报。没有慈爱心，不可能真心实意为人民服务。所以，立党为公，执政为民，全心全意为人民服务的根本是慈爱。⑱

益卦爻辞上九：莫益之，或击之，立心勿恒，凶。

例 1：上九爻以阳爻居全卦的最高位，性情阳刚，高高在上，一心只求自益且贪得无厌。增益人民贵在恒久，以稳定民心，然而上九不但不增益下层人民，反而时常攻击他们，损削他们的利益。上九对人民无休止的盘剥必将使民心丧失，激起民怨，这对上层统治者来说无疑是最大的凶事。⑲

例 2：上九以阳居阴，处益卦之极，求益过甚，不但不能益下，反而损下损己。与六三正应，去益六三，被九五所隔，九五、上九同是阳爻，相互排斥，甚至攻击。怨声载道，众爻都不欢迎上九，故“莫益之”。上九不但不能益下，而且自己也得不到民心对他的益，并且还受到外来的攻击（外来指的是九五，因九五处在外卦）。这是因为他立心志坚持得不恒久，所以带来了凶的后果。㉗

例 3：“莫益之”，莫，没有，就是没有去增益别人。“或击之”，有两层含义：第一，“或”即“惑”，指犯了迷糊，违反常规。益卦是讲损上益下的，上九处上尊富足之位，不去增益下面，反而去打击下面，向下层掠夺；二是指上九违反益卦之道，该益不益，打击别人，结果引起众怒，也遭到别人打击。“立心勿恒”，立心，行为动机，立志。恒，恒久，坚定。上九偏离了益卦之道，没有坚持益卦之道。这里是说明上九打击别人和遭到别人打击的原因。违背事物的常规其结果必然凶险。㉘

例 4：莫，没有、没有人。益，在这里指支持。之，他。或，有的人。击，攻击。

自己的思想、观点非常孤立，没有人支持，反而有人进行攻击，因此说“莫益之，或击之”，《象》说“莫益之，偏辞也；或击之，自外来也”。虽然如此，但这并不一定就说明自己的思想、观点是错误的，因为真理往往掌握在少数人手中。对于正确的观点就是要坚持，正如但丁所说：“走自己的路，让别人说去吧！”反之，如果因为自己的思想、观点一时没有人支持，就放弃自己的正确观点，去附会众人的错误观点，反而会把事情搞糟，因此说“凶”。就以周人兴建洛邑、迁移殷民而论，虽然遭到许多人的反对、遇到很大的阻力，但周公并没有因此放弃，而是力排众议，坚定不移地付诸实施。历史证明，此举是颇具有政治家的眼光和魄力的，它奠定了周人长治久安的基石。㉖

例 5：上爻是祖宗之神位。莫：不。益：增加。莫益之：祭祀祖宗的供品不增加。或：有。击：击戾。击戾者，抵触也。

立心勿恒：诚敬祖宗的心不恒定。凶：险。意思是诚敬祖宗之心不恒定，凶险。⑱

第四十三卦 夬卦 ䷪ 兑上乾下

（一）原文

（卦辞）夬，扬于王庭，孚号有厉，告自邑，不利即戎，利有攸往。

（爻辞）初九：壮于前趾，往不胜，为咎。

九二：惕号，莫夜有戎，勿恤。

九三：壮于頄，有凶。君子夬夬独行，遇雨若濡， 有愠，无咎。

九四：臀无肤，其行次且，牵羊悔亡，闻言不信。

九五：苋陆夬夬，中行无咎。

上六：无号，终有凶。

（二）解读

卦辞：夬，扬于王庭，孚号有厉，告自邑，不利即戎，利有攸往。

解读：“夬”，卦名。“夬”（guài 音怪）：解决，果断，分开。夬卦六条爻，五条阳爻在下，一条阴爻小人在最上爻位置，要解决他。“孚”：高亨先生认为在此通“俘”。“邑”：城邑。“戎”（róng 音荣）：兵，军队。

卦辞说，在王庭上宣佈抓获了俘虏，从城邑传来盘据高位的小人动乱的消息，不利于立即出兵解决，当有利时再前行。

初九：壮于前趾，往不胜，为咎。

解读：仅仅前趾壮大，力量还很弱，出征不能胜利，会留下遗憾。

九二：惕号，莫夜有戎，勿恤。

解读：“惕”：警惕。“莫”通暮，夜晚。“恤”：忧虑。

爻辞说，宣佈警惕的信号，夜晚小人来袭，做好准备，不必忧虑。

九三：壮于頄，有凶。君子夬夬独行，遇雨若濡，有愠，无咎。

解读：“頄”（kuí 音奎）：颧骨，脸面。“濡”：淋湿。“愠”（yùn 音韵）：怒，恨，怨恨。

爻辞说，脸上表露出还很坚强，这是表面现象，将遇风险。君子不顾自身安危去与小人搏斗，果断独行，途中遇到雨被淋湿，虽有怒气，但无遗憾。

九四：臀无肤，其行次且，牵羊悔亡，闻言不信。

解读：“臀”：屁股。“肤”：肉；皮肤。“次且”同赼趄，行走困难，赼（zì 音自）、趄（jǔ 音举）。“羊”：详，吉祥。（《说文》：“羊，详也。”）

爻辞说，屁股受了伤，行走困难，还牵着公羊，显示吉祥将来临。公羊争胜顽强，故不后悔，说三道四传闻都不可信。

九五：苋陆夬夬，中行无咎。

解读：“苋陆”：王弼先生说：“苋陆，草之柔脆者也，决之至易，故曰夬夬也。夬之为义，以刚决柔，以君子除小人也。”“苋（xiàn 音现）陆”是一种草。

爻辞说，像除掉柔脆的“苋陆”一样，果断地解决掉小人，这是中庸之道无过错。

上六：无号，终有凶。

解读：六爻中最上一爻是阴爻小人，“无号”是小人没有声音了，除掉解决（夬）了，这是凶恶小人最终结局。

小结：

夬卦是要解决当权的上层出现叛徒小人。小人代表黑暗恶势力还很强，夜间还来骚扰，君子挺险前去解决，遇到层层险情未遂。但最终善战胜恶，像铲除“苋陆”草一样，处决了小人。

（三）选录多种解读

第四十三夬卦卦辞：夬，扬于王庭，孚号有厉，告自邑，不利即戎，利有攸往。

例 1：夬，就是决。决有大水破堤决坝之意。《序卦传》说：“益而不已必决，故受之以夬。夬者，决也。”一直增益下去，到了一定程度，就要向反面转化，那是溃决。

在十二辟卦中，夬卦是五阳息阴，建辰，代表三月，是阳气长进，阴气即将息灭的阶段。五阳爻决一阴爻，也是君子决小人，故名夬。“扬于王庭”指在朝廷殿前要宣布小人窃取大权所犯下的罪恶，通过宣扬，揭露了小人的真面目，使小人的罪恶暴露于天下。“孚号有厉”指用诚心号召众人，团结起来战胜小人，而又心存畏惧。畏惧则是否要对小人诉诸武力呢？不！不要用武力。“告自邑，不利即戎”指告诫自己封邑里的人，要警惕小人，不可从兵尚武，要有利于前往。㉗

例 2：夬是决断和决裂的意思，本卦讲君子与小人彻底决断的道理。从卦象来看，夬卦上卦为兑，代表泽，下卦为乾，代表天，泽水不断上涨，甚至到了比天还高的位置，满盈的泽水肯定会使堤坝溃决，泽水奔流而出，势不可当，整个卦象比喻君子与小人分道扬镳，其势已不可挽回。与小人决裂首先要公开揭露小人的罪恶，使小人的罪行无处藏身，并以诚挚的态度向人们呼告时刻警惕小人的危险性。与小人作斗争态度要坚决，但同时也要讲究策略。《周易》一向主张慎用武力，与小人斗争不宜立即采用武力，可首先考虑比较中和的方式，既能清除小人势力，又不引起小人激变，以利于顺利开展正义的事业。⑲

例 3：“扬于王庭”，扬，金文“扬”字字形为双手捧玉上举，如祝颂之状。这里指宣扬、宣布、公开、公告之意。王庭，宫廷，朝廷。就是以最高决策层的名义，把邪恶小人的罪行公布出来。这是清除小人势力的第一个战役，以最高的权威机构，以正规的媒体，用舆论首先占领意识形态领域，把坏人的伪善真相揭露出来，使坏人处于孤立无援的境地，让其受到道德的审判和民众的谴责。“孚号，有厉”，孚，这里指客观公正，真实而不虚妄；号，号外，公正声明之义。把坏人的犯罪事实客观真实地公布于众。有厉，是指这个坏人不仅位高权重（位处五阳之上），而且还有智囊帮凶，他们会对朝廷公布他的罪行予以反击，负隅顽抗，这必然会对清除小人势力这件事带来困难和风险，这也是在预料之中的。于是启动第二个战役，“告自邑，不利即戎，利有攸往”，告自邑，邑，村落。自邑，君王所辖之地的每一个村落。把坏人的罪恶进一步扩大范围地公布，让天下人都知道，使其恶名昭著。不利即戎，不利于也不需要立即使用武力来镇压这一小撮坏人，而是以不战而屈人之兵之法，以道德舆论谴责之法，以感化说服教育之法，一方面使坏人陷入孤立无援的境地，一方面使受蒙蔽的人清醒觉悟，站到正义的一边，甚至对坏人的帮凶也予以挽救教育，最终坏人会自行覆灭。㉘

例 4：“扬于王庭”的主语是“孚号”，即“孚号扬于王庭”。王庭，当指商王朝廷。号，大声呼号。即，整治。戎，军队。往，在这里指前往迎战。

历史上，周人伐商，首先进行了一系列攻打殷商外围附属国的战争，尤其是伐耆（黎）、伐于，直接威胁到殷商的首都朝歌。耆、于等邑国受到周人的进攻后，形势岌岌可危，向朝廷告急，因此说“告自邑，不利”。

商纣王依然醉生梦死，迷信天命，说：“我不是有上天的保佑吗？”听了这话，祖伊反驳说：“唉！您的过失太多，又懒惰懈怠，高高在上，难道还要把责任推到老天身上吗？殷商即将灭亡，您要处理政事，全力为国家着想呀！”祖伊的这番话，言辞可谓相当尖锐、激烈！这岂不就是卦辞所说的“扬于王庭，孚号”？

至于卦辞说“即戎，利有攸往”，大概就是进谏的主要内容之一，即建议整治军队，前往迎战周人。

如果本卦的主人公是箕子、微子中的一位，考虑到箕子是在周灭商后才被释放，而本卦描述的是纣王拒谏、逼大臣出走的情形，那么本卦的主人公应是微子。㉖

例 5：夬决：快速作出决定。扬于王庭：在王庭宣扬。孚：生，引申为命。号：令。孚号：命令。有厉：有磨难。孚号有厉：有战争磨难发生。告：布告。邑：城邑。告自邑：布告所有城邑都知道。即：节制。戎：西戎。夏、商、周时期称王朝之外的国家是东夷、西戎、南蛮、北狄。西戎出产良马，故而称作戎马。戎狄都是游牧民族，骑马作战很快速。不利即戎：农耕民族不利于快速作战来节制西戎。利有攸往：快速有利于占据军事要地。卦辞讲周代清明时节游牧民族经常到农耕民族处抢夺财货，经常发生战争。⑱

夬卦爻辞初九：壮于前趾，往不胜，为咎。

例 1：初九以阳刚居于乾体，虽刚健却处于卑下，“壮于前趾”指脚趾健壮而不能行，是说自己的力量不足，却要前往。“往不胜”指前往肯定胜不了，不但胜不了，还有危险，故“危咎”。㉗

例 2：初九爻以阳爻居全卦的最下位，具有阳刚而急于冒进的性情。“趾”位于人体最下方，其形强壮，行走时总是位于最前方，比喻那些初出茅庐、个性刚强而行事鲁莽的人。初九涉世未深，无论是能力还是经验都不足，此时他若贸然与阴险邪恶的小人展开决斗，不但不能取胜，反而会遭小人暗算，从而给自身带来灾祸。初九此时应该积蓄力量，耐心等待时机，断不能轻率行动。⑲

例 3：“壮于前趾”，有两层含义，一是指在十二消息卦中，夬卦前面是大壮卦，而人的行为是从脚的走动开始的，固有壮于前趾之义；二是指初九阳居阳位，当位刚健，初爻如人体脚趾的位置，故有脚趾健壮之义。“往不胜为吝”，不胜，不能胜任。吝，忧吝，困辱。初九虽当位，却刚猛过激，在人生如初出茅庐后生，自我感觉良好，实际羽翼未丰，偏激而行，急于求成，却不能胜以大任，带来困辱在所难免。㉘

例 4：“壮于前趾”大概是由于穿戴木枷所致。劝谏不成反而受刑，最终与商王朝决裂，离开这行将灭亡的国家而出走，但脚又受刑伤，不能够行走，陷于进退两难的困境，因此说“为咎”。㉖

例 5：初爻是平民之位。爻辞省去了夬字。夬：快速。壮：大。前趾：马的前脚。壮于前趾：马的前脚大于后腿。往不胜：往往不能快速奔跑。为咎：此为罪过。意思说：征调民众之马为战马，其前脚大于后腿的马，往往不能快速奔跑，此为罪过。爻辞告诉我们，周王朝时期战马非常缺乏。⑱

夬卦爻辞九二：惕号，莫夜有戎，勿恤。

例 1：九二，“惕号”就是要时刻心怀警惕，对外号召同仁要严加戒备，防止小人突然袭击。“莫夜有戎，勿恤”。哪怕小人在夜间来袭击，也不必忧虑，因为君子在决断小人的过程中，有了严密的戒备和防范，可无患。㉗

例 2：九二爻以阳爻居中，既具有阳刚的性情，又不失中和之德。九二在与小人作斗争时既能果断坚决，同时又小心谨慎。他时刻警惕小人的阴险行为，并呼告人们保持戒惧心理。“莫”指黄昏，“夜”指夜晚，“莫夜有戎”比喻小人暗地里发起了偷袭。只要人们随时都能做好充分的准备，当小人偷袭时人们就能够沉着应对，完全没有必要恐慌。⑲

例 3：惕，警惕。莫，“暮”的古字，即夜晚。戎，军事戒备。

“惕号”是说警惕地呼号、通报敌情，用意与《离》卦“鼓缶而歌”相同；“莫夜有戎”是说在夜晚加强戒备，用意与《离》卦“黄离”“日昃之离”相同。虽然商纣王加怒于劝谏的大臣，没有完全听从“即戎，利有攸往”的建议，但还是在夜晚布置军队加以警戒，警惕地呼号以随时通报敌情。或者，这是大臣、将领们在自己权限之内所布置的一些防范措施。相对于原来的毫无防备和“即戎，利有攸往”来说，这是一个折中，因此《象》说“莫夜有戎，得中道也”。㉖

例 4：二爻是大夫之位，而师帅、旅帅都是大夫。《周礼·夏官·大司马》：“二千五百人为师，师帅皆中大夫。五百人为旅，旅帅皆下大夫。”惕：这里应是古“愁”字。《说文》曰：“惕，敬也。从心，易声。愁，或从狄。”愁字由狄心二字组成，说明在先秦时期愁的本义是警惕。因为当时的农耕民族时刻警惕戎狄前来抢掠，故而愁的本义是警惕。我推论，在先秦时期“惕”的本义是敬，“愁”的本义是警惕。后来因为农耕民族与游牧民族大融合，各民族相互敬重，于是就废止了“愁”字，故而“愁”“惕”同音，假借为“惕”。因为已经有了敬字，故而“惕”变成了警惕，所以现今“惕”是警惕。许慎的《说文》是东汉时期的著作，故而还保存了“愁”字，还保存了“惕”的本义是敬。惕号：下达警惕的号令。莫：古通“暮”。莫夜：暮夜。戎：战事。暮夜有戎：今夜有战事。恤：怜悯。勿恤：不用怜悯敌人，要奋勇杀敌。⑱

夬卦爻辞九三：壮于頄，有凶。君子夬夬独行，遇雨若濡，有愠，无咎。

例 1：九三爻以阳爻居下卦乾的最高位，阳刚十足，同时也有冲动和鲁莽的性格。“頄”指的是面颊，“壮于頄”比喻君子将与小人决断的想法完全表现在了脸上，被小人察觉，结果反遭到小人暗算。“夬夬独行”比喻君子与小人的决断的意志十分坚决，决定以己之力单独与小人决斗，“遇雨若濡”比喻君子势单力薄遭到挫折，他感到有些懊恼。如果他放弃冲动鲁莽的行为，其结果最终无咎，如果继续一意孤行，结果是十分凶险的。爻辞在于告诫人们与小人作斗争，不可打草惊蛇，宜从长计议，应团结众人的力量而不能单打独斗。⑲

例 2：“壮于頄”，頄，颧骨。九三急于与上六阴爻决断的决心已表现在脸上。“有凶”，是指九三决断心切有操之过急的凶险。“君子夬夬，独行遇雨”，夬夬，果决之义。独行，指这种果断决定之心急切支配其行动，不等大家一同前往，就一个人提前出发了。遇雨，因为九三临近上卦兑卦，兑为泽水，水在天上无以容纳，必然下降成雨，故前往遇雨。水为坎，坎为险，这里表现为九三独行遇到凶险。“若濡有愠”，濡，湿润。愠（音 yùn），怨而引起的怒。九三怨怒实际有两个方面的原因，一是被雨淋湿产生怨气而引起愤怒，二是因阳爻相斥，九四、九五对九三这种不与群阳为伍独立行动持不欢迎态度，因此对九三遇险求助也持不配合态度，故而九三由怨生怒。㉘

例 3：“壮于頄”，受刑的部位是人体的关键部位，比“壮于前趾”更为严重，也表明处境更加恶化，预后也比“为咎”更进一层，因此说“有凶”。所以，主人公最终还是出走了。因为脚曾受刑伤，走路不便、一瘸一拐，因此说“君子夬夬独行”。

“有愠，无咎”，为什么？因为怨恨是借被雨淋湿婉转地发泄出来的，而不是直接冲着君王去的，况且此时主人公已经出走在外，远离朝廷君王，有所怨恨也不至于招致灾祸。㉖

例 4：三爻是诸侯之位，君就是诸侯。壮：大。

頄是计算权衡。这里的计算权衡是军事计划。壮于頄：大于军事计划的行动，即超越军事计划的行动。意思说：诸侯求胜心切，单独不按照军事计划而行动。有：不宜有。有凶：不宜有的凶险，即难以预料的凶险。夬夬：快快。独行：独行撤退。君夬夬独行：统帅只有命令诸侯国君独自快快撤退。遇雨：清明、谷雨时节经常是斜风细雨天。濡：湿。遇雨若濡：遇到斜风细雨全身湿透。愠：怒。有愠：统帅虽有愠怒之色。无咎：无罪过。意思是统帅不要追究诸侯国君这次行动的罪责。因为他是为了求取速胜，后来又坚决听从了命令快速撤退，部队没有损失，故而无罪过。⑱

夬卦爻辞九四：臀无肤，其行次且，牵羊悔亡，闻言不信。

例 1：九四以阳居阴，不中不正，虽有决掉小人之志，但急于前行，就像屁股上的肉都磨烂了，行动非常困难还要强行。用“牵羊”之言忠告它，说若自己牵着羊，跟随他人前行，悔恨也就没有了。可是，这些忠告它却听不进去，也不相信别人的忠言。

象辞说，本来行动就困难，还要强行，说明它身居的位置不中不正，对于忠言也不相信。“聪而不明”，即听到了忠言却不能明察事理。真是可悲呀！㉗

例 2：九四爻以阳爻居阴位，不中不正。与小人决断需自身行为端正，刚正不阿。“臀无肤，其行次且”比喻九四本身已失正，行为不端。“牵羊”时人们不能走在羊的前面强行拉扯，只能跟在羊后面驱赶，爻辞以此告诫那些自身行为不端的人在与小人决断时是不能起带头号令作用的，只能跟在别人后面，方可免除悔恨。然而令人遗憾的是，这种人往往刚愎自用，不听劝解，结果终将悔恨不已。⑲

例 3：“臀无肤”，九四爻位类比人体臀部，臀部为阴，而九四是阳爻，犹如臀部有骨无肤，羸弱不堪重负。“其行次且”，次且（音 zījū），趑趄，行走困难的样子。“牵羊悔亡”，羊，指上兑卦，兑卦为羊。牵羊，牵住上六阴爻兑卦缺口的羊鼻子不放，表示与阴爻决断的信心。悔亡，如果这样 “臀无肤，其行趑趄”的悔恨可以与“牵羊”的功劳相抵。“闻言不信”，闻言，指听到别人劝告“牵羊悔亡”之言。不信，听不进别人的劝告，不相信别人的劝告会达到“悔亡”的结果。

此爻对“闻言不信”的解释亦有不同观点，有观点认为，九四牵羊不放，无论“羊”（指上六）怎样花言巧语九四也不信他；还有观点认为，九四既不想失去羊，又忍受不了臀部的疼痛，在得失面前不好权衡，优柔寡断听不进别人的意见。从爻辞与象辞前后意义的连贯性看，本人认为“闻言不信”是他人对九四的劝告，如是作以上解析。㉘

例 4：肤，皮肤。次且（zījū），通“趑趄”，行走趔趔趄趄、步履艰难的样子。牵羊，比喻谢罪。

《史记・殷本纪》称商纣王“知足以距谏，言足以饰非；矜人臣以能，高天下以声，以为皆出己之下”。这样一个刚愎自用、自以为是的人，是很难听进他人劝谏的，因此爻辞说“闻言不信”，《象》说“闻言不信，听不聪也”。不仅听不进劝言，反而将进言之人打得皮开肉绽，走起路来趔趔趄趄，因此说“其行次且”。

如前所述，羊在古代文化中有多重象征意义。羊尤其是母羊在一般情况下是温顺的，所以又象征驯服、臣服、谢罪。如《史记・楚世家》记载，楚庄王攻克郑国，郑伯投降，裸露上身，“牵羊”迎接楚国军队，在与楚庄王交谈时，多次重复“唯命是听”“亦唯命”之类的话。《史记・宋微子世家》中也记载，周武王攻克殷商以后，微子带着殷商的祭器来到军门，裸露上身，将自己捆绑，左手牵羊，右手把茅，膝行而前。这两个例子都证明“牵羊”就是表示臣服、谢罪。

进谏没有被采用，还惹恼了纣王，受了杖刑；受了杖刑，还要通过“牵

羊”表示臣服、谢罪。这可以争取宽恕，免遭更严厉的惩罚，因此说“牵羊，悔亡”。㉖

例5：四爻是王朝大臣之位。爻辞省去了夬字。夬：王朝大臣在各诸侯国之间快速协调军务。臀无肤：臀无全肤，不是臀无皮肤。次且：趑趄，即行走困难。

牵羊：羔羊是王朝大臣卿的见面礼，牵羊是牵羔羊为见面礼。悔亡：无悔。意思是见面礼送出去之后，没有后悔的。牵羊悔亡：卿牵羔羊为见面礼，送出见面礼是不能后悔的。闻言不信：送出那么多羔羊为见面礼，卿闻听后还不敢相信。说明王朝大臣为协调军务在各诸侯国之间奔跑，非常繁忙。⑱

夬卦爻辞九五：苋陆夬夬，中行无咎。

例1：九五阳刚中正居尊位，比于上六虽受其阴气的影响较大，但九五夬夬之志，决掉小人上六的决心早已坚定，像铲除苋陆草那样果决，在铲除小人的过程中，九五坚守了中行之道，既决掉了小人，又不过暴。所以是无咎的，故“中行无咎”。㉗

例2：九五爻以阳爻居君位，至中至正，至刚至尊。“苋陆”又名马齿苋，是一种生命力极强的植物，非连根拔起不能根除。“苋陆夬夬”象征君子在与小人决断时必须坚决果断，像清除苋陆草那样斩草除根，毫无保留。与小人斗争不仅需要态度坚决，同时也要讲究策略。爻辞主张采用比较中和的方式，既能根除小人势力，又防止其狗急跳墙，这样做就不会有灾祸。⑲

例3：“苋陆夬夬”，苋（音 xiàn）陆的解释自古以来一直有争议，虞翻认为苋陆为“莞睦”，是喜悦和睦的意思；王弼则认为苋陆是泽中水草；荀爽认为苋与陆分别是两种水草；孟喜则认为是一种动物；现今有人认为苋陆即马齿苋，今人贺华章先生认为苋陆是类似浮萍的水草，从卦气上看，已是阳春三月，浮萍已经生成浮于水面。苋陆，指上六如水上浮萍。夬夬，果断地与之决绝，指九五与苋陆（上六）果断地决绝。“中行无咎”，本来九五有咎，因与上六比和，与上六关系融洽，不忍心与之决绝，君子与小人的关系融洽固然有咎。但九五中正居尊位，既是一国之君，又是率领五阳与一阴决绝之首，舍弃个人情感，服从大局，应顺天意，果断与上六决绝，因此无咎，避免了灾难的发生。九五与上六的关系犹如乾隆与和珅的关系，也如李隆基与杨玉环的关系，君王必须以江山社稷为重，关系国家兴亡，再深厚的个人感情也必须舍弃。

九三与九五爻辞都有“夬夬”的强调，是因为九三与上六相应，九五与上六比应，着重强调在与小人决断中要舍弃个人情感的重要性。㉘

例4：苋，一种细角的山羊。夬夬，山羊一蹦一跳走路的样子。

“苋陆夬夬”表层的意思是说山羊一蹦一跳地行走，其实是形容主人公因受了杖刑，走路一瘸一拐的样子；“中行”表层的意思是说行走在路的中间，其实是比喻人的思想、行为合乎中正之道。主人公劝谏君王不成，反而受到杖刑，对君王、国家可谓是仁至义尽，尽到了做臣子的本分，被迫无奈而出行，其行为是合乎中正之道的，因此说“中行无咎”。㉖

例5：九五是天子。苋：苋红色，因为苋菜汁是苋红色。陆：马。《庄子·马蹄》：“龁草饮水，翘足而陆，此马之真性也。”苋陆：苋红色宝马。苋陆是否就是后世所言汗血马？夬夬：快速决战。因为决战必须快速进行。中行：符合中道的行动。中行无咎：天子经过计算权衡后决定快速决战，这是符合中道的行动，无罪过。⑱

夬卦爻辞上六：无号，终有凶。

例1：号，指痛哭呼号。

上六，是阳进长到极点，阴消到尽头的一爻，也体现事物发展的规律性。此爻阴柔居卦之末，为众阳爻所决，小人无须呼号求敛，因其终究必有凶险。㉗

例2：上六居全卦最高位，比喻君子与小人的决断已经到了最后阶段。小人的邪恶势力即将终结，他们会发出最后的号叫，但这些都是没有用的，正义终将战胜邪恶，小人最终的结果是凶险的。⑲

例3：“无号”，没有号啕，连号啕的声音也没有。无号，有两层含义，一是指上六为无德无才却位处高端的小人，从不把众人放在眼里，处处与众阳爻君子作对，久而久之，成了孤家寡人，自知凶险已经来临，连哭号的声音也发不出了；二是指阳气已至顶峰，阳极阴至，天道如此，无需伤悲哭号。“终有凶”，指上六即将消退，这个颓势不可挽回。㉘

例4：纣王拒谏，滥施淫威，迫害忠良直谏的大臣，使人噤若寒蝉，没有人再敢进谏，因此说“无号”。商纣王朝最终众叛亲离，而周武王等的就是这个时机。《史记·周本纪》载，周武王即位以后，继续伐商的事业，先是“观兵于孟津”，为伐商作预先演练，八百诸侯前来会盟，诸侯们都说：“可以讨伐商纣了。”周武王却说：“你们不懂天命，现在还不可以。”又等了两年，商纣王更加昏乱暴虐，杀害王子比干，囚禁箕子，太师疵、少师彊抱着乐器投奔于周，才大举伐商，与商纣王的军队会战于牧野。商军主力又在东南作战，而临时组织起来的部队临阵倒戈，商王朝被周人一举推翻。因此说“终有凶”，《象》说“无号之凶，终不可长也”。㉖

例5：上爻是事之极。无号：大难临头时无紧急号令发出。上爻是祖宗之神位。终有凶：始终有凶险，所以先王用烽火狼烟快速发出军情紧急号令。爻辞省去夬字。夬：快速发出军情紧急号令。⑱

第四十四卦　姤卦䷫乾上巽下

（一）原文

（卦辞）姤，女壮，勿用取女。

（爻辞）初六：系于金柅，贞吉。有攸往，见凶。羸豕孚蹢躅。

九二：包有鱼，无咎，不利宾。

九三：臀无肤，其行次且，厉，无大咎。

九四：包无鱼，起凶。

九五：以杞包瓜，含章，有陨自天。

上九：姤其角，吝，无咎。

（二）解读

卦辞：姤，女壮，勿用取女。

解读："姤"，卦名。"姤"（gòu 音购）同遘，相遇，遘和。

卦辞说，女子性格倔壮，不可娶其女。

初六：系于金柅，贞吉。有攸往，见凶。羸豕孚蹢躅。

解读："系"：绑住，捆绑。"金柅"（nǐ 音你）是铜制车闸。"羸"（léi 音雷）：瘦，还有缠绕之意。"孚"通浮，轻浮。"豕"：猪。"蹢躅"（zhízhú 音直足）：来回走动不安。

爻辞说，车上按装铜制的车闸，以便能控制车。女人要能控制自己，守贞才会吉祥。在前进的路上遇见凶情，便应刹车。喻指女人在情感方面不能轻举妄动，要有约束。"羸豕孚蹢躅"是说猪轻浮就应该受到约束。

九二：包有鱼，无咎，不利宾。

解读："包"同庖，厨房。"包有鱼"直译厨房里有鱼，喻指钱包里有余钱，自己还够用，但招待宾客就不够了。

九三：臀无肤，其行次且，厉，无大咎。

解读："臀"：屁股。屁股受伤，行动困难，喻指有病没法与姤合对象沟通，险情，但无大的后遗症。

九四：包无鱼，起凶。

解读：厨房里没有鱼，喻意钱包无余钱，寸步难行，起步则凶。

九五：以杞包瓜，含章，有陨自天。

解读："杞"（qǐ 音起）：树的名字，叫杞柳。"章"：文彩，文章。"陨"（yǔn 音允）：陨石，降落。

爻辞说，用杞柳条包裹甜瓜，这是包装的含章，表面文章，不真实，就像落下的陨石被摔破，将暴露出虚伪的实质。喻意要姤合，不能虚伪。虚伪者，迟早会暴露。

上九：姤其角，吝，无咎。

解读："角"是牛羊头上的高尖的角，喻意要姤合，不要高攀，要门当户对，双方各方面差距很大，难成功，也无需去责备。

小结：

姤卦提醒男女双方欲姤合，需具备主观和客观的条件，不仅素质品德，还与经济实力相关联。仅"包有鱼"还不利招待宾客；"包无鱼"起步则凶。姤合的思路，可扩大到社会群众各方面的合作条件。

（三）选录多种解读

第四十四姤卦卦辞：姤，女壮，勿用取女。

例 1：姤是相遇的意思。此卦为什么叫姤呢？是因为柔遇刚，也就是一阴爻遇到五刚爻。"勿用取女，不可长也"指不宜娶女为妻，因为姤卦是阴要灭阳，男子不可以娶她与之长久生活。"天地相遇，品物咸章也"指天与地相遇，天地交感，生出万物，万物章明茂盛。"刚遇中正，天下大行也"指刚者遇到中正者，中正指的是九五，九五以刚居中得正，有阳刚之德，又居中得正，其抱负大行于天下，姤德的意义是多么伟大啊！㉗

例 2：姤是不期而遇的意思，本卦讲阴阳相遇，君子以阳制阴，防范小人势力的原则和道理。从卦象来看，姤卦上卦为乾，代表天，下卦为巽，代表风，风行天下吹遍天地间各个角落，接触万物，因此有相遇的意思。从卦画来看，姤卦唯一的阴爻位于全卦的最下方，诸阳爻位列其上，象征阳刚的君子牢固地压制了阴邪的小人势力。姤卦以一阴敌五阳，其势微弱，但其生长势头却极为强盛，象征一个强壮的女人。古人有根深蒂固的重男轻女和男尊女卑思想，凡女壮男必弱，因此告之以"女壮，勿用取女"。"女"属阴性，又可引申为小人，"勿用取女"也在于警示君子不可与小人同流合污。⑲

例 3："女壮"，女，代表阴爻初六。壮，初六阴爻处卦之最底层，本为阴弱，但在姤卦却不然，这一阴虽然始生阴弱，但她却处在生长上升的态势，会逐渐强壮，而阳气虽然处在强盛时期，却会不断消退。这里的“壮”，指初六阴爻有顽强的生命力，有强盛的上升气势。“勿用取女”，取，同娶。不要娶这样的女人为妻。告诫众阳爻要认清这个阴爻来者不善，不要依恋她，她不是真心与你相爱，与你周旋相恋是为了麻痹你，最终是要取代你，怎么能娶这样的女人为妻呢？取女，不仅指娶女为妻，同时指与女有染、迷恋女色或被事物表象迷惑。“取女”是一种比喻，是说这种自然现象的规律在社会中也同样存在，一些位高权贵的男士跟前，总是少不了形形色色的女人，作为男士，要保持清醒，她们不是真正爱上你，而是爱上你的权力和地位。但世人往往认不清这个道理，或经不住女色、金钱的诱惑，最终因“取女”而败下阵来。㉘

例 4：从卦象上看，《姤》卦巽下乾上，只有初六一个阴爻，而其他五爻都是阳爻。女为阴、男为阳，一个女人能够与五个男人相敌，可见女人的强壮，因此说“女壮”。

女人比男人强壮，会令男人难以驾驭。进一步讲，体格强壮的人，一般而言，性欲也比较旺盛。女强男弱，女人在性事上得不到满足，容易红杏出墙，败坏门风，给丈夫戴上绿帽子。而男人为满足女人的需要，在性事上勉力为之，则会有损男人的身体，因此女壮男弱的婚配为古人所不取，因此说“勿用取女”。㉖

例 5：姤者，女后执政诸国女人的婚姻落后也。壮：大。女壮：女大，即女人的年龄达到 24 ~ 30 岁。24 岁 ~ 30 岁的女人不宜直接称大女，故而称为女壮。勿用取女：不用男娶女为婚，而是女取男为婚。意思说：当女人年龄达到 24 ~ 30 岁成为大龄女时，实行女取男婚不用男娶女婚。女取男婚，旧时称作纳赘婿。⑱

姤卦爻辞初六：系于金柅，贞吉。有攸往，见凶。羸豕孚蹢躅。

例 1：系，指绑住。柅：马车上的刹车装置。羸：瘦弱。豕：猪。蹢躅：行走困难、徘徊不前的样子。

初六是纯阳下面生长的一个阴爻，所谓“女壮”就是从此爻而讲的。姤卦，一阴始生，阴爻逐步渐长，君子绝不能麻痹大意，放任自流，要设法制止初六。紧紧地把它拴系在用金属制成的刹车上。如同车一样不能前进。这样方可贞吉。“有攸往，见凶”指放任初六前往必有凶。凶，是指给君子带来的凶难。这就是告诫君子对小人万万不可掉以轻心。“羸豕孚蹢躅”是把初六比作一头瘦猪来告诫君子的，别看眼下初六像一头瘦猪那样，有气无力走路非常困难的样子，它会逐渐长壮，发展前进的。㉗

例 2：初六爻以阴爻居全卦的最下方，是全卦唯一的阴爻，代表阴邪的小人势力。此时小人势力刚刚出现，就像一头瘦弱的猪仔，其实力微弱，但内心躁动不安，此时如不及时加以遏制，任其生长，待其发展壮大就难以控制，势必酿成凶险之事。“柅”是车闸，“系于金柅”比喻君子采取强有力的措施制止小人势力的发展，将其扼杀在萌芽状态。与小人作斗争须自身品行端正，故爻辞告诫人们要坚守正道才能获得吉利。⑲

例 3：“系于金柅”，系缚在金柅上。柅（音 nǐ），指制约车轮前进的用柅木制成的刹车器（亦解缫车的横木），因木质坚硬，故称金柅。金，指上卦乾卦，乾卦五行属金，系于金柅，指系在乾卦上。金柅，象征乾卦刚健正固，万物见天而止。“贞吉，有攸往”，如果应顺天道，进退按季节天时而行，服从天时支配，那就会吉祥，就有利于前往，否则就会“见凶”，就会遇到灾难。这里表意讲阴气上升应遵循天时，但实际上是告诫人们的思维和行动要应顺天道规律，因为阴阳交替本身受天规支配不会有错，而人认不清规律往往因急于求成而发生违背规律的现象，就会“见凶”。“羸豕孚蹢躅”，羸，瘦弱。豕，猪，这里应为牝（母）猪，指初六，这个阴爻刚刚生成，还很羸弱，目前还不壮实，还没有到谈婚论嫁、繁衍后代的时候，应守闺中之道。孚，诚信，初六受双重诚信的制约，一是系于金柅，也就是系于乾卦，从卦爻上看，初六与九四相应，乾卦刚健恒常，恪守诚信，也就是说初六应该信守与九四的相应约定，信守这个承诺，而不能心有旁骛；二是指初六后面是众阴爻坤卦，坤卦具柔顺诚信之德。蹢躅，因不安静而徘徊的样子。整句是说，这个瘦弱的母猪因受诚信所牵而焦躁不安地徘徊。上因为受乾卦天规所止，下因为受坤卦诚信所牵，上“系”下“牵”，焦虑徘徊，因初六本义急于与五阳相姤。一“系”一“牵”，即相互协调，又相互制约，显示着事物发展的渐进性、曲折性和复杂性。因而，在同一规律作用下，事物发展的大趋势具有相同性，而在发展过程和环节上又显其特殊性，这样才形成色彩斑斓的大千世界。这里隐含着共性与个性、一般性与特殊性的哲学思想。㉘

例 4：系，拴。柅（nǐ），刹车器。羸（léi），缠绕、拴住。孚，信，守时，引申为发情。蹢躅（zhízhú），母猪发情躁动不安、以足击地的样子。

具体到本爻中，就是把性欲旺盛的女人比喻为发情的母猪。这样的女人性欲旺盛，一旦娶得如此女子，就要对其行为严格限制、约束，因此说“系于金柅”，如此“贞吉”，《象》说“系于金柅，柔道牵也”。反之，恣其所欲，“有攸往，见凶”。但在实际之中，未闻有将猪拴在刹车器上的，因此这里“金柅”也只是一种喻象，取其“制动”之义而已。㉖

例 5：初爻是平民之位。爻辞省去了姤字。姤：民女婚姻落后，实行纳赘婿。系：牵挂。柅：纺绩用络丝架。金：铜。系于金柅：民女牵挂包铜络丝架。说明这是男耕女织的父系制社会。贞：主。吉：得。贞吉：主以纺织所得为生。

有攸往：别人安然嫁男为婚。见：现。凶：险。见凶：她害怕嫁男出现凶险。羸豕：瘦弱的猪。孚：生，即生性。蹢躅：止步不前。羸豕孚蹢躅：她害怕嫁男会出现凶险，就像瘦弱的猪生性胆小止步不前不敢抢食吃，故而婚姻落后，实行纳赘婿。⑱

姤卦爻辞九二：包有鱼，无咎，不利宾。

例 1：“包有鱼”的鱼指的是初六，九二包裹着初六。九二以刚居柔得中，有刚柔之德。它既有制阴的一面，也就是“包有鱼”，使小人的祸害不致扩散，也有容阴即融合的一面，也就是恰当地处理与小人的关系，所以“无咎”。“不利宾”也就是不利于外。宾，指的是九四，九四与初六相应，九二把初六包裹起来，九四也就无法相应了。㉗

例 2：九二爻以阳爻居下卦中位，既具有阳刚之气，又不失中和之德。“鱼”是阴性之物，代表小人和邪恶势力，“包有鱼”就是将小人和邪恶势力牢牢地控制住，不能任其四处蔓延，这样做是没有灾祸的。与小人作斗争，宜占据主动。若处于被动的地位是很不利的，不但不能遏制小人，反而会遭到小人暗害。⑲

例 3：对此爻解释有不同观点，今人易学家殷昆先生解释为：包，为包容。因九二与初六比和，相遇后双方融洽和谐，故而无咎。“不利宾”，指不利于把谁看作宾客，应该都是主人。“义不及宾也”，义，规则，指宾客的规则在这里不适用，没有主、宾区别。今人易学家程绍恩、徐婷解释为：“包有鱼”，包，是包装的袋子；鱼，指初六小人。初六被九二包围，就像用袋子把鱼装起来，使其不得逃脱。“无咎，不利宾”，这样做就没有灾难了，否则坏人会对好人（宾客）造成不利影响。而今人易学家贺华章先生解释为：“包有鱼”，指九二得到初六这位女子为妻，相互恩爱，共同致富，故而“无咎”。“不利宾”，不能将自己的妻子与宾客共有。因为九二娶了妻子，才使这个五阳“光棍村”产生一些灾难。

本人对于本卦卦辞、彖辞、象辞综合分析认为：“包有鱼”，包，是“庖”（音 páo）的通假，指厨房，引申为庖丁，厨师。包有鱼，厨房中有鱼，指鱼在厨房与庖丁相遇。不知鱼怎么来的，但鱼进了厨房，是鱼动，而不是厨房动，即鱼姤庖，对于庖来说，是没有什么过失的，因而“无咎”。“不利宾”，从卦象上看，初六与九四正应，与九二比应，只是一般的融洽关系，并非是男女相爱的关系。这里告诫九二必须清醒，鱼进了厨房表象看是好事，但不可以用来烹制招待宾客，因为此鱼来路不明，不该归你所有，怎么可以用不归自己所有的佳肴来招待宾客呢？因为卦辞说“勿用取女”，这个意义是贯穿姤卦始终的。这里警示

人们，要看清事物发展的大势，把握事物的本质，不能被事物的表象所惑。㉘

例 4：包，是“庖”“胞”等字的初文，“庖”就是厨房，“胞”就是子宫。

在古代文化中，鱼也有与猪类似的象征意义，象征女人、男女交媾、多子等。这些象征意义是如何发生的呢？首先，从外表形状看，鱼的轮廓，尤其是双鱼的轮廓，与女人的外生殖器非常相似；再从内涵说，鱼腹多子，生殖繁衍能力非常强。这两方面的原因，使生活在渔猎社会的先民将鱼作为女性、女性生殖器官的象征，把鱼作为生殖崇拜的对象，认为人吃鱼以后，也会像鱼一样多子。所以，古代女性们在举行了婚姻仪式后，不是与男子进行性结合，而是吃鱼。她们认为，把鱼吃下肚子以后，便可获得像鱼一样旺盛的繁殖能力。

如果单看“包有鱼”一句，将“包”理解为“胞”也讲得通。但联系下文的“不利宾”看，“包”应该解为“庖”。爻辞的意思是说，厨房中的鱼是用来乞育的，不是用来招待宾客的，因此说“无咎，不利宾”，《象》说“包有鱼，义不及宾也”。㉖

例 5：二爻是大夫之位，这里是女后执政诸侯国的大夫。爻辞省去了姤字。姤：女大夫婚姻落后，到 24~30 岁取男为赘婿成婚。包：同“胞”。鱼：雌鱼肚腹包有许多鱼子，引申为女人怀孕。包有鱼：女大夫怀孕后身子沉重。宾：宾客。无咎：女大夫身怀有孕，由赘婿接待宾客无罪过。不利宾：赘婿不是一家之主，由他接待于宾客不利。⑱

姤卦爻辞九三：臀无肤，其行次且，厉，无大咎。

例 1：“臀无肤，其行次且，厉”指屁股上的肉给磨烂了，坐下来疼痛难忍，必须得走，但走起来又非常难行。九三处境艰难，所以有危险。九三之所以有这样的处境，是因其过刚不中，性躁欲进，又无相遇，得不到别人的扶持和引荐，凭借自己的主观愿望去做，所以是有危险的。“无大咎”指九三毕竟以阳爻居刚位而得正。虽未与阴相遇，但也没有受到阴的伤害，所以说没有大的险难。㉗

例 2：九三爻以阳爻居下卦的最高位，阳刚而得正，但性情急躁，有冲动冒进之嫌。在与小人的斗争中九三急于求成，与小人交锋异常激烈，进展艰难，恰如一个臀部没有肌肉的人行走不稳，举步维艰，终使自己陷入危险的境地。九三如能及时悔悟，停止激进冲动的行为，调整与小人斗争的策略，就不会有太大的灾祸。⑲

例 3：“臀无肤，其行次且”，因臀部有创伤而行走艰难。次且，趑趄（前文已解），行走困难的样子。这里“臀无肤”并非指九三臀部真有创伤，而是指九三内心躁动，经不住美色的诱惑，急切想与初六阴爻会合，无奈被九二阳隔，因焦急而坐卧不安，左顾右盼的样子，其行为如同臀部有创伤的人行走艰难。“厉，无大咎”，厉，是说九三这种想法和行为都是不对的，这样会有危难的，因为他违背了“勿用取女”原则。如果九三与初六真的相姤了，就会发生被小人取代的危难。好在被九二相隔，九三的行为并未真正实现，所以没有大的灾难。㉘

例 4：肤，肥肉。“臀无肤，其行次且”一句已见于《夬）卦九四爻辞，但意思不同。在《夬》卦中，“臀无肤，其行次且”中的“肤”是皮肤的意思，是说受了杖刑，皮开肉绽，因此走路艰难。而在本卦之中，却是描写女人怀孕后的样子。

臀肥乳丰，走起路来趔趔趄趄，这是孕妇的一般特征。古人认为，臀肥乳丰有利于生育，所以对臀肥乳丰的女人大加推崇，大量出土的绘画、雕塑文物中，女性那突出、夸张的乳房、臀部可以证实这一点。此妇“其行次且”，表明她是一位孕妇。然而“臀无肤”预示着可能有生育方面的困难，因此说“厉”；但实际情况并不一定完全如此，一般之中又有例外，因此又说“无大咎”。㉖

例 5：三爻是诸侯之位。爻辞省去了姤字。姤：诸侯国女后婚姻落后，取男为赘婿成婚，此乃卦象。臀无肤：臀无全肤。为女后寻找合适的赘婿很难，以至于乘车到处寻访，弄得臀无全肤。次且：趑趄。其形趑趄：其行路困难。厉：磨难。意思是女后的赘婿今后要在磨难中度日。大：内。咎：罪。无大咎：女后整日虐待赘婿，而女后内心认为无罪过。

为什么说女后的赘婿受磨难，而女后内心认为无罪过呢？《说文》：“姤，偶也。”《说文》：“偶，桐人也。”桐人者，木偶人也。《说文》告诉我们，女后的赘婿是任凭女后摆布的木偶人。⑱

姤卦爻辞九四：包无鱼，起凶。

例 1：九四以刚居阴，不中不正，本与初六相应，因初六被九二“包有鱼”即被九二所制，所以九四“包无鱼”。九四不中不正，本身不能容阴制阴。“包无鱼”，说明九四远离小人，或是变相地躲开小人，缺乏包容的度量，更没有制止小人的办法。远离小人，实质上是放纵小人，如同放虎归山。所以行动起来就会有危险。㉗

例 2：九四爻以阳爻居阴位，不中不正。与小人及邪恶势力斗争必须自身品行端正，九四既失正就不足以担当制服小人的重任。“包无鱼”比喻九四不能控制住小人，致使其任意发展壮大，最终酿成凶险之事。爻辞从反面再次强调在与小人的斗争中坚守正道的重要性。⑲

例 3：“包无鱼”，九四与初六相应，本来应该“包有鱼”，初六这条鱼应该归他所有，可这条鱼并没有与他相遇。究其原因有三，一是初六风流成性，违背相应之约，上承九二；二是被九二、九三阳爻所隔，被中途劫色，难以与之相应；三是九四高位自居，不能体察理解下层民众疾苦，没有对初六以足够的关爱呵护，导致初六对他背信弃义。“起凶”，起，高亢之意，有两层含义，一是九四地位高贵，高高在上，不关心黎民百姓的疾苦，因而得到失去民众相应与支持的凶祸；二是指九四对初六美色的追求跟九三一样，很急切，很执着，也因此失去美色。希望破灭后他仍然非常执着，哀怨、遗憾，甚至愤怒。九四与九三犯着不同形式的同样错误，都没有遵循“勿用取女”的原则，没有得到美色之后仍然不能觉悟。如果九四淡定心志，静居不争，趋正自守，则九二必不会占其“鱼”为己有。㉘

例 4：起，产生的意思。“包无鱼”与“包有鱼”正相反，意味着女人不能生子。不孝有三，无后为大。古代中国女人的身份、地位、荣誉、利益，都和家庭紧密地联系在一起，并取决于她的家庭。婚后的女人能否生子传宗接代，关系到家族的兴衰荣辱，更直接关系到女人一生的荣辱。母以子贵，女人不能生下儿子，在家庭中的地位就很卑微；如果根本不能生育，那是属于“七出”之列的，随时有被赶出家门的危险，其结局可想而知，因此说“起凶”。㉖

例 5：四爻是国公之位，这里是诸侯大国的女国君。我推测，舜帝时夏后氏主政的夏诸侯国是当时的大国，所以夏启能够建立夏王朝。爻辞省去了姤字。姤：诸侯大国女后取男为赘婿。包无鱼：与“包有鱼”意相反，即大国女后纳赘婿后无子女。凶：险。意思是诸侯大国女后取男为赘婿却无子女继位，这起婚姻凶险。⑱

姤卦爻辞九五：以杞包瓜，含章，有陨自天。

例 1：杞，指杞柳，其树条能做编织品。章：引申为韬略。陨：降落。

“以杞包瓜”指九五阳刚中正，像杞树一样包在地上的瓜。瓜为阴，阴指的是初六，也就是九五像杞树包瓜一样把初六包住，其法就是制止初六。“含章”是说九五有韬略，含而不露，把锋芒收敛起来，静以待之。“有陨自天”是说阴长阳消，阳要渐落，这是天命决定的，也是事物发展的客观规律，谁也改变不了。㉗

例 2：九五爻以阳爻居君位，至中至正，至刚至尊。九五爻字面上只谈到了农作物生长的自然规律，瓜缠绕在杞柳树上生长，瓜熟蒂落从树上掉了下来，爻辞以此为喻告诉人们君子战胜小人要遵循一定的规律，君子要有坚定的信念，但也不可操之过急，待时机成熟，君子与小人的斗争就会像瓜熟蒂落般取得胜利。⑲

例 3：对“以杞包瓜”的解释历来有不同观点。一说“杞”即枸杞，“包瓜”是一种藤蔓植物，枸杞与包瓜共生，浑然一体；一说“杞”是杞柳，是柳树的一种，其枝柔软，瓜傍杞柳而生，藤蔓爬上柳树，让柳枝将瓜包住，以求起固定作用。一说“瓜”是九五，瓜生长成熟由青变黄，表示九五中正内藏文采（含章）。一说“杞”是九五，“瓜”是小人，杞柳将瓜包住，不让小人逃脱。

本人认为，解析爻辞必须遵循卦的大象、卦辞本义以及爻辞与卦象、卦辞内在联系的原则。姤卦的大象是阴长阳消开始，阴气最终逼退阳气，一阴虽然始生，但处在渐进上升发展态势，故而卦辞称“女壮”。阳退阴进是姤卦大势，是自然天道规律，九五作为尊贵的君王，是很明白这个道理的，也必须遵循这个客观规律。从以上众多解释观点看，第二种解释比较接近卦象和卦义：杞，指生长在河边的杞柳，瓜，作为藤蔓植物，攀柳而生，意在利用柳枝将自己的果实包住。杞柳，枝叶柔软，为阴性植物，指初六阴爻。瓜，指九五。“含章”，指瓜逐渐成熟由青变黄，因被柳枝包住，表示内含文采，九五中正，处在阴长阳消的态势，故收敛才华而不张扬。“有陨自天”，陨（音 yǔn），陨落。自天，来自天的力量，天规的作用。这里蕴含三层意义：一是瓜熟蒂落是植物生长的规律，用杞是包不住的，表示事物发展规律不是以人的意志为转移的；二是指阴长阳消是自然规律，即使是居中正尊位的君王也要遵从这个规律，认同这个对自己不利的现实；三是指九五中正当位含章，具有博大胸怀，即使是对自己不利的天道规律也恭敬地遵从。㉘

例 4：杞（qǐ），一种柔软但有韧性的树木。包，包裹。章，瓜果的纹路。陨，坠落。

葫芦之类的瓜果，是在空中生长的，随着体积、重量的不断增加，其藤蔓不堪重负。这时，需要用一些细软的枝条编织保护网，将其托住，吊挂在支撑木架上，以减轻重力，防止摔落。杞木的枝条柔软而有韧性，尤其适合编织这样的保护网，因此说“以杞包瓜”。有一些瓜果本身就有明显的纹路，再加上时间长了以后，枝条编织成的保护网会在瓜果上勒出痕迹，形成纵横交错的纹路，因此又说“含章”。瓜熟蒂落，瓜果成熟以后，从高空的支架上坠落下来，就好像从天上掉下来一样，因此说“有陨自天”。但这与婚育有什么关系呢？

在古代文化中，葫芦之类的瓜果常被用来比喻阴阳未分之前的混沌状态。例如，作为创生之神的女娲、伏羲等都有葫芦瓜的化形；从语音上推求，“伏羲”“女娲”实际上也都是葫芦；在道家著作中，以葫芦喻指原始未分之前的混沌状态更是常见。如《老子》中说“敦兮其若朴”，这是说阴阳未分之前的混沌状态就像一只葫芦；又说“朴散则为器”，是说葫芦一切两半，成了两只瓢，比喻混沌之中分化出阴阳二气，化生人及万物。

葫芦象征阴阳二气氤氲和合的混沌状态，瓢象征分化出来的阴阳二气。女为阴、男为阳，男女结婚，阴阳二气结合，复归于混沌状态，如同一只葫芦上切下的两只瓢重新合在一起。古代婚仪中“合卺”就象征这种意义。古代婚礼中，其他程序走完了以后，新郎携手新娘入洞房后，二人还要“共牢而食，合卺而酳”。所谓的“合卺”就是现代的喝交杯酒。不同的是，新郎、新娘喝酒用的杯子不是玻璃、瓷质的酒盅，而是用一只葫芦切成的两只瓢，以两只瓢合在一起象征男女二人合体。现代人结婚喝交杯酒，意思虽然还是那个意思，但喝酒的器具不再是瓢，因而这个“意思”也不再是原汁原味的了。

葫芦象征原始未分之前的混沌状态，胚胎期的婴儿也处于一种原始未分的混沌状态，因此也可以用葫芦象征怀孕的母体或胎儿。

“含章”已见于《坤》卦六三爻辞。前面我们讲过。《坤》卦象征大地，大地的主要功能是吐生万物。而女人怀孕生子如同大地蕴含出产万物，因此也可以用“含章”来形容、比拟。同时，在古人的思想中，认为人的生命是上天赋予的，而瓜果又象征着母体中的胎儿，因此又把这种象征意义上的瓜果说成是“天瓜”，如《开元占经》引《星官制》说“匏瓜，天瓜也。性内文明而有子”，所以也把人的降生说成是“有陨自天”。

总之，本爻爻辞实际上是以瓜果生成过程隐喻女人的怀孕生子：“以杞包瓜，含章”，肚腹包裹胎儿也；“有陨自天”，婴儿降生落地也。㉖

例 5：九五是王，这里指周武王。包：同“胞”，引申为菰。菰的外面包有子衣形同胞衣，故而爻辞以包表示菰。包瓜：菰和瓜两种祭品。

以杞包瓜：周武王封帝禹的后人东楼公为杞国国君，是将杞国作为祭祀的菰瓜以奉夏后氏祀。含章：世袭。东楼公的子孙从此可以世袭为诸侯。陨：幅陨，不是陨落。《辞海》：“幅陨，即幅员。地广狭称幅，周围为员（圆），合指疆域。”幅陨指杞国的疆域。天：天子，当朝天子是周武王。有陨自天：杞国所有疆域来自周天子。爻辞省去姤字。姤：夏后氏取禹为赘婿。⑱

姤卦爻辞上九：姤其角，吝，无咎。

例 1：姤，指相遇。角：头上长出角。吝：难。穷：尽头。

上九居姤卦之极，乾体之上，乾为首，像头上长了一只角。也就是姤卦之角。故曰“姤其角”。角质坚硬，以角为姤，岂能遇人。上九距离初六最远，对于遇阴制阴都有难处。所以“吝”。上九居姤卦之极，既不能前进，又不能制阴，无功无过，故“无咎”。㉗

例 2：上九以阳爻居全卦的最高位，犹如到了兽角顶上。上九距离全卦唯一的阴爻初六最远，与阴不能相遇，同时他身处全卦终点，已经无路可走，他空有制阴之志和才能却无处施展，所以处境十分艰难。但阴阳消长是一个永不停歇的过程，阴阳相遇是不可避免的客观规律，君子和小人的斗争在一个阶段暂告结束，但又将在更高层次上展开新的斗争，因此君子此时须不断积蓄自己的才能，耐心等待时机，在与小人的下一轮斗争中就不会有灾祸。⑲

例 3：“姤其角”，角，犄角。上为乾卦，乾为龙，上九位居乾卦上位，为龙头犄角之位。与犄角相姤，角质坚硬，不能相应，不能以身心相姤，意在不能相姤。“吝”，困辱，名义相姤，实际未姤，自己懊恼，也被别人讥笑。“无咎”，避免灾难，因为实际没有和阴爻相姤，也就没有受到小人侵害，故而避免灾难。㉘

例 4：姤，在本爻中是遇到的意思。联系《大壮》“羝羊触藩，羸其角”看，“角”应该是指公羊的角。

古代文化中羊也比喻、象征男女婚配，如焦延寿《易林》中云：“东行亡羊，失其羝（公羊）牂（母羊）；少妇无夫，独坐空房。”本卦卦象中一阴敌五阳，象征女壮男弱的婚姻类型，因此在本爻中一反常态地把壮女比喻为蛮横有力的公羊，以凸显女人的强悍。“姤其角”意味着强壮的妻子不顺从丈夫、顶撞丈夫，这是有悖于三从四德的传统伦理观念的，会使丈夫很没面子、很难堪，因此说“吝”；但正如莎士比亚《驯悍记》中所述，男人终究会驯服壮女悍妻的，因此又说“无咎”。

观念是观念，现实是现实，虽然古人不提倡妻强夫弱，但这种类型的婚配自古以来就大量存在。

娶了这样的妻子，做丈夫的难免会遭遇到“姤角之吝”。㉖

例 5：姤：上爻是祖宗之神位，故而这里的姤是指母系制社会。角：角力比赛。姤其角：母系制社会经常举行角力比赛。吝：恨痛。意思是女人经常赛不过男人而有恨痛。无咎：无罪过。因为这是天生的性别差异所致，所以无罪过。⑱

第四十五卦 萃卦䷬兑上坤下

（一）原文

（卦辞）萃，亨，王假有庙，利见大人，亨，利贞。用大牲吉，利有攸往。

（爻辞）初六：有孚不终，乃乱乃萃，若号，一握为笑，勿恤，往无咎。

六二：引吉，无咎，孚乃利用禴。

六三：萃如嗟如，无攸利，往无咎，小吝。

九四：大吉，无咎。

九五：萃有位，无咎。匪孚，元永贞，悔亡。

上六：赍咨涕洟，无咎。

（二）解读

卦辞：萃，亨，王假有庙，利见大人，亨，利贞。用大牲吉，利有攸往。

解读：萃，卦名。萃：聚集，聚会。例如群英相聚称荟萃。“假”：利用、到。

卦辞说，君王来到宗庙，与想见君王大人的群英相聚，上下沟通，坚守正道。用大牲口祭祀特吉利，更有利于发展事业。

初六：有孚不终，乃乱乃萃，若号，一握为笑，勿恤，往无咎。

解读：“孚”：诚信，信用。

爻辞说，初六开始守信用，没坚持到底，乱了人心又相聚。初六认识自己的错误，呼号众人原谅，而后双方握手言欢，解除忧虑，勇往直前。

六二：引吉，无咎，孚乃利用禴。

解读：“禴”（yuè 音越）：古代在春秋或夏季时的一种简朴祭祀。

爻辞说，由于诚心诚意地举行简朴的祭祀，引来了吉祥，无过错。

六三：萃如嗟如，无攸利，往无咎，小吝。

解读：“嗟”：哀叹、叹息。

爻辞说，聚会时叹息，不利于前行。不叹息往前行无过错，虽然有点小麻烦。

九四：大吉，无咎。

解读：此爻什么“大吉”？因是萃卦，爻辞应说，能相聚在一起大吉，无过错。

九五：萃有位，无咎。匪孚，元永贞，悔亡。

解读：九五是君位，相聚时君王就其位，无错。“匪孚”是君王不负众望，在开始时就坚守正道，永久这样，于是众人就没有遗憾了（悔亡）。

上六：赍咨涕洟，无咎。

解读：“赍（jī 音几）咨”：悲叹。“涕洟”（yí 音夷）：流鼻涕流眼泪。

爻辞展示，萃卦已到最后一爻上六，物极必反，不“萃”了。上六很孤独，悲叹流鼻涕眼泪，自己认为无过错。

小结：

萃卦展示能相聚团结就是力量。君王利用“王假有庙”大祭祀与群英相聚。又利用“孚乃利用禴”简朴祭祀与君臣相聚。相聚时，没必要哀声叹气“萃如嗟如”，若自知错了，可以握手言欢“一握为笑”团结了。

（三）选录多种解读

第四十五萃卦卦辞：萃，亨，王假有庙，利见大人，亨，利贞。用大牲吉，利有攸往。

例 1：萃是聚集的意思，本卦讲聚众的道理。从卦象来看，萃卦上卦为兑，代表泽，下卦为坤，代表地，地上四面八方之水汇聚在一起就形成了泽，因此萃卦象征着聚集。古人最盛大的聚集活动莫过于到宗庙祭祀，古代凡遇行军打仗、改国迁都等重大活动必先到宗庙祭祀，以祈求神灵和祖先的庇护，并以此聚集人心。君王亲自到宗庙祭祀体现了此次祭祀活动规格之高，一定涉及非常重大的行动，所以需要用大牲口来当祭品才足以表达诚意。把民众聚集起来还必须有一个德高望重的人来号令，所以此时利于那些有大德大才的人出现。只有将民众都团结起来，万众一心，事业才能亨通。聚集民众是为了正义的事业，所以必须坚守正道，以利于顺利地开展行动。⑲

例 2：卦辞第一个“亨”，是对萃卦卦义总体定论，因为人心所向，天下归顺，所以亨通。“王假有庙”，王，君王，这里指周文王。假，格、至之义。有，助词，无意义。庙，宗庙，指西周的祖庙。周文王亲自来到宗庙进行祭祀。“利见大人”，有利于看见、拜见贤明的君王。这句话表意是众人在这个地方容易、能够见到君王，实则是周文王选择在这个地方让众人见到他，因为宗庙是西周所有子民共同供奉祖先之地，是人心所向、众望所归的神圣场所，选择宗庙这个场所接见众人，其目的是想聚集天下的民众。君王亲自来到祖庙祭祀所有臣民的共同祖先，是凝聚天下人心的神圣善举，会得到所有人的拥护。“亨，利贞”，这个“亨”，是指文王通过祭祀宗庙这件事，而使人们都能归顺他，故而亨通。利贞，得到天下人的拥护和爱戴，必须珍重、正固人们对你信赖、寄予期望的归顺之心。应该鞠躬尽瘁，死而后已，诚信于民。“用大牲吉”，大牲，指牛、羊一类的大牲畜，实际指用羊作祭品，因为牛一般用作供品。这里是指祭祀祖先不能吝惜钱财，应尽其力，诚其心，用大牲畜祭祀祖先，以尽对祖先的孝敬之心，心诚则灵，从而会得到祖先的护佑，因此吉祥。“利有攸往”，这样做天下人是支持的，从而使民心归顺，故而有利于这样做。㉘

例 3：假，至、到。有，词头，无实义。大人，在这里指已亡的祖先。大牲，祭祀用的牛。

要想成就大事业，首先要聚合民众。在祭祀的时候，假借神灵的意志是统一民众思想、聚合民众的最好途径，因此君王到庙中祭祀神灵；祭祀用大牲，表明祭祀者的庄重和诚意，因此说“用大牲吉”；祭祀拜见祖先的亡灵，以求得他们的保佑和庇护，因此说“利见大人”。聚合起来的众人是为了有所作为，干一番事业，因此说“利有攸往”。㉖

例 4：萃者，荟萃也。亨：亨通。假：借。有：不宜有，引申为大。有庙：周王室的祖庙。周王室的祖庙对外不宜称大庙，故而卦辞称为有庙。王假有庙：王借祭祀祖庙荟萃人才。见：现。大人：大臣。利见大人：荟萃人才有利于大臣的出现。亨：祭享。通常周王在祭享祖庙时会聚群臣。利贞：利政，即在祭祀祖庙时会聚群臣，有利于议政、行政。大牲：猪牛羊三牲为大牲。用大牲吉：祭祀祖庙时用大牲做祭祀吉善。利有攸往：猪牛羊三牲做祭牲，祭祀后可以分成许多份祭肉赐给大臣们，利于他们安然返回家中。据说赐予祭肉的大臣是继续留用者，他们得以心安。没有赐予祭肉的大臣则是被体面地解职，他们的心是悬着的。⑱

萃卦爻辞初六：有孚不终，乃乱乃萃，若号，一握为笑，勿恤，往无咎。

例 1：孚，指诚信。乃：虚词，“于是”。乃：代词，意为他。号：呼号。恤：忧虑。志：心志。咎：过错，难。

“有孚不终”指心有诚意而不能坚守至终。初六本应当与九四相应，只是上卦有两个阳爻，初六想和九四萃聚，又想和九五萃聚，使其选择不定，犹豫不决，故“乃乱乃萃”。初六经过反复择选，最后还是向九四呼援。九四高兴地与此相应，握手相欢。初六不要有忧虑，向前进没有过错。㉗

例 2：初六爻居全卦之始，表示在聚众之初。聚众从一开始就要讲诚信，对民众应该坦诚相待，并且始终如一。没有诚信就失去了聚众的基础，各种混乱的事情就会汇集在一起。混乱之时如有人出来号令大家以诚相待，人们就能再次聚合在一起相互交流，握手言笑。用真诚将大家聚合在一起，形成一个坚不可摧的联盟就没有什么可担心的，大胆行动，必然没有灾祸。⑲

例 3：前一个“乃”字是“于是”的意思，后一个“乃”字是“你”“你们”的意思。若，如果。号，号召。握，帛书《易经》作“屋”。

聚合起来的众人如果彼此之间不能以诚相待、相互信任，或者不能始终如一地恪守诚信之道，相互猜忌、勾心斗角，长此以往，势必产生混乱、内讧，最终涣散解体，因此说“有孚不终，乃乱乃萃”，《象》说“乃乱乃萃，其志乱也”。㉖

例 4：有孚：有生。不终：不能终止。有孚不终：有生之年都不能终止。乱：治。

乃乱：乃是爱民治国。乃萃：乃是荟萃人才。乃乱乃萃：乃是爱民治国与荟萃人才。

若：选择。号：号令。若号：有选择地发布号令，即对荟萃的人才要有选择地任命。一握：古代的算筹称作一握。

一握是算筹，表示计算权衡。笑：今字为竹下夭，古字为竹下犬。为什么古代竹下犬为笑呢？筮占演卦的基本步骤是四营，其中的揲四是将算筹以四策为一组去数算筹的组数，而四策算筹是两两交叉摆放成“爻”形。这样一摆，几案上就是犬牙交错的爻。算筹是竹制的，看见算筹变成犬牙交错的状况便为之一笑。故而古代是竹下犬为笑。后世之人不理解竹下犬为笑，便改成竹下夭为笑。一握为笑：经计算权衡有把握后为之一笑，然后再下达任命。恤：怜悯。勿恤：不要怜悯这些人才。往无咎：让他们前往最乱的地方任职无罪过。⑱

萃卦爻辞六二：引吉，无咎，孚乃利用禴。

例 1：六二爻以阴爻居下卦中位，得正而具有中和之德。六二性情柔顺而内敛，他并不善于主动与人聚合，此时如有人引荐则是一件极为吉利的事情。六二为人正直，待人谦卑，跟这种人聚合在一起断然是没有灾祸的。“禴”指简单的祭祀活动。聚众恰似在宗庙祭祀一样，贵在有诚信，只要心怀诚意，即使用微薄的祭品举行简单的祭祀也就足够了，聚众时大家心怀诚信就无需太多繁文缛节。⑲

例 2：引，当为“弘”字之误，大。禴（yuè），指俭约的祭祀。

祭祀关键在于心诚，心诚则灵，因此说“孚乃利用禴”，《象》说“引吉无咎，中未变也”。爻辞进一步强调诚信在聚合之中的重要性。㉖

例 3：引：引荐。引吉：引荐人才吉善。二爻是大夫之位。无咎：引荐人才当大夫，无罪过。孚：孵生，引申为门生或学生。表示门生或学生是老师像母鸡孵小鸡那样。

禴：夏祭，周王朝利用夏祭选拔人才。

周天子禴祭后要选拔人才，故而曰："行爵出禄，必当其位。"孚乃利用禴：引荐自己的学生要利用周王禴祭后行爵出禄时。⑱

例 4：对"引吉"的解释有不同观点，有学者认为，引，为吸引，吸引相聚之人，指六二吸引初六、六三相聚。大多数观点认为，引，为牵引，引领，提携之义。因六二中正，与九五君王相应，因此得到九五的牵引、提携，与九五相应相聚，故而吉祥，没有灾难。本人从后一种观点，因为萃卦讲相聚之道，相聚的前提是相应，阴阳相应才合乎相聚正道。而阴爻之间同性相斥，不能相互吸引，如果阴爻相聚，则为小人相聚，则不合乎萃卦相聚之道。禴（音 yuè），是一种简约的祭祀。孚，诚信，这里解为对神灵的虔诚。"孚乃利用禴"，是说只要有敬畏神灵的虔诚之心，即使用简约的祭祀，也会得到神灵的护佑，所谓心诚则灵。㉘

萃卦爻辞六三：萃如嗟如，无攸利，往无咎，小吝。

例 1：萃，指聚合。如：及。嗟：感叹。吝：难。上：尚。巽：顺。

六三，聚集在一起为什么发出叹息，并且没有什么利益，因六三不中不正，欲与九五大人萃聚，但与九五非应非比，所以发出嗟叹之声。六三与九四亲比，与九四萃聚，前往没有什么过错，但有小小的难处。

例 2：六三爻以阴爻居下卦的最高位，不中不正，俨然一副小人形象。小人聚集在一起并不是为了正义的事业，而是为了各自的利益相互勾结在一起，他们往往会因为分帐不均而发出哀叹，因此跟小人聚集在一起是没有任何好处的。君子跟小人聚集在一起如不同流合污，自然会遭到小人排挤，甚至引来灾祸，因此君子必须远离小人团伙。虽然君子仍然会受到小人的纠缠而出现一些小麻烦，但不会有灾祸。⑲

例 3：聚合众人是为了有所作为、共成大业。如果聚合的众人没有共同的理想信念、行动目标，并为实现理想、目标积极进取、采取行动，而只是聚拢在一起空自嗟叹、无所事事、碌碌无为，那么聚合也就失去了意义，无论多么远大的理想、多么宏伟的目标，都只能是空中楼阁，因此说"萃如嗟如，无攸利"。所以，关键是要行动起来，有所作为，尽管行动中会有这样或那样的不足和缺憾，但重要的是已经行动起来了，因此说"往无咎，小吝"。㉖

例 4：三爻是诸侯之位。嗟如：嗟叹。萃如嗟如：为荟萃人才难而嗟叹。无攸利：只知嗟叹，没有一点好处。往：往来奔走。往无咎：为荟萃人才而往来奔走，无罪过。小：外，即外表体肤。吝：痛。小吝：为荟萃人才而往来奔走，外表体肤会有疼痛。⑱

萃卦爻辞九四：大吉，无咎。

例1：九四下乘三阴，群阴都萃聚于它，又无尊位，无尊位而得众心，故九四无咎难。但是还要看到，它迫近于君，处在功高危主、才盛压主的险境，这就需要它缜密考虑问题，慎重处理问题，这样方可大吉。㉗

例2：九四以阳爻居阴位，失正。九四是除九五以外唯一的阳爻，又近在君位之旁，恰似辅佐君王的得力助手，下卦三阴爻均向他聚合，这本是大吉大利的事。然而只有自身行为端正，别人才能心悦诚服地前来聚合，九四即失正道，众人终将离他而去，故爻辞仅判之以“无咎”而已，爻辞以此强调了聚众时坚守正道的重要性。⑲

例3：解析爻辞：“大吉，无咎”，这里如果只说“大吉”那则是完美，但又说“无咎”，则是说，本来有咎，是因为“大吉”才无咎，也就是说，这种大吉的结果只是弥补过失而已。

《象》曰：大吉无咎，位不当也。解析象辞：九四阳居阴位，人正而位不正，又处四爻位近臣多惧之位。因九四是一位刚柔相济、胸襟宽广、人品高尚、处理事物得当的清官，下体察民情，关心民众疾苦，容纳初六始信终乱，不计较其过失，对六三无应嗟叹予以安抚。上对九五君王顺从尽忠，恪尽职守。从他本人看，为国家，为君王，为百姓，建立了巨大功业，因此大吉。又因九四是近臣多惧之位，虽然为国建功立业，但不能据其功为己有，否则大祸临头，只能通过建功立业来保证免于灾难。从另一面看，九四能够无咎已经是大吉了。㉘

例4：本爻之中只有断占之辞，无述事之辞，只有结合爻位来理解。既然说“无咎”，表明本来是有“咎”的。从卦象上看，九四下有初六作为接应，又有六三作为同盟。引申到人事中，九五为君，九四为近君的大臣，初六、六三为老百姓。在下的百姓尽为九四所有，九四有夺民欺君的嫌疑，这正是其有“咎”的原因，正如《象》说“位不当也”。九四既然能聚合百姓，如果能率领所聚合的百姓归顺九五，为九五效力，不仅可免去夺民欺君的灾祸，还可得“大吉”。㉖

例5：四爻是国公之位。国公是王朝的国器人才。爻辞省去萃字。萃：荟萃国器人才。大吉：能够荟萃到国器人才，大吉。无咎：将国器人才任命为王朝的公卿，无罪过。⑱

萃卦爻辞九五：萃有位，无咎。匪孚，元永贞，悔亡。

例1：九五爻以阳爻居君位，至中至正，至刚至尊。将民众聚合起来，号令者不仅需要位高权重，更需要德高望重。九五身居君位，凭借其无人能比的地位足以将民众聚合起来，然而这只能做到没有灾祸而已，民众并非心悦诚服。要将民心也聚合起来就必须依靠自己高尚的道德修养，以实际行动去惠及于民，从根本上永远坚守正道以聚集民心。对君王而言，得到民心之后悔恨自然就会消亡。⑲

例 2：“萃有位，无咎”，九五当位中正，但爻辞不说当位中正，只说“有位”。他本来居君尊有利之位可以相聚天下人，但只是“无咎”的结果，这说明九五还没有达到当位中正应具有的目标。这是因为“匪孚”，初六失信于小人相聚，六三不正与九四比和，九四虽刚健正派，又与九五刚爻相斥，九五又不能信任他，只有六二与之相应，与上六比应又被上六乘凌。从卦爻上看，还有不少人没有与九五形成相互信任的关系，这里面有别人的原因，也有自身的原因。“元永贞，悔亡”，九五本该中正，一开始就具有诚信之心，是说如果将固有的中正之德坚守到底，用诚信之心感召教化暂时还没有对他建立信任关系的人，这种悔恨就可以抵消。㉘

例 3：聚合起来的众人不仅要有组织、有领导，还要根据各人品德、能力、功劳等方面的情况，确定他们在群体中的地位，使之各有其位、各安其位、上下有序。更重要是，群体成员之间要以诚相见、彼此信任，这样有助于群体结构的稳定和团结，有助于群体力量的发挥，因此说“萃有位，无咎。匪孚，元永贞，悔亡”。否则的话，就会像初六爻辞中所说的“乃乱乃萃”，势必产生混乱、内讧。㉖

例 4：九五是王。有位：不宜称大位而称有位。萃有位：王赐命荟萃人才各就其位。无咎：无罪过。匪：篚，古代盛币帛必以篚。篚，引申为俸禄。孚：生。匪孚：朝廷命官以俸禄为生。元：大。永：久。贞：政。元永贞：朝廷命官以俸禄为生，这是王朝重大而永久的政事。悔亡：不能改悔。即朝廷命官以俸禄为生的制度是不能反悔的。⑱

萃卦爻辞上六：赍咨涕洟，无咎。

例 1：赍，指怀着。咨：叹气。涕：眼泪。洟：鼻涕。上：外。上六心怀悲伤而嗟叹，痛哭流涕，为什么呢？因为上六处萃卦之极，萃极是将散的时候。本身柔弱而又乘刚无援，欲萃而不得萃，虽在上，却像是外人，不能求萃聚。对自己的命运甚感悲哀，故涕洟。由于它以阴爻居阴位，当位。所以没有什么险难。㉗

例 2：上六爻以阴爻居全卦的最高位，得正。天下无不散之宴席，有聚合就有离散，上六已到了聚合的最高位，喻示着离散即将来临。离散自然是让人伤感的，甚至让人痛哭流涕，但离散并非永别，上六自身品行端正，人们与之分别只是暂时的，人们将在更高层次和更大范围内再次聚集在一起。⑲

例 3：赍（音 jī）咨，嗟叹，悲叹。涕洟，涕（音 tì），先秦时指眼泪。洟（音 ti，亦音 yí），指鼻涕。“赍咨涕洟”，哀叹而涕泪纵横。因上而无应，看到别人都有相聚，自己孤寂，故而嗟叹；因处萃卦极位，即将终老退出，悲伤涕洟。上爻本应与三爻相应，但萃卦三爻和上爻同为阴爻不能相应，故而六三“嗟如”，上六“赍咨涕洟”，都因孤寂无应而嗟叹。上六为上兑卦之“口”，泽水从缺口溢出，固有“涕洟”之象。“无咎”，上六只是悲悯自怜，并没有做出伤害他人之事，因此没有过失引起的灾难。㉘

例 4：上六处于《萃》卦之极，与六三无应，又与九五逆比、凌驾于九五之上，无从与人聚合，形只影单，因而悲伤恐惧交加而痛哭流涕。但这种环境的造成不是他本人的过错，是由客观环境决定的，他本人也对这种环境不安，正如《象》说“赍咨涕洟，未安上也”。既然认识到无从与人聚合、孤苦无助的危险，而能知危惧祸，不敢自安，自然行事谨慎，不会被邪恶所害；另一方面，只要存其与人聚合之心，终究会有机会与人聚合的，因此又说“无咎”。㉖

例 5：上爻是事之极位，指已退位的老臣。爻辞省去了萃字。萃：会聚已退位的老臣。赍：赏赐。咨：咨询。赍咨：赏赐这些老臣并向他们咨询。涕：眼泪。洟：鼻涕。涕洟：老臣们老得连自己的眼泪和鼻涕都管不住。无咎：尊敬这些老态龙钟的老臣，无罪过。⑱

第四十六卦 升卦䷭坤上巽下

（一）原文

（卦辞）升，元亨。用见大人，勿恤，南征吉。

（爻辞）初六：允升，大吉。

九二：孚乃利用禴，无咎。

九三：升虚邑。

六四：王用亨于岐山，吉，无咎。

六五：贞吉，升阶。

上六：冥升，利于不息之贞。

（二）解读

卦辞：升，元亨。用见大人，勿恤，南征吉。

解读：“升”，卦名。“升”：上升，晋升，升级，发展。“南”：南方，五行属火，光明。古代风水建筑选座北朝南。

卦辞说，升级大为亨通，会遇见伯乐的赏识，不必担忧，向南方光明之路行进，吉祥。喻指提升要走光明之路。

初六：允升，大吉。

解读：“允”：允许，允诺，承诺。

爻辞显示，初六虽居六爻最底层，却获得提升的允许，大吉利。

九二：孚乃利用禴，无咎。

解读：想提升，用诚心在简朴祭祀时祈求，无内疚。

九三：升虚邑。

解读：“虚”：虚拟。“邑”：城邑。

爻辞说，自己心想被提升到那个职务——虚拟的境界（邑）。

六四：王用亨于岐山，吉，无咎。

解读：“岐山”是周朝的发祥地。

爻辞说，君王用被提升者主持岐山的祭祀，吉利，故无咎。

六五：贞吉，升阶。

解读：坚持逐步走正道才会吉祥。就如同提升像登台阶，要一步步登，不要一步登天。

上六：冥升，利于不息之贞。

解读："冥"（míng 音鸣）：昏暗，在此指苦思冥想。

爻辞说，最后已经提升到苦思冥想的职务，有利于不停息地走正路，更好的为民服务。

小结：

升卦展示要想得到提升，应走正道（南方）。获得上级和群众的允许才能提升。不要妄想一步登天，应一步步"升阶"。心中怀有目标"升虚邑"，靠个人努力终于达到"冥升"。

（三）选录多种解读

第四十六升卦卦辞：升，元亨。用见大人，勿恤，南征吉。

例 1：升卦是巽下坤上，巽为风，坤为地。故曰："地风升。"

《序卦传》说："萃者聚也。聚而上者谓之升，故受之以升。"即萃卦讲的是聚集，物聚必高，高为上升，所以萃卦之后是升卦。

升卦，下卦巽为木，上卦坤为地，木在土地下生长壮大，谓之升也。

一个人一生要经过成长、学习使道德、文化素质不断提升的过程，故为升也。

"升，元亨"。升卦，象征着上升，升是贤者得时，道与时通，可得元亨。以自己的才智和道德去见大人，得到大人的赏识和任用，故曰"用见大人"，不要顾虑，向南方前进就吉祥。㉗

例 2：升是晋升、升进的意思，本卦讲升和进的道理。从卦象来看，升卦上卦为坤，代表地，下卦为巽，代表木，木在地下必然生根发芽而渐次增高，象征事业日益增进，地位步步高升。树木深深地扎根在土壤中，比喻只有奠定了良好的基础，晋升的道路才极为亨通。欲求晋升，需满足一定的条件。首先自己必须具备一定的才和德，才德是晋升的基础；其次是有人提携，"用见大人"就是要将自己的才德充分展示给身居上位的大人物，得到他们的认可继而被委以重任；最后要选择合理的晋升方向。八卦中南方为坤卦，坤代表平夷之地，又引申为顺，故卦辞曰："南征吉"，比喻在晋升中选择一个顺利通畅的方向。⑲

例 3："元亨"，元，指始初，亦指大，居首。元亨，一开始就亨通，是大亨通。"用见大人"，用，这里为实践、创造、创建大的功业之意。见大人，见，同现，呈现，产生之义。大人，能够建立大的功业的人物。通过创建大的功业而产生精英，伟人。这里是说，虽然具备上升条件，但上升是艰难的，需要有克服艰难的智慧和谋略不断实践才能得来，只有那些不畏艰辛、勇于挑战、才华出众的圣贤君子才可以创建丰功伟绩。“南征吉”，在后天文王八卦中，坤卦方位为西南，巽卦方位为东南，坤、巽二卦共有方位为南，南方为升卦有利方位。南方为阳，对树木花草而言，面南可以多接收阳光照射，对植物生长有利；对人而言，应该争取对自己有利的一面。征，并非真正意义上的征讨，指向有利方向开拓、发展。在卦的实践应用中，不可以机械地断定占得升卦者就一定在南方发展有利，因为坤、巽二卦卦性都为顺，共有部位则为更顺，这里的“南”，可以理解为应顺你的事业发展的方向。㉘

例 4：大人，在这里指周人已死的祖先。南征，《周易通义》中说：“可以肯定不是指昭王南征而不复之事。究竟是指穆王征楚，还是宣王征淮徐，不能确指。以穆王大兴九师征楚为可能。”

岐山在今陕西岐山县东北，周人的祖先古公亶父时，由于狄人的侵迫而迁至岐下，发展农业生产，周人由此而逐渐强大起来，岐山因之成为周人的发祥地，也是祖先宗庙所在之处。

大概周人在“南征”一事上信心不足、举棋不定，因而登上岐山祭祀祖先并占卜以求得祖先神灵的指示和保佑。古人认为，祭祀时人神可以沟通，因此说“用见大人”。占卜的结果倾向于南征，认为南征会取得成功，因此说“元亨”“勿恤，南征吉”，《象》说：“南征吉，志行也”。㉖

例 5：升者，提升人才也。元：大。亨：通。“升，元亨。利见大人”，意思说：提升人才，大为亨通。提升人才，利于大臣的出现。恤：怜悯。勿恤：不用怜悯那些被提升的人才，要让他们到艰苦的地方任职。《说文》：“征，正行也。”征的本义是正行，所以《孟子》曰：“征之言正也。”南征：南正，即天子面向正南而坐。“南征，吉”，意思说：天子正南而坐，吉善。北京故宫三大殿和乾清宫里，皇帝的座椅都是坐北朝南，其依据在此。⑱

升卦爻辞初六：允升，大吉。

例 1：升卦，巽下坤上，巽为木，坤为土。初六居巽之下，如同木之根，深深地扎在土壤里，这样由幼树逐渐长成茂盛的大树。故此，有树才能有升，有根才能有树。初六犹如小树一样，守信随时地上升。这种升是大吉大利的。㉗

例 2：初六爻居全卦的最下方，是整个升卦的基础，如果将整个下卦巽视为树木，那么初六就是整棵树的根系，只有根系牢固整棵树木才能茁壮成长。于人事而言，只有夯实了基础事业才宜于增进，地位才宜于晋升。若没有坚实的基础，事业和地位都会成为无根之木和空中楼阁，因此不断培养道德和能力基础对个人的升进无疑是大吉大利的。⑲

例 3：“允升”，允，可之义，即含有坚定上升的诚信之志，又具备应顺时势的柔顺之德，因此会得到上升。初六如破土而出的幼苗，稚嫩阴弱，但他能够凭借旺盛的生命力和诚信的品格，凭借柔顺适应时势环境的品德求得上进。遇到岩石，绕道攀行，遇到风雨，随风摆动。符合“适者生存”的规则，所以大吉。㉘

例 4：允，诚信。祭祀、占卜的关键在于诚信，心诚则灵。在祭祀、占卜之前，登山之时就心怀诚信，如此能够顺利地实现人神沟通，得到祖先神灵的保佑、指示，在行为上与祖先神灵的意愿相合，因此说“大吉”，《象》说“允升大吉，上合志也”。㉖

例 5：初爻是平民之位，这里指平民中的士。平民分士、农、工、商，只有士可以为官。允：诚信。《说文》：“允，信也。”允升：因诚信被提升。大吉：士民能够因诚信而被提升为官者，大吉。⑱

升卦爻辞九二：孚乃利用禴，无咎。

例 1：此爻辞与萃卦六二爻相似。所不同的是，两卦二五的位置交换了，萃六二因中虚而孚，与九五相应。本卦九二因中实而孚，与六五相应。两个卦是正覆卦，二五两爻相应的关系没有变。九二怀着一颗真诚的心求升于上，即使用简薄的祭品来祭祀神灵，也没有什么过错。㉗

例 2：九二爻以阳爻居下卦中位，既不失阳刚的气质，又中和而谦卑。在上位者提拔人才最看重的是才干和道德修养，因此欲求得升迁，才和德缺一不可，然而二者相比较，德比才更为重要。在个人的道德修养中内心诚实守信是最重要的因素，就如同祭祀一样，只要内心充满诚敬，简单的祭祀活动也足以免除灾祸。相反，如果那些只会做表面文章，而心术不正、欺上瞒下的人得到升迁，于国于民都将是灾难。⑲

例 3：“孚乃利用禴”，这里爻辞与萃卦六二爻辞一样，因为具有诚信之心，即使用简朴的祭品祭祀，神灵也不会怪罪，因为神灵只在乎祭祀者是否具有虔诚之心，不在乎祭品的贵贱多寡，所以一样会得到神灵的保佑，不会有妨害。九二是能够上升的。㉘

例 4：禴，夏祭的名称，祭祀的祭品不用大牲，仅用饭菜等，是一种在祭品上比较俭约的祭祀。在此泛指俭约的祭祀。

祭祀关键在于心诚，心诚则灵，祭品是否丰厚与是否心诚是不成正比的。如果心不诚，再丰厚的祭品也是无益于事的；如果心诚，微薄的祭品同样能够达到目的，因此说“孚乃利用禴，无咎”。㉖

例 5：二爻是大夫之位。爻辞省去了升字。孚：孵生，引申为学生。禴：禴祭，指周王禴祭后行爵出禄。无咎：利用王禴祭后行爵出禄时提升自己的学生为大夫，无罪过。⑱

升卦爻辞九三：升虚邑。

例 1：阳为实，阴为虚，九三以阳居阳位，当其升的时候，以阳刚之才进入了上卦坤地。坤地如同无人居住的地方，故“虚邑”。九三无所顾忌，勇于前进，所以没有什么是凶难的。㉗

例 2：九三以阳爻居下卦最高位，阳刚气盛，行事果敢刚毅，他凭借超凡的能力顺利得到升迁，一路畅通无阻，如入无人之境。在常人看来，顺利升迁无疑是大吉大利的事，但九三爻却无判断吉凶之词，这说明《周易》对升迁之事是持保留态度的。位高权重者固然能充分发挥个人的才能为民造福，受万人景仰，一时风光无限，但同时也有高处不胜寒的凄凉以及无法抗拒的种种诱惑，稍不留神就将身败名裂。⑲

例 3：“升虚邑”，虚，同墟。墟邑，指曾经繁华现在已被废弃的城邑。升虚邑，从经文意义上看，有“虚”“墟”互为烘托之解义：墟，周灭殷商，殷商国都朝歌已为废墟（史称“殷墟”），武王要派人治理殷墟，固然要派像九三这样有智慧、有作为的臣子，这可能是周公作爻辞的历史背景；虚，九三上升已至上卦坤卦，坤为虚，指坤地空白广阔，畅通无阻，可为九三上升提供广阔的空间，好为九三施展才华提供用武之地。㉘

例 4：虚，《说文》：“大丘也，昆仑丘谓之昆仑虚。古者九夫为井，四井为邑，四邑为丘。丘谓之虚。”

“升虚邑”意在祭祀祖先神灵，并占卜以祈求祖先神灵对南征一事的指示，消除心中疑虑，因此《象》说“升虚邑，无所疑也”。㉖

例 5：虚：大。

邑：采邑。虚邑：大的采邑。采邑不宜称大邑，故而称作虚邑。升虚邑：将大的采邑提升为诸侯国。因此，古代大国诸侯也谦逊地称自己为邑。⑱

升卦爻辞六四：王用亨于岐山，吉，无咎。

例 1：六四以阴居阴，有柔顺之才，它上乘六五，是近君之臣。“王用亨于岐山”即六五派六四去岐山举行祭祀活动，六四领命后认真而细致地去完成，犹如当年的周文王在岐山举行的祭祀活动，吉祥，没有凶难。故曰：“吉，无咎。”㉗

例 2：“王用亨于岐山”，王，指周文王。亨，享的通假，是让祖先或上天享用祭品之义。用亨即祭祀，这里指祭天。岐山，在今陕西境内，为西周发祥地。整句是说，文王在岐山举行祭天活动。这是一个历史典故，文王被纣囚于羑里释放回西周后，在岐山举行祭天大礼，为感谢祖先和神灵对他的护佑，祈求上天保佑西周强盛能够取代腐败的商纣，然后开始励精图治强盛西周。文王当时既是诸侯王之首，又是殷商的重臣，符合六四柔顺得正的爻位身份。“吉无咎”，文王祭天之举，既顺从天意，又符合民心，应天顺民，避免了过失和灾难。㉘

例3：“王用亨于岐山”，意在求得祖先神灵对南征的指示和保佑南征顺利、成功，因此说“吉，无咎”，《象》说“王用亨于岐山，顺事也”。㉖

例4：四爻是国公之位。爻辞省去了升字。亨：享，祭享。岐山：周王朝的发祥地，那里有周王室的始祖后稷庙。吉：周王利用到岐山始祖庙祭享时提升国公，吉善。后稷是中国农耕稼穑的始祖，周王朝以农耕嫁穑为立国的根本。周王到始祖庙祭祀时提升国公，决心继承始祖之志，故而吉善。无咎：任命国公是王朝大事，到始祖庙告庙，按照占卜的告诉而任命国公，故而无罪过。⑱

升卦爻辞六五：贞吉，升阶。

例1：六五以阴柔处尊位，一方面要求他固守贞正，方可得吉。另一方面，它与九二相应，九二有刚柔之才应于六五，所以是吉祥的。六五如同上台阶一样已升到了高位、尊位。同时也要知道“高处不胜寒”，要居高思危，居安思危。㉗

例2：六五爻以阴爻居尊位，行事中和，又不失君王之威严。晋升如同拾阶而上，缓慢而又艰难。六五之所以能升到至尊的高位并非平步青云，而是通过辛勤拼搏，凭借自己的才能和道德修养，脚踏实地沿着台阶一步步缓慢上升而来的。对于这种稳健的晋升《周易》是极为推崇的，故判之以“吉”，但同时也告诫身居高位者务必坚守正道，如有失正道，不仅晋升无望，反而会引起祸端。⑲

例3：“升阶”，阶，君王专用的台阶。天子召集诸侯王及群臣聚会议政时，王臣不会与天子平起平坐，天子的位置要高于群臣的位置，中间隔有台阶，便于天子从台阶走下来与王臣近距离接触，但王臣是不能从台阶走上去的，只有天子才可以从台阶往上走，回到天子的龙位上去。贞吉，君王这样礼贤下士，从龙位走下来与王臣近距离对话或倾听意见，是对王臣最大的恩泽和礼遇，这种行为本身是合乎正道的，所以吉祥。㉘

例4：征伐本身是国力强盛的一种表现，又如上述南征之事可能发生于周穆王之时，正值周人国力强盛、事业兴旺时期。“升阶”象征着周人的事业步步向上、不断兴旺发达，因此说“贞吉”，《象》说“贞吉，升阶。大得志也”。㉖

例5：五爻是王位。贞吉：卜问吉日良辰。升阶：新王登基继位。意思说：

太子登基为新王，要卜问吉日良辰。⑱

升卦爻辞上六：冥升，利于不息之贞。

例 1：“冥升”指上六以阴爻居坤体之极，阴暗到极点，所以叫“冥升”。冥升是不好的意思，不好就是光知进不知退。“利于不息之贞”。上六处升卦之极，不宜再升进。应该坚守贞正，做到有自知之明，不自满盲升，方可无咎。㉗

例 2：“冥升”，冥，昏昧，昏暗。阴为暗，上六已是升卦极位，已是昏暗之甚，升而无位。“利于不息之贞”，息，为进，为升（这里“息”不作停止解），与“消”相反，消，为出，为退。不息，不要上升，不要再进，因为已到极位尽头了，再升就要倾倒了。贞，指应固守终极之道，以静、以退为宜。㉘

例 3：冥，静默、虔诚。息，停止。

“利于不息之贞”意思与《坤》卦用六“利永贞”相同，指利于长久地占问，实际上是对占问、占问之事的肯定。登山祭祀、占卜时神情庄重肃穆，表现出对神灵的恭敬、虔诚，如此才能感动神灵，永远得到神灵的保佑、庇护，因此说“冥升，利不息之贞”。㉖

例 4：上爻是祖宗之神位，这里指先王。冥升：加封先王谥号。古代王朝或封建王朝，新王都要加封老王谥号。如古公、季历、姬昌是周王室的先祖，他们生前不是王而是诸侯，周武王加封他们谥号为太王、王季、文王。周武王也是谥号，是周成王加封的。古代有谥法，如经天纬地曰文，定功戢兵曰武。贞：政，政权。利不息之贞：加封先王谥号，有利于王朝政权长久不息。因为新王加封先王谥号，是评价先王功过，有利于新王吸取经验教训实行新政。⑱

第四十七卦　困卦䷮ 兑上坎下

（一）原文

（卦辞）困，亨，贞大人吉，无咎。有言不信。

（爻辞）初六：臀困于株木，入于幽谷，三岁不觌。

九二：困于酒食，朱绂方来，利用享祀，征凶，无咎。

六三：困于石，据于蒺藜，入于其宫，不见其妻，凶。

九四：来徐徐，困于金车，吝，有终。

九五：劓刖，困于赤绂，乃徐有说，利用祭祀。

上六：困于葛藟，于臲卼，曰动悔有悔，征吉。

（二）解读

卦辞：困，亨，贞大人吉，无咎。有言不信。

解读："困"，卦名。"困"：贫困，困境，窘迫。

卦辞说，困卦亨通，对走正道大人物吉祥，无过错。与此相反的言论不可信。

初六：臀困于株木，入于幽谷，三岁不觌。

解读："臀"：屁股。"株木"是指木制的刑具。"幽谷"：幽深的山谷，比喻是监狱。"三岁"：泛指多。"觌"（dí 音笛）：见。

爻辞说，用木棍打此人的屁股，投入监狱，多年不释放。

九二：困于酒食，朱绂方来，利用享祀，征凶，无咎。

解读："朱绂"（fú 音服）：古时红色的礼服，代表官职的等级。

爻辞说，贫困到没饭吃，苦读书考上了官职，刚好送来礼服，穿上礼服去祭祀，无过错。但不能表显出得意忘形、耀武扬威的凶相。

六三：困于石，拒于蒺藜，入于其宫，不见其妻，凶。

解读："蒺藜"：带刺的植物。

爻辞说，被困在乱石中，周围是带刺的蒺藜，挣脱出困境回到家，妻子都不想见他，躲出去了，凶险。

九四：来徐徐，困于金车，吝，有终。

解读："金车"：用金属装饰的车，权贵者乘坐。

爻辞说，被权贵者困禁，终于慢慢地出来了，逢凶化吉。

九五：劓刖，困于赤绂，乃徐有说，利用祭祀。

解读："劓"（yì 音义）：割鼻子，古代刑法。"刖"（yuè 音月）：砍断腿脚，古代刑法。"赤绂"（fú 音服）：古时高官贵族穿的红色礼服。"说"通脱。

爻辞说，被权贵者困禁的感受，如同割鼻砍脚。有人协助才徐缓解脱，用祭祀感谢上天的保佑。

上六：困于葛藟，于臲卼，曰动悔有悔，征吉。

解读："葛藟"（lěi 音垒）：葛藤。"臲卼"（nièwù 音聂物）：坐卧不安的样子。

爻辞说，被葛藤困扰，坐卧不安，进也不好，退也不好，进退两难。"征吉"是用对抗手段解决才能逃脱险境，获得吉祥。

小结：

困卦设立了多种多样的困境，让读者发挥智慧去摆脱，这需要耐心和毅力，不能坐等，应主动脱险"征吉"。从另一个角度看，摆设的一些困境是由于违法犯罪行为引来的后果，若坚守正道不违法就没有困禁了。

（三）选录多种解读

第四十七困卦卦辞：困，亨，贞大人吉，无咎。有言不信。

例 1：困是困难的意思，本卦讲解如何处理困境的道理。从卦象来看，困卦上卦为兑，代表泽，下卦为坎，代表陷穴，恰如湖泊底部出现一个大漏斗，泽水通过这个漏斗逐渐流失以至干涸，由此比喻遭受穷困。内卦坎本身也可引申为困境，外卦兑可引申为喜悦。因此困卦还可以理解为先遭遇困境，后摆脱困境而获得喜悦。人生不可能总是一帆风顺，陷入困境是常有之事，困卦旨在教人如何走出困境。遭遇困境当保持乐观豁达的精神，充分施展自己的才德积极应对。走出困境应坚守正道，而不能走歪门邪道，这一点只有那些具备大德大才的君子才能做到，他们虽暂时身处困境，但最终结果是吉利的，没有灾祸。当人们处于困境时一味抱怨或向人哭诉是没有人相信的，此时不妨保持沉默，去静心思考摆脱困局的办法，并付诸行动。⑲

例 2：困卦，坎下兑上，即"泽水困"。坎为水，兑为泽，水在泽下，意味着泽中无水，无水之泽为困乏。故曰："泽水困。"

《序卦传》说："升而不已必困，故受之以困。"指一直升进，最后会筋疲力尽，陷入困境，故升卦之后为困卦。

兑阴在坎阳之上，阳爻被阴爻掩蔽着，犹如君子被小人所包围、所掩蔽，所以称之为困卦。

“困，亨”是说在困境的时候，为什么还会亨呢？因为在困境中可以考验人格和毅力，磨砺人的意志。艰苦使人奋发，困难催人进取。困转为通，所以说“亨”。

“贞大人吉，无咎”即只有坚守贞正的大人才能变困为亨，才能吉祥而无险难。这并非一般人都能做得到的。

“有言不信”指当你处在贫困的时候，很多人都鄙视你，常言道：“贫居闹市无人问，富居深山有远亲。”处在贫困的环境中说话，无人能听，更谈不上相信二字了，只能保持沉默，暗下决心，变困为亨。㉗

例 3：本卦描述的是囚犯身陷牢狱后的种种情形，为什么说“亨”——通顺呢？又为什么说“贞大人吉，无咎”呢？应该说，无论什么原因导致身陷牢狱，都是“困”。如果是为非作歹而身陷牢狱，那么通过牢狱生活的改造，改过自新，走上正道，那就由“困”而“亨”。如果是本身无过，遭人陷害等原因而入狱，身处困境不灰心，不气馁，终究会出现“柳暗花明又一村”的光明前景，也会由“困”而“亨”。但一般人不容易做到这一点，而德才兼备的大人可以做到，正如《象》说“困而不失其所亨，其唯君子乎”，因此说“贞大人吉，无咎”。

身处牢狱困境中，申诉自己的冤屈，别人不相信，因此说“有言不信”。这种情况下一味地申辩，往往会招致更大的屈辱，陷入更加悲惨的境地。㉖

例 4：困者，困守也。亨：通，表示很常见。贞：政，即艰难困苦的政事。大人：大臣。大人吉：艰难困苦的政事，对于大臣来说是吉善之事。无咎：无罪，即俘虏被无罪释放。闻言不信：俘虏听说无罪释放时，还不敢相信。比卦九五爻辞就讲过周武王释放俘虏，所以我将“无咎”读解为战俘被无罪释放。古代战俘终生为奴隶，他们在绝望时被无罪释放，自然会“闻言不信”。不要说古代，就是现代的战俘被无罪释放，也一定“闻言不信”。⑱

困卦爻辞初六：臀困于株木，入于幽谷，三岁不觌。

例 1：初六爻位于全卦的最下方，表示事情从一开始便陷入困顿之中。“株木”是树木砍伐后剩下的树桩，表面凹凸不平，人坐在上面苦不堪言，爻辞以此比喻处境令人十分痛苦。“三年”并不是具体的时间，而是一个模糊的时间段，表示时间很长。初六陷入幽暗深邃的山谷，很多年不能与外面的人相见，爻辞生动形象地描写了初六正处于一个极端艰难的环境。⑲

例 2：初六以阴居阳，并处于最卑下的地位，又在坎险之下，位不当，本身柔弱需要九四来援助它，但九四以阳居阴，不中不正。并且初六与九四之间有坎险、株木阻隔，相见十分困难。再说，九四也受到阴的掩蔽，自身难保，哪有能力支援它呀！“臀困于株木，入于幽谷，三岁不觌”意思是坐在幽深的山谷一棵没有枝叶的枯树下，只能在幽深的山谷里走动，多年见不到阳光。由此可见，初六的困境是多么深重，陷困而不能自拔，悲哉！㉗

例 3：“臀困于株木”，株木，树被砍伐后的木桩。因被困不能前进坐在木桩上。“入于幽谷，三岁不觌”，这个树桩也枯朽了，也不能久坐，于是无奈地走进幽暗的山谷，三年都看不到天日。觌（音 dí），见。三岁，是长久之意，不是特指三年。这里是说初六被动地应对困境，反遭困辱。㉘

例 4：古代原始的监狱除了《坎》卦中说到的土牢、荆棘之地外，还有山谷，因为山谷幽深，因此也称为“幽谷”。

能改过，罪行大的三年释放，罪行中等的二年释放，罪行较轻的一年释放，不能改过而逃出监狱的杀。本卦中的囚犯被拘禁在山谷中三年，可见是犯了“上罪”。㉖

例 5：初爻是平民之位。臀困：坐困。株木：深山老林。幽谷：幽深的峡谷。三岁：三年时间。不觌：没见面。臀困于株木：民众中有坐困于深山老林者。入于幽谷：自从他进入幽深的峡谷。三岁不觌：三年时间都没有见到他的面。⑱

困卦爻辞九二：困于酒食，朱绂方来，利用享祀，征凶，无咎。

例 1：九二爻以阳爻居阴位，处境极为不利，但却能扼守中道。“困于酒食”指九二空有高远的志向，但处于不利环境而不能充分施展才能，因而迫不得已通过酒食来消除壮志未酬的苦闷，并静静地等待时机。“朱绂”指红色的官服，借代官位。九二才德兼具，行事秉持中庸之道，因此最终能得到施展才华的官职。此时他举行祭祀活动以感谢神灵和先祖的庇护，但毕竟刚刚获得官职，且环境艰难，因而是不宜急于出征的，否则必然发生凶险的事情。他应该继续坚守中庸之道，方可免除灾祸。⑲

例 2：“九二，困于酒食，朱绂方来”。九二，有好饭好菜享用，并且膝下穿着珍贵的朱绂。说明九二的生活水平很高，为什么还说九二受困呢？因为九二是阳爻，在困卦里阳爻代表君子，九二的困是君子的困，君子之困不是生活上的困，而是道困。九二与九五都是阳爻而敌对。比方说他的治国主张得不到理解和支持，而且遭到政敌的反对甚至诬陷。在这种困境下，九二只能“利用享祀，征凶，无咎”即利用祭祀天帝神灵的办法求得保佑。不要行动，不要进发。否则，就有凶险。不进发，就无险难，故“无咎”。㉗

例 3：被困于酒食，富贵刚来，应该利用于祭祀，过于彰显凶险，能够弥补过失。

解析爻辞：“困于酒食”，有两种解释：一解为九二生存不能周济，整天为解决家人的生活而奔波；二解为九二被困沉溺于酒食。对第二种观点又有两种解释：一种认为九二被困于酒食，而忘记自己的君子之志；另一种认为九二在困境中以晦养明，不彰显君子之道，内心仍然坚守着君子正道。从爻位上看，九二为士大夫阶层，固然士大夫阶层也有贫穷的，但从爻辞下文看，九二得到九五君王的赏赐与赏识，不应该因缺吃少穿而奔波。《周易折中》对此爻解释为：“小人以身穷为困，君子以道穷为困，卦之三阳，所谓君子也。所困者，非身之穷，乃道之穷也。故二、五则祓服荣于躬，四则金车宠于行。然而道之不通，则其荣宠也适足为困而已矣。”从这个解释看，对九二解释被困沉溺于酒食较为合理。“朱绂方来，利用亨祀”，朱绂（音 fú），用作祭服蔽膝，缝于长衣之前，作为祭祀时的服饰。周制规定，帝王、诸侯及诸侯国的上卿祭祀时皆着朱绂。九二作为士大夫阶层，天子赐予朱绂，说明得到天子的赏识和提携。亨即享。天子赐予九二朱绂，应该用于祭祀，而不应该自己享用。但内在含义是指，九二得到君王赏识，“利用亨祀”，把自己当作祭品，让国家享用之义，隐义是说应该把自己的才华用于报效国家，而不应该沉溺于酒食，饱食终日，无所用心。

“征凶，无咎”，征，讨伐，有所为，这里指过于彰显。这一句是告诫九二不要过于彰显自己的才能，不要急于求成，因为还处在坎险之中。适度进取是应该的，可以弥补一些过失。㉘

例 4：朱绂（fú），朱红色的短衣，狱吏所穿，在此指代狱吏。征，指越狱逃跑。

“困于酒食，朱绂方来”是说狱吏怠慢虐待囚犯，不能按时送达饮食，在犯人陷入饮食困境的情况下，才送来饮食。饮食送达以后，不至于饥饿致死，因此《象》说“困于酒食，中有庆也”。不至于饥饿至死，应该祭祀感谢上天的保佑，因此说“利用亨祀”。犯人如果想越狱逃跑，是要被杀头的，因此说“征凶”，认识到“征凶”而不“征”，方可“无咎”。㉖

例 5：二爻是大夫之位，这里指师旅大夫，所以爻辞言“征凶”。困于酒食：师旅大夫困于酒食。

师帅、旅帅都是大夫，自然在列。亨：享。亨祀：祭祀。利用亨祀：师帅、旅帅利用祭祀后的酒宴解馋。征：战。征凶：征战时困于酒食则凶险。无咎：无罪过。意思是战事难料，若发生困于酒食的事，无罪过。⑱

困卦爻辞六三：困于石，据于蒺藜，入于其宫，不见其妻，凶。

例 1：六三以阴居阳，不中不正，故“困于石，据于蒺藜”。石指的是九四。九四像一块大石头一样，阻挡着六三使其不能前进。九二像带刺蒺藜一样，使六三进退不得。“入于其宫，不见其妻，凶”。六三被困回到了家，可是到家见不到妻子，与上六又无应，得不到其辅助，前后左右无不受困，受困已极，无可救药，所以凶。㉗

例 2：六三爻以阴爻居下卦的最高位，不中不正，恰似一副小人形象。如自身品行不端是极容易陷入困境的，六三就是一个典型的例子。他被压在巨石之下，困在蒺藜丛中，完全动弹不得，其处境之艰难由此可见一斑。更有甚者，当他回到家中却发现妻子已离他而去，结果落得个众叛亲离的可悲下场。爻辞以一个反面的例证警示人们务必坚守正道，如心术不正势必陷入困境而难以自拔。⑲

例 3：“困于石，据于蒺藜”，前进中被石头绊倒，爬起来又被蒺藜缠绕刺伤。据，缠住。蒺藜（音 jílí）即刺蒺藜，一年生匍匐草木植物。六三与九四和九二比应，想前去与九四相会，因九四与初六相应，故而受阻，有搬起石头砸自己脚之象。前进受阻，回头想与九二相会，因六三乘凌九二，九二君子不与小人相会，有被蒺藜缠绕刺伤之辱。“入于其宫，不见其妻”，回到自己家中，妻子也不见了。六三在困境中患得患失，见异思迁，连自己的妻子也看不起他的恶劣行为而离他而去，其凶险在所难免。㉘

例 4：这位犯人被拘系、放置于嘉石上面示众，后来又被拘禁在四周布满蒺藜的囚所，释放回家后，发现其妻子已弃之而去。对此《纂言》中推测妻子的离异是来自于政府的强制行为，说：“《国语》云：‘罢士无伍，罢女无家。’盖古法凡坐嘉石、入圜土之罢民，则离异其夫妻，而不使之有家室与？”其实未必尽然，丈夫被示众，多年入狱，其妻自觉脸上无光，羞于见人，或者因难耐空房寂苦等原因，因而主动与其丈夫离异，也是人情中事。㉖

例 5：三爻是诸侯之位。困：诸侯犯罪被流放而受困。石：古代的容量单位，也是重量单位。

蒺藜：一种草药，一年生草本植物，以干燥果实入药。据于蒺藜：经济拮据采蒺藜草药卖。宫：中室。古代中室为一家之主所居。入于其宫：进入他家中。不见其妻：见不到他的妻子。凶：险。连他的妻子都逃亡了，故而凶险。⑱

困卦爻辞九四：来徐徐，困于金车，吝，有终。

例 1：九四爻以阳爻居阴位，所处地位不当。“金车”是押解重刑囚犯的囚车，九四被囚禁在金属囚车中，囚车缓缓地行使在路上。由此看来，九四摆脱困境似乎遥遥无期，这对于九四是极为羞辱之事，但是他并没有丧失阳刚之志，而是充满了走出困局的信念，因此最终结果是好的。⑲

例 2：徐徐，迟缓的样子。“来徐徐”的主语是“金车”。金车，也就是囚车。

如果从字面意思理解，“金车”似乎是铁制的囚车，但《易经》的时代，铁刚发明不久，是稀奇之物，还不可能造出铁车来。即使能造出铁车来，也到不了囚车用铁车的地步。《释名·释天》中说“金，禁也”，本爻的“金”应该理解为“禁”，“金车”泛指囚车。

拘押犯人的囚车缓缓移动，将犯人沿街示众，这是不同于坐嘉石的又一种示众方式。“来徐徐”是为了便于更多的人有更多的时间观看，可以扩大宣传效果，昭示众人，以儆效尤。同时，示众本身也是对犯人的一种惩罚，最终目的在于使犯人小惩而大诫，改过自新，走向正途，因此对犯人而言，虽“吝”而“有终”。㉖

例3：四爻是王朝大臣之位。来徐徐：王朝大臣徐缓而来。车：居。段玉裁注《说文·车》：“古者曰车，声如居，言所以居人也。今曰车，车，舍也。行者所处如屋舍也。”金车：金屋，即豪华的居所。困于金车：大臣被软禁在豪华居所。吝：恨痛。即被软禁的大臣有恨痛。有终：只有在这里终老此生。⑱

困卦爻辞九五：劓刖，困于赤绂，乃徐有说，利用祭祀。

例1：九五爻以阳爻居君位，至中至正，至刚至尊。“赤绂”是红色的官服，借代官职。“劓刖”是割鼻、断足的酷刑。九五作为一国之君，是所有官位中最高者，他若采用各种酷刑来治理天下，并试图摆脱困境，结果必将激起人民的反抗，势必使自己愈加受困。相反，他如能坚守中道、体恤民情则能慢慢地走出困境。⑲

例2：“九五，劓刖”。九五被上六掩蔽着，如同割去了鼻子，可见，九五身处尊位，蒙受了如此大辱，被困到何等程度！九五与九二的应，因二者都是阳爻，所以不是相应而是敌应，就像砍去了脚。通过割鼻砍脚形容虽居高位的九五以及带着赤绂的君子在政治上被困得何等残酷！“乃徐有说，利用祭祀”指在沉默中等待，在沉默中奋争求得解脱，在困境中祭祀神灵，祈祷保佑，以此获得精神上的寄托和支持。㉗

例3：“劓刖，困于赤绂”，劓（音 yì），古时的一种刑罚，割去部分鼻子。刖（音 yuè），也是一种刑罚，砍去脚。这里形容九五就像割去鼻子、砍掉脚一样痛苦，是因为他被困于帝王之位。赤绂，君王祭祀时所着的服饰，这里代表帝王之位。因为九五刚从困境中走出来，登上帝王之位，用最严酷的刑罚，果决地惩治那些不肯归顺和不守法纪的人，毕其功于一役，想着走出困境，恢复秩序，结果事与愿违。天下遭受困穷已久，千疮百孔，革旧鼎新岂是一日之功？犯了急躁冒进的错误，自责痛苦如同劓刖。这里表意“困于赤绂”，实则“困于道穷”，困于君王自己违背处困之道。当然，如果他不在君王之位，也就不会好心办坏事。“乃徐有说，利用祭祀”，说，“脱”的通假。这句话是说，好在君王已经觉悟，为时未晚，只要徐缓地，循序渐进地，量力而行地一个一个地解决问题，利用祭祀，祈求上天和神灵的保佑，感召归顺民心，困境是可以解脱的。㉘

例 4：劓（yì），割去鼻子的刑罚。刖（yuè），断足的刑罚。说，通“脱”，摆脱。

犯人遭受了割鼻、断足的刑罚，又受到狱吏的百般刁难、虐待，最后才逐渐摆脱了这种困境。“利用祭祀”意同九二“利用享祀”，也是说通过祭祀来答谢上天的保佑。㉖

例 5：五爻是王位。这里指周王室。劓：劓刑。刖：刖刑。劓刖：王室子弟犯劓刑与刖刑罪。困：坚守。赤绂：诸侯，指周王室的先祖（古公、季历、姬昌）是诸侯。困于赤绂：坚守先祖制定的家法。家人卦告诉我们治家要有祖宗家法。有：不宜有。说：脱。有说：不宜解脱。徐：徐缓。乃徐有说：要想徐缓地将不宜解脱的刑罚解脱。利用亨祀：利用周王祭祀祖庙的机会被赦免。爻辞告诉我们，周王朝对王室子弟是实行祖宗家法的，祖宗家法也有劓刑与刖刑。古代一般的犯人是在市场行刑的，而王室子弟行刑不是在市场，而是在王宫中特殊的房屋内执行的，故而称作屋刑。所以，后世的封建王朝对皇室子弟也是实行祖宗家法，明清两朝还设立了宗人府。⑱

困卦爻辞上六：困于葛藟，于臲卼，曰动悔有悔，征吉。

例 1：葛藟指藤本植物。臲卼：不稳定，这里指不安的样子。动悔：行动后悔。有悔：悔改之意。征：行。

上六居困卦之极，穷困到极点，事物发展到一定程度就要向其反面发展，所以困极就要通了。“上六，困于葛藟，于臲卼”。上六被葛藤缠绕困住，又处在动摇不定的危险之地，又缠绕，又危险。动则难受，行则危险。行动，对上六来说，有些悔恨。如果不动，什么时候能走出困境呢？所以上六悔过后就马上前进。㉗

例 2：上六以阴爻居全卦的最高位，表示已经到了最为困难的时候。“葛藟”是一种藤蔓植物，“臲卼”指动摇不安的样子。上六被葛藟紧紧缠绕住，处于一种摇摇欲坠的境地，可见其处境极其艰难。上六屡屡采取行动摆脱困境，但均遭失败而又悔恨不已。所幸的是上六并没有气馁，他不断悔悟失败的教训，总结出摆脱困局的方法，最后果断采取行动终于获得成功。⑲

例 3：“困于葛藟，于臲卼”，葛藟（音 lěi），长着芒刺的葛藤。臲卼（音 nièwù），不安的样子。上六在本卦无应，又乘凌九五，阴弱处困卦之极，还居兑卦上位，泽水漏入坎水，首困的就是上六，犹如困于葛藟，难以自安。“曰动悔”，曰，说，解作之义。动悔，因为周边都是芒刺，一动就被扎着，不能动，被刺扎了就疼痛，动就后悔。“有悔，征吉”，有悔，因为“动悔”而“有悔”，这里是悔悟的意思。征，有所行动。既然动了就后悔我何不寻找出既刺不着又能走出困境的办法呢？于是静下心来，撩出缠身带刺的葛藤，小心翼翼地走出了困境，获得吉祥。㉘

例 4：“困于葛藟”与六三“据于蒺藜”、《坎》卦上六“置于丛棘”的意思一样，也是说犯人陷入牢狱困境。九五“劓刖”说犯人受了断足的刑罚，必然行动不便，走路摇摆不定，因此本爻又说“困于臲卼”。犯人行动本来不便，加上监狱防范甚严，是很难越狱逃跑的。如被发现有逃跑的企图，会遭受更严厉的惩罚，因此告诫说“动悔”。如果能认识到逃跑后果的严重性，重新调整自己的行为，好好改造，争取早日获释，这才是上策，因此又说“有悔，征吉”，《象》说“动悔有悔，吉行也”。㉖

例 5：困于葛藟：不能像葛藟坚守根本而背叛祖宗者。臲卼：惴惴不安貌。于臲卼曰：于是惴惴不安地说。动悔：对认贼作父的行动有悔。有：假为又。有悔：又悔之。动悔有悔：悔不该认贼作父，如今悔之已晚又悔之。征：正行。吉：善。征吉：走正道始终吉善。爻辞教导人们，在最艰难困苦时都不能认贼作父背叛祖宗。因此，中国人自古以来最痛恨背叛祖宗者。⑱

第四十八卦 井卦䷯坎上巽下

（一）原文

（卦辞）井，改邑不改井，无丧无得，往来井井，汔至，亦未繘井，羸其瓶，凶。

（爻辞）初六：井泥不食，旧井无禽。

九二：井谷射鲋，瓮敝漏。

九三：井渫不食，为我心恻。可用汲，王明，并受其福。

六四：井甃，无咎。

九五：井冽寒泉，食。

上六：井收勿幕，有孚元吉。

（二）解读

卦辞：井，改邑不改井，无丧无得，往来井井，汔至，亦未繘井，羸其瓶，凶。

解读："井"，卦名。"井"：水井、陷井。"邑"：村庄，城镇。"汔"（qì 音气）：干涸，干枯，衰竭。"繘"（yù 音遇）：井绳；又译为挖、掏。"羸"：败坏，打破。

卦辞说，城镇搬迁了，井没搬迁，依然在原地，人们来来往往用井水，井水没少，也没增多。时间长了，井衰竭，井里淤泥没人掏，打水的瓶子碰碎在井里，此井危险。

初六：井泥不食，旧井无禽。

解读：井里堆积淤泥，不能饮用，好井变成废旧的井，连飞鸟也不落在井边寻吸打水者滴落的水，荒凉情况。

九二：井谷射鲋，瓮敝漏。

解读："鲋"（fù 音付）：小鱼。"射"是追逐之意。"瓮"（wèng）：盛水的陶器。

爻辞说，井底有小鱼，互相追逐。盛水的瓦罐破碎，无法用。喻指这是废井。

九三：井渫不食，为我心恻。可用汲，王明，并受其福。

解读："渫"（xiè 音泄）：疏通，掏去淤泥。"恻"：悲伤，痛心。

“汲”：从井里把水汲上来，打水。

爻辞说，井里淤泥已清理干净，水清洁，却无人用，令人不恻忍。英明君王号召众臣来用水，象征君王恩赐的福分。

六四：井甃，无咎。

解读：“甃”（zhòu 音宙）：用砖修砌井壁。

爻辞说，井壁用砖已修砌好了，防止塌落，故无过失。

九五：井洌寒泉，食。

解读：“洌”：清澈。

爻辞说，井水清澈如泉水可饮食。

上六：井收勿幕，有孚元吉。

解读：“幕”：屏幕、覆盖。

爻辞说，井修好了，不用覆盖，让来往者用水方便，诚意提供便利，大吉大利。

小结：

井卦以打井供应水为例，比喻为群众办事要认真负责。井里淤泥要清理疏通，井壁塌了要修砌，使井水清澈如同泉水供饮用，造福于民。又寓意用水勿忘挖井人。

（三）选录多种解读

第四十八井卦卦辞：井，改邑不改井，无丧无得，往来井井，汔至，亦未繘井；羸其瓶，凶。

例 1：井，指饮水用井，喻用之不竭。邑：村落。丧：失去。汔：几乎。繘：井绳。羸：损坏。瓶：从井里汲水的陶瓷灌。

井卦，巽下坎上，木上有水，如同用木桶往井里淘水，故“水风井”。

《序卦传》说：“困乎上者必反下，故受之以井。”困到一定程度必然反于下，到了世间井处最下处。所以困卦之后是井卦。

“井，改邑不改井，无丧无得，往来井井”。井卦象征着水井，村落可迁移，而井是无法迁移的。可见井具有忠守本职、坚贞不二、刚正无私的井德。每日人们来来往往去井边打水，但井水不见减少，也不见增多。村子里的人都依赖井水生活。“汔至亦未繘井，羸其瓶，凶”。去井里打水，把水拉到井口时，盛水的陶灌倾覆了，结果水没打上来，事情要成功了却没有成功，这不是凶吗！㉗

例 2：井指的是水井，本卦讲君王养民之道。从卦象来看，井卦上卦为坎，代表水，下卦为巽，代表木，木在水下。远古时期人们将木桩钉在水下支撑井壁，以防止水井坍塌，井卦卦象恰似一口水井。从井卦的象征意义来看，水沿着树木上升直达树冠，滋养树木茁壮成长，而井水也源源不断地被人们汲取，养育着一方人民。君王由此得到启发，不断为民谋福，养育万民。“邑”是一种基层行政单位建制，同时也是君王分封给贵族的领地，往往会随着分封的变动而改变，但城邑中养育人民的水井是不变的。人们来来往往不断汲取井水，而井水始终保持恒定不变，并不因为人民汲取而减少，也不因人们不用而增多。井的特征象征君王养育人民具有恒久的性质，不可半途而废，君王养育了人民并不会减少自己的福祉，而君王不与民谋福也不会因此增加自己的财富。“汔”是几乎的意思，“繘井”是放绳从井中汲水。取水的人几乎已经到了井边，而还没来得及放下绳索从井中取水，却摔坏了取水用的瓦罐，比喻人民在极为迫切需要的时候却不能从君王那里得到福祉，君王将由此失去民心，这对于君王是极为凶险的。⑲

例 3：“改邑不改井，无丧无得，往来井井”，邑，城镇、村落。邑会经常改动或迁移，改邑的原因是复杂的，有统治者改变行政区划或责令迁徙的原因。有战争的原因，有灾荒的原因等。井水是地下泉水形成的，不能随着人的迁徙而迁移。对于井来说，邑人在，是井，邑人走了还是井，井不因为邑人的去留而丧失或获得什么，不管你邑改成什么名称，不管你邑里换了什么人，人们还是来来往往到井边来打水。这里揭示井具有恒定性，不趋炎附势，不患得患失，不随波逐流，始终持守造福于人的正道。“汔至，亦未繘井，羸其瓶，凶”，汔（音 qì），几乎。繘（音 jú），井绳。羸，损坏。瓶，盛水的陶灌。水几乎提到井口还没到井口的时候，盛水的陶灌被井壁碰碎，劳而无功，功败垂成，所以凶险。㉘

例 4：邑，城邑。井井，第一个“井”是名词状语，从井中……；第二个“井”是动词，汲水。汔（qì），水涸。至，通“窒”，淤塞。繘（yù），通“矞”，淘井。羸，缠绕，羁绊。

虽然改变了城邑的行政区划，更换了城邑的管理者，但水井的状况并没有得以改变，水井因长期疏于管理，长年失修而逐渐干涸淤塞，以至于再汲水的时候，井底的杂物缠绕住汲水的瓶子，无法汲水，影响到人们的正常生活，因此说“凶”。㉖

例 5：井者，井田制也。改邑不改井：四井为邑，井是最基本的行政单位。邑可改，但井田制不可改。丧：失，引申为减少。得：得到，引申为增加。往：迁走。来：迁来。井井：井井有条。“无丧无得，往来井井”，意思说：八户共井不能减少也不能增加，有迁走的也有迁来的始终是八户，井井有条连绵不绝。而井井有条连绵不绝，就是甲骨文的周字。汔：干涸。繘：井绳。繘井：灌溉之井的井绳。《说文》中的古井字是在井字方中加一圆点，此圆点表示灌溉之井在中田。中田有灌溉井，故而有二十亩水田种菰，八户平均每户种菰二亩半。羸：

瘦弱，引申为破旧。瓶：取水的瓦缶。凶：失，即作为一井之长的井长失职。“汔至亦未繘井，羸其瓶，凶”，意思说：天旱水涸已至，灌溉之井还未有提水的井绳，取水的瓦缶也很破旧，这是井长失职。因此，繘井之井是灌溉用井。若是生活用井，每户人家每天都要饮用水，不可能没有提水的井绳。所以，我认为古代八户共井是共用生产灌溉水井。⑱

井卦爻辞初六：井泥不食，旧井无禽。

例 1：初六位于全卦最下方，好比井的底部，井底是淤泥沉积的地方，如果水井长期得不到淘洗，瘀泥如阻塞出水口，水井终将干枯而不得不被人们废弃，甚至连鸟兽都不会来光顾。于人事而言，君王欲养民必先自养，即不断加强自我道德修养，及时清洗内心污秽的思想和陈腐的观念，以自己高尚的德行养民，一个内心腐朽的君王不但不能养民，而且最终会被民抛弃。⑲

例 2：井泥，指井底下的泥沙。舍：弃。禽：鸟兽。

初六以阴柔居下，相当于井底下的沙泥，也是无水之象。井有沙泥，虽泥汤含水，但人不能饮用。这口井久无人修，成了一口废旧之井，连鸟与禽兽都不来了。㉗

例 3：“井泥不食”，指这口井该要清淤了，泉眼已被淤泥堵塞，不清淤就要废弃了，喻君子如不及时警省改过自新，就如废弃之井。“旧井无禽”，禽，鸟类，这里泛指鸟兽。因为废弃的旧井井水已被污染，故而鸟兽不来饮水。如果人不改过自新也就没人和你来往了。

直译象辞：贴近淤泥的井水不能食用，因为初六处在井底淤泥的下位。旧井连鸟兽也不来饮水，是因为井长期不使用被废弃后井水已经污染。㉘

例 4：水井淤塞而逐渐废弃为旧井，久而久之，井口被蔓延的草木所掩遮，类似于陷阱，往往会有一些鸟兽陷入其中，但爻辞说此井之中并无鸟兽陷入，可能是刚废弃不久的缘故。㉖

例 5：井泥不食：泥水不能食。旧井：井是阱，指猎获野兽而废旧的陷阱。无禽：没有禽兽。旧井无禽：废旧陷阱里无禽兽只有泥水。⑱

井卦爻辞九二：井谷射鲋，瓮敝漏。

例 1：井谷，指井底下出水的穴窍。射：注。井穴里射注出的水。鲋：鲤鱼。瓮：盛水的陶罐。敝：破。

九二以阳居阴位而不正，与九五不相应，比于初六，趋下到井底，使其在下而不能向上。“井谷射鲋，瓮敝漏”。井穴出的水不多，就像养鱼或是养蛤蟆的，有些阴物，人去打水是很厌恶的。同时也说明这样的井虽有水而人们不去打

水的原因。有人用瓮罐去汲水，拉到了井口，瓮罐坏漏了，水还是没有打上来。井发挥不了作用，成了无用之井。㉗

例 2：九二爻以阳爻居下卦中位，得中而不得正。水井最大的功用莫过于供人食用，而此时用来汲水的瓦罐出现了破漏，汲取上来的井水从瓦罐中渗漏出来喷射到井底的蛤蟆身上，这说明井虽然有出水却不能用来养人，因而不能充分发挥井应有的作用。爻辞暗喻君王没有充分履行自己的职责，他虽然具有高尚的德行却也只是独善其身，并没有用自己的德行来教化人民。君王虽坐拥充足的财富但却不能用来养民，仅供自己享用，显然爻辞对君王不能养民是持否定态度的。⑲

例 3：“井谷射鲋”，井谷，井口。鲋（音 fù），小鱼（有成语“涸辙之鲋”，即将干涸的车辙里的小鱼，比喻处在困境中急待救援的人）。用汲水的水罐投击井中的小鱼。“瓮敝漏”，瓮，水罐。敝，破。因求鱼心切，用力偏斜，水罐碰到井壁而破损。这种行为正如俗话所说“偷鸡不成蚀把米”。㉘

例 4：谷，指井底。鲋（fù），一种小鱼。敝，破。

鱼也是先民食物的一个重要来源。水井淤泥废弃，只有少许浅显的水，一望见底，其中有小鱼生存，因此人们以箭射之。水井败坏不堪使用，还有水瓮可以储水以备急，如今水瓮也破漏，吃水问题更加严峻。

在一般情况下，井水中是不会有鱼生存的。鱼从何而来呢？前面我们讲过，商、周之时洪水经常泛滥，井底之鱼当是洪水消退后滞留下的。㉖

例 5：谷：水井的出水口。鲋：鲋鱼，即鲫鱼。如成语“涸辙之鲋”。井谷射鲋：水井出水口射出鲋鱼。瓮：盛水的大水缸。敝：旧。漏：缝漏。瓮敝漏：水源充沛，盛水的大水缸备而不用变得陈旧有缝漏。⑱

井卦爻辞九三：井渫不食，为我心恻。可用汲，王明，并受其福。

例 1：渫，指清污，治。恻：悲伤。王：君王。

“井渫不食”指水井经过清洗、治理，脏物已除，水已经能饮用了，可是没有人去井里汲水。井水清洁而无人用，为此我心里为之担忧，清洁之水可食可汲，故称“为我心恻，可用汲”。如果君王贤明的话，他定能启用九三，九三以阳居阳位，阳刚而得正，又应于上六，是一位有贤才之人。可是九三在下卦之上位，居井下之上，有才而不用，未免太可惜了。如果君王启用了九三这个贤才，国家百姓皆受其福，故曰，“王明，并受其福”。㉗

例 2：九三爻以阳爻居下卦的最高位。井真正的价值就在于供人汲水以养人，而此时井水污秽不能供人食用，这是非常令人痛心的事。一个贤明的君王不仅要有高尚的德行，更应该充分发挥自己的才能去养育万民，将国家财富分享于民，真正做到与民同乐，让天下的黎民百姓都能享受到自己的福泽。⑲

例 3：“井渫不食，为我心恻”，渫（音 xiè），清澈。这里指井已经清理干净了，井水可以食用，人们却不来饮用。“井渫不食”成语即出自于此。为我心恻，恻，恻隐，惋惜，悲伤。这里的“不食”与初六的“不食”不同，初六的“不食”是不能食，这里的“不食”是能食而被人们误认为不能食。井水已经清淤变不能食变为能食了，却仍然被人们误认为不能食，因此九三为此伤心、惋惜。“可用汲，王明，并受其福”，可用汲，可以汲水饮用。王明，是祈求君王明辨是非。这说明，不仅邑人认为这个井水不能食，连君王也这样认为，可见误解冤屈之深。并受其福，让众人都来享用甘甜井水的福祉。㉘

例 4：渫（xiè），污浊。为，使。恻，悲伤、忧伤。王，君王，在此当指周王。明，英明。

在古代，凿井、修井并非一件轻而易举之事。水井败坏，居民不能自修，因此寄希望于周王的英明。周王指派官员修缮整治水井，人们又可以从井中汲水了，因此感激英明的周王带来福佑恩泽。㉖

例 5：井渫：井水污浊。井渫不食：井水污浊不能食。我：我们。心恻：恻隐之心。为我心恻：谁因为我们饮食污浊之水而有恻隐之心？汲：从井里提水。何用汲：何用我们到外邑取水。王明并受其福：周王如果英明的话，我们就能与外邑人那样一并享福。爻辞告诉我们，周代已有水污染。爻辞教导周天子要关注民众饮水等民生问题。⑱

井卦爻辞六四：井甃，无咎。

例 1：甃，指砌井壁，修治井。

六四，阴居阴，得正。经过砌井壁，把井修治了。虽不能参与大事，但能把井修治好，所以没有什么过错。六四有阴柔的特点，需要加强自身的建设，像井那样“井甃，修治”修养充实自己。㉗

例 2：“井甃”，甃（音 zhòu），用砖砌的井壁。用砖砌成的井壁不仅挡住井周边泥沙的淤塞和污染，而且使井经久耐用，也使人们一目了然，明白此井是清洁可用之井。六四接受九三的教训，防微杜渐，开始就持守正道，善于弥补过失。㉘

例 3：“甃，井壁也。”湖南湘西里耶考古发掘一口秦代古井，此井有 17 米深，井壁用方木厚板榫卯联结而成非常牢固。考古人员将成千吨的垃圾从井里清出，在污泥中清出三万六千多枚秦代木简。秦代用木头作井壁，可能是传承西周的方法。井卦卦象是上坎下巽。坎为水，巽为木，故而古井壁应该是木头砌筑。井甃：水井要砌筑井壁。无咎：用木头砌筑井壁，无罪过。⑱

井卦爻辞九五：井洌寒泉，食。

例 1：九五阳刚中正处尊位，德才兼备。犹如寒洌的井泉水一样，源源不断地涌出，那样清澈、清凉、甘洁、好喝。㉗

例 2：九五爻以阳爻居君位，至中至正，至刚至尊。井水甘甜清爽，且能供人食用，水井的功用得到了尽善尽美的体现，比喻君王实现了养民的理想。养民绝非易事，君王必须坚守中正之道，只有保持高尚的德行方足以教化万民，只有具备了足够的能力才能为天下人提供充足的衣食。⑲

例 3：“井洌”，洌，冷，这里表示井水清凉洁净。“寒泉食”，寒，同洌。这种清凉洁净的井水可供众人饮用，意味着给人们带来福祉。㉘

例 4：洌，甘洁。井泉以寒为美，甘洁之寒泉，出来的水清凉甜美，可为人食，人们也喜欢食。井达到这个程度，可谓尽善尽美了。九五以阳刚中正居尊位，其才其德，完备无缺，正当井洌寒泉之象。九五与九三都是洁泉，为什么九五言食而九三言不食？因为九三居井甃之下，乃未汲之泉，所以说“不食”。九五是已汲之泉，所以说“食”。又，“井洌寒泉”既是井之尽善尽美者，何以不言吉？因为井以上出为成功，而九五毕竟未至于上，“井洌寒泉”可食而未及于食，故不言吉。㉕

井卦爻辞上六：井收勿幕，有孚元吉。

例 1：收，指汲水。幕：井盖。孚：诚。

上六，把水汲上来了，不要把井盖盖死。井是一个自然村庄的人所共用的。㉗

例 2：上六以阴爻居全卦的最高位，恰似没有加盖的井口。将水井修好却不加盖，目的是让所有人自由地从水井中汲水，以最大限度地发挥水井的功用。贤明的君王将敞开自己的心扉，以真诚的态度去养育天下黎民，毫无保留地将自己的财富分享于民，并由此而获得民心，这当然是大吉大利的。⑲

例 3：“井收勿幕”，井收，指水已从井中提上来，表示大功告成。幕，遮蔽，这里指井盖。不要把井加盖。这里有双层含义：一是指方便人们汲水，不设门槛、障碍，让更多的人受益；二是隐指广泛接纳更多人的意见和监督，更好地改进服务，使人们得到更多的福祉。㉘

例 4：收，指井筒逐渐向上收缩。幕，覆盖。垒砌井壁并使井筒向上收缩，这样即使不用覆盖，人和鸟兽也不容易陷入，同时也可以较好地避免井水污染，并且便于人们汲水。但更关键的一点是，人们还要心中诚信，彼此信任，这样才可以共同维护和利用好水井，因此说“有孚，元吉”，《象》说“元吉在上，大

成也”。㉖

例 5：收是汲水，幕是井盖。从井中汲水，水汲上来之后，不要把井口封闭盖死，好让别的人随便来汲水。井是公共的，大家都可使用。卦辞所谓“往来井井”就是这个意思。有孚即有信，在此有信亦即谓井水源出不穷，久汲不见少，不汲不见多，正是卦辞说的“无丧无得”。元吉，大善之吉，再好不过了。井以上出为用，越往上越好。上六居井卦之最上，水已汲上来了，大功告成了，所以言元吉。64 卦大多数至卦终时为极为变，情况不怎么好，唯独井卦与鼎卦，至上爻有功成业就的意义，称元吉、大吉。㉕

第四十九卦 革卦䷰兑上离下

（一）原文

（卦辞）革，巳日乃孚，元亨，利贞，悔亡。

（爻辞）初九：巩用黄牛之革。

六二：巳日乃革之，征吉，无咎。

九三：征凶，贞厉，革言三就，有孚。

九四：悔亡，有孚改命，吉。

九五：大人虎变，未占有孚。

上六：君子豹变，小人革面。征凶，居贞吉。

（二）解读

卦辞：革，巳日乃孚，元亨，利贞，悔亡。

解读："革"，卦名。"革"：改革、变革，革命。"巳"（sì 音四）：古时用天干地支记年月日时，巳是十二地支之一。

卦辞说，变革在巳日进行，获得民众信任、拥护，非常顺利，坚守正确路线，不会后悔。

初九：巩用黄牛之革。

解读：变革需要团结，要听从指挥统一行动，不应轻举妄动。这一切需要就像用黄牛皮捆绑在一起那样巩固。

六二：巳日乃革之，征吉，无咎。

解读：决定的巳日已到，变革开始出征，吉利，不会有过错。

九三：征凶，贞厉，革言三就，有孚。

解读：变革若没做好充分的准备，急于出征是危险的，变革的言论和原因，应再三讨论，民众意见统一了，获得民众信任才能出征执行。

九四：悔亡，有孚改命，吉。

解读：不后悔，获得了民众的信任，变革已成熟，此时变革吉祥。

九五：大人虎变，未占有孚。

解读：九五是大人君位，像猛虎一样发动变革，要革除黑暗面，使国富民强，才能得到民众的支持，不用占问，后果就是卦辞所说“元亨利贞”。

上六：君子豹变，小人革面。征凶，居贞吉。

解读：君子像豹那样动作敏捷，转变到变革这一边，民众也洗心革面，拥护变革。但变革刚胜利，又出征则凶，应安居休整则吉祥。

小结：

革卦宣讲，变革不能急躁冒险，需要酝酿发动群众再三讨论，时机成熟再出征。九五君王统帅，民众响应，方能获胜。

（三）选录多种解读

第四十九革卦卦辞：革，巳日乃孚，元亨，利贞，悔亡。

例1：革是卦名，指皮革，变革。已日：往日，过去。元亨：大亨。

《序卦传》说：“井道不可不革”，故受之以革。”井使用长了，就得进行淘井，把井里的污泥及杂物清理出来，井水就干净了，故井卦之后就是革卦。

革卦，离下兑上。离为火，兑为泽，芦苇之根在泽下生长着，这就意味着火随时发生。水火不相容，不是烈火熊熊到处燃烧，就是水漫平川一片汪洋，水的信服，还需要一定的时间、一段历程。通过实践可见变革给人们带来了实惠、好处，为此，多数人由被动变为主动，成为变革中的主力军。所以叫革卦。

“元亨，利贞，悔亡”。比如，科技革命使生产力迅猛地向前发展，同时也带来了生产关系的变革，先进的生产关系一定要适应生产力的发展。由此可见，变革带来一片欣欣向荣的气象，世道是多么亨通呀！改革中要坚守正道，也就是遵循客观规律办事，不能主观胡来，要知道变革不是一帆风顺的事情，而是要经过长期地战艰难、排险阻，最后才能取得成功，当初的悔恨也就随之消失。㉗

例2：革是变革的意思，本卦讲变革、革命的道理。从卦象来看，革卦上卦为兑，代表泽，下卦为离，代表火，泽水在上而火在下，火可以将泽水烤干，而泽水也可以将火熄灭，可谓水火不容，犹如革命中新旧势力之间你死我活的斗争。革命是革除陈旧的势力，而旧势力往往根深蒂固且早已深入民心，贸然革之难以被人理解和接受，因此革命必须等待一个恰当的时机。待时机成熟再采取革命行动就能得到人们的充分信任和支持，革命才能取得成功。任何变革的根本目的都是造福于民，从而推动社会的发展，因此变革必须坚守正道才能获得民心，并最终无所悔恨。⑲

例3：祭祀之日广泛聚集民众，是向民众宣传改革的有利时机，可以利用民众的迷信心理，以神道设教，以“改革是神的意志”之类的话为幌子，来取得民众的信任，因此说“巳日乃孚，元亨，利贞，悔亡”。

由于“巳”“已”“己”三个字非常相似，很容易混淆，所以本卦中的“巳”字其他版本也作“己”“已”的。将“巳”字解释为“已”字，从全卦来考察，有很多不通之处，因此弃而不论。而解为“己”字，有一定的道理，可以参考。

古代以甲、乙、丙、丁、戊、己、庚、辛、壬、癸十天干纪日，其中的“己”日处在第六位。前面我们已经讲过，《易经》中“七日”是始与终、成与败、得与失等对立事物之间循环、转化的周期数。“己”日处于天干中的第六位，标志着旧事物已经发展到了终结的阶段，非进行变革不可；“己”日的下面紧接着“庚”日，而“庚”与“更”同音，正寓变革、变更的意思。㉖

例 4：革者，革命也。巳日：旧事物死亡之日。段玉裁注《说文・巳》“巳者，言万物之已尽也。《淮南子・天文训》：‘巳者生已定矣。’”孚：生。巳日乃孚：旧事物死亡之日乃是生发革命之日，革命是以死求生，革命是“巳者生已定矣”。元亨：大为亨通，引申为革命势力风起云涌。利贞：利政，即革命有利于产生新的政权。悔亡：革命者无悔。⑱

例 5：已字应读作已（yǐ），不应读作巳（sì）。孚，信。革，变革旧的事物。变革旧的事物不是轻而易举的事情。人们对旧的事物早已习惯了，适应了，你一下子要变革人们早已习惯，早已适应的东西，人们是绝对不会马上理解、接受的。变革要取得人们的理解和信服，需要一定的时间。“已日乃孚”即是这个意思。

元亨，大亨，大通。事物旧了，坏了，亦即穷了，才要变革。变革的目的是旧变新，穷变通，所以革之而可以元亨。贞，正。利贞，利于正道。变革旧事物是极难的事情，必须遵循正道去做，倘若任意胡来，则一定失败。能够坚持正道去进行变革，纵使时间久，险阻多，最终也将成功，成功则悔亡。㉕

革卦爻辞初九：巩用黄牛之革。

例 1：巩，指包裹起来，包束。黄：中色。革：皮。

初九在卦的最下位，处在不可革的位置。虽阳刚却处在离体，有躁动的特点，并且与九四又不相应，所以初九不具备革的条件。初九宜静，不宜动。需要加强充实自己的力量。“巩用黄牛之革”指初九要坚守中顺之道，像牛皮包裹东西一样把自己包束起来，使其不可轻举妄动。㉗

例 2：初九爻以阳爻居全卦最下方，喻示处于革命的最初阶段。革命不仅需要等待恰当的时机，更要讲究革命斗争的方法和策略。在革命的最初阶段，革命的力量极为薄弱，此时不宜采用急风暴雨式的斗争形式。“牛”是一种温和驯化的动物，而“黄色”是土地的颜色，土位于五行的中央，“黄牛”比喻在革命初期应该采用中和渐进的方式，不可急功近利地发起重大行动。“巩黄牛之革”就是用异常坚韧的黄牛皮把自己包裹起来，比喻此时最主要的是不断积蓄革命力量，巩固革命势力，建设好革命根据地，防止外部势力对革命力量的破坏。⑲

例 3：用黄牛皮革制成的绳子将其捆牢。

解析爻辞：巩，巩固，使其牢固、稳定。黄牛之革即黄牛皮革制成的绳子。这里有两层含义：一是指黄牛皮革制成的绳子坚韧牢固；二是借用黄牛之义，牛具有顺从之德，黄为土色，土为持中之位，寓意不仅捆牢他，还要教育他持守中道，应顺时势。㉘

例 4：初爻是平民之位。《说文》：“巩，以韦束也。”韦束，引申为绳索。巩用黄牛之革：民众动辄被商纣王用黄牛皮革制作的绳索捆绑，送去服兵役、徭役而无法生存下去，故而爆发以死求生的革命。⑱

革卦爻辞六二：巳日乃革之，征吉，无咎。

例 1：已日，指往日。征：前进。

讲：六二以阴爻处阴位柔顺而中正，并与九五相应，说明变革的条件已具备。“已日乃革之”，“已日”就是往日，这里是说革之前，要有一个准备的过程，运筹的过程，宣传的过程。广大民众由衷地认识到，变革是为了老百姓的利益，群情激昂，积极投入到变革之中。由此可见，变革的形势已成熟，条件已具备，革正式开始了。“征吉”指抓住时机，实行变革，一定会带来吉祥而无险难。㉗

例 2：六二爻以阴爻居下卦中位，具有中正之德。革命必须符合事物发展的客观规律，因此时机对于革命的成败至关重要，时机不成熟则不可轻举妄动，当时机到来亦不可优柔寡断。把握恰当的革命时机要求革命者具有高超的智慧和敏锐的社会洞察力。“己日”表明革命时机已经成熟，革命者当机立断，大胆地采取革命行动，这是吉利的，没有灾祸。⑲

例 3：“己日乃革之”，六二阴居阴位，柔顺中正，己日为中，表示变革时机成熟，此时推行变革会获得吉祥，没有灾难。征，行动，这里指实施变革。㉘

例 4：祭祀之日，聚集民众，借神的意志宣布实行改革，可以排除许多人为的阻挠、困难。使改革有一个良好的开端，因此说“征吉，无咎”，《象》说“巳日革之，行有嘉也”。㉖

例 5：巳日：商纣王气数已尽之日。巳日乃革之：商纣王气数已尽之日乃是发动革命之日。

周武王选择在十一年十二月戊午日发动革命，就是因为商纣王此时众叛亲离、气数已尽。征：征战。征吉：此时发动革命战争吉善，可以避免革命力量遭受大的损失。无咎：无罪过，即革命无罪。⑱

革卦爻辞九三：征凶，贞厉，革言三就，有孚。

例 1：言，指言论，议论。孚：诚信。去：往。就：成。厉：险。三：多。“征凶”指九三以阳刚居阳位。得正而不中，有躁动的特点，九三又前临重阳，所以，前往必凶，“贞厉”指九三前往有凶，但贞固自守也有厉险。动不行，不动也不行，这可怎么办呢？办法是有的，那就是“革言三就”。革言，指的是变革的理论宣传以及言论，必须慎重，再三地研究讨论形成一致，方可施行。经过多次宣传和事实证明，人们信服了，即“有孚”，这样就可以革了。㉗

例 2：九三爻以阳爻居下卦最高位，得正，但阳刚过盛，有冒进之嫌。革命是关乎国家命运的大事，因此革命的每一个步骤都应当慎之又慎，任何草率的行为都会带来凶险。革命需要建立广泛的群众基础，由于社会弊病积重难返，人们一时难以理解和接受新生的革命事物，因此革命者需要不厌其烦地发表革命言论，耐心细致地教育和引导人民接受革命思想，以取得广大人民群众的信任和支持。⑲

例 3：“征凶，贞厉”，征，有所行动，前进。前进有凶险，是因为前进被同性阳爻九四相斥而阻隔。贞厉，守住已有的变革成果停滞不前也有危险，因为变革夭折，已经取得的成果也会丧失。九三可谓进退两难。“革言三就，有孚”，革道初成，已经取得三分成效了，既然进退两难，就不进不退，巩固已取得的变革成果，调整完善下一步变革步骤，赢得人们的信任和支持。㉘

例 4：行动凶，占问危险。改革的言论经过多次宣传，才会取得信任。

孔子说“人而无信，不知其可也”（《论语·为政》），要顺利地进行改革，首先要取得上上下下、方方面面的信任。怎样才能取得信任呢？这首先要对改革的必要性、改革的意义、改革的内容等进行广泛、深入的宣传，使人们从思想、心理上接受改革，这也就是“革言三就”。这很容易使我们联想起“三人成虎”和“曾子杀人”的故事……㉖

例 5：征：革命征程。征凶：革命征程多凶险。贞：主，指革命者。厉：磨难。贞厉：革命者多磨难。革言：革命的誓言。就：成功。革言三就：周武王作《太誓》的誓言：“勉哉夫子，不可再，不可三！”意思说：同志们努力啊，革命不可再举，不可三举，革命要一举成功！革命一举成功，革命的代价少。再举革命，革命的代价大。三举革命，就有可能会丧失革命。所以，老子曰：“取天下常以无事。及其有事，不足以取天下。”孚：生。有孚：有生，引申为新生。意思说：革命一举成功，我们才能获得新生。⑱

革卦爻辞九四：悔亡，有孚改命，吉。

例 1：“悔亡”有两层意思。一层是针对革卦下三爻来说，下三爻是革的初始阶段，革的主要工作是计划的制定，实施革的步骤，言论上宣传，在革的开始进行阶段性的总结等。到了九四，变革已取得了显著成果，革命基本上取得了成功。所以当初的悔恨或者说是后悔消除了。第二层意思是，九四以阳居阴，位不正，本来有悔。

但是九四有刚柔之才，刚柔相济，正确处理在变革中出现的这样那样的问题，让变革沿着正确的轨道运行。所以悔也就没有了。

“有孚改命，吉”，改命就是革命。旧的朝代没有更换，先人称之为“天命未改”。新的朝代建立，叫做“天命已改”。朝代的更替，是由人类社会的基本矛盾的运动规律所决定的。是不以人的意志为转移的。经过革命，推翻了旧的腐朽社会制度，广大的民众得到了解放，得到了实惠。所以老百姓对于改命非常信赖，革命带来了吉祥。㉗

例 2：“悔亡，有孚改命”，孚，诚信，这里指坚定的变革信念。改命，改，改变，这里指建立新的秩序。下卦三爻基本完成对旧制度、旧势力的破除，完成变革的前期任务。不破不立，从某种意义上说，立新比破旧更难，任务更重。九四作为国家重臣，担当改革鼎新的使命，责无旁贷。因九四位不正，又阳刚比邻九五君王会有忧悔，因阳居阴位刚柔相济，鼎新信念坚决，措施方法得当，因此忧悔可以抵消，获得吉祥。㉘

例 3：命，指陈规旧令。取得民众的信任，然后改革陈规旧令，使改革之志能够顺利地实现，因此说“悔亡”“吉”，《象》说“改命之吉，信（伸）志也”。其中“改命”是要达到的结果和目的，而“有孚”是改革的基础、前提。㉖

例 4：革：革命者。悔亡：革命者无悔。有：不宜有，引申为大。孚：生。有孚：大生，引申为大众。改命：改变命运。有孚改命：大众的命运得到改变。吉：革命改变了大众的命运，吉善。⑱

例 5：从爻象解释九四爻辞，九四以阳居阴，合当有悔。可是九四阳刚，有革之才；卦已过中，当水火之际，处革之时，刚柔相济，不偏不过，有革之用。九四既具备这些优越条件，革之必当，有悔也将无悔，故曰“悔亡”。㉕

革卦爻辞九五：大人虎变，未占有孚。

例 1：“大人虎变”指九五阳刚居中得正处在尊位。在革卦上体兑，兑为西，西方为虎，虎变炳著，所以把大人改命比作虎变。大人是有权势的人物，是变革中的领导者和决策者。贤明大人领导的变革代表了大多数人的利益，顺应了历史发展的潮流，深得民心。“未占有孚”。大人领导的变革像虎脱毛一样，文采灿然，政绩炳著，不用占卜就知道大人能取得民众的信任。㉗

例 2：九五爻以阳爻居君位，至刚至阳，至中至正。九五身为一国之君，他大刀阔斧地推行革命措施，以猛虎下山的气势来革除各种陈规陋习，其势不可阻挡。九五不仅具有无人可比的地位，更具有敢于革命的魄力和中正不阿的道德品质，在革命进程中他能够以身作则，公正无私，他领导的革命无须占问就能获得人民的信任。⑲

例 3：“大人虎变”。大人，指率领变革的领导人，这里指九五君王。虎变，指老虎的斑纹到了秋季就会变得光鲜明亮，标志着到了老虎捕获猎物的最佳时机。虎变，这里有两层含义：一是指九五中正，已是“已日乃孚”的最佳变革时机；二是指九五坚定不可动摇、志在必得的变革信念如同老虎发威一样感召着人们。“未占有孚”，不用占卜，一定会得到人们的拥护，变革一定成功。㉘

例 4：大人的改革借助祭祀、宣传等形式，这就像老虎皮上有斑斓的花纹一样。这样的改革，不用占问就知道能够取信于民，因此说“未占有孚”，《象》说“大人虎变，其文炳也”。㉖

例 5：革：五爻是事之高潮，表示革命高潮到来时。大人：指原商王朝的大臣。虎变：像老虎一样猛烈变化。大人虎变：革命高潮到来时，商王朝的大臣们像老虎那样猛烈发生变化。未占：没有占卜。有孚：有生，引申为生死。未占有孚：未卜生死，商王朝的大臣们就猛烈变化。⑱

革卦爻辞上六：君子豹变，小人革面。征凶，居贞吉。

例 1：豹变，指豹的脱毛变化，不及虎毛鲜明。革面：革面不革心，指表面上的变革。

上六，“君子豹变”，九五言大人虎变，上六言君子豹变，二者之变，既相似，又有区别，相似的是都处在领导者的地位，都关系到变的问题。区别在于，一个是如何变，怎样使变革取得成功；一个是如何守变，也就是说怎样保护好胜利的成果。那就是说，一个是创业，一个是守业，创业难，守业更难。

“小人革面”中说的小人，我们不能按阶级、阶层来划分，“统治阶级是君子，被统治阶级是小人”，这种说法未免太守旧。“小人”指的是有人往往是革面不革心，表面上赞成革命、改革，实际上心有疑惑，持有模棱两可、观望或不赞成的态度。不顾大局，自己的利益受损就翻脸，势力。

“征凶”指革命已经胜利，摆在眼前的主要矛盾是怎样稳定局势，守好来之不易的革命成果，而不是贸然前进。否则必定带来凶险。“居贞吉”指坚守贞固，休养生息，保证有一个安定的环境，这样才会吉祥。㉗

例 2：上六居全卦的最高位，表示革命的结果。“豹子”机警而敏捷，“君子豹变”比喻君子及时顺应了革命潮流，为革命推波助澜；而小人也改变了原来的面貌，加入了革命行列，这说明革命已经深入人心。革命一旦取得成功，当竭力捍卫革命成果，维持社会稳定，而不是继续革命，毫无休止的革命将使人们无所适从，并进而陷入凶险，此时宜使人们休养生息，安居乐业。⑲

例 3：君子像豹子改变皮毛颜色一样改变了自己，小人也改换了新的面貌。征讨凶险，居守正道吉祥。

解析爻辞：“君子豹变，小人革面”，豹比虎的皮毛色泽更加斑斓，君子豹变，是指君子因变革成功而发自内心喜悦，如同豹子随季节变化皮毛变得鲜亮光彩。小人革面，小人随着变革的成功也换了新的面貌。“征凶，居贞吉”，征，有所行动，指不断进行变革。如果不停地变革，朝令夕改，社会就会混乱。居，静居，居守。上六为革卦之终，标志变革已经成功，应当停止变革，巩固变革成果，这样才吉祥。征为动，居为静，征凶居吉。㉘

例 4：君子，有才有德的人。变，与九五爻“大人虎变”之“变”同义。征，指行动，在这里指改革。居，安居不动。

“君子豹变”“小人革面”上面已经解释过了。“君子豹变”与“大人虎变”类似，也是比喻君子实行变革能够借助于一定有益的形势，因此《象》说“君子豹变，其文蔚也”。相反，小人主持的改革不借助于任何形式，只是靠简单生硬、粗暴强制的行政命令推行，这就像皮去毛后只剩下一幅赤裸裸的革面一样。这样的改革注定要失败，不如不改革，因此占辞告诫说“征凶，居贞吉”。㉖

例 5：上爻是事之极位，这里表示革命成功时。君子：诸侯。君子豹变：诸侯们像豹子那样迅速变化。小人革面：平常人则完全改变了面貌。征：战争。征凶：发动反革命的战争，凶险。居：安居。贞吉：主吉。居贞吉：安居不动者主吉。⑱

第五十卦 鼎卦䷱离上巽下

（一）原文

（卦辞）鼎，元吉，亨。

（爻辞）初六：鼎颠趾，利出否。得妾以其子，无咎。

九二：鼎有实，我仇有疾，不我能即，吉。

九三：鼎耳革，其行塞，雉膏不食，方雨亏悔，终吉。

九四：鼎折足，覆公餗，其行渥，凶。

六五：鼎黄耳金铉，利贞。

上九：鼎玉铉，大吉，无不利。

（二）解读

卦辞：鼎，元吉，亨。

解读：“鼎”，卦名。“鼎”：古时煮食物的器皿，引申为革旧鼎新。

卦辞说，鼎卦大吉又亨通。

初六：鼎颠趾，利出否。得妾以其子，无咎。

解读：“颠”：颠倒。“趾”：脚趾，在此指鼎趾。

爻辞说，鼎倒过来了，底朝天，有利于把鼎里的旧食品清理出去，装入新食品。就像原配妻子不能生育，娶妾生子，革旧鼎新，没什么不对的。

九二：鼎有实，我仇有疾，不我能即，吉。

解读：鼎里有食品果实，我的仇人有疾病，不能来抢占，若不是我用还有谁来用呢？我吉祥如意。这是警示不要独吞果实。

九三：鼎耳革，其行塞，雉膏不食，方雨亏悔，终吉。

解读：在郊外鼎里煮着肥美的野鸡，还没抬回家里吃。因为鼎被煮的很热，没法抬，不能移动，就像没有鼎耳无法入杠抬走。幸亏这时恰巧降雨，搭上盖子淋湿鼎身，不热了，立即抬回去，无怨恨，最终吉利。寓意天无绝人之路，天助也。民众是君国的天。

九四：鼎折足，覆公餗，其行渥，凶。

解读：“覆”：倾倒。“餗”（sù音束）：鼎里食物。“渥”（wò音握）：髒湿。“公”：王公。

爻辞说，把鼎弄倒了，为王公做的美食撒满全身，外形污浊，凶相。言外之意，此人既丢了饭碗，也丢了脸面。

六五：鼎黄耳金铉，利贞。

解读：“铉”是穿入鼎耳环的横杠，抬鼎用具。

六五是高官位。把鼎耳和铉都装饰成黄色，这是皇贵颜色，准备祭祀用，利于守正。

上九：鼎玉铉，大吉，无不利。

解读：玉是古时贵重物品，皇族许多用品是用玉做的。上九把鼎铉也嵌上玉，大吉大利，没有什么不利的。

小结：

鼎卦与革卦是互为综卦，反卦，用意也相反。革卦是革旧，革除黑暗的旧政权。鼎卦是鼎新，建立新政权，吐故纳新。开始就倒掉鼎里的旧食物，如同娶妾生子。九二爻说君王不能独吞成果，国以民为本，民以食为天。九三爻天降雨淋湿热鼎降温方能抬走鼎，此天是指民众。九四爻鼎折足，足是基础。建立新政权要做好基础建设，基础不牢，政权不稳固，民不聊生没饭吃。有了积累和财力，方可“鼎黄耳金铉、鼎玉铉”显示豪华。

（三）选录多种解读

第五十鼎卦卦辞：鼎，元吉，亨。

例 1：鼎卦，下巽上离，巽为木，离为火。木入火必然燃烧，故曰：“风火鼎。”

《序卦传》说：“革物者若鼎，故受之以鼎。”鼎有两层意思，一是鼎在古代为炊煮之具，把生的东西煮为熟的东西，生变熟，谓之革故鼎新，故为鼎；二是鼎是重器，是权力的象征，如黄帝作鼎，大禹铸鼎，但这个鼎是不能煮物的。

革是革去旧的东西，即革故。鼎是取新，也就是在革的基础上，建立新的事物。所以在革卦之后为鼎卦。革故鼎新是历史发展的规律，在鼎新之际，作为具体措施实施的领导者，要审时度势，灵活处理，谦虚谨慎，稳步前进。绝不能让胜利冲昏了头脑，掉以轻心。“治大国若烹小鲜”。这是老子的名言，他告诫统治者，烹小鱼时若不断翻动，翻得越勤鱼碎得越厉害。治大国若是像烹小鱼那样，朝令夕改，或是政令繁苛，老百姓不堪其苦，那样国家就会混乱了，“会烹调，不乱翻”。这样才能完成历史赋予的鼎新使命。

“鼎，元吉，亨”。鼎卦象征着新的事物已建立，或是说新的制度建立，开

创了新的局面，那必然带来吉祥，亨通顺利。㉗

例 2：鼎是古代的烹饪工具，本卦讲革故鼎新的道理。从卦象来看，鼎卦上卦为离，代表火，下卦为巽，代表木，象征点燃木材烧火烹煮食物，而鼎是基本的烹煮工具，其最大的功用莫过于烹煮食物以养民。民以食为天，因此鼎是至为吉祥之物。鼎可以将生食做成熟食，使食物的性状发生根本变化，食物做熟后将从鼎中盛出，下次烹煮前又将加入新的食物，因此鼎又引申出革故鼎新的意思。在革故鼎新的时代，新生事物具有无穷的生命力，其生长势头是极为亨通的。⑲

例 3：鼎卦为大亨通，大吉祥。天子初登龙位，第一件事就是铸鼎，将新朝的规章与法典铸书于鼎上，将鼎置于神圣而尊严的位置，以示公告，人们翘首瞻仰新朝政令，以便响应执行。顺天应人的改朝换代，新朝的政令符合民众的利益，得到百姓拥护，故而亨通吉祥。㉘

例 4：鼎者，立国之重器也。元吉：大吉。意思是拥鼎者拥有政权，大吉。亨：通，引申为通行无阻。意思是拥鼎者能一言九鼎使政令通行无阻。卦辞讲鼎是立国之重器。⑱

例 5：《序卦传》说："革物者莫若鼎，故受之以鼎。"这个说法是有问题的。我们知道，革与鼎两卦意义相对应，革是去故，改变旧的事物；鼎是取新，建设新的事物。《杂卦传》讲"革，去故也；鼎，取新也"，是正确的，可取的。鼎卦之所以名鼎，既取其象也取其义。取其象，从全卦来看，很像一种器。最下一爻是阴爻，象器之足；二、三、四三爻是阳爻，阳为实，中实而容物，象器之腹；上二爻，一象器之耳，一象器之铉。器而有足有腹有耳有铉，正是鼎之象。从上下二体来看，上体中虚，下体有足承之，也是鼎之象。取其义，则巽下离上，木入于火，有燃烧之义，燃烧而假之以器，故有烹饪之义。有烹饪之义，便是鼎。64 卦以实物名卦者唯井与鼎而已。㉕

鼎卦爻辞初六：鼎颠趾，利出否。得妾以其子，无咎。

例 1：颠，指颠覆。趾：鼎足。否：残渣污垢，也指丑恶。

"鼎颠趾，利出否"。初六处鼎卦之下，像鼎之足。把鼎颠倒翻过来，是为了倒出鼎内的残渣，看表象鼎口从下，鼎足朝上，是一个不正常的现象。但这是为了清除残物，去掉污垢，这又是正常之事，并且是好事。所以清污去垢是"利去否"。"得妾以其子，无咎"。妾在正宫之下，相对地位低下，妾生了个儿子，有可能是未来的继承者，子贵母荣，妾变成了国太。所以说妾生子是好事，没有什么过错。㉗

例 2：初六位于全卦的最下方，恰似鼎之足。鼎三足而立，显得端庄而稳固，但抬起一只足就可以将鼎中之物倾倒出来。在鼎新之始必先革故，就如同在烹煮食物之前必先清除鼎中残留的污秽一样，从而为新生事物的发展创造条件。革故的目的是鼎新，“得妾”即是纳新，娶妾生子更是给家庭带来了新的希望，因此不会有灾祸。⑲

例 3：“鼎颠趾，利出否”，颠，颠倒。趾，脚趾，这里指鼎足。鼎足朝上，鼎口朝下。否，脏物。鼎颠倒了不是鼎足出了问题，而是为了清除鼎中污物。“得妾以其子”，得妾，娶妾。娶妾的目的是为了生养孩子延续后嗣。得妾，并非指初六得妾，而是初六为妾被九四所得，因初六与九四相应，初六阴居阳位，位不正，其身份如妾。鼎颠倒并非初六自己颠倒，而是被九四持鼎足将其颠倒，因初六位不正寓意鼎足颠倒。鼎颠倒表象看是坏事，其实是好事，因为可以将鼎中污物倒出，使鼎洁净，可以弥补食物被污染的缺憾。这里寓意君王治国除旧鼎新，不拘一格选贤任能。商汤选用伊尹时，伊尹还是一个奴隶，但他却辅佐商汤推翻了夏王朝。武丁（殷商第二十三位君主）起用傅说（音 yuè）时，傅说只是一个泥瓦匠，他却使殷商出现中兴。举贤授能应不分贵贱，如同娶妾，妾虽为偏房，但妾出生的孩子一样是自己的后嗣，可以弥补无子嗣的缺憾。㉘

例 4：颠，颠倒。趾，指鼎脚。否（pǐ），指鼎中腐败的食物。以，与。

在世界范围内的古代文化中，凹洼、中虚的事物曾经是女性、女性生殖器的象征。例如，《老子》中说“谷神不死，是谓玄牝”，其中的“谷”指山谷，“玄牝”是女性生殖器，这是以山谷比拟、象征女性生殖器。

烹饪器具具有凹洼、中虚的特征，也有类似的象征意义。

前面《贲》卦中说过，足在古代文化中也隐喻生殖器。足象征男根，则“折足”也就是男性性功能障碍的隐语，这可以从世界范围内的神话中得到证实。

“否”的字面意思是指腐败的食物，而食物在古代文化中也隐喻男女两性尤其是女性。例如，古代的太监虽然被阉割，虽然没有性生活的能力，但还有性的欲望与冲动，有与女性共处的愿望，古代一些混到一定级别的太监，也被允许与宫女结婚，这样的夫妻称为“对食”。

“否”又与“妇”相通，帛书《易经》中的《否》卦卦名正是作“妇”字。“鼎颠趾，利出否”实际上是隐喻夫妻生活不和谐，因此出妻纳妾。这在古代是很正常的，因此《象》说“鼎颠趾，未悖也”。而新纳的妾倒也很争气，不久就为丈夫生下了儿子，因此才有下文“得妾以其子”之语。母以子贵，妾生了儿子，身份、地位因之高贵，因此《象》又说“利出否，以从贵也”。㉖

例 5：鼎：鼎食，鼎颠趾：将鼎身倒过来鼎趾在上。否：不通，指鼎底不通。利出否：利于刮出鼎底部的食物。妾：古同“接”。段玉裁注《说文·妾》：“妾接叠韵。《左传·僖公十七年》：‘男为人臣，女为人妾。’”其：指侍妾。子：子女，即侍妾的子女。嫡子是正妻所生，庶子是侍妾所生。嫡子与庶子是同父不同命，庶子地位低下，嫡子地位高贵。例如，《红楼梦》里贾宝玉高贵，贾环卑下。得妾以其子：侍妾将接得的食物给子女吃。无咎：无罪过。意思是侍妾将鼎底剩余的食物给子女吃，无罪过。初爻就讲鼎食，说明鼎卦是贵族卦。⑱

鼎卦爻辞九二：鼎有实，我仇有疾，不我能即，吉。

例 1：九二以阳刚居中，乃鼎中有实之像。仇，配，与“君子好逑”的逑字义同。疾，妒害。初六阴柔而与九二相比，阴阳相比则相从，相从则有阴柔妒害阳刚的可能。自九二的立场说，“我仇有疾”，我的对立面初六乃阴柔小人，它近比于我，势必要妒害我。我应该怎样对待呢？“不我能即”。我要以刚中自守，不恶而严，使之无隙可乘，不能即我。如是则吉。㉕

例 2：九二爻以阳爻居下卦中位，象征鼎的腹部。《周易》以阳为实，故曰“鼎有实”，比喻鼎内充满了美食。而此时跟我有仇的敌人因身患疾病不能前来争抢我的食物，这当然是吉利的。于寓意层面来看，社会新生事物充满了勃勃生机，而社会守旧势力却相对薄弱，对新生事物不构成威胁，这对于新事物的成长无疑是吉利的。⑲

例 3：“鼎有实”，实，阳爻为实，刚健正道之义。九二刚健居中，如鼎中盛满食物。“我仇有疾，不我能即”，有多种解释观点，有解释为：我的仇人有疾病，不能享受我的鼎中食物。这样正好，我可以把我的食物让更多的民众享用。有解释为：我的相应者六五因阴爻乘凌阳爻九四，被九四阻隔，不能前来与我相应，我本来已经盈满，如六五前来益我则为过盛，不能来益我亦是好事。有解释“仇”指妻妾，九二居中有男女媾合之象，因女方有病，为避免传染，故而不能媾合。从卦辞、彖辞、爻辞相互关联的意义上分析，本人认为这里的“疾”即“嫉”，是嫉妒、嫉恨之义，我的仇人嫉妒、嫉恨我的品德才华。“不我能即”，即，及。这种对我的嫉妒、嫉恨不是我能改变的，从另一方面说，我并不怨恨他对我的嫉恨，你的嫉恨无损于我的贤能才志，不因为你的嫉恨而改变我中正的品德和我为国效力的抱负。这正是君王培养所需要的贤能之士，因此吉祥。㉘

例 4：实，指鼎中食物，即下文的“雉膏”“餗”之类。仇（qiú），配偶，《说文》段注引《左传》云：“嘉偶曰妃，怨偶曰仇”。可见“仇”正是指双方存有某种隔阂和不谐的配偶。即，靠近器皿饮食的意思，其甲骨文正是左边一个盛食物的器皿，右边一个人面向器皿跪坐饮食的样子。

如上所述，“实”为鼎中食物，饮食隐喻两性生活。“鼎有实，我仇有疾，不我能即”深层的象征、隐喻之义是：丈夫有性的要求，而妻子有隐疾，不能满足丈夫的要求。“我仇有疾，不我能即”而说“吉”，是由于妻子有隐疾不能进行性生活和生育子女，为丈夫纳妾生子提供了名正言顺的借口。㉖

例 5：鼎：鼎食。实：实物，这里是美食。鼎有食：鼎中有美食。仇：不是仇敌，而是佳偶。段玉裁注《说文·仇》：“佳偶曰妃，怨偶曰仇。按仇与逑古通用，仇为怨匹，亦为佳偶。”我仇：我认为是妻子对丈夫的昵称。例如，有的女人与别人言谈时称自己的丈夫是“我那个冤家”，或称“我那个对头”。疾：一是快速，二是症状。这里的症状，可理解为“好像得了饿痨”。我仇有疾：我那个冤家好像饿痨鬼一样吃得好快。即：节制。不我能即：我不能节制他。吉：得，表示“我好得意哦”。妻子在为自己能俘获丈夫的胃而高兴，所以她不能节制丈夫吃慢点。⑱

鼎卦爻辞九三：鼎耳革，其行塞，雉膏不食，方雨亏悔，终吉。

例 1：革，指革掉，失落。雉：野鸡。膏：肥。方雨：一旦下雨。亏：损失，损坏。

九三，“鼎耳革，其行塞”。九三以阳刚居巽体之上，有阳刚之才。鼎耳指的是六五。九三虽阳刚，暂不能前行，是因为鼎耳变异了，鼎不能举移挪动，这就堵塞了实施移举的行动。“雉膏不食”指鼎中有美味的野鸡和膏汤，人却不能来食，也是因为鼎耳不能用。“方雨亏悔。终吉”。待到阴阳调和降下了霖雨，当初的悔恨也就没有了。最终是吉祥的。阴阳交合指的是六五与九三之合。九三与六五本来不存在应的关系，可是，六五是文明之主，九三乘文明之体，六五阴，九三阳，终究能会合而成雨的。九三开始虽有不遇之悔，但最终与六五合而成雨，所以是吉祥的。㉗

例 2：九三爻以阳爻居下卦最高位，得正，但却阳刚过盛，行事难免过激冲动。用鼎烹煮食物达到一定火候应及时将鼎从火上移开，不然食物就会失去美味。由于九三过于心切，不小心把鼎耳弄坏了，以致不能及时把鼎移开，眼看鼎中的美味佳肴就要烧焦而不能食用，九三悔恨不已。好在突然下雨把火浇灭了，九三才减少了些许悔恨。这说明鼎新是一个循序渐进的过程，不可能一蹴而就。新生事物有其自我发展的规律，若急于求成，而强行推行不合时宜的新举措，无异于拔苗助长，这对新事物的生长是无益的。如能及时悔悟，改变急躁冒进的行为，最终结果还是吉利的。⑲

例 3：鼎耳被毁坏，移动鼎有困难，鼎里的山鸡羹无法食用。幸亏有雨为鼎熄火降温，悔恨渐消，最终吉祥。

解析爻辞：“鼎耳革，其行塞，雉膏不食”，指原鼎耳在九三位置，因离火太近，鼎耳被火炙烤掉落。革，变故，鼎耳脱落。其行塞，失去鼎耳，无法穿插鼎杠翻倒鼎中食物。雉膏，雉，山鸡。雉膏即山鸡羹，这里指美味。雉膏不食，因鼎失耳无法翻倒食物，鼎下有火，鼎的温度很高，不能靠近，故而雉膏不能食用。“方雨亏悔，终吉”，方雨，幸好此时下雨。亏悔，将悔亏消。因雨熄火降温，雉膏虽被淋雨，但仍可食用，人们可以靠近鼎去取用，鼎耳损坏的悔恨可以抵消，最终还是吉祥。

从爻辞可以看出，周王朝时的生活方式还处在笨拙、简陋的状态。㉘

例 4：鼎耳的作用在于贯穿鼎铉以抬鼎、移鼎，鼎耳损坏了，鼎铉穿不进去，所以鼎也没法移动，鼎中的美味也无法食用。但这也只是文字表层的意思。

凹洼、中虚的事物曾经是女性、女性生殖器的象征。鼎耳中空，当然也可以隐喻、象征女子生殖器官。《说卦》又云“（乾）为天，……为父，为玉，为金”，金与天、父同属。如此，金铉贯鼎黄耳以入，所隐喻的不正是男女相交吗？“鼎耳革，其行塞，雉膏不食”的深层隐喻之义与九二“鼎有实，我仇有疾，不我能即”类同，也是指夫妻生活的不和谐。

前面我们说过，雨在古代文化中被认为是天地、阴阳和合的结果。而男为天、为阳，女为地、为阴，天地相交与男女相交的道理是一致的。

将初六、九二、九三爻辞联系起来看，先是由于妻子在房事上存在障碍，丈夫不仅无从获取两性之悦，且有绝后之忧，令人悔恨；停妻纳妾，两性生活恢复，且得子嗣，其心稍慰，悔恨渐消，因此爻辞说“方雨，亏悔，终吉”。㉖

例 5：鼎：鼎食。耳：鼎耳。革：皮革。鼎耳革：用皮革制作鼎耳。其行塞：皮革鼎耳经过炙烤后变软变形，举鼎的铉受阻塞，穿不进去。雉：野鸡。雉膏：肥美的野鸡膏汤。不食：不能食。雉膏不食：皮革鼎耳经过火的炙烤变脆，用铉举鼎时鼎耳断裂，将鼎内的食物倾倒在地，致使肥美的野鸡膏汤不能食。方：方舟，引申为两。《说文》：“方，并船也。”两船相拼是方，故而方引申为两。方雨：两眼泪下如雨。亏：亏欠，意为雉膏不能食，对家人有亏欠。悔：悔不该用皮革做鼎耳。方雨亏悔：两眼泪下如雨，亏欠悔恨不已。终吉：没有烫伤人始终吉善。⑱

鼎卦爻辞九四：鼎折足，覆公餗，其行渥，凶。

例 1：覆，指倒覆，倾覆。餗：粥，指鼎中食物。渥：沾湿。

“鼎折足”，鼎为什么折断了自己的足呢？其因是初六为足，但已颠趾。再者，九四阳爻为实，处在鼎实之极的地位，有难乘重荷折足之险，故“鼎折足”。

“覆公餗”指鼎折了足，鼎盛装的王公用的美食全部流淌出来，浇得九四浑身是饭菜油腻，苦不可言。浑身污浊，意味着灾将及身，故有凶险。㉗

例 2：九四爻以阳爻居阴位，失正。鼎之所以能盛满食物而屹立不倒，全在三只鼎足平稳的支撑作用，而此时鼎足已经折断，鼎中的食物自然就会倾泻而出，弄得满地狼藉。于人而言，人之所以能够顶天立地，全在于人具有端正的品性，失去良好的品性就失去了赖以生存的根基，纵然有万千佳名美誉或金玉良田，也终将身败名裂而落得个难堪可悲的结果。鼎新亦无不如此，新生事物必须坚守正道，以符合社会和人民的利益为根本，不然美好的愿景和希望就只能是不切实际的幻想，甚至会招致凶险。⑲

例 3：“鼎折足，覆公餗”，这里的“鼎折足”和初六时的“鼎颠趾”虽然都有鼎颠倒倾覆之状，可意义大相径庭。初六时鼎颠倒是为了清除鼎中污物，是有意义的正当之举。而这里的鼎折足是因为鼎足不牢使鼎倾覆，将鼎中有用食物泼洒。餗（音 sù），糁（音 shěn 或 sǎn），是由多种谷物和鸡肉熬制的肉羹，俗称“糁汤”，作为早餐流行于鲁、豫、皖一带，这里泛指美味佳肴。公餗，王公大臣的食物。天子临朝议政，天子要赐食于王公大臣。九四将君王赐予王公的食物泼洒，使天子和王公都陷入难堪。九四导致鼎折足原因有二，一是感情用事，用人不当，因与初六相应，重用初六。不拘一格选用人才固然可嘉，如果不拘一格用了庸才则为过失。初六处下位不正，难以胜任鼎足重任，不正意味着偏斜，偏斜才会倾覆。二是九四以下应初六百姓、上比和六五君王自居，有揽权觊觎君位之嫌，行事有不自量力之象，故而导致鼎折足倾覆。“其形渥”，渥（音 wò），沾湿，沾润，这里指食物泼洒在地与灰尘脏物粘在一处的龌龊之状。㉘

例 4：覆，倾倒。公，公爵。馃，一种汤粥类的食物。渥（wò），沾濡。

如上所述，“鼎足折”比喻人有足疾、瘸腿，而足疾、瘸腿隐喻、暗示性缺陷、性无能。本爻也是隐喻夫妻性生活的不和谐，其预后因之而“凶”。寻绎、综合全卦之义来看，本爻中的“鼎折足”当是隐喻夫妻中的妻子有性缺陷。㉖

例 5：四爻是国公之位，故而爻辞言公。鼎：字面之义是说鼎食，实际之义是权利。鼎有三足，折其一足都会倾倒。鼎折足：国公一失足就失去权利。覆：倾覆。《辞海》：“馃鼎中食品。按谓和米的肉羹。”覆公馃：字面之义是将国公鼎中美食倾覆了，实际之义是国公被罢免了爵位不能再享受鼎食的待遇。其：指上句中的公，不是上句中的馃。形：形容。渥：渥丹。

其形渥：他还像先前当国公那样锦衣狐裘颜如渥丹。凶：险。意思是他还像过去当国公那样锦衣狐裘颜如渥丹，那就凶险。⑱

鼎卦爻辞六五：鼎黄耳金铉，利贞。

例 1：金，指中色。铉：钩。抬鼎以钩住鼎耳。

“鼎黄耳”，黄是中色，六五相当于鼎耳。六五在中位，中色之耳是虚中之耳。也就是说，必须有耳眼，如果没耳眼，铉就穿不进去。可见虚中是非常重要的。“金铉”中的“铉”指的是上九，因上九在鼎之外，铉贯耳吊起鼎或移动鼎，这样鼎利于天下的作用才能发挥出来。“利贞”：六五只有坚守贞正，与上九合作，举移鼎的工作才能圆满完成，获得吉祥。㉗

例 2：六五爻以阴爻居君位，具有中和谦卑的性格。黄色是土地的颜色，土位于五行中央，因此黄色被视为中色，象征中庸之道。金是金属，质地坚硬。鼎耳是黄色的，而鼎铉却是坚硬的金属制成的，爻辞以鼎的形态来比喻鼎新的各项措施不偏不倚，公正不阿，然而鼎新的态度却是十分坚定的，同时爻辞也再次告诫人们鼎新务必坚守正道。⑲

例 3：“鼎黄耳，金铉，利贞”，黄，为土色，土方位居中，黄色为君王专用颜色，代表居中守正之义。六五居中处君尊鼎耳之位，故称“黄耳”。因鼎耳具有穿插鼎杠提鼎取食的功能，标志统领天下的用鼎权威。铉（音 xuàn），鼎杠，有直状，有钩状，用以穿插鼎耳提鼎。鼎杠必须坚硬结实，提鼎取食才安全。金铉，坚实牢固的铜制鼎杠，表示鼎杠可信可靠。利贞，利于持守正道，这里指应遵循先祖之德，因为金铉在鼎耳之上，利用鼎杠才能提鼎。金铉为上九，为宗庙，六五与上九比和，意味秉承先祖法度。㉘

例 4：黄耳，铜制的鼎耳。铜是黄色，因此称铜耳为“黄耳”。“金铉”之“金”也是指铜。铉（xuàn），穿入鼎耳、抬鼎的工具。

上已述及，鼎铉贯鼎耳是男女相交的隐喻。黄色在古代被认为是中正吉祥之色，《易经》中凡是“黄”字所在爻辞，其断语大部分都是“吉”“无咎”，就说明这一点。《易传》中对黄色更是推崇有加，如《坤》六五《象》说“‘黄裳元吉’，文在中也”，《坤·文言》说“君子黄中通理，正位居体，美在其中而畅于四支（肢），发于事业，美之至也”。本爻中的“黄”也不例外，也取黄色中正吉祥的寓意。

鼎“黄耳”而“金铉”，质地坚硬而色彩中正，可避免九三“鼎耳革，其行塞，雉膏不食”的尴尬，寓意男子得如意女子相配，两性生活和谐、美满，因此断语说“利贞”。㉖

例 5：五爻是天子之位，故而鼎是天子权力的象征。黄耳：用黄铜制作的鼎耳，引申为用黄铜制作鼎身、鼎耳。铉：举鼎的工具。金铉：用黄铜制作铉。利贞：利政。意思是天子用黄铜制作鼎身，鼎耳和举鼎的铉，有利于行政。可能周代象征天子权力的九鼎是用黄铜制造鼎身、鼎耳和铉。⑱

鼎卦爻辞上九：鼎玉铉，大吉，无不利。

例 1：上九以阳爻居全卦的最高位，既有阳刚的气质，又不失柔和的性情。铉是挂在鼎耳上的装饰物，而玉铉具有刚柔相济、温润圆滑的特性，比喻鼎新取得了良好的社会效果，使整个社会达到了一种和谐完美的状态，这当然是大吉大利的，并且无所不利。⑲

例 2：上九处鼎卦之极，在鼎耳之上，配着镶玉的铉钩，以阳居阴，玉铉刚而温，有着刚柔并举之手段，善于同心合作。所以为大吉，无所不利。就本卦来讲，鼎的用处在于烹煮食物，烹熟后的食物从上口出来，因此说上九大吉无所不利。㉗

例 3："鼎玉铉"，指铜制或坚硬木制鼎杠佩以玉饰。有解为玉制的鼎杠。本人以为玉虽坚但质脆，不堪提鼎重负。玉铉应指两端佩以玉饰的鼎杠，因坚牢不易折断胜任提鼎，故而大吉。㉘

例 4：玉的坚硬程度不足以用来作为鼎铉抬鼎，现实之中似不可能完全以玉为鼎铉，"玉铉"当是指镶嵌着玉的铉。

在众多象征意蕴中，玉也与性有关系，有象征生殖器的作用。例如，玉器之中有玉圭、玉琮，琮有外方内圆者，多数学者认为是女阴的象征；而圭状如男阳、象征男阳。

"玉铉"为镶玉的金铉，当然也可以象征男阳。坚硬的金铉上配上具有温润之性的玉，可以起到刚柔相济的作用，是男女两性生活和谐美满的象征，正如《象》说"玉铉在上，刚柔节也"，因此断语说"大吉，无不利"。

综上可见，《鼎》卦本义实际上是围绕性的占筮，以与饮食相关的事物、行为隐喻、象征难以启齿直言的男女两性生活的原委，真可谓言曲而中、事肆而隐。其中初六以清除鼎中旧物而烹制新食隐喻、比拟停妻纳妾，因此才发生"鼎新"之义。至于以鼎象征国家、政权的更迭，在《鼎》卦本无瓜葛。㉖

例 5：上爻是祖宗之神位，故而鼎是祭祀祖宗的祭器。鼎玉铉：鼎身、鼎耳和举鼎的铉全部用玉制成。大吉：祭祀祖宗的鼎是玉鼎、玉铉，大吉。无不利：没有不利的。意思是用玉鼎、玉铉做祭器祭祀祖宗，没有不利的。中国的玉文化很特殊，与世界上所有玉文化不同。玉在古代虽然也用作装饰，但大量是制作玉圭，玉璧。玉圭、玉璧是君王权力的象征，经常佩戴，所以玉字是王字加一点。玉璧、玉圭是史巫卜筮时的信物。玉鼎则是祭祀祖宗的祭器。玉饰还是死葬者的明器，到汉代皇室贵族还用金缕玉衣或银缕玉衣下葬。古圣人非常崇敬土地，认为玉是土中精华，所以玉有崇高的地位，成就了中国独特的玉文化。⑱

第五十一卦 震卦䷲离上巽下

(一)原文

(卦辞)震，亨。震来虩虩，笑言哑哑，震惊百里，不丧匕鬯。

(爻辞)初九：震来虩虩，后笑言哑哑，吉。

六二：震来厉，亿丧贝，跻于九陵，勿逐，七日得。

六三：震苏苏，震行无眚。

九四：震遂泥。

六五：震往来，厉，亿无丧有事。

上六：震索索，视矍矍，征凶。震不于其躬，于其邻，无咎。婚媾有言。

(二)解读

卦辞：震，亨。震来虩虩，笑言哑哑，震惊百里，不丧匕鬯。

解读：“震”，卦名。“震”：震动，震荡，在此代表雷。“虩虩”(xì音隙)：虎咆哮声，惊恐吓人。“匕”：勺子。“鬯”(chàng音唱)：米酒。

卦辞说，震卦亨通。震雷如同虎咆哮声，惊恐吓人，害怕者哑口无言。雷声震惊百里，但主祭者已有思想准备，手持勺里的米酒没撒落点滴。

初九：震来虩虩，后笑言哑哑，吉。

解读：“哑哑”在此是哈哈。

爻辞说，震雷过后，有的说，有的笑哈哈，吉祥。

六二：震来厉，亿丧贝，跻于九陵，勿逐，七日得。

解读：“亿”：估算。“跻”：登。“贝”：货币，钱财。

爻辞说，震雷突来很危险，不顾丢失钱财物品，便逃往九陵山。不要去追，七日会返回复得。

六三：震苏苏，震行无眚。

解读：“苏苏”：惊恐不安的样子。“眚”：原意是眼疾，在此是灾害。

爻辞说，震雷声使人惊恐不安，但这不是鬼神，是自然现象。在雷声中谨慎行走，通常无灾害。

九四：震遂泥。

解读："遂"：追随。"泥"：土地。

爻辞说，看远处视觉是天连着地。天有乌云，突然震雷轰鸣，就像在地平线上打雷。古人观察"震遂泥"。

六五：震往来，厉，亿无丧有事。

解读："丧"：丧失。"有事"：祭祀。

爻辞说，那时期震雷往来不断，危险，但记忆里祭祀照常进行。

上六：震索索，视矍矍，征凶。震不于其躬，于其邻，无咎。婚媾有言。

解读："震索索"是震的打哆嗦。"矍矍"（jué 音绝）：惊恐不敢正视的姿态。

爻辞说，霹雷震的打哆嗦，惊恐地环视周围，出行则凶。霹雷没打在他身上，邻居却遭殃，他无咎。他正想在此环境里去求婚，必遭非议。

小结：

震卦是由两个单卦震卦叠加而成，所以震雷轰鸣，比喻在动荡的局势里，人们采取的多种姿态，有泰然自若，有惊恐不安，有习以为常认识了自然规律，妥善应对。

（三）选录多种解读

第五十一震卦卦辞：震，亨。震来虩虩，笑言哑哑，震惊百里，不丧匕鬯。

例 1：震是震雷的意思，震雷比喻突如其来让人惊恐的事情，本卦讲如何应对恐惧的道理。从卦象来看，震卦上下均为震，震代表雷，有雷霆万钧势不可当之意，因此能够亨通畅达。震雷乍起确实让人感到惊恐，但人们应该及时镇静下来，以坦然的态度言笑以对。虽然震雷响彻百里，但主持祭祀的人却泰然自若，稳稳地握着盛酒的勺子，酒一滴也没有洒落到地上。震卦教人在遭到突如其来的事故时应保持一份镇静，以一种平常的心态从容应对。⑲

例 2：震是卦名，有震动，震荡等义。虩虩：恐惧不安。哑哑：笑声。丧：失落。匕：匕，木勺。鬯：有香味的酒，祭祀用此酒。

震卦，上下体皆是震，为雷，为动，故"震为雷"。震动是自然界、人类社会中一种普遍现象。《月令七十二候集解》载："万物出乎震，震为雷，故曰惊蛰。"蛰是指伏在泥土里的冬眠生物开始出土活动，它们是由雷震而苏醒的。雷声给大地带来温暖，给农村带来了备耕春忙。同时，大的震动也给自然界和社会带来了破坏和灾难，如自然界的大地震、社会上的大动荡。

《序卦传》说："主器者莫若长子，故受之以震。震者，动也。"鼎是国家的重器，主持礼仪者莫过于长子。震为长男，长子主器最合适。震为动，这种动不但有响声而震奋，而且还给人带来惊惧之感。所以说鼎卦之后是震卦。

“震，亨”指震卦，通达顺利。“震来虩虩”，震来，指给一部分人带来恐惧、惊慌不安，同时又使一部分人警觉、小心、防备。“笑言哑哑，震惊百里”：在惊雷中，仍然谈笑风生，镇定自若，可见气度非凡，涵养性之深。“不丧匕鬯”：天上打着振聋发聩的响雷，主祭者却从容不迫，手里拿着木制的勺子，和有香味的酒，焚香膜拜进行祭祀活动，多么的虔诚啊！㉗

例 3：“亨”，亨通。雷震而动，动而通畅，雷动雨行，滋润万物，故而亨通。“震来虩虩，笑言哑哑”，虩虩（音 xì），惊恐的样子。哑哑（音 yā，亦音 è），笑声。巨雷乍响，人本能地感到惊恐。惊恐之后有人真的感到惧怕，有人却欢声笑语。惧怕的人是因为做了坏事或有了邪恶之念，害怕天神惩罚。欢笑的人是因为心中坦荡，为雷声能带来降雨滋润万物而喜悦。“震惊百里，不丧匕鬯”，匕，匙、勺之类盛舀食物的器具。鬯（音 chàng）。祭祀用酒，用郁金草和黑黍酿成。匕鬯，有人在盛舀食物，有人在斟酒，指正在进行的祭祀场面。雷声在百里之外震响，因雷声巨大仍然能听到，正在举行的祭祀活动并没有停止。这是因为：第一，天子是正人君子，不惧怕雷声；第二，天子具有正确的判断力，雷声虽响，雨却不会马上来临；第三，祭祀本来就是祭天，天不会惩罚祭祀的人。㉘

例 4：震者，霹雷也。亨：通，表示很常见。虩虩：恐惧貌。震来虩虩：霹雷来时使人恐惧。笑：笑声。言：言谈声。哑哑：哑口无声。笑言哑哑：笑声与言谈声立即变成哑口无声。震惊百里：霹雷声能够震惊百里。不丧：不失、不绝。匕：古代取食的勺。鬯：古代的香酒。匕鬯：匕鬯是古代祭祀用物，表示祭祀。不丧匕鬯：天地产生的霹雷能够震惊百里，所以人们常怀敬畏祭祀天地不绝。⑱

震卦爻辞初九：震来虩虩，后笑言哑哑，吉。

例 1：初九爻以阳爻居全卦之初，表明人们应该从一开始就要培养起应对突发事件的能力。震雷突然而至，确实让人感到惊恐，但人们应该立即镇定下来，以坦然的态度笑言以对，这样做才能获得吉利。然而这种镇定和坦然不是与生俱来的，需要长期培养才能具备。世事无常，人们不可避免地会遭遇各种突发事件。人们平时如能心存戒惧，行事小心谨慎，在遭遇突发事件时就能够处变不惊，泰然处之。⑲

例 2：人遇到惊雷及恐惧之事，能做到自我反省，从惊恐中悟出道理，做到了有备无患，可谓智者。如果只是惧怕而无戒备，等问题出现了，再手忙脚乱地去应付，最后只能是以失败而告终。“后笑言哑哑，吉”。遇到惊恐之事有戒惧而慎行。对待发生的问题如何处理已胸有成竹，所以遇到恐惧能做到镇定自若，沉着冷静，言笑自如，所以是吉祥的。㉗

例3：初九爻辞之所以和卦辞内容一样，是因为初九为本卦之主，其作用代表卦辞大义。震卦以震雷的惊恐来警示人们修身养德的重要性，身处顺境安宁时要心怀忧惕，身处逆境危难时要从容镇定，这样就可以免难呈祥。㉘

例4：“震来虩虩，后笑言哑哑”已见于卦辞，断语说“吉”是对人良好心理素养的进一步肯定。㉖

例5：震来虩虩：霹雷初来时使人恐惧。哑哑：哑然而笑。《辞海》：“哑哑，笑声。《易·震》：‘笑言哑哑。’”后笑言哑哑：过后什么事也没有，于是便哑然而笑。吉：霹雷使人恐惧，但什么事也没有发生，吉善。⑱

震卦爻辞六二：震来厉，亿丧贝，跻于九陵，勿逐，七日得。

例1：厉，指危险。亿：猜测，估计，估量。贝：商周时期以贝为货币。跻：登攀。九：代表多。陵：高岗。七日：时间过半为七日。

六二以阴爻处阴位，居中得正，是一个守正又善于处理事情的人，只因为它处在初九阳刚之上，处境对其不利，故“震来厉”。震动骤至，有恐惧，有危厉。由于六二居中有中正之德，有善于处理问题的能力，当它遇到危险的时候，不吝惜一切，抛弃所有的财产和宝物，“亿丧贝”，然后登上高高的九陵去躲避。故，“跻于九陵”。失去的财产就让它失去吧，不去追逐它，故“勿逐”。过了一半的时间，也就是等到一定的时候，失去的财产和宝物还能重新回来。㉗

例2：六二爻以阴爻居下卦中位，具有中正之德。突发事件让人猝不及防，犹如震雷突然来临，十分危险。六二自身柔弱，不足与突如其来的变故正面对抗，为保存实力六二决定暂时避其锋芒，主动撤离。虽然他想起自己丢失了大量财产，但他没有冒着危险去寻找，而是退避到了高高的山冈上暂时躲避危险。突发事件终不会长久，待危险过去后一切又恢复平常，因为六二保存了实力他就很容易重新得到失去的东西。面对突发事件，六二这种以退为进的做法是十分明智的，既免遭危害，又为日后复出保存了实力。⑲

例3：“震来厉”，厉，危险。巨雷在头顶响起，危险而惧怕。“亿丧贝，跻于九陵”，贝，钱财。丧，丢弃。亿，很多之义。跻，聚集。陵，高丘，山陵。九陵，高山。这句话形容人们被巨雷吓坏了，来不及收拾钱财慌忙逃命，都逃到很高的山陵上聚在一起避难。“勿逐，七日得”，勿逐，不要追讨家财，这里指不要惦记家财。七日得，七日之后可以复得。七日，不是具体时间，是指雷声过后，雨过天晴回到家中，家财会完好无损。㉘

例 4：厉，猛烈。亿，通“噫”，由于吃惊而发出的感叹声。贝，贝壳，古代用作钱币。跻（jī），登。九，不一定实指，可能只是指多。陵，山。逐，寻找。

雷声来得突然、猛烈，由于吃惊而失落了手中的钱贝，因此说“震来厉，亿丧贝”。联系《睽》初九爻辞“丧马勿逐，自复”看，“跻于九陵。勿逐，七日得”也是指马匹丢失的事。马匹由于雷震受惊，挣脱缰绳逃逸，主人翻山越岭追寻，并求助于占筮，占筮的结果说“勿逐，七日得”。前面讲过，“七日”在《易经》中是事物成与败、得与失、祸与福等对立的事物之间转化的周期数。根据这个周期性的规律，主人被告知：不用寻找，七天之后马匹就会失而复得。㉖

例 5：厉：疾厉。震来厉：霹雷来时疾厉。亿：安。《说文》：“亿，安也。”段玉裁注：“此亿的本义。今则本义废矣，或假为亿万字，或假为意字。”丧：失，意为走失。贝：古代的货币是贝，两贝为朋。古代宝龟都是价值十朋之龟，故而贝引申为宝龟。亿丧贝：龟丧安，即宝龟丧失安全感。跻：登、升。九：古代易学的数学说认为，九是阳数中最大者，故而九引申为大。陵：陵雨。《辞海》：“陵雨，暴雨。”

勿逐：不用追寻。七日得：七日后可以得到它。⑱

震卦爻辞六三：震苏苏，震行无眚。

例 1：苏苏，指精神失落、恐惧不安的样子。眚：险难。

六三，以阴柔居阳位，不中不正，地位不当，所以惊惧不安，微微发抖。六三在惊恐中能谨慎行事，因此没有什么险难。㉗

例 2：六三爻以阴爻居下卦的最高位，不中不正。当震雷来临，六三被吓得浑身瑟瑟发抖，一副惊魂不定的模样。在应对突发事件时过分惊恐本不是正确的处事态度，然而若能因此小心谨慎地行事，则可以免除过失。人们无法预料突发事件，人们能做的就是时时保持戒备心理，凡事三思而行，当确有突发事件发生也能避免处理不当而遭受更大的伤害。⑲

例 3：“震苏苏”，苏苏，颤抖状。雷鸣使他感到惴惴不安。“震行无眚”，眚（音 shěng），原义指眼疾，这里指灾难。因雷的轰鸣感到惊恐，因行为谨慎前行反而没有灾难。㉘

例 4：苏苏：渐行渐远。震苏苏：霹雷渐行渐远。震行：霹雷所行之处。眚：灾祸。震行无眚：这种霹雷所行之处无灾祸。⑱

震卦爻辞九四：震遂泥。

例 1：遂，指坠落。泥：滞溺在泥中。

九四以刚居柔，刚健之道难以发挥，并且又处在四阴之间，如同坠落淤泥之中，其危惧可想而知。故“震遂泥”。用在人事上，指一个人处在险难之中，犹如陷入淤泥之中，寸步难行，虽有远大抱负，也无法施展。㉗

例 2：九四爻以阳爻居阴位，性情阳刚却不中不正。震雷来临时九四慌不择路掉进了泥潭，以致陷入不能自拔的危境。当遭遇突发事件，人们既不能因过分惊恐而畏缩不前，更不能急躁冒进。九四品行不端且性情急躁，缺乏对危局的冷静思考，他面对突如其来的变革惊慌失措，为急于摆脱困境铤而走险，结果使自己陷入更大的危险之中。⑲

例 3：遂，裂开，有的版本作“坠”，坠落的意思。

雷声震落了墙上的泥土，由于雷的能量被泥墙吸收，不能再发出光亮，因此《象》说“震遂泥，未光也”。㉖

例 4：“震遂泥”，九四虽为上卦震源，但他陷入上下二阴爻之中，如同陷入坤土淤泥之中，故有雷入泥中不能发出声响之象。从卦象上看，八月为雷入泽水悄无声息，标志阳气将尽，这一年不再有雷声了。㉘

例 5：《说文》：“遂，亡也。”

遂引申为不知其踪迹。泥：泥土。震遂泥：雷击进入泥土中，不知其踪迹。⑱

震卦爻辞六五：震往来，厉，亿无丧有事。

例 1：厉，指厉害。丧：失掉。中：中正。亿：估计。

六五，以阴居阳，位不正而缺乏阳刚之质，又乘九四阳刚之上，且前遇上六阴敌，震时来往有阻，身处险境。故“震往来厉”。六五虽处险境，但得中居尊位，因得中道，财产及宝物不但没有失去，而且其还能主持祭祀宗庙社稷的活动。在当时，祭祀是国家一项极其重要的政治活动，所以说，能主持祭祀，意味着国家权力还掌握在国君之手。㉗

例 2：六五爻以阴爻居君位，具有中和之德。震雷响起而后消失，接着再次响起而后再次消失，如此往来反复给人们带来巨大的危险。突发事件接连发生，让人猝不及防，其危厉自然不言而喻。但六五却能在接连不断的危厉中安然无恙，自己所从事的事业也毫发无损，原因就在于六五始终坚守中庸之道，行事不偏不倚，以一种中和的态度游刃有余地应对危难。⑲

例 3：“震往来厉”，指在雷声轰鸣时下往、上来都有危险。因六五下乘凌阳爻九四有厉，上与上六阴爻相斥，因此前进和后退都有危险。六五危厉的原因在于阴居阳位，位不正。“亿无丧，有事”，亿，很多，很大。亿无丧，指没有太大的损失，但小的损失还是有的，作为君王，在国家震荡中，不能前往动荡的地带指挥救援，安抚百姓，本身就是一种缺失。有事，事，这里指祭祀。六五虽位不正，但居中处君尊之位，在进退皆为不利之时没有轻举妄动，而是居中静

守，举行祭祀。祭祀是合乎天理人心的事，故而没有造成更多的损失。㉘

例 4：往来，形容雷电交作的样子。有事，有凶险之事发生。

天空中雷电交加，虽然也为之感到吃惊、惊叹，但有了以前的心理经验，这次并未因之而失落手中之物，因此说“亿无丧”。㉖

例 5：震：霹雷。厉：疾厉，引申为迅速。震往来厉：霹雷往来迅速结束。亿：安。无丧：无失。亿无丧：安全无失了。有：假为又。有事：又出去干事。爻辞告诉我们，雷震来时人们都要在室内躲避危险，雷震结束后安全了，才能出门干事。⑱

震卦爻辞上六：震索索，视矍矍，征凶。震不于其躬，于其邻，无咎。婚媾有言。

例 1：索索，指恐惧过甚，浑身颤抖。视矍矍：惊慌得四处张望。征：出行。躬：自身。邻：近邻。咎：难。戒：戒备。

上六处震卦之极，震动到达了极点，又与六三不应，当震时恐惧万分，浑身颤抖。两眼到处张望，惊慌不安，若前往就会进入震区，必有凶险。故“震索索，视矍矍，征凶”。震动发生在邻近，还没有波及自己所在的地方，所以自己没有险难。故“震不于其躬，于其邻，无咎”。婚媾指的是阴阳正应，上六婚媾的对象是六三，然而六三也是阴爻，阴与阴怎能相应，所以上六遭受了近邻的怨言。㉗

例 2：上六以阴爻居全卦的最高位，寓意震雷已经渐行渐远，几乎消失殆尽，比喻突发事件已经结束，然而上六仍然是一副惊魂未定的样子。突发事件虽然暂时平息下来，但人们还没有从突发事件的惊恐中解脱出来，此时如急于对外贸然采取行动，结果必然是凶险的。突发事件也许并未伤及自身，而只是对邻里造成了伤害，但人们应该从中吸取教训，采取积极的防范措施做到未雨绸缪，待日后遭遇类似事件就可以免除灾祸。虽然突发事件暂时得到缓解，但是人们不能因此而放松警惕去做一些喜庆的事情，比如婚嫁之事，不然定会遭到非议。⑲

例 3：“震索索，视矍矍”，索索，因害怕而发抖。矍矍（jué），眼神旁视不安的样子。上六处震卦极位，如阴弱老妇，虽然震雷离他甚远，听到两次雷鸣也吓得索索发抖，六神无主。“征凶”，征讨别人会有凶险。上六在卦中阴弱无应，上而无位，自身难保，征讨别人必然有凶险。“于其邻，无咎”，指雷声在邻邦震响，有惊无险。“婚媾有言”，指上六如果想与初九、九四阳爻谋求婚媾的话，六二、六三、六五阴爻就会有责难之言。因为卦中四阴爻上六最不具婚媾条件，六二、六五居中，有德、有才、有貌、有位，六三为下卦上爻，上比九四，唯独上六无才、无貌、无位、无应，这样的老弱阴爻觊觎与年轻的阳爻婚

媾只能自取其辱。当然，这里表意说婚媾，内在是指上六如果想拉拢势力有所图谋的话，一如求婚媾一样不自量力。㉘

例 4：索索，双足颤抖的样子。矍（jué）矍，目光惊惧游移不定的样子。躬，自身。邻，邻居。

因雷震而恐惧得瑟瑟发抖，畏缩不前，目光游移，精神涣散，这是自身修养、心理素质不佳的表现，正如《象》说“震索索，中未得也”。这样的精神状态和心理素质，显然是做不成任何事情的，因此说“征凶”。

联系《既济》九五“东邻杀牛，不如西邻之禴祭”来看，“震不于其躬，于其邻”中的“其躬”“其邻”分别指周人、商人。爻辞说，雷震未伤及周人自身，而伤及其邻国殷商。

婚姻生活以阴阳和顺为目标，而雷震是阴阳不和的一种表现。所以在雷震的情况下谈婚论嫁是不适宜的，注定有麻烦，因此又说“婚媾有言”。㉖

例 5：震：霹雷。索索：第一个索，其义是已尽。第二个索，其义是探索。

震索索：霹雷已尽时我们来探索霹雷现象。视：本义是视觉，引申为闪电。矍矍：惊恐貌。视矍矍：闪电使人惊恐就会躲避。征：正行，即正常出行。征凶：霹雷时还正常出行者凶险。躬：本身。邻：近邻。“震不于其躬，于其邻，无咎”，意思说：霹雷不击中你本身，击中近邻者，无罪过。古代人认为被雷击中者是犯下罪过者，是上天对他的惩罚。

婚媾：古代诸侯以重婚形式结成政治联姻称作婚媾。诸侯国缔结政治婚媾是双方自愿结合的，故而婚媾引申为霹雷是天地自然交合产生的。有：不宜有，引申为大。有言：不宜直接称大言，故而称有言。因为先秦时期只有道、天、地、王可以称为大，其他所有人物都不宜称大，所以天地发出的霹雷声不宜直接称大言。婚媾有言：霹雷声是天地自然交合时发出的大言。⑱

第五十二卦 艮卦䷳艮上艮下

（一）原文

（卦辞）艮，艮其背，不获其身；行其庭，不见其人，无咎。

（爻辞）初六：艮其趾，无咎，利永贞。

六二：艮其腓，不拯其随，其心不快。

九三：艮其限，裂其夤，厉薰心。

六四：艮其身，无咎。

六五：艮其辅，言有序，悔亡。

上九：敦艮，吉。

（二）解读

卦辞：艮，艮其背，不获其身；行其庭，不见其人，无咎。

解读：“艮”，卦名。“艮”取八卦艮卦，象征山，山是静止的，此卦为控制。

卦辞说，要控制背，背是人的后背，背负重任，管住自身和心，不能随便乱动，路过门庭若市，也不与其他人打招呼，就如不见其人，一心只想到达目的地，完成重任，故无过错。

初六：艮其趾，无咎，利永贞。

解读：“趾”：脚趾。

爻辞说，要控制脚趾，表示初发点要正确。千里之行，始于足下，否则一失足成千古恨。这样做无过错，要有始有终。

六二：艮其腓，不拯其随，其心不快。

解读：“腓”指人的小腿肌，腿肚子。“拯”：举，抬，在此是抬腿。

爻辞说，要控制自己的腿，不要步入不应该去的地方。虽然暂时心理不愉快，以后会好的。

九三：艮其限，裂其夤，厉薰心。

解读：“限”是人的上身与下身分界处，即腰胯部位，主管人的上半身。“夤”（yín 音银）：背上夹肌。“薰”通熏。

爻辞说，要管住是非的分界线，不能越过正确的界限。若越过界线，就像撕裂背上的夹肌肉的疼痛，又像火烤心脏那样厉害。

六四：艮其身，无咎。

解读：要能控制全身的行动，走正道，当然不会有过错。

六五：艮其辅，言有序，悔亡。

解读："辅"：口齿，面颊。

爻辞表示，以上都是控制行动，六五是控制语言，要管控咀，不该说的不说，"祸从口出"，要讲道理，说话要有理有据，这样不会有后悔。

上九：敦艮，吉。

解读："敦"：敦厚。

爻辞说，作为正直的人，要控制到敦厚的程度，吉祥如意。

小结：

艮卦是由两个单卦艮卦重叠而成。单卦艮卦象征山，山是静止的。双重山是静又静。震卦是动的，二者是对立统一的。艮为山为止，要止住不去邪恶之处，如何能止住呢？要主观控制，要控制"艮其趾"、"艮其腓"、"艮其限"、"艮其身"、"艮其辅"，用这一串的控制行为作为比喻。最后总结人品要"敦艮"。

（三）选录多种解读

第五十二艮卦卦辞：艮，艮其背，不获其身；行其庭，不见其人，无咎。

例 1：艮为止，为山。艮卦由上艮下艮组成，也是由上山下山组成。故"山为艮"。

《序卦传》说："震者动也，物不可以终动，止之，故受之以艮，艮者止也。"也就是说，万物不可以始终震动，动久必止。所以震卦之后是艮卦。

动与止是相对的，动中有止，止中有动。二者既对立又统一，万物的动是绝对的，止是相对的，动久必止，止中有动，由此推动着事物的变化发展。故震卦之后产生艮卦。

就艮卦卦象来看，上体山下体山，前行遇山阻挡必止，何况二山相重呢，当然这里也含有因势而止之意。

艮卦是由一阳二阴组成，二阴居下一阳在上，阴性为柔静，二阴在下静止不动。阳为刚动，一阳在二阴静止之上，想动也动不了，再者阳已上升到极点，故停止。所以说下静上止为艮。

"艮其背"，就人体来说，人的背部不但自己看不见，而且也是相对静止的。这说明，止，不是乱止，而是恰当地方的止，当然也包括适当时机的止。"不获其身"，指"每个人都看不到他的背身"，说明了相背的程度之严重。

“行其庭，不见其人，无咎”。像在庭院中两人相背，不曾感觉到对方的存在。可想而知相背达到何等的程度！由此使我们联想到，脊背不为外物所动，所诱惑，这种坚如磐石的立场，使人无不敬佩，故无咎险。㉗

例 2：“艮其背，不获其身”，身，与背相对，指人的前身有诸多感官部位，指真相，全部面目。其意为，山重叠连绵起伏，只能停止在山的背部某一位置，由于视线所限，不可能看到山的全部面目。正如诗曰：“不识庐山真面目，只缘身在此山中。”寓意为，停止在背部，背部没有敏感的感觉器官，表示无欲。无欲以乱心，忘掉自我，不存私心。不获其身，不需要获得前身，因前身有诸多的感觉器官，会诱惑欲望，人在欲望的驱使下难以无私忘我。这里告诫人们，止欲的最好办法就是与邪欲隔绝，无欲则刚。“行其庭，不见其人”，庭，庭院，或者宫廷。行其庭，走进庭院。不见其人，表意为看不到造访的主人，主人可能藏于阁中。寓意为院落深深，处在静止状态，访客登门处在运动状态。“艮其背”是说在背面停止，“背”无欲，易止。这里是止于“面”，需要主观自我制止欲望，难止。但要做到“不见其人”，有面对欲望诱惑视而不见之意。卦辞着重强调止其该止，既要做到“艮其背”远离邪欲，又要做到身处其中“不见其人”，出淤泥而不染，这样可以避免灾难。㉘

例 3：“艮其背”是说使一个人的背部静止不动，背部不动意味着人的整个身体不可能大幅度、大范围地活动。活动范围很少，深居简出、静处一室、足不出户，别人即使走到他的庭院中，也难以见到他的身影，因此说“艮其背，不获其身；行其庭，不见其人”。卦辞以此比喻人的行为非常严谨、克制，因此说“无咎”，予以肯定和提倡。㉖

例 4：艮者，少男健壮喜欢外出也。艮其背：少男背部健壮。获：抓获。不获其身：抓获不住他的身体。庭：门庭。行其庭：行到门庭内。不见其人：不见他的人影。无咎：无罪过。意思是少男健壮喜欢外出玩，无罪过。⑱

艮卦爻辞初六：艮其趾，无咎，利永贞。

例 1：趾，指脚趾。永：长久。贞：贞正，贞固。

“艮其趾，无咎”。初六处在艮卦的初爻，犹如人的足趾，人行趾先行，由于处于艮卦，艮为止，所以还不能行。虽能行而不行，这样才能无咎难。初六利于长久地坚守贞固，只有坚守贞正，方可无险难。故“利永贞”。就人事来讲，做什么事情，条件还不成熟，时机还未到，就不能盲干、盲行，否则，就要出差错、出乱子。所以“利永贞”。㉗

例 2：初六爻以阴爻居阳位，失正，又处于全卦的最下方，表示初六的行为从最初就有失正道。“趾”位于人体的最下方，人欲动，趾必先行，趾不动，人必不能行。将意念停止在脚趾上，让脚趾停止行动，比喻在错误行为之初就及时加以制止，防止错误进一步发展就没有灾祸。让失正的错误行为止于始不是一时之事，而是要长久坚守，永远固守正道是有利的。⑲

例 3：“艮其趾，无咎”，艮其趾，有两层含义，一是指初六位置如人体脚的部位，因艮卦是讲止的，脚停止了，人就停止了行动，符合止义，因此补救了过失；二是指初六位置如山脚，山脚是山的基础，山脚不稳不牢，山就会崩塌，故而基础稳固意义重大。初六又如初入世道之人，千里之行，始于足下，这第一步走正意义重大。“利永贞”，仅仅走好第一步还是不够的，要永远固守正道，行其该行，止其所止，才会善始善终。㉘

例 4：趾：脚趾，引申为双足。艮其趾：少男双足健壮，引申为少男脚大。无咎：少男脚大，无罪过。贞：主，同音假借为“驻”。利永贞：脚大者，有利于健康常驻，所以人们称大脚为天足。爻辞告诉我们，少男的身体是从双脚开始往上发育。⑱

艮卦爻辞六二：艮其腓，不拯其随，其心不快。

例 1：六二爻以阴爻居下卦中位，具有中正柔和的美德，恰似一位行事中和而谦卑的正人君子。初六爻讲“静止”，而六二爻却强调“动”，若不当止时则应该大胆行动，而紧紧跟随六二这样的正人君子正是不当止的行为。“腓”是小腿，将意念停止在小腿上让小腿静止不动人自然就无法前行，比喻人们虽然向往追随君子的行动，但身体却不能随心而动，这是令人不愉快的事情。无论是静还是止，只有身心协调一致人们才能达到一种愉悦的状态。⑲

例 2：“艮其腓”，腓（音 féi），小腿，六二如人体的小腿部位。六二中正，知道该止，可小腿不能自己做主，要听大腿的，自己不能独立停止。这里表述的意思是想停止实际没有停止。“不拯其随”，拯，拯救，这里指劝阻九三停止，也是“止”义。不拯，指九三不听六二的劝阻，刚勇好动，九三是下卦之主，统管下二阴爻，且六二上承九三，九三如人的大腿以上部位，腰腿要带动小腿行动，小腿虽不想走，但也不得不走。不该行动而无奈行动，因而心中不快。㉘

例 3：腓（féi），小腿肚子。拯，举起、抬起。随，通“脽”，臀部。快，高兴、愉快。

腿部静止不动，臀部也因此不能抬起活动，容易引起生理上肌肉疲劳，生理上的疲劳反应在心理上为“其心不快”。㉖

例 4：腓：小腿肚。艮其腓：少男小腿健壮。拯：举。随：小腿肚下面相随的脚，表示腿脚。不拯其随：不让他举腿动脚。其心不快：他心中不快乐。爻辞讲少男从双足已发育至腿部。⑱

艮卦爻辞九三：艮其限，裂其夤，厉薰心。

例 1：九三爻以阳爻居下卦的最高位，同时也是上卦和下卦的连接处，于人体而言则是腰所在的位置。要做到身心平静，全身上下各个部位务必协调一致。将意念集中在腰部，让腰部处于静止状态，从而隔断了背部肌肉和下肢之间的联系，使人体上下不能协调，以致出现心烦意乱的状况，内心犹如火烧一般痛苦，这是很危险的。⑲

例 2：“艮其限”，限，界限，此处为人体腰部。艮其限，是指止得太晚了，已到极限了，已经进入危险了，这个“止”的作用也有限了。从卦象上看，九三既是下互卦坎卦中位，又是上互卦震卦震源，身陷坎中震动不已，越陷越深。如同“列其夤，厉熏心”，列，同裂。夤（音 yín），脊背肌肉。厉，危险。熏，烟熏火烤。其危险如同脊背撕裂，烈火烧心。㉘

例 3：限，腰部。列，“裂”的古字，裂开、撕裂。夤（yín），脊背部位肌肉。薰，通“熏”，火烟上冒。

腰部长久静止不动，导致脊背部位的肌肉疲劳酸痛，如同裂开一样，因此说“艮其限，列其夤”。肌体的酸痛反应在心理上，感觉如同烟熏火燎一般，因此说“厉，薰心”。㉖

例 4：限：裤腰带，因为裤腰带是人身上设的限制。裤腰带，引申为腰部。艮其限：少男腰部健壮。列：通“裂”。夤：深，夤又通胂。胂：中脊肉，即腰部肌肉。列其夤：裤腰带勒得太紧深陷入肉中。厉：磨难。熏心：像烟熏般心里难受。厉熏心：裤腰带勒得太紧，少男备受磨难心里像烟熏般难受。爻辞讲少男已发育至腰部。爻辞教导父母不要将少男的裤腰带勒得太紧，以免影响他发育。⑱

艮卦爻辞六四：艮其身，无咎。

例 1：六四爻以阴爻居阴位，得正，又已经进入上卦，犹如到了人体的躯干，即胸腹所在的位置。胸腹是人体五脏六腑所在的地方，将意念停止在此可以使人体各个重要器官得到充分调理，让身心迅速平静下来，这样做当然是没有灾祸的。⑲

例 2：六四以阴居阴得正，它是腰以上部分的止。它的止与九三的止截然不同。九三“艮其限”是要把人身上下隔断，是盲目的止，是不科学的止。六四“艮其身”是止全身。可见，六四的止，不是胡乱的止，而是在恰当的时间、适宜方位上的止。所以无有咎难，故“无咎”。㉗

例 3：“艮其身”，六四如人体的上身部位，艮其身是“不获其身”的体现，耳鼻口舌等敏感器官都在人体前身，把这些器官所产生的邪欲都止住了，人身就停止行动了。符合艮卦止义大道，因此避免过失。㉘

例4：初六、六二、九三的“艮其趾”“艮其腓”“艮其限”都是从人体的局部分别而言，本爻的“艮其身”则就人一身的整体总括而言。㉖

例5：身：身体。艮其身：少男身体健壮。无咎：少男身体健壮，才无罪过。少男若身体病兮兮的，做父母的有罪过。爻辞讲少男已全身发育。⑱

艮卦爻辞六五：艮其辅，言有序，悔亡。

例1：辅，指口，嘴巴。序：次序。亡：消除。

六五居上位，辅是颚的关节，即上牙床。艮止于关节，也就是止于口。止于口不是默默不语，而是要求说话要谨慎，当说的要说，不当说的绝不说。说时既中肯又有条理性，故“言有序”。六五以阴居阳，位不正而有悔，但六五居中有中德，说话有分寸、有条理，所以悔自然也就消亡了。㉗

例2：六五爻以阴爻居君位，具有中和之德。“辅”即口，六五在卦中所处的位置犹如口在人体中的位置。口是说话的器官，人们用意念来调节身心，往往口中念念有词，用有序的口诀来引导意念。将意念停止在口上，并不是让人闭口不语，而是教人不能语无伦次或胡言乱语。人们往往祸从口出而招致悔恨，内心难以安宁，但人们若能做到谨言慎语且言之有理，悔恨就会消失，内心就能平静下来。⑲

例3：止住口，言语谨慎有序，忧悔可以抵消。

解析爻辞：“艮其辅，言有序，悔亡”，辅，牙床，这里指口。口是言语的器官，六五处君位至尊，帝王之口历来有“金口玉言”之称，故君王之口不可不慎。言有序，指言之有理，言之有据，言之有信，言之该言，止之该止，这样忧悔就可以抵消。㉘

例4：六四以上诸爻围绕人的活动、行动谈“艮”，本爻又从言论上提出“艮其辅，言有序”的要求。

“艮其辅”是说使牙床静止不动，牙床不活动，自然无法讲话，这是告诫最好不要讲话。“言有序”是说即使讲话，也要讲究一定的分寸，分清对象和场合，掌握适当的时机，注重语言艺术等，如此就可以尽量避免悔恨发生，因此说“悔亡”。㉖

例5：辅：古代称辅、车、口为颐，故而辅引申为颐。艮其辅：少男颐部健壮能食。序：顺序，引申为条理。言：言是大脑指挥的，引申为头脑聪明。言有序：头脑聪明，言语有条理。无悔：无悔恨。人与动物的根本区别是人能言语，人能够用语言进行交流。如果少男身体健壮而头脑不聪明，语无伦次，或者是哑巴，少男本人有恨痛，做父母的也有悔恨。⑱

艮卦爻辞上九：敦艮，吉。

例 1：上九以阳爻居全卦的最高位，是对全卦的总结。“敦”是敦厚笃实的意思。人们通过意念的调息，抛开所有虚幻和浮躁，使内心更加敦厚笃实，让身心处于一种圆满的宁静状态，人们能够达到这样的境界无疑是吉利的。⑲

例 2：敦，指厚，笃实。厚终：以敦厚得善终。

上九以阳刚居艮卦之极，有敦厚、笃实之象，因此上九的止，是笃实的止，忠实的止。所以说是吉祥的。㉗

例 3：“敦艮”，敦，稳重，厚道。止在敦厚上。上九是一位才渊德厚的退位君王，知道自己不在其位，以敦厚的品德抑制自己曾经在君位的欲望，大智若愚，圆通仁厚，从而获得君王和群臣的爱戴和尊重。㉘

例 4：在分别对言论、行动上提出“艮”的要求后，本爻又从总体目标上对“艮”提出了“敦”的要求，即“敦艮”。

“敦艮”者就像七窍未开的混沌，无知无觉，懵懵懂懂，木讷迟钝，朴鄙老实。被统治者能够做到“敦艮”，无须外力强制，自觉地安于节制、约束，可以免遭惩罚；对统治者而言，无需多费心力便可稳享统治，皆大欢喜，因此说“吉”，《象》说“敦艮之吉，以厚终也”——“敦艮”之所以吉，就是由于敦厚而得以善终。㉖

例 5：敦：同“雕”，画饰，引申为美好。敦艮：少男茁壮成长为美好青年。吉：少男若茁壮成长为美好青年，吉善。《周易》是以神道设教之书，也是讲通行天下的道理。你看艮卦文字，难道不是教导天下父母怎样才能使少年健康成长的道理吗？少年强则国家强，所以《周易》专设此卦论述少年健康成长。⑱

第五十三卦　渐卦䷴巽上艮下

（一）原文

（卦辞）渐，女归，吉，利贞。

（爻辞）初六：鸿渐于干，小子厉，有言，无咎。

六二：鸿渐于磐，饮食衎衎，吉。

九三：鸿渐于陆，夫征不复，妇孕不育，凶，利御寇。

六四：鸿渐于木，或得其桷，无咎。

九五：鸿渐于陵，妇三岁不孕，终莫之胜，吉。

上九：鸿渐于陆，其羽可用为仪，吉。

（二）解读

卦辞：渐，女归，吉，利贞。

解读：“渐”，卦名。“渐”：逐渐，渐进。本卦主旨，要遵循发展规律，循序渐进。“女归”：是指古时女子出嫁，“归”是归宿。

卦辞说，女子出嫁有一个循序渐进的过程，要经过纳彩、问名、纳吉、纳证，请期、亲迎等六礼为吉祥，利于守贞走正道。

初六：鸿渐于干，小子厉，有言，无咎。

解读：“鸿”：鸿雁。渐卦以鸿雁作比喻描述循序渐进。“干”：岸边，水边。

爻辞说，孵出的小雁，走到了岸边，很害怕。大雁叮咛要注意安全，此做法无过失。

六二：鸿渐于磐，饮食衎衎，吉。

解读：“磐”：大石头，磐石。“衎衎”（kàn 音看）：快乐。

爻辞说，小鸿雁从岸边逐渐走到大石头上，寻找周边的食物，其乐融融，吉祥。

九三：鸿渐于陆，夫征不复，妇孕不育，凶，利御寇。

解读：小鸿雁会飞了，飞到了陆地，翅膀还没硬，有的就远征没返回来，如同丈夫出征没返回，妇女怀孕没生下孩子，半途而废，凶险可怜。没飞回来是遭遇贼寇吗？所以要防御贼寇（利御寇）。

六四：鸿渐于木，或得其桷，无咎。

解读："木"指树。"桷"（jué 音绝）：房屋椽子，方整的条木。

爻辞说，小鸿雁能从陆地起飞到树林，飞翔能力逐渐提高。鸿雁的脚如同鸭子脚，不像分叉的鸡爪，不适宜站在圆枝条上，要落到像桷的外形木条上，这样能站稳，无过失。

九五：鸿渐于陵，妇三岁不孕，终莫之胜，吉。

解读："陵"：丘陵，较高的山坡。

爻辞说，小鸿雁循序渐进，飞翔能力又提高了，从树林飞到土山。鸿雁是喜庆的候鸟，必引起黑暗势力的仇恨，企图阻碍鸿雁的进步，但是落空了，没取得成果。犹如妇女三年不孕，最终莫能取胜，鸿雁吉祥。暗喻黑暗没能战胜光明。

上九：鸿渐于陆，其羽可用为仪，吉。

解读：与九三爻"鸿渐于陆"不同，上九提到"羽"，是羽毛丰满成熟了。小鸿雁逐渐成熟为大雁，飞上了蓝天，飞跃辽阔的陆地，随气候的更迭，到达目的地。羽毛也随季节更迭，供给人们装饰用，是吉祥鸟。

小结：

渐卦指出成功之路，要遵循客观发展规律，循序渐进，不能一步登天。举了两个比喻的例子：

卦辞"女归"比喻妇女出嫁的渐进过程是六礼：纳彩（托人带东西到女方家提亲）、问名（媒人问女子八字）、纳吉（八字与男方不般配则退帖子，若般配则下一步）、纳证（双方见面或交换信物）、请期（定婚日）、亲迎（男子到女家迎接新娘）。

六条爻辞中都含有"鸿渐"，以鸿雁成长为例。从幼小鸿雁走到岸边开始的"鸿渐于干"、又升级走到大石磐上"鸿渐于磐"、又上升飞到陆地"鸿渐于陆"、练习飞高本领飞到树林"鸿渐于木"、更上一层楼飞到土山"鸿渐于陵"、最后远走高飞跨越辽阔的陆地"鸿渐于陆"。

以上两个生动形象的循序渐进的例子，可欣赏到《周易》作者写渐卦，不仅展示了逻辑思维的哲理性，也展现了文学的才华。

（三）选录多种解读

第五十三渐卦卦辞：渐，女妇，吉，利贞。

例 1：渐卦艮下巽上，艮为山，巽为风，故"风山渐"。

《序卦传》说："艮者止也，物不可以终止，故受之以渐，渐者进也。"艮卦谈的是止，止发展到一定程度就开始动，开始进。所以艮卦之后是渐卦。

渐进也，进不是一般的进，而是渐进，渐进就是缓进，缓进就是有序地进，就是有步骤、有次序、一步一步地进行。既不冒进，又不停止不前，所以名曰渐。

渐卦艮下巽上，艮为山，巽为风木，木因山而高，木由一棵幼苗成长到一棵参天大树，都含有循序渐进之意，故曰渐。

渐进也是渐变的过程，渐变的实质就是量变。量变与质变的规律是辩证法三大基本规律之一，由量变到质变，质量互变是推动人类社会、大自然不断变化、不断前进的规律。易家先哲虽然没有明确提出量变与质变的规律，但他们对量变的道理是早已晓得的。

“女归吉”象征着女子出嫁，巽为长女，艮为止，女子等待出嫁。同时本卦以女子出嫁揭示了做事办事要循序渐进，而不能急功冒进，一蹴而就。古代女子出嫁是有程序、分步骤进行的，不是说嫁就嫁，立即就办的。按照步骤进行的婚嫁才是吉利的。同样世间万物发展也是一个渐进的过程。做人做事也不是一朝一夕之事，也有一个渐进的过程。“利贞”指女子只有坚守贞正，并按照婚嫁的步骤进行就做到了贞，否则就不利贞。同样做事也要有序渐进地进行，故“利贞”。㉗

例 2：渐是逐渐的意思，本卦描写鸿雁逐渐飞远而后逐渐折回的整个过程，并以此起兴起妻子对远征在外的丈夫的思念之情。从卦象来看，渐卦上卦为巽，代表木，下卦为艮，代表山，山顶上长满了树木，然而树木的成长不是一蹴而就的，而是循序渐进逐渐长成的，因此渐卦被赋予了逐渐的意思。树木长成参天大树而根系仍然牢牢地深埋在大山之中，渐卦表达了妻子对远方丈夫的牵挂和思念。古时男女结婚要经历一定的礼仪程序，即纳采、问名、纳吉、纳征、请期、亲迎六个步骤，嫁娶不能操之过急，只有严格按照这一过程逐渐完成嫁娶之事才是吉利的，也只有遵守这种礼仪规范的婚嫁才是符合正道的。⑲

例 3：“女归吉，利贞，”归，归宿，这里指女子出嫁到男方家，才为自己的家，为自己的归宿。男女成家立业，繁衍后代，使人类得以延续，使社会得以发展，享受家庭天伦之乐，享受创业的成就感，因此吉祥。“利贞”，利于守正道，男女对家庭忠贞，利于守家庭正道，守事物渐进发展的正道。㉘

例 4：渐者，长女嫁进少男家也。女归：古代女嫁曰归，谓之女归。女归吉：长女嫁进少男家，吉善，即“女大三，抱金砖”。贞：政。利贞：利政，即有利于家有利于国。咸卦告诉我们，父系制社会通行少男娶少女为婚，这里为什么讲“女大三，抱金砖”呢？这是繁衍人口的需要。古代国家是否强大，一是看人口多少，二是看粮食多少。所以，古代多生多育是基本国策。由咸卦爻辞已知，少女由于性发育未成熟，16 岁前夫妻生活不和谐，难以生子。而长女不一样，长女性发育早已成熟，长女当年结婚就可当年生子，民众多生人口对国家有利。少男娶长女后，长女可立主家政，又增添了劳动力，还可早生子女，对民众家庭有利。对国对家都有利，所以说“女大三，抱金砖”。⑱

渐卦爻辞初六：鸿渐于干，小子厉，有言，无咎。

例 1：初六爻以阴爻居全卦之始，犹如处于大山的河谷地带。（妇人）看到鸿雁逐渐飞到山谷中的河畔，便联想到自己家的小孩子，对孩子们来讲河畔是一个充满了危险的地方，一不小心就可能坠入河中酿成灾祸，父母应该责备经常到河畔玩耍的孩子，以防可能出现的灾祸。⑲

例 2：“鸿渐于干”。大雁是以排队的形式徐徐飞来降落在水边休息。大家都知道，大雁是群行的，有时排成“一”字，有时排成“人”字。按次序编成一排，群行而有序，到了有水的地方停歇，在水边觅食饮水，吃饱喝足，休息好了再飞行。所以大雁的飞行有渐进之意。“小子厉，有言，无咎”。年幼无知的小孩在水边玩有危险，小孩看到群雁停息在水边，抱怨大雁明明有一下子飞远的本领，却飞不远。可见，小孩只看到眼前，而没看到大雁之所以这样飞，是为了完成几千里甚至上万里的遥远路程。不过，这种抱怨的“有言”也并不影响雁的停息和渐行，因雁是正确的，就没有什么险难。㉗

例 3：大雁渐渐飞到岸边，如初出茅庐的后生有危厉，听到责难之言，可以避免灾难。

解析爻辞：“鸿渐于干”，鸿，雁。干，河岸。大雁渐渐向河岸靠近，意在游向河里。“鸿渐于干”成语源于此。“小子厉，有言，无咎”，小子，初六为卦之初爻，如初出茅庐家后生。厉，危险。雁本飞翔于天空或游弋于水中，在岸边逗留，有被捉的危险。有言，人们指责这只雁不顾危险在岸边逗留。无咎，其实人们并不知道这只雁之所以来到河边是为了靠近河，即将向河中游去，可以避免灾难。

对此爻还有另一种解释，认为“小子”是小雁，小雁有危险。“有言”指大雁对小雁呼唤，小雁听到呼唤立刻警惕地游入河中，故而无咎。从渐卦大义看，渐卦是讲渐进道理的，雁来到岸边再游入河中符合渐进卦义。如果是大雁提醒小雁注意安全，其义与“渐进”卦义不相吻合。㉘

例 4：鸿雁是贯穿本卦始终的一个物象。鸿雁是一种候鸟，在古代文化中被赋予各种道德色彩和象征意义。

本卦各爻爻辞也都取鸿雁这一物象，比兴，象征妇人顺从丈夫，正如《周易集解》中所说：“鸿，随阳鸟，喻女从夫，卦明渐义，爻皆称焉。”

由鸿雁来到河岸边嬉水，这位妇人联想到，小孩子到水边嬉水有危险，因此说“厉”；但大人如果能及时苛责制止，便可“无咎”。㉖

例 5：干：我认为是蛊卦爻辞“干父”之“干”。干父是主管，初爻则是初级主管。鸿渐于干：长女嫁进初级主管家。小子：长女的丈夫。长女年龄比少男大很多，故言少男为小子。厉：严厉。通常初级主管都是厉害角色，其子耳濡目染也变得很严厉。小子厉：少夫很严厉。有：不宜有。有言：说些不宜说的话。无咎：少夫很严厉，他对长妇说这些不宜说的话，无罪过。⑱

渐卦爻辞六二：鸿渐于磐，饮食衎衎，吉。

例 1：“鸿渐于磐，饮食衎衎”，磐，磐石，山上高处巨大稳固的石头。衎衎（音 kàn），祥和愉快的样子。大雁从河里渐渐飞到磐石上，比初六又高了一层，这里有吃有喝，与家人一起生活，一派愉快祥和的气氛。㉘

例 2：六二爻以阴爻居下卦的中位，具有中正柔美之德。此时（妇人）看到鸿雁逐渐飞到了山坡上，那里有丰富的食物，妇人由此联想到全家人在一起用餐的欢乐场景。六二恰似一个温柔贤惠的妻子，她在家准备好可口的饭菜，然后跟丈夫和孩子一起高兴地享用，这样一幅温馨的家庭生活场景无疑是非常吉利的。⑲

例 3：磐，指大石。衎衎：和乐，喜悦。

六二以阴爻居阴位，柔顺得中，并与九五相应。停落在磐石上，稳固又安全，可以和乐地饮食，故“鸿渐于磐，饮食衎衎”。六二比起初六的处境要好得多。六二有中正之德，九五阳刚居中得位，两爻都有中正之道相应。犹如大臣能够忠实地辅佐君王，明君对大臣信任而委以重任，并且地位安定，所以是吉祥的，故“吉”。㉗

例 4：磐，磐石、巨石。衎（kàn）衎，安然自得的样子。

“鸿渐于磐，饮食衎衎”比兴安定、温馨的家庭生活。安定、温馨的家庭生活是人人所向往的，能够像大雁那样安然自得地饮食，过上安定、温馨的生活，“吉”。㉖

例 5：磐：我认为是屯卦爻辞“磐桓”之“磐”。磐是囤积财货如磐石般厚实，引申为殷实人家。鸿渐于磐：长女嫁进殷实人家。衎衎：欢喜貌，引申为无忧。饮食衎衎：饮食无忧。吉：从此夫妻饮食无忧，吉善。⑱

渐卦爻辞九三：鸿渐于陆，夫征不复，妇孕不育，凶，利御寇。

例 1：大雁渐渐飞到山顶的平地，丈夫出行没有回来，妻子怀孕在家不能生产，凶险。应该回到正道利用刚强抵御敌寇。㉘

例 2：九三爻以阳爻居下卦的最高位，虽得正但不居中。（妇人）看到鸿雁逐渐飞远，停歇到了山坡之上的高台处，她联想到自己远征的丈夫至今未归，除了对丈夫的思念她内心更多了一份对家庭未来的担忧，她已经怀有身孕，而丈夫生死未卜，自己能独自将孩子抚育成人吗？这种处境对于一个家庭来说无疑是凶险的，但丈夫出征在外是为了抵御外敌，这对于整个国家而言却是有利的，爻辞由此充分体现了古人舍小家为大家的爱国情怀。⑲

例 3：九三处下卦之极，下为艮，艮为山，“陆”指的是山上的陆地。大雁飞行停息在高平之地上。说明九三不是渐进而是急进。九三以阳居阳位，过刚而不中，又无相应，本应在高平的陆地上守正待行，可是就九三的本性来说，未能做到这点。九三为艮，艮为夫，不顾客观条件，与六四阴阳苟合，不自守而征往六四，不再往下恋顾二阴，故“鸿渐于陆，夫征不复”，九三与六四苟合而有孕，虽怀孕而不能生育，因为那个时候，妇女不经过“妇归”渐之道婚配，视为不贞，大逆不道，是要受到投河、活埋等严厉的家法族规处置的，所以有凶险，故“凶”。因此九三不利于婚媾，而利于守正渐行，防御盗贼，抵御外寇的侵略，固守自己的位置。㉗

例 4：“陆”是高平之地，有象征和平的意味。但令人遗憾的是，和平生活还没有来到，战事还没有结束，丈夫征战在外没有返回，因此说“夫征不复”；丈夫在家时妻子怀孕，丈夫出征后妻子生子，但个人却无力养活，这当然是一件悲惨、不幸的事情，因此说“妇孕不育，凶”；归根结底，这种悲剧是由于外敌入侵而造成的，个人的家庭利益与国家利益是一致的，只有在打退入侵的敌人、保证国家安全稳定的前提下，才有个人家庭的安宁和幸福，因此说“利御寇”，《象》说“利用御寇，顺相保也”。㉖

例 5：陆：我认为是夬卦爻辞“苋陆”之“陆”。陆是马，军人骑马作战，引申为军人之家。鸿渐于陆：长女嫁进军人之家。征：战。复：回。夫征不复：丈夫在外征战难得回家。妇：长女嫁作军人妇。妇孕：妇人身怀有孕生下儿女。育：教育，不是生育。《说文》：“育，养子使作善也。”妇孕不育：妇人生下儿女不能教育。丈夫常年不在家，妇单独一人操劳家务不能很好地教育儿女。妇孕不育，不能理解为妇人能怀孕却常常流产，不能顺利产下儿女。凶：失，即做父母的失职。寇：暴。利御寇：有利于抵御施暴者。因为军人之家的儿女，从小弄枪使棒有武功。⑱

渐卦爻辞六四：鸿渐于木，或得其桷，无咎。

例 1：木，指树木。桷：方形的椽子。咎：错，难。

“鸿渐于木”因大雁为蹼足，也就是脚趾是连着的，同鸭鹅的脚一样，不能握枝，六四为巽体，巽为木，大雁降落在树木上，这对于长着蹼足的它来说是站在不利的地方，有立不安稳之象。“或得其桷”，桷是房顶上承瓦的方形椽子，或许大雁选择了方形桷木，方形平木是适宜鸿雁停息的地方，所以无咎难。

例 2：六四爻以阴爻居阴位，虽柔弱而得正，又已经进入上卦巽，巽为木，因此爻辞言“鸿渐于木”。鸿雁通常栖息在沼泽、湖泊、河流等有水的地方，而如今鸿雁却飞到了树上，到了它本不该到的地方，又因为鸿雁趾间有蹼，很难在树枝上停稳，好在树枝又平又直，可以短暂停留，但不可久居。妇人看到树上的鸿雁触景生情，联想到自己处境艰难，好在自己能始终坚守正道，生活困顿却也能勉强维持下去，因而没有灾祸。⑲

例 3：或，不定之辞，可能、或许。桷（jué），方形的椽木。

六二爻辞中说“鸿渐于磐”，这里又说“鸿渐于木”。我们在《屯》卦中讲过，石、木这两种东西是古代重要的建筑材料，这里的“磐”“桷”也就是《屯》初九爻中所说的“磐桓”。《屯》初九爻说“磐桓，利居贞”，说大石、木料有利于建筑房屋安居下来，这里同样也是如此。由鸿雁来到大石、树木上栖息，这位妇人也联想到，要是能够得到这样一些大石、椽木，建造一所房屋，安稳地定居下来，那该多好呀！与六二爻辞一样，也表达了对安定的家庭生活的向往，这是人之常情，无可指责，因此说“无咎”。㉖

例 4：木：我认为是困卦爻辞“株木”之“木”，引申为山林人家。鸿渐于木：长女嫁进山林人家。或：有。桷：房顶上面的方形椽子，引申为正规住房。或得其桷：若有用方形椽子建造的正规住房。无咎：夫家若有用方形椽子建造的正规住房，无罪过。山林人家不缺木材，却缺少劳力、资金、技术，故而山林人家的住房通常都很简陋。⑱

渐卦爻辞九五：鸿渐于陵，妇三岁不孕，终莫之胜，吉。

例 1：鸿雁停息在高岗上，九五居君位，君位既是尊位又是高位，也相当于高陵，所以说“鸿渐于陵”。九五与六二正应，二者皆居中得正，都具有中正之德。可是中间有六四的干扰，加上有九三御寇的阻隔，致使九五与六二不能相应，故有“妇三岁不孕”。三岁指的是多年，九五与六二多年不能结合在一起。但是邪恶终究战胜不了正义，故“终莫之胜”。九五迟早要冲破六四、九三的重重阻碍，与六二团圆结合在一起。所以九五是吉祥的。㉗

例 2：九五爻以阳爻居君位，至中至正，至刚至尊。（妇人）看到鸿雁远飞至高陵之上，渐次远去，联想到丈夫常年征战在外而自己多年不能怀孕，这样的生活对于一个女人来讲是何等的艰难啊，但她对自己的丈夫却忠贞不渝，无论多大的困难也没有将她压倒，她始终坚信结果是吉利的。⑲

例 3：“鸿渐于陵”，陵，山丘。九五作为君王，应为雁之首领，为什么立在山丘上呢？他立在高处是为了他的相应之人便于看到他，是为了迎娶他的妻子（寓意君王礼贤下士、广纳贤才）。“妇三岁不孕，终莫之胜”，妇，指六二。三岁不孕，指长时间妇女不能怀孕。胜，胜过她，是说最终没有人敢欺凌她。这里寓意六二忠贞九五，虽与九五相应，但中间有九三、六四相隔，不能相应，即使长时间独守空闺仍坚守妇道。终于等来相应之人来迎娶她了，因此吉祥。这里既宣扬女子像大雁一样恪守忠贞之道，又寓意凡心志持守正道的贤臣，即使暂时被误解冷落，最终还是要被君王重用的，从而告诫人们守正道要耐得住寂寞，是金子总会发光的。㉘

例 4：陵，山岭。“之”为前置宾语，指“妇”。胜，欺凌。终莫之胜，即“终莫胜之”。

“陵”与“凌”同音，与下文的“胜”一样，寓有欺凌的意味。丈夫出征在外多年，夫妻之间不能够团圆，没有夫妻两性生活，当然不可能怀孕，因此说“妇三岁不孕”；妻子独守空房，孤寂凄苦，其他男人心怀觊觎，想乘虚而入，但这位妇人始终恪守妇道，忠贞不二，没有使其他男人得逞，因此说“终莫之胜”；作者标榜、赞扬这种妇道，因此说“吉”，《象》说“终莫之胜，吉，得所愿也。”㉖

例 5：陵：我认为是震卦爻辞九陵之陵。九陵为大暴雨，大暴雨后利于行船，引申为水上人家。鸿渐于陵：长女嫁进水上人家。不孕：不能怀孕生子。妇三岁不孕：丈夫常年在外行船，致使妇人三年不能怀孕生子。莫：暮，即终暮之年。《说文》：“胜，犬膏臭也。”胜：不是今简化字胜利之胜，古“胜”字是今之“腥”字。依据《说文》，胜引申为犬（狗）。终莫之胜：终暮之年能够在岸上养狗。吉，终暮之年夫妻两人能在岸上养狗，吉善。⑱

渐卦爻辞上九：鸿见于陆，其羽可用为仪，吉。

例 1：羽，指作仪饰的羽毛。仪：仪礼，仪仗。

上九处卦之终，渐之极，进处高洁，大雁完成渐进后又回到高平的陆地上，也就是回到九三所在的陆地上。上九处巽体之上，巽为顺，为进退，所以大雁又退回到九三的位置上。上九能进能退，像是一位贤人，无权无位，进退自如，不为权位所累。大雁的羽毛可以用来作仪饰，比如古时结婚新郎帽子上插的雁翎。也说明上九虽无权无位，但其还能起表率的作用，所以是吉祥的。㉗

例 2：上九爻以阳爻居全卦之终，预示鸿雁最后的归宿。（妇人）看到鸿雁逐渐折回到山坡上的高台处，那里离家已经很近了，她联想到丈夫就要随军凯旋，人们将用鸿雁的羽毛举行盛大的仪式来欢迎他，自己长久的坚守终将获得一个吉利的回报。⑲

例3：“鸿渐于陆”，这里的“陆”为高山之巅，上九阳爻似一片陆地，上九处渐卦之极位，如高山之巅。“其羽可以为仪，吉”，上九为即将终老之雁，羽毛已经掉落，因雁品位高洁，用雁羽佩做礼仪饰物，以示庄重高雅。这里寓意品德高尚的人，他的品德不会因人的终老而丧失，他的精神仍然存留人世不逝，他的品德仍然被人们传承颂扬，被人们尊为楷模，这对于其本人和他人都是吉祥的事。㉘

例4：鸿雁飞行的时候，羽翼翩动整齐、队形排列有序。在这里是比兴这位妇人恪守妇道、忠贞不二的品德足以垂范后世，因此说“吉”，《象》说“其羽可用为仪，吉，不可乱也”。㉖

例5：鸿：鹄。陆：马，引申为军队。鸿渐于陆：鸿鹄进入军队。羽：鸿鹄的大羽。《说文》：“羽，鸟长毛也。”

古本《周易》中“仪”是“义”字。其羽可用为仪：鸿鹄的大羽可以用作军队的法度，即《曲礼》所言“前有车骑则载飞鹄”。吉：鸿鹄的大羽可用来象征军法，前有车骑则载飞鸿，吉善。因为鸿鹄在迁徙途中总是排成一字形或人字形，非常遵守秩序。鸿鹄靠翅羽飞翔，大羽都在翅膀上，故而其羽能象征军法。⑱

第五十四卦 归妹卦䷵震上兑下

（一）原文

（卦辞）归妹，征凶，无攸利。

（爻辞）初九：归妹以娣，跛能履，征吉。

九二：眇能视，利幽人之贞。

六三：归妹以须，返归以娣。

九四：归妹愆期，迟归有时。

六五：帝乙归妹，其君之袂，不如其娣之袂良。月几望，吉。

上六：女承筐无实，士刲羊无血，无攸利。

（二）解读

卦辞：归妹，征凶，无攸利。

解读："归妹"，卦名。"妹"：古时称少女；妹妹。"归妹"是少女出嫁。古时婚姻先由男方提出，不由女方主动提出，不能女方主动"征"，故"征凶"，无益处。

古时习俗，姐妹俩可同时嫁给同一男子，姐姐是正房称嫡，是嫡妻。妹妹是娣是偏房，娣引申为妾。

初九：归妹以娣，跛能履，征吉。

解读："娣"（dì 音弟）：妹妹出嫁为娣。"跛"：瘸腿。"履"：步行，走路。

爻辞暗示，姐姐出嫁，"归妹以娣"是妹妹从嫁，妹妹嫁到男方是偏房、妾，就像瘸子走路摇摆歪斜不正。但古时从嫁是习俗，这样出嫁吉祥。

九二：眇能视，利幽人之贞。

解读："眇"（miǎo 音渺）：瞎了一只眼睛。"幽"：光线暗淡、偏僻之地。

爻辞说，瞎了一只眼的少女，犹如处在幽境，利于守贞。

六三：归妹以须，返归以娣。

解读："须"通"媭（xū 音须）：姐姐。

爻辞说，妹妹冒充姐姐出嫁，出嫁后被男方获知真相，男方返回到女方家说明情况，改为娣妾对待。

九四：归妹愆期，迟归有时。

解读：“愆（qiān 音迁）期”：延期。爻辞说，少女出嫁延期，婚庆选错了日子，重选婚庆佳日，再出嫁。

六五：帝乙归妹，其君之袂，不如其娣之袂良。月几望，吉。

解读：“袂”（mèi 音昧）：衣袖，服装。

帝乙是商朝一位帝王，是商纣王之父。帝乙把女儿嫁给周文王作娣，即妾。（一说帝乙把妹妹嫁给周文王）。君指周文王的正房妻子，穿的服装还不如娣妾的服装漂亮。月亮几乎月圆时出嫁，选择的日子吉祥。爻辞中漂亮服装喻指宣宾夺主。

上六：女承筐无实，士刲羊无血，无攸利。

解读：“刲”（kūi 音亏）：割，宰杀。

爻辞表示，新婚后，夫妻上庙祭祀，妻子拿的筐里没装果实、如花生之类表示生孩子，男士宰羊本应用羊血祭祀，表示血脉相传后代，却无羊血。暗示很难有后代，令人惋惜。

小结：

归妹卦以少女出嫁的经历为主题，描述了不同的情况。古时女方不能主动找男方求婚，那是“征凶”；可随从姐姐一同出嫁做娣、做偏房妾即“归妹以娣”；偶尔少女不甘做偏房妾，冒充姐姐出嫁是“归妹以须”；少女出嫁做偏房，以华丽的服装与正房争宠；最后少女出嫁后祭祀“女承筐无实”，暗喻不能生育而叹息“无攸利”，还不如“眇能视，利幽人之贞”。

（三）选录多种解读

第五十四归妹卦卦辞：归妹，征凶，无攸利。

例 1：归妹，指少女出嫁，嫁娶。

归妹卦，兑下震上，震为雷，兑为泽，故曰：“雷泽归妹”。

《序卦传》说：“渐者进也，进必有所归，故受之以归妹。”渐卦讲的是进，进到一定的程度，就要有归宿，归有至之意。故渐卦之后是归妹卦。

兑为少女，震为长男，少女嫁长男，嫁到了男家，就是归妹。古代的女子，嫁了人成立了新家，就等于有了归宿，就叫归妹。

渐卦讲的是娶进，归妹讲的是嫁妇，一个要娶，一个是嫁，虽相反而相成，此卦各爻取象都从诸侯娶女，说的不是一般人的嫁娶，反映了古代女子出嫁并带有陪嫁的妹妹或侄女的侄娣婚嫁制度。

“归妹，征凶，无攸利”。归妹说的是婚嫁，婚嫁是人生之大事，非同一般，不能一时冲动，更不能盲动，一步走错就会凶险临头，前往没有什么利益。㉗

例 2：归妹是嫁妹的意思，本卦讲古时妹妹陪姐姐出嫁做偏房的一种特殊婚姻制度。从卦象来看，归妹卦上卦为震，代表长男，下卦为兑，代表少女，长男在上，而少女在下，有少女从长男之象，因此引申为妹妹出嫁。妹妹以偏房的身份陪姐姐一起出嫁到男方，这本不是妹妹心甘情愿之事，只是迫于一种特殊的婚姻制度不得已而为之，这种强迫性的婚姻行为违背了少女的意愿，注定将给婚后生活带来不幸，因此结果是凶险的，没有任何好处。⑲

例 3：女子出嫁本为好事，为什么说“征凶，无攸利”呢？征，征伐。女子出嫁为什么要征伐呢？这是因为，在我国上古和中古时代，抢婚习俗较为盛行，男方通过抢夺或胁迫的方式强占女子成为妻妾。这种抢婚，伤害了女子和女方家族的尊严，使女方感到屈辱，会激起仇恨，必然反抗，发生征战，也必然造成双方的伤亡，本来结为亲家，结果结成仇敌。这样既违背渐卦女子出嫁渐进的规则，也违反归妹卦阴阳顺时天地交合之大义。这样必然凶险，没有所利。这里实际是抨击抢婚的危害性，从不守正道弊端凶险的一面强调男女婚嫁持守正道的重要性。㉘

例 4：征，征伐。攸，所。

如《泰》卦所述背景下的联姻，对殷、周双方都是有利的；反之，如果相互继续攻伐，对双方都不利，因此说“征凶，无攸利”。㉖

例 5：归妹者，诸侯国之间的政治婚姻也。征：征战。凶：险。意思是以政治联姻结成政治同盟的两国发生征战是凶险的。无攸利：对谁都没有一点好处。⑱

归妹卦爻辞初九：归妹以娣，跛能履，征凶。

例 1：娣，指姐姐出嫁时作陪嫁的妹妹。跛：腿和脚有病，走起路来身子不平衡。

初九虽以阳刚居阳位得位，可处在卦的最下位，于九四又无正应。所以不是嫡而是娣。不是正妻，而是妾。娣是古代女人出嫁陪嫁的妹妹或侄女。“跛能履”，是说娣的地位与嫡相比不正而偏，像个跛子走起路来身体一颠一颠的，虽位偏还能事君。初九有阳刚之德，既守贞又贤惠，虽是娣，但还是吉祥的。㉗

例 2：初九爻以阳爻居全卦的最下方，地位低下而得正。妹妹随姐姐陪嫁只能作为偏房，而不能作为正室。她地位卑微却才德兼具，既能安守本分与作为正室的姐姐和睦相处，又能竭尽所能辅助夫君，就如同一个跛脚的人，他穿上鞋子也能够走路一样。初九以一种谦卑的态度心甘情愿地去陪嫁，其结果是吉利的。⑲

例 3：妹妹随着姐姐一道嫁过去作为偏房，如同跛足，虽然偏颇但仍能行走，前往吉祥。

解析爻辞："归妹以娣"，少女出嫁将自己的妹妹一道嫁过去共事一夫，其长曰"姒"，为正室，为妻，其幼曰"娣"，为偏房，为妾。"跛能履"，这是对娣而言的，虽然是偏房，名分不正，但也是婚嫁，一样可以生育后代，如同跛足，虽有不足，一样可以行走。"征吉"，征，本义征伐，这里指姐妹一同前往嫁过去的行为。因为在娘家是姐妹关系，在婆家是姒娣关系，共事一夫，共处一家，以偏扶正，姒娣相帮，故而吉祥。㉘

例 4：娣（dì），妹妹。跛，一只腿瘸。能，善、善于。履，本义是鞋子，引申为行走、礼仪。征，在这里指联姻和亲之事。

"归妹以娣"就是姐姐出嫁时以妹妹陪嫁、姊妹同夫的婚姻形式。

"跛能履"是说出嫁的少女虽然一只腿瘸，有生理缺陷，但品德修养好，用现在的话来说，就是心灵美，言行合乎礼仪规范。心灵美比外表美更为重要，这是其一。其二，本卦中的婚姻着意于政治目的而非婚姻本身，因此断辞说"征吉"。㉖

例 5：归妹以娣：以妹妹为归妹缔结政治婚姻。姐妹俩同嫁一君，姐姐是妻，妹妹从嫁为妾。跛：跛子。履：鞋脚，引申为行走。跛能履：姐妹两人同心事君，能使跛足的丈夫行走。征：正行。吉：善。征吉：正常而吉善。意思是姐妹俩作为妻妾同心事君是正常而吉善的事。爻辞讲以妹妹为归妹缔结政治婚姻。⑱

归妹卦爻辞九二：眇能视，利幽人之贞。

例 1：九二爻以阳爻居中位，比喻作为偏房的妹妹处境不佳却具有中和之德。妹妹以偏房的身份嫁到男方，在家庭生活中不可能像姐姐作为正室那样发挥主要作用，但能起到一定的辅助作用，就如同一个眼睛失明的人虽然视力不太好，却也能视物一样。作为偏房，妹妹处境艰难，会受到来自正室和夫君的双重约束，犹如一个受到拘禁而不能自主的人，此时她却能坚守正道保持本分，以中和的态度面对现实，默默地承受着逆境中的痛苦。⑲

例 2：眇，指一目失明。幽人：深居闺阁的女子。

九二，"眇能视"，眇者，眼睛不好，还能模糊看得见，跟"跛能履"指虽跛脚，但还能一颠一颠地走路，意义是一样的，都是比喻娣的位置不正而偏侧。

由于地位尊卑，九二在家庭生活中毫无职权，只能听从嫡夫人的调遣，辅佐嫡夫人做一些事情。“利幽人之贞”。九二深居宅院，头门不出，二门不踩，处在幽静的环境中，虽同幽人，不得正，不得宠，位卑无权，但九二刚中，意志坚定，始终坚守中庸贞正之德而没有改变。㉗

例 3：“眇能视”，眇（音 miǎo），原指瞎了一只眼。只有一只眼睛看东西，虽能视，却勉强。“利幽人之贞”，幽，幽暗。从卦象看，下卦初九、九二为娣，六三为出嫁少女。九二虽为才貌双全之贤女，无奈处在娣位，虽与六五相应，可六五却位不正，其地位和处境如同眇女，因瞎了一只眼，又处偏位，其位偏斜幽暗。利幽人之贞，表意是说，既然看得不是很清楚，就睁一只眼闭一只眼，眼不见心静，实则指即使一只眼睛也应该明白事理，恪守偏斜幽暗之位，扶助正室，不要争宠争位。寓意是强调臣子辅佐君王，莫要越位，或寓德才兼备之人暂时没有处在重用的位置，应该正心正位，不要有非分之欲。

直译象辞：有利于处在偏暗之位的人持守正道是因为没有违反常规道德。㉘

例 4：说眼瞎而善于“视”物，这个“视”也不是一般的“视”，不是用眼睛看，而是用心看，用心辨别。否则，也是讲不通的。我们知道，在认识事物的过程中，眼、耳、鼻等只是感觉器官，得出的是感性认识。这些感性认识只有通过心的辨别、判断，才能形成理性认识。也就是说，在认识事物的过程中，心的作用比五官的作用重要得多。在《履》卦中，我们也讲过，依据“补偿假说”，某一感官的功能缺陷，会相应地增强其他感官的功能，心智可以弥补生理缺陷的不足。虽然目盲，但只要加强思想品德修养，提高辨别、判断是非的能力，以心视代目视，同样可以“视”物，因此说“利幽人之贞”，《象》说“利幽人之贞，未变常也”。爻辞以此说明，内在思想品德的修养、心智的提高重于外在的形貌。㉖

例 5：《说文》：“眇，小目也。”小孩子的眼目小。以姑姑的身份看侄女，侄女是小孩子，故而谓之眇。眇，表示以侄女为归妹缔结政治婚姻。姑侄两人同嫁一君，姑姑为妻，侄女为妾。眇能视：侄女虽然年纪小，但眼观四方很精明能干，什么事情都瞒不过她。幽：暗，引申为幕后。幽人：躲在幕后的姑姑。贞：政，家政。利幽人之贞：夫君的妾是自己信得过的亲侄女，有利于姑姑幕后操纵家政。爻辞讲以侄女为归妹缔结政治婚姻。初九与九二爻讲父系制社会的第一种政治婚姻是侄娣。侄娣是父系制社会对政治婚姻的创新。⑱

归妹卦爻辞六三：归妹以须，反归以娣。

例 1：六三爻以阴爻居下卦最高位，不中不正。须是姐姐的意思，妹妹试图以姐姐的身份嫁到男方家做正室未能成功，结果返回娘家只得以妹妹的身份再次嫁到男方家做偏房。在“归妹”制度盛行的时代，个人的反抗是毫无意义的，但《周易》作者明显不赞成这种婚姻制度，因此本爻并没有附上吉凶的判断。⑲

例 2：须，指姊，姐。反归：嫁出的女子又被迫回到了娘家。

六三以阴爻居刚位，不中不正，是一个不好嫁而有野心的女人。“归妹以须”，须为姊，姊为姐。六三本是妹妹，竟想充当姐姐以嫡嫁出。“反归以娣”，男方发现六三是妹妹充当姐而嫁，被迫让其返回娘家，再次随从姐姐作陪嫁而为娣嫁出。可见当时的婚姻制度是非常严格的。姐就是嫡，妹就是娣。㉗

例 3：“归妹以须，反归以娣”，须，媭（音 xū）的通假，古代楚人对姐姐的书面称谓。男方看中了妹妹，但姐姐还未出嫁，当然姐姐未嫁肯定有其原因，或品貌平平无人提亲，或品貌出众难寻知己以致耽搁。但无论怎么说，姐姐未嫁妹妹是不能先嫁的，故而少女出嫁将姐姐作为随嫁。嫁过去之后，妹妹作为正室为姒，姐姐作为偏房为娣，在娘家的姐姐到婆家却变成妹妹的“妹妹”了。㉘

例 4：关于“须”有不同的理解，一是认为“须”就是胡须；一是认为“须”通“媭”，姐姐的意思，如《说文》引贾逵云：“楚人谓姊为媭。”

按“须”字的第一种解释，“归妹以须，反归以娣”是说，嫁过来的少女长有胡须，因此被休回，而男方又把她的妹妹嫁过来。按“须”字的第二种解释，“归妹以须，反归以娣”是说，少女出嫁以姐姐陪嫁，而男方反而把妹妹休回。

结合初九“归妹以娣”的句式来看，第二种解释似乎更合理一些。大概当时的制度是：姐姐出嫁，妹妹可以陪嫁；反之，妹妹出嫁，姐姐陪嫁则不可，正如《象》说“归妹以须，未当也”。因此男方把本作为正配妻子嫁过来的“娣”休回娘家，而以其姐姐为正配妻子。㉖

例 5：须：胡须。根据归妹卦象，须是指长了胡须的长男。古代诸侯结成政治婚姻既可以嫁出女，也可以嫁出男。古代宗法制度继位是传嫡不传长，嫡子是法定继位者不可能嫁出去，所以长了胡须的长男只能是庶长子。归妹以须：甲国女国君（少女）取乙国长了胡须的庶长子（长男）为归妹。反：通“返”。归：女嫁曰归。反归：返嫁。娣：甲国女国君的妹妹。反归以娣：甲国女国君以妹妹返嫁给乙国嫡长子为妻。爻辞意思说：甲国女国君取乙国长了胡须的庶长子为归妹，女国君以妹妹返嫁给乙国嫡长子为妻缔结政治婚姻。

父系制社会继承母系制社会互相交叉为婚的重婚制，改变为一方嫁庶长子，一方嫁娣。所以，“归妹以须，反归以娣”是父系制社会对母系制社会政治婚姻的继承与发展。⑱

归妹卦爻辞九四：归妹愆期，迟归有时。

例 1：愆期，指误期。

九四，“归妹愆期”，出嫁的女子过时未嫁，延误了婚期。其因是九四以阳居阴，不中不正，并且无相应，找不到合适的配偶，故延误了婚期。“迟归有时”。九四外柔内刚，不是嫁不出去，只因九四节操刚毅，若是不适合的男子绝不许嫁。这种迟归是待时择偶，等到佳配时间已到，婚嫁也就开始了。㉗

例 2：九四爻以阳爻居阴位，失正。妹妹本应随姐姐一起嫁到男方家，但由于妹妹尚未成年，因而妹妹出嫁不得不推迟，姐姐先嫁到男方家以后妹妹还需要继续在娘家住上一段时间，待妹妹成年以后再嫁到男方家。九四是对当时“归妹”风俗习惯的记录。⑲

例 3：“归妹愆期”，愆（音 qiān），超过，延误。愆期，延误了婚期。“迟归有时”，归，出嫁。虽然延迟了嫁期但还是会出嫁的，愆期的原因不是不嫁，而是等到条件满足，等到最佳时机。㉘

例 4：婚姻因故延期，但婚姻并没有破裂，只是需要重新确定婚嫁日期，正如《象》说“愆期之志，有待而行也”。㉖

例 5：归妹：诸侯以侄娣为归妹。愆期：缓期。归妹愆期：妹妹或侄女作为从嫁为妾要缓期嫁归。迟：迟缓。归：嫁归。有时：有时间确定。迟归有时：妹妹或侄女缓期嫁归也要事先选定时期。据说，古代诸侯缔结侄娣，姐姐或姑姑先行嫁归时有多个男女奴仆随嫁，要举行隆重的婚礼，国君新郎要亲自迎亲，所以贲卦六四爻辞说“贲如皤如，乘马翰如，匪寇婚媾。”但妹妹或侄女缓期嫁归时，既没有奴仆随嫁，没有婚礼，也不用迎亲，妹妹或侄女由女方家送到男方家就是。⑱

归妹卦爻辞六五：帝乙归妹，其君之袂，不如其娣之袂良。月几望，吉。

例 1：君，指出嫁的帝乙之妹。袂：指的是嫁妆衣着。娣：指陪嫁的妹妹或侄女。

六五，“帝乙归妹”，讲的是商朝君王帝乙，为了缓解商周两家紧张的政治关系，将自己的妹妹嫁给了周文王姬昌。这一明智的举措，给人民带来和平。“其君之袂，不如其娣之袂良”。帝乙之妹穿戴的嫁衣，还不如从嫁的其他娣那么华丽。说明六五出身高贵而不骄，而且有中德，并与九二相应。它的德行像月亮即将圆满而不过盈，所以是吉祥的。㉗

例 2：六五以阴爻居尊位，具有中和之德。帝乙是商纣王的父亲，他把自己的妹妹下嫁给周王作为偏房。虽然只是偏房，但由于出身高贵，她的服饰比正室的还要漂亮，对此六五已经心满意足了，如果再有过高的奢求就有失本分了。六五深知其中的道理，即使是帝王的妹妹也应该安守偏房的本分，始终保持中和的性情，自己的地位再高也不可能高过正室，就像十五的月亮处于将盈而未盈的状态，月盈而亏，因此“月几望”的状态是最为吉利的。⑲

例3：帝乙，商纣王的父亲。君，嫡妻。袂（mèi），在此指服饰。良，漂亮。几，接近。望，即望日，阴历的八月十五，月亮圆满之时。

帝乙嫁给周文王的这位少女，不仅有瘸腿、瞎眼的生理缺陷，而且在服饰打扮上也不如陪嫁的各位少女。在多数情况下，一般人不会喜欢这样一位作为正妻嫁过来的少女，倒是会喜欢陪嫁的少女。

日为阳、月为阴，男为阳、女为阴，“月几望”象征妇人的品德臻于完美。自古王室女子，大都恃宠而骄，作威作福，但六五却不是这样。虽有生理上的缺陷，服饰打扮也不如陪嫁少女，但却有内在的完美的品德，这是外在的形体美、服饰美所不能相比的。有德如此，终能获得吉祥，因此说“吉”。㉖

例4：“帝乙归妹”，帝乙，商朝国君，纣的父亲。帝乙时期的商朝已是气数将尽，他看到文王很得人心，担心西周对商王朝的统治形成威胁，于是将自己的妹妹下嫁文王，以示和好。“其君之袂，不如其娣之袂良”，其君之袂，其君，君，指帝乙，其君是“其君之妹”的略语。袂（音mèi），衣袖，这里代指衣裳，嫁妆。出嫁的王后衣饰还没有随嫁的娣媵衣饰华美。“月几望，吉”，这是比喻帝乙的妹妹不仅有屈尊从卑的美德，而且有崇尚节俭的美德，这种自损自亏的谦恭之德如同即将圆满的月亮，预示她的吉祥和圆满。㉘

例5：通过对泰卦六五爻辞的读解与探究，我认为这里的爻辞“帝乙归妹”后面省去了“以祉”二字。其：指原宋国女国君。君：微子启被周公旦特封为宋国的现国君，也成为原宋国女国君的国君。袂：本是衣袖，引申为衣服。娣：指原宋国女国君的妹妹，她现今是子衍的夫人，其地位高贵，其衣着优良。“帝乙归妹，其君之袂不如其娣之袂良”，意思说：在原宋国女国君看来，现今微子启在朝堂是宋国尊贵的国君，下朝回到家里则是自己卑下的归妹，微子启在家中衣着低劣，不如自己妹妹子衍夫人的衣着优良。所以，爻辞以“帝乙归妹”代替了“帝乙归妹，以祉”。月几望：月亮处于望日很圆满，引申为原宋国女国君认为这桩政治婚姻很圆满。吉：原宋国女国君认为这桩政治婚姻不仅很圆满，而且很吉善。

《周易》作者将“帝乙的庶长子微子启归妹”简写为“帝乙归妹”，这样简写使三千年后的今人就很难读解了！我也曾苦思不得其解，后来根据《左传》“帝乙之元子归妹”才突然开窍，认为“帝乙归妹”是“帝乙的庶长子微子启归妹”的简写。作者这样简写的原因有三：一是避免在五爻这个王位上出现微子启的名字。微子启是诸侯，不当五爻王位，故而以“帝乙归妹”代替“帝乙的庶长子微子启归妹”二是古书写在竹简上，所以遣词造句要求非常简练。《周易》原本是教育王室子弟治国治天下的教科书，秘不外传。至于怎样简练，只要王室内部知道就行。这也是《周易》难以读解的原因之一。三是古圣人关于自己的学说，对于一般的人他只点到为止，他要考察你悟道的悟性。⑱

归妹卦爻辞上六：女承筐无实，士刲羊无血，无攸利。

例 1：承，指捧着。筐：新娘所捧的筐，里面装着果品祭祀。士：对男子的美称。刲：割刺羊肉。

上六以阴居阴，并且无正应，有虚无实。说明她是娣而不是嫡。在祭祀活动中，娣是没有资格与丈夫一起主持祭祀的，只有嫡才有资格。“女承筐无实”：女跟随丈夫去祭祀先祖，手里捧着个筐，筐里面却是空的。“士刲羊无血”：男子宰杀活羊却看不到流血。筐里不装祭品，杀羊不见出血，没有果品祭祀，没有牲血可荐，祭祀不能进行。说明办事不顺利，故“无攸利”。㉗

例 2：上六以阴爻居全卦的最高位，描写了在婚礼现场祭祀的场景。古人成婚必举行祭祀向神灵和祖先供奉祭品，以求婚后生活幸福美满。但不幸的是，女方献上的是一个空篮子，里面没有任何果实，而男方宰羊却不见血，在古人看来这都是不吉利的征兆。爻辞以此说明这种“归妹”的婚姻制度是没有什么好处的。⑲

例 3：“女承筐无实，士刲羊无血，无攸利”，这里是描述男女婚后祭祀的场面。女，代表新娘，新娘的篮子本来应盛放祭祀用品，可篮子里却是空的。士，壮年男子，代表新郎，刲（音 kuī），宰杀，刺。新郎宰羊是用羊当祭品，可宰杀的却一只无血的死羊，死羊是不能充当祭品的。没有祭品的祭祀视为对神灵的不敬，这样是无所利益的。“承筐无实”，隐指女子不能生育。“刲羊无血”，隐指女子不是处女而是改嫁之女，暗示这种婚姻不会和谐美满。㉘

例 4：古代礼仪规定，新婚后要行“庙见之礼”，就是新妇和丈夫一起到夫家的家庙或祖宗的牌位前举行拜祭仪式。如果结婚时公公、婆婆已经死亡，那么就要在三个月后到夫家家庙中祭拜公公、婆婆。在这个时候，对于新妇来说，祭祀公婆是为了使自己新媳妇的身份正式得以确认；对于儿子来说，祭祀父母是为了告慰父母自己已经娶妻，可以把宗族的血脉延续下去了。

祭祀要有祭品，但是爻辞却说“女承筐无实，士刲羊无血”，女人捧着的筐子里面没有东西，男人杀羊却放不出血来。这就令人费解了：既然是去祭祀，怎么会捧着空筐呢？又怎么会有杀羊不见血的咄咄怪事呢？因此，“女承筐无实，士刲羊无血”绝对不是现实之中实有之事，而是一种虚拟之象，实际上是新婚夫妇不能进行性生活的隐语。

不能进行性生活，当然也就不能生育繁衍子孙后代以续宗庙香火，婚姻因此也失去了意义，因此说“无攸利”。㉖

例5：归妹：诸侯国缔结政治婚姻。女：指政治婚姻中的女人。承筐无实：承负的筐中无有实物，引申为女人不能怀孕生儿子。士：士夫，即大过卦爻辞所言士夫，这里指身为归妹的庶长子。刲：割杀。士刲羊无血：士夫杀羊不能见血，引申为庶长子无有自己的血脉，没生下自己的儿子。无攸利：没有一点好处。因为诸侯国缔结政治婚媾就是为了生儿子好继承诸侯位，保证下一代两国还是政治同盟国。不惜二女同嫁一君就是要保证能生儿子好继位，不惜嫁出庶长子就是希望双方都能生儿子好继位。现在都没有儿子继位，空忙活，岂不是一点好处都没有。⑱

第五十五卦 丰卦䷶震上离下

（一）原文

（卦辞）丰，亨，王假之，勿忧，宜日中。

（爻辞）初九：遇其配主，虽旬无咎，往有尚。

六二：丰其蔀，日中见斗，往得疑疾，有孚发若，吉。

九三：丰其沛，日中见沫，折其右肱，无咎。

九四：丰其蔀，日中见斗，遇其夷主，吉。

六五：来章，有庆誉，吉。

上六：丰其屋，蔀其家，闚其户，阒其无人，三岁不觌，凶。

（二）解读

卦辞：丰，亨，王假之，勿忧，宜日中。

解读："丰"，卦名。"丰"：丰富，大，扩大，盛大。"假"：到达。"日中"：中午。

卦辞说，盛大的祭祀现场，君王来到主祭，勿担心，宜于中午举行仪式。中午阳光充足，象征君主光明磊落。

初九：遇其配主，虽旬无咎，往有尚。

解读："配主"是与主人般配的人。"旬"：十天为一旬，泛指多日。"尚"：崇尚，赏识。

爻辞说，若能遇到与自己般配的主人，即使花费些时间也值得前去辅佐主人，会得到主人的赏识和重用。

六二：丰其蔀，日中见斗，往得疑疾，有孚发若，吉。

解读："蔀"（bù 音部）：遮日光的席棚。"斗"：星斗、北斗星。"疑疾"：怀疑。"孚"：诚信。

爻辞说，太阳犹如被席棚遮挡，没有阳光。中午能见到北斗星，这是日蚀发生，不详之兆，人们怀疑灾难来临，此时纣王佯装慈善来到祭祀，为取信于民，安稳民心，使人们觉得仍吉祥。

九三：丰其沛，日中见沬，折其右肱，无咎。

解读："沛"（pèi 音配）通斾，帐幔，遮光用。"沬"（mèi 音妹）通昧，昏暗，隐藏，引申为小星星。"肱"（gōng 音公）：胳膊。

爻辞说，太阳犹如被帐幔遮挡，中午天空更黑了，能见到闪耀的小星星，是日全蚀。

喻意纣王政权的黑暗，把辅助他的贤臣左膊右臂都斩了，被斩者无辜、无过错。

九四：丰其蔀，日中见斗，遇其夷主，吉。

解读：天空中昏暗程度有所好转，日偏蚀，有了希望，预见了初爻寻找的"配主"即"夷主"，吉祥如意。

六五：来章，有庆誉，吉。

解读："章"：文章，文彩，引申为光明。

爻辞说，日蚀已过去。黑暗势力已消失，重见光明，欢庆赞誉获得新生，吉祥。

上六：丰其屋，蔀其家，闚其户，阒其无人，三岁不觌，凶。

解读："闚"通窥。"阒"（qù 音去）：空虚，寂静。"户"：门。"三"：泛指多。"觌"（dí 音笛）：见。

爻辞说，扩大了房屋，用席子把房屋遮盖，从门缝往里窥看，空无一人，较长时间不见有人影，凶险。喻意商纣王灭亡。

小结：

丰卦用日蚀比喻商纣王黑暗统治到灭亡的过程，罪恶逐渐扩大到最后上六爻时消亡，日蚀过去了。君子从初六爻开始寻找"配主"，追求光明，终于在九四爻遇见了"夷主"，六五爻欢庆光明来临。

（三）选录多种解读

第五十五丰卦卦辞：丰，亨，王假之，勿忧，宜日中。

例 1：丰是大的意思，在本卦中特指日食中的阴影之巨大，本卦记述了古时一次在正午时分发生的日食现象，以及人们在这一过程中的各种反应。从卦象来看，丰卦上卦为震，代表雷，下卦为离，代表闪电，整个卦象代表电闪雷鸣般的盛大场景，比喻日食中阴影遮天蔽日的场面给人巨大的心理震撼。然而正午发生日食只是一种正常的自然现象，人们没有必要大惊小怪，日食过后一切就将恢复亨通和顺畅，君王对此是十分了然的，他表现得异常淡定，并且告诫臣民们不要恐慌。⑲

例 2：丰卦，离下震上，震为雷，离为火，故曰“雷火丰”。

《序卦传》说：“得其所归者必大，故受之以丰。丰者大也。”归妹讲的是女嫁，女子嫁出去有了归宿。新的家庭建立，人口增添，千家万户新家的建立，意味着人口的增加。人增国兴旺，人聚国富强，所以归妹卦之后是丰卦。丰者，丰盛也。

丰卦，下体离为电，上体震为雷。雷电交加，喜降甘霖。世间万物到处都是一片欣欣向荣的景象。年丰物阜，国泰民安，故为丰卦。

在丰盛之时，我们还要看到盛极必衰的趋向，同样，统治者的统治兴盛到了极点必转为衰落，纵观历史发展，盛极转衰既是自然规律，也是社会发展规律。盛极衰伏，不可不忧，统治者要知道这个道理，务必做到防患于未然，持盈而不过，明断是非，修养丰德。可见丰卦讲的是致丰保丰的问题。㉗

例 3：“王假之，勿忧”，假，到达。王假之，有两层用意，一是说君王达到了这种盛大亨通的境界；二是说君王来到了民众中间，安抚民众，告诉民众天地运行有常因此盛大亨通，不必为大的天象忧虑。“宜日中”，适宜在日中时候。应该选择太阳当空最佳的时分，此时太阳光照更强更远，为天地最盛大、最壮观的场面。这里是说，谋求盛大亨通应选择天时地利的最佳时机。㉘

例 4：日食、月食本来都是一种自然现象，古人不尽明白其发生的原因、道理，认为是不得了的天变，视为上天降灾的征兆，是对人间不正之事、不善之政的严重警告。所以，一旦发生日月食尤其是日食，国人尤其是国君就十分恐慌。

在本应是阳光明亮的中午发生了日食，天地之间一片黑暗。周王为之感到忧虑恐慌，认为是自身有什么过错，因此到宗庙中祭祀、占卜以祈福免灾。但有日食经验的大臣宽慰周王说：不用担忧，中午出现日食是正常的。因此说“亨，王假之。勿忧，宜日中”。㉖

例 5：丰者，饮酒也。亨：一是通行，二是祭享。假之：假借。“丰，亨。王假之”，意思说：丰者，饮酒也，饮酒很通行。王通常借祭享举行酒宴。勿忧：不用忧虑。日中：中午。宜日中：酒宴适宜在中午举行。古代帝王祭祀后通常都要举行酒宴。

大祭祀依法要添酒三次，中祭祀要添酒二次，小祭祀要添酒一次，都要按规定的次数添酒。⑱

丰卦爻辞初九：遇其配主，虽旬无咎，往有尚。

例 1：初九以阳爻位于全卦的最下方，表示日食的初始阶段。“配主”本义是女主人，女为阴，在本爻中引申为日食中的阴影。在日食初期，阴影和太阳相遇而遮蔽了部分太阳，随着阴影面渐次扩大，太阳被遮蔽的部分也越来越多，使整个太阳的阴阳两面处于一种势均力敌的状态。阴影遮挡住部分太阳是一种正常的天文现象，并不是鬼怪灾异，过一段时间阴影面就会逐渐缩小，而阳面就会逐渐占据上风。⑲

例 2： 初九阳居阳位，处下卦之初，刚健当位。“遇其配主，虽旬无咎”，配主，与之匹配的主人，从卦象看，初爻与四爻相应，九四为其配主。旬，均等、相当之义。初九与九四都是阳爻，与九四阳德均等，志向相投，以阳适阳，强强联合，没有灾难。虽德才相当，甘愿配合其主，前往会得到尊尚。

有学者对此爻作另一层意义的解释，认为初九的配主是六二，因阴阳相配。旬，代表十日，即在十日之内与之相配没有灾难，过了十日就有灾难，因为九三也想与六二相配，超过十日“日食”的灾难就来了。从卦爻分析看，初九与六二只是比应，不是相应，且六二乘凌初九。从丰卦大义看，强强联合可得丰硕之果，九四为其配主应符合爻辞本义。㉘

例 3： 古代在祭祀天地神灵的时候，以其去世的祖先配祀。

“宗庙主”又是什么意思呢？就是代表已经死去男性祖先的牌位，又称为“神主”“神象”。“遇其配主”是说周王在发生日食后，到宗庙中祭祀、占卜，得到配祀的祖先神灵指示。

虽，帛书《易经》作“唯”，只、只有。旬，平均、均衡，《释文》：“荀作均。”尚，保佑。孤阴不生，孤阳不长。阴阳二者之间只有保持均衡方可“无咎”，人们的行动才会得到保佑。反之，阴阳不均就会造成灾害，如《象》说“过旬灾也”。㉖

例 4： 丰：酒宴。配主：分配酒者，即斟酒者。遇其配主：酒宴上遇到分配酒者添酒。旬：平均。《周易》使用干支历，每月三十天，旬为平均十天，故而旬引申为平均。无咎：无罪过，引申为无人怪罪。虽旬无咎：虽然平均都添一样多而无人怪罪。尚：通“上”。往有尚：往往都满上。意思是分配酒者添酒，每人平均添一样多而无人怪罪，因为他往往满上。因此，中国人的茶酒文化是“茶坎酒满”。⑱

丰卦爻辞六二：丰其蔀，日中见斗，往得疑疾，有孚发若，吉。

例 1： 六二以阴爻居下卦的中位，此时阴影继续扩大，光线越来越少，天空变得黑暗起来，以至于在正午时分看见了太空中的北斗星。古人缺乏科学知识，不能正确认识日食现象，因此面对正午突如其来的黑暗人们心生狐疑，往往将日食当作灾异降临，甚至因过度惊恐而患病。此时只要人们心怀坦荡地镇静面对，不一会儿就可以看到太阳又将重新焕发光芒。六二具有中正之德，他能够以正确的态度去应对眼前的黑暗，最终将获得吉利的结果。⑲

例 2：“丰其蔀，日中见斗”，丰，大，指遮蔽物很大。蔀（音 bù），覆盖于棚架上的草席，这里是遮盖、遮蒙之意。斗，北斗星。这句话说明这个遮蔽物很大很厚，把天遮住了，如同日食，使日中最明亮的时分变成夜晚，能看到夜空北斗星。这里“蔀”隐指六二的相应之爻六五君王位不正，昏暗阴弱。这里是暗指帝乙归妹时传说发生日食，预示商王朝将灭亡。“往得疑疾，有孚发若，吉”，是指六二虽与六五相应，但六五黑暗，如六二鲁莽地前去会合相应，如同“盲人骑瞎马，夜半临深池”。疑疾，疑，被人们猜疑，猜疑他中正之人为什么在黑暗中盲动。疾，快，是指人们猜疑他为什么这么快地前往找六五。有孚，有诚信。发若，若，同诺，指六二中正的心志，是说如果抒发本来固有的诚信心志，在黑暗的时候静止不动就会吉祥。

也有学者解释“丰其蔀，日中见斗”是直接喻意发生了日食。㉘

例 3：北斗星在白天是看不见的，白天看到了北斗星，表明发生了日食。“丰其蔀，日中见斗”是说，在本应是阳光照耀的中午时分发生了日食，天地之间一片黑暗，以至于都能够见到北斗星。“往得疑疾”是说人们一时不能适应黑暗，容易产生心理上的错觉和行为中的困惑，患上心志疑惑、迷乱的疾病，这也就是《左传·昭公元年》中所说的“晦淫惑疾”。“有孚发若”是说心中诚信，心志就不至于被干扰、困惑而发生错乱，因此说“吉”，《象》说“有孚发若，信以发志也”。㉖

例 4：我认为蔀是遮风避雨的茅草棚，可能是古人的宴会厅。丰其蔀：酒宴在遮风避雨的蔀厅举行。见：现。斗：酒斗。如唐诗曰：“李白斗酒诗百篇，长安市上酒家眠。”见斗：现斗。如今称现斗为亮杯或干杯。日中见斗：中午用酒斗喝酒还要干杯。往：往往。《辞海》：“丰，通风。”风字加病字头就是疯字，“丰”“疯”同音，假借为“疯”。因此，“得疑疾”是耍酒疯。我认为疑字用得好。因为耍酒疯者并未疯，甚至可以怀疑他借酒装疯。往得疑疾：往往有人喝高了就借酒耍酒疯。有：不宜有，引申为大。有孚：大生，引申为人们。发：发泄。若：语气词。有孚发若：人们借酒发泄一下情绪。吉：人们借酒发泄一下情绪，吉善。中国的酒文化提倡饮酒要自节。

饮酒能活血防寒，能调节情绪使人放松，能增强气氛成为宴席不可或缺者，甚至无酒不成席，无酒不成礼。但是，饮酒不加节制，耍酒疯惹事，遭人谤讪。长期酗酒不加节制，轻则伤身，重则坐酒亡家，甚至坐酒亡国。爻辞教导我们，饮酒虽好，但要节制，所以损卦曰“酌，损之”。⑱

丰卦爻辞九三：丰其沛，日中见沫，折其右肱，无咎。

例 1：沛，指旆，遮蔽之物。沫：小的星星。肱：手臂。

九三，“丰其沛，日中见沬”，沛与旆通用，指幡幔。遮蔽起来如同日全食，中午连无名的小星星都看得见，可见九三昏暗的程度比六二还要严重。九三以阳爻处阳位，本应是明的，可为什么如此昏暗呢？因九三与上六正应，上六处震之极，动极必转为止，明而不能动，故九三处在黑暗中。“折其右肱，无咎”。九三在黑暗中受伤，折断了右臂，这就无作为了，也等于失去了得力的助手，无作为而无咎难。㉗

例 2：九三以阳爻居下卦的最高位，表示阴影进一步曼延，完全遮挡住了太阳，处于日全食的状态。此时天空完全黑暗下来，没有一丝亮光，以至于在正午时分却看见了极为细小的星星。面对此情此景，人们惊慌失措，有人在慌乱中摔折了右臂。日全食之后阴影将逐渐减少，天日重见，因此恐慌也只是暂时的，不会有更多灾祸。⑲

例 3：“丰其沛，日中见沬”，沛，同旆，原指旗、幡，这里指遮蔽物。沬，如尘沬无名小星星。犹如莫大的幕幔将光明遮蔽，正当中午的时候连太空无名的小星星也能看得见，说明九三处境比六二更加黑暗。九三处下离卦上位，光明之极，可与之相应之爻上六阴居阴位，虽阴阳相应，却阴极灭阳。上六比六五更加阴暗，如同日食时间更长，将九三的光明全部遮挡，天地一片黑暗。“折其右肱，无咎”，肱（音 gōng），臂骨。前进中将右臂骨折断，避免灾难。这里是说，九三急于与上六会合，在黑暗中盲目前行，结果跌断臂骨。因祸得福，折断臂骨就不能前进了，反而没有大的灾难了。这里告诫人们，处在极度黑暗中，必须静止不动，切勿急躁冒进，为了求存，可以选择牺牲局部，保存全局。㉘

例 4：日食的黑暗，大面积地遮盖，犹如夜幕降临，以致中午时分都能够见到星星。对于日月食的发生，在相当长的历史时期内，人们一直认为是太阳、月亮被某种魔物吞噬造成的。因此，产生了把日月从魔物口中抢救出来的奇想，发明了各种抢救日月的方法。最初的办法是通过击鼓、呐喊、奔走等制造各种声音，造成一种雄壮的气势，威逼同时也祈求魔物把日月还给人间。如《左传·昭公十七年》援引《夏书》说：“辰不集于房，瞽奏鼓，啬夫驰，庶人走。”可能在救日过程中，由于黑暗，人们恐慌无措，狂奔乱突，结果有人摔折了右臂。虽然摔折了胳臂，但还未至于丧命，因此相对而言“折其右肱，无咎”。㉖

例 5：《辞海》：“沛，水势湍急貌，充沛貌。”丰其沛：在酒宴中喝得太多太急。沬：通“昧”。《辞海》：“沬，通昧。暗。”日中见沬：醉眼迷蒙使中午变成黑夜。右肱：右上臂。折其右肱：跌折右上臂。无咎：无罪过。意思是没有危及性命，说明没有做过恶事。⑱

丰卦爻辞九四：丰其蔀，日中见斗，遇其夷主，吉。

例 1：九四爻以阳爻居阴位，此时阴影面渐次消退，而阳面将逐步扩大，太阳露出微弱的光芒，天空中的小星星已经看不见了，只能看见较大的北斗星。“夷”指东方，那里是太阳升起的地方，“夷主”指东方之主，借指为太阳，人们将再次遇见太阳，因而是吉利的。⑲

例 2：“遇其夷主”，夷，平。这里指遇到与他志向相同的主人初九，因初九当位，九四失位，故而视其为主。主，是九四对初九的尊称，实际为伴不分主次，都是阳爻，只是初九处明九四处暗而已。黑暗中遇到同伴，壮胆偕行，故而吉祥。㉘

例 3：“遇其夷主”与初九爻的“遇其配主”的意思是差不多的。爻辞的意思是说，在中午时分发生了日食，天地之间一片黑暗，以至于都能够见到北斗星。周王恐惧，到宗庙中祭祀、占卜，遇到祖先神灵的指示，占卜的结果为“吉”。只不过，这种指示实际上是通过充当祖先神像的大臣发出的罢了。㉖

例 4：蔀：遮风避雨的蔀厅。丰其蔀：酒宴在遮风避雨的蔀厅举行。见斗。干杯。日中见斗：中午用酒斗喝酒还要干杯。夷：平。夷主：平均都斟一样多的主，故而夷主是酒正。根据《周礼·天官·酒正》所言，酒正在祭祀后的酒宴中依法定次数添酒，大祭祀添酒三次，中祭祀添酒二次，小祭祀添酒一次。遇其夷主：遇到酒正按法定次数添酒。吉：遇到酒正依法定次数添酒时都喝不醉，吉善。⑱

丰卦爻辞六五：来章，有庆誉，吉。

例 1：六五爻以阴爻居尊位，此时阴影已经完全消失，日食就此结束。“章”指光明，来章指光明复现。太阳再次绽放出耀眼的光芒，人们欢呼庆祝并赞誉太阳给世间带来了光明，这样的结果是吉利的。⑲

例 2：“来章，有庆誉，吉”，章，文采，来章，指招来有文采的贤能。六五虽然阴弱无光，但居中处尊位，有柔中之德，知己不足，有广纳天下贤能之胸怀，这里的贤才是指居离卦之中的六二，居离卦上位的九三，居四爻位的九四。他们都具有内在的光明与才华，都是从黑暗中一路走来，他们的光明可以弥补君王的阴暗。君王能聚集贤能辅佐，乃国政振兴的征兆，故而吉祥。㉘

例 3：章，光明。日食的发生，是由于月球运行到地球和太阳中间时，太阳的光被月球挡住，不能射到地球上。日食发生时，纯阴用事，没有光明，只有黑暗。冲破黑暗需要光明之阳，日食过后，重见天日，人们因此欢庆、称誉，因此说“吉”。㉖

例 4：五爻是天子位。章：表彰。来章：用来表彰。庆：庆祝。誉：称誉。

有庆誉：有庆祝称誉之事。吉：善。意思是用来表彰大臣时，有庆祝称誉之事时，天子举行庆祝酒宴，可增强喜庆的气氛，吉善。爻辞省去丰字。丰：庆祝酒宴。⑱

丰卦爻辞上六：丰其屋，蔀其家，闚其户，阒其无人，三岁不觌，凶。

例 1：蔀，指蒙蔽。窥：偷着，察看。户：门。阒：寂静。觌：相见。

上六，“丰其屋，蔀其家”，高大的房子，把它障蔽起来。上六处在丰的极点，也就是丰盛光明之极。在盛世之际，本应出仕有所作为，可是上六把自己隐藏起来，说明它清高自负，目无他人。“窥其户，阒其无人”。从门缝中窥看，寂静得连一个人都看不见，孤立自闭，不顺时趋。“三岁不觌，凶”。上六时过三年之久，也不见露面，这是多么的孤傲自闭、与人隔绝呀！在丰盛之时，本应带头建功立业，可悲的是，却自己躲在屋子里，隐藏起来，其结果必有凶险。㉗

例 2：上六爻以阴爻居全卦的最高位，爻辞记述了日食结束后一些人因惊魂未定而弃家逃亡的结果。在古人看来，日食是不祥之兆，日食给人们带来的恐惧在短时间内是难以抚平的。为了避免更大的灾祸，有的人舍弃了高大的房屋奔走他乡，他们将家门遮挡起来以防别人进入。人们从门缝往里窥探，却发现里面空无一人，多年来一直未见有人出入。对日食这种自然现象过度惊恐乃至弃家逃亡，其结果无疑是凶险的。⑲

例 3：“丰其屋，蔀其家，”从卦象上看，上六处丰卦极位，如同高耸的摩天大厦，寓意上六曾经的豪华阔绰。他家房屋高大，像幕幔一样把普通百姓家矮小房屋的阳光常年遮蔽住了。“闚其户，阒其无人，三岁不觌，凶”，闚，同窥，从门缝向里或向外看，这里指从门缝向里看。阒（音 qù），寂静，空虚。因为他家常年门户紧闭，人们便从门缝向里看，却发现里面寂静无人。三岁不觌，三岁，是指长时间，不特定三年。觌（音 dí），见。上六已经长时间不敢出门。这说明上六已经自知凶险，不出门是为了躲避凶险。从卦象看，上六上而无位，柔爻处上静守不动是明智的选择。但过丰之极，物极必反，乃天道规律不可抗拒，即使躲避不出，也逃脱不了行将覆灭的凶险。

例 4：丰其屋，即“其屋丰”，屋宇广大。蔀其家，即“其家蔀”，其家被黑暗遮蔽。窥，从门缝中看。户，单扇的门，泛指门。阒（qù），安静。觌（dí），见。

此爻由日食这一自然现象延伸到社会人事领域中。爻辞描写了一户人家，房屋高耸入天。但这高耸入天的房屋却封闭严密，阴森黑暗，似乎处于与世隔绝的状态。从其门缝向里窥视，家中寂静无人，很长时间也没有见到有人出入，这是怎么回事呢？看来，是由于此家中的男主人长年离家在外，其妻在家独守空房，不堪忍受孤寂，与人私奔，家庭破裂，因此说“凶”。

自然界中的日食现象，是一种纯阴无阳的现象。同理，本爻中所描述的情况，也是由于家中无阳、没有男人造成的。二者之间的道理是相通的。所以爻辞中通过家庭生活中的有女无男、有妻无夫来比拟和解释有阴无阳的日食现象。㉖

例 5：丰：本义是豆之丰满者。丰满之豆粒大，引申为大。丰其屋：有一大片房屋。蔀：遮风避雨的茅棚。蔀其家：仅能遮风避雨的茅草棚是他的家。窥：偷看。户：门户。窥其户：偷偷往他门户里看。阒：寂静。阒其无人：寂静无人声。觌：相见。三岁不觌：三年不见他家人。凶：凶险。意思是他早已坐酒亡家，凶险。上爻是事之极位，表示酗酒的祸害是坐酒亡家。⑱

第五十六卦　旅卦䷷离上艮下

（二）原文

（卦辞）旅，小亨，旅贞吉。

（爻辞）初六：旅琐琐，斯其所取灾。

六二：旅即次，怀其资，得童仆，贞。

九三：旅焚其次，丧其童仆，贞厉。

九四：旅于处，得其资斧，我心不快。

六五：射雉，一矢亡，终以誉命。

上九：鸟焚其巢，旅人先笑后号咷，丧牛于易，凶。

（二）解读

卦辞：旅，小亨，旅贞吉。

解读："旅"，卦名。"旅"，在此指在外漂泊谋生之旅，人生之旅。

卦辞说，在外谋生，寄人篱下，事业只有小发展（小亨），旅要坚定正道，才能吉祥。

初六：旅琐琐，斯其所取灾。

解读："琐琐"：琐碎。

爻辞说，漂泊在外谋生，吝啬小气，计较"鸡毛蒜皮"的得失，是自讨苦吃，灾害。

六二：旅即次，怀其资，得童仆，贞。

解读："次"：旅居之处所。"资"：钱财。"斧"：防身兵器。

爻辞说，旅途中找到了暂居之处，怀里装有钱财和防身兵器，又得到童仆的帮助，真是吉祥。

九三：旅焚其次，丧其童仆，贞厉。

解读：旅居之处被焚烧，童仆也逃跑了，真是险境。

九四：旅于处，得其资斧，我心不快。

解读：在旅居焚烧地，找到了钱财和防身兵器，此斧在此双重含义，又获得一只斧头，喻意因祸得福（斧）。但我心中对这场灾祸的阴影，心想时就不愉快。

六五：射雉，一矢亡，终以誉命。

解读：“雉”：野鸡。“矢”：箭。

爻辞说，一箭就射中了野鸡，“一矢亡”是丢失了一只箭，比喻因大失小值得。最终获得官方评选的赞誉和任命职务。

上九：鸟焚其巢，旅人先笑后号咷，丧牛于易，凶。

解读：“咷”（táo 音淘）：小儿啼哭不停。“号咷”是大声哭。

前一爻旅途之人，一箭射中了野鸡，获得奖赏和任命，是得福，笑了。上九爻是乐极生悲，福兮祸所依，因福得祸。自己像鸟似的被烧，比喻住处被烧毁，又在边界失去了牛，号声大哭，凶灾。

小结：

旅卦描述漂泊在外谋生之旅，人生旅途的缩影，起伏动荡不定，祸福相连，富有哲理性。

（三）选录多种解读

第五十六旅卦卦辞：旅，小亨，旅贞吉。

例 1：旅卦，下艮上离，离为火，艮为山。亦即“火山旅。”

《序卦传》说：“丰者大也。穷大者必失其居，故受之以旅。”丰是盛大，丰盛达到了极点必将失去居所，没有了居住之处，变成了到处游走之人。所以在丰卦之后便是旅卦。旅卦下艮为山，山为止而止于下，上离为火，火燃炎炎而在上，火燃而蔓延，势不久留，故曰旅。

旅卦所讲的旅，有两层意思。一是说，出门在外，学艺或是经商，或是逃难，漂泊他乡，饱尝人生之艰辛能磨炼人的意志，增强吃苦的耐力，获得很多经验。二是说，人生之旅是心情的放松，欣赏外面的世界，游览祖国壮丽河山，拓宽视野，陶冶情操，净化心灵，对人生具有重大的意义。可以说旅卦蕴含了最早的旅游学。

“旅小亨”。《杂卦》说：“亲寡旅也。”旅行在外亲友很少。有许多困难和不便，所以是小亨。旅卦六五爻柔顺而得中并处尊位，柔为小，得中而顺刚，故为小亨。“旅贞吉”。旅行中能坚守贞正则吉。㉗

例 2：旅是旅行在外的意思，本卦讲当人们旅行在外时为人处世的道理，并由此引申出人们对人生之旅的正确态度。从卦象来看，旅卦上卦为离，代表火，下卦为艮，代表山，整个卦象表示山上有火，火势蔓延不止，象征行人匆匆赶路。旅途中充满了艰辛，旅行在外之人当时时处处小心谨慎，提防随时可能出现的各种危险，如此旅途就可以亨通顺畅。旅途中不可胡作非为，坚守正道旅行才会吉利。⑲

例 3：“小亨”，是说只是小的亨通，只能求小的亨通，不可求大的发展。《杂卦传》曰：“亲寡，旅也。”亲友少的人穷困时得不到亲友的资助，故而外出谋生。羁旅他乡，无亲，无故，无资本，无定所，只能脚踏实地从小做起，谋求小的亨通，谋求大的发展是不符合现实的。“旅贞吉”，指人在旅途，不占有天时、地利、人和的优势，只有靠固守正道，诚信之心才能赢得他人信任，也只有这样才可能得到小的亨通。这里告诫羁旅在外的人们，即使穷困难以生存，也不可以产生邪念，做出坑蒙拐骗的事来，守君子“固穷”之志。㉘

例 4：人在旅途，交通、生活多有不便；人生地不熟，行事非易；形单影只，感情上孤独无助，在交通、通讯不便的古代更是如此。因此古人安土重迁，喜聚不喜散。

旅居在外，只能小心谨慎勉力行事，不可能有太大的作为，因此说“小亨”。旅人占问并能根据本卦指示行事，有助于趋吉避凶，因此说“旅贞吉”。㉖

例 5：旅者，军旅也。小：外，即外行人。小通少，表示少有。亨：通，精通。小亨：军旅之事很难，外行人少有精通者。贞：卜问。吉：善。旅贞吉：古代凡是国家大事都必须事先进行占卜，而发动军旅是国家大事，所以必须事先进行占卜。占卜得遇吉，可以发动军旅；得遇凶，就不能发动军旅。⑱

旅卦爻辞初六：旅琐琐，斯其所取灾。

例 1：琐，指烦琐小事，猥琐。斯：此。

初六以阴居阳位，不正，居旅之始，是一个自视甚卑、胸无大志、心胸狭隘、目光短浅的人。旅行刚开始就猥猥琐琐，不顾大事，净做一些烦琐的小事，不可能有大的抱负。由于庸俗卑贱，因此，自己招来了祸灾，故“斯其所取灾”。㉗

例 2：初六以阴爻居全卦的最下方，表示在旅行之始。万事开头难，初六性情柔弱，对自己的出门之旅显得信心不足，内心充满了困惑，因而表现出一副疑心重重的形象。初六这种严重自卑的心理无异于自取灾祸，是为人所不齿的。在旅行之初人们应该树立信心，对前途充满希望，以一种开拓进取的精神踏上旅程，这不仅是对自己的鼓励，同时也能在旅途中获得别人的尊敬。⑲

例 3：“旅琐琐”，旅，指在外旅行的人。琐琐，玉器相击发出细脆的声响，古代佩戴玉器是富有的象征。初六旅行途中为了显摆自己富有，身份非凡，故意发出“琐琐”之声，以满足让人刮目相看的虚荣，内在指初六的这种行为猥琐卑贱。“斯其所取灾”，斯，这种举动。其，指初六。所取灾，会引来灾祸，初六这种举动会招致灾祸。发出“琐琐”之声，等于告诉路人，我这里有财宝，你们来抢吧。果然招来被抢劫的灾祸，这个灾祸是自取的。㉘

例 4：孤身在外已非易事，独自外出从事买卖活动更是谈何容易！买卖活动中要权衡利弊得失，还要提防被人诈骗，甚至被盗窃、抢劫，因此需要保持机警敏捷的头脑、饱满旺盛的精神状态。否则，容易造成决策失误、买卖赔本，甚至给诈骗、盗窃、抢劫以可乘之机，因此说“旅琐琐，斯其所取灾”，《象》说“旅琐琐，志穷灾也。”㉖

例 5：《说文》：“琐，玉声也。”琐琐：圭璧等美玉发出的响声。圭璧是古代治理一方国土权利的象征，圭璧又是财宝的象征。旅琐琐：为夺取他国土地和财宝而发动军旅。斯其所取灾：那是自取灾祸。掠夺他国土地和财宝是非正义战争，非正义之战必定失败，故而是自取灾祸。⑱

旅卦爻辞六二：旅即次，怀其资，得童仆，贞。

例 1：即，指往下。次：临时住所。资：钱财。童仆：奴仆。

六二，阴爻居阳位，得正居中，有贞正柔顺之德。在旅行中到了旅店就住下。身上还带着钱，并且还有童仆细心地照顾。一个人出门在外，有店住，有钱花，还有仆人照料，可算是不错的了。童仆指的是初六，因初六比于六二，上爻也讲了，初六只能做一些烦琐小事而无大志，可是在六二看来初六正合适做童仆的工作，并且贞正，能诚心细心地去做。故“得童仆贞”。㉗

例 2：六二以阴爻居下卦中位，具有中正之德。一个亨通顺畅的旅行应该具备三个必要条件：首先要有可以借宿和休息的地方，以消除旅途中的疲惫。其次要有充足的钱物，足以支付旅途中的花销。最后还需要一个忠实的伴侣，以相互关心和照顾。六二完全满足了以上三个条件，不仅有可以住宿的地方，带有足够的钱财，而且有一个忠实可靠的童仆陪伴左右。六二之所以具备这些条件是因为他坚守正道、性情柔顺且为人谦卑的结果。⑲

例 3：“旅即次”，即，随即。到了该住宿的时候随即住进客舍，不做别的举动。次，临时驻扎或住宿。“怀其资，得童仆贞”，身上带足旅资，表示六二是富有的人，但他不像初六那样猥琐显摆，而有警惕之心，不但不露富，而且以防不测，不作停留，到了歇息的时候，立即住进了旅店。身边有忠心的童仆随从服侍。贞，表示童仆对他忠心，也反映了六二道德厚重。㉘

例 4：从本爻中我们可以看出，主人公是外出购买奴隶。旅人来到旅舍住下后，怀揣着钱财到市场上买回仆人。至此，买卖活动似乎进行得很顺利。爻辞只说“贞”，但没有出现断占结果。但将本爻与九三相对照，本爻说“得童仆”，九三爻说“丧其童仆”，一“得”一“丧”正相反。九三爻“丧其童仆”而“贞

厉”，那么六二爻“得童仆”当为“贞吉”，这也与《象》“得童仆，贞，终无忧也”的说法相符。㉖

例5：即：节制。次：指非战斗人员。旅即次：旅部要节制非战斗人员数量。旅是战斗部队只有五百人，故而要尽量减少非战斗人员。旅与师不同，师是指挥机关，所以师卦爻辞说：“师左次，无咎。”怀：同音假借为“坏”，引申为消耗。段玉裁注《说文・怀》：“古人多假为坏字。”再说，汉帛书将“怀其资”就写作“坏其茨”。怀其资：非战斗人员不能战斗却要消耗军需物资。童：罪奴，不是儿童。罪奴是指俘虏，古代战场抓获的敌军俘虏就是罪奴。仆：不是奴仆，而是顿首。《说文》：“仆，顿也。”段玉裁注：“顿者，下首也。以首叩地谓之顿首。”贞：主。得童仆贞：得到的这些非战斗人员在战场上是顿首求饶当罪奴（俘虏）的主。⑱

旅卦爻辞九三：旅焚其次，丧其童仆，贞厉。

例1：九三，“旅焚其次”指旅行中所住的旅店被大火烧毁。“丧其童仆贞”指正直诚心帮助照料的童仆也丧失了。看起来九三的旅行不但不如六二，而且还存在着危险。九三的处境为什么这样糟糕呢？其因是九三阳刚过中，以傲慢冷漠来对待童仆，童仆只能远离它。这里的童仆是指六二、初六。失去了同伴，必有凶险，故“厉”。㉗

例2：九三爻以阳爻居下卦最高位，得正但不居中，有冒进冲动之嫌。在旅途中行事本应格外小心，但九三性情急躁，行事鲁莽，结果使自己陷入危厉的境地。他借宿的地方被烧毁了，无处安身，而且忠实的童仆也失去了，只剩下自己孤零零一个人。爻辞从反面告诫人们在旅途中应该始终保持柔和谦卑的性情以及不偏不倚的中庸之道。⑲

例3：“旅焚其次”，次，客舍。所住的旅店发生了火灾。九三不中亢激，临近上卦离火，故有引火烧身之象。“丧其童仆贞”，丧，丧失，这里指忠心的童仆离他而去。童仆既然忠心，为什么会离他而去呢？九三为下卦之主，以主之威欺凌奴仆，奴仆不堪忍受离他而去。九三与初六类似，都因为不正丧其志而招惹的灾祸，所不同的是初六猥琐显摆招来抢劫，九三急躁冒进引火烧身，欺辱奴仆而致亲近人离散。㉘

例4：丧，指丢失。旅人投宿的客舍失火，刚买回来的奴仆因失火的混乱与主人走失，或者是乘机跑掉了，对旅人来说是很糟糕的事，因此说“贞厉”。㉖

例5：焚：烧。其：代表旅部。次：通茨，茅盖屋。旅焚其次：旅部茅盖营房被敌军焚毁了。丧：失。童仆：非战斗人员。丧其童仆：旅部丧失了非战斗人员，引申为非战斗人员当了俘虏。贞：主。厉：磨难。贞厉：主磨难。意思是旅部那些非战斗人员当了俘虏，俘虏是罪奴，主磨难。古代战俘是罪奴，会受尽磨难，甚至当作祭牲被杀掉。⑱

旅卦爻辞九四：旅于处，得其资斧，我心不快。

例1：九四在旅途中有了安身的住所，并且得到了锋利的斧子。有了斧子就能防身。住所有了，防身的斧子也有了，为什么九四“我心不快”呢？这是因为九四以阳刚居阴位而不正。“旅于处”不同“旅即处”，“旅即处”是在旅途中暂停休息的旅店。“旅于处”是久住不能离开的处所。犹如作人质的臣子，去他国久住而不能回。旅困他乡而不能回，所以九四心里不痛快。㉗

例2：九四以阳爻居阴位，失正。在旅行中找到一个暂时可以用来歇脚的地方，但不能居住，茫茫旅程不知何时才能结束。商周时期货币常常形如刀斧等生产工具，因此“资斧”可借代为钱财。九四虽然得到了一些钱财，但他仍然心情不愉快，原因是九四行为失正，在旅途中得不到人们的帮助，而且孑然一身没有人陪伴，心情难免孤独郁闷。⑲

例3：“旅于处，”处，处所。“处”与“次”不一样，次，代表暂时的住所，而且这住所是别人的，只是暂时寄居。处，代表处所，是自己的，说明九四是长期旅居在外。“得其资斧”，斧，钱财，古时将钱铸为斧形。九四为近臣之位，是说九四长期在外为官，德才兼备，得到君王的赏识与信任，并给他建立了住所，还赐予一定的财富。“我心不快”，即使旅居在外有了住所，也得到一些钱财，但我心中仍然不畅快。这是因为，九四与初六相应，人在朝廷为官，可家仍在乡下，常年忙于国事，不能与家人团聚，因寂寞而心中不快。㉘

例4：处，与“次”意思相同，也是指旅舍。斧，斧形货币。我，旅人自称。

旅舍失火，旅人来不及收拾钱财仓皇逃离。火灭后，旅人回到原处又找到他的钱财，这本应是高兴的事，但刚买得的奴仆丢失或者是逃跑了，又不免令其心中烦闷、懊恼，因此说“我心不快”。㉖

例5：旅于处：军旅所到之处。其：指前文中的处。资：物资。斧：古代兵器之一，表示武器。得其资斧：只得到敌军的物资和武器。我心不快：得不到人民的拥护使我心中不快。什么是真正的战争胜利？占领敌国后能得到人民拥护，这种胜利才是真正的胜利。⑱

旅卦爻辞六五：射雉，一矢亡，终以誉命。

例1：六五在旅途中射下一只野鸡，费了一支箭。所得的比失去的要多得多。最后还得到了荣誉与禄位。六五以阴居阳位得中，有柔顺中正之德。所以在

旅途中收获大于损失，并且还获得了好的名声与爵命。㉗

例 2：六五爻以阴爻居君位，具有中正柔和之德。人们旅行在外如要有所收获，必然先有所舍弃，犹如用弓箭射猎一样，要射中野鸡就必须损失一支箭，这是显而易见的道理。在人生旅途中无不如此，欲图回报必先付出，六五以中正柔和之德深谙其中的道理，以辛勤的付出去换得丰厚的回报，终究能够得到人们的赞誉，相反不劳而获必然遭到人们唾弃。⑲

例 3：“射雉一矢亡，”雉，野鸡。射杀一只野鸡，没有射中野鸡，却失去一支箭。这里是指六五信任器重九四，赐予住处与钱财，可九四不领情，意比射雉亡矢，投入没有得到回报，反而折了本。“终以誉命”，最终得到美誉而巩固天命。六五信任九四赐予住处与钱财，虽然九四不领情而失去“一支箭”，但这种器重贤能的高尚品德却被广为传诵，会得到更多的贤能来投奔他。誉，因此得到广纳贤才的美誉。命，天授君位之命，指因得此美誉而巩固君王天命。㉘

例 4：射猎鸟兽是古人获取食物的重要途径之一，因此古人非常重视射术，将射术与礼、乐、御、书、数一起称为“六艺”，作为主要的教育内容。进一步说，古人将射术作为教育的主要内容之一，不仅出于田猎、征战的实际需要，也视为培养道德品行的一种重要方式，视为道德品行的一种反映和体现，视为一个人才德的标志，立身的根本。

旅人在旅途中以弓箭射野鸡，虽然射中但并没有致死，野鸡带着箭飞走了，因此说“射雉，一矢亡”。箭在古代尚属难得之物，丢失了箭是一种损失，但射手射中野鸡，显示出射技和力量，所以最终还是得到善射的名声。一得一失，其情形与九三爻“得其资斧”而“丧其童仆”相似。㉖

例 5：旅：军旅。雉：野鸡。《周礼·春官·大宗伯》告诉我们，雉是古代士的见面礼，而卒长就是士。

射雉：卒士弯弓搭箭射击行军途中惊起的野鸡。一矢亡：一箭中的。终：终于。誉命：五爻是王位，誉命是王命。终以誉命：卒士终于可以用野鸡作为见面礼领受王命了。⑱

旅卦爻辞上九：鸟焚其巢，旅人先笑后号咷，丧牛于易，凶。

例 1：号咷，指大哭。易：田界。

上九处旅卦最高位，刚而不中，处在最高处，有鸟巢之象，鸟巢在离体，离为火，所以鸟巢被火烧掉了，也说明上九处在危地。居他人之上，洋洋得意，高兴大笑，火烧毁了鸟巢又号咷大哭。故“鸟焚其巢，旅人先笑后号咷”。犹如在田间丢失了牛，有凶险。还有一层意思，牛象征着温顺，上九没有像牛那样温顺

的性格，过刚达到了极点，故凶。㉗

例 2：上九爻以阳爻居全卦的最高位，阳刚过盛而失正。“牛”是一种温驯的动物，“丧牛于易”比喻上九失去了温和的性情和中和的行事原则。旅行中当以谦下为本，上九却一副高高在上的模样，对别人的不幸不但不给予同情，反而幸灾乐祸，他的这种行为是极为凶险的。事事物极必反，由于上九阳刚过盛，他只知进却不知退，一味冒进必然遭遇灭顶之灾，犹如鸟儿被烧掉了鸟巢，终究落得个号啕大哭的可悲下场。上九处于全卦之终，犹如在旅途中的人们已无去路，此时人们应该安居下来是为上策。人生不能一直漂泊，经过长久的旅行最终是要安定下来的。⑲

例 3：“鸟焚其巢”，焚其鸟巢。上九处旅卦之极位，栖高处亢，其位显鸟巢高悬之象，同时处离火上位，火焰向上有焚烧鸟巢之象。“旅人先笑后号啕”，旅人，指上九寄旅在外。先笑，指上九处在离火高危之处却浑然不知凶险，得意忘形傲视处在下位之人，后号啕，鸟巢被焚烧，失去一切而号啕大哭。“丧牛于易，凶”，借“丧牛于易”的典故比喻上九“先笑后号啕”的愚傲行径。丧牛于易，讲的是殷人祖先王亥到河北易地进行牛羊贸易被杀的历史典故，《周易》多处提及此事。㉘

例 4：本爻所记为史实。鸟是殷人的崇拜图腾。历史上，东夷是商人的祖先，有崇拜鸟的习俗，因此又称为“鸟夷”“隹夷”。迁居河南一带的商人也以鸟为崇拜图腾，视其祖先为鸟（鸟卵）所生。

殷人祖先王亥曾客居于有易，在那里畜牧牛羊，后来因为与有易国女子淫乱取乐，而遭有易国国君绵臣焚居、夺牛、杀身之祸。

王亥与有易国女子淫乱取乐，因此说“旅人先笑”；后来被烧毁了住所，因此说“鸟焚其巢”；被夺走了牛羊，因此说“丧牛于易”；自身被杀，因此说“后号咷”“凶”；客死在外，没有人知道他的死讯，当然更无人吊丧慰问，因此《象》也说“丧牛于易，终莫之闻也”。㉖

例 5：鸟：我认为是“乌”字之误。因为鸟不能自焚其巢，而乌字最容易与鸟字写混。再说，汉帛书就写作“乌棼其巢”。古代称太阳为乌，称月亮为兔，例如“金乌西坠，玉兔东升”。旅卦的上卦是离，离为日。日是金乌，所以“鸟”字是“乌”字之误。焚：火烧，即军旅采用火攻。乌焚：火攻的火种是用凹面铜镜取太阳光为火种。现代考古发掘出三千多年前的铜镜竟是凹面镜，说明古代的科技和制造业是很发达的，所以军旅能够用凹面铜镜取太阳光为火种。巢：敌军的老巢。乌焚其巢：用凹面铜镜取太阳之火种发动火攻焚烧敌军老巢。旅人：旅卒士兵。号咷：号啕大哭。“先笑后号咷”与同人卦爻辞“先号咷后笑”相似，同人是士兵同伙，所以旅人是旅卒士兵。旅人先笑后号咷：旅卒士兵见敌军老巢起火焚烧先开怀大笑，后来火随风向变化转烧自己而来便号啕大哭。丧：失。丧牛：敌军老巢圈养的牛群跑出来了。易：变化。凶：险。意思说：敌军老巢圈养的牛群在这突然的变故中冲出火阵奔向自己，凶险。⑱

第五十七卦 巽卦☴ 巽上巽下

（一）原文

（卦辞）巽，小亨，利有攸往，利见大人。

（爻辞）初六：进退，利武人之贞。

九二：巽在床下，用史巫纷若，吉，无咎。

九三：频巽，吝。

六四：悔亡，田获三品。

九五：贞吉，悔亡，无不利，无初有终。先庚三日，后庚三日，吉。

上九：巽在床下，丧其资斧，贞凶。

（二）解读

卦辞：巽，小亨，利有攸往，利见大人。

解读："巽"，卦名。"巽"通逊，谦逊，恭顺，顺从。

卦辞说，为人谦逊，有利于事业发展，也有利于被大人赏识。

初六：进退，利武人之贞。

解读：在进退两难关键时刻，不要优柔寡断，要像武夫举刀当即立断是正确的。

九二：巽在床下，用史巫纷若，吉，无咎。

解读："史巫"是古代祭祀和占筮的专职官员，为王公贵族服务。"床"古时用来坐卧。

爻辞说，下床接待来客，谦逊举动，遇事经常先让史巫占卜，这对自己吉利，无过错。

九三：频巽，吝。

解读："频"：频繁，频频。"频巽"是总是谦逊顺从他人，不加思考，没有主见，这是虚伪的表现，并不好。

六四：悔亡，田获三品。

解读："田"：打猎。"三"：泛指多。"品"：品种，种类。

爻辞说，打猎不后悔，猎获了很多种类的禽兽。喻意遇到禽兽就不能谦让了。

九五：贞吉，悔亡，无不利，无初有终。先庚三日，后庚三日，吉。

解读："贞吉"是吉祥，"悔亡"是无后悔，"无攸利"是没有失利，"无初有终"是有时没有料到好结果。"庚"是十个天干之一，古时用来记日子，"先庚三日"是庚日前三天要讨论所办之事，不主观，谦逊的表现。"后庚三日"是办完事后三天，要总结经验，这种方式是坚守正道，吉祥。

上九：巽在床下，丧其资斧，贞凶。

解读："资"：钱财。"斧"：喻指护卫用的刀剑。

爻辞说，来人就下床迎接，来者是强盗，立即把钱财和刀剑都抢走了，还站在床前发楞，真凶。

小结：

巽卦宣讲谦逊恭顺是为人的美德。但是谦逊要有底线，"频巽"是虚伪的表现，那是"吝"。谦逊正确表现是"先庚三日"经过讨论，不要"用史巫纷若"占卜来做挡箭牌，更不要谦逊的不分敌我一律对待，而"丧其资斧"致使钱财和刀剑都被抢走。

（三）选录多种解读

第五十七巽卦卦辞：巽，小亨，利有攸往，利见大人。

例 1：巽是卦名，意为风，顺，入。

巽卦，上体巽，下体巽，巽代表风，故曰"风为巽"。

《序卦传》说："旅而无所容，故受之以巽。巽者入也"，旅无处安顿，到处旅走，无一定的安身之处。好像谁也容纳不了他。无所容纳发展到一定程度就要转变为入。所以说旅卦之后是巽卦。巽卦是一阴伏于二阳之下，阳要入内解决阴的问题，也就是解决事物内部存在的问题，所以叫巽卦。

"巽，小亨"，巽为风，风无所不入，就自然界来讲，寒风送来了冬天，春风吹醒了大地。就人事来讲，国家内部经常开展克服官僚主义、树立民本思想的教育，可见思想要跟上时代的变化，要吐故纳新，这些都有入的意思。

巽卦是一阴伏于二阳之下，就象征着阴顺阳，随顺也只能是小亨。"利有攸往，利见大人"。有了小亨，就利于前往，前往中有利于伟大的人物带领和指引，所以"利见大人"。㉗

例 2：巽本义为入，引申为柔和顺从。从卦象来看，巽卦上下均为巽，巽代表风，风虽无形却无孔不入。风是柔顺的，却又无所不至，比喻人们行事谦和顺从却无往不利。为人时时处处小心谨慎，行事抱以一种谦卑柔顺的态度就能亨通顺畅。然而顺从并不是盲从，并不是毫无原则地顺从任何人的意志，而是要选择一个恰当的顺从对象，只有让那些具有大德大才的人进入人们的内心并且顺从他们的才德，人们才能无往而不利。⑲

例 3：“小亨”，从卦性看，巽卦为阴，其性为入，为顺，在每一个角落、每一条缝隙里穿行，其行为就是小的亨通，不是讲大的亨通；从卦象上看，二阴爻皆处阳爻之下，它的位置和身份是随从，不是统帅，只有顺乎阳爻才能实现目标，因此没有资格没有能力去实现大亨通。“利有攸往，利见大人”，因为柔顺圆通无孔不入，说明自身具备前往的有利条件，阴阳会合符合天理人情，故而有利于前往；因为主人、统帅在前，可以得到主人的帮助、统帅的任用，从而实现小亨目标，故而有利于拜见大人物。㉘

例 4：“小亨”可以从两方面理解。一是《易经》中以“小”指阴，《巽》卦象中的巽下巽上都是一阴伏于二阳之下，说明在应该隐伏、顺从的时候隐伏、顺从，才能通顺。二是处在顺从的形势、地位之时，不可能有太大的作为，只能小有亨通而已，正如《象》说“随风，巽。君子以申命行事”，这时的“君子”像“风”一样，是处于主导、统治地位的，而百姓处于顺从地位，要依君子发布的政令行事，才能通顺。并且顺从者要有所行动，必须依统治者的意志行事，听从“大人”“君子”们的命令、指导，因此又说“利见大人”。㉖

例 5：巽者：计算也。小：外，指外行人。小：通少，表示很少。亨：通，精通。意思说：计算之事很难，外行人少有精通者。利有攸往：计算好者，有利于行动。见：出现。大人：大臣。利见大人：计算好者，有利于脱颖而出成为大臣。⑱

巽卦爻辞初六：进退，利武人之贞。

例 1：初六，在巽卦最下方，阴处阳位而不中，有谦卑过度之象，意志恐畏，举棋不定，优柔寡断，进退不决，“利武人之贞”。利于武人坚守贞固。也就是说，初六若能像武人那样贞固就好了。㉗

例 2：初六爻以阴爻居全卦的最下位，地位卑微且性格柔顺。“武人”即军人，军人以服从命令为天职，行军打仗无论是进还是退，军人都必须绝对顺从上级的命令，因此对军人而言顺从就是正道。军人坚守顺从之道才能保证军队统一号令，做到令行禁止，同时也才能保持军队严密的纪律性，从而为取得战争胜利奠定坚实的基础。⑲

例 3：“进退，利武人之贞”，进退，指风进退不定，行止无常。风既具有温柔随顺的优点，又有方向不定、快慢不定、或动或止的特性，类比人优柔寡断的缺点。利武人之贞，武人，武士。武士勇猛果决与优柔寡断之人形成强烈对比。这里有两层含义：其一是说武士缺少三思而后行的谨慎柔性，武士利于学习风的柔顺精神，弥补柔性不足，可使自己成为刚柔相济、智勇双全的良将；其二是说风应该学习武士那种刚勇果决的精神，弥补刚性不足。这里告诫优柔寡断、见风使舵的人，不要失去做人的始终如一的坚定志向。㉘

例 4：军人以服从命令为天职，在战斗中要步调一致，行动统一，而不能自以为是、各行其是，是前进还是后退都要听从将帅的命令，因此说“进退，利武人之贞”，《象》说“进退，志疑也；利武人之贞，志治也”。㉖

例 5：巽：计算。进退：计算好进退。武人：初爻是平民之位，武人是武士或者练武之人。贞：正。武人之正是武功。利武人之贞：有利于练武之人提高武功。⑱

巽卦爻辞九二：巽在床下，用史巫纷若，吉，无咎。

例 1：巽，指入。史巫：掌管卜筮的人。纷若：纷乱的意思。

九二，巽入也，深入到床底下，察看阴邪之物。床下是阴暗的地方，也是阴邪之物往往好隐藏之处。九二谦卑，阳刚又得中，隐伏在床下，细细查看，若发现阴邪之物，随之想办法除掉。“用史巫纷若”。在当时，史巫是占卜的神职人员，“纷若”指发言多，言论不一的样子。实质上九二是借助史巫的力量来消除阴邪之物。经过多方面的分析，听取多方面的言论，九二本身阳刚得中有主见，加之工作认真，细心用事，所以吉祥而无灾难。㉗

例 2：九二爻以阳爻居下卦中位，虽失正但得中。由于九二处于不当的位置，他难免会遭遇过失，然而九二同时也具有中和之德，他能够真心悔过，“巽在床下”比喻九二用一种极其谦卑而顺从的姿态真诚地忏悔曾经犯下的错。商周时期“史巫”掌管着占卜活动，他们被认为是沟通人神的中介，因此九二聘请了大量的史巫来作法以求得神灵的原谅。九二恭顺地悔过自新是吉利的，不会有灾祸。⑲

例 3：“巽在床下”，巽卦亦为床，上爻为床板，九二之位为床下。巽在床下，指九二柔顺当位在床下。这里可能引发歧义，九二在床下，初六当然也在床下，男女二人都待在床下，似乎不雅而且有些奇怪。其实不然，彖辞曰“柔皆顺乎刚”，初六与九二比应，初六进退不决，需要求得九二阳爻的指点，九二位于床下是为了帮助初六，指引他走上正道。“用史巫纷若”，史、巫，是古时两种让人与鬼神沟通的迷信职业，分别由史官和巫官实施。纷，一再，多次。若，虔诚的样子。这里是说，九二阳爻利用史巫的形式与神灵沟通，表明自己虽为阳爻，但居中，仍然风行巽卦顺从之道。一再利用这种形式祷告的目的，是让人们把他的举动传达给君王知晓，表明自己效忠君王、报效国家的心迹。这样做固然没有灾难。㉘

例 4：占筮之事，心诚则灵。因此，求占者要跪伏于床下，以示对神的恭敬、虔诚，如此才能得到鬼神的保佑，因此说“巽在床下，用史巫纷若，吉，无咎”。卜筮的目的在于沟通人、神，将人的请求、意愿转致于鬼神，同时又将鬼神的指示传达给人，为人的决策提供一定的依据，起折中人、神意见的作用。同时，结合爻象看，九二阳爻而处于阴位，居《巽》卦下体之中，因此《象》说“‘纷若’之‘吉’，得中也”。㉖

例 5：巽：算筹，即竹策。床：不是睡床，而是几案。古人席地而坐，坐前有几案。古人既可凭几而坐，又可倚几而歇，故称几案为床。巽在床下：算筹在几案下。史：史官。巫：巫师。史巫：古代巫师是筮占者，史官也是筮占者。

若：选择。用史巫纷若：史官和巫师纷纷选择用竹策筮占算卦。吉：用竹策不用蓍策算卦，吉善。无咎：无罪过，即用竹策不用蓍策算卦无罪过。读易者都知道，《周易》用蓍策算卦，不用竹策算卦。而爻辞却告诉我们，《周易》用竹策算卦是吉善的，无罪过。这是为什么呢？我推论，古代先天易、连山易、归藏易都是用竹策算卦的。周文王当年被商纣王囚禁在羑里时创作《周易》，在监狱里无竹策算筹演卦，他就地取材用铺地睡觉的蓍草作算筹演卦。后来周王朝为了纪念周文王，《周易》便改竹策为蓍策算卦。用竹策算卦是老祖宗传下来的，所以《周易》筮占时史巫们用竹策算卦是吉善的，无罪过。二爻是大夫之位，说明周王朝的史巫都是大夫官。⑱

巽卦爻辞九三：频巽，吝。

例 1：九三处在上下巽之间，以刚居阳，一直在两巽之间随顺不定。其结果变成了“频巽”。频巽不同于“重巽”，重巽只是一个内容命令的重复。频巽是内容不一的一个接一个地命令。等同于朝令夕改，使人无所适从。命令频巽，所以有咎难。㉗

例 2：九三爻以阳爻居下卦的最高位，得正却阳刚过盛，恰似一个清高气傲而刚愎自用的人，这种人唯我独尊，难以顺从别人的意见，但由于九三处于上卦和下卦的连接处，宛如一个身居一定职位的官员时常会受到来自上级和下属的双重压力，特殊的地位迫使他不得不皱着眉头顺从别人的意见，但是这种顺从并不是发自内心的心悦诚服，而是迫于压力不得已而为之，因此他们对上级意见往往阳奉阴违，而对下属建议尽可能敷衍塞责，这种言不由衷的顺从是可鄙的。⑲

例 3：频，同“颦”，皱眉。“频巽”表明顺从者的不甘心、不情愿。九三以阳爻处阳位，本应积极进取，有所作为。但由于爻位处在卦象中间不上不下、进退两难的尴尬境地，屈服、顺从他人，不甘心、不情愿；不受制于人、摆脱屈从的地位，又没有这个志向、能力和勇气，因此说“吝”，《象》说“频巽之

吝，志穷也”。㉖

例 4：三爻是诸侯位。频：急。

频巽：急急忙忙进行计算。吝：恨痛。意思是诸侯为了紧急应对而急急忙忙进行计算权衡，忙中出错造成失算而有恨痛。爻辞教导诸侯要无事之先作为（无为），不能有事之后再急忙应对（有为）。所以，老子曰：“为之于未有，治之于未乱。”⑱

巽卦爻辞六四：悔亡，田获三品。

例 1：田，指田中打猎。三品：三种不同的动物。

六四，“悔亡，田获三品”。六四下无正应，阴柔无援，居四阳之间，承乘皆刚，所以有些悔。但是六四以阴居阴，上乘九五，能以阴顺刚，并能“田获三品”指在田猎中获得三种动物。田获盛多，因而六四也有了功绩。悔也就随之消亡了。象辞说，悔随之消亡，是因为六四田猎获得三种动物，田猎有获而有功也。

此爻说明，以谦卑、逊顺的态度对待领导和同事百姓，无疑是既可得上头的信任，又有同事的帮助和百姓的拥护支持，虽处于困境，也能有收获，也能有功绩。这就是此爻告诫我们的处世哲学吧。㉗

例 2：六四爻以阴爻居阴位，得正，柔顺至极。六四性情柔顺却能力不足，但他能够谦卑而顺从地追随那些有才德的人，他这种柔顺的性格弥补了自己能力的欠缺，因而也就无所悔恨。“田”是打猎的意思，古人将收获的猎物分为三品，将猎物风干作为祭品是为上品，猎物供宾客享用是为中品，猎物供自己食用是为下品。“田获三品”表示六四收获丰厚，爻辞以此为喻告诉人们柔顺的性格可以让人获得丰厚的回报。⑲

例 3：“悔亡，田获三品”，六四因乘凌九三，又阴居阴位过于阴弱，故而有悔。因承应九五君王，得到君王的赏识与器重，如田猎时捕获三种贵重的猎物，故而忧悔可以抵消。㉘

例 4：射猎鸟兽是古人获取食物的重要途径之一，因此古人非常重视射艺，具有高超的射术被认为具有威武勇猛的品格。

如《明夷》卦中所述，射中猎物的部位不同，是判断射术高下的重要标准。“田获三品”，可见田猎收获之盛。同时如《师》卦中所述，古代狩猎如同作战。参加狩猎的人也要服从统一的指挥和行动，才能取得“三品”的丰盛猎获，因此说“悔亡”，《象》说“田获三品，有功也”。㉖

例 5：巽：计算权衡。悔亡：不悔，引申为经计算权衡作出决定后不再改变。田：田猎，引申为战争。三品：三品大员，即“王三锡命”授职、授服、授位的师帅。田获三品：战争中俘获敌军师帅为三品大员。⑱

巽卦爻辞九五：贞吉，悔亡，无不利，无初有终。先庚三日，后庚三日，吉。

例 1：无初有终，指没有开始而有结果。先庚三日：按顺序排列，庚在十天干中排第七位，庚前三位是丁、戊、己，故先三日。后庚三日：庚后三位是辛、壬、癸，故后三日。

九五，“贞吉，悔亡，无不利”。九五以刚居阳位，得位居中而贞正，所以是吉祥的。悔恨也随之消失了。九五本身中正，做事没有不利的。

“无始有终”指没有开始而有结果。它与“先庚三日，后庚三日”是一个道理。按照十天干顺序的排列，庚占第七位。先庚三日指的是“丁”。因庚前面是己、戊、丁。“后庚三日”指的是“癸”。因庚后面是辛、壬、癸。

第十八卦蛊卦象辞上有：“先甲三日，后甲三日。”这是指有始有终。“甲”是十天干的开始，甲之前是癸，“癸”是十天干终的结束，故“终则有始”。

庚前三位是丁，丁在十天干中排第四位。庚后三位是癸，癸在十天干中排第十位，也就是最终。所以叫“无初有终”。后庚三日，“三日”指的是若干时间，讲的是发布命令之前，首先要经过周密地思考，详细地讨论商定，对命令不妥之处进行修改变更，使其更加完善。后庚三日，讲的是命令发布后，在实践中实施得如何。

对于国家来讲，是“变法”，是改革，而不是打江山，建立新的朝代，所以叫作“无初有终”。命令实施收到了好的效果。所以说是吉祥的。㉗

例 2：九五爻以阳爻居君位，至中至正，至刚至尊。巽卦讲柔顺之道，而九五正是柔顺之道的最高表率，对九五而言柔顺即为正道，坚守柔顺之道就可以获得吉利，也就无所悔恨，也就无往不利。柔顺起初往往被人误解为懦弱无能而受人鄙视，但只需假以时日人们就会发现柔顺其实是一种极为高明的处世策略，可以让人获得吉利的结果。古人用天干记日，“先庚三日，后庚三日”恰好七天，比喻一段较长的时间。坚守柔顺之道不是一朝一夕的事，需要长期坚守才能吉利。⑲

例 3：“先庚三日，后庚三日”加在一起正是“七日”。《易经》中“七日”是事物对立面之间相互转化的一个周期数，“庚”日在十天干中又正是处在第七位，而“第七”在“七日”这个事物对立面转化的周期数中又处于转折点，“庚”又与“变更”的“更”谐音，也寓有事物向对立面转化的意思。

爻辞中“贞吉，悔亡，无不利，无初有终。……吉”这一系列断语就是就“先庚三日”到“后庚三日”这个事物发展中的不同情况而言。“先庚三日，就是说九五在主、客观形势不利于己时，暂时屈从人下，这是比较憋屈、比较窝囊的，是干不成什么大事的，因此说“悔”、“无初”；“后庚三日”是说九五经过隐忍待时，韬光养晦，时机成熟，脱颖而出，可以成就自己的一番事业了，因此说“贞吉，悔亡，无不利，……吉”。㉖

例 4：九五是王位。爻辞省去了巽字。巽，计算权衡。贞：卜问。吉：善。贞吉：王下令之先，要占卜得遇吉才能下令。悔亡：不悔，引申为王命慎出，出而不能改悔。无不利：王命慎出，出而不改，没有不利的。无初：指周王朝初始是小国，偏居岐山一隅。有终：终于成为王朝治理天下。“无初，有终”，意思说：周国起初乃不起眼的小国，就是坚持国家大事要事先占卜，政令慎出，出而不改这种制度才终于得到天下。庚：天干记日的庚日。先庚：上旬的庚日。三日：旦日，即太阳出山时。先庚三日：上旬庚日的旦时。后庚三日：下旬庚日的旦时。吉：善。意思是从上旬庚日的旦时开始计算权衡，一直到下旬庚日的旦时才下达命令；能做到王命慎出，吉善。爻辞教育周天子，凡是国家大事，必须事先占卜，得遇吉才能下令实行。王命慎出，出而不改。⑱

巽卦爻辞上九：巽在床下，丧其资斧，贞凶。

例 1：上九处巽卦之极，以阳刚居亢位，由于过极，凡事不当为之而为之。过度必有失，深入到床底下有过于巽之象。丢失了资斧，斧子是象征着行使权力的能力，适时应变行权的能力失去了，故此行下去，虽贞正也有凶灾。㉗

例 2：上九爻以阳爻居全卦的最高位，有阳亢之忧。阳刚过盛而阴柔不足的人往往并不能真心顺从别人，“巽在床下”只是做出了顺从的姿态，而并没有采取顺从的实际行动。“丧其资斧”比喻虚假的顺从只会给人们带来损失，人们应该真诚地坚守顺从的正道以防范可能出现的凶险之事。⑲

例 3：“巽在床下，丧其资斧”，上九应为床板，待在床上静守才为正道，不守自位反而躲在床下，表现过度的谦卑，其实有所图谋。上九的下面是九五君王之位，从床上来到床下，其目的仍想干政，不甘心于太上皇之位。丧其资斧，表意丧失钱财，寓意丧失人格尊严，打着“谦逊”的幌子谦恭于下，其实是图谋皇权。其一，高贵之人做着下贱之事，受人不尊；其二，外表和善谦恭，内藏阴谋祸心，受人不齿；其三，不守终老之道，天理不容。“贞凶”，即使没有图谋也是凶险，因为已到终极覆灭的时候了。㉘

例 4：资斧，钱财。

本卦中所说的“巽”，有的是为了在占筮中致敬于鬼神，有的是为了以屈求伸、以退为进。但本爻中的“巽”是由于害怕，主人公是一个胆小鬼、懦夫，强盗入室抢劫，吓得龟缩躲藏在床下，任强盗恣肆翻掠而去，自然要丧失钱财，其“凶”自不待言，正如《象》说“巽在床下，上穷也；丧其资斧，正乎凶也”。㉖

例 5：巽：计算权衡。资斧：物资和武器，引申为战争。上爻是事之极，表示是侵略他国的战争。巽在床下：算具在几案下，引申为早就谋划计算好侵略他国。丧其资斧：丧失了军需物质和武器。凶：险。意思是早就谋划计算好侵略他国，战时却被他国截断物资和武器，凶险。自古以来的战争，始终不绝供应军需物资是取胜的必要条件。随着战线的拉长，后勤供应就会越来越困难。⑱

第五十八卦　兑卦䷹兑上兑下

（一）原文

（卦辞）兑，亨，利贞。

（爻辞）初九：和兑，吉。

九二：孚兑，吉，悔亡。

六三：来兑，凶。

九四：商兑未宁，介疾有喜。

九五：孚于剥，有厉。

上六：引兑。

（二）解读

卦辞：兑，亨，利贞。

解读："兑"，卦名。"兑"字是"悦"字一半，是"说"字一半。因此，历代两种注解。一是"兑"通悦，喜悦，快乐，愉悦。另一是"兑"通说，说话。二者合一是说的令人喜悦。

卦辞说，能使人喜悦，路畅通，这是坚守正道。

初九：和兑，吉。

解读：与人相处和谐快乐，吉祥。

九二：孚兑，吉，悔亡。

解读："孚"：诚信。

爻辞说，诚心诚意给人快乐，助人为乐，这是做好事吉事，不会有悔恨。

六三：来兑，凶。

解读：心怀鬼胎，故意来勾引你，使你高兴，那是凶兆。

九四：商兑未宁，介疾有喜。

解读："介"：在两者之间，正直。"疾"：疾病，在此指阴暗的人和事。

爻辞说，特意来商谈似乎是喜悦之事。"未宁"是还没定下来，觉得不是好事，便拒绝了，可喜之举。

九五：孚于剥，有厉。

解读："剥"：剥离腐蚀。

爻辞说，取悦于你，说的是酒色淫乱之事，要提高警惕，有危险。

上六：引兑。

解读：爻辞没有吉凶断语，应该是招引来花言巧语，目的不纯，别有用心，吝。

小结：

兑卦肯定了喜悦是好事。但给人的喜悦目的不同而区分出善与恶。"和兑"、"孚兑"都是善，而"来兑"、"商兑"都是恶。"孚于剥"、"引兑"是糖衣炮弹腐蚀人堕落，要提高警惕，防腐败。

（三）选录多种解读

第五十八兑卦卦辞：兑，亨，利贞。

例 1：兑卦，上兑下兑，兑为泽，泽中之水滋润万物，故"兑为泽"。

《序卦传》说："巽者入也。入而后说之，故受之以说。兑者，说也。"巽卦谈的是入，深入后要沟通，沟通须说话，故巽卦之后是兑卦。兑为说，为悦。它象征着人与人的相互沟通、和悦相处，人与自然的和谐相处。世间有一种和乐、太平的景象。由此可见，兑卦蕴含的意义极为深远广大。

"兑，亨，利贞"。兑为说，为悦，为泽。只有彼此沟通，才有舒心，才有喜悦。泽中之水，可以滋润万物，所以是亨通顺利的。说是有条件的，只有坚守贞正之道，才会有利。否则，说不但没有意义，而且是胡说、瞎说或是谄说。所以说之道"利贞"。㉗

例 2：兑是说的意思，本卦讲言论和对话的道理。从卦象来看，兑卦上下皆为兑，兑代表泽，兑卦整个卦象犹如两泽紧紧相连，兑上爻为阴，恰似一个张开的口子，水流可以自由穿梭于两泽之间，象征人们通过对话交流达到心灵的交融。人们通过对话交流表达内心的想法，并借此了解对方的意愿，这种相互对话交流可以消除人们内心的隔阂，使人际交往更加亨通顺畅。但同时人们也应该看到往往"祸从口出"，言不由衷、诽谤诋毁、以讹传讹非但不能达到交流的目的，反而会加深人们之间的隔阂，因此对话一定要坚守正道，用真诚的言语实现人际间的交流。⑲

例 3："刚中而柔外，说以利贞"，兑卦九五和九二阳爻都居中，而且外面都是阴爻，呈现内刚外柔之象，符合内心志向坚定，外表柔和喜悦平易近人的君子风范。说以利贞，是说，愉悦必须坚守正道，而这种内刚外柔的君子有利于持守愉悦正道。"是以顺乎天而应乎人"，这里指明了兑卦正道的标准，顺乎天意，应顺人心，是说君子内刚外柔的品德符合顺天应人的愉悦正道。“说以先民，民忘其劳；说以犯难，民忘其死”，犯难，犯，赴，奔赴，指本知前面有险难，还是愿意奔赴，前赴后继。这里强调树立正义的大无畏的乐观主义精神的伟大意义，正固坚强信念，为了正义的事业忘却疲劳，笑谈生死，以苦为荣，视死如归。这种博大的精神境界，先民传之，后民承之。“人生自古谁无死，留取丹心照汗青”“砍头不要紧，只要主义真”“更喜岷山千里雪，三军过后尽开颜”等，都是正道愉悦的光辉写照。“说之大，民劝矣哉”，是说，愉悦之道意义这么重大，应该教化、勉励民众并使之发扬光大。这里用“劝”，而不用“令”，因为取决什么样的愉悦观属于人们的世界观和价值观精神范畴，只能以倡导、引导的方法教化，而不能以法律或行政命令的方法强行。㉘

例 4：言为心声，是人类表达、沟通思想、感情的一种重要的途径和方式，通过言语能够反映出人的思想、心理活动，如《系辞》中说：将要叛乱的人言语之中会流露出惭愧，内心疑虑的人言语支离破碎，吉祥的人言语少，浮躁的人言语多，污蔑好人的人言辞游离圆滑，自知理亏的人说话没有底气，也就是我们常说的理屈辞穷。

从言语的正面作用来说，通过交谈可以弥合分歧、消除矛盾，建立一种和谐的人际关系，因此卦辞说“亨，利贞”。㉖

例 5：兑者，愉悦也。亨：亨通，意思是以和颜悦色对待人者，亨通。贞：主。利贞：利主，即有利于身体健康长寿。⑱

兑卦爻辞初九：和兑，吉。

例 1：初九以阳刚居阳位而得正，处兑卦最下，又无相应，所以能和而悦，祥和喜悦地对人对事，所以是吉祥的。㉗

例 2：初九以阳爻居全卦的最下方，得正，表示人们在与人对话交流之初就应该坚守正道。“和”是和悦的意思，与人说话应该和颜悦色，以一种平和的心态平等地与人对话。如果在交流之初就摆出一副盛气凌人的模样，对话就很难进行下去，而和悦的对话就能拉近对话双方的距离，如此不仅对话能够顺利进行，而且对话的结果也是吉利的。⑲

例 3：初九阳刚得正，内在守正固志，外表祥和愉悦，行为不偏，举止有度，以君子的正气感召人，以和善的真情感染人，因此吉祥。㉘

例 4：“和”历来是中华民族核心的价值理念，也是一个含有深刻辩证思想的哲学概念。“和”既是一种方式，也是一种目的，宇宙中现实存在的事物莫不是“和”的结果。

“和”有别于“同”。“同”是相同，绝对的、完全的相同，不可能促进、推动事物的产生、发展，事实上也是不可能存在的。“和”是存在对立、差异、分歧基础上的和谐，是多种不同或对立的因素既对立又统一的矛盾运动，唯其如此，宇宙万物才得以产生、存在和发展。

“和”是自然界各种事物之间、人与自然之间、人与社会以及人自身的内、外之间协调的一种方式及其所要达到的完美境界。

“和兑”是指人际交往中对某一问题有不同看法时，能够光明磊落、坦诚相见，求大同存小异，心口一致、言行一致；而不是阳奉阴违，表面上附和他人的言论，而在内心持抵触态度。因此说“和兑，吉”，《象》说“和兑之吉，行未疑也”。㉖

例 5：和：和应。兑：和颜悦色。吉：善。意思是以和颜悦色面对人者，吉善。所以，现今的酒店、商场、宾馆等地都是微笑服务。什么时候政府机关的工作人员能做到“和悦”，那才是吉！⑱

兑卦爻辞九二：孚兑，吉，悔亡。

例 1：孚，指诚信。兑：悦。亡：消除。

九二以阳刚居中，既诚实又中正，在说时以中正诚信来待人处事，故吉祥。由于它以阳居阴位，有所悔，但它有刚中之德，志在诚信，悔也就消失了。㉗

例 2：九二爻以阳爻居下卦中位，得中，具有忠诚之德。与人对话交流贵在言必由衷，以真诚的话语去取信于人，这种真诚的言语不是虚假的伪装，而是发自内心的真实表达。虚伪的花言巧语虽然悦耳，却不能悦心，因而必然招致悔恨。对话交流的根本目的在于增进人们之间的心灵交汇，因此真诚的对话交流能够消除悔恨，对话的结果是吉利的。⑲

例 3：孚，诚信。交谈时双方都能以诚相见、言而有信，因此说“吉，悔亡”，《象》说“孚兑之吉，伸志也”。㉖

例 4：孚，生，即生性。孚兑：生性喜悦者。吉：善。悔亡：无悔怨，引申为无烦恼。意思说：生性喜悦者，吉善，因为他天天无悔怨没烦恼。⑱

兑卦爻辞六三：来兑，凶。

例 1：自下向上为往，自上来下为来。位不当：六三以阴居阳位，故位不当。

六三以阴居阳位，不中不正，“来兑”是求说，来而求悦，有奉承谄媚之说，所以有凶险。㉗

例 2：六三爻以阴爻居阳位，失正，宛如一个阴邪小人。“来兑”是六三主动上前与人对话，主动与人交流本无可厚非，但对话交流的前提是坚守正道，六三既已失正，其行为难以取得人们的信任，他主动与人搭讪总给人图谋不轨的感觉，人们自然会拒之千里，这样的结果是凶险的。爻辞从反面告诫人们与人对话交流务必坚守正道。⑲

例3：“来兑，凶”，为愉悦而来，其目的是为了个人的愉悦。六三居九二与九四之间，上下比应阳爻，似一位风流女子在两个男人之间眉来眼去，弄得两个男人神魂颠倒，以求自己情欲的愉悦。当两个男人明白她的风流本性后，都不会与她来往，这种行为最终必然给她带来凶险。六三是一位利欲熏心的诸侯，四处讨好，左右逢源，其目的不是为了国家大业，而是为了满足自己的私欲，这本身就是一种腐败，如果只他一人腐败无碍大局，但他四处拉拢游说，最终会形成一股腐败势力坑害国家，这样的危害就大了，最终与法理不容，必然招致被惩治的凶险。㉘

例4：来，前来。“来兑”之所以“凶”，在于不当“来兑”而“来兑”，也就是孔子所说的“言未及之而言谓之躁”（《论语·季氏》），“不可与言而与之言”（《论语·卫灵公》），属于不当言而言。不当言而言，这叫多言。祸从口出，因此说“凶”。

“来兑”之“凶”，也可能是由于来者并非情愿，是迫于形势、压力不得不来。㉖

例5：来的本义是自天而降。来兑：自天而降的喜悦，现今则称作天上掉馅饼。凶：险。意思是天上掉馅饼之类的喜悦，凶险。现今为什么有那么多的人被各种短消息欺骗上当，心甘情愿给诈骗者汇款，少则几百元几千元，多则上万，甚至十几万、几十万元。因为他们忘记了根本的原则，天上不会掉馅饼，世上也没有免费的午餐。⑱

兑卦爻辞九四：商兑未宁，介疾有喜。

例1：九四爻以阳爻居阴位，失正。九四介于阴爻六三和阳爻九五之间，犹如人们处于君子和小人之间。九四失正欲与六三对话交流，然而其自身毕竟是阳刚之质，又心向往九五，恰似一个心术不正而又良心未泯的人在君子和小人之间左右徘徊，一时难以决断。然而对话交流必须选择一个恰当的对象，爻辞明确告诫人们要与那些有邪疾的小人断绝来往，如此才能获得喜庆。⑲

例2：“商兑”，以和悦的态度与人协商，这里指与六三协商。因九四与六三上下阴阳比应，对六三示来爱意有好感。当他了解六三同时与九二示好的情况后，已警觉与六三相处的害处，便想退出三角恋爱关系，于是以和悦的态度与之协商。身居近臣要职，当发现下属示好的用心不良时，婉言拒之，想从思想和行为上与小人划清界线，不给小人有可乘之机，九四的行为是适当的。但“商”本身既有不伤害人情的一面，也有欠缺果决的一面，体现九四与六三有难以割舍之情。如果变“商”为“拒”，对九四会更为有利。“未宁”，九四本多惧之位，上承九五君王，伴君如伴虎。下比六三，与小人有不正当来往，想断于心不忍，不断祸及自身，忧恐这种情况被他人发现，故而心存畏惧，辗转不宁。“介疾有喜”，介，隔断，戒除。疾，因受六三的羁绊而产生心头疾患、嫉恨、悔恨。如果果断地隔断、戒除与六三的不正当关系则有喜庆之事，喜在守住正道，不受利欲贿赂诱惑，为官清正廉明。㉘

例 3：宁，定、结束。介，通“疥”。有喜，病愈。“介疾”比喻分歧、矛盾，“有喜”比喻矛盾的解决，商谈取得成功。商谈还没有结束，但双方的分歧、矛盾已经基本弥合、消除，可见商谈、谈判进行得非常顺利，值得庆贺，正如《象》说“九四之喜，有庆也”。㉖

例 4：商：古代五音之一，引申为音乐。古代五音是宫、商、角、徵、羽。商兑：音乐带来的喜悦。宁：伫立，不是安宁。未宁：伫立未久。介：界限，引申为区别。疾：迅速变化。喜：悦。介疾有喜：喜悦迅速与愁容分界，即愁容立即变成笑脸，判若两人。爻辞说音乐能使人放松情绪，陶冶情操，故而周王朝以礼乐治国治天下。⑱

兑卦爻辞九五：孚于剥，有利。

例 1：九五爻以阳爻居尊位，本具有中正之德，但九五处于失正的九四和阴爻上六之间，恰似被奸佞小人包围的君王。君子道消、小人道长称为“剥”，因此“剥”引申为小人。小人擅长用各种花言巧语讨好君王，以获得君王的欢心，但小人往往口蜜腹剑，君王被小人巧舌蒙蔽，轻信小人谗言是极其危险的。⑲

例 2：“孚于剥”，孚，诚信，这里指信任。剥，剥蚀。从卦中可以看出，上六阴爻乘凌九五阳爻，阴乘阳为阴剥蚀阳，为大逆不道，说明朝中小人干政，而九五君王却信任这些小人。九五因与九二敌应，听不进正确的谏言，说明朝纲已被小人剥蚀得大乱。兑卦是讲愉悦的，九五愿意被小人剥蚀，是因为在被小人剥蚀中得到愉悦。闻谗言则悦于耳，近女色则悦于身，饮美酒则悦于神，说明九五沉溺于谗言酒色之中。夏桀情纵于妺（音 mò）喜，商纣情纵于妲己，周幽王情纵于褒姒，他们都断送了自己的王朝，九五这种自我放纵的危险也即将来临了。㉘

例 3：剥，剥落、丧失。诚信是交谈、谈判的基础，失去诚信，交谈、谈判只会流于形式，不会有什么好的结局，因此说“有厉”。这与九二“孚兑，吉，悔亡”形成了鲜明的对比。㉖

例 4：九五是王位。爻辞后省去了兑字。孚：生。剥：剥夺。孚于剥：愉悦生于剥夺他人的愉悦。厉：磨难。有厉：帝王的愉悦产生于剥夺民众愉悦的基础上，有磨难。爻辞告诫周天子要以民为本，要与民众同疾苦共欢乐，不能像商纣王那样只图自己享乐，不顾民众死活。⑱

兑卦爻辞上六：引兑。

例 1：上六爻以阴爻居全卦的最高位，阴邪至极，他占据了对话的主动权，主动去引诱别人对话。爻辞并没有对“引兑”作吉凶的判断，原因在于引兑的结果完全是由君子自身决定的。面对小人的引诱，君子若能断然拒绝，其结果自然是吉利的，但君子如果听信小人谗言，其结果必定是凶险的。⑲

例 2：“引兑”，引，引诱。引诱他人与之和悦，这里指引诱九五。她以诱惑的方式愉悦九五，腐蚀其意志，从而达到乘凌九五获得权力的目的，这当然是违背愉悦之道的。但上六不像六三那样不忠，勾引君王为了获得权力，所以没有六三那样危险，因此爻辞没有“凶”的断语。㉘

例 3：引，《说文》解释说：“开弓也。”引申为延长。由于各种原因，交谈、谈判一时难以取得成效，正如《象》说“上六引兑，未光也”，因此延长时间继续磋商，谈判中这种情况是常见的。最后结果如何难以预料，因此爻辞不言吉凶。㉖

例 4：上爻是最高位，代表高堂父母。引：逗引。引兑：逗引高堂父母开心喜悦。《论语・为政》：“子夏问孝。子曰：‘色难。’”孔子认为，尽孝最难做到使父母开心喜悦。《二十四孝》中有一则关于老莱子的故事：老莱子，年七十，奉二亲至孝。常着五彩衣，为婴儿戏于亲侧；尝取水上堂，诈跌卧地作婴儿啼，以娱亲意。老莱子自己都七十岁了，还经常逗引父母开心喜悦。逗引高堂父母心情愉悦是尽孝的最高境界，故而列为上爻爻辞。⑱

第五十九卦 涣卦䷺巽上坎下

（一）原文

（卦辞）涣，亨，王假有庙，利涉大川，利贞。

（爻辞）初六：用拯马壮，吉。

九二：涣奔其机，悔亡。

六三：涣其躬，无悔。

六四：涣其群，元吉。涣有丘。匪夷所思。

九五：涣汗其大号，涣王居，无咎。

上九：涣其血，去逖出，无咎。

（二）解读

卦辞：涣，亨，王假有庙，利涉大川，利贞。

解读："涣"，卦名。"涣"：涣散，流散，离散。《说文》："涣，水流散也。"

卦辞说，人心涣散也可设法亨通。君王来到祖庙祭祀，凝聚涣散的人心，共同祈福国泰民安，利于渡险情渡难关，也利于坚守正确的道路。

初六：用拯马壮，吉。

解读："拯"：拯救。"马壮"是像马那样奔跑快速且有力。

爻辞说，君王拯救国家，要花费大力量，还要快，就像马奔跑的快而有力，这样吉祥。

九二：涣奔其机，悔亡。

解读："机"是机要，关键。

爻辞说，要治涣就要找出问题的关键，解决了关键问题，便无悔恨。

六三：涣其躬，无悔。

解读："躬"：身体。

爻辞说，要治涣就要从自身寻找污点并改正，以身作责，除私欲，立公心，这样才有凝聚力，无悔恨。

六四：涣其群，元吉。涣有丘，匪夷所思。

解读：“群”：小帮派。“丘”：山陵，山丘。“匪”通非，不。“夷”指平常人。

爻辞说，要治涣，解散了帮派私党，开始吉利。“涣有丘”是把所有涣散的人凝聚在一起，另立正派山头，扩大团结，这种执政方针政策，不是一般人所能想到的。

九五：涣汗其大号，涣王居，无咎。

解读：“汗”：汗水，出汗，在此用意是使出全身的劲，奋力。“大号”：大力号召。“王”：王室。

本爻是九五之尊位，君王颁布法令并奋力号召团结奋斗，并把王室涣散者赶出去、迁居。

上九：涣其血，去逖出，无咎。

解读：“逖”指远离。

爻辞说，为治涣不惜流血，把君国上下来个大扫除，把影响人心涣散的污泥浊水，抛到远远的，吸取经验教训，君国有了凝聚力，无后患。

小结：

涣卦是讲君主整治人心涣散、社会处于瓦解状态所采取的措施和行动。虽然每爻都没指明主角是君王，读者也会看出每爻都是君王的作为。开始君王在祭祀、“王假有庙”，然后依次是：“用拯马壮”、“涣奔其机”、“涣其躬”、“涣汗其大号”，最后“涣其血”。表现出是英明君王大得人心。

（三）选录多种解读

第五十九涣卦卦辞：涣，亨，王假有庙，利涉大川，利贞。

例 1：涣是卦名，意为涣散，离散。假：至，到。

涣卦，下坎上巽，巽为风，坎为水，故曰“风水涣。”

《序卦传》说“兑者说也。说而后散之，故受之以涣。涣者离也。”兑卦讲的是说，是悦。人喜悦之后，气血就会舒散，心情就会涣散，故兑卦之后是涣卦。

涣卦坎下巽上，风在水上吹，使水波浪起伏，跌宕不已，有涣散之象。故称“涣”。

坎为水，为冰，当春风吹佛到大地的时候，坚冰逐渐融化，万物苏醒而舒展，草木丛生而扩撒。故涣卦揭示了事物发展的时段性即聚与散的规律。可见先哲们对事物发展的辩证理解是多么深入。使我们后人惊叹不已，赞叹不已！

涣卦，象征着天下处于涣散的时候，虽涣散也亨通。对于涣如何治理，那就要到祖庙上去祭祀祖先，求得先人的佑助，故“王假有庙”。祭祀能使人增强凝聚力，从而共同战胜困难，渡过难关。“利涉大川”，利于涉渡大江大河，也就是利于解决大的问题，开展大的行动。涣卦下坎上巽，象征着木船行在水上，故“利涉大川”。

君王以贞正赤诚之心到庙上祭祀，获得祖先的保佑，君王以至诚之心，带领民众渡过险难的江河，故“利贞”。㉗

例 2：涣的本义是水流散开，在本卦中指洪水，本卦记录了古时发生的一次洪灾以及人们在洪灾中的种种反应。从卦象来看，涣卦上卦为巽，代表风，下卦为坎，代表水。风行水上推波助澜，水流四处散开，犹如洪水奔腾不止。洪水是自然灾害，是不以人的意志为转移的，当洪水来临人们应采取积极措施予以应对。君王亲自来到祖庙祈求祖先和神灵的护佑，并以此为契机号召全国人民共同抗击洪灾，这种积极应对的态度可以将灾难造成的损失降到最低限度。“利涉大川”比喻在灾难中能够克服种种巨大的困难，“利贞”表明当洪灾来临人们务必坚守正道方可在灾难中化险为夷。⑲

例 3：“亨”，是说散后获得新生而亨通。涣卦是从否卦变化而来的，否卦的六二与九四互换位置便成了涣卦。大凡从否卦变化出来的卦，都可以说亨通。因为否卦天地阻隔，阴阳不通，变化以后，则阴阳相通，所以亨通。“王假有庙”，王，指君王，假，来到。君王领着族人来到宗庙，是为了祭祀先祖。这里实际上是描写人类大迁徙后的场面。上古时期，人类生产力落后，生存环境恶劣，有自然灾害的原因，有战争的原因，有生存资源贫乏的原因等，人类不得不迁徙，迁徙的目的是为了获得新生。来到新的住地后，部落首领的第一件事便是建立宗庙，举行祭祀。因为宗庙是供奉族人共同先祖的神圣场所，君王通过祭祀先祖，可以凝聚人心，从而形成民族的整体战斗力。“利涉大川”，来到新的蛮荒之地，百废待兴，百业待举，必须团结民众，以跋涉大川险阻的精神改造环境，建设家园。从卦象上看，巽木为舟，舟行水上，利于涉川。寓意为君王通过祭祀宗庙已凝聚人心，民众为水，君王为舟，可以顺应人心凝聚众人的力量战胜艰难险阻。“利贞”，利于守正道，将涣散的人凝聚在一起，在一穷二白的土地上建设家园，如果违背民众心愿图谋私利，必然凶险。㉘

例 4：洪水淹没田地、房屋，造成很大损失。为躲避洪水，人们四处逃散、无家可归、生计艰难。国家百废待兴。但重建需要人力，因此首先要聚合民众。宗庙是祭祀祖先之地，也是商讨国家大事的场所。洪水过后，周王到庙中祭祀祖先，借以聚合民众，因此说“亨，王假有庙”。重建家园需要克服诸多的困难，因此又说“利涉大川”。前面我们讲过，“大川”是艰难的代名词。“利贞”意

在利用卜筮鼓励人们克服灾后困难、渡过难关。㉖

例 5：涣者，春水大发也。亨：通。意思说：春水大发，船行畅通。假：借。有庙：周王室的始祖庙不宜称大庙，故而称有庙。王假有庙：周王借春水大发时，乘船去岐山始祖庙祭享。周王室的始祖庙（后稷庙）在岐山周原，周王从国都（现今西安）出发要乘船去。大川：江河。利涉大川：利于乘船渡过江河。贞：政。利贞：利政。意思是周王借春水大发时，乘船到岐山祭享始祖庙，缅怀始祖功德，有利于行政。⑱

涣卦爻辞初六：用拯马壮，吉。

例 1：初六以阴爻居全卦的最下位，比喻目前尚处在洪灾的最初阶段。古人应对洪灾的能力是很弱的，人们面临洪水来袭的第一反应是赶快离开，因此在洪灾中乘一匹强健有力的快马迅速逃离而得救是吉利的。当人们无力抵挡自然灾害而主动避灾，这无疑是一种非常明智的选择。⑲

例 2：“用拯马壮”，拯马，经过阉割的公马，有识途通人性之灵。这里以拯马喻拯救、率领之义。壮，强壮、壮大。马，指阳爻，阳为天、为乾，乾为马，这里既指九二，又指整个涣卦。利用初六阴爻顺从阳爻的优势，来使马匹队伍凝聚和强壮。寓意拯救、凝聚迁徙中涣散的人群，使之不至于溃散，稳定人心，以致形成强大合力。以阴聚阳的意义在于，阳为马，迁徙遥迢路远，马可骑乘或驮运行囊，没有马，人类的迁徙是难以实现的。阳爻是天，是统帅，是核心，是领导和骨干力量，只有将阳气聚集，才能跋涉大川，渡过险难。㉘

例 3：拯，拯救、救助。

洪水来时，人们扶老携幼，纷纷逃亡躲避。洪水无情，避之宜速不宜迟，借助于壮马的力量可以减轻负荷、加快速度，因此说“用拯，马壮，吉”。㉖

例 4：涣：春水大发。拯：举，即用船载。马壮：高头大马。用拯马壮：用船将高头大马渡过河。吉：善。意思是春水大发时，用船将高头大马渡过河去，吉善。⑱

涣卦爻辞九二：涣奔其机，悔亡。

例 1：九二爻以阳爻居中位，比喻洪水呈进一步漫延的趋势。此时人们看到自己家的屋基被水冲毁了，但自身因迅速撤离而得以保全性命，这是不幸中的万幸，因此人们虽然遭受了严重的财产损失，但也没有什么可以悔恨的。只要性命无忧，待洪灾过后人们还可以重建被冲毁的家园。爻辞充分体现了古人在灾难面前的一种乐观和豁达的精神。⑲

例 2：“涣奔其机”，九二是从否卦九四来到涣卦，九四在否卦位不正，所以奔跑来到涣卦想得到一个好位置。机，同几，指几案，这里指像几案一样的凳子。“悔亡”，像几案一样的座位说明不是很好，但毕竟居中，比在否卦时九四的位置要好。虽有位不正的忧悔，因为得中，且与初六、六三比应，可得阴阳应合之吉，这个忧悔可以抵消。㉘

例 3：机，帛书《易经》作“阶”，台阶。

洪水到来，奔向台阶。台阶高于一般平地，可避洪水，因此说“悔亡”。㉖

例 4：涣：春水大发。奔：奔赴目的地。机：时机。涣奔其机：乘春水大发的时机奔赴远方目的地。悔亡：无悔。意思说：抓住春水大发时机，乘船奔赴远方目的地，无悔。若抓不住时机，今后浅水行船就会很难，加上路途遥远，那就有悔了。⑱

涣卦爻辞六三：涣其躬，无悔。

例 1：六三爻以阴爻居下卦的最高位，比喻此时洪水已经淹没了较高的地方。“躬”指自身，“涣其躬”表明洪水快淹到了自身，这本是灾祸，而爻辞却判之以“无悔”，何也？初爻讲人们已经乘快马迅速撤离到了安全地带，由于六三提前采取了防范措施而幸免于难，因此没有悔恨。⑲

例 2：“涣其躬”，涣，涣散。躬，自身，亲身。六三位不正，临近坎险彼岸边缘，仍未脱离险境，居下卦上位本该有动荡不安之悔。众人乘舟，将近脱离险境，兴奋欢呼，动，人之常情，但动则有覆舟之险。涣散好动邪气，使舟平稳航行，从而顺利离开险境，故而无悔。㉘

例 3：洪水来到，人已经转移到安全地带，没有危及自身，因此说“其躬无悔”。㉖

例 4：涣：春三月上巳节。躬：本身，即本人。涣其躬：上巳节时本人能到东流水中洗涤全身。无悔：无悔了。意思说：上巳节时本人能到东流水中洗濯祓除，那就无悔了。爻辞告诉我们，古代中国黄河流域天气炎热，三月上旬春水大发时，现今西安就可下河游泳，相当于现今广州的气侯。⑱

涣卦爻辞六四：涣其群，元吉。涣有丘。匪夷所思。

例 1：六四爻以阴爻居上卦之初，表明此时洪水已经淹没了更高的地方。洪水来临时人群纷纷迅速撤离到了高高的山丘上，如今洪水却不断上涨，几乎快淹没了山丘，这说明洪灾之巨完全超乎了人们的想象。好在人们早有防备，可以继续撤离到更加安全的地方，可保性命无忧，因此洪水虽然凶猛，但对人而言结果却是至为吉利的。⑲

例 2：“涣其群，元吉”，这里的“群”，指不正当的，为损害国家谋求私利相勾结的派别、团体。将这些危害国家、涣散民心的群体涣散掉，是大吉大利的好事。“涣有丘”，涣，指将危害国家和民众利益的小群体涣散掉。丘，山丘。指把那些小群体涣散后，人们同心同德，将众人的智慧、众人的德行、众人的功绩聚集得像山丘那样高大稳固。“匪夷所思”，匪即非，不是。夷，平，指平常人，一般人。这句意思是：不是平常人所能想到的，说明六四取得了非凡功绩。㉘

例3：洪水之盛，都漫过了山丘，出乎人们的意料之外。看来真是百年不遇的特大洪水！洪水来到，不仅其自身没有危险，而且众人也都安全无恙，因此说“其群元吉”。㉖

例4：涣：春三月上巳节。群：指官民等。涣其群：春三月上巳节，官民等都能到东流水中洗濯祓除。元吉：大吉。丘：山丘。涣有丘：河水掀起山丘一样的大浪。匪：非、不是。夷：平，即平常。思：想。匪夷所思：不是平常能够想得到的。意思说：看见河水中掀起山丘一样的大浪，那不是平常所能想得到的。⑱

涣卦爻辞九五：涣汗其大号，涣王居，无咎。

例1：九五以阳刚居尊位，刚而中正，并且还有六四的顺从，所以能得到民众的拥护，“涣汗”指就像人得了伤寒一样，汗发散出来了，病也就痊愈了。这个时候的涣是好事，而不是坏事。国家也是这样，积弊久了也会生病，如果不及时治疗，也会病入膏肓。历史上的改朝换代就是这个道理。明智的君王发出号令，大刀阔斧地革旧布新，这样的命令如同发大汗一样，驱散国家各方面存在的弊病。“涣王居”指驱散国家的弊病首先从君王诸侯开始，如散发他们聚积的财富，以身作则带动了天下人，这样的命令才有深度、力度、广度。所以六五的做法是没有过错的，更没有咎难，故“正位也”。㉗

例2：九五爻以阳爻居君位，比喻洪水上涨到了王宫所在的地方。对古时普通百姓而言，王宫是国家的象征，君王的安危更是关乎国家的命运和前途，因此当人们看到洪水快淹没王宫时不禁大惊失色并奔走呼告。当洪水来袭，君王自然不会坐以待毙，他早已撤离到安全地带，因此不会遭遇更多灾祸。⑲

例3：涣汗，水势浩大的样子。其，指洪水。大号，洪水泛滥发出呼啸的声响。王居，国王居住的地方。

水势浩大、发出呼啸的声响，漫延到国王居住的都城，无怪乎商代屡屡因为洪水而迁都！国王以及都城中的人们已经转移到安全的地方，没有受到洪水的直接危害，因此说“无咎”。㉖

例4：九五是王位，故而言王居。涣：春水大发时。其：指爻题九五，这里九五代表王宫。大号：王宫中吹奏的大号。汗：汗液，引申为表面的水汽。涣汗其大号：春水大发时空气潮湿，王宫中吹奏的大号表面起了水汽。

涣王居：春水大发时，王蹲踞的草席潮湿起水汽。无咎：王蹲踞的草席起水汽，这是自然现象，无罪过。爻辞告诉我们，在古代西周镐京（现今西安），还有梅雨季节，有如江南之春。《易传·序卦》：“涣者，离也。”我们不能唯《易传》是从，不能用离散或者涣散来读解涣卦。若涣是离散，则“涣王居”就是“离散王的居处”，或者是“涣散王的蹲踞处”，这样读解显然是错误的。所以，我们要首先读解卦象之义，然后根据卦象之义才能正确读解卦辞与爻辞。⑱

涣卦爻辞上九：涣其血，去逖出，无咎。

例 1：涣，指流血，去：离开。逖：远。

上九“涣其血”，涣卦下坎，坎为险，有伤害之象，上九处在危险之地，有被伤害的危险，但上九处在涣卦最高处，离坎险远，所以能够“去逖出”，远离是非之地，避开伤害，故无咎难。㉗

例 2：上九爻以阳爻居全卦最高位，此时洪水已经退去。人们遭遇了“匪夷所思”的大洪灾，虽然在这次洪灾中幸免于难，但人们必须思考如何应对下次可能到来的灾害。古时人们抗击洪灾的能力是很弱的，因此最为稳妥的办法就是迁居到远离水患的地方，以免于灾祸。⑲

例 3：“涣其血”，指人们为了生存而举行大规模的迁徙，在迁徙中跋涉大川险阻，付出了流血牺牲，以血的代价才换来新的家园和安宁的生活，应当倍加珍惜。逖（音 tì），远，远离。“去逖出”是说，应该总结经验，吸取教训，居安思危，远离伤害。有了这样的警惧意识，就可以避免灾难。㉘

例 4：其，假设之辞，如果。血，通“恤”，忧虑。去、出，指代行动、行为。逖，通“惕”，惊惧。

洪水泛滥期间，人们如果能够时刻在思想上保持警觉、行动上小心谨慎，可以避免灾害，因此说“无咎”，《象》说“涣，其血，远害也”。㉖

例 5：上爻是事之极，所以这里的涣是春水大发时发生洪水。血：洫。洫是田地的沟洫水道，它像人身上的血管一样。逖：远。涣其血去逖出：春水大发时发生洪水，洪水随着田地中的沟洫水道流出远去。无咎：能及时排涝，无罪过。⑱

第六十卦　节卦☵☱坎上兑下

（一）原文

（卦辞）节，亨，苦节，不可贞。

（爻辞）初九：不出户庭，无咎。

九二：不出门庭，凶。

六三：不节若，则嗟若，无咎。

六四：安节，亨。

九五：甘节，吉，往有尚。

上六：苦节，贞凶，悔亡。

（二）解读

卦辞：节，亨，苦节，不可贞。

解读："节"，卦名。"节"：节约，节俭，节省、节制。

卦辞说：节俭是美德，行得通。"苦节"是过分的节俭，不可取，不要坚持下去。

初九：不出户庭，无咎。

爻辞说，为了节省不出内院，无过失。喻意刚开始节省。

九二：不出门庭，凶。

爻辞说，为了节省不能总闭门自居，不出外院不走向街道，不与社会沟通，后果危险。

六三：不节若，则嗟若，无咎。

爻辞说，挥霍浪费不节俭，醒悟过来则叹息，知错必改无过错。

六四：安节，亨。

爻辞说，安于节俭，亨通。

九五：甘节，吉，往有尚。

爻辞说，甘心情愿适当的节省会尝到甜头，吉祥。传往社会，会得到赏识和表扬。

上六：苦节，贞凶，悔亡。

爻辞说，过分的节俭虽然不好，但可以守正防凶，无悔恨。喻意俗话说："富日子当穷日子过"。

小结：

节卦肯定节约是为人的美德。但节约要有度，要适当，提倡"安节""甘节"，否定"不出户庭""不节若"。不能完全否定"苦节"好的一面，它可以守正防凶。

（三）选录多种解读

第六十节卦卦辞：节，亨，苦节，不可贞。

例1：《序卦传》说："涣者离也。物不可以终离，故受之以节。"涣是离散。当事物发展到一定程度的时候，总是向其反面转化，离也是同样，当离散发展到一定程度的时候，必转化为节，故涣卦之后是节卦。《杂卦传》说："节止也。"节是一种限制，也就是使事物不要发展的太过。我们学过的艮卦也是说艮为止，但这两个止是有区别的，艮止是静止不动的。

节卦，下兑坎上，水流入泽中，水流过多就会溢出来，甚至会决口，所以要加以节制。"节，亨"。适度的节制为亨通，过度的节制为苦节。苦节不可长久，长久了就会出问题。㉗

例2：节是节制的意思，本卦讲跟节制有关的道理。从卦象来看，节卦上卦为坎，代表水，下卦为兑，代表泽。若泽中有水，则满而不溢，若泽上有水，则必然四处漫流，因此节卦象征行事当适可而止，有所节制，再好的事情如无节制则将适得其反。凡是皆有度，过犹不及，人们行事有所节制就能亨通。但节制是针对已经做得相当充分的事情而言，对于做得还不够的事情则不存在节制的问题。如事物还没有充分发展而一味加以约束和节制则不仅不能亨通，反而会使事物陷入闭塞不通的境地，因此过度的节制是不可取的，节制也应该坚守正道。⑲

例3：节卦亨通，是因为节制有度。任何事物都有度的限制，为人处世，抑制自身，适中有度，顺应度的范围与发展，因此亨通。如果贪求过度或苛求过度，则犯了过之或不及的错误，都会受到规律的惩罚。"苦节不可贞"，苦节，苦苦苛求节制，一味追求节制，指过度节制，过度抑制正常欲望。不可贞，不可以认为是持守正道，即不为持守正道。不可贞，同时含有不可提倡和效仿之义。因为苦节走向了极端，超越了事物度的范围，违背了事物发展规律，因此不可提倡和效仿。诚然，"苦节"的对立面是"无节"，无节则表现为过度放纵对欲望的追求，无视规律的存在，无视道德人伦的廉耻。如果说“苦节”犯了“不及”的错误，那么“无节”就犯了“过之”的错误。过之和不及都违背了事物发展规律，都应该予以摒弃。

节卦深刻揭示和阐述了事物从量变到质变中间“度”的规律，并对“度”的把握和应用提出了精辟的见解。㉘

例 4：说“亨”从总体上对节制进行了肯定。苦，以……为苦，“苦节”就是把节制当做一件苦事。对行为有所节制，是行为有效性的基本保证，因此卦辞说“亨”。如果把节制当做一件苦事，不能够对自己的行为加以节制、约束，随心所欲，恣意放纵，其行为的有效性就难以保证，因此说“苦节不可贞”。㉖

例 5：节者，节制也。亨：通。意思是人生在世能节制自己者，亨通。《说文》：“苦，大苦，苓也”。

苦的本义是黄药大苦，引申为劳苦。苦节：节制黄药大苦的分量。不可贞：不可卜问。意思说：虽然说良药苦口利于病，但节制黄药大苦的分量是医生视病情决定的，是不可用占卜来决定的。卦辞告诉我们：第一，人生病时要看医生，不能求巫觋。第二，古代巫与医不是一家，巫是预测人事吉凶，医是治病救人。所以，病能否治好可以占卜决疑，而用药的分量则不能占卜决定，故而“不可贞”。第三，虽然巫与医不是一家，但巫与医同源，都是以中国古代易学为理论基础的。繁体“医”字是“毉”。“巫”与“毉”同源，所以《黄帝内经》讲了许多阴阳五行理论，而中医和中医书都离不开易学。⑱

节卦爻辞初九：不出户庭，无咎。

例 1：不走出住房的院子，待在家里，哪儿也不去，什么人也不接触，什么事也不做，就没有咎难。初九为什么必须得这样做呢？因为初九以阳刚居阳位，处节卦最下，得位而正。当节之始时，也就是人处在节制刚开始的时候，不出自己住房的院子，就没有什么灾难。㉗

例 2：初九爻以阳爻居全卦之初，阳刚而得正。初九犹如初升的太阳，拥有光明的前途和未来。“户庭”指房屋，“不出户庭”比喻初九将自己的行为限制在一个很小的范围内，初九对自己行为的节制是很明智的，他毕竟初出茅庐，涉世未深，能力和经验都还不足，此时锋芒太露必然引来灾祸，而待时机成熟再施展才能却能免于灾祸。⑲

例 3：“不出户庭，无咎”，户，本义指单扇门，单扇为户，双扇为门。不出户，指待在房间里。庭，庭院，不出庭，不走出庭院。不出户庭，指待在家里不要出来，就没有灾难。《系辞传》解，“不出户庭，无咎。子曰：乱之所生也，则言语以为阶”，阶，引介、媒介之义。之所以生乱，是因为言语不慎引起的。

可见，孔子把这里的“户庭”引喻为人口，有祸从口出之警。孔子又说，“君不密则失臣，臣不密则失身，几事不密则害成”，密，严密，慎重，节制。几事，机密的大事。君王言语不慎密就会失去臣子，臣子言语不慎密就会丢掉身家性命，对机密的大事不慎密就会功败垂成。不出户庭，是谨慎节制自己不随便出言。㉘

例 4：户庭，指堂室之内。古时男主外、女主内。“户庭”是古代妇女起居活动的主要场所，“不出户庭”对妇女来说是适宜的，因此“无咎”只是针对妇女而言。㉖

例 5：节：节制。不出：不出去，引申为不行动。户：同“护”。《说文》：“户，护也。半门曰户。”古代的门扇可以作为防护用，门扇开半，以为防护，故而谓之“半门曰户（护）”，引申为保护身体、保养身体。户庭：房门内庭，古代将房门内庭之事称作房事。房事，即夫妻性生活。不出户庭：节制自己不行房事。无咎：无罪过。意思说：人满六十甲子后，节制自己不行房事，以此保养身体，无罪过。中医认为，肾精是生命之本。肾生精，精生髓，髓生脑。古人认为男人的精液、女人的分泌物、脊椎里的脊髓和脑海里的脑髓是同一物质，平常它们是封闭的又是相连通的不会排出。⑱

节卦爻辞九二：不出门庭，凶。

例 1：九二以阳居阴，阳刚得中，如同泽中蓄水，水蓄满盈，是该泄出的时候了，也就是说是九二该出门庭的时候了，但其却因位不正，上卦也无相应，不知道通融应变，仍坚持节制，只节内而不能节外，丧失了良机，带来了凶险。㉗

例 2：九二爻以阳爻居阴位，失正。与初九相比，九二无论是才能还是经验都有了较大的增进，此时他应该大胆地施展才能建功立业，然而九二却一味地节制自己的行为，足不出户，限制自己，从而丧失许多创业的大好机遇，这是十分凶险的。⑲

例 3：初九是足不出户，九二是足不出庭，从行为上看，一个待在房间里，一个待在庭院里，实际上没多大区别，都没有走出门庭。从结果上看，区别就大了，初九是没有灾难，九二是凶险。㉘

例 4：门庭，指住宅区域内。“门庭”相对于“户庭”来说，活动范围和区域有所扩大，但仍未超出自家范围。而初九说“无咎”、九二说“凶”，这是因为所指对象不同：初九对女人而言，九二对男人而言。㉖

例 5：门庭，大门内庭。不出门庭：节制自己不出大门。凶：险。意思说：人满六十甲子后，节制自己不出大门，凶险。爻辞从反面讲老人养生。古人早已知道人的生命在于运动，所以老人要经常外出活动。我国已进入老龄化社会，老人自己要学会养生。首先，坚持每天都到室外做适宜的运动和锻炼。其次，要学习，要交流，勤用脑，防止老年痴呆。其三，有病要治病，无病要防病。其四，饮食有节，起居有常。其五，知足常乐。养生有十二字真言：管住嘴，迈开腿：身要动，心要静。养生的最高境界是养心，养心是心态平和，少私寡欲。⑱

节卦爻辞六三：不节若，则嗟若，无咎。

例1：六三，以阴居阳位而不正，并以柔乘刚，乘刚有险，不知节制。故“不节若”，不能自我节制，必然嗟叹，因有刚柔之德而自悔，有了嗟叹而自悔，所以无咎难。㉗

例2：六三爻以阴爻居下卦最高位，不中不正。六三能力不足而且行为失正，他本该坚守中庸之道，并竭力节制自己的行为，而他却一味逞能放纵自己的行为，结果所做之事远远超出了他能力所能承受的范围。当六三遭遇挫折后才幡然醒悟应该懂得节制，从而发出由衷的哀叹，六三能悔悟而知节制也就不会遭遇更多的灾祸。⑲

例3：“不节若，则嗟若，无咎”，不节若，是说六三有变节之象，节卦是从泰卦变化而来，泰卦的六五和九三互换位置便成了节卦，泰卦的六五本居中处君尊之位，来到节卦六三位置不中不正，由君王变成不中不正、无德无才的诸侯。则嗟若，哀叹悲伤的样子，悔恨不节制、变节而造成毁誉失位。正因为有了悔恨之嗟，说明六三已经觉悟，已经认清变节的危害，就有了改过自新的勇气和决心，吃一堑长一智，亡羊补牢，犹为未晚，所以可以补救过失。㉘

例4：若，……的样子。嗟，感叹、叹息。人非圣贤，孰能无过？进一步说，即使是圣贤，也会有过错。《左传》中云“过而能改，善莫大焉”，孔子也反复强调“过而无惮改”（《论语·子罕》）。有错不可怕，关键在于能够知错改错。鲁迅先生曾说：“不满是向上的车轮。”一个人由于不能够节制而叹息，这表明他已认识到不节制的危害，本身对自己不满，这是一个良好的开端。如能以此为起点，对自己加以节制、约束。由“不节”而“节”，也可“无咎”。既然自己已经认识到了不节制的危害，别人也不会再说什么了，因此《象》说：“不节之嗟，又谁咎也？”㉖

例5：若：语气词。不节若：不节制自己啊。嗟：叹。则嗟若：就有你嗟叹的时候。无咎：从此能节制自己，无罪过。爻辞说知而能改无罪过。现代人不节制饮食，又缺乏运动，所以高血压、高血脂、高血糖、高尿酸者比比皆是。现代人不节制夜生活把黑夜当白天，整天待在空调房内，整天面对电脑，整天玩手机，不健康、亚健康的人群越来越年轻化。现代人不节制能源，致使空气越来越污染，气象灾害越来越多，极端天气越来越频繁，等等。我们不能光嗟叹，要知错能改。⑱

节卦爻辞六四：安节，亨。

例 1：六四，以阴居阴位，柔顺得正，上能乘顺九五。九五是一个中正之君，所以“安节”。安节就是不勉强节制，能节则节，心安理得地节，所以通达顺利。㉗

例 2：六四以阴爻居阴位，得正。六四虽能力不足却贵有自知之明，他深谙节制自身行为的道理。节制不是强制性行为，而是一种自觉行为，是根据自身能力和事物发展程度而作出的应然性选择。当人们能够安守节制之道，心甘情愿地节制自己的行为，那么人们的各种行为将无所不亨通。⑲

例 3：“安节，亨”，安节，安然、泰然、安顺地奉行节制，因此亨通。㉘

例 4：安节，就是安于节制。可能是一种自觉的意识、行为，也可能是迫于外界的压力的结果。结合《象》“安节之亨，承上道也”来看，“安节”当属于后者。安于节制，主观可以更好地适应客观、个人可以更好地适应社会，无往而不利，因此说“亨”。㉖

例 5：安节：安于节制自己。亨：通。意思说：人生能安于节制者，行事亨通。周恩来总理在自我修养时，有一条是适当发扬自己的长处。适当发扬自己的长处就是节制自己不要轻狂。举轻若重，为人低调，处事谨慎，以大局为重，不计个人荣辱，总替他人着想，这是周总理的人格魅力。所以党内同志喜欢他，党外人士喜欢他，甚至连敌人都敬佩他。⑱

节卦爻辞九五：甘节，吉，往有尚。

例 1：九五阳刚居中得正处尊位，它的节不是“苦节”，而是甘甜愉悦的节。九五得位处君位，正像《彖传》所说“当位以节，中正以通”。以君王的地位节制天下，以中正之德影响天下，使人都自愿地接受节制。全国上下通顺无阻。这种节也表明了君王以身作则，既施之于己，也施之于天下人。全国上下都能愉快地接受节。所以是吉祥的，甘节的实行深得人心，影响之广，功效之大，前往必有嘉尚，故“往有尚”。㉗

例 2：“甘节”，甘，味，甜美，甘美。《周易折中》解，甘，“味之中也”。甘，性和，处五味之中，有调节他味之偏功效。这里借“甘”喻九五君王不仅以适中的分寸节制自身，而且以平和柔中的方式协调国政平衡，使国家制度法规符合礼数，教化民众效法遵循。“往有尚”，往，将这种甘节的修身之道推行下去。有尚，会得到民众的遵循和崇尚。㉘

例 3：甘，以……为甘。孔子说：“知之者不如好之者，好之者不知乐之者。”（《论语·雍也》）“甘节”就是把节制当做一种甜美、快乐的事，与

“苦节”形成了鲜明的对比，比“安节”又胜出一筹、高出一层，是“节”的最高境界。㉖

例 4：九五是王位。甘：美好。甘节：以节制自己为美好。吉：善。意思说：王以节制自己为美好，吉善。往：长此以往。尚：风尚。往有尚：长此以往就会使天下形成自我节制的风尚。我认为人生能做到甘节才是修身的高境界。⑱

节卦爻辞上六，苦节，贞凶，悔亡。

例 1：上六处节卦之极，不按客观规律去办事，苦苦地节制，极端地节制，因而有凶险。如能坚持贞正，以防凶险，悔也就消亡了。㉗

例 2：上六爻以阴爻居全卦的最高位，表示节制至极。物极必反，节制也不例外，节制也应当有度，过度节制不仅不能使事物亨通，反而会阻碍事物的正常发展。过度节制必然带来凶险之事，而人们只有安守节制之道，并以节制为甘美之事才是节制之正道，也只有坚守节制之正道才能无所悔恨。⑲

例 3：“苦节”，上六处节卦极位，行偏走斜，孤寂无应，像受苦刑那样节制自己。“贞凶”，守正道也凶险，因为处在终老行将消退之位，守正道也改变不了即将覆灭的命运。“悔亡”，因为上六卦中无应，他的苦节只是苦了自己，并没有妨害他人和社会，对于整个社会来说，他忧悔的后果影响并不大。㉘

例 4：把节制当做一件苦事，卦辞中已经说“不可贞”，这里又说“贞凶”。已经说“贞凶”，又说“悔亡”，两者似乎相互矛盾，“悔亡”二字有可能是衍文。但也可以理解为：若能以“苦节，贞凶”为戒，幡然悔悟，从而节制、约束自身，如此悔恨也可消失，这又与六三“不节若，则嗟若，无咎”，是一样的。㉖

例 5：苦：大苦黄药，引申为穷苦。苦节：节制劳苦。贞：主。凶：险。贞凶：主凶。意思说：节制劳苦者，主凶。悔亡：无悔。意思是只有不节制劳苦者，才无悔恨。爻辞教导我们，人生在世有许多东西要节制，唯独劳苦不能节制。古往今来无数事实证明，只有不辞劳苦者才能成功。过去的读书人常在自己的书房中挂一副对联，曰：“书山有路勤为径，学海无涯苦作舟。”⑱

第六十一卦 中孚卦䷼巽上兑下

（一）原文

（卦辞）中孚，豚鱼吉，利涉大川，利贞。

（爻辞）初九：虞吉，有它不燕。

九二：鸣鹤在阴，其子和之，我有好爵，吾与尔靡之。

六三：得敌，或鼓或罢，或泣或歌。

六四：月几望，马匹亡，无咎。

九五：有孚挛如，无咎。

上九：翰音登于天，贞凶。

（二）解读

卦辞：中孚，豚鱼吉，利涉大川，利贞。

解读："中孚"，卦名。"中孚"是心中诚信。一说"中"通忠，忠心。"豚"：小猪。"鱼"：小鱼。

卦辞说，只要心中怀有诚意，既使用小猪小鱼，这样的微薄礼品进行祭祀，也会吉祥。利于办大事、成大业、过大川，利于坚守正道。

初九：虞吉，有它不燕。

解读："虞"（yú 音鱼）：预料，忧虑，还有欺骗之意。"燕"是通晏，晏安，安定。

爻辞说，社交要提高警惕。社交要有两种准备，先小人，后君子。初交时不要太相信，这样做是对的（吉）。但不能"有它"表露出来，使对方觉察到会坐立不安。

九二：鸣鹤在阴，其子和之，我有好爵，吾与尔靡之。

解读："阴"：树荫。"爵"：古时酒杯，在此为酒，好酒。"吾"：我。"尔"：你。"靡"：共享。

爻辞说，大鹤在树荫处鸣叫，小鹤听到应和鸣叫。大鹤鸣叫声说我有好酒来吧，我与你共饮。喻意诚心诚意引起共鸣。

六三：得敌，或鼓或罢，或泣或歌。

解读："得敌"是战敌得胜，有的击鼓庆祝，击鼓累了就罢休，有的乐极生悲哭泣，有的歌唱胜利，可歌可泣。喻意同心同德战敌取胜的情景。

六四：月几望，马匹亡，无咎。

解读：在月亮将要圆的时候，马走丢了，不用担心，忠诚的马还会回来。

九五：有孚挛如，无咎。

解读："孚"：信，诚信。"挛如"：牵连，连接。

爻辞说，有诚信的人手挽手共创事业，无可非议。

上九：翰音登于天，贞凶。

解读："翰音"：鸡。《曲礼》："凡祭宗庙之礼，鸡曰翰音。""祭"：祭祀。

爻辞说，宗庙祭祀时，鸡鸣叫声飞上天，真凶。言外之意为何凶？是因为只唱高调，不做实事，言行不一，表里不一。作者不敢明说是谁，暗指主持祭祀的王公、君王，虚伪诚信于民，从反面讲"中孚"。

小结：

中孚卦的孚是诚信，是为人之本，从正反两方面用比喻讲诚信。正面以祭祀作比喻，用"中孚，豚鱼吉"、心诚则灵；"得敌"是精诚团结战敌得胜。还用禽兽正面作比喻讲诚信："鸣鹤在阴，其子和之"是和谐有信；"马匹亡，无咎"是忠诚的马走失还会返回来。反面比喻："翰音登于天"是鸡只唱高调，言行不一，没有诚信。还有一例在正反两面之间的"虞吉，有它不燕"的先小人、后君子的警示。中孚卦讲中孚用生动形象的比喻，活跃在读者面前。《周易》中孚卦用古诗歌表达。据考证和判断证实，《周易》有些精炼的卦辞和爻辞是古代的诗、歌词，用古代的发音朗读押韵、"朗朗上口"，意境深远，是"诗歌易"。

（三）选录多种解读

第六十一中孚卦卦辞：中孚，豚鱼吉，利涉大川，利贞。

例 1：中孚卦，下兑上巽，巽为风，兑为泽，故曰"风泽中孚"。

《序卦传》说："节而信之，故受之中孚。"有了节制，才能取信于人，比如，制定了规章制度，就要看落实执行的情况，上头能做到以身作则带头信守，毫无疑问，老百姓也就跟着信从。故"节而信之"，所以说，节卦之后是中孚卦。"中孚"：中，指的是内心，是内心臣服的意思。从中孚卦上下体来看，一、二、五、六爻皆阳，三、四爻皆阴。二五都是阳中实。从全卦的卦象来看，形成了“中虚”，也就是说，既内心诚实，又虚怀容物，所以叫中孚卦。

“豚鱼吉”，也就是说，连豚鱼这样的无知动物都被孚信感动了，可见在这个世上诚信是无所不感动的，所以是吉祥的。中孚卦，下兑为泽，上巽为木，木引申为舟，船在泽上行，故“利涉大川”。也可以这样理解，有了诚信，像渡江河这样的险难都能战胜，何况其他的险难呢？不过，我们所说的诚信，是在坚守贞正的前提下的诚信，而不是不正的信，故“利贞”。㉗

例 2：中孚指内心充满诚信，中孚卦讲诚实守信的道理。从卦象来看，中孚卦上卦为巽，代表木，下卦为兑，兑之卦形与巽之卦形刚好相反，因此中孚卦恰似两半木片接合在一起。古人通常将一块木片一分为二，当事双方各执一半，以后为证明各自身份双方出示木片，二者如能完全吻合则证明双方身份真实不假。再从中孚卦的整个卦形来看，上卦和下卦的中位均为阳爻，阳位实，因此中孚卦整个卦形和卦象都象征内心诚实守信的意思。诚信是立人之本，发自内心的诚信甚至能感化愚钝至极的猪和鱼，更何况人呢？心怀诚信才能获得别人的尊重和支持，也就能够让人克服前进中的种种困难，这种结果自然是吉利的。诚信的前提是坚守正道，虽诚信而不守正则可能误入歧途，结果必然是凶险的。⑲

例 3：“豚鱼吉”，豚，小猪；鱼，小鱼。对小猪小鱼予以及时喂养呵护，使之愉悦地生存。连对这些冥顽不化的小动物都讲诚信，更何况对人呢？“利涉大川”，其一，有感化豚鱼的诚信，那么众人一定会相互信任团结在一起，万众一心可以战胜任何艰难险阻；其二，巽木为舟，舟行水上，利于跋涉大川险阻。“利贞”，利于守正道，这里是说恒守诚信是要付出代价的，甚至付出流血牺牲，没有坚定的信念和远大的志向是难以做到的，没有诚信则始乱终弃，不能恒守诚信则始治终乱，只有钢铁一般恒守诚信的人才会达到光辉的顶点。所以诚信的落脚点必须恒守正道。㉘

例 4：诚信都能施及猪、鱼，更不用说人了，可见诚信所施之广之深。诚信如此，天人相应，还有什么克服不了的困难和办不成的事呢？因此说“利涉大川，利贞”，《彖》说“中孚以利贞，乃应乎天也”。㉖

例 5：中孚者，周王中正合宜的生活也。豚为何物？豚者，乳猪。

吉：善。意思说：周王的生活有乳猪和鲜鱼。这种中正合宜的生活，吉善。涉大川：涉过大江河，引申为干大事。利涉大川：生活不奢华，有利于干大事。贞：政。利贞：利政。意思说：周王生活不奢华，利于政通人和。⑱

中孚卦爻辞初九：虞吉，有它无燕。

例 1：虞，指安，古代有虞官。燕：平安、安宁。

初九，阳刚得正，于六四正应，安于处下，故得“虞吉”。虞既有安之意，又有推测之意，古代还有虞官。虞官是王公贵族狩猎时的向导，有向导不会迷路，所以是吉祥的。“有它不燕”主要是说初九要安于处下，不能有其他的行动，虽与六四正应，但不能求孚于六四，否则就不得安宁了。犹如燕子筑巢一样，要非常慎重地选择地址，地址选好了，筑巢完毕，在此生育后代，安享燕居之乐。㉗

例 2：初九以阳爻居全卦的最下方，比喻人们在交往之初就应该树立诚信的原则。心怀诚信要求人们始终专注如一，不能三心二意。诚信是为人的基本准则，以诚信待人是发自内心的自觉行为，因此真正的诚信是不图回报的。人们若以诚信为条件而别有他图，如为一己之私，则注定是徒劳的，这种虚伪的诚信不仅达不到目的，反而会使人良心不安。⑲

例 3：“虞吉”，虞，预料，指事先考虑成熟再去做事。经过预测权衡再去做事，心中有底，对应为暂时不可为的事不做，对可能出现的不测有防范应对预案，这样谨慎行事固然吉祥。“有他不燕”，有他，指有其他想法，从卦象上看，初九与六四相应，但被九二阳爻阻隔，不能前往，又因六四为近臣高位，又与九五君王比应，虽然与六四相应，但现实证明这个相应不能遂愿。如果初九有急于前往与六四相应的想法，就会给他带来不安。燕，安，安逸。㉘

例 4：俗话说：林子大了，什么鸟都有。社会上的人林林总总，思想品行也相差悬殊。虽然自己心存诚信的美德，但可能不被人所理解、赞赏，甚至被别有用心的人利用而吃亏、遭殃。但这并不是自己诚信的过错，而是他人没有诚信的过错，不能因此而对诚信产生怀疑、动摇。心怀诚信，安于诚信，终究能获得吉祥，因此说“虞吉”，《象》说“初九虞吉，志未变也”。反之，如因诚信而曾上当受骗吃亏，就否定诚信这一美德，甚至产生逆反、报复心理，转而欺骗、危害他人，自己于心也不安，因此说“有它不燕”。㉖

例 5：虞：古代山虞官，引申为田猎。

如果周王亲行田猎，山虞要负责割除山林的草莱清理出一块场地。待到田猎快结束时，山虞在场地中央树起画有熊虎的虞旗，田猎结束后各人割下猎物的左耳置于虞旗下。爻辞省去中孚字。中孚：周王中正合宜的生活。吉：得。虞吉：周王中正合宜的生活得有大田猎。有它：委蛇，即连绵。燕：通“晏”，晏息。有它不燕：大田猎的队伍连绵不息。⑱

中孚卦爻辞九二：鸣鹤在阴，其子和之，我有好爵，吾与尔靡之。

例 1：阴，指幽暗山林之处。爵：酒杯，引申为酒。靡：分享。

九二以阳爻居中位，刚实而中正，显示了诚信之至。鹤在山林幽暗之处，鸣而子呼应，其子指的是初九，九二与初九鹤鸣子和，同类相感而应，故“鸣鹤在阴，其子和之”。在人世间，朋友关系密切，相互诚信以待，彼此愿共享一切，共同畅饮美酒，意在相互诚信待人、相互沟通，产生共鸣。㉗

例 2：九二爻以阳爻居中位，象征人们内心充满了诚信。爻辞采用比兴的手法，用“鹤鸣子和”的场景起兴起“我”欲邀志同好友共饮美酒的激情。鹤是一种至诚的禽鸟，鹤一旦选定配偶将从一而终，一生不离不弃。俗话说“人以群分，物以类聚”，鹤发自内心地鸣叫，其同类闻之而应和，比喻人们若以诚待人，别人必然将以诚信回报之，大家都坦诚相待，从而让人际交流变得愉悦而又融洽。⑲

例 3：这是一首古老的歌谣，描写的是与亲人、友人共同分享美好生活的场面。作者借此歌谣来表达九二诚信的美好德操。“鸣鹤在阴，其子和之”，阴，山之北，水之南为阴，指幽静的地方。雌鹤在幽静之处鸣叫，以烘托鹤鸣之声可以传播遥远，同时也是邀请亲友聚会的好处所。其子和之，她的家人和朋友听到呼唤而鸣叫呼应。这里的“子”不仅仅指孩子，亦指雄鹤伴侣和其他友鹤。“我有好爵，吾与尔靡之”，爵，古代盛酒的杯子，这里指美酒。靡，分散，靡散，这里指分享。我这里有美酒，我愿意和你们一起分享。这里表现九二诚信于家人和朋友，有难同当，有福同享。㉘

例 4：鸣鹤在阴，即“鹤鸣在阴”。阴，阴处，人们看不到的地方。其子，指幼鹤。和（hè），应和。爵，酒器，在此指代酒。靡（mí），分享、共享。

“鸣鹤在阴，其子和之”比兴“我有好爵，吾与尔靡之”。母鹤在人所不知的地方鸣叫，幼鹤出于天然的本能与之和鸣，正如《象》说“其子和之，中心愿也。”同样，我有好酒，也是出于真心实意邀你与我共享，不是别存非分的希冀和要求，你也应该诚信地理解响应，而不应该妄加猜疑。爻辞以此阐明诚信应该是发自内心的、自然的，应该是双向的。对此，来知德《周易集注》中说：“物之相爱者，若子母之同心；人之所慕者，莫如好爵之可贵。鹤鸣子和者，天机之自动也；好爵尔靡者，天理之自孚也。”诚信如此，则他人也以诚信响应和回报，正如《系辞》中发挥说：“君子虽然是处在家中，但说出来的话是善言，那么千里之外的人也会响应，何况身边的人呢！虽然处在家中，说的话不是善言，那么连千里之外的人也违背他，何况是身边的人呢！话从他嘴里说出来，但影响到百姓；虽然是身边的行为，但影响到远处。”㉖

例 5：鸣鹤：鹤鸣。阴：树荫。鸣鹤在阴：周王的王家林园中，有鹤鸣在树荫。子：鸣鹤的配偶，不是鹤子。古代的男人与女人都可以称为子。

鸣鹤与子，代表王与王后。其子和之：公鹤与母鹤一唱一和，引申为周王与王后夫妻和谐。

爵：酒具的总称，代表酒。我：即周王。尔：你，即王后。靡：散，引申为精细、仔细。靡之：仔细品尝。我有好爵：周王我有好酒。吾与尔靡之：我要与王后你仔细品尝。据此爻辞，我推论《周易》是周王室人员创作的，甚至是周王自己亲自创作，故而爻辞以“我”“吾”相称。⑱

中孚卦爻辞六三：得敌，或鼓或罢，或泣或歌。

例1：六三以阴居阳，不中不正，而且与上九正应，心动于外，失去了自立、自信，处于犹疑状态，没有中孚之诚心。“得敌”指敌有跟随之意。六三依赖别人，“随风倒”。人家打鼓它就跟随打鼓，人家哭泣它就跟随着哭泣，人家唱歌它就跟随着唱歌，毫无立场，毫无主见。㉗

例2：六三爻以阴爻居下卦的最高位，不中不正。爻辞描写了在军队遭遇强敌时混乱不堪的场面，有人击鼓前进，有人停战休息，有人在哭泣，有人在高歌，这种没有统一号令的军队必然要吃败仗。爻辞以此比喻那些在与人交往时不能始终保持诚信的人，他们的行为是摇摆不定的，让人捉摸不透，其结果自然是凶险的。⑲

例3：这也是一首古老的歌谣，生动描写了一位没有头脑的将军胡乱作战的场面。“得敌”，遭遇强敌。卦爻由内而外上行，这里指六三前进遭遇六四同性阴爻敌应。“或鼓或罢，或泣或歌”，或鼓，因六三心存不诚有躁动之象，急于与上九相应，于是擂鼓呐喊进攻。或罢，因六四得正，不能胜敌，又下令鸣金收兵。或泣，收兵后忧恐敌人反攻，因不能胜敌而哭泣。或歌，六四是行正道守诚信之人，他不会无端攻打六三。因敌人不来攻打，又欢乐歌唱。这里充分展现了六三心无诚信，人无大志，行无定数，患得患失的紊乱心理状态。

对此爻“得敌”有解为攻克了强敌，“或鼓”解为为胜利而鼓，“或罢”解为停止擂鼓休息，“或泣”解为为逝去的战友哭泣，“或歌”解为为胜利而歌唱。㉘

例4：战胜敌人后，士兵们有的击鼓、有的唱歌以欢庆胜利；有的哭泣流泪，可能是因胜利过度喜悦、乐极生悲，也可能是因为父兄在战争中死亡而悲从中来；也有的在战后感到疲惫而休息：种种情形不一，但都是内在的自然真实感情的流露、表现。㉖

例5：得：得有。敌：不是仇敌字，而是“敌”“嫡”同音，假借为“嫡”。

得敌：周王中正合宜的生活得有嫡长子。或：有。鼓：击鼓。罢：同“疲”，疲劳。或鼓或罢：击鼓直至手疲。泣：喜极而泣。歌：歌咏，不是歌唱。或泣或歌：第一个或是有，第二个或（有）假为又。意思是喜极而泣又歌咏之。周王有了嫡长子，王位有了继承人，所以周王“或鼓或罢”“或泣或歌”。周王与普通人一样都性情中人，爻辞描写非常生动。⑱

中孚卦爻辞六四：月几望，马匹亡，无咎。

例 1：六四爻以阴爻居阴位，得正。六四爻已经接近君位九五爻了，其处境和地位犹如快盈满的月亮，可谓一人之下，万人之上。“马匹亡”比喻人们抛开了一切私心杂念，一心效忠于君王。初爻讲到内心忠诚的基本原则是专注如一，六四深得君王重用，他就应该一心一意地忠实于君王，始终忠贞不渝。六四近在君侧，他若对君王怀有异心，一旦暴露轻则身败名裂，重则引来杀身之祸，因此他只有专注地忠诚于君王才可保自己免于灾祸。⑲

例 2：几，接近。望，望日，也就是阴历十五。亡，丧失、走失。

马匹走失了，本是坏事而说“无咎”，为什么？玄机在于“月几望”。前面我们多次讲过，《易经》中“七日”是成与败，得与失等对立事物之间循环、转化的周期数。一个月之中包括四个“七日”，“望”日处于第二个“七日”之末、第三个“七日”之始，正是成与败、得与失转化的一个转折点。按照这个转化规律，如果在初八走失了马匹，那么经过七日，到了阴历十五，自然应该失而复得，所以说“无咎”。㉖

例 3：月几望：月亮处于望日，引申为胜利在望。匹：古代两马称作匹，一马称作马匹。段玉裁注《说文·匹》：“两而成匹，判合之理也。”亡：失。马匹亡：马失前蹄，不是马匹走失了。无咎：无罪过。意思是胜败乃兵家常事，无罪过。爻辞省去中孚字。中孚：周王中正合宜的生活得有将士们的竞技比赛。⑱

中孚卦爻辞九五：有孚挛如，无咎。

例 1：孚，指诚信。挛：牵记，牵系。

九五刚健居中得正，居君位以诚信牵系着天下，《彖传》所说的“孚乃化邦”就是指九五这一爻，即以诚信的教化，施及整个邦国。九五孚于天下，所以没有咎难。㉗

例 2：九五爻以阳爻居君位，至中至正，至刚至尊。九五身为一国之君当为天下人作出表率，他不能只一味要求天下人以诚信事君，更应该以诚信回报天下人。古往今来多少君王凡得民心者得天下，失民心者失天下，君王以至诚之心牵系天下人心，善待万千臣民，天下必人心归顺，由此免除亡国之祸。⑲

例 3：“有孚挛如”，挛，牵手，维系，联系之义。九五为君王，君王对天下人诚信，那么天下人也以诚信回报君王，因为君王的诚信而使天下人都有诚信，天下人诚信相连，心心相印，紧密地团结在君王周围，乃善补过之举。九五是诚信之德的集大成者，在他这里实现了中孚卦诚信大义，为本卦之主。㉘

例 4：如上所述，只有心中诚信，并且自始至终一贯保持诚信，才能吉、利，最起码是无咎；没有诚信或者是诚信的施行受到阻碍，不能始终如一，预后结局往往是厉、凶、不利。㉖

例 5：中孚：周王的生活水平。有：不宜有，引申为大。有孚：大生，引申为民众。挛：提升。挛如：有升必有降，故而“挛如”是随着升降。有孚挛如：周王的生活随着民众的生活水平升降而升降。无咎：周王的生活随着民众的生活水平升降而升降，无罪过。爻辞教导周王要与民众同甘共苦。⑱

中孚卦爻辞上九：翰音登于天，贞凶。

例 1：上九，“翰音登于天”，翰音指鸣叫的声音，也就是说鸡叫的声音升到了天上。“贞凶”指上九不坚守贞正，缺乏真诚之心，一味追求虚名，是一个虚声无实之人，所以有凶险。㉗

例 2：上九爻以阳爻居全卦的最高位，俨然一副高高在上的模样。内心诚信之人待人是虚心而谦和的，虚心才能诚恳地接纳别人，而只有谦卑才能善待他人。“翰音登于天”比喻有的人只高呼内心诚信的口号，却总是以一副高傲的态度示人，从不肯脚踏实地做诚信的事情，让人难以相信他们的真诚，故爻辞告诫他们要坚守诚信的正道，以防范凶险。⑲

例 3：翰，高翔之义，指鸡鸣之声高登于天。前文讲到鹤，鹤鸣之声可以远扬，这里借“翰音”指鹤鸣，鹤高翔于天际，其鸣叫声响彻天际。寓意指诚信只需要履行行动，不需要高声宣扬，越标榜自己诚信，人们就越怀疑他的诚信。“贞凶”，因诚信受到怀疑，即使真有诚信人们也不会信任，故而凶险。㉘

例 4：翰音，鸡。登，升。鸡本非登天之物，不可能飞上天，即使飞也难以飞高飞久，一会儿就会落到地面上，正如《象》说“翰音登于天，何可久也？”爻辞以此进一步说明，诚信应始终如一、长久地保持下去。反之，就是伪信，占问凶险。㉖

第六十二卦 小过卦䷽震上艮下

（一）原文

（卦辞）小过，亨，利贞。可小事，不可大事。飞鸟遗之音，不宜上，宜下，大吉。

（爻辞）初六：飞鸟以凶。

六二：过其祖，遇其妣，不及其君，遇其臣，无咎。

九三：弗过防之，从或戕之，凶。

九四：无咎，弗过遇之，往厉必戒，勿用永贞。

六五：密云不雨，自我西郊，公弋取彼在穴。

上六：弗遇过之，飞鸟离之，凶，是谓灾眚。

（二）解读

卦辞：小过，亨，利贞。可小事，不可大事。飞鸟遗之音，不宜上，宜下，大吉。

解读：“小过”，卦名。“过”：越过、过分。

卦辞说，做事情稍有过，亨通，利于坚守正道。但这是指做小事可以有小过，若做大事不能有小过。飞鸟在空中鸣叫声，似乎表达“不宜上，宜下。”不宜上是飞的过高有危险，宜下安全。遵循卦辞做，大吉。

初六：飞鸟以凶。

解读：爻辞说，飞鸟在卦辞里遗音“不宜上，宜下。”可是小鸟不知，翅膀还没硬就直飞蓝天，掉下摔死，凶险。

六二：过其祖，遇其妣，不及其君，遇其臣，无咎。

解读：“祖”：祖父，爷爷。“妣”：祖母，奶奶。

爻辞说，错过机遇没见到祖父，却遇见祖母；高攀不到君王，却与臣相遇。虽未达到目标，也没白去，并无遗憾。

九三：弗过防之，从或戕之，凶。

解读：“弗”：不。“戕”（qiāng 音腔）：杀害。

爻辞说，不加强防备，将要被杀害，凶险。喻意安全措施可以过分，以免遭不幸。

九四：无咎，弗过遇之，往厉必戒，勿用永贞。

解读："无咎，弗过遇之"是没有小过就算收获了，无过错。"往厉必戒"是再继续做有危险，要戒备。"勿用永贞"是不要以为自己总是正确的。

六五：密云不雨，自我西郊，公弋取彼在穴。

解读："弋"（yì 音义）：带绳的小弓箭，射出去能收回，射猎小动物用。爻辞说，王公用带绳的小弓箭射洞穴中的猎物，没有收获，就像从西郊飘来的密云没下雨。喻意君王到洞穴土屋里没抓到人。

上六：弗遇过之，飞鸟离之，凶，是谓灾眚。

解读："离"通罹（lí 音离），落入，遇难。"眚"（shěng 音省）：灾难。"弗遇过之"是说，遇到了就不要远远超过，那像飞鸟自投罗网而死，凶险，这是灾难。

小结：

小过卦讲做事成功是有条件的，不能翅膀没硬就飞上天，乌云密布就着急下雨。小事情已有些小收获，稍微做过些并无过错。大事情若做过分贪多，可能因福得祸，富有哲理。（这是传统解读，笔者再深入颠覆性解读，详见本书第三章。）

（三）选录多种解读

第六十二小过卦卦辞：小过，亨，利贞。可小事，不可大事。飞鸟遗之音，不宜上，宜下，大吉。

例 1：小过是小有过失，本卦讲如何对待生活中的一些小错。从卦象来看，小过卦上卦为震，代表雷，下卦为艮，代表山，山上的惊雷常常给人带来惊恐，但山上的惊雷也能唤醒万物复苏，雷又常与雨相伴而行，从而滋润万物生长，因此山上惊雷给人们带来的恐慌只不过是小小的过失而已。小过不会改变事物的总体发展方向，只要严密管控不让其铸成大错，事物的发展还是至为亨通的。小过只是针对个人小事而言，在生活中个人小有过失是常有之事，及时改之则无大碍，而对于关乎天下和国家的大事而言，任何一个小小的过失都可能给国家和人民带来巨大的灾难，因此对大事则无小过一说，任何过错都是大错。飞鸟留下声音本是小过，但它如果向高处飞则极易被人发现而遭人射杀；它如果往低处飞则隐蔽在草丛树木中就很难被人发现，结果则是大吉大利的。⑲

例 2：小过卦有归隐山林之象。校验过符节通过城门关口，为退出宫廷纷争归隐山林之义。退出宫闱的明争暗斗，如鸟一样自由飞翔。应该说小过卦的

“亨”，只是小亨，开始的亨通。归隐山林亦只落得自由自在的亨通，不可能有宏图大展的亨通。“利贞，可小事，不可大事”，利贞，利于守正道。因为是小的过失，偏斜不远，利于纠偏固正。可小事，不可大事，小事，指百姓日常之事；大事，指国家大事。可小不可大有两层原因：一是说小过卦阴爻当位得中，阳爻失位失中，阴为小，阳为大，故可为小，不可为大；二是说小过卦有小的过失，小过失对于小事来说，无关紧要，但小的过失对于大事来说，就差之毫厘，失之千里，故而不可为大。“飞鸟遗之音，不宜上宜下，大吉”，飞鸟遗之音，听到鸟的叫声，当举头仰望天空，鸟已飞过不见了。听见鸟鸣声，不见鸟在发声处，说明鸟刚飞过不远，小过之义，如果大过连遗音也听不到了。这里也揭示音速滞后的物理现象。不宜上宜下，鸟只能在其相对固定的高度飞行，超出高度就是鹰隼等猛禽的飞行空间，向上因逆向既消耗过多的体能，又容易遭遇猛禽的攻击或高空气流搏击折翅的伤害。向下为顺向之行，下有山林栖身之处，有觅食之所，故而大吉。这里隐喻君子在朝政黑暗时不宜谋取功名利禄，适宜归隐保身。㉘

例 3：中国古代哲学思想强调中、正。凡事要不偏不倚。但在有些时候，为了使事物恢复到中、正状态，先要使其稍微超过中、正，也就是说矫往必须过正，纠偏必须过中，因此卦辞说“亨，利贞”。只是这个“过”要有一定的分寸和限度，只可稍微超过，而不可大幅度地超过，因此说“可小事，不可大事”，《彖》说“小过，小者过而‘亨’也”。

鸟是贯穿本卦始终的一个物象，卦辞中以飞行中的鸟为例，来比喻说明“小过”的道理。飞行中的鸟在正常情况下是不鸣叫的，“飞鸟遗之音”表明此鸟已受伤离群掉队，因此发出悲哀的叫声。正常情况下，鸟儿高飞可以避开猎人的弓矢，但受伤的鸟不宜再高飞，而应低于正常飞行的高度飞行，否则会因用力而加剧创伤、消耗体能而加速死亡，因此卦辞说“不宜上、宜下，大吉”，《象》说“上逆而下顺也”。㉖

例 4：小过者，用杵臼加工粮食也。亨：通，即王室用杵臼加工粮食很常见。贞：主。利贞：利主，指用杵臼加工粮食利于人的口腹。小：外。小事：外事，即对外接待之事。大：内。大事：内事，即对内接待之事。“可小事，不可大事”，意思说：用杵臼加工粮食可以用于对外接待宾客，不可用于对内接待。

飞鸟遗其音：飞鸟起飞时翅膀扇动会发出声音，声音传到我们耳朵里，称作“飞鸟遗其音”。“飞鸟遗其音，不宜上，宜下”，其意说：飞鸟起飞后的遗音，不宜高，宜低。因为上为音高，下为音低。音高表示距离近，飞鸟容易受到人的伤害；音低表示距离远，飞鸟难以受到人的伤害。元吉：大吉。意思是内部生活水平像飞鸟遗音那样宜低、不宜高，大吉。⑱

小过卦爻辞初六：飞鸟以凶。

例 1：初六爻以阴爻居全卦的最下位，失正。初六恰似一只羽翼未丰的鸟儿欲展翅高飞，这本来只是小有所过，但如任凭其自由高飞，且完全超过了它所能承受的范围则可能有折翅的危险，同时也有被猎人射杀的凶险。爻辞以飞鸟为喻告诫人们小过有可能酿成大祸。小过若能及时被发现并改正就无大碍，但如不加以防范而任凭其自由发展则必然铸成大错，从而陷入凶险。⑲

例 2：“飞鸟以凶”，以，因为。飞鸟向上飞，因向上为逆，无栖身觅食之处，故而凶险。㉘

例 3：本爻是上承卦辞而言，“以”的后面省略“上”，当作“飞鸟以上凶”。

受伤的鸟用力向上飞，会加剧创伤、加大体能消耗、加速死亡，因此说“凶”。㉖

例 4：小过：生活过度。凶：险。飞鸟以凶：飞鸟以生活过度为凶险。飞鸟要飞翔，必须保证较轻的体重。若飞鸟觅食，致使体重增加，飞不高、飞不远就很凶险。所以，俗话说得好，“人为财死，鸟为食亡”。⑱

小过卦爻辞六二：过其祖，遇其妣，不及其君，遇其臣，无咎。

例 1：六二爻以阴爻居下卦中位，有中正之德。“祖”是祖父，是一家之长，而“妣”指母亲，古时家中女人的地位是很低的。“过其祖”表示六二在家中的地位甚至超过了自己的祖父，这当然是不对的，但是如果自己能像母亲那样以谦卑的态度来处理家务也就无妨。而于国家层面而言，如果六二的地位超过了君王则是犯上作乱，这在古代社会是大逆不道的罪过。六二坚守中正之德，他甘居臣下，绝不让自己的地位超越君王，六二这种谦卑的行为可保自己免予灾祸。⑲

例 2：六二，以柔居阴得位居中，有中正之德，“过其祖”指路过祖父，祖父指九四，与祖母相见。故“遇其妣”。妣指六五，六五在君位，因是阴爻，与六二不应，故“不及其君”。没有遇见到君王。六二虽没有见到君，而见到了臣，臣指九四，九四是近君的重臣，所以没有什么咎难。㉗

例 3：“过其祖，遇其妣”，祖，祖父。妣，原指逝去的母亲，这里指祖母。因九四与六五比应，爻辞借此关系将九四阳爻比作祖父，将六五阴爻比作祖母。过其祖，越过九四祖父。遇其妣，越过祖父直接前来拜见六五君王祖母。按人伦之理应该先拜见祖父，后拜见祖母，或者同时拜见祖父母，越过祖父拜见祖母，从伦理上看有小过之嫌。“不及其君，遇其臣”，及，超越，不及，没有超越。六二虽然超越了九四祖父大臣，但没有超越六五祖母君王，没有越过君臣之礼。遇其臣，指六五遇到六二。六二虽然与六五阴爻相斥，但六五作为君王遇到前来拜见他的六二臣子，表明六二效忠君王的一片赤诚之心，因此六五君王是非常高兴的。虽然有越祖之过，但没有越君之过，所以无咎。㉘

例 4：本爻中以拜访祖父、求见国君说明致中的道理。以祖父、祖母、求见者三者之间的地位相比较，祖父在上、祖母在中、求见者在下；以国君、大臣、求见者三者之间的地位相比较，国君在上、大臣在中、求见者在下。在等级森严的封建社会中，按正常的礼仪程序来说，要想求见家庭中地位最高的祖父、国家中地位最高的国君，一定要经过祖母、大臣等类似中间人物的引见，越过祖母、大臣去求见祖父、国君，于礼不顺，是不正常的行为，正如《象》中所说“臣不可过也”。但求见者越过中间的祖母、大臣去晋见在上的祖父、国君，却恰巧遇见在中的祖母、大臣，因此说“无咎”。㉖

例 5：小过：生活水平有所提高。祖：过世的祖父。过其祖：孙子的生活水平超过祖父。妣：过世的母亲称作妣，过世的父亲称作考，所以有“如丧考妣”。遇：只有在同一水平线上才能相遇，引申为生活水平相当。遇其妣：与过世的母亲生活水平相当。因为生活水平后代比前辈高，男比女高，过世母亲的生活高于过世祖父，而低于过世父亲的生活，所以孙子的生活水平可超过祖父，低于父亲，与母亲相当。不及其君：诸侯国君的生活水平高于其大臣，王朝大臣出使诸侯国时，其接待水平不及国君。遇其臣：其接待水平与该国大臣相当。无咎：王朝大夫在家中的生活水平超过祖父，与去世的母亲相当。出使诸侯国时其生活接待不及该国的国君，与该诸侯国大臣相当。大夫能够过这样的内、外生活，无罪过。二爻是大夫之位，爻辞讲王朝大夫应有的内、外生活。⑱

小过卦爻辞九三：弗过防之，从或戕之，凶。

例 1：弗是副词，意为不。过：过度。从：放纵。戕：伤害。

九三以阳居阳而得正，避免不了被众阴所嫉妒，甚至嫉恨。在这种境况下，九三应该警惕，以防小人。可是九三以刚居刚，掉以轻心，不把小人放在眼里，放纵小人就会受到伤害，故凶。㉗

例 2：九三以阳爻居下卦的最高位，得正。九三自身行为端正没有过错，但他要时刻保持警惕以防止过错。如果放松警惕对小错视而不见，对小错放任自流，小错不能及时改正终将铸成大错，甚至可能引来杀身之祸，这是十分凶险的。⑲

例 3：“弗过防之”，弗，不。不要过激，不要超越。防之，防范风险。“从或戕之，”从，跟从，随从，这里指盲目跟从。或，或有，或许。戕（音

qiāng），杀害。如果盲目跟从向上就有被杀害的危险。因向上在小过卦为违逆，故而有凶险。㉘

例 4：弗，不。从，本义是一个人跟随于另一个人后面，引申为紧接、马上的意思。戕，伤害。

古语云："取法其上，仅得其中；取法其中，仅得其下。"俗话也说："害人之心不可有，防人之心不可无。"《易经》中充满忧患意识，以时刻保持警惕、戒备作为重要的防患措施之一。认为只有思想上"过防"，才能达到实际上"防"的目的；反之，思想上不加以警惕、防范，行为上就会麻痹、懈怠，紧接着被心怀叵测者钻了空子，伤害到自己，因此说"凶"。㉖

例 5：三爻是诸侯之位。弗：不能。过防：防卫过当。爻辞省去小过字，这里的小过就是防卫过当。弗过防之：不能防卫过当。《辞海》："从，通踪。踪迹。"或：有，假为又。戕：残害。从或戕之：跟踪他又戕害他。凶：险。意思是诸侯不能防卫过当，跟踪他又残害他，凶险。不能防卫过当是现代法律才规定的，周王朝在三千年前就规定不能防卫过当，说明周王朝已非常文明，所以说中国是文明古国。⑱

小过卦爻辞九四：无咎，弗过遇之，往厉必戒，勿用永贞。

例 1：弗是副词，意为不。厉：险。戒：警戒。

九四，刚居柔，既刚又柔，强与柔都不过，所以无灾难。"弗过遇之"指不过分刚，遇到各种情况，能灵活地应对，泰然处之。"往厉必戒"指九四以刚居柔而位不正，如要持强前往，必有危险。由于九四有阳刚的特点，必须要时刻警诫自己。"勿用永贞"指小过卦是阴多阳寡，并且阳还失位，所以阴是不肯顺从阳的。小人盛，君子衰，君子处在这种情况下，只能采取灵活的手段对待，绝不能固守常规。㉗

例 2：九四爻以阳爻居阴位，失正。在生活中人们即使不主动犯错，也会遭遇一些意外的过错，这对于寻常百姓而言是极为常见的事情，并不会因此遭遇灾祸。但是如果人们行为失正，主动犯错则必然会招致危厉，对此人们应该保持足够的警戒。当人们行为不端时是不宜采取行动的，动则有过而陷入危境，此时他们应该首先回归正道以端正自己的品行。⑲

例 3："弗过遇之"，弗，不。弗过，不超过，不超越限度。遇之，可以相遇，顺其自然的相遇，没有预谋，没有越度的相遇就没有灾难。"往厉必戒"，九四下应初六，上比六五，有相遇利好之机，也有相遇凶险之患。如果急于相应初六，下被九三所隔，上被六五所忌；如果过于施展才华，既有赢得六五君王信任之吉，又有功高震主之凶，所以必须有所戒备。"勿用永贞"，勿用，不用，不要。即使持守正道，推行正确的主张，也不要过于执着、一味地追求，这样会欲速则不达，欲强则不能。这里强调要把持守正道的坚定性和实行主张的灵活性结合起来，过度则凶险，不及可能会更好地守住正道，即卦辞所嘱的“不宜上宜下”。㉘

例 4：遇之，结合六二看，当是指“遇其妣”“遇其臣”之类，也就是“得中”“得正”的意思。

“过”的目的在于致中，是纠正事物偏差的一种权宜之计，不适用于任何情况下的任何事物，当“过”则“过”，不当“过”则不“过”，不可滥用。如果事物本身就处于不偏不倚的中正状态，又何必要“过”呢？因此爻辞说“无咎：弗过，遇之”。如果在任何情况下、对任何事物都一味地采用“过”的方式，或者事物本来就处于中正的状态而仍采用“过”的方法，会适得其反，把事情搞糟，因此又说“往厉，必戒，勿用永贞”。㉖

例 5：小过：生活过度。四爻是国公位。无咎：无罪过。意思是国公的生活过度无罪过。弗：不能。弗过遇之：国公的待遇不能超过规定标准。往：以往。厉：严厉。戒：同“诫”，警诫。往厉必戒：以往严厉处罚必能引以为戒。贞：政。勿用永贞：不要把严厉处罚当作一劳永逸的政事。说明周王朝时也有生活腐败者，惩治腐败也是常抓不懈，不是一劳永逸。⑱

小过卦爻辞六五：密云不雨，自我西郊，公弋取彼在穴。

例 1：六五以阴爻居君位，虽居中但失正。六五身为一国之君却能力不足，而且行为不端。从西郊过来的乌云密布在天空，却久久不能下雨，比喻君王将天下财富据为己有，不肯施与万千臣民享用。君王的这种自私行为已经不是小过了，而是不可饶恕的大过，他必然尽失民心并且使自己成为天下人猎取的对象，这种结果不言而喻是凶险至极的。⑲

例 2：六五，阴云密布而不雨，是因为风从西方吹来，云被吹散了，是不可能下雨的。也说明六五爻想有所作为，结果是不能成功的。“公弋取彼在穴”，公指六五，彼指六二，弋指射箭并有取之意。鸟指六二。因六二伏于二阳之下，有鸟栖息在洞穴之象。箭是不会射到鸟的，也就是说六五想取得六二之帮助是不可能的。因此两爻皆是阴而敌应，所以六五是不能成功的。㉗

例 3：“密云不雨，自我西郊”，与小畜卦卦辞相同，说的是雨云聚集在京畿上空，好像要下雨，却没有下，因为小畜卦上卦为巽风，雨云从东边来，西风把雨云向东边刮，把雨云吹散了，故而没有下雨。这里比喻六五身为人君不能恩泽民众，得不到民众的相应与支持。把小过卦上互卦兑卦倒过来则成为巽卦，这样六五爻则变成六三爻，有风吹六二之象。“公弋取彼在穴”，公，自称，即“我”。弋（音 yì），带绳的箭，射出后可以把箭收回来。彼，你，指猎物，这里指六二。我用带绳子的箭把你从洞穴中射取出来。六五与六二为相应之爻位，因六五与六二同为阴爻敌应，六二为士位，中正贤良，但六五高高在上，不肯礼贤下士，不肯恩泽民众，就像阴云密布而不下雨一样，迫使贤良隐于世外不愿归附，于是六五用射取猎物的办法强行把六二抓捕过来。用这样的办法是不能征服人心的，说明六五只是空有其云而不雨，空有其弋而不猎。这里表现为六五心地不宽的过失，方法不当的过失。究其原因是位置不当。㉘

例 4：公，公爵。弋，射箭。彼：指鸟。

“密云不雨，自我西郊”句在《小畜》卦中已经出现。雨是阴、阳二气相互作用的结果，天上的阳气下降，地上的阴气上升，阴阳二气遇合致中才能成雨。“密云不雨，自我西郊”说明该上者未上、该下者未下，阴、阳二气尚未遇合致中。

飞鸟的情形与此相似，受伤后宜下而不下、不宜上而上，终因箭伤发作而坠落，然后在洞穴中被公爵捡到，因此有“公弋取彼在穴”之语。㉖

例 5：小过：生活过度。五爻是王位。“密云不雨，自我西郊”是小畜卦的卦辞。而小畜是蓄积粮食。这里的意思是说：在粮食丰收年成，周王的生活可以有所过度。中孚卦九五爻辞说：周王的生活随着民众的生活水平的升降而升降，无罪过。粮食丰收年成民众的生活会上升，所以周王的生活也可以有所过度。公：国公。《说文》：“弋，橜也”。段玉裁注：“凡用橜者为有所表识，所谓楬橥也。”《辞海》：“楬橥，本是作标识的小木桩，引申为标志。”《周礼·秋官·职金》：“楬而玺之。”玺：印章。因此，弋是周王朝加盖了印章的凭证。“公弋取彼在穴”，汉帛书写作“公弋取皮在穴”。《说文》：“彼，行有所加也。”皮：指猪肉。因为通常猪肉带皮吃，牛马都要剥皮，所以“取彼”有二义。其一，行有所加者是加盖了印章的楬橥。其二，所取者是猪肉。穴：土穴仓库，即需卦六四爻辞“需于血，出自穴”之穴。土穴是周王室的仓库，土穴仓库中储藏着王室所食猪肉。公弋取彼在穴：国公也可用加盖了印章的楬橥，到王室土穴仓库领取猪肉使生活有所改善。国公是肉食者，当粮食丰收时也可生活过度，但不能超过标准，故而要凭加盖印章的楬橥为票证定量供应猪肉。我国在20世纪六七十年代全国都凭粮票、油票、布票、肉票、豆腐票等票证定量供应生活物资。而凭票证供应物资的发明权不是新中国，而是三千年前的周王室。⑱

小过卦爻辞上六：弗遇过之，飞鸟离之，凶，是谓灾眚。

例 1：上六爻以阴爻居全卦的最高位，恰如一个身居高位的阴邪小人。这类小人即使不会遇见过错，但为了个人私利也不惜铤而走险去主动犯错。天作孽犹可违，自作孽不可活，主动犯错犹如一只飞鸟自投罗网，这种灾祸完全是咎由自取的。⑲

例 2：上六之过是因为没有遇合阳刚，是小人之过。犹如飞鸟在天上遭到射杀，是很凶险的。再者，飞高过于亢，过亢哪里还能有遇，所以有灾祸。㉗

例 3：“弗遇过之”，因为超越而没有相遇，遇，指与阳爻相遇。上六本与九三相应，因上六阴居亢极之位，阴极变阳，高高在上，不肯屈下，故而不能相应，却为相害。害了九三，也害了自己。“飞鸟离之”离，罹难。鸟飞极亢，无栖身之地，无觅食之所，灾难在所难免。“是谓灾眚”，眚（音 shěng），原指眼生翳疾病，这里指过失、灾祸。㉘

例 4：弗遇，没有致中、得中。过之，超过了中正的界限。离，通“罹”，遭遇。灾，客观原因导致的灾害。眚，主观原因造成的灾害。

没有致中、得中，反而越过了中的界限，因此说“弗遇，过之”，《象》说“弗遇，过之，已亢也”。像受伤的飞鸟就遭遇到了这种情况，受伤后本应低飞反而高飞，违背了中正之道，落了个坠落在地被人获取的下场，因此说“凶”。飞鸟被公爵的箭射中受伤，这是客观因素；受伤后不能适时的调整飞行高度，这是主观因素。这样，由于主、客观两方面因素导致了灾害产生，因此说“是谓灾眚”。㉖

例 5：上爻是祖宗之神位。根据《国语·周语·祭公谏征犬戎》，周天子在春夏秋冬四时祭时，宾服各国都要派使者来向周天子献上祭品，称之为“宾服者享”，此时接待各国使者的生活可以有所过度。爻辞省去小过二字。小过：四时祭享祖宗时接待宾客的生活有所过度。弗：不能。遇：待遇。过遇：待遇超过标准。弗过遇之：不要对个别国家使者的待遇超过标准。飞鸟离之：对个别使者待遇过高，其他国家的使者因不公平对待，就会像飞鸟一样离去。凶：险。这是非常凶险的事。灾眚：灾祸。周王朝的范围是指四方千里的王国，宾服、要服、荒服都不是周王朝的国土而是势力范围。宾服之国是周王朝的守候国和外卫国，谓之“候卫宾服”。失去大多数国家的守卫，对周王朝当然是凶险的事，故而谓之灾祸。宾服之国对周王朝非常重要，所以观卦爻辞曰：“观国之光，利用宾于王。”⑱

第六十三卦　既济卦䷾坎上离下

（一）原文

（卦辞）既济，亨，小利贞。初吉终乱。

（爻辞）初九：曳其轮，濡其尾，无咎。

六二：妇丧其茀，勿逐，七日得。

九三：高宗伐鬼方，三年克之，小人勿用。

六四：繻有衣袽，终日戒。

九五：东邻杀牛，不如西邻之禴祭，实受其福。

上六：濡其首，厉。

（二）解读

卦辞：既济，亨，小利贞，初吉终乱。

解读："既济"，卦名。"既"：已经。"济"：渡水，渡河。"既济"：已经渡过河，成功之意。

卦辞说，已经渡过河，亨通，前进不要急躁，否则开始吉利，最终将失败。喻意成功渡过河，休整期，不要急于发展。待人力物力充足时再大步前进。

初九：曳其轮，濡其尾，无咎。

解读："曳"（yè 音叶）：拖、拉。"轮"：车轮。"濡"（rú 音儒）：浸湿。

爻辞说，很费力地拖拉着车，行动速度慢，犹如狐狸过河，尾巴浸泡在水里，摆动困难，行驶慢，无过错，不要猛冲急于前进。

六二：妇丧其茀，勿逐，七日得。

解读："茀"通髴（fú 音服）：妇人头饰或头巾。"逐"：追。

爻辞说，妇女丢失了头饰，不要追逐去找，很可能被捡到七日送回来。喻意不要急于求成，该是自己的，以后还会获得。

九三：高宗伐鬼方，三年克之，小人勿用。

解读："高宗"：殷商王朝一位君主，名武丁。"鬼方"：商朝北方一个少数民族小国与商朝为敌。

爻辞说，商朝武丁君主，利用长达三年时间，才平定了鬼方。若用没经训练的小人，时间更长。喻意不可重用小人。

六四：繻有衣袽，终日戒。

解读：“繻”（rú 音儒），又一音（xū 音需）：丝织品呈现出五彩的样子。

爻辞说，彩色的丝织品，不加保护而乱用，也会很快变成破衣服，故应终日采取措施防备。喻意居安思危，享乐主义容易腐败变质。

九五：东邻杀牛，不如西邻之禴祭，实受其福。

解读：“禴祭”：古时较简朴的祭祀。“东邻”指商纣王之地。“西邻”指周文王之地。

爻辞说，东邻杀牛盛祭也不得民心，不如西邻薄祭获得民心，因而获上天保佑，“实受其福”。

上六：濡其首，厉。

解读：爻辞说，狐狸为了快速过河，把头潜入水中向前冲，很艰厉，终于到达彼岸，到达终点，奔到尽斗结束，无路再行，安息吧！

小结：

既济卦宣讲已经渡过历史的长河，成功地到达彼岸，归宿，人生终点。从乾卦开始到此已走到尽头，山穷水尽疑无路，等待交接，等待轮回，转入未济卦。

（上述既济卦是传统解读，笔者深层次轮回解读见本书第三章。）

（三）选录多种解读

第六十三既济卦卦辞：既济，亨，小利贞。初吉终乱。

例 1：既济，“既”指事已完成；“济”是渡河的意思。既济，喻事业成功。

既济卦，下体离，上体坎，坎为水，离为火。故“水火既济”。《序卦传》说：“有过物者必济，故受之以既济。”小过卦说的是有小的超过就可以把事情办成。事情办成了，即既济。故小过卦之后是既济卦。“既济”指涉渡江河已成功，引申为出险济难之意，也可以理解为事业的成功。既济卦六爻都当位，阴爻居阴位，阳爻居阳位。三阳三阴六爻全都就位。表明事物发展非常完美，也就是说完美得不能再发展了，已经发展到了穷尽的地步。实际上事物发展到一定程度就向其反面转化，“物不可穷”。既济卦从表面看是穷，而实际上并没有穷，这就是事物发展的规律。

“既济，亨小，利贞，初吉终乱”。既济卦指不但大事亨，小事也亨。也正像《彖传》所解释的那样，“既济亨，小者亨也”。在既济的过程中，利于坚守贞正，“初吉”指既济之初，办事都是顺利的、吉祥的。“终乱”说既济不能终吉。既济发展到一定的时候就要转化，就要变为乱，就要变为未济，未济的六爻皆不当位。乱与不乱还要看人的后天努力，如果人居安思危，始终保持清醒的头脑，虽乱，经过济而达到不乱。㉗

例 2：既济的本义是已经渡过了河，比喻事情已经完结了，本卦讲事情的一个发展阶段完结后人们应该采取的行为。从卦象来看，既济卦上卦为坎，代表水，下卦为离，代表火，水火相交最终可能有两种结局：一是火将水烤干，二是水将火浇灭，无论是哪种结局都表示事情的完结，但这只是事物发展过程中的阶段性完结，事物的发展是永无止境的，在此基础上事物又将进入一个崭新的发展阶段。事物的发展应该坚守正道，弱小的事物只要坚守正道，其发展前途也是至为亨通的。如放弃正道，即使最初吉利，最终也将落得个“乱”的下场。⑲

例 3：“亨小，利贞”，亨小，是大亨、皆亨之义，由于完美，不但大事亨通，连小事也亨通，故而有利于守正道。这里的“利贞”不是要求守正道，而是有利于守正道，是表达具备守正道的条件，因为卦中六爻皆当位相应，都在正道上，没有任何偏斜。“初吉终乱”，这里有两层寓意：其一，因为既济卦过于完美，无懈可击，预示事物、事业已达到光辉的顶点。物极必反，过满则亏，过治必乱，这是不可抗拒的自然和社会的普遍规律；其二，既济卦虽为圆满，但当中已潜含“乱”的因素。水火本为相克，水能养人，亦能溺人；火能济人，亦能毁人。因为水火平衡相济，才形成特殊阶段的完美境界。平衡是相对的，不平衡是绝对的，这种暂时的平衡一旦打破，水火向善的一面就会收敛，向恶的一面就会凸显，必然会乱。从既济卦结构上看，下卦为离火，为光明，象征起初吉祥。上卦为坎水，为坎险，预示终了凶险。从人类的习性看，患难时能够跋涉大川险阻，成功之后往往滋生骄奢淫逸。即使创业君王能够励精图治，但他不能保证后世君王能够英明守业，故而难逃“初吉终乱”怪圈。㉘

例 4：“既济”比喻事情已经完成，大功告成。既然是“既济”，那么取得“既济”的过程无论怎么说都还算是顺利的，因此说“亨”。

但是，物极必反。事物总是处于不断地发展变化之中，不断地向各自的对立面转化。我们常说，失败是成功之母。反过来也可以说，成功是失败之始。如果在成功之后不能正确地看待成功，而是志骄意满、居功自傲、不思进取、贪图享受，那么成功也会很快转向失败，因此说“初吉终乱”，明末李自成起义即是由成而败的一个典型。

正因为作者认识到这一点，所以又说“小利贞”，意在抑制人们因成功而可能滋生的骄傲情绪，提醒和告诫人们，这只是小小的成功、暂时的成功，不要被这小小的、暂时的成功冲昏了头脑、得意忘形，要安而不忘危，存而不忘亡，治而不亡乱，时刻保持警惕，把一时的成功看作进一步奋斗的良好开端，不断进取，慎终如初，如此方能永远立于不败之地。

以下爻辞通过渡河拉车、狐狸渡河、妇人丢失了头饰、殷高宗讨伐鬼方、绵衣露出绵絮等一系列事例说明这一道理。㉖

例 5：既济者，用水攻、火攻取得战争胜利也。亨：通，引申为用水攻、火攻取得战争胜利之事很常见。

小：外，指对外发动的战争在外国的土地上。贞：主。利贞：利主。即有利于主动发起水攻、火攻。初吉：起初会取得战争的胜利。终乱：最终因水灾、火灾会造成更大的祸乱。虽然用水攻、火攻的战法很常见，但《周易》作者主张慎用水攻、火攻取胜的战法。卦辞教导国家统治者在对外战争时在外国土地上，虽然可主动采用水攻、火攻取胜，但最终因水灾、火灾会给该国人民造成更大的祸乱，会遭到该国人民的坚决反抗。即使得到外国的土地，却得不到人民的拥护，也难以立足。更何况在灾区实行治理也很困难，故而要慎用水攻、火攻。⑱

既济卦爻辞初九：曳其轮，濡其尾，无咎。

例 1：曳，指拽拉，拖。濡：浸湿。尾：尾巴。

初九以阳居下，与六四相应，又处在火体之始，可见有躁进之象。处在既济之初，应当止进或谨进为佳，如果急于上进那必定有咎。初九当位得正，头脑清醒，克自力强，故“曳其轮”即用力往后拽拉着车轮不使其前行。“濡其尾”指有如动物浸湿了尾巴难以渡河。可见初九止行决心之大，所以是无咎的。㉗

例 2：初九以阳爻居下卦的最下方，得正。“曳其轮”指人们往后拽住车轮，“濡其尾”指小狐狸在渡河时沾湿了尾巴，爻辞比喻事物发展到一定阶段后应该主动放缓发展的进程，尽力巩固在前一个阶段所取得的成果，为进入下一个发展阶段夯实基础。如立足未稳而操之过急则可能功败垂成，就如同一只性情急躁的小狐狸还没有渡过河却让河水打湿了尾巴一样，但如果此时采取强制措施使事物发展完全停滞下来也是不可取的，只有放慢速度稳步前进才可免于灾祸。⑲

例 3：“曳其轮”，曳，拽、向后拖，其目的是限制车速，使车徐缓地行驶。“濡其尾”，濡，沾湿，其，指狐狸。既济卦和未济卦互为覆卦，未济卦提到狐狸，狐狸尾巴很粗，尾巴沾湿过河的速度也就慢了。濡其尾，是有意将尾巴沾湿，也是为了减慢速度。这样谨慎地行事，善于补救过失。㉘

例 4：初九处于本卦之始，象征还处于创业过程的初期。其中用了拉车渡河、狐狸渡河两个事例。

河中泥沙淤积，车轮容易陷入其中，空车还好说，如果是车上载着东西，是很难将车推过河的，所以需要有人帮着拉车。

小狐狸身体不大，但尾巴上长满厚厚、蓬松的毛，如果沾了水，会增加很大的重量，渡河的时候是很危险的。所以，在渡河的时候，狐狸都是本能地将尾巴翘起来。但是这只小狐狸在渡河的时候，还是沾湿了尾巴。

爻辞通过这两个事例说明，要想取得事业的成功不是轻而易举的，即使成功之中也包含着不成功的因素，也有遗憾的成分在内。尽管如此，但毕竟最终还是成功了，因此说“无咎”。㉖

例 5：既济：已渡过河要离船上岸。曳：拉。轮：车轮。曳其轮：人拉着车经过跳板下船。濡：沾湿。尾：车尾帏裳。如《诗经·卫风·氓》：“淇水汤汤，渐车帏裳。”濡其尾：河水沾湿车尾帏裳。无咎：无罪过。意思是车轮经过跳板与岸接触处时，因溅起的河水沾湿车尾帏裳，无罪过。跳板要从船上往岸边抛放，有可能跳板顶端落在岸边水里，车轮经过时往往溅起河水来溅湿车尾帏裳。⑱

既济卦爻辞六二：妇丧其茀，勿逐，七日得。

例 1：丧，指失。茀：古代妇人所乘车的车帘。逐：追逐。

六二以阴爻居阴位，居中得正，又与九五正应。在既济之时六二不可急于济世，要取得九五之君的信赖和提拔方可济世。当下应当自守中正之道，以待时机。所以“妇丧其茀，勿追，七日得”。妇指六二。茀指古代的掩车门之帘。古代妇人乘车必有车帘，车帘丧失了，车也就不能前行了，车帘丢失了，不要去寻找它，七日后可以失而复得。实际上是说，六二不要急于行动，要守正待时，时机到了，你的才能也就发挥出来了。㉗

例 2：六二爻以阴爻居下卦中位，具有中正之德。人们的事业之所以能够达到“既济”的状态，是因为人们坚守中正之道并有所付出，“妇丧其茀”比喻人们在创业的过程中付出了巨大的代价，“勿逐”告诫人们没有必要哀叹付出的心血，“七日得”清楚地表明随着事业的增进人们所付出的代价终将获得丰厚的回报。⑲

例 3：“妇丧其髴”，髴（音 fú），古代妇女的首饰，这里指贵妇乘坐车辆的帘饰，车髴是为了遮蔽乘车人的容颜，以示尊贵。这里将六二比作贵妇，所乘车子的车髴被风刮掉了，贵妇的容颜直接暴露于路人，贵妇无奈而尴尬。“勿逐，七日得”，不用寻找，七天后会失而复得。六二上应九五，而九五忙于政事不能迎接其妻，六二受到怠慢如同丢其车髴。但六二持中守正，不去寻找车髴，即不与君王论理为什么怠慢她。“七日得”，七，一般性量词，不是特指，是说过一些时日车髴就失而复得，即君王忙完政事很快就会与她相应了。六二为什么“勿逐”呢？这是因为六二处在中正之位，比应初九、九三，左右逢源，上应九五君王，深得君王信任，如果离开这个位置则不中不正，也就不可能失而复得。也正因为她中正，才能做到“勿逐”。这里说明，即使在左右逢源、上下相

应的有利条件下，也要谨慎行事，不可得理不饶人，忘乎所以。㉘

例 4：在前面我们讲过，《易经》中“七日”是阴与阳、吉与凶、始与终、成与败、得与失等对立事物循环、转化的一个周期数，而第七日是这个转化的分界点。妇人丢失了头饰，不用寻找，七天之内能够失而复得，也是由这个规律所决定的，正如《象》说“七日得，以中道也”。其中“中”念去声，是符合的意思；“道”就是指以“七日”为循环、转化周期数的规律。㉖

例 5：妇：命妇。二爻是大夫之位，所以妇是指贵族命妇。丧：失。茀：古代命妇外出时所乘的车蔽。

“妇人之车，前后设蔽，”爻辞省去既济二字。既济：渡过，引申为命妇过市。妇丧其茀：命妇过市后丧失了车蔽。为什么呢？因为古代法律规定命官和命妇无故不能去逛市场，违者要处罚。

古人以为市是营利、行刑之处，所以贵者无事不宜至市场游逛，如无事到市场游逛，必须受到处罚。盖，车盖。盖、幕、帟、帷，皆为车上所用障蔽之物。命妇：卿大夫等的妻之通称。古代法律规定：国君过市，正在市场行刑的罪犯可以赦免；大夫、世子、命夫、命妇过市，则要实行没收车蔽的处罚。勿逐：不要追寻。七日得：七天后可以得到。我推论，古代市场法律规定，命妇过市要罚没车帷，但七天后罚没的车帷可以去领回。命妇没有车蔽不能外出，处罚是七天不准外出。⑱

既济卦爻辞九三：高宗伐鬼方，三年克之，小人勿用。

例 1：“高宗伐鬼方”，高宗，指商朝帝王武丁。鬼方，西羌的鬼方国，这里讲述的是“武丁伐鬼方”的典故。武丁为殷商第二十三代帝王，武丁继位时，殷商国势已经衰颓，周边的诸侯纷纷反叛独立，鬼方部落就是其中之一。武丁即位后，重用人才，励精图治，扭转了殷商衰落局势，曾出现一度中兴，于是发兵征讨那些不肯归顺的诸侯国。“三年克之”，三年，不特指三年，指用了较长时间才予以攻克。“小人勿用”，小人误国，不可重用，即使有功，也只能给予物质奖励，不可委以高官。㉘

例 2：九三爻以阳爻居下卦的最高位，得正。当人们的事业达到“既济”状态后，既不能盲目乐观而急躁冒进，也不可自满于现有成就而裹足不前。高宗讨伐鬼方用了三年时间才取得最终胜利，爻辞以此为喻告诫人们创业是艰难的，要有打持久战的准备，在创业的过程中不能有丝毫懈怠和放松，需要坚韧的毅力和勇气才能取得最后的胜利，而这些都是小人不可能做到的。⑲

例 3：本爻所记是史实。《逸周书》中有类似的记载：殷高宗武丁三十三年讨伐鬼方，驻扎在“荆”这个地方，到了三十四年攻克了鬼方。殷高宗武丁在位的时候，正值殷商国运衰微，“伐鬼方”对外进一步巩固边防，对内重新振兴纲纪，实现了殷商的复兴，而殷高宗也成了商代有名的中兴之君。对此，爻辞说“三年克之”，《象》说“三年克之，惫也”，可见胜利、成功来之不易。

创业不易，守成更难。要保持得胜之势，巩固胜利的成果，需要任用德才兼备的大臣来辅佐，而不能任用有才而无德的小人，否则胜利成果也会很快丧失，因此说“小人勿用”。前面《师》卦上六爻中也曾说到“大君有命，开国承家。小人勿用”。这就告诉人们，“小人勿用”是防止由成转败、由治变乱的措施之一。㉖

例 4：高宗是商王武丁，高宗是其庙号。高宗伐鬼方：商高宗当年讨伐鬼方。三年克之：《竹书纪年》载：“武丁三十二年伐鬼方，三十四年克之。”爻辞省去了既济字。既济：商高宗是用水攻、火攻的战法战胜鬼方的。小人：平常人。小人勿用：平常人不要用这种战法。三爻是诸侯之位，而商高宗是王，为什么列于此位呢？因为在西周初期，商高宗的后代微子启被周王朝改名为微子开，封为宋国的国君，已经沦为诸侯了，所以爻辞将商高宗列为诸侯位。爻辞将商高宗列于诸侯位是《周易》作者对周王室子弟的警告。⑱

既济卦爻辞六四：繻有衣袽，终日戒。

例 1：繻，指濡，渗漏。袽：破烂的衣服。

六四以阴处阴得正，并处在既济卦下体之上，这是一个多惧之地，又近君多险。在这种境况下，六四时刻有忧惧思患的意识。故“繻有衣袽，终日戒”。古人乘船，发现船有渗漏水之处，马上就用事前准备好的破烂衣服去塞堵。实质是说六四有强烈的思患防患意识，所以整日都处在戒惧状态，故“终日戒”。㉗

例 2：六四爻以阴爻居阴位，得正。“繻”是指细密的丝织品，而“衣袽”指破败的衣服和棉絮。“繻有衣袽”指再结实的衣服也终有破败的时候，爻辞旨在向人们指出事物发展到一定阶段所取得的成绩再好也只是暂时的，不可能长久。人们虽然取得了一定的成就，但应当时刻保持戒惧的心理，在继续前进的道路上稍有不慎则可能招致灾祸。⑲

例 3：“繻有衣袽”，繻（音 xū），原指彩色丝织品，象征华美、华贵。袽（音 rú），衣物破旧败絮外露。就算华贵的衣物也要破旧，完美是不能长久的，所以要时刻保持戒备心理，心存忧患，居安思危。㉘

例 4：绵衣露出绵絮，表明绵衣由新变旧。衣物由新变旧是不可避免的自然规律，但如果主人能够珍惜爱护，则可以延缓这一过程，延长衣物的使用寿命，更好地起到防寒作用，因此告诫“终日戒”。爻辞以此说明人的主观能动性对于自然规律可以产生一定的能动作用，一个“戒”字表明了人的这种主观能动性。㉖

例 5：《说文》：“繻，缯彩色也。”根据“终日戒”，我认为繻是襦字之误。因为古代缯帛非常昂贵，士兵们不可能穿着彩色缯衣“终日戒”。再说，汉帛书就写作“襦有衣袽”。《说文》：“襦，短衣也。自膝以上。”因此，繻是襦字之误写。袽：我认为相当于今之“絮”字。因为西周时期无棉花，古人当时是用破衣烂衫撕碎当作絮，所以袽是如衣。可能商王朝时，冬天为了御寒，将长袍里塞进袽，有如旧时的棉袍。但是长袍不利于士兵行动，于是周王朝进行改革，在短衣里塞进袽，士兵穿在身就可“终日戒”了。爻辞省去了既济二字。既济：成功，即短衣里加入衣袽这种改革很成功。终日：我以为是冬日，因为汉代时“终”通“冬”，如乾卦爻辞“终日乾乾”，汉帛书就写作“冬日健健”。终日戒：士兵在冬日里穿着这种短衣塞进衣袽的军装就可担任警戒。我推论，这种改革是周公旦所为。因为周公旦是周王朝的国公之一，而四爻正是国公之位，而且周公旦也是《周易》作者之一。⑱

既济卦爻辞九五：东邻杀牛，不如西邻之禴祭，实受其福。

例 1：“东邻杀牛，不如西邻之禴祭”，说的是一个历史典故。东邻，指殷商的国都朝歌在西周的东边，指纣王用牛这样的大牲祭品来隆重祭祀先祖与神灵，却没有得到神灵的护佑。西邻，指西周所在地西山。禴（音 yuè）祭，是一种简单、简陋的祭祀，与隆重、厚礼的祭祀相反。西周只用简约的祭祀却得到神灵的保佑。㉘

例 2：九五，东邻杀牛用大牲进行盛祭，还比不上西邻用黍、稷、蔬菜等简单的薄祭，这说明祭祀不在于排场规模，而在于是否心怀诚敬，九五阳刚中正，阳为实，实指的是九五，谁受到福佑，当然也就是九五了，故“实受其福”。㉗

例 3：九五爻以阳爻居君位，至中至正，至刚至尊。当国家进入“既济”的状态，天下太平，社会财富充足，人民安居乐业，此时一国之君极易产生骄奢淫逸的恶习，而忘却中正之道。杀牛以祭表示厚祭，而禴祭指的是薄祭。九五凭借殷实的财富完全有能力举行厚祭，但是祭祀并不是在祭品的多寡，而贵在有心诚，古人认为只要怀有至诚之心，即使简单的薄祭也能获得神灵的赐福。爻辞旨在告诫君王“既济”只是暂时的，“未既”即将到来，君王务必坚守中正之道才能得到福祉。⑲

例 4：商周之时，在地理位置上，殷在东，周在西。所以，本爻中的“东邻”指殷人，“西邻”指周人。禴（yuè）祭，用饭菜进行祭祀，指薄祭。实，的确。福，福佑、保佑。

祭祀之事，关键在于心诚，心诚则灵，而不在于祭品的多少、厚薄。祭品的多少、厚薄与是否诚心是不成正比的。心无诚信，再丰厚的祭品也是无济于事的；相反，只要心中诚信，即使祭品微薄、俭约，同样能够得到上天、神灵的保佑，因此说“东邻杀牛，不如西邻之禴祭，实受其福”。这一思想在《易经》和《周书》之中非常突出。虽然这种思想仍然带有迷信天命的色彩，但其重心毕竟已经转向强调人的思想品德的作用，无疑是一个很大的进步。㉖

例 5：爻辞讲王朝的禘祭，故而言祭，而汉帛书就写作“东邻杀牛以祭”。东邻：指商王朝。因为商都在今天的河南省商丘，位于东。西邻：指周王朝。因为周都在今天的陕西省西安，位于西。九五是王位，而商周都是王国。夏、商王朝每年夏季进行禘祭。

东邻杀牛：禘祭是古代王朝盛大的祭祖活动，商王朝在夏季要杀牛以禘祭。西邻禴祭：周王朝改夏、商王朝的夏禘为夏禴。实受其福：周王朝改革夏禘为夏禴，用新粮菰和新腌瓜菜以祭祖，先祖在夏天吃新鲜粮菜，比吃牛肉更能实在享福。爻辞省去的既济字。既济：周王朝改夏禘为夏禴很成功。禘祭要花费大量的人力、物力、财力。商朝每年夏天都杀牛进行禘祭，给民众造成重大负担。因此，周王朝为减轻人民负担，改一年一禘祭为五年一禘祭，改夏禘为秋禘。这种改革得到全民拥护，很成功，故而谓之既济。⑱

既济卦爻辞上六：濡其首，厉。

例 1：濡，指浸湿。首：头。厉：危险。

上六处既济之极，坎险之上，上位为首，有淹没的危险，故“濡其首，厉”。头被水淹没了，可见危险是多么的大。㉗

例 2：上六以阴爻居全卦的最高位，表示到了“既济”的尽头。事物总是在不断地发展，“既济”只是发展过程中一个阶段的完结。随着事物进一步发展，原有的“既济”状态终将结束，而进入下一个“未济”状态。事物的发展从既济到未济，再从未济到既济，周而复始永不停歇。从既济到未济，事物原有的平衡被彻底打破，各种矛盾层出不穷，这当然是十分危厉的。爻辞讲小狐狸涉水过河却被水淹没了脑袋，象征从既济到未济人们可能会面临灭顶之灾。然而从既济到未济是事物发展的客观规律，是不以人的意志为转移的，人们只能因势利导，尽量做到适时而为。⑲

例 3：上六处于本卦的最上爻，因此也取象狐狸的头部。“濡其首”与初九“濡其尾”相互照应。“濡其尾”只不过沾湿了尾巴，尚无大碍，因此断语说“无咎”；而“濡其首”则是即将淹没头顶，形势非常危险，因此说“凶”，《象》说“濡其首，厉，何可久也？”㉖

例 4：既济：人成功度过一生而自然死亡。濡：沾湿。首：头面。濡其首：为死者清洁头面部。厉：厉行，即雷厉风行。《孟子》：“养生者不足以当大事，惟送死可以当大事。”所以，厉的意思是丧事要当大事雷厉风行办理。⑱

第六十四卦 未济卦䷿离上坎下

（一）原文

（卦辞）未济，亨，小狐汔济，濡其尾，无攸利。

（爻辞）初六：濡其尾，吝。

九二：曳其轮，贞吉。

六三：未济，征凶，利涉大川。

九四：贞吉，悔亡，震用伐鬼方，三年有赏于大国。

六五：贞吉，无悔，君子之光，有孚，吉。

上九：有孚于饮酒，无咎。濡其首，有孚失是。

（二）解读

卦辞：未济，亨，小狐汔济，濡其尾，无攸利。

解读："未济"，卦名。"汔"（qì 音气）：几乎。

卦辞说，"未济"是还未渡过河，尚未成功。小狐狸几乎就要渡过河时，尾巴浸泡在水里，不顺利。

初六：濡其尾，吝。

解读：爻辞说，狐狸本应翘尾巴过河，却把尾巴浸在水里，很遗憾。

九二：曳其轮，贞吉。

解读："曳"（yè 音夜）：牵引，拖、拉。

爻辞说，牵引着轮子，控制速度，走正道则吉。

六三：未济，征凶，利涉大川。

解读：爻辞说，还没成功就去出征，也就是还没渡过河就出征，凶险。有利于先渡过河再出征。

九四：贞吉，悔亡，震用伐鬼方，三年有赏于大国。

解读："鬼方"是商朝北方一个少数民族小国与商王朝为敌。"大国"指商朝。

爻辞说，坚守吉祥胜利信念，不会后悔。震撼敌人的军队用去攻打鬼方，终于三年攻克，受到商王朝君王的奖赏。

六五：贞吉，无悔，君子之光，有孚，吉。

解读："君子之光有孚"是，君子正大光明取信于民，吉祥。"贞吉，无悔"是君子坚守正道吉利，不会后悔。

上九：有孚于饮酒，无咎。濡其首，有孚失是。

解读：饮酒庆祝讲诚信，没有过错。但是饮酒过度了醉酒失控，往咀里灌酒撒在头上"濡其首"，失去体面，好像失去了诚信。这比喻是胜利冲昏了头脑，是暂时的，待醉意醒过来，还要征途立新功，意境深远。六十四卦至此结束。

小结：

《周易》卦序编排有意识地把未济卦放置最后，表明人与自然并未在既济卦结束，而是交接给未济卦另一个境界，柳岸花明又一村，轮回到原点、起点开始去渡河。既济卦和未济卦首尾相连，《周易》作者有意识把既济卦最后一爻即上六爻是"濡其首"；把未济卦开始的初六爻是"濡其尾"，如此首尾紧密相连去轮回。（上述未济卦是传统解读，笔者深层次轮回解读见本书第三章。）

（三）选录多种解读

第六十四未济卦卦辞：未济，亨，小狐汔济，濡其尾，无攸利。

例 1："未济，亨"，未济卦六爻皆不当位，为什么亨通呢？未济卦的亨通是从大趋势来说的，因为未济卦是新的轮回的开始，标志新生事物有旺盛的生命力，有任何力量不可阻挡的发展趋势，既会遇到艰难险阻，也会冲破艰难险阻，实现最终亨通。"小狐汔济，濡其尾"，汔（音 qì），几乎，接近。小狐狸过河接近渡过，沾湿了尾巴。因狐狸尾巴粗大，沾湿尾巴，意味艰难坎坷。这里的"濡其尾"与既济卦初爻的"濡其尾"意义不一样，既济卦"濡其尾"是有意沾湿为了放慢速度，而未济卦初爻直接进入坎险，是不可避免的坎坷。"无攸利"，处在坎险混乱的局势之中，会有什么利好呢？㉘

例 2：未济的本义是尚未渡过河，比喻事情还没有完结，本卦讲当事情还没有成功时人们的各种行为。从卦象来看，未济卦上卦为离，代表火，下卦为坎，代表水，火向上升而水往下流，水火不相交而各行其是，象征矛盾仍然存在，问题尚未解决。既济之终即未济之始，未济之末亦为既济之初，既济与未济相互交替体现了事物无比亨通的发展规律。然而对于人们而言，从既济到未济则充满了危厉，人们应当小心谨慎，日日戒惧，稍不留心就有可能遭遇挫折，就如同一只经验不足的小狐狸那样，它翘起尾巴过河，就在要到达河对岸的时候却放松了警惕，让河水沾湿了尾巴，这是没有任何好处的。⑲

例 3：汔（qì），干涸。

《既济》卦辞说“亨”，《未济》卦辞也说“亨”，但二者所在的语境不同，意义自然也有所不同：前者是就其渡河成功的结果而言，后者是就其发展趋势而言，正如《周易正义》中所说：“未济有可济之理，所以得通。”当然这离不开一定的主客观条件。

小狐狸在已近干涸的河中涉水，尚且沾湿了尾巴，更不用说渡过大河了。这表明小狐狸还不具备渡河的能力，没有能力坚持到最后，在这种情况下勉强渡河不会成功，甚至会遭到灭顶之灾，因此说“无攸利”，《象》说“小狐汔济，未出中也；濡其尾，无攸利，不续终也”。㉖

例 4：未济者，倒行逆施不会成功也。亨：通行，引申为很常见。意思说：倒行逆施不成功的事很常见。小：外，指对外发动倒行逆施的战争。狐：狐狸。汔：水涸。济：渡。狐汔济：狐狸见天旱水涸想涉水渡河。濡其尾：狐狸体形特点是小前大后，其上山易，其下山难。而河岸是从上到下倾斜，狐狸下河涉水过河是倒行逆施，只能弄湿自己的尾巴危及自己的生命。无攸利：没有一点好处。意思是对外发动倒行逆施的战争，就像狐狸见天旱水涸时涉水过河一样，只是沾湿尾巴危及生命，没有一点好处。⑱

未济卦爻辞初六：濡其尾，吝。

例 1：初六以阴居阳位，并处在坎险之初。与九四正应，九四不中不正，也不能援助它。故初六上行必有险难。犹如小狐渡河一样，浸湿了尾巴又险难。㉗

例 2：初六爻以阴爻位于全卦的最下方，表示事物处于未济之初。未济初爻相当于既济上爻，事物旧的矛盾在既济阶段得到了圆满的解决，然而事物在发展过程中必然出现新的矛盾，从而进入未济状态。新的矛盾预示着人们即将面临新的挑战，此时人们应当谨慎行事，断不可贸然前进。时机尚未成熟人们就轻率地采取行动是不可取的，就如同一只小狐狸不知河水深浅就急于涉水渡河，还没到对岸就沾湿了尾巴，这种急躁冒进的行为是令人遗憾的。⑲

例 3：“濡其尾”在《既济》初九爻辞中已经出现，但二者意义也有区别，应当分别在“既济”和“未济”的前提下来理解。

在已经渡河成功的情况下，尾巴沾湿了点，没有什么大碍，因此在《既济》中，“濡其尾”是“无咎”。但在本卦中，小狐狸在还不具备渡河能力的情况下，在还没有渡过河的时候，就沾湿了尾巴，这会导致自身的重量增加，抵消浮力，预示了渡河会有很大的麻烦和困难，因此断语说“吝”，《象》说“濡其尾，亦不知极也”，沾湿了尾巴而渡河，这也是很不识时务呀！㉖

例 4：初爻是平民之位。爻辞省去了未济字。未济：未渡之前船工检查船况。濡其尾：船尾的后舱进水了。吝：恨痛。意思是未渡之前发现船尾后舱进水，不能开船令船工恨痛不已。⑱

未济卦爻辞九二：曳其轮，贞吉。

例 1：九二以刚居柔位得中，有刚柔并济之才，又上应六五。不轻举妄动，在未济时，犹如倒拉着车轮，不使其前进。“曳其轮”就是时机不成熟，不敢轻进。要待时而定，坚守贞固而吉祥。㉗

例 2：“曳其轮，贞吉”，曳其轮，与既济卦初九爻辞相同，意义相近。九二身处下卦坎险之中，接受初六盲目前行的教训，像有意拽住车轮，让车徐缓行进一样，警惕自己谨慎行事。因能知险而止，又持守正道，故而吉祥。㉘

例 3：“曳其轮”也已经在《既济》初九爻辞中出现。车子过河时，轮子陷于泥沙中，前进中遇到困难，但经过努力牵引车轮，发挥人的主观能动作用，困难被克服，最终渡河成功，因此说“贞吉”。㉖

例 4：九二爻以阳爻居下卦中位，具有阳刚气质却不失中和之德。未济表示事物进入了一个崭新的发展阶段，此时事物的发展速度不宜过快，宜步步为营稳妥前行。“曳其轮”就是有意识地放慢前进速度，既不停滞不前，又戒骄戒躁，秉持中庸之道而稳步进取。爻辞同时也告诫人们在前进的过程中务必坚守正道，防止误入歧途，方可获得吉利。⑲

例 5：未济：未渡之前，人车要经跳板上船。二爻是大夫之位。曳其轮：大夫经商贩运总要拉车载货，货车要经过跳板上船。贞：主。贞吉：主吉。意思是大夫经商贩运的车辆，由人拉车经跳板依次序上船，主吉。⑱

未济卦爻辞六三：未济，征凶，利涉大川。

例 1：六三爻以阴爻居下卦的最高位，不中不正。当人们事业处于未济之时，他们应该首先处理好内部事务，为事业发展创造一个良好的内部环境。“大川”比喻各种巨大的艰难险阻，如事业未济人们只能竭力去解决阻碍事业发展的困难，而不是急于对外拓展。当各种内部矛盾尚未得到解决而贸然对外采取行动，人们必然陷入内外交困的凶险境地，这种行为是不可取的。⑲

例 2：从表象上看，爻辞似乎矛盾，既然前行有凶险，又为什么利于跋涉大川险阻呢？其实不然。六三爻位就是具备这样凶险的环境和跋涉大川险阻的有利条件。“未济”，六三还处在下坎卦边缘，没有脱离坎险。“征凶”，六三又处于上互卦坎卦下位，处在未出坎又入坎的险象环生的艰难局面，故而征凶。“利涉大川”，六三同时具备下比九二、上承九四，正应上九的有利条件，虽然险象环生，却能得到众人的接济帮助，虽有重重坎险，必须渡过，如果充分利用有利条件，也能够渡过。㉘

例 3：六三未济不是不济，而是待时而济。眼下前进有险难，因六三处在坎险之上，应当出险，可是它正当未济之时，又阴柔，不中不正，所以没有能力出险。如果它贸然前行，必有凶险。只有等到条件具备、时机成熟，有利于涉渡江河时再动。

象辞说，六三未济前行，必有凶险。因为六三以阴居阳位，故“位不当也”。

对此爻，学者们看法不一。有的学者认为“利涉大川”前面漏掉了一个“不”字，有个不字，意思方能通顺，有的学者认为，六三与上九正应，虽有险而可以渡。笔者认为从发展趋势上来讲，此指有利于涉渡江河，但眼下条件还不具备，需要待机而行。只有周密地策划，因地、因时制宜，方能突出险境，达到既济。㉗

例 4：六三爻处《未济》卦象坎下之终，即将进入离上。《系辞》中说“三多凶”，是说《易经》卦象中的第三爻位在多数情况下象征着凶险。但事物发展到这一步，也蕴含着转机。

渡河没有成功，表明渡河的主客观条件尚不成熟，在这种情况下不可一意孤行、盲目从事，因此说“征凶”，这是对以往尝试的总结。在前面我们多次讲过，《易经》中的“大川”不是实指，而是沉淀为困难、艰险的代名词，“利涉大川”就是说利于在主观上做好克服客观困难、艰险的思想准备。㉖

例 5：三爻是诸侯之位。未济：未渡过河。征：征战，指诸侯国之间发生战争。凶：险。意思是诸侯国之间发生战争，当军队还未全部渡过河时，敌军发动进攻是凶险的。因为古代战争时，士兵渡河后要列阵，列好阵后才能发动攻势。若士兵在未全部渡过河时遭到敌军进攻，一定会惨遭大败，非常凶险。利涉大川：利于渡过大江大河，引申为取得战争的大胜。意思是这种战法有利于获取大胜。⑱

未济卦爻辞九四：贞吉，悔亡。震用伐鬼方，三年有赏于大国。

例 1：九四爻以阳爻居上卦之初，表明事物已经开始从未济向既济转化。此时人们的各种内部矛盾已经基本上得到了解决，而且也积累了相当的实力，因此可以对外采取行动了。九四以雷霆万钧之势讨伐鬼方，经过长达三年的战斗终于取得了胜利，并且得到了大国的赏赐。九四对外行动之所以能够取得成功全在于九四坚守正道，选择了恰当的时机对外出击，因此能够获得吉利的结果而无所悔恨。⑲

例 2：九四以刚居阴位，位不正，虽出坎险，但还处在未济之中，要想向既济转化并非轻而易举之事，只有坚守贞固，才能获得吉祥，悔恨随之消亡。“震用伐鬼方”指拿出英勇威武的精神，号召全体将士，坚决击退入侵的鬼方。也说明九四要有“伐鬼方”的精神和决心，才会获得“贞吉”。“三年有赏于大国”指三年之

间不断地犒赏参战的全体将士，获胜后功绩显著的将领被封赏为大国的诸侯。㉗

例 3：“震用伐鬼方”，说的是商代又一次讨伐鬼方国的典故。在商王武乙（商朝第二十八代君王，公元前 1147 年继位）时期，殷商又一次出现衰落。武乙是一位刚猛无比、力大无穷的草莽英雄，他令人用木头雕刻成“天神”，又令人代表“天神”与他博弈，结果武乙赢了，他便将“天神”砸得粉碎，并夸耀自己战胜了天神。他又用盛满猪血的皮囊高悬于空中，用箭射之，箭穿皮囊，血从天降，夸耀自己已将“天神”射杀。武乙亵渎神灵的行为触犯众怒，各路诸侯纷纷起兵脱离商朝，武乙最终也遭雷劈而死。当时周古公带领自己管辖的民众跨过梁山，来到岐山之下躲避兵灾（岐山乃西周发祥地）。后来文王的父亲季历，带兵协助商朝天子讨伐鬼方国，历时三年打败鬼方国，受到天子封赏大片国土。这里借用这个典故，激励九四要像文王父亲季历一样，振奋精神，坚守志向，建功立业。㉘

例 4：“震用伐鬼方，三年有赏于大国”与《既济》九三“高宗伐鬼方，三年克之”为同一史实。

鬼方是殷商西北边疆的少数民族，与周相邻。殷高宗征伐鬼方时，周还是殷商的一个附属国，自然也要一同参与战争。殷高宗武丁讨伐鬼方，经过三年长期的、艰苦的战争，终于取得胜利，因此说“贞吉，悔亡”，《象》说“贞吉，悔亡，志行也”；周人也因参加讨伐鬼方的战争有功而被奖赏，因此说“三年有赏于大国”。㉖

例 5：未济：指商高宗用水攻、火攻战胜鬼方后，鬼方并未屈服，后来又经常攻击商王朝，还是不成功。贞吉：主吉，意为吸取商高宗不成功的教训主吉。悔亡：不用水攻、火攻的战法无悔怨。震用伐鬼方：指周王朝的先祖季历（谥为王季）伐鬼方的历史事件。《竹书纪年》：“三十五年，周公季历伐西落鬼戎。”我认为，季历不是采取水攻、火攻使鬼方屈服的，而是采取“震用伐鬼方”的策略使鬼方归顺的。三年：指季历采取“震用伐鬼方”的策略，也只用了三年时间就使鬼方归顺。有赏于大国：我们知道，“有赏”与“有赏于”是不同的意思。“有赏于大国”是指周公季历被商王赏赐，所以大国是指商王朝，不是指周国。因为对于周公季历来说，商是王朝，而对于周王朝来说，商王族子氏已经沦为宋国诸侯。由于宋公稽是公，位列诸侯国第一等，所以《周易》作者称商为大国。周公季历使鬼方归顺商王朝后，商王重赏周公季历。⑱

未济卦爻辞六五：贞吉，无悔，君子之光，有孚，吉。

例 1：六五有中正之德，能获得吉祥，没有悔恨。六五居离体之中，离为明，有文明之德，故称“君子之光”。六五的光辉来源于它中正诚实，所以才获得吉祥，故“有孚吉”。㉗

例 2：六五爻以阴爻居尊位，具有中和之德。当国家逐步从未济走向既济，六五作为一国之君必须继续坚守正道才能获得吉利，也才能无所悔恨，否则一旦养成骄奢淫逸的恶习整个国家所取得的成绩将功亏一篑。六五自身行为光明磊落，性情中和而又怀有至诚之心，因此能得到众多贤能之士的辅佐，带领整个国家进入既济的社会。⑲

例 3：“贞吉，无悔”，贞吉，正固君子中正之道获得吉祥。无悔，因为没有做错什么，所以没有悔恨。诚然，作为君子，只能做到无悔，显然不足以称庆。“君子之光，有孚，吉”，六五居上离卦中位，象征光明，占柔中之位，说明心地光明，柔中诚信，因此可得吉祥。㉘

例 4：光，光辉，泛指君子道德品质的外在反映、体现。

君子的光辉在于其有诚信的美德，而诚信的美德有助于成就伟大的事业，因此说“贞吉，无悔。君子之光，有孚，吉”。㉖

例 5：五爻是天子位，未济是天子行事不成功。贞吉：主吉，指天子吸取不成功的教训主吉。悔亡：无悔怨。君子：诸侯。光：光明。君子之光：诸侯若能吸取不成功的教训是其光明之处。有：不宜有，引申为大。有孚：大生，引申为民众。吉：吉善。意思是民众能吸取不成功的教训，吉善。失败是凶，能吸取教训是吉，所以说“失败是成功之母”。⑱

未济卦爻辞上九：有孚于饮酒，无咎。濡其首，有孚失是。

例 1：“有孚于饮酒，无咎”。一心饮酒取乐没有什么咎难，可是若沉湎于酒，过度地饮而使酒浸湿了首，那就会使乐事变成了悲事，好事变成了坏事。即使心有诚信，人生的正确之道也会失掉，故“有孚，失是”。㉗

例 2：上九以阳爻居全卦的最高位，表示事物发展到了未济之终。未济之终即既济之始，人们的事业臻于完美，此时人们真诚地举杯庆贺，这是不会带来灾祸的。然而人们在欢庆既济到来的同时还应认识到既济只是暂时的，事物即将步入下一个未济，因而必须为事物在更高层次的发展做好充分的准备。“濡其首”比喻人们沉溺于欢乐之中，而完全忘却了既济社会中的隐忧，因此即使人们怀有至诚之心，但如果完全放松警惕也是不对的。⑲

例 3：“有孚于饮酒，无咎”，六五完成了未济大业，实现了既济太平，到上九，怀着诚信之心，带着胜利的喜悦，举行庆功宴。大功告成，值得庆贺，固然没有灾难。“濡其首，有孚失是”，濡其首，表意指饮酒过量，有失礼数，将酒洒到头上，内在是指被胜利冲昏头脑，沉溺于酒色。如果这样，诚信也会失去。到上九大功告成，已为既济了。既济卦要求居安思危，诚信守业。如果自逸过度，失去诚信，荒废其业，那又将陷入新一轮的危难。㉘

例 4：饮酒要适量、适当、适时、适宜，一句话：要有酒德，也就是“有孚于饮酒”。这样才不会有什么危害，因此说“无咎”。反之，饮酒过度，不知节制，喝得一塌糊涂，心志迷乱，举止失措，以至于把酒溅到了头上，就是没有酒德，因此说“有孚失是”，《象》说“饮酒濡首，亦不知节也”。

说事业的成功与否，怎么又扯到酒的问题上去了呢？因为没有酒德，无节制地饮酒，使人乱德乱性，意志消沉，危及事业成功，其为害小则伤身败家，大则亡国。

商亡周兴，周人视饮酒无度为商人灭亡的一个重要原因，为了避免重蹈覆辙，认真总结和汲取经验教训，在多种场合屡屡提及酒的危害，并且专门发布禁酒令——《酒诰》。㉖

例 5：上爻是祖宗之神位。爻辞讲祭祀祖宗后的酒宴，故而言饮酒。爻辞省去了未济字。未济：不成功。有孚：有生，指王室子弟中的不成功者。有孚于饮酒：王室子弟们参加祭祀后的酒宴。无咎：王室子弟中的不成功者参加祭祀后的酒宴，无罪过。濡其首：以酒浇湿人头。有孚：有生，引申为做人。失：丧失。《说文》：“是，直也。”人与动物的根本区别是人能直立行走，故而这里的是，引申为做人的根本。有孚失是：做人失去根本。意思是不成功者若喝醉要酒疯用酒浇湿人头，那就丧失了做人的根本。⑱

第三章　既济卦和未济卦蕴寓人与自然的轮回

《周易》六十四卦，看作世间万事万物的一个大周期、大循环过程。把乾坤排在首二卦作为天地。乾卦纯阳、坤卦纯阴，这首二卦阴阳爻依次变化，产生了六十四卦。即乾坤天地产生了万事万物与人，也体现在六十四卦的排列顺序，每两卦不反则对。例如乾与坤是相对，屯与蒙是相反，卦与卦环环相扣。万事万物发展与变化，有始必有终，终止在末二卦既济、未济卦。末二卦具有特殊重要的含义，其重要性仅次于乾坤首二卦。本书是新时代解读《周易》，已把乾坤首二卦解读为国家的领空领土，再解读既济未济末二卦如下。

《周易》思想精华是阴阳互相依存，任何事物都存在阴阳两个方面，既对立又统一，一分为二，合二为一，是矛盾的对立与统一。阴阳缺一不可，阳无阴不立，阴无阳不生。阴阳消长在变化，是“变易”，阳极生阴，阴极生阳，这是《周易》定律。易学大师朱熹说：“阴生阳，阳生阴，其变无穷。”《周易》末尾二卦是既济卦和未济卦。既济卦的“既”是已经，“济”是渡过，该卦意是已经渡过河，表示完成任务。既济卦完成任务到达顶点，已走到极端，“物极必反”，再走则阳极生阴，走到反面、阴面，即最末一卦的未济卦，其意尚未过河。刚过河又未过河，显然矛盾，但此二卦不可分，二者紧密相连，是矛盾的对立与统一，其寓意深奥无穷，令人深思回味。

一部优秀作品或一篇好文章，往往开始与末尾相呼应，击首则尾应，击尾则首应，《周易》便如此。

《周易》共六十四卦，《周易》作者把离散的六十四卦做了精心巧妙的安排。从乾阳坤阴开天辟地创造世界开始，在历史的长河里，人与自然，人与万事万物，演绎着发展和变化的规律，留下运行的轨迹，直到最后，在既济卦里，用小狐狸过河比喻这一切，渡过历史的长河，上了岸，到达彼岸终点，走到尽头，山穷水尽，画上句号，完成一个大周期，完成一个大循环应结束。然而“穷则思变”，柳暗花明又一村，又一村是换了又一个天地，在又一个环境的未济卦里开始渡河，隐含人与自然的轮回，天地人从量变到质变。《周易》末尾二卦的既济卦和未济卦的天地，与首二卦乾坤天地相呼应，前呼后应，首尾相连，“阳极生阴”、阴阳两个天地。

一、既济卦和未济卦含义深奥

1. 既济卦是由经卦坎卦和经卦离卦构成。坎为水在上即“坎上”，离为火在下即“离下”，其卦象是坎水在上，离火在下，有二含义：一是象征煮饭，最后一餐；二是水在上把下面的火熄灭，完成任务，了此一生，已圆满到位。因为既济卦六爻各就各位，即阳爻在阳位，阴爻在阴位。阳爻排在六爻的奇数阳位，从下往上数在一、三、五位；阴爻排在偶数阴位二、四、六位。六十四卦唯有此卦如此到位，称其“得位”、“当位”。由乾卦坤卦阴阳爻都不到位开始变化，到既济卦变化已到位，象征人与天地变化已到尽头，是人生一个循环结束。把既济卦坎上离下倒过来，便是未济卦，是既济卦的综卦、覆卦、反卦，与既济卦正好相反，其意也相反，其阴阳爻都错位，即六爻都不到位，六十四卦唯有此卦如此。换了一个截然不同的相反环境，如同一枚硬币，一个正面，另一面就是反面。一个阳面，一个阴面。象征既济卦若是今世，未济卦便是来世。若既济卦的人是在阳间，此人转入未济卦便是在阴间。

《周易》作者有意识地安排末二卦，为毁灭性的阴阳两个世界，与首二卦诞生乾坤天地相呼应，有生必有灭，有灭必有生，周而复始，生生不息，别具哲学匠心！

2.《周易》核心内容是六十四卦，除谦卦外，每一卦的原文都有吉有凶，大都用比喻来论述或隐含，能概括为一个主题，用卦名表达。卦名关系重大，它是该卦的思想高度浓缩和概括，俗话“名正言顺”。本章主要以卦名论述。例如：乾卦的乾为天，坤卦的坤为地。本书把乾坤二卦解读为领空领土。第六十三卦是既济卦，主题是用小狐狸比喻人已经渡过一条大河，人生完成任务。如果《周易》六十四卦表达人生全程，若把人生融入天地，即从乾卦为天开始诞生，落地为坤卦，后续的六十二卦，是人生践履在历史的长河里，奔波到第六十三卦既济卦已经过河上岸，上六爻说：“濡其首，厉。”解读为把头浸在水里，挣扎冲上岸，终生奔波劳累难免有些遗憾（厉）。人生，是一条奔腾不息的长河，这时已经渡过河，到达彼岸，归宿，完成人生一个循环。依据常理，《周易》到此应该结束，应排序在最末一卦第六十四卦。但是，《周易》像演艺场说书者告一段落想休息时便说：“要知后事如何？且听下回分解。”这下回是《周易》峰回路转，转了三百六十度回到原点、零点，开始又一个循环未济卦，尚未过河，人生轮回。

《周易》最高境界追求天人合一。开始时乾卦用龙比喻人、比喻天。坤卦用母马比喻人、比喻地。显然，乾坤二卦已高度概括天地人合一。因为天包括地，固通常说天人合一。从乾坤卦开始到第六十三卦既济卦，用小狐狸比喻人渡过历史长河，画成句号，人生到此结束。既然天地人合一，《周易》又深层隐含小狐狸也比喻天地，也渡过历史的长河，达到彼岸，已到尽头，天地也画成句号结束。然而又出现最末卦未济卦，尚未过河，天地从零点又一个循环开始，宇宙轮回。

二、宇宙轮回

1. 2016 年 11 月 13 日百度新闻网标题："科学理论揭示人生轮回的可能"。其全文如下：宇宙由原始虚无形成致密的一点，开始大爆炸产生了时空，能量，原子，星系，物质；暗物质，暗能量，反物质。在暗能量推动下，宇宙不断加速膨胀，最后导致时空撕裂，使宇宙化为虚无；或者暗物质吞食物质。二者都导致宇宙回归原点，是宇宙下一个轮回，导致人也下一个轮回，重复人生是什么样，不得知。

2. 2016 年 11 月 13 日百度新闻网登载：科技日报记者刘霞写的题为"大爆炸并非宇宙全部"，其文如下。大爆炸是宇宙学的奠基石。科学发展不断发现新奇未知的物质，让星系紧紧依附在一起的暗物质和导致宇宙加速膨胀的暗能量。最终两者谁占主导？若前者占主导，宇宙将浓缩成一个点。但是在 20 世纪初，天文学家埃德温·哈勃和米尔顿·赫马森发现，几乎所有星系都在远离我们，这意味着宇宙在膨胀。由此断定过去宇宙比现在更小，而且更稠密。推理过去宇宙中所有物质都被挤成一个点，只能向外扩张，这个瞬间就是宇宙大爆炸。众多科学家认为宇宙大爆炸发生在一个点，这个点就是"起源"，即万事万物浓缩在一个点，称为"原初奇点"。2012 年报导英国科学家罗杰·彭罗斯称，在宇宙微波辐射研究中，发现了神秘的同心圆现象，可以认为宇宙之前还有宇宙。

3. 老子说："道生一，一生二，二生三，三生万物。"这个"一"就是上述报导"宇宙大爆炸发生在一个点，这个点就是起源。"一产生了二，二是阴阳、天地，二生三，三生万物和人类。易学观点"一阴一阳之谓道"。太极图是阴阳鱼，阴鱼有阳鱼眼；阳鱼有阴鱼眼。这说明宇宙大爆炸产生了阴阳两类物质与能量，即明、暗物质和明、暗能量。目前科学家正在研究探讨暗物质和暗能量。中国紫金山天文台发射"悟空"卫星探测暗物质。上述报导的暗物质和暗能量的作用力巨大，能把宇宙大爆炸形成的宇宙破坏，据上述综合报导："暗能量使宇宙化为虚无，或暗物质吞食物质，二者都导致宇宙回归原点，是宇宙下一个轮回，天人合一，也导致人下一个轮回。”笔者疑问：难道这与科学家推算若干亿年后太阳将燃烧尽相关联吗?

由上述综合，《周易》末二卦的既济卦和未济卦，深层暗含不仅人，而且宇宙也将“渡过河”穷途末路，完成一个大周期，完成一个大循环，将轮回到原点、零点，进行未济卦的另一个循环。若将来验证果真如此，《周易》预测的科学性，令人赞叹，这是《周易》价值观之一。本书《序言》说：“中国中央电视台百家讲坛播讲《易经的奥妙》说：科学越发达，《易经》越正确、越科学。”

三、人生轮回

1. 既济和未济，显然两者都有生命力，既济作为纽带向未济过渡交替。既济的初爻有“濡其尾”、上爻有“濡其首”，未济也都有。但阴阳属性相反，既济初爻是初九，奇数九属阳，诞生在阳间。未济初爻是初六，偶数六属阴，诞生在阴间。既济上爻是上六，六属阴，生命将息过渡到未济上九，上九属阳是生命复苏。仅由此也可见，既济与未济密不可分。再看既济有“伐鬼方三年”和“曳其轮”，未济也都有，然而相差一个爻位，即位置不同。这“一”表达位置是一个地上、一个地下，含义是生死观。《周易》作者如此细微巧妙的阴阳过渡，使阴阳无缝链接，微循环。乾坤到既济未济是大循环。《系辞传上》说：“乾坤毁则无以见《易》，《易》不可见，则乾坤或几乎息矣。”这隐义是说既济卦未济卦。因为乾坤天地开始，乾纯阳、坤纯阴，此二卦阴阳爻都不到位，最不平衡，从此阴阳爻开始变化，经过六十卦，到既济卦阴阳爻已到位，阴阳爻各就各位已平衡，无法再变化发展，乾坤天地已走到尽头，则毁灭、停息，即“乾坤毁则无以见《易》”，说的是既济卦。但物极必反、穷则思变，变到另一个天地未济卦。即“《易》不可见，则乾坤或几乎息矣。”其中“几乎息”是说并未息、并未停止，说的是未既卦。由既济的停息、停止，转变到并未息的未济卦，是死而复生。生死观是华夏民族的民俗文化的一部分。既济卦并未结束，转入未济卦便是如此，是从阳间转入阴间。因此有了阴阳宅，死而复生观念，在墓地里埋葬此人日用品和贵重财物，在阴间继续使用。虽然当代移风移俗已废除这些民俗，但还是应感谢这些民俗，使现代人能看见兵马俑、唐三彩、明十三陵开放的定陵等等。也因此民俗留下三大“鬼”节：清明节、中元节、寒衣节。其中清明节，还作为国家法定节假日。

2.《周易》的既济卦和未济卦并未宣扬宗教，却与宗教有千丝万缕的联系。中国宪法规定：“第三十六条：中华人民共和国公民有宗教信仰自由。”也就是允许公民有信仰（神）的自由。宪法又规定："国家保护正常的宗教活动"。笔者为研究宗教收集了大量的有关书籍与访问，这些合法的宗教共同点是都相信有今生和来世，有因果关系。其中天主教的组织结构系统及其教义教规较为严谨，该教中途分裂出东正教和基督教，该教相信人死后复活升天堂或下地狱；道教相信天道有循环、善恶有承负；佛教[(1)]讲转世与轮回……梁祝化成蝴蝶。《周易》价值观是多方面的，其中之一体现在末二卦，其寓意具有深奥的哲理，启发人们要悟出行善除恶，提高道德素养，警戒人的善恶有报应。宗教徒解读《周易》可能认为：在一到六十三卦积累的善或恶、种下的"因"，要到六十四卦受到报应、领取"果"。若用这个比喻如此去理解，也不是宣传迷信，其目的是敲响警钟，鼓励人们要向上，走正道贞吉，强调道德的重要性。民间格言说："善有善报，恶有恶报，不是不报，时候未到……"。未到的"未"就是"未济卦"的未到。格言又说："人在做，天在看。""不信抬头看，苍天饶过谁？"既济卦九五爻辞："东邻杀牛，不如西邻之禴祭，实受其福。"解读：禴祭是简朴的祭祀，该爻辞说，东邻杀牛盛祭也不得民心，不如西邻薄祭得民心，因而上天保佑"实受其福"。大有卦主题是讲怎样做人处世为社会做贡献，其上九爻辞："自天佑之，吉，无不利。"其意是说按大有卦去做，就会获得上天保佑，因而吉祥吉利。

3.《周易》开始乾为天讲天道，坤为地讲地道，末二卦既济未济讲人道(道德)。这三"道"即天地人合为三才，彰显《周易》有了首尾各二卦，形成一个完整的体系，也说明首尾各二卦的重要性。其巧妙的构思，诱人的魅力，末二卦令人无限的遐想。不愧是中国古代指导人生处世的智慧哲理巨著，宣扬真善美，教导人行善积德、避凶趋吉，隐喻在有关卦中。首卦乾坤二卦开始，乾卦卦辞《象》曰："天行健，君子以自强不息。"其隐含义，以自强不息的精神创造财富为民谋福利，是行善。坤卦卦辞《象》曰："地势坤，君子以厚德载物。"其隐含义，积善才能"厚德"才能"载物"。履卦的"履"者礼也，教导人按礼仪按道德规范行事。其九二爻辞："履道坦坦，幽人贞吉。"解读：道是道路、道德，其意走道德的道路是平坦的，吉祥，即使在幽暗的环境里也会吉祥。大蓄卦的卦辞："大畜，利贞……"。解读：极大地积蓄良好的道德品质，吉利。大有卦的主题是，大有财富时，要给社会做贡献，隐意为己为公都有利，请看大有卦上九爻辞："自天佑之，吉，无不利。"意思是为社会做贡献，上天保佑吉利。再请看规劝人无做恶，恒卦九三爻辞："不恒其德，或乘之羞，贞吝。"解读：不长久保持道德，将蒙受耻辱，遭到报复。无妄卦的主题是，不要胆大妄为去做恶。因却有很多做恶的事例，例如，离卦九四爻辞："突如其来如，焚如，死如，弃如。"解读：敌人突然侵入，烧、杀、抢夺又乱扔，做恶。这是描述侵略战争，若把侵略战争的空间扩大，联想到近代，两次世界大战的发动者及其国家作恶的下场，以失败告终，遭到恶果报应，便是例证。

《周易》原文近五千字，出现“吉”字146处、“利”字119处、“亨”字48处；出现“凶”字60处、“悔”字33处、“吝”字21处，“咎”字96处……。用这一类的字词断定善与恶，表现在百种事物、百态人生中。尤其用末二卦的既济卦和未济卦作为总结，寓意人的轮回有善恶因果报应的道德观，使人有敬畏感，有助于以德治国，预防社会道德危机，贪污腐化享乐主义泛滥成灾。道德基础是人类社会最重要的支撑力量，法律只能管人的行为，不能管人的内心。而道德感可以从人们的内心去约束人的行为，所以，一个良性的社会必须要有良好的道德支撑。道德是中华民族传统文化的重要组成部分。《周易》千古流传至今，仅从道德观来看，仍有现世意义和鲜活的生命力。虽然笔者至今尚未见到上述如此解读，但这不是无中生有的发明，而是新时代深入解读末二卦的发现，发现《周易》末二卦因果律的警钟长鸣！触动每一个人的心灵。

注（1）：2017年1月28日“腾讯视频”报导：中国中央电视台“文明之旅”在无锡灵山召开“第四届世界佛教论坛”，题目是《科学与佛教》。国内外观众参加，主席台上有三人：

主持人：刘芳菲女士和两位重量级嘉宾：

楼宇烈：北京大学宗教研究院名誉院长、哲学系教授。

潘宗光：香港理工大学荣休校长、英国伦敦大学哲学博士和科学博士。

（笔者仅选录大会开场白如下：）

主持人：我先问楼宇烈先生，在您的眼里佛教和科学这两者是矛盾的吗？能放在一起讨论吗？

楼宇烈回答：我想是不矛盾的，应该是可以放在一起讨论。我们讲到佛教，很多人会脱口而出说佛教是迷信。这说法值得推究，人们常常会把佛教的因果报应，或因果业报说成迷信。其实探究因果关系，恰恰是科学方向，科学都是从所看见的现象是果，追究形成现象的是原因。佛教探究因果和科学探究因果是一致的，只不过一个主要面对物质世界，另一个面对社会和精神世界。

主持人又问：潘先生，您是哲学和科学博士，从您的角度怎样看待科学和佛教呢？

潘宗光回答：佛教文化是中国传统文化非常重要的一部分。佛教和科学这两者在很多事情是共通的。譬如刚才楼教授讲到因果关系，我可以讲讲，这非常简单。例如苹果肯定是苹果种子种出来的，橘子是橘子种子种出来的，不会是梨的种子种出来的。什么样的因，肯定结出什么样的果。因果关系，很自然在我们人生中很多事情反映出来。（举例在此省略）。

附录　引用目录

①王弼：《周易注》，上海古籍出版社，1990。
②孔颖达：《周易正义》，上海古籍出版社，1990。
③程颐，王孝魚：《周易程氏传》，中华国学文库，2016。
④朱熹：《周易本义》，上海古籍出版社，1990。
⑤高亨：《周易古经今注》，中华书局，1894。
⑥李境池：《周易探源》，中华书局，1976。
⑦李鼎祚：《周易集解》，上海古籍出版社，1989。
⑧司马光：《温公易说》，上海古籍出版社，1990。
⑨来知德：《周易集注》，上海书店，1986。
⑩尚秉和：《周易尚氏学》，北京中华书局，1980。
⑪唐明邦：《周易评注》，中华书局，1995。
⑫刘大钧：《周易概论》，齐鲁书社，1986。
⑬王夫之：《周易外传》，中华书局，1977。
⑭张立文：《帛书周易注释》，中州古籍出版社，1992。
⑮孙振声：《易经今译》，海南出版社，1988。
⑯李光地：《周易折中》，成都巴蜀书社，2006。
⑰邵乃读：《正本清源说易经》，世界知识出版社，2013。
⑱朱国清：《周易本义》，湖南大学出版社，2015。
⑲任运忠：《周易文化导读》，中国纺织出版社，2015。
⑳邓明成，邓泉洲：《易经解说》，湖南大学出版社，2014。
㉑王天苗：《周易元义》，中国社会科学出版社，2014。
㉒释智超：《易经浅注》，科学技术文献出版社，2015。
㉓赵强海：《周易今读》，河南人民出版社，2015。
㉔邓球柏：《帛书周易效释》，湖南人民出版社，2002。
㉕金景芳，吕绍纲：《周易全解》，吉林大学出版社，2013。

㉖臧守虎：《鉴往知来“易经”读本》，中华书局，2015。
㉗陈文景：《周易释义》，上海社会科学院出版社，2015。
㉘苗怀清：《易经学堂》，中央广播电视大学出版社，2013。
㉙纪有奎：《周易演義》，北京华龄出版社，2016。
㉚南怀瑾，徐芹庭：《周易今注今译》，2011。
㉛唐明邦：《周易》，长江文艺出版社，2015。
㉜余敦康：《易学今昔》，广西师范大学出版社，2005。